语文的道与术

教材运用与应试艺术

苏捷◎著

安徽师范大学出版社
·芜湖·

图书在版编目(CIP)数据

语文的道与术:教材运用与应试艺术/苏捷著.—芜湖:安徽师范大学出版社,2019.5
ISBN 978-7-5676-4063-4

Ⅰ.①语… Ⅱ.①苏… Ⅲ.①中学语文课-教学研究 Ⅳ.①G633.302

中国版本图书馆CIP数据核字(2019)第069941号

语文的道与术——教材运用与应试艺术 苏捷◎著

YUWEN DE DAO YU SHU——JIAOCAI YUNYONG YU YINGSHI YISHU

责任编辑:房国贵 王 贤
装帧设计:张 玲
出版发行:安徽师范大学出版社
芜湖市九华南路189号安徽师范大学花津校区
网 址:http://www.ahnupress.com/
发 行 部:0553-3883578 5910327 5910310(传真)
印 刷:江苏凤凰数码印务有限公司
版 次:2019年5月第1版
印 次:2019年5月第1次印刷
规 格:787 mm×1092 mm 1/16
印 张:13.25
字 数:231千字
书 号:ISBN 978-7-5676-4063-4
定 价:50.00元

序

丁楚洁

很高兴为苏捷老师的专著作序。

习近平总书记在全国高校思想政治工作会议上强调："教师做的是传播知识、传播思想、传播真理的工作，是塑造灵魂、塑造生命、塑造人的工作。教师不能只做传授书本知识的教书匠，而要成为塑造学生品格、品行、品位的'大先生'。"

与苏捷认识近二十年，同事十二年，看着他从青竹般挺拔俊秀的青年教师，成长为沉稳内敛睿思的科研型教师，心中倍感叹服。二十年的光阴使多少风华正茂、踌躇满志的年轻教师消磨了教学热忱，成为课堂上喋喋不休、教学观念固化的平庸教师。而苏捷在教学科研这条路上走出了自己的特色。

语文是感性的，但语文理性的一面却很少被挖掘出来。

《语文的道与术——教材运用与应试艺术》恰好从理性的思维出发，运用科学的方法，为我们展现了语文理性的一面。

苏捷没有囿于语文学科，而是从思想的层面、哲学的高度，对语文进行了充分的阐释。他运用了哲学观点，把零散的知识点，按照紧密联系的程度串联起来，并形成一个简洁明晰的体系。用"辩证法"来看待语文，不仅指出"教材运用"与"应试艺术"的关系，更揭示出语文本身"思想艺术"与"思维技术"的关系。尝试摸索语文的"术"，达到"大道至简"的效果。

教学改革的根本在于课堂，课堂改革的根本在于教师。苏捷站在文学爱好者、语文教学专业人士的角度，从中学生的体验，到语文教师的发展，来思考语文学科的教学与考试。这恰好与新课标的理念要求，与新高考的引导思路契合。《语文的道与术——教材运用与应试艺术》从本质上探究语文"是什么""学什么""怎么学"的问题。苏捷潜心研究初中、高中多个版本的语文教材，研究中考、高考语文卷，甚至研究高考文综卷和公务员考试卷，把教材运用和测试评估融合起来。光从这一点来看，就很少有人追根溯源，做到这样极致的探究。正是这种宏大的视野和翔实的分析研究，使得整本书能够不落入“大而无当”的窠臼之中，呈现出“具体而微”的别样光彩，展现出“大语文”“系统化”的理念。比如，对于文本的解读，本书使用自洽理论来分析，让我们明白为什么多元解读和标准答案会有冲突，以及冲突的“解”在哪。比如，对于试题的研究，使用的是“切分分析”“因果分析”“对比分析”等理科常用的方法，使得我们对于命题的思路和解题的思维有了更充分的认识，也使得我们对于语文核心素养和思维本质有了更加具体的认识。让我们轻松地享受一场思维的盛宴，语文的大餐。

教学的研究是永无止境的。学习和进步是教师的天职。希望苏捷老师的教研之路能走得更宽更远！

目　　录

道篇

君子务本，本立则道生。

语文绪论：凡事先问为什么

不可否认，语文在诸多学科里的地位特别尴尬。你说它是最重要的吧，也真看不出重要在哪。你说它不重要吧，高考第一科考的就是它，如果考砸了，后面的科目估计也没有什么心情考下去了。更糟糕的是，在学生心里，读不读差不多，反正作为土生土长的中国人，读汉语语文，也真没有办法差到哪里去。但是你说要拿高分，拉开差距，冲刺大学名校，在语文身上努力，又好像很难看到成果。

为什么中国人学汉语语文拿个高分那么难？为什么“我”认真勤奋学语文，结果成绩还比别人差？

我们的教材，几乎每有新学科出现在学生面前时，都有个“绪论”。它帮助学生明了这门学科的内涵、外延、学习目的要求、意义和方法，这对于我们以后的学习有极大的帮助，然而语文教材反而没有。老师在我们小学时讲过“语文绪论”吗？没有！所以，真正的问题是，绝大多数学生到了高中，甚至大学，对于语文到底要学什么，怎么学，学了做什么用，都是一头雾水。所以，我们现在就先来谈谈“语文绪论”。

语文要学什么？首先我们得来理解“语文”这两个字是什么意思。我自己也是在大学英语课上才意识到这个问题的，我们在中学时期，“语文”是“Chinese”，就是“中文”，有这样的理解，自然就会觉得中国人会语文是天经地义的事了。大学是读“中文系”，但是英语教授给出的翻译是“Chinese Language and Literature Department”，这时候我才发现，语文原来是“汉语言和文学”的意思。现在看填报志愿书，发现有个别大学还把中文系表述为“汉语言文字系”。语文，应该理解为“语言和文字”或者“语言和文学”。因此，语文就是要学习“语言”和“文字（文学）”。

当然，如果只停留在这一步，我们还是不清楚语文到底学什么？我们继续。“语言”的性质是什么？是“沟通工具”，这个大家都知道，但是却忽略了更重要的——语言是“思维工具”。我理解这一点，也是在2000年《高中语文教学大纲》出现“思维”这个概念时。发现了“语文是思维工具”，我打开了一扇大门！会数学说明你聪明，但是会语文就不能吗？数学是探索数量变化规律、空间运动关系的思维，语文是基础的思维，不仅是形象的思维，也是抽象的思维，更是逻辑的思维。我们肚子饿了，想吃饭，在这个过程中，我们脑子里不是跳出“-1 + 2 = 1”这样的符号和运算，而是“我饿了，得找东西吃了……吃什么好呢？”这样的语言内容。我们是用语言思考的！

明白了“语言”，我们再来看“文字（文学）”。汉语文字作为象形文字、方块文字，与西方的表音文字、线性文字有本质的不同，这样的不同，既是文化底蕴根基的不同，也是思维模式的不同。汉字既是形象生动的也是富有理趣的，比如“贫”和“穷”。“贫”是因为“分”了“贝”（古代以贝壳作为货币），所以“少了钱”；“穷”造字本义为身居洞穴，身体被迫弯曲、不自由，后引申为生活贫困，缺少钱财。不仅可以直接理解字义，还可以明白背后的思维：资源本来是丰富的，但是分配下去，就显得匮乏了；人本来都是有能力的，但更多的是因为被限制，无法施展出来。而英语“alone（孤独）”和“lonely（寂寞）”，一个是现实状态，一个是心理状态，但是“抽象”摆在那里，我们看不到内在，感受不到意义。理解了这些，我们去学习文言文，理解古汉语，就显得亲切多，容易多了。文学是由文字组成的，我们教材更多的是“文学”。大学教授会说文学是“文学学”“文艺学”，现在我认为“文学”应该说是研究“文本”的学问，所以不限于“文艺作品”，“实用类文本”也是文学。那么我们研究文本要学习什么？很简单就是“思想”和“艺术”。不管“为艺术而艺术”还是“文学为人生”，任何“文本”都有它承载的思想感情和运用的艺术手法。

现在，新课标和新高考都推出了一个热词——“核心素养”。官方的表述，专家的解读很多，但说白了就两样：一种说法就是核心的能力，也就是能力中的能力；一种说法就是有别于其他学科的本质，也就是只能靠本学科才能学到的能力。我用具体的例子说明这个概念，法律系的学生要把所有法律条文背下来可能吗？不大可能，就算能，也没有多大意义。何况法律条文，得在具体案例才能得到清晰的体现，所以律师和法官都得琢磨之前的“判例”，因为这是对条文的实践性操作，这是具体的能力。律师、法官，不仅得把相关法律领域的条文记清楚，还得熟悉案例；对于律师、法官而言，条文是知识，判案是能力。但是，法学生还得学一门《法理要论》，简单地讲，就是法律基于什么思想理论来设计的。明白了法理，即使不记得具体的条文，也不清楚历史上相关的判例，但根据具体的案件，就可以推测可能存在相关的条文，也能够推测当事人在案件中该承担什么责任，拥有什么权利。很明显，能够做到这样，然后再去寻找具体的资料就简便快捷多了。所以，对于律师而言，法理就是"核心素养"。《论语》中有子所说的"君子务本，本立而道生"，可以用来说明"核心素养"。语文的核心素养，从根本上讲是"观念"，具体而言则是对"语言要素"的把握能力和"逻辑思维"的运用能力。从这一点看，语文的核心素养，也是社会学科的核心素养，甚至学习自然学科的基础素养。所谓"高考得语文者得天下"其实就是针对这一点而言的。

我们学习语言，不仅为了更好地与人沟通，更是为了提升自身的思维能力。我们学习文学，不仅为了提升自身的艺术素养，更是为了掌握更多先进理念，培养高尚的情操。

那么，我们为什么要学语文呢？其实明白了上面的语文性质，我们也就明白了学习语文的意义。

首先，学习语文，我们可以学习语言，掌握语言能力，甚至形成自身的语言艺术。

像《季氏将伐颛臾》，我们可以学到孔子"蛇打七寸"的语言锋芒，一直抓住冉有的"虚伪无能""背叛儒家法则"来吊打；《寡人之于国也》，我们可以学到孟子"以其人之矛攻其人之盾"的语言韧性，让一开始就"质疑儒家理论"的梁惠王无话可说，还宣传了儒家思想的实质和措施；《陈情表》，我们可以学到"情理并行""先情后理"的语言策略；《报任安书》中，我们也可以学到"发乎肺腑""忠于理想"的语言核心。

其次，学习语文，我们可以学习思维，学会思考，甚至养成科学严谨的思维素养。

从中考到高考，经常有一种题目，问"写×××的作用"。其实这种题并没有难度，它考核的是思维的完整性问题。举个简单例子，我们问"蛋糕有什么用"？大家都会答"吃啊"。那么这样的答案对不对呢？肯定对但也肯定不完整！蛋糕作为一种食物，本身直接的作用就是"吃"，但是蛋糕作为一种商品，它要卖出去，还得有外在的吸引力啊，比如闻起来很香，吃起来很嫩很甜，而且看起来还特别“美”，所以还有艺术的作用不能忽略。不仅如此，蛋糕作为一种文化产物，在欧美国家，它和中国的长寿面一样，是为庆祝生日而生的，它有自身的“社会意义”，更不要说我们可以拿它给人庆祝生日。所以，思维要完整，此类作用题就不仅要答“写出了什么”，还要答“用了什么艺术手法，取得什么艺术效果”“要前后文有什么关联，如何为主题服务”。这样的答案才是完整的。

有人认为有些语文题是折磨人，是自讨没趣。理解了语文的思维性质，我们就可以理解一些“怪题”的精妙意义了。有这样一道备受诟病的题目：“在我的窗外，有一棵白杨树”，这句话可以有四种理解，下面哪一种最准确呢？A.有一棵白杨树长在我的窗外；B.我从我的窗户上可以看到外面立着的白杨树；C.在窗外有一棵树，这棵树是白杨；D.窗户外面有棵白杨的这间房子，就是我住的房子。

其实只有A明确了原句的两个信息：窗是我家的，窗外有一棵白杨树。原句没有强调“看到”的信息，所以B说“在窗户上看到”就错了；原句说“有一棵白杨树”，并不排除有其他树的可能性，所以C的表述也错；而窗外有白杨树的房子可能不止一套，所以D也是错的。理解了这点，我们才知道原来语文也和数学一样，只有“A = A”才是绝对的。没有严密的表述，何来精准的思维？理解了这个，我们自然明白什么是语言大师。有人嘲笑鲁迅《秋夜》里的一句话“在我的后园，可以看见墙外有两株树，一株是枣树，还有一株也是枣树”，认为这句话表达不够干脆。其实这句话正是语言严密性和艺术性的统一。如果你把它表达成“墙外有两棵枣树”，并不回避“墙外还有四棵梨树、八棵苹果树”这样丰富的景物，那就不严密了。而作者这样准确的表达，还删除了“墙外有草丛有花卉这样的一些可能性”，将“萧条感、匮乏感”强烈地表现出来。“墙外只有两棵枣树”这样表达的确精简了，但是却没有了鲁迅原文那种拖长的语言腔调所表达出来的“悲伤”情感。

再次，学习语文，我们可以学会鉴赏文学作品，感受文学艺术之美，甚至运用艺术手法进行文学创作。

“美”是难的，“艺术”却是简单的。譬如潮州关于陈三五娘的爱情歌谣：绿竹绿竹枝，绿竹种在河溪乾，五娘坐在竹丛顶，“吊渴”陈三在路边。看起来只是古老的平铺直叙，其实品味起来，步步是法，寸寸有道。绿竹的描写看起来只是景物描写，但是写出了故事的环境“有河流淌，有竹苍翠”之美，既营造了充满灵动活力的意境，又为后面人物塑造做了铺垫，而且也秉承了诗经“先言他物”的“起兴”手法。“五娘坐在竹丛顶”，一句话一个动作，可以看出五娘的活泼个性，野蛮姿态，使得人物性格骤然显现，而其反封建的形象特征（回头我们想想为什么韩国电影《我的野蛮女友》那么成功，其实核心就在此）也就出来了。这样，后面“吊渴”陈三就水到渠成了。为什么是“吊渴”，这比现在粗鄙的“撩”高级多了，就是要让你流口水，就是要让你喝不到，保持“渴”的状态，而方式就是“吊”，吊胃口，吊灵魂。古人炼字也是炼到极点了。如此一个反封建，追求自由爱情，“女追男”的故事就出来了。

艺术手法可以说有很多很多，有人归纳过修辞有几百种，但是收缩回来，不过就是“一阴一阳之谓道”，只要运用精妙，繁杂的“渲染”可以乱离人眼，简单的“白描”也可以直抵人心。

最后，学习语文，我们可以体验到人类的共同情感也是个体深层次的真挚情感，我们可以接触不同的世界文化，打破时空限制，接触各种各样的思想观念。

为什么唐代最著名的诗人是李白？为什么李白最著名的诗歌是《静夜思》？因为简单诗句易读，何况从“月亮”里中国人大都能读出思乡，简单的诗句引发了最广泛的共鸣。

为什么人类离不开阅读。“知乎”有个好回答：一天饭钱，就可以买到别人可能一辈子的心血，嗯，值钱的买卖！乾隆皇帝写了几万首诗歌，我们谁能够记得一首？张若虚唯一留下的一首《春江花月夜》却被誉为“孤篇压全唐”，因为这就是他一辈子的心血凝结。我们通过文字，穿越时空，到达很多地方，经历了很多人和事，体验到百般滋味，感悟到种种哲理。阅读庄子的玄谈，“见人所未见，言人所未言”，我们世界变得更加自由开阔；阅读司马迁的史书，“究天人之际，通古今之变，成一家之言”，让我们的人生变得更加坚定执着。

《普通高中语文课程标准（2017年版）》提出：语文学科核心素养主要包括四个方面的内容：1.语言建构与运用；2.思维发展与提升；3.审美鉴赏与创造；4.文化传承与理解。仔细对应一下，就会发现，恰好是我们上面谈的四个方面。

现在我们再来思考“怎样”学好语文的问题。

首先，就是“潜移默化，水滴石穿”。荀子说：“不积跬步，无以至千里；不积小流，无以成江海。”语言文学，体系庞大，内容丰富，必须靠一点一滴的积累，逐渐地才能触类旁通，之后才能融会贯通，形成自己的能力和素养。

其次，就是"学习和思考"相结合。孔子明确地教过我们"学而不思则罔，思而不学则殆"。学一篇文章，要多问几个为什么？为什么写得好？为什么写得不好？为什么要这样写？为什么不那样写？学好任何东西，都要有天赋，也要够勤奋。

最后，就是本书的核心主题：道术兼备。语文不仅要多读多写，多听多说，还要多刷题。"读书百遍其义自见"有道理，"读书破万卷，下笔如有神"也对。但是不要忘了还有一句"纸上得来终觉浅，绝知此事要躬行"。就像富有想象力，天马行空写科幻小说是一回事，具体坐下来做科研又是另一回事。正如在《访李政道博士》一文中，李政道提出的：真正出成果，要靠创新精神，也要靠分析能力。

标准化考试的题目，每一个题型，每一道题都有其设计理念和目的，是用来检验具体实际能力水平高低的。如果我们不清楚语文具体的能力体现在哪里，没有科学的分析、具体的研究，空泛地阅读，随意地写作，量变无法产生质变，到头来只能落得乾隆写诗的结果。

语文的观念：修道明德，立德树人

新课标、新高考都着重“立德树人”，其实语文学科本身就有这样的存在意义：通过文学对学生进行品德修养的熏陶是一种更加亲切自然的方式。品德修养对于一个人的成长有着非常重要的意义，尤其是正在形成世界观、人生观的高中生。其实目前的教材编排、高考命题、教材运用在“立德树人”的引导性方面，问题不大，但是在教材运用、组织教学方面，对“道”的层面，对“观念”的重视程度还可以进一步强化。

老子《道德经》，先有《道经》后才有《德经》，“道”是万事万物的规律，“德”是人类对规律的遵循和运用。先有“世界观”才有“人生观”“价值观”“方法论”。最简单的，我们提倡“社会主义核心价值观”，明显就是基于对马克思主义哲学唯物主义世界观、历史观以及辩证法的理解和运用。如果只是“立德树人”，不谈“修道明德”，等于说只告诉学生该如何如何，却不能让学生明白为什么这样。

阚凯力在题为“信息产品、信息社会与中国的历史责任”的演讲中谈道：助教教知识，讲师解释理论，教授提供观念。观念的价值是非常大的。2008年，我去听一位华东师范大学教授的讲座，当时微博还没有诞生。但是他就讲了一个问题：在竹简时代，是精英写精英读；在纸张印刷时代，是精英写大众读；在网络时代，很可能就是大众写大众读。当时我听了感觉不可能，但是我们可以看到，如今“自媒体”发达，每个人都有自己的传播平台，现在的创作与阅读，早就不是精英垄断的时代了。这位教授的“观念”很先进，因为遵循了马克思主义哲学理论，扣住了“发展”的规律。

所以，如果我们不能重视“道”，没有让学生有“修道”的过程，然后只停留在“立德树人”上，明显不符合学生发展的需要，教育理念也就跟不上时代了。

具体如何改进教材，运用教材来“修道明德，立德树人”，下面再作详细探讨。

第一，要填补教材的“坑”，核心观念、传统文化要全面。

不说别的，作为社会主义核心的世界观，至今我还没有在语文教材中发现。直接谈到马克思主义成就的是恩格斯的《在马克思墓前的讲话》，但是明显太简洁概括了；间接谈到马克思主义对于中国的贡献的，就梁衡的《这思考的窑洞》中谈到毛泽东如何探索研究并实践马克思主义哲学。2016年在哲学社会科学工作座谈会上论述“坚持马克思主义在我国哲学社会科学领域的指导地位”时，习近平总书记曾明确指出：“实际工作中，在有的领域中马克思主义被边缘化、空泛化、标签化，在一些学科中‘失语’、教材中‘失踪’、论坛上‘失声’。这种状况必须引起我们高度重视。”

就我个人理解，直接摘选篇幅较短的《共产党宣言》也好，直接摘选习近平总书记《在纪念马克思诞辰200周年大会上的讲话》也行，甚至还可以利用一些文学作品、科学论著来阐释马克思主义的基本哲学理论。

我认为教材编写人员把传统文化理解为“儒家文化”了。什么是传统文化，正如习近平总书记《在纪念孔子诞辰2565周年国际学术研讨会暨国际儒学联合会第五届会员大会开幕会上的讲话》中谈到的：“要认识今天的中国、今天的中国人，就要深入了解中国的文化血脉，准确把握滋养中国人的文化土壤。研究孔子、研究儒学，是认识中国人的民族特性、认识当今中国人精神世界历史来由的一个重要途径。春秋战国时期，儒家和法家、道家、墨家、农家、兵家等各个思想流派相互切磋、相互激荡，形成了百家争鸣的文化大观，丰富了当时中国人的精神世界。虽然后来儒家思想在中国思想文化领域长期取得了主导地位，但中国思想文化依然是多向多元发展的。这些思想文化体现着中华民族世世代代在生产生活中形成和传承的世界观、人生观、价值观、审美观等，其中最核心的内容已经成为中华民族最基本的文化基因。这些最基本的文化基因，是中华民族和中国人民在修齐治平、尊时守位、知常达变、开物成务、建功立业过程中逐渐形成的有别于其他民族的独特标识。”要注意，这里谈到的“多向多元”的文化。教材编写人员强调儒家文化固然对，但是忽略其他诸子百家文化就不对。最简单一句，道家思想，除了列子的《塞翁失马》，庄子的《逍遥游》，老子本身的言论为什么不见诸教材？《道德经》开头第一句“道可道，非常道；名可名，非常名”就是最契合马克思主义哲学唯物主义理论和“用联系、全面、发展的观点看问题”的。

还有，法家思想是中国本土的“法制思想”源头。法家的“法、术、势”，不仅包含了“法制思想”，还有“依法治国”，依据“形势发展”等先进观念。但是我们的教材中，只能从贾谊的《过秦论》中“当是时也，商君佐之，内立法度，务耕织，修守战之具，外连衡而斗诸侯。于是秦人拱手而取西河之外”，稍微了解一下具体的法家力量。而小学生学《移木立信》，能够理解这是“法家”，积极用“方法”解决问题的核心理念吗？再有兵家，《孙子兵法》备受全世界各国推崇，甚至成为美国军校的必修课，但我们教材中却一篇都没有。只节选了苏洵的《心术》，还是放在“备选篇目”中。即便是人教版高中教材中的《先秦诸子选读》，选了墨子、韩非子的文章也没有涉及这些内容。至于老子，只选了“有无相生”一节，虽说是朴素辩证法的具体阐释，但明显缺失很多。

第二，教材要落实先进观念，教师要讲好先进观念。

我们总会听到“观念落后”这样的话，却不知道这个问题很严重。“观念”是最根本的东西，观念落后了做事不仅事倍功半，而且还可能和目标南辕北辙，甚至使人步入歧途。

先进观念，就像十九大提出的“习近平新时代中国特色社会主义思想”，因为契合外在的时间、空间，内在的“发展”需要，所以具备真理性，因为具备真理性，所以具有可行性、有效性。

第三，要系统地传播观念，先立德后树人。

我曾经仔细研究过人教版语文初一教材、高中教材，以及粤教版高中教材里的《论语十则》，发现人教版初中教材侧重儒家的“学习方法”，高中教材基本上也是“学习观”和“修身养德”方面的内容，再结合高中教材中荀子的《劝学》基本上应该是形成了“学习观”和“学习方法”的承接和递进，对于儒家“学习观”应该有了比较全面地掌握；但是高中部分，人教版侧重道德规范，却忽略了对儒家思想的进一步了解。相比之下，粤教版侧重对儒家“仁、礼、乐”的全面阐释，粤教版的《〈论语〉选读》还设计了“人生篇”“情操篇”“伦理篇”“治学篇”四个板块。

《论语》的整体背景就是“礼崩乐坏”。具体可以借助《论语》中的一句话来了解。“孔子谓季氏：‘八佾舞于庭，是可忍也，孰不可忍也？’”君臣父子的秩序被破坏，一个家臣居然享受天子的“礼乐”，所以孔子的目的就是要“恢复秩序”，这从《礼运·大同篇》《季氏将伐颛臾》中都可以看到。孔子具体提出的核心思想就是“仁”，在粤教版《论语十则》中，有充分的展示：

颜渊问仁。子曰:“克己复礼为仁。一日克己复礼,天下归仁焉。为仁由己,而由人乎哉?”

樊迟问仁。子曰:“爱人。”问知,子曰:“知人。”

子曰:“夫仁者,己欲立而立人,己欲达而达人。能近取譬,可谓仁之方也已。”

子曰:“知者不惑,仁者不忧,勇者不惧。”

子曰:“志士仁人,无求生以害仁,有杀身以成仁。

在“仁”的基础上，孔子又具体地展示了“礼乐”的思想。子曰：“人而不仁，如礼何？人而不仁，如乐何?”这句话讲的就是“礼乐”以“仁”为基本。那么具体礼乐呢？有子曰:“礼之用，和为贵。先王之道，斯为美；小大由之。有所不行，知和而和，不以礼节之，亦不可行也。”有子，作为孔子弟子，明显是讲到了重点：不能为了“礼”而“礼”。重点不是具体的形式，做事的目的是为了“和”，维持“和谐状态”。所以，我们才要求同存异，才要尊重他人的宗教信仰和民族习俗，而不是拿自己的“礼法”去束缚别人。因此，我们才在国际事务中，讲究“有理、有利、有节”，主张“双赢互利”，这就是“和”文化的理念和力量。儒家和法家的不同，就在于儒家核心要求是内修“仁政”，外行“礼治”，而不是靠严厉的政令刑罚。子曰：“道之以政，齐之以刑，民免而无耻；道之以德，齐之以礼，有耻且格。”当然，我们要明白光靠“礼”是治不了天下的，古代如此，今天更加如此。所以我们要提倡“和文化”，也要坚持“依法治国”。

第四，教师要充分运用教材，弘扬传统文化，倡导先进文化。

老师们在备栗良平的《一碗清汤荞麦面》一课时，会看到这样一则资料：1997年，受亚洲金融风暴的冲击，三星的产业状况跌入低谷，月亏损达1700亿韩元。在此紧要关头，三星集团会长李健熙请副会长尹钟龙面向45 000名员工朗读《一碗清汤荞麦面》，号召员工学习书中母子三人面对逆境坚忍不拔的精神，团结一致，渡过难关。不到10分钟，台下已是唏嘘一片……员工从这个小故事中受到了莫大的鼓舞和感召。2003年三星集团营业额约965亿美元，品牌价值高达108.5亿美元，在世界百大品牌中排名第25位，连续两年成为成长最快的品牌。2004

年，三星盈利104亿美元，创公司35年来的纪录。在此企业欣欣向荣的时候，三星集团会长李健熙再次组织全体员工学习《一碗清汤荞麦面》，号召员工向书中面馆老板夫妇人性化的经商之道学习。

文学的力量，语文课的价值，观念的意义，几乎都可以通过这个案例展现出来。关于家人团结，奋发向上的精神，自不待言，学生读了也会深受感染；而文章中另一个角度——企业的“经营之道”，也是值得学习推崇的。在《一碗清汤荞麦面》一文中，老板夫妇的经营是卓有成效的，从最初（母子三人第一、二次吃面）时，只有夫妇俩在经营，到第三次时规模的扩大，有了雇工（文中提到“雇工们下班走后”），到“因为生意越来越兴隆，店内又进行了装修”，到成为“一条街商店会的主要成员”，甚至在平时冷清的大年夜，还有很多亲友、近邻、同行来店里相聚。可以看出这一路走来，老板夫妇的经营的确是相当成功的。

首先，在母子三人第一次到店里吃面时，从老板夫妇的反应中可以得到一些启示。三个人吃一碗面，而且是在即将关店的时候，怎么说都是不受欢迎的。所以母子三人的态度是“怯生生”的。可是，老板娘的回答相当清楚，而且还非常客气，“行啊，请，请这边坐”，还把他们领到靠近暖气的二号桌，还给他们那碗面中加了半堆面。很明显，这却是老板夫妇成功的一个关键基础：不仅对于顾客一视同仁，努力给顾客提供最好的服务，甚至还尽量让顾客得到满足。这就是真正的“顾客至上”。

其次，在第二次吃面时，老板娘提出“给他们下三碗”，但是老板的回答是“不行，如果这样的话，他们也许会尴尬的”。老板还是只加了半份面。为什么呢？这也是对顾客的尊重，尊重的是顾客的“自尊心”。在《父亲给我上的一堂课》的一文中，作者也提到一个问题：生意“不只是生存和销售”。“父亲”明知道一个衣着破烂的小男孩无法买自己玩具店中的任何东西，但是却让小男孩以身上仅有的两角多钱买走一辆价格几块钱的玩具飞机。小男孩想给自己的兄弟买圣诞礼物，他买到的不仅是礼物，还买到对自己“力量”的“信心”。《一碗清汤荞麦面》中面馆夫妇振奋母子三人斗志的，也是因为同样的原因。

在第三次吃面时，老板夫妇估计母子三人还会来，不仅把已经涨到200元一碗的面，改成原来的150元的价格，而且还为他们摆上“预约”的牌子。在听到他们感人的对话后，躲到柜台后擦着夺眶而出的眼泪。这不仅是尊重客人的心理，而且还尊重客人的“隐私”。让客人可以在自己的店里，安心地谈话，而不会因为自己站在一边而欲言又止。

不仅如此，我们还可以思考一个问题：面馆夫妇为什么要预约“二号桌”给母子三人，他们对母子三人表示尊重的方式，就是给母子三人最好的，而且是最熟悉的。这一点也非常重要！为什么我们在过各种纪念日时，总会预订特殊的地点、特殊的位置，就是因为我们特别珍惜那些不变的东西。熟悉意味着亲切，这是顾客对企业、商家眷顾的基础。当年不少美国人居然为可口可乐换包装而向可口可乐公司示威游行，或许就是这个道理。

最后，面馆老板夫妇成功的关键，在于他们对“二号桌”的保护。“北海亭面馆因为生意越来越兴隆，店内重新进行了装修。桌子椅子都换了新的，可二号桌却依然如故，老板夫妇不但没感到不协调，反而把二号桌安放在店堂的中央。”而且还说“这张桌子是一种对自己的激励”。母子三人的故事由此传开，以至“有人特意从老远的地方赶来，有女学生，也有年轻的情侣，都要到二号桌吃一碗清汤荞麦面。二号桌也因此名声大振”。用我们现在时髦的话说，就是面馆夫妇挖掘了“自己面馆的文化”。我国有“及第粥”“状元面”等，很多顾客也是冲着这些故事而来。老板夫妇能够得到这样的“招牌文化”，得益于自身的“商业文化”，是自身素养的延伸，自身文化的结果。

第五，教材中不容错过的“观念”。

教材中还有很多内容可以被挖掘、被利用，我认为最重要的是“生命观”“使命感”。2018年3月，一个六年级的学生小邵同学，因为一篇题为《沙漏》的作文，而广为人知。文中有一句话，“如果将我出生的那一刻定义为拥有全部时间的话，时光确实从我手中流逝了；但如果将我死去的那一刻定义为我拥有了自己全部时间的话，那么，我一直都未曾失去过时间，而是一直在获取时间”，这其实就是“生命观”的问题。我看到小邵同学的文章，就马上想到了苏轼的《前赤壁赋》“逝者如斯，而未尝往也；盈虚者如彼，而卒莫消长也。盖将自其变者而观之，则天地曾不能以一瞬；自其不变者而观之，则物与我皆无尽也”。准确来说，小邵同学的句子和这句话一样，都是一种“艺术上对生命难题”的消解，并不是具体的实际的解决方式。《兰亭集序》讲述了这样的问题，“古人云：‘死生亦大矣。’岂不痛哉……固知一死生为虚诞，齐彭殇为妄作。后之视今，亦犹今之视昔，悲夫!”其表述与比尔·盖茨在湖滨中学就读时，在日记本上写下“生命就像一间着火的房子，我们要做的就是从里面抢救出更多”，还是有差距的。

“生命美好而短暂”这应该是每个人都有的基本观念。那么，具体该怎么做呢？那就是要有“使命感”。司马迁《报任安书》就是这样的典范教材。司马迁因为仗义执言，替降敌的李陵说了句公道话，就被汉武帝判处死刑。汉代躲避死刑有两种方法，一是拿钱赎罪，一是接受宫刑。司马迁作为史官没有钱，但是他并不是贪生怕死才接受宫刑而躲避死刑。因为他很清楚，接受宫刑活着，忍受耻辱活着，会活得很痛苦。因为连底层人都懂得“不能受辱”，何况接受宫刑还“辱没先人”。接受了宫刑之后，司马迁自言：“仆以口语遇遭此祸，重为乡党所笑，以污辱先人，亦何面目复上父母之丘墓乎？虽累百世，垢弥甚耳！是以肠一日而九回，居则忽忽若有所亡，出则不知其所往。每念斯耻，汗未尝不发背沾衣也。”“所以隐忍苟活，幽于粪土之中而不辞者，恨私心有所不尽，鄙陋没世，而文采不表于后世也。”他希望和历史上那些唯倜傥非常之人一样。按照司马迁列出来的名单（姬发、孔子、屈原、左丘明、吕不韦、孙膑、韩非），那可都是堪称中国传统文化的脊梁的人物。所以，他为了伟大的事业，为了能够“究天人之际，通古今之变，成一家之言”，他忍辱负重，苟且偷生，给我们留下了“史家之绝唱，无韵之《离骚》”。注意，他的理想不是写一本历史书而已，而是要探索自然与人类社会的关系，理解古今变化的规律，阐述自己的历史观（司马迁首创“纪传体”，这本身就是“英雄改变世界”的浪漫主义史观）。所以，生命短暂而美好，就应该带着自己的独特使命而活着，这才是真正“人生观”的基础。

司马迁这种“忍辱负重”往往也被贴上儒家的标签。其实道家的思想不仅与此没有冲突，反而是“圆满人生”的必须补充。

在粤教版和人教版教材中，有庄子的《庖丁解牛》《秋水》《逍遥游》等文章。老子的世界观、真理观是正确的，甚至放在今天的物理领域很多还是先进的；但是他的方法论和孔子的方法论一样是有局限的，老子知道“辩证法”，但是却只看到了“退的力量”，忽略了“进的力量”。庄子和孟子一样，都是更加成熟的实践哲学家。庄子谈《庖丁解牛》，讲的是什么？讲的是“养生”之道。更准确地说，应该是“工作”“事业”之道。庖丁是个职业牛屠，但是他“所好者，道也，进乎技矣”。也就是说，他尊重规律，增益技艺。放在具体工作上，就是不断探索工作中遇到的种种规律，不断熟练工作技艺，提升自己的工作能力。即我们现在所说的“工匠精神”。因为这样，平凡的牛屠，成了国君仰慕的人才。因为工作能力超凡，所以庖丁工作不费力，获得了更大的成就感，这是幸福的根本。如果浑浑噩噩过日子，工作能力没有提升，又不懂探索规律，整天受着“西西弗斯的罪”，怎么可能有幸福感可言。

《庖丁解牛》讲的是“成功的事业”，《逍遥游》讲的是“自由的心灵”。合起来就是普通人的幸福之道。

真正的自由，应该是“心灵的自由”！庄子说得很清楚“至人无己，神人无功，圣人无名”。只有放下自我的贪婪和偏执，把自己放进社会，放进全人类，自我才是永恒的；只有放下立功立名的执念和追求，才能真正地释放出才华和能量，不然不仅难以有所成就，还可能会担上“心理包袱”，惹上“抑郁症”。

庄子有句话：物物而不物于物，则胡可得而累邪！把《庖丁解牛》和《逍遥游》合并起来，我们就可以得出一个完整的人生方法论：驾驭物质，却不要被物质驾驭；尊重规律不断提升自我，把工作做出境界来；用自由的心灵去思考、去生活，活出自由来。

再具体点，由圣人到贤人，古人还提供了处理困难的方法和应对敌人的招数。

柳宗元的《段太尉逸事状》就是最好的教材。我们要有原则、要有底线，要讲谋略、要讲方法，因为我们面对的人和事都是千变万化、纷繁复杂的。柳宗元不仅文采斐然，也是一代能臣，即便在朝廷无法推行改革，到了地方依然为发展地方经济、改善百姓生活做出了贡献。他所推崇的段秀实，自然有值得赞叹的地方。

《段太尉逸事状》中，记叙了段秀实一生中的三件事，加上教材注释，总共是四件事。这四件事，看起来不是同一人所为：

第一件事勇服郭晞。郭子仪平定安史之乱，郭晞地位显赫，身兼尚书之职，兼任行营节度使，纵容士卒侵扰市集，并且撞死孕妇。连上级都解决不了的问题，但段秀实却做到了。他先把那些士卒依法严办，然后亲自登门问罪于郭晞，让其俯首认错。第二件事仁愧焦令谌。这件事明显在前事之前，焦令谌强占农田，明知大旱失收，还逼迫农夫交租。农夫无奈求段秀实解决。段秀实委婉恳求焦令谌，反而招致农夫被打。段秀实只好将自己骑的马卖了给农夫还租。第三件事节显治事堂。这应该是发生在第一件事之后。段秀实升迁到京城当官，一开始就预测朱泚有野心，可能会收买自己，强调家属不能收他送的礼。结果女婿不得已收了，段秀实无奈只好将礼物栖之梁本。第四件事拼杀朱泚，这是注释里提到的事，因为唐时人尽皆知，而文章作为“逸事”所以没有提出。朱泚造反，想拉拢段秀实，而段秀实不仅当场责骂他，还拿笏版砸得他头破血流，结果当场被他手下杀害。

这四件事，有的看起来“有勇有谋”，有的看起来却很“窝囊”，有的看起来还很“冲动”。但是我们仔细掂量，就会发现，所有的事段秀实都做对了，而且他从始至终都是“有勇有谋”的。他不仅敢动手杀了郭晞十几个士兵，还敢亲自跑到军营里去，凭借智谋让郭晞和士兵不能私下了结自己，这里体现的有勇有谋容易理解。但是对付焦令谌呢？要注意，接受农夫对焦令谌的控状，并且下判决书，这就是“勇”；他不卖古董家具，不借钱，却偏偏卖马，其实也是“谋”，因为一个官员出门没有马，很快就会在官场引发舆论，最终才有焦令谌被骂的事。对于朱泚这样的上级送礼，他提前预知，所以是对政治动态的了解，这是“谋”；对于收下的礼，既不退也不收，而是放到办公厅，这也是“谋”；最后，看起来冲动，敢于以死相拼，“勇”自不待言，“谋”呢？很简单，朱泚看重段秀实的不仅是他的才能，还有他的影响力。段秀实以死相拼就是向天下人宣誓自己的态度，一死才能让朱泚尽快倒台，拨乱反正，这也是“谋”。

所以，段秀实人生就这四件事，不仅为唐王朝“立功”，为自己“立名”，还为后世“立德”。这个“德”就是遵循客观规律，用对了方法，做对了事。而归结起来就是中国传统君子奉行的“外圆内方”：忠君爱民是原则，是底线；具体的行为措施，因人因时因势而变化。有原则，所以不会动摇，不会迷失方向；随机应变，所以能够实现“伤害最小化”“利益最大化”。

苏洵是个文人，但是面对北宋长期积弱的状况很是担忧，对于军事做了研究，并且撰写了《权书》。我上这一课时，要求学生理论联系实际，思考一下《心术》（节选自《权书》）对于自身的学习备考有什么指导作用。

比如“为将之道，当先治心。泰山崩于前而色不变，麋鹿兴于左而目不瞬，然后可以制利害，可以待敌”，之所以说这是当军事长官的原则，就是因为恐惧心理、好奇心是人的天性，甚至是潜藏在人类身上不可逆转的基因、本性，但是面对突发事件，面对敌人和困难，控制自己的自然本性却是最重要的。遇到火灾，消防员都会教“火灾临头莫惊慌，逃生报警两不忘”。

比如“凡兵上义；不义，虽利勿动。非一动之为利害，而他日将有所不可措手足也。夫惟义可以怒士，士以义怒，可与百战”，放在学习上，就是要树立正确的学习目标，因为学习本身也是一场“持久战”。一个向欧几里得求学几何的学生问："学后能够得到什么？"欧几里得说，给他三个钱币，因为他想在学习中获得实利。很明显，如果只是想着读书为了赚钱，那么随时可能因为赚钱的机会，或者因为读了很久书仍赚不到钱而放弃读书，这样肯定是读不好书的。

又如"凡兵之动，知敌之主，知敌之将，而后可以动于险。邓艾缒兵于蜀中，非刘禅之庸，则百万之师可以坐缚，彼固有所侮而动也。故古之贤将，能以兵尝敌，而又以敌自尝，故去就可以决"，这一段话是对"知己知彼，百战不殆"的具体演绎，不仅具体说明了"知什么"，还阐明了"怎么知"。知道，不仅是对敌人将领的了解，还有对敌人君王的理解。因为中国历史上不乏智勇双全的名将，但是更不乏愚蠢自私的昏君，如姜维之于刘禅，岳飞之于赵构，袁崇焕之于朱由检。名将能够卫国，但昏君能够误国。所以读书考试，不仅要知道考试试题的整体范围（考纲），试题具体设计的特点（考核方式），更要知道考核的核心思路（教育的方向，如现代高中语文教育更倾向于培养思维能力、学科素养）。不然知识扎实，也可能考不出好成绩来。学生知道为什么要考试，关键是明白通过考试来考查自己的学习情况。如果不懂得考试的意义和目的，就无法真正地学习。

这样的教学不仅可以让学生了解军事理论的实际运用，也可以启发学生"触类旁通""举一反三"，形成良好的学习习惯，提升学习的能力。

当然，我们的人生观和方法论，不能总是"退而求其次"。所谓"修道"，就是"领悟更高更广泛更精确的规律，提升自我境界的路途"。因为人生的境界不同，视野就不同。王之涣《登鹳雀楼》中的"欲穷千里目，更上一层楼"，王安石《登飞来峰》中的"不畏浮云遮望眼，自缘身在最高层"，都在说明一个重要的问题，只有努力向上攀登，才能活得更精彩。否则只会活在无知、无能、无趣的世界，看不到人生、世界和自己。

此外，我认为教材目前最缺的是有关"科学思维和方法"方面的素材。

翻翻目前现行的所有教材，只有选自沈括《梦溪笔谈》的《采草药》，选自纪昀《阅微草堂笔记》的《河中石兽》，还有庄子《逍遥游》、荀子《劝学》中的一些小实验。粤教版的爱因斯坦《我的回顾》没有突出其优秀的理性思维根源。我认为应该增加一些科学家的经典著作节选，比如爱因斯坦的《自述》、图灵的《计算机与智能》、费曼的《底层的丰富》、薛定谔的《生命是什么》。这些作品不知开启了多少科学家的科学兴趣，创造了多少卓越的科学成果。学生在语文课上没有接触这些，如何对科学产生兴趣，如何培养科学理念和思维呢？

论述类与实用类文本阅读：见世界，见众生，见自己！

笨而懒的老师，只知道“教学目的”，把需要教的东西塞给学生了事；自作聪明的老师，只知道“上课要有趣”，虽然学生学得很开心，但其实却没有学到什么。真正的好老师明白，课文和现实生活一样，乏味的内容占大多数，重点是让学生在乏味中找到兴趣，这样才能确保既学到东西，又有长期学习的动力。

论述文，我最推崇王则柯的《钱》，这篇文章真是好啊。提出观点不难，提出问题稍难，揭示发展规律才真正难。王则柯的《钱》不仅把“钱”的发展脉络讲清楚，让我们对“钱”有宏观的理解，更能够通过揭示“发展规律”和“背后问题”，证明了“亚洲世纪的来临”这一说法并不妥当。何况，这篇文章是1999年12月29日刊登在《南方日报》上的，20年过去，我们现在来读，依然感触颇深。所以，就这篇文章引入时，我们就要让学生明白这类文章的实际意义：不仅传授知识，还传播观念，指导自己对现实世界做出正确的判断。

学习论述类文本，主要有两个任务：一要贯彻的是“语言和逻辑”，因为是学术类文本，所以语言表述要求“严谨”，逻辑关系要求“严密”；二要落实的就是“发现”，找到具有启发性意义的“观点”，并梳理清楚脉络。

语言的“严谨”具体体现在以下三个方面：

首先是词语的限定，比如“我国古代文明发达，经济活动也曾长期走在世界的前列”。这句话里有两个很重要的状语：“曾”和“长期”。这不仅说明我国古代经济“曾经”居于世界前列，而且“很长一段时间”都是如此。虽然这些状语并不是句子的中心，如果按小学的“缩句”处理，它们就没有了。但是作为高中生阅读的要求，不仅要把握要点，而且要明确“细节”，要有清晰敏锐的把握能力。只有这样才能够分辨出细微的差别，准确把握文章真正的发展脉络、具体的观点。比如后面的段落中，讲到北宋的“交子”。“最初是由四川商人联合发行的，基本上只在四川境内流通，因为可以随时兑付，迅速得到社会承认。”“官府立即设立专门机构，发行‘官交子’，流通范围扩及各地，虽然名义上仍可兑付，实际上基本不能兑付，其信用仅由官府强制保证。”北宋“交子”与“官交子”的区别都体现在细节上，都在具体的词语中：主体而言，一是商人，一是政府；范围而言，一在四川境内，一是扩及各地；兑付而言，一是随时兑付，一是名义上可兑付，实际上基本不能兑付。从这一细节上我们就可以看出，钱越发脱离“实际物质”基础，就越朝“信用符号”的方向发展。

其次是观点的表述，比如“从钱的角度，探讨一下其中的经济学脉络，可以让我们在‘亚洲世纪到来’之类的说法面前保持清醒”。这句话不仅阐述了文章的“角度”“途径”，还有“阶段性目标”“最终目的”。从学术的层次来看，证明一个观点，可以有很多的角度，很多的途径，证明的过程可以直接，也可以间接。在我们读者看来，这样也可以帮助我们清楚文章的脉络。

最后是前后的衔接，比如“‘钱’变为‘纸’，表面上轻了，实际上重了。最近一千年人类的经济活动，就是围绕着那张轻薄的‘纸’展开的”。这是个过渡句，很容易辨认，但在论述类文本中，它在提醒内容的转换。因为高中阶段教学素材的篇幅明显加大，篇幅大了，信息量一般也就加大，不像初中和小学那样，基本围绕一个观点而展开论述。前面讲“钱”的发展，后面就讲围绕“钱”展开的“经济活动”。一是“物”，一是“事”，完全不同。

从“逻辑”来看，逻辑的严密主要指的就是“因果关系”。你说“钱”变轻了，到底是怎么一回事？这是个过程，需要罗列出一二三来，然后要让人明白一比二重，二比三重才行。一千年来人类的经济活动是围绕钱展开的，那么是如何展开的，也得说明白。要对亚洲世纪到来的说法保持谨慎，那么理由又有哪些，更得说明白。尤其是这种逻辑缜密的论述文，必然展现出作者庞大而又清晰的思想脉络和思维方式。如果无法理解其逻辑的严密性，自然文章就散得没法读了。

明确了这些，我们就可以直接列出问题，让学生带着问题去读文章，然后找到答案，毕竟也是高中生了。当然，也要引导学生运用“圈点划”的方法，边读边及时对文章进行消化处理，再根据标注的内容，迅速整理答案。

按照前面的例析，我们可以明确文章《钱》的三个重要观点。具体如何把依据和脉络找出来呢，可以通过下列三个问题来寻找。

1. 梳理文章的“钱变轻了”的发展脉络，以及围绕着“钱”展开“经济活动”的发展脉络。

钱从“兽皮、贝克、铁块”到北宋的交子，元代的“中统元宝钞”，明代的“大明宝钞”，到清代山西票号的“银票”，到金融电子化、货币符号化，是顺着使“钱”尽可能方便的叙述逻辑而展开，直至“钱”真正看不见。

围绕着钱，欧洲各国开启航海时代，为了和中东、中国贸易，他们到非洲美洲掠夺黄金白银。二战后，因为贸易可以使人们获得钱，科技让经济活动的“蛋糕”更大，所以大家不轻易动武，但是彼此之间依然存在着竞争和掠夺的关系。

2. 为什么要对“亚洲世纪的到来”这种说法保持谨慎的态度？

现代社会主要是“科技经济”的时代，而发达国家在这方面毋庸置疑占据优势。因为发达国家占据着金融市场，世界上的大部分“钱”在它们手里，另外还有一个重要的因素，那就是国内市场的容量，美国是最大的。

3. 为什么说新千年我们要面对“钱灾”的挑战？我们应该如何应对“钱灾”？

在国际经济关系中，人们以“钱”炒“钱”，“钱”越炒越热，终于升腾为“泡沫”。对钱和财富的追求曾经推动并且将继续推动历史的发展，但是需要必要的制度建设来规范。

当然，更重要的就是要“理论联系实际”，让学生真正明白论述类文本的实践意义，理解国家一些战略性措施。老师可以提出一些问题让学生思考，让其运用文章的内容来解释，如：

1. 我国已经拥有香港这样的世界金融中心，但为什么还要发展上海作为世界金融中心（2017年上海已经基本确立了以金融市场体系为核心的国内金融中心的地位）？

2. 自2016年10月1日起，人民币被认定为可自由使用的货币，并作为美元、欧元、日元和英镑之外的第五种货币加入SDR货币篮子。这一事件意义何在？

3.2018年4月16日美国商务部宣布，未来7年将禁止美国公司向中兴通讯销售零部件、商品、软件和技术。这一事件暴露了什么问题？

4. 改革开放以来，中国国内消费市场日益壮大。伴随着中国经济的发展，中国居民消费水平有所提高。1978年，我国居民消费总额为1759.1亿元人民币，到2016年，我国居民消费总额已达到293 443.1亿元人民币。2018年，中美贸易战爆发。这一数据对中美贸易战有何影响？

通过对这些实际问题的思考，既可以帮助学生理解论述文本的“知识力量”，也可以提升学生阅读能力、思维能力、理论实践能力。最重要的是让学生以后可以耐住寂寞，认真读完论述文，并且关注国家社会大事，适应时代发展需要，更好地为自己人生进行策划和定位，为自身的生存和发展做好思维铺垫。

1999年发表的《钱》，让我们领略到论述文的力量，让我们知道“规律”的力量，帮助我们理解世界经济。比尔·盖茨的《足不出户知天下》则是眺望“科技的未来”，帮助我们理解科技的发展。作为科普文，盖茨这篇文章也是值得重视的。

在《足不出户知天下》一文中，盖茨对科技在日常生活中的运用进行了多种设想，并且有的很明显都成了今天的“事实”。盖茨还准确地指出：“一些幻想家正在预言在下一个十年里，将用许多机器人到处来回走动，帮我们处理各种家务事。我当然没有准备接受那种观点，因为我认为在机器人实用之前会要过许多个十年。我唯一期望能看到的，是不久将广泛应用的智力玩具。孩子们能对它们编程序来对不同场景作答复。”很明显，盖茨对于科技发展速度的把握还是挺准确的。人工智能虽然发展迅猛，但是20年过去了，机器人广泛进入人类生活还未能启动，不过编程玩具倒真的很时髦。“智能手机”“网络游戏”“自动售卖”“大数据”“智能监控”，都是现在的科技基石。所以，读这篇文章，可以帮助学生思考知识的力量。

盖茨能够做到这点，就文本来看，那是他努力“探索、尝试”未来的结果。盖茨懂得接受前人的启发，“1925年，报纸业巨头威廉·兰通夫·赫斯特搬进他的加州城堡桑西梅瓮时，他想拥有现代技术中最好的一切。那时调收音机定台是让人尴尬又浪费时间的，所以他在桑西梅瓮地下室里安了好几个收音机，每个收音机调到一个不同的台，喇叭线接到赫斯特三楼的个人套间里，被排在一个15世纪橡木壁橱里，一按电钮，赫斯特就能听到他选的台。在他那个时代这是个奇迹，而如今这已是每辆汽车收音机的标准特征”。盖茨自己的做法是：“我现在正在构建一所房子，我想尽量在这房子里面预见近期的未来。我房子的设计和建筑都有点领先于时代，但也许它预示着家庭未来的情况。”他对自己房子的设计和探索，其实也是如今电器厂家在努力发展、推广的“智能家居”。

盖茨的智慧，源于他对科技的热情，还有他的科技理性。他乐观地认为，“对信息高速公路的种种担心之一，是它将会减少人们用于社交的时间。有人担心‘家’会变成舒适的娱乐场所，使人再也离不开它，并担心安稳地待在我们的私人圣殿中，我们会被孤立起来。我认为这种事不会发生”。此外，盖茨对于技术的认知是相当理性的：应当毫不含糊地显示出技术只是仆从而非主人！这对于我们理解科技对人类的“反作用”具有巨大的意义。

所以，从盖茨《足不出户知天下》一文中，我们可以理解阅读。阅读这些看起来枯燥乏味的科普文，其实对于学生成长具有很大的意义和价值！当然，我们在阅读过程中，不仅要读出信息，还要读出方法，更要读出规律，这样才能发现更广阔的世界，更遥远的未来。

粤教版教材还选了沈致远的《说数》。其实这种“基础学科”的科普文章，更值得让学生用心学习。文章很容易读，因为作者花了很大的工夫，用了很多生动的比喻，联系了很多生活中具体的例子，甚至还写了一些有趣的诗歌，来帮助我们理解“数”：“自然数1、2、3……是数学之起点，其他所有的数都是从自然数衍生出来的。自然数的实物原型可能是十个手指，否则我们不会采用十进位制……自然数均为正数，负数之引入解决了小数不能减大数的困难……负数也是有原型的，欠债不就是负资产吗？所以负数概念的形成恐怕与人类早期的商业借贷活动有关……零是数学史上的一大发明，其意义非同小可。首先，零代表‘无’，没有‘无’何来‘有’？因此零是一切数之基础……零的原型是什么？是‘一无所有’还是‘四大皆空’……分数的引入解决了不能整除的困难……分数当然也有原型，例如三人平分一个西瓜，每人得三分之一。”就这样，从自然数、负数、零、分数、无理数到复数，作者讲述了“数”的历史发展，让我们看到了“数”的发展规律，这和我们对世界的探索和了解一样：“从无到有，从简到繁”，越来越丰富！沈致远最后还指出，“从自然数到负数和零，再到分数、无理数和复数，数的发展史是否还有更新的篇章？我们且拭目以待”。

沈致远不仅指出了“数”的发展规律，更重要的是指出了“数学的本质意义”。作为学生，如果不明白“数学的本质意义”，只知道学数学是为了考试，那么“数学”是没有魅力的。“数学”的魅力就在于沈致远在文章里面明确指出的，它“与现实世界”是一一对应的关系。2018年8月，有一则热门的科技新闻《只有八维数字，才能还原宇宙的本质?》。其作者是剑桥大学的数学物理学家科尔福瑞（Cohl Furey），他正在寻找粒子物理标准模型和八元数之间的联系，而这很可能是解释目前人类能力所及的宇宙的一条可行路径。我们研究“数学”，探索“数的规律”，重点就是为了理解世界，解释宇宙。

只有明白了科普文的意义，学生才能够产生热情，用心去读；才能克服乏味，发现乐趣；才能终身学习，发现自我；才能明确定位自己，找到人生的方向。这才是“教育”最重要的事！

“见世界”，大的方面指的是接触先进的文化，理解自然和社会的规律。小的方面就是指要跟上时代的步伐，这也是新高考积极引导的一个教育教学方向。高考实用类文体，2017年、2018年开始侧重“新闻”“报告”混合的“非连续性文体”，其实强调的就是利用“权威信息”去发现世界。自媒体毕竟无法做到“权威”新闻媒体的“广度和深度”，我们自己狭隘的经历和体验，可能无法触及如此广阔无垠的世界。“报告”，不管是科学报告、调查报告、政府工作报告，最基本的都是基于“调查统计”，有实际的数据，有专业的评估，同样也有较为可靠的信息来源。

作为教材的“新闻”，除非是使用“电子教材”或者教师“自备教材”，否则“新闻”一进书本就成了“旧闻”。当然，粤教版选择的陈锡添《东方风来满眼春》一文，其发布当天就是“旧闻”，所以特别适合作为“新闻”教材。

新闻，在专业教材里不过就是“五W”：When Where Who What Why（时间、地点、人物、事情、原因）。读一则新闻，发现这些关键信息不难，问题是要让学生明确“为什么这些信息很重要”。从这一点来看，《东方风来满眼春》这篇新闻恰好能够起到这样的作用。

首先，事件发生在1992年1月19日到23日这几天的时间里，但是《深圳特区报》发布时间是1992年3月26日，足足是两个月后，这就非同寻常了。如果再结合这则新闻是“邓小平同志南巡”这样的国家大事，而之前却没有见诸其他有分量的报纸，就更是奇怪了。还有，1992年，正如原文所说的是“在我国社会主义现代化建设的关键时期”，这已经是改革开放进行了“十二年”之后的事。我们要理解这一点，不仅要联系到当时邓小平同志已经退休，还要联系到当时国际社会的风云变幻（苏联解体，东欧裂变）。只有这样我们才能够理解邓小平同志作为“改革开放”的总设计师的贡献，特别是在关键时刻“力挽狂澜”“一锤定音”的贡献。

其次，地点是“深圳”，文中有一段话帮助我们理解为什么邓小平同志要重访深圳。“众所周知，邓小平同志是创办经济特区的主要决策者……深圳特区是邓小平同志亲自开辟的最早的改革开放的试验地之一。它的发展情况，小平同志当然十分关注。”而且邓小平同志走的“地点”明显也是富有代表意义的，“市区”看整体市容，“深圳大桥”眺望香港，“世贸中心大厦”感受深圳速度（三天一层楼），“中国民俗文化村”和“锦绣中华微缩景区”看旅游发展……

再次，人物是“邓小平同志”，是“中国改革开放的总设计师”。文中对他的描述很多，很具体，很细致：他，身体十分健康，炯炯的眼神，慈祥的笑脸，身着深灰色的夹克、黑色西裤，神采奕奕地步出车门……千里迢迢，舟车劳顿，市负责人劝他老人家好好休息。但是，邓小平同志却毫无倦意。他说：“到了深圳，我坐不住啊，想到处去看看。”“……散步时，邓楠向小平同志提起他在1984年1月26日为深圳特区题词一事。邓小平同志接着将题词一字一句念出来：‘深圳的发展和经验证明，我们建立经济特区的政策是正确的。’一个字没有漏，一个字没有错。在场的人都很佩服他那惊人的记忆力……”这些人物形象的描写，其实都透露着丰富的信息。邓小平同志虽然高龄，却依然健康活力，依然在为祖国的发展操心，而且依然有智慧、有力量为改革开放保驾护航。

最后，“小平同志到深圳视察”这个新闻事件给我们带来什么启发？“小平同志的到来，是对深圳特区最大的关怀和支持，是对深圳人民最大的鼓舞和鞭策。”这句话概括的就是这则新闻的意义。新闻中大量引用了邓小平同志的原话，比如，“小平同志说，对办特区，从一开始就有不同意见，担心是不是搞资本主义。深圳的建设成就，明确回答了那些有这样那样担心的人。特区姓‘社’不姓‘资’”。这话在当时说出来，对于深圳人民和领导人而言，就是定心丹。“小平同志说，亚洲‘四小龙’发展很快，你们发展也很快。广东要力争用20年的时间赶上亚洲‘四小龙’。停了一会儿，他补充说，不仅经济要上去，社会秩序、社会风气也要搞好，两个文明建设都要超过他们，这才是有中国特色的社会主义。”这几句话对深圳特区的发展目标、发展方向都做了具体的指导。邓小平同志能够准确地做出“姓资姓社”“精神和物质”的论断和研判，放在今天，我们依然可以看出他惊人的智慧和眼光。

除了新闻，“见世界”的另一素材就是“报告”，可惜在粤教版的教材中只有一篇“调查报告”，即沈杰的《向小康生活迈进的期待》。新闻讲究客观中立，报告讲究科学严谨，至于为什么要科学严谨，就是因为报告是基于“数字统计”而来的。21世纪，其中对人们影响深远的一项技术就是“大数据”，而“大数据”的理论基础就是统计学。正如科学家通过实验打破人类不牢靠的感官感知一样，数据可以帮助我们打破狭隘主观的常识。Alan Smith在演讲《为什么应该热衷于统计学》中，提出了一个案例（里面有很多相似的案例）：他们（英国第二大市场调查组织伊普索·莫利）问了日本人：每一百个日本人里面，有多少人住在乡下？平均答案稍高于50%。他们认为每100个日本人中，有56个居住在乡村地区，而官方数字是7。Alan Smith指出原因：如此巨大的差异震惊了一些人，但是对一些人来说并不惊讶，比如阅读过诺贝尔经济学奖获得者丹尼尔·卡内曼的研究成果的人。丹尼尔·卡内曼和他的同事阿莫斯·特沃斯基花费了数年的心血在这个——人们的见解与现实脱节的问题上，实际上人们是直觉很差的统计学家。这背后有着很多原因，个人体验，当然可以影响我们的见解，但也包括媒体带有偏见，而非全面客观的报道。卡内曼对此有一个很好的描述：他说，“我们对显而易见的事情视而不见”——所以我们有了错误的数字——“但是我们可以对我们视而不见这个事实视而不见”，而这对做决策来说有巨大的影响。很明显，通过报告，我们可以打破“个人体验”和“媒体偏见”，为我们做出有效决策做铺垫。

《向小康生活迈进的期待》一文并不复杂，其调查数据也并没有超乎我们的“常识”和“预判”。我总是让学生尝试还原“调查问卷”，通过这样来理解问卷与报告的关系；再结合教材中“点击链接”《调查问卷的设计》，理解调查问卷的设计问题。当然更重要的是始终让学生对结论本身保持“质疑”意识，探索报告的“权威性之外的科学性问题”。

比如课文注释中谈到的调查背景：本次调查由共青团中央宣传部和中国青少年研究中心组织实施，问卷调查时间为2002年6月10日至7月24日。在北京、上海、天津、广东、云南、陕西等地选取了12所大学、21所中学发放问卷3 000份，共回收有效问卷2 710份。其问卷总数量比较高，而回收数量也达到90%以上，这样调查“基数”比较可靠。还有调查范围涉及几个省市的多所大学、中学，这样确保调查对象不局限于部分发达城市，调查“范围”更全面，而且大学生和中学生，恰好是“青少年”的具体代表，所以调查“对象”比较合适。此外，文中为什么要分“大学生”和“中学生”，分“独生子女”和“非独生子女”，这些都是可以让学生思考并且回答的问题。另外，还可以引导学生联系时代、联系个人，分析这份报告的“时效性”。

当然，《向小康生活迈进的期待》是十多年前的问卷调查，现在基于大数据，基于直接、实际的消费数据，得出的报告更加权威，像阿里研究院和波士顿咨询公司（BCG）在2017年联合发布的《中国消费新趋势：三大动力塑造中国消费新客群》，腾讯发布的《腾讯00后研究报告》，这些关于消费的报告，对于现实人们做出的决策都有着重大的参考意义和价值。如果能够以此为教学素材，结合统计学理论的链接，我觉得更有价值。

“见众生”，最好的途径就是读“访谈”和“传记”。传记记录的一般是人生经历，而且通常也只摘取了人生的几个重大事件。通过这些事件如何“塑造”传主，传主又如何“创造自我”，如何“改变世界”，这其中的叙述手法都是值得我们学习的。之所以说阅读可以让我们更好地解决难题，就是因为我们周围的人一般都没有能力给出好的意见，而书本里，传记里有很多人走过这样的路，有过相关的经历，可以给我们指引正确的路线。至于“访谈”，其实更加有实际意义。尽管目前“访谈”受重视程度不高，有很多的问题，比如一些媒体哗众取宠，喜欢问一些毫无意义的花边新闻，且受访对象更多限制在演艺界，但是“访谈”可以直接与名人面对面，可以聆听他们的心声，与传记可以说互相补充，相得益彰。

粤教版教材中选用的传记文章很多，喜欢现代文的可以选《“布衣总统”孙中山》，但我这里选的是《项羽本纪》。课文节选的内容比较巧妙，既简洁明了地展现了司马迁对项羽的客观评价，又能够和《鸿门宴》联系起来，帮助学生了解人物更多的信息。

课文节选的片段，首先是关于项羽青少年的成长时期。项羽出身“将帅世家”，有接受良好教育的经济、政治基础，有机会学到统治阶级的领导才能和军事经验，但很明显先天优势也阻碍了他的全面发展。他虽然有取代秦始皇的“野心壮志”，但是却“志大才疏”。“项籍少时，学书不成，去；学剑，又不成。项梁怒之。籍曰：‘书足以记名姓而已；剑，一人敌，不足学；——学万人敌！’于是项梁乃教籍兵法。籍大喜，略知其意，又不肯竟学。”这段话最精彩，学“书”，没有学成，这就为后面项羽的诸多问题做了注脚。就历史而言，项羽虽然不是什么成功的政治家，但也是杰出的军事家，毕竟“破釜沉舟”打赢钜鹿之战，绝对是以少胜多的典范案例。从“略知其意，不肯竟学”也可以找到项羽失败的原因，他是战术专家，却不是战略专家。因为他自负才情，所以缺乏长远的战略意识，常常堕入“战斗胜利”的自我催眠中，才会到最后还说什么“天亡我，非战之罪”。

课文的中间部分，描写的是刘邦与项羽的博弈过程。刘邦下了一盘大棋，一边是纵容韩信攻城略地，把项羽的版图给打得越来越少，一边却死死顶住了项羽前路，坚守城池不出。而这时候，项羽居然提出了“单挑”的荒诞建议来。项羽为了挑战，居然自己亲自出马，吓退楼烦。想想，也幸亏楼烦是有技无道的射手。从中也可以看出项羽的“恃才傲物”。而后会谈失败，项羽又设伏射杀刘邦，失信天下。这些都是刘邦“短视”的表现。

本来腹背受敌，已经陷入困境，怎知外乱不止，内讧又起。项羽手下的虎将彭越造反，而文中一个“复”字，说明彭越是第二次造反。为什么项羽给彭越再次造反的机会？这就是项羽的问题了。为了讨伐彭越，他让大司马曹咎统领军队牵制刘邦。虽然项羽懂得交代曹咎坚守不出，但是曹咎最终还是因为汉军的羞辱而选择主动出击，犯兵法大忌，半渡被袭。曹咎明显就是草包一个，却被项羽委以重任。很明显在“知人善用”方面，项羽并没有从《尚书》中学到什么，反而是“任人唯亲”，重用当初对项梁有恩的一些讲义气却缺乏才智的小人。

项羽嘴上说得自信“十五天就诛杀彭越”，结果一座“外黄”小城就耗了他好几天。好不容易打下来，他居然想要“屠城”，要将全城青壮男丁活埋。其政治头脑，居然不如一个十三岁的小孩。幸好接受了小孩的建议，没有执行杀戮，才能够迅速把下面的几座城池收复。想想假如没有小孩劝他，项羽可能在经历这些攻城战中就败光自己的资本了。

“四面楚歌”是韩信的策略，是在决战前开启的“心理战”。项羽作为军事领袖，居然自己先慌了阵脚，中了计。这也和前面，他学兵法只“略知其意”“不肯竟学”有关。心慌意乱的项羽，自己先是“睡不着”，然后还为“乌骓马”和“虞姬”哭哭啼啼的。到了这生死关头，考虑的只是自己喜爱的战马和宠幸的美女。自然也显露出项羽虽然志向远大，但是格局狭隘的问题。

项羽率领精兵突围，本来也没有错，但是却遭遇迷路，并且被农夫误导，导致不仅损兵折将，还被汉军追上。这就值得再分析了。领军失道，足以说明项羽的地理知识不足。自古军事家就讲究全方位地利用战争资源，韩信打战不仅运用地理形势，连天气变化也运用上，相比可知项羽“志大才疏”的问题。农夫误导，一方面说明项羽不得民心，另一方面我们也可以猜测项羽对老百姓的态度。联系下文，项羽总是说“天命”，其实我们知道那都是“人事”的问题。项羽在身边剩下二十八个骑兵的时候，考虑到的依然是一己“虚荣”，本来要考虑的应该是如何逃亡，但是他想到的依然是想证明自己的能力。也有人分析这次“溃围战役”，显示出了项羽的军事才能。但就文本来理解，首先，项羽并没有“刈旗”，只是做到了斩将。其次，从高处策马驱驰，汉军躲避是自然反应，凭借天赋勇悍斩杀普通将领也没有什么奇特。最后，溃围又很快地被围困起来，所谓的逃脱，准确说一直就是在做“困兽之斗”。

关于拒绝回江东一事，杜牧、王安石、李清照的三首诗歌有过充分的讨论。应该说关键是性格决定了命运。项羽好面子，这是关键。尤其到了最后临死时，居然还想把自己的脑袋当礼物送故人。其实想想，为什么故人都跟了刘邦，这才是问题的关键。

司马迁评价刘邦，说：“号为‘霸王’，位虽不终，近古以来，未尝有也。及羽背关怀楚，放逐义帝而自立，怨王侯叛己，难矣。自矜功伐，奋其私智，而不师古，谓霸王之业，欲以力征经营天下，五年，卒亡其国，身死东城，尚不觉寤，而不自责，过矣。乃引‘天亡我，非用兵之罪也’，岂不谬哉！”总结起来就是两个方面，一方面是承认项羽的天赋和血统，以及其“迅速崛起”的“非比寻常”；另一方面就是指出项羽的谬误：回乡建首都，放弃秦始皇苦心经营的咸阳城和崤函之固，没有“广积粮，高筑墙”；放逐义帝而自立，狼子野心显露太快，结果不仅没有建立根基，还给其他诸侯造反准备了“理由”；骄傲自大，只是发挥个人才能，却没有好好地从古人那里吸取政治经验、军事经验；凭借武力打天下，也凭借武力治理天下，犯了“马上打天下，马上治天下”的错；不懂得反省，过度迷信天命。明明有那么好的成长条件，发展基础，为什么落到最后失败的下场，这对于我们每个人来说都是有教育意义的：不能急功近利、好大喜功，有志向更要好好学习，打下扎实的基础，否则即便偶尔幸运成功一次，前面埋下的问题也会成为未来失败的根源。

粤教版教材中，访谈文章选的是闵捷的《访李政道博士》，这篇我认为选得好。李政道是诺贝尔物理学奖的获得者，他的智慧和成就是受世人肯定的。从访谈中，我们可以获得对“传记”的补充内容。

比如，在传记中可能会记载李政道在诺贝尔颁奖典礼上发表的讲话，但是却不能让我们理解他讲“孙悟空跳不出如来佛手掌心”的内在原因，可访谈弥补了这方面的不足：“这正好像我们做科学的人掌握在自然界的手里一样，我们觉得自己对科学的了解广而且深，可相对来说，与科学的真理还相差很远。”另外，我们还可以通过这句话分析出更多的内涵：首先表示对自己成就的谦虚，展示科学探索的任重道远。其次，本来该由文学奖获得者发言，李政道是瑞典大学学生们指名要求回答的。作为物理学家的李政道讲“孙悟空”更接近文学家的表达方式，更加亲切自然，易于接受。再次，作为中国人，在世界舞台上，更需要积极主动宣传中国文化。《西游记》是中国传统经典小说，是极富想象力的浪漫主义作品，非常适合这样的科学盛会。而通过这一点，我们也可以理解前面他的“题诗”，以及后面对“科学和人文”关系的见解，也对他的文学修养有了更加深刻的认识。

再比如，李政道对“创新能力”与“分析能力”的理解，以及对“本土中国人获得诺贝尔奖”的解释，对于我们都深有启发。我们一般人只盯住“创新”，因为我们看到的成果，都是“新”的事物，但是我们却忽略了这些“新”事物其实大多来自科学家惯用的“分析手段”。忽略了“分析”谈“创新”不行，就像有很多点子，却丝毫没有探索尝试的本事，是什么也做不出来的。我们过去长期纠结“本土中国人获得诺贝尔奖”的问题，其实当初李政道和杨振宁获得诺贝尔奖就是以“中国人”的身份去拿的，尽管不是在“中国本土”做的研究。放在全球化的今天，“‘本土’的概念是很狭义的，一个人的研究可能在几个地方走来走去，哪里有合适的设备就在哪里做。诺贝尔奖评奖也从来不问这个工作是在哪里做的，它只标明国籍，而且这个国籍一旦标上是不能更改的”。而且，更重要的是“诺贝尔奖不是目的，科学本身才是目的”。换言之，李政道的成功，不仅在于他文理兼修，不仅在于他的分析能力，更在于他对科学的纯粹追求。这点放在今天，对于我们强调“科技兴国”，具体如何在教育教学中实现青少年的科学教育，仍然有着明确的指导意义。

论述类和实用类文本，有交叉的内容。准确来说，论述文就是“社会科学论文”，因为是面对学生，所以比较浅易，也可以限定为“社会科学科普文”。而实用类文本不仅包括新闻、报告、访谈、传记，还包括科普文。其中，科普文就是“自然科学科普文”。两种“科普文”有什么区别呢？两者都不会出现专业的符号运算，都是运用逻辑阐明观点，区别只是具体领域不同而已。更重要的是，不管是上述文体的哪一种，其核心都是“发现”：论述文就是阐述学术“发现”，科普文就是科普“发现”，新闻就是报道“发现”，传记就是“发现”人物的生平事迹，访谈就是“发现”名人的观念和思想。很明显，这些文本本身对于学生成长都是有很大价值和意义的。这些文本不一定有趣，但要能激发学生“对知识的贪婪”以及“对成长的渴望”。要让学生明白只有通过见世界，见众生，而后才能见自己！

总之，论述类文本和实用类文本，可以帮助我们“见世界”“见众生”“见自己”，可以让我们更好地定位自己，确定人生方向，实现理想，走向未来。

散文、小说：语文应考的重头戏

记得有家长这样和上高中的儿子开玩笑说：你会写议论文？就你那水平，顶多写散文吧。散文，似乎就是随便写的东西，但读过中文系的人，大都应该有个印象，小学、初中侧重写记叙文，高中写议论文，到了大学写散文了。散文，似乎又是比较高级的文体。

散文的概念本来就很微妙，古代是分“韵文”和“散文”，说白了就是不需要押韵，不讲究句式整齐的文章；后来，散文又与小说、戏剧、诗歌并列成为文学类作品。现在散文的概念更多的是指，“通过叙述真实的人生经历，描写具体的景物来抒发情感、表达领悟的文章”，而且为了与其他实用类文体区别开来，更加强调“文学性”。所以，教材中的散文，是拿来学“文学艺术”的最佳素材。

《孙子兵法·军争篇》中云，“故其疾如风，其徐如林，侵掠如火，不动如山，难知如阴，动如雷霆”，我觉得化用来讲述散文、小说的艺术之妙，非常贴切。散文形散神聚，形式上、艺术上非常自由，像“风”一样，变化多端，无形又有招。正如古人文学作品中常见的描写对象主要是“风花雪月”一样，直到今天，散文笔下的意象仍然有限。散文始终要表现主题，小学、初中阶段接触的散文景、物、事单一，主题也明确，但实际上更多的散文并非如此，随着文章篇幅的扩张，不只形散，神也可以散，主旨可以有多个。更重要的是，散文表达主题更加隐晦，就如每个人都有表达欲望，但是能够让人听进去的话，多是委婉的。比景物更加固定的，当然就是风格了。散文的风格就像人的性格，不是容易变化的，如“山”一样稳固，而风格的确立也是判断作家写作水平高低的一个标准。

相比散文，小说更突出的是娱乐性、说理性，突出的是故事的吸引力和感染力，所以其艺术性侧重在情节构思和人物塑造上。小说的情节构思，最关键的一个就是“难测”，如果让人一读就知道结局，那么也就失败了。至于另一个要素——人物塑造，最重要的就是“吸引力”，要鲜明，要突出，要有栩栩如生、跃然纸上的效果。

在组织教学时，我虽然也按照先易后难来调整顺序，但我更注重的是利用课文最突出的方面，让学生从多个角度去理解散文、小说的美，从中学习到所有文学作品的共通性和需要注意的元素。

一、散文阅读的应考技法与运用

1. 艺术的手法和观念

什么叫作才华？这好像是涉及天赋的东西，但其实并不难理解，也并非不可能学习。才华，简单说就是，你看到长城，只能说一句“长城，真长”，但是人家就能洋洋洒洒写上几千字，而且这几千字写出来，不仅朗朗上口，而且有思想、有感情，能够打动人心。才华，具体地说就是，“丰富的想象力”，还有“强大的表达力”。下面我们就以余光中的《听听那冷雨》来理解这两点。

听听那冷雨

①惊蛰一过，春寒加剧。先是料料峭峭，继而雨季开始，时而淋淋漓漓，时而淅淅沥沥，天潮潮地湿湿，即连在梦里，也似乎有把伞撑着。而就凭一把伞，躲过一阵潇潇的冷雨，也躲不过整个雨季。连思想也都是潮润润的。每天回家，曲折穿过金门街到厦门街迷宫式的长巷短巷，雨里风里，走入霏霏令人更想入非非。想这样子的台北凄凄切切完全是黑白片的味道，想整个中国整部中国的历史无非是一张黑白片子，片头到片尾，一直是这样下着雨的。这种感觉，不知道是不是从安东尼奥尼那里来的。不过那一块土地是久违了，二十五年，四分之一的世纪，即使有雨，也隔着千山万山，千伞万伞。二十五年，一切都断了，只有气候，只有气象报告还牵连在一起，大寒流从那块土地上弥天卷来，这种酷冷吾与古大陆分担。不能扑进她怀里，被她的裙边扫一扫也算是安慰孺慕之情。……

②这样想时，严寒里竟有一点温暖的感觉了。这样想时，他希望这些狭长的巷子永远延伸下去，他的思路也可以延伸下去，不是金门街到厦门街，而

是金门到厦门。他是厦门人，至少是广义的厦门人，二十年来，不住在厦门，住在厦门街，算是嘲弄吧，也算是安慰。不过说到广义，他同样也是广义的江南人，常州人，南京人，川娃儿，五陵少年。杏花春雨江南，那是他的少年时代了。再过半个月就是清明。安东尼奥尼的镜头摇过去，摇过去又摇过来。残山剩水犹如是。皇天后土犹如是。纭纭黔首纷纷黎民从北到南犹如是。那里面是中国吗？那里面当然还是中国永远是中国。只是杏花春雨已不再，牧童遥指已不再，剑门细雨渭城轻尘也都已不再。然则他日思夜梦的那片土地，究竟在哪里呢？

③在报纸的头条标题里吗？还是香港的谣言里？还是傅聪的黑键白键马思聪的跳弓拨弦？还是安东尼奥尼的镜底勒马洲的望中？还是呢，故宫博物院的壁头和玻璃柜内，京戏的锣鼓声中太白和东坡的韵里？

④杏花。春雨。江南。六个方块字，或许那片土就在那里面。而无论赤县也好神州也好中国也好，变来变去，只要仓颉的灵感不灭，美丽的中文不老，那形象磁石般的向心力当必然长在。因为一个方块字是一个天地。太初有字，于是汉族的心灵他祖先的回忆和希望便有了寄托。譬如凭空写一个“雨”字，点点滴滴，滂滂沱沱，淅淅沥沥，一切云情雨意，就宛然其中了。视觉上的这种美感，岂是什么 rain 也好，pluie 也好所能满足？翻开一部《辞源》或《辞海》，金木水火土，各成世界，而一入“雨”部，古神州的天颜千变万化，便悉在望中，美丽的霜雪云霞，骇人的雷电霹雹，展露的无非是神的好脾气与坏脾气，气象台百读不厌门外汉百思不解的百科全书。

⑤听听，那冷雨。看看，那冷雨。嗅嗅闻闻，那冷雨，舔舔吧，那冷雨。雨下在他的伞上这城市百万人的伞上雨衣上屋上天线上，雨下在基隆港在防波堤海峡的船上，清明这季雨。雨是女性，应该最富于感性。雨气空蒙而迷幻，细细嗅嗅，清清爽爽新新，有一点薄荷的香味，浓的时候，竟发出草和树林沐浴之后特有的腥气，也许那尽是蚯蚓和蜗牛的腥气吧，毕竟是惊蛰了啊。也许地上的地下的生命也许古中国层层叠叠的记忆皆蠢蠢而蠕，也许是植物的潜意识和梦紧，那腥气。

⑥第三次去美国，在高高的丹佛他山居住了两年。美国的西部，多山多沙漠，千里干旱，天，蓝似安格罗萨克逊人的眼睛，地，红如印第安人的肌肤，云，却是罕见的白鸟，落基山簇簇耀目的雪峰上，很少飘云牵雾。一来高，二

来干，三来森林线以上，杉柏也止步，中国诗词里“荡胸生层云”或是“商略黄昏雨”的意趣，是落基山上难睹的景象。落基山岭之胜，在石，在雪。那些奇岩怪石，相叠互倚，砌一场惊心动魄的雕塑展览，给太阳和千里的风看。那雪，白得虚虚幻幻，冷得清清醒醒，那股皑皑不绝一仰难尽的气势，压得人呼吸困难，心寒眸酸。不过要领略“白云回望合，青霭入看无”的境界，仍须来中国。台湾湿度很高，最富云情雨意迷离的情调。两度夜宿溪头，树香沁鼻，宵寒袭肘，枕着润碧湿翠苍苍交叠的山影和万籁都歇的俱寂，仙人一样睡去。山中一夜饱雨，次晨醒来，在旭日未升的原始幽静中，冲着隔夜的寒气，踏着满地的断柯折枝和仍在流泻的细股雨水，一径探入森林的秘密，曲曲弯弯，步上山去。溪头的山，树密雾浓，蓊郁的水气从谷底冉冉升起，时稠时稀，蒸腾多姿，幻化无定，只能从雾破云开的空处，窥见乍现即隐的一峰半壑，要纵览全貌，几乎是不可能的。至少上山两次，只能在白茫茫里和溪头诸峰玩捉迷藏的游戏。回到台北，世人问起，除了笑而不答心自问，故作神秘之外，实际的印象，也无非山在虚无之间罢了。云萦烟绕，山隐水迢的中国风景，由来予人宋画的韵味。那天下也许是赵家的天下，那山水却是米家的山水。而究竟，是米氏父子下笔像中国的山水，还是中国的山水上纸像宋画，恐怕是谁也说不清楚了吧？

⑦雨不但可嗅，可亲，更可以听。听听那冷雨。听雨，只要不是石破天惊的台风暴雨，在听觉上总是一种美感。大陆上的秋天，无论是疏雨滴梧桐，或是骤雨打荷叶，听去总有一点凄凉，凄清，凄楚，于今在岛上回味，则在凄楚之外，再笼上一层凄迷了，饶你多少豪情侠气，怕也经不起三番五次的风吹雨打。一打少年听雨，红烛昏沉。再打中年听雨，客舟中江阔云低。三打白头听雨的僧庐下，这便是亡宋之痛，一颗敏感心灵的一生：楼上，江上，庙里，用冷冷的雨珠子串成。他曾在一场摧心折骨的鬼雨中迷失了自己。雨，该是一滴湿漓漓的灵魂，在窗外喊谁。

⑧雨打在树上和瓦上，韵律都清脆可听。尤其是铿铿敲在屋瓦上，那古老的音乐，属于中国。王禹偁在黄冈，破如椽的大竹为屋。据说住在竹楼里面，急雨声如瀑布，密雪声比碎玉，而无论鼓琴，咏诗，下棋，投壶，共鸣的效果都特别好。这样岂不像是住在竹筒里，任何细脆的声响，怕都会加倍夸大，反而令人耳朵过敏吧。

⑨雨天的屋瓦，浮漾湿湿的流光，灰而温柔，迎光则微明，背光则幽黯，对于视觉，是一种低沉的安慰。至于雨敲在鳞鳞千瓣的瓦上，由远而近，轻轻重重轻轻，夹着一股股的细流沿瓦槽与屋檐潺潺泻下，各种敲击音与滑音密织成网，谁的千指百指在按摩耳轮。“下雨了”，温柔的灰美人来了，她冰冰的纤手在屋顶拂弄着无数的黑键啊灰键，把晌午一下子奏成了黄昏。

⑩在古老的大陆上，千屋万户是如此。二十多年前，初来这岛上，日式的瓦屋亦是如此。先是天黯了下来，城市像罩在一块巨幅的毛玻璃里，阴影在户内延长复加深。然后凉凉的水意弥漫在空间，风自每一个角落里旋起，感觉得到，每一个屋顶上呼吸沉重都覆着灰云。雨来了，最轻的敲打乐敲打这城市。苍茫的屋顶，远远近近，一张张敲过去，古老的琴，那细细密密的节奏，单调里自有一种柔婉与亲切，滴滴点点滴滴，似幻似真，若孩时在摇篮里，一曲耳熟的童谣摇摇欲睡，母亲吟哦鼻音与喉音。或是在江南的泽国水乡，一大筐绿油油的桑叶被噬于千百头蚕，细细琐琐屑屑，口器与口器咀咀嚼嚼。雨来了，雨来的时候瓦这么说，一片瓦说千亿片瓦说，说轻轻地奏吧沉沉地弹，徐徐地叩吧挞挞地敲，间间歇歇敲一个雨季，即兴演奏从惊蛰到清明，在零落的坟上冷冷奏挽歌，一片瓦吟千亿片瓦吟。

⑪在日式的古屋里听雨，听四月，霏霏不绝的黄梅雨，朝夕不断，旬月绵延，湿黏黏的苔藓从石阶下一直侵到舌底，心底。到七月，听台风台雨在古屋顶一夜盲奏，千寻海底的热浪沸沸被狂风挟持，掀翻整个太平洋只为向他的矮屋檐重重压下，整个海在他的蜗壳上哗哗泻过。不然便是雷雨夜，白烟一般的纱帐里听羯鼓一通又一通，滔天的暴雨滂滂沛沛扑来，强劲的电琵琶忐忐忑忑忐忑忑，弹动屋瓦的惊悸腾腾欲掀起。不然便是斜斜的西北雨斜斜刷在窗玻璃上，鞭在墙上打在阔大的芭蕉叶上，一阵寒潮泻过，秋意便弥漫旧式的庭院了。

⑫在旧式的古屋里听雨，春雨绵绵听到秋雨潇潇，从少年听到中年，听听那冷雨。雨是一种单调而耐听的音乐是室内乐是室外乐，户内听听，户外听听，冷冷，那音乐。雨是一种回忆的音乐，听听那冷雨，回忆江南的雨下得满地是江湖下在桥上和船上，也下在四川在秧田和蛙塘，下肥了嘉陵江下湿布谷咕咕的啼声，雨是潮潮润润的音乐下在渴望的唇上舔舔那冷雨。

⑬因为雨是最最原始的敲打乐从记忆的彼端敲起。瓦是最最低沉的乐

器灰蒙蒙的温柔覆盖着听雨的人，瓦是音乐的雨伞撑起。但不久公寓的时代来临，台北你怎么一下子长高了，瓦的音乐竟成了绝响。千片万片的瓦翩翩，美丽的灰蝴蝶纷纷飞走，飞入历史的记忆。雨下下来下在水泥的屋顶和墙上，没有音韵的雨季。树也砍光了，那月桂，那枫树，柳树和擎天的巨椰，雨来的时候不再有丛叶嘈嘈切切，闪动湿湿的绿光迎接。鸟声减了啾啾，蛙声沉了阁阁，秋天的虫吟也减了唧唧。七十年代的台北不需要这些，一个乐队接一个乐队便遣散尽了。要听鸡叫，只有去诗经的韵里找。只剩下一张黑白片，黑白的默片。

⑭正如马车的时代去后，三轮车的时代也去了。曾经在雨夜，三轮车的油布篷挂起，送她回家的途中，篷里的世界小得可爱，而且躲在警察的辖区以外，雨衣的口袋越大越好，盛得下他的一只手里握一只纤纤的手。台湾的雨季这么长，该有人发明一种宽宽的双人雨衣，一人分穿一只袖子，此外的部分就不必分得太苛。而无论工业如何发达，一时似乎还废不了雨伞。只要雨不倾盆，风不横吹，撑一把伞在雨中仍不失古典的韵味。任雨点敲在黑布伞或是透明的塑胶伞上，将骨柄一旋，雨珠向四方喷溅，伞缘便旋成了一圈飞檐。跟女友共一把雨伞，该是一种美丽的合作吧。最好是初恋，有点兴奋，更有点不好意思，若即若离之间，雨不妨下大一点。真正初恋，恐怕是兴奋得不需要伞的，手牵手在雨中狂奔而去，把年轻的长发和肌肤交给漫天的淋淋漓漓，然后向对方的唇上颊上尝甜甜的雨水。不过那要非常年轻且激情，同时，也只能发生在法国的新潮片里吧。

⑮大多数的雨伞想不会为约会张开。上班下班，上学放学，菜市来回的途中。现实的伞，灰色的星期三。握着雨伞，他听那冷雨打在伞上。索性更冷一些就好了，他想。索性把湿湿的灰雨冻成干干爽爽的白雨，六角形的结晶体在无风的空中回回旋旋地降下来。等须眉和肩头白尽时，伸手一拂就落了。二十五年，没有受故乡白雨的祝福，或许发上下一点白霜是一种变相的自我补偿吧。一位英雄，经得起多少次雨季？他的额头是水成岩削成还是火成岩？他的心底究竟有多厚的苔藓？厦门街的雨巷走了二十年与记忆等长，一座无瓦的公寓在巷底等他，一盏灯在楼上的雨窗子里，等他回去，向晚餐后的沉思冥想去整理青苔深深的记忆。

⑯前尘隔海。古屋不再。听听那冷雨。

这篇文章主题不复杂，表达的是“爱国思乡”之情，写的对象是“雨”，甚至着重“雨声”。我们可以把注意力集中在分析文章“从什么角度”“用什么方法”来写的问题。下面我按照作品的顺序，逐段赏析。

第①段，一开始就用了“叠词”，妙处不仅体现在节奏感、音乐美上，更重要的是它直接拟声，直接与雨声的节拍一致，可以迅速地带领读者进入情境之中。接着就是用“黑白片”方式，以“电影”来写雨的感觉。黑白片，即便在全彩电影早已普及的时代，有很多电影仍采用黑白片的方式来呈现故事，大多是为了传达“怀旧的感觉”“恐怖压抑的氛围”“凄惨沉重肃穆的意境”等效果。以“黑白片”来讲“雨”，一个好处是展现作者对祖国大陆的怀念；另一个好处就是表达内心思乡之愁。再接着又以“气象报告”的方式来写“雨”，一是我们听雨最先是从“气象报告”来的，二是大陆和台湾，相隔短浅，一股寒流扫来，从大陆就可以扫到台湾。从“气象报告”来看，两地紧密相连，并且以孩子对母亲的孺慕来作比喻，生动表达自己对祖国大陆的怀念。

第②③段，文章先以“籍贯”来切入，以此来说明，大家本来就是一体的，接着用“诗词”呼应。明显点明了无论是地理还是人文，大陆和台湾始终一体。后一段，更直接地以“信息”“文化”“艺术”为描写对象，来表达大陆台湾的文化一体和彼此的牵挂。

第④段用“汉字”来写雨，很明显是承上文的“文化”。汉字是象形文字，可以直接传达出视觉美感，这不是英语、法语的字母所能够表现的。汉字的“雨”部首带领我们进入一个“千变万化”“各种性情”的自然世界。它是一种美，一种骄傲，也是有一种“磁石一般的向心力”。

第⑤段听雨的写法，可以类比朱自清的《春》。佛教分“色声香味触法”六入，文中充分调动这些感官来写雨：“雨是女性”是“法”，是感受；“空蒙而迷幻”是“色”是视觉；淡的“薄荷味”，浓的“草木之气土腥之气”，还有“动物的腥气”，一切都是由雨水卷起的“味”。这种手法用在景物描写中，能调动多种感官，既细腻地再现状貌，也让读者更有身临其境的真切感。

第⑥段，先是拿美国西部少雨的丹佛山作为对比衬托，然后又是“诗词”，展现台湾特有的“江南之美”，“最富云情雨意迷离的情调”。再拿“赵家天下”与“米家山水”做对比，赵家拥有大宋天下，但是始终感受不到“天下”的形象，米家画出的山水，不仅印象深刻，而且流传得更加久远。米家山水就是“雨润”的山水：“云缭烟绕，山隐水迢。”此段描写围绕山水画展开，写出家乡气候的特点，表达出作者对家乡的热爱。

第⑦段开始真正写“听雨”，先是直接的听觉描写，当然作者懂得带“意境”地听，“疏雨滴梧桐，骤雨打荷叶”。然后又引用了蒋捷的《虞美人·听雨》，这首词，妙就妙在从人的一生中三个阶段听雨入手，写出雨的丰富内涵和人的心灵变幻。少年时，青春充满活力，没有生存压力，雨对于少年而言，仅仅是一个自然环境，所以只管自己挥斥青春，过着红烛昏沉的日子。到了中年，上有老下有小，有了家庭有了事业，有了压力和动力，为了生活而离乡背井，到处打拼，本来就有“人离乡贱”之痛，世界很大，自己很渺小。到了老年，两鬓斑白，颐养天年。蒋捷搬到僧庐去了，原因就是躲避战乱，不仅万般愁苦无奈，还万般的绝望啊。所以这时候听雨是怎么样的雨啊！所以，作者最后一句，又一次巧妙地抒情，“他”就是“我”，十年前听雨，听到的是“鬼雨”，是多愁善感的，是“连接”到他的“词旨”的感受，所以骤然销魂。

不仅如此，这段话还调动情感变化，前面“雨是女性”，后面是“湿漓漓”的雨，很明显“美好转入阴郁，甚至寒碜”。基本的思乡爱国主题不变，具体的情绪又一再地随思绪变化。

第⑧段用了典故，即王禹偁的《黄州新建小竹楼记》，文中讲王禹偁利用当地的竹子做材料，盖了个楼，然后享受高雅的妙趣：“夏宜急雨，有瀑布声；冬宜密雪，有碎玉声。宜鼓琴，琴调虚畅；宜咏诗，诗韵清绝；宜围棋，子声丁丁然；宜投壶，矢声铮铮然：皆竹楼之所助也。”王禹偁的文章，和前面蒋捷的词、米芾的画一样，都是宋代的经典代表作品，所以承接上面内容，这也是大陆与台湾共有的“文化记忆”。蒋捷的词体现的是他在不同年龄、地点听雨，而王禹偁的文章表现的是他在特定的环境“竹楼”听雨，而且体现的是文人普适的心境：随遇而安，苦中作乐。

第⑨⑩段承上文“竹楼听雨”，进而描述“屋瓦”上的雨声，又以“钢琴演奏”与雨声作贴切的比拟，这样既与前面“黑白片”和谐，又与雨天的氤氲和谐。作者以“音乐”来写雨声：不只“钢琴”，还有“敲打乐”；不只有乐器，还有美声，正如陶渊明所说的“丝不如竹，竹不如肉”（弦乐不如管乐，乐器不喉音），所以作者又以“母亲唱童谣”，还有“挽歌”等，来展示“雨声”与记忆，与家乡的交织。也就是说写到“声音”，作者是从多个角度进行了联想和描绘。

第⑪⑫⑬这三段，作者叙述了在古屋里听雨的感受，雨声有变幻，但是听雨的地方没有变化，作者内心对祖国的思念也没有变化。他想念的是“江南”“四川”“嘉陵江”，还有《诗经》。所以这里反复进行了对比和强调。

最后⑭⑮两段，作者赋予“雨声”以特殊的记忆，毕竟台湾是多雨的，所以记忆中很多事也就跟雨有关。首先，文章从“初恋”谈起，作者写“三轮车雨篷”“雨衣”“一把伞”，用特定的年龄，特定的场景，特定的关于“雨”的记忆来展开，而这些记忆往往是共通的，容易引起读者共鸣的。然后又由年轻、美好的“初恋”转向所有人的日常生活：柴米油盐酱醋茶，读书工作买菜做饭。从广阔无边的遐想，回归到自身，回归到眼前，回归到琐碎的日常，作者再次点题“故乡”“记忆”“听雨”。

总之，余光中这篇文章，可以说是“散文艺术集大成之作”，是学习艺术手法及运用，甚至真切体验什么叫做“才华”的作品。作者不仅运用了修辞，通过“色声香味触法”写雨，而且从“电影”“诗词”“散文”“国画”“音乐”等入手来写雨。同时，还有更细致的层次和角度，比如音乐，从自然的雨声，写到键盘乐、打击乐、声乐，从乐器再写到人类的歌声。从多个层次、多个角度，运用多种方法，让我们深入地感受到散文的艺术之美，也真切地感受到作者对“故乡”“过往”的深切感情。而这一切，不仅是出自作者真挚的情感，还有他在博学广思基础上才有的广阔“联想”。

《听听那冷雨》是散文艺术的经典代表之作，《我的空中楼阁》则是体现传统美学观念的经典之作。前者可教我们艺术方法，后者可传给我们美学观念。

李乐薇的《我的空中楼阁》是纯粹展开想象的作品，也是呈现“理想”的作品，所以作者把自己对“美”的理解和追求都放在了“空中楼阁”上。通过学习这篇文章，可以形象直观地了解传统的美学观念。

我的空中楼阁

①山如眉黛，小屋恰似眉梢的痣一点。

②十分清新，十分自然，我的小屋玲珑地立于山脊一个柔和的角度上。

③世界上有很多已经很美的东西，还需要一些点缀，山也是。小屋的出

现，点破了山的寂寞，增加了风景的内容。山上有了小屋，好比一望无际的水面飘过一片风帆，辽阔无边的天空掠过一只飞雁，是单纯的底色上一点灵动的色彩，是山川美景中的一点生气，一点情调。

④小屋点缀了山，什么来点缀小屋呢？那是树！

⑤山上有一片纯绿色的无花树；花是美丽的，树的美丽也不逊于花。花好比人的面庞，树好比人的姿态。树的美在于姿势的清健或挺拔、苗条和婀娜，在于活力，在于精神！

⑥有了这许多树，小屋就有了许多特点。树总是轻轻摇动着。树的动，显出小屋的静；树的高大，显出小屋的小巧；而小屋别致出色，乃是由于满山皆树，为小屋布置了一个美妙的绿的背景。

⑦小屋后面有一棵高过屋顶的大树，细而密的枝叶伸展在小屋的上面，美而浓的树荫把小屋笼罩起来。这棵树使小屋给予人另一种印象，使小屋显得含蓄而有风度。

⑧换个角度，近看改为远观，小屋却又变换位置，出现在另一些树的上面，这个角度是远远地站在山下看。首先看到的是小屋前面的树，那些树把小屋遮掩了，只在树与树之间露出一些建筑的线条，一角活泼翘起的屋檐，一排整齐的图案式的屋瓦。一片蓝，那是墙；一片白，那是窗。我的小屋在树与树之间若隐若现，凌空而起，姿态翩然。本质上，它是一幢房屋；形式上，却像鸟一样，蝶一样，憩于枝头，轻灵而自由！

⑨小屋之小，是受了土地的限制。论“领土”，只有有限的一点。在有限的土地上，房屋比土地小，花园比房屋小，花园中的路又比花园小，这条小路是我袖珍型的花园大道。和“领土”相对的是“领空”，论“领空”却又是无限的，足以举目千里，足以俯仰天地，左顾有山外青山，右盼有绿野阡陌。适于心灵散步，眼睛旅行，也就是古人说的游目骋怀。这个无限的“领空”，是我开放性的院子。

⑩有形的围墙围住一些花，有紫藤、月季、喇叭花、圣诞红之类。天地相连的那一道弧线，是另一重无形的围墙，也围住一些花，那些花有朵状有片状，有红，有白，有绚烂，也有飘落。也许那是上帝玩赏的牡丹或芍药，我们叫它云或霞。空气在山上特别清新，清新的空气使我觉得呼吸的是香！

⑪光线以明亮为好，小屋的光线是明亮的，因为屋虽小，窗很多。例外的

只有破晓或入暮，那时山上只有一片微光，一片柔静，一片宁谧。小屋在山的怀抱中，犹如在花蕊中一般，慢慢地花蕊绽开了一些，好象群山后退了一些。山是不动的，那是光线加强了，是早晨来到了山中。当花瓣微微收拢，那就是夜晚来临了。小屋的光线既富于科学的时间性，也富于浪漫的文学性。

⑫山上的环境是独立的，安静的。身在小屋享受着人间的清福，享受着充足的睡眠，以及一天一个美梦。

⑬出入的环境要道，是一条类似苏花公路的山路，一边傍山，一边面临稻浪起伏的绿海和那高高的山坡。山路和山坡不便于行车，然而便于我行走。我出外，小屋是我快乐的起点；我归来，小屋是我幸福的终站。往返于快乐与幸福之间，哪儿还有不好走的路呢？我只觉得出外时身轻如飞，山路自动地后退；归来时带几分雀跃的心情，一跳一跳就跳过了那些山坡。我替山坡起了个名字，叫幸福的阶梯，山路被我唤做空中走廊！

⑭我把一切应用的东西当作艺术，我在生活中的第一件艺术品——就是小屋。白天它是清晰的，夜晚它是朦胧的。每个夜幕深重的晚上，山下亮起灿烂的万家灯火，山上闪出疏落的灯光。山下的灯把黑暗照亮了，山上的灯把黑暗照淡了，淡如烟，淡如雾，山也虚无，树也缥缈。小屋迷于雾失楼台的情景中，它不再是清晰的小屋，而是烟雾之中、星点之下、月影之侧的空中楼阁！

⑮这座空中楼阁占了地利，可以省去许多室内设计和其他的装饰。

⑯虽不养鸟，每天早晨有鸟语盈耳。

⑰无需挂画，门外有幅巨画——名叫自然。

作为散文，这篇文章的内容很难分辨出层次脉络，因为其思路只在于“我”的空中楼阁——“小屋”与周围环境的联系，而隐藏的却是对于“美”的理解和表达，所以行文看起来似乎零散，这里我们先按照文章的内容，做一些分析。

开始的第①至③自然段，写到小屋点缀了山。这其实本身就是自然与人类社会的和谐美，这种美也可以简单理解为“动”与“静”相互呼应的美，就好比国画山水中有飞鸟、行人、扁舟、屋舍、楼台一样。齐白石画的白菜也好，大南瓜也罢，都是画得相当写意，画得相当抽象，但是这些蔬菜旁边一定会画上一只非常写实的小蚂蚱、小蝴蝶、小蜻蜓之类。这样动静相生，写意的蔬菜变得逼真，而写实的昆虫也变得空灵。中国古代建筑讲风水，重点在于居住环境的山和水。山是静的，所以追求山的“动”，也就是连绵起伏，富有曲线美，动感；水是动的，所以强调水的“静”，也就是波澜不兴，富有静态的美。西方绘画其实也如此，达·芬奇的名作《蒙娜丽莎》，很多人只注意到人物，却忽略了画家其实还画了风景作为背景，因为这样人物才不至于显得单调。现代摄影也讲究景物与人物的搭配。这既是美最简单的内容，又是最基础的内容。

第④到⑦自然段，写“树”点缀了“小屋”，使小屋显得含蓄而有风度。这里除了强调小屋与树之间，动静、大小、简繁的相衬之美，还具体的提出了“阴柔美”与“阳刚美”。花的美是阴柔的美，相对而言，树的美就是阳刚的美。文章说得很清楚，“花好比人的面庞，树好比人的姿态”，而树本身也可以分为阴柔的美“苗条或婀娜”与阳刚的美“清健或挺拔”。中国美学观念强调的是“一阴一阳之谓道”，其实讲的就是这样的道理，阴阳相对，阴阳搭配，是一切美的基础。

第⑧自然段，“换个角度，近看改为远观”，讲的其实就是“角度”的问题。苏轼在《题西林壁》中写的名句“横看成岭侧成峰，远近高低各不同”，其实强调的正是“角度”与美的问题。中国传统建筑最讲究角度，比如苏州园林，不仅强调空间的角度，还强调时间的维度：通过在中间设立假山、凉亭、树木、流水，然后在四周曲折环抱的房间任何一个位置，透过窗户，都可以欣赏到景物，甚至屋子外的角落，也会种上一棵小竹小树，摆上一块石头，而且一年四季春夏秋冬，每天的早晚都可以看到不同景色。又比如，在景区的旅游规划方面。在张家界，先让你登上天梯，从峡谷的四周俯视山峰，体验一种高处的胆战心惊；再从山腰分出“十里长廊”，从山腰仰视山体、山顶，让你感受山的高耸巍峨；最后才沿着金鞭溪，走在山脚下，在山水的交接处，真正地亲近山水自然，感受山的平易近人。所以懂得塑造美的人，也是在创造全方位的美。

第⑨⑩两段，讲的美就更高级了。小屋的有限空间，与抬头可见的无限天空；花园里繁花簇锦的有形围墙，与涵盖着云霞的无形围墙——天地相连的弧线，谈的其实就是有限与无穷、有形与无形的问题。齐白石画虾，巧妙之处在于画的只是虾，而虾周围只是空白的纸本身。这样的创作，正是化无为有，让虾显得更加真实，如在清澈的水中游动一样。这样的塑造，其实也不是齐白石的创造。古人画《江雪》，也是用一艘小船、一位渔夫、一个钓竿，就把空白处变成了“白茫茫”无边的一片。

第⑪⑫两段，从“有限与无穷”转入到“虚实”。“空气”“光线”都是虚的，无法捕捉的。老子很明确地为我们揭示了另一个世界：“埏埴以为器，当其无，有器之用。凿户牖以为室，当其无，有室之用。”也就是说，我们使用的其实是“虚”的世界。我们的工作就是制造“实”的东西，来提供给“虚”的世界。所以，中国古代建筑谈风水，其实就是讲究水源的利用和阳光、空气的利用，比如“风”就是指空气流通，房子空气不流通，自然不行；而直接门窗、窗窗相对的话，那风又是“直冲”，这样容易使人吹到太强烈的风而感冒得病。现代西方世界建筑的“美”，在于对“光”的重视和使用。在室内装潢上，我们也可以看到很多独具匠心的设计，比如简单地使用矮小的沙发，就可以使一个小房间显得更宽敞。我们需要的“美”，的确来自实际的“塑造”，但是“塑造”不是最终目的，而是一种手段，“美”才是目的。我们通过物质创造出来的空间，获得的空气、阳光其实才是真正本质需要的东西。总之，能够运用“实”，得到“虚”，这样才能够创造出“美”的奇迹。

前面都是谈美学，那么到了第⑬⑭段，则开始谈感受“美”的心境。“身在小屋享受人间清福”，又何必谈踏上山路“出外”呢？如果一辈子躲在山里面，做个隐士，听上去是浪漫，实际上是很艰苦；如果一辈子在世俗中追逐名利，与人俯仰，那么即便放个大假去旅游，也会被各种通信工具扰乱心境。不论是哪一种情况，都一样“有美景而无赏心”。美，本身处处存在，世界并不缺乏美，只是缺乏发现美的眼睛。其实每个人都有能够发现美的眼睛，只是缺少欣赏美的心情和心境。所以古人才会说“小隐隐于林，大隐隐于市”“独处超然，群处蔼然”。完整的人，完善的人，应该是既有自己的个人世界和独立思想，又能够融入人群、融入社会。这样才是人作为社会动物的本质性需要，才是人能够以健康的心境存在、发展的基础。舍此，“美”无从谈起。

文章余下的段落第⑮⑯⑰段，总结、回应前文，更把审美提升到“人与自然”和谐的角度。前面所谈的美要么是自然的美，要么是社会的美，而最大的美其实是“人与自然相和谐”的美。这也是中国古代“天人合一”思想的体现。

说到底，这篇小散文，展示的其实是一套完整的美学观念。这套观念，来自中国古代，也和西方现代美学观念不谋而合。透过这篇文章我们也可以了解美的复杂与简单——“一阴一阳之谓道”。

充分领悟这篇文章之妙，自然会对美的观念，对艺术手法的具体运用有了全面的了解和很大的提升。

现代诗很少出现在高考题上。自从2000年前后考过两三首现代诗，考了三四道选择题之后，好像就没有了。毕竟现代诗多义歧解性比较严重，而且古诗词鉴赏年年考，再考现代诗歌也有重复之嫌，所以在教学上，老师和学生似乎都不大上心。其实现代诗与古诗词有着共通的美学观念，而且这些观念又是值得重视的。粤教版必修二的第二单元，收录了17首现代诗歌，开篇就是闻一多的《死水》。闻一多，用他的《死水》展现了“建筑美”“音乐美”和“绘画美”，这是传统美学观念。我们现在读那些流传久远的现代诗，像徐志摩的《再别康桥》、戴望舒的《雨巷》，哪一首不是“可诵，可见，可想”。用白话文写诗歌也同样需要节拍和韵律来确保作品朗朗上口、可歌可唱；同样要借助具体的形象，不管是“诗中有画”还是“影像化”，本质都一样，要给读者留下深刻的印象。

现代诗歌抛弃了格律和韵脚，似乎获得了语言的自由，其实失去了诗歌的根基。“建筑美”并不是欧美宣扬的简单的“几何美”，而是一种中国传统的“参差错落美”与“整齐连贯美”的圆融。唐代的绝句、律诗的确整齐，但是宋词长短句变化，也是“建筑美”的体现。“五，五，五，五”是美，“四，六；四，六”也是美。“韵律美”并不是指流行歌曲的一韵到底。想想，唐代的格律诗要“一韵一顿”，即便首联可以押韵，但也不会出现颈联也押韵的笑话。读读《再别康桥》，“轻轻的我走了，正如我轻轻的来；我轻轻的招手，作别西天的云彩”，就知道“建筑美”“音乐美”恰好是诗歌的基础要求。同样地，戴望舒的《雨巷》，“撑着油纸伞，独自/彷徨在悠长、悠长/又寂寥的雨巷/我希望逢着/一个丁香一样地/结着愁怨的姑娘”，打破了句子的连贯也好，不断拉长延伸的“唱腔”也罢，辗转缠绵的情感就这样轻松地被朗读捕捉出来，这是“读”就能读到的美感。作别云彩的徐志摩，在雨巷中彷徨寻觅的戴望舒，我们都可以看到“人物”，进入“场景”，真切地体验那份情感和思想。

或许当代的诗人把诗歌带进了一个陌生的境地，但是无论到了什么年代，能够获得永恒美感的东西，始终有着不变的是作者的天赋与写作时的字斟句酌，不是所谓的灵感和创新能够轻易造就的。教材中现代诗歌单元的存在价值和意义就在于此。

2. 主观赋予客观感情和思想

同样的景物，经过不同的作者进行不同的描写，抒发不同的情感。这就是散文的妙处。

老舍《想北平》及课后练习题中，涉及的其他几位名家笔下的“北平”，给我们提供了相当好的素材。

老舍的审美情趣和李乐薇相似，其对家乡“北平”的感情又与余光中对祖国的感情相同。余光中拿美国对比家乡，老舍也拿伦敦、巴黎、罗马来对比北平，而偏心北平的理由，又是基于传统的美学理念：北平既复杂而又有边际；和太极拳相似，动中有静；人为之中显出自然，几乎是什么地方都显得既不挤得慌，又不太僻静，处处设备得完全，而又处处有空儿，可以使人自由地喘气；北平是个都城，而能有好多自己生产的花、菜、水果，这就使人更接近了自然。

其他的几个作者对于北平描写，其审美观念和对北平的感情基本上都是一样的，但是他们选择的具体景物就有别了。好比几个作家一起去采风，他们看到的景物可能是相同的，但写出来的却是不一样的景观。老舍选择的景物一开始就有点“另类”：“雨后什刹海的蜻蜓”“梦里的玉泉山的塔影”“长着红酸枣的老城墙”“水中的小蝌蚪或苇叶上的嫩蜻蜓”“墙上的牵牛，墙根的靠山竹与草茉莉”，还有各种的水果蔬菜。这些东西，似乎不是北平特有的，但却绝对是家乡都有的。这些平凡景物，恰好是一个老北京人，一个土生土长的北京人所最熟悉最热爱的。老舍出身贫寒，从小就受母亲的影响，热爱劳动，热爱生活，对于周遭的一切都有着朴素而诚挚的感情，所以他选择了这些景物，写出了劳动人民对家乡的自豪和幸福感。

张恨水《五月的北平》同样表达着对北平强烈的爱：能够代表东方建筑美的城市，在世界上，除了北平，恐怕难找第二处了。他选择的景物是“宅院”和“树木”，但很明显出生在武将之家的张恨水，从小看到的北平并不是老舍的北平，他接触的是方正广阔的宅院和高大整齐的树木。他写的是：“在古庙门口，红色的墙，半圆的门，几株大槐树在庙外拥立，把低矮的庙整个罩在绿阴下，那情调是肃穆典雅的。在伟大的公署门口，槐树分立在广场两边，好像排列着伟大的仪仗，又加重了几分雄壮之气。”“肃穆典雅”“伟大雄壮”就是张恨水的审美，也是他的内心世界。

郁达夫《故都的秋》同样表达的是爱北平的思想，尽管他自己不是北京人，但也对北平有着强烈的爱，而且爱的是“秋天的北京”：秋天，这北国的秋天，若留得住的话，我愿把寿命的三分之二折去，换得一个三分之一的零头。他笔下的

（四）落地易犯错误与纠正方法

易犯错误：落地后旋过大，头先着海绵包。

纠正方法：①练习者起跳后身体尽量向上伸展，做背或身体落至海绵包的动作技术练习。②练习者背对海绵包，反复做跳起背弓落至海绵包的技术动作练习（延迟腿的收举）。③练习者做助跑起跳，跳上高台练习。

五、教学要求与建议

（一）教学要求

（1）教学中要把安全教育放在首位。

（2）每次教学前必须做好充分的准备，检查布置教学场地、器械，消除一切不良隐患。

（3）准备活动要充分，专门性及辅助性练习要反复进行，特别是头颈和腰部，不可操之过急。

（4）要注重发展学生的柔韧性和协调性。

（二）教学建议

（1）在准备活动中，每次课都要突出颈、腰部活动。

（2）教学过程先采取分解教学法，即按照学生着地（海绵包）技术—过杆技术—起跳技术分步教学，然后按照动作技术结构顺序连贯教学。

第八节　跳远（蹲踞式、挺身式）

一、教学目标

（1）通过蹲踞式、挺身式跳远教学，使学生了解跳远有关知识，掌握蹲踞式、挺身式跳远技术、技能。

（2）通过蹲踞式、挺身式跳远教学，达到提高学生爆发力和弹跳素质的教学目的。

（3）发展学生腿部力量和速度素质。

二、技术动作要点和重点、难点

（一）技术动作要点

1.开始姿势

（1）静止开始助跑。

（2）行进间开始助跑。

2.助跑加速方式

（1）积极加速。

（2）逐渐加速。

3.技术要求

“快”：助跑快，踏板快和起跳快。“准”：准确踏上起跳板。“稳”：跑的姿势、跑的技术、跑的距离和加速方式稳定。步幅开阔，富有弹性，节奏感强，特别注意后四步的速度和节奏。

4.起跳

（1）起跳包括踏板、缓冲和蹬伸三个环节。

（2）踏板：腿几乎伸直，全脚掌滚动着板，上体正直，眼视前方稍偏上，同时摆动腿折叠迅速前摆跟上起跳腿，两臂摆动靠近躯干。

（3）缓冲：由于踏板的冲力迫使起跳腿髋、膝、踝三关节弯曲缓冲，缓冲的同时，髋关节迅速前移，并带动摆动腿积极折叠前摆，两臂配合继续摆动，身体重心位置较高。

（4）蹬伸：身体重心移过支撑点上方后，快速蹬伸髋、膝、踝三关节，摆动腿以髋发力，膝领先折叠大小腿向前上方摆出至水平，两臂继续摆动，配合蹬伸，蹬伸结束起跳腿异侧臂大臂向前上摆至水平有突停动作，同侧臂后摆。

5.蹲踞式腾空

起跳腿离地，摆动腿摆抬较高，膝关节弯曲角度较大，腾空步后，起跳腿向前摆动与摆动腿靠拢，然后两腿一起上举靠近胸部，上体前倾成蹲踞姿势。然后两臂经前下摆至身后的同时，双腿小腿前伸，用脚后跟先着地滚动至前脚掌，同时屈膝缓冲。

6.挺身式腾空

腾空步后，摆动腿下放，向起跳腿靠拢，伸、挺髋，两臂在腾空步开始一前一后摆动，当摆动腿下放时，两臂靠近身体下放，摆动腿继续向后，两臂外展，身体成微反弓伸展，随后收腹举腿，双臂经上向前做团身。

7.落地

当脚跟触及沙坑即屈膝缓冲向下跪，两臂经体侧摆到体后（落地有滑坐、侧倒和前倒落地三种方式）。

（二）技术动作重点、难点

（1）重点：起跳技术。

（2）难点：蹲踞式技术难点为起跳技术，挺身式技术难点为挺身技术。

三、教与学的方法

（一）助跑与起跳

（1）教师示范并讲解跳远的技术要领及练习要求。

（2）上一步做起跳练习。

（3）走2～3步做起跳练习。

（4）原地摆臂做技术练习。

（5）上步起跳协调摆臂练习。

（6）3步助跑做起跳练习。

（7）3步助跑起跳做协调摆臂技术练习。

（8）连续3步助跑做起跳协调摆臂技术练习。

（9）3~7步助跑起跳做腾空步技术练习。

（10）做助跑技术练习。

（11）半程助跑后做腾空步技术练习。

（二）蹲踞式跳远腾空技术教学的方法

（1）原地摆动腿高抬，做快收起跳腿团身技术练习。

（2）3~5步助跑后起跳做腾空步，接快收起跳腿团身技术练习。

（3）3~5步助跑后起跳做腾空步，接协调摆臂快收起跳腿团身技术练习。

（4）半程助跑进行（2）、（3）练习。

（5）全程助跑进行（2）、（3）练习。

（6）落地技术练习。

（7）衔接（5）、（6）练习。

（8）完整技术练习。

（9）改进技术练习。

（三）挺身式跳远腾空技术教与学的方法

（1）原地模仿腾空步下放摆动腿技术练习。

（2）上1~3步起跳，配合摆臂下放摆动腿做展髋技术练习。

（3）连续3步起跳做挺身技术练习。

（4）3~5步助跑起跳做挺身技术练习。

（5）半程助跑起跳做挺身技术练习。

（6）全程助跑起跳做挺身技术练习。

（7）全程助跑做完整技术练习。

四、易犯错误与纠正方法

（一）助跑易犯错误与纠正方法

易犯错误一：助跑无弹性。

纠正方法：①教师讲解错误原因（全脚掌跑，大小腿不折叠，动作紧张）。②练习者采取前脚掌的弹性跑练习。③练习者做放松、顺风、下坡等弹性跑练习。④练习者做有弹性的折叠腿跑练习。

易犯错误二：助跑重心低。

纠正方法：①教师讲解错误原因。②练习者做高抬大腿跑练习。③练习者做跳跃跑练习。④练习者做各种增强腿部力量的练习。⑤练习者做高重心跑练习。⑥练习者做后蹬跑练习。

易犯错误三：步点不准。

纠正方法：①教师讲解步点不准的原因。②练习者做跑格练习。③练习者做按标志点跑的练习。④练习者做设置多个标志点的助跑练习（根据需要设置）。⑤练习者做设置第一、第二标志的助跑练习。⑥练习者加速跑后做起跳练习（恒定自己的加速节奏，调整助跑启动点位置）。

易犯错误四：最后一步迈大步上板。

纠正方法：①教师讲解错误原因。②练习者做高抬腿跑接起跳腿低抬快速放脚起跳练习。③练习者做靠近身体重心投影点的快速起跳练习。④练习者做中等速度跑连续三步一起跳练习（起跳快速）。⑤练习者逐渐增加速度做练习④。⑥练习者做中速、快速助跑起跳技术练习。

易犯错误五：助跑最后几步减速。

纠正方法：①教师强调跑的正确动作，路线正直，练习者反复进行各种跑的练习和跑步点。②练习者做起跳动作轻而柔地跑过踏板练习。③练习者改进起跳技术。④练习者做采用仰角斜板提高起跳速度的练习。

（二）起跳易犯错误与纠正方法

易犯错误一：前脚掌起跳。

纠正方法：①教师分析错误原因。②练习者原地上步全脚掌滚动着地做踏跳练习。③练习者做全脚掌滚动走练习。④练习者做连续弹性全脚掌跳练习。⑤练习者进行不同距离的跨步跳练习。

易犯错误二：上板起跳时挺腹，上体后仰。

纠正方法：①练习者身体自然，反复练习跑过板。②练习者原地上步做放脚起跳提体动作练习。③练习者上体不断前移，做助跑起跳“拔体”动作练习。④练习者做加强腰腹肌力量练习。⑤练习者保持身体与头部姿态的助跑起跳练习。

易犯错误三：起跳蹬伸不充分。

纠正方法：①练习者在起跳中做加快摆动腿的速度和幅度练习。②练习者起跳时主动伸展膝关节做练习。③练习者改进起跳技术，进行各种起跳的专门性练习。④练习者做发展腿部力量的练习。

易犯错误四：起跳摆腿不折叠。

纠正方法：①练习者做放松跑跳技术的练习。②练习者扶肋木做大小腿折叠摆动练习。③练习者做放松折叠腿跑练习。④练习者做主动摆大腿带动小腿的折叠跑练习。

易犯错误五：起跳方向不正。

纠正方法：①教师强调直线助跑的重要性，练习者按事先画好的直线，反复进行助跑和起跳练习。②练习者做协调摆腿、摆臂及摆动幅度的起跳练习。③练习者反复做起跳的模仿练习，强调头和躯干成一条线，摆腿要正。④练习者在沙坑里画落地方向线，做校正落地点技术练习。⑤练习者做完整的跳远练习，强调跑过跳板，或在仰角斜板上练习起跳。

易犯错误六：起跳摆臂不协调。

纠正方法：①练习者做原地纠正摆臂技术练习。②练习者3～5步助跑后做起跳协调摆臂动作技术练习。③练习者做加强腰腹肌力量的练习。

易犯错误七：腾空步不明显。

纠正方法：①练习者做加强摆动腿摆动速度和幅度练习。②练习者做延迟起跳腿的摆动技术练习。③练习者做各种发展髋关节柔韧性的练习。

（三）蹲踞式跳远腾空易犯错误与纠正方法

易犯错误一：腾空步时间过短，团身过早。

纠正方法：①练习者通过助跑起跳，头触前上方设置悬垂适当高度的球或其他标志物。②练习者利用斜板起跳，提高腾空高度，做延长腾空步时间的技术练习。③练习者做发展腿部力量的练习。

易犯错误二：前旋速度快。

纠正方法：①练习者短程助跑起跳，保持立体、顶头、立提腰，目视前方。②练习者起跳后头顶前上方悬垂的高物。③练习者利用起跳后延长腾空步时间，做快速收起跳腿的技术练习。④练习者起跳后保持明显的"腾空步"姿势，越过橡皮筋或标记线后再向前收起跳腿。

易犯错误三：上体后仰。

纠正方法：①练习者快速跑过起跳板做练习。②练习者做原地纵跳。③练习者做起跳后头顶前上方悬垂的高物的练习。④练习者做各种腰部力量的练习。

（四）挺身式跳远腾空易犯错误与纠正方法

易犯错误一：起跳蹬伸不充分，收摆起跳腿过急。

纠正方法：①练习者起跳后保持腾空步，做摆动腿单腿落入沙坑屈膝缓冲跑进练习。②练习者助跑后在斜板上起跳提高腾空高度，做延迟进行摆动腿收摆练习。③练习者做增强起跳腿力量的练习。

易犯错误二：下放、后展摆动腿差，没有展、挺髋。

纠正方法：①练习者单杠悬垂做腾空步姿势，做下放摆动腿挺髋技术练习。②练习者两腿前后分立，上一步起跳摆动腿做下放挺髋技术练习（要求有高度）。③练习者连续三步助跑起跳，做下放摆动腿挺髋技术练习。④练习者中程助跑起跳（尽量跳高）后做下放摆动腿腾空技术练习。

易犯错误三：空中上下肢配合动作不协调。

纠正方法：①练习者原地模仿上下肢协调配合技术练习。②练习者做各种协调性动作练习。③练习者利用斜板起跳，做增加跳跃高度的空中上下肢协调技术练习（幅度由小到大）。

（五）蹲踞式和挺身式跳远技术落地易犯错误与纠正方法

易犯错误一：落地团身不紧。

纠正方法：①练习者做单杠悬垂弓箭步摆体团身技术练习。②练习者做立定跳远团身动作落至海绵垫或沙坑练习。③练习者助跑3步后做起跳团身落至海绵垫或沙坑技术练习。

易犯错误二：小腿不前伸。

纠正方法：①练习者做立定跳远团身后小腿前伸着地练习。②练习者在3～5步助跑后，做起跳后团身前伸小腿着地练习。③练习者做加强腰腹肌力量的练习。④练习者进行各种协调性练习。

易犯错误三：落地时膝关节生硬，缓冲差。

纠正方法：①练习者立定跳远团身后，小腿前伸由脚跟先着地滚动，膝关节屈膝退让做缓冲着地练习。②练习者从适当坡度的滑滑梯上下滑脚滚动着地，同时屈膝缓冲跪至前面放置的海绵垫上练习。③练习者三级跳落入沙坑做练习①。④练习者以中程中速助跑做完整技术练习。

五、教学要求与建议

（一）教学要求

（1）学习技术，练习时速度不能快，难度不能大。

（2）进行跳远教学前应将沙坑松软、平整和平整助跑道，防止伤害事故发生。

（3）先学习蹲踞式跳远，再学习挺身式跳远技术。

（4）进行跳远教学前，应使学生的机体特别是下肢做好充分准备活动。

（二）教学建议

（1）对中学生开展跳远教学，建议采取从分解技术动作到完整技术动作的教学策略。

（2）中学生跳远技术学习以建立技术框架为主，做到精讲多练，达到锻炼身体、增强体质的目的。

第九节 原地正面双手掷实心球

一、教学目标

（1）通过原地正面双手掷实心球教学，使学生掌握投掷的基本用力顺序、基础技术和提高投掷基本能力和动作的协调性。

（2）发展学生全身力量素质，增强学生的体质和健康水平。

（3）提高学生动作的协调性和快速力量素质。

二、技术动作要点和重点、难点

（一）技术动作要点

（1）握持球：双手五指分开，两只手手掌成弧状相对握住球，大拇指相对，两手握球后自然垂于体前。

（2）预备姿势：双脚前后开立40～60厘米，脚尖朝前，双手持球经上举向后上引，双肩后展，上体后仰，重心随之后移投影点至后脚的稍前位置，后腿微屈膝，髋部前挺，头稍后仰，整个姿势如“弓”状。

（3）最后用力：重心开始前移的同时，下肢后腿先发力，前腿支撑，快速蹬腿推动髋关节前送，随之腰腹肌用力，使得腰腹及上体成鞭打动作向前上方运动，身体重心移到前支撑腿上方时，力量由下向上依次传至肩部，两腿继续用力蹬伸，随即肩部带动大臂向前上方快速用力鞭打，大小臂衔接肩部依次用力，最后甩腕拨指爆发式将实心球向前上方掷出，出手点较高。整个用力过程为：从下肢到上肢（腿、髋、腰、胸、肩、臂、手）依次用力，速度逐渐加快，实心球出手时速度最快。

（4）缓冲：当实心球掷出后，快速交换两腿，后腿前迈，落地点在前支撑腿稍前位置，顺势屈膝、屈髋缓冲，维持身体平衡。

（二）技术动作重点、难点

（1）重点：合理利用下肢蹬地力量送髋。

（2）难点：力的传递和依次加速。

三、教与学的方法

（1）教师示范并讲解原地掷实心球的技术要领及要求。

（2）教师示范并讲解握持球的技术要领及要求。

（3）学生反复进行握持球练习，学生间相互观察、指导。

（4）学生做前抛实心球练习。

（5）学生做后抛实心球练习。

（6）分腿前后站立身体后仰，后腿屈膝做蹬腿送髋起体练习。

（7）双手握球，双腿前后（20～30厘米）站立，直臂后展掷球练习。

（8）做双手持球状，分腿前后（30～40厘米）站立，身体后仰，后腿屈膝做蹬腿送髋起体，上体向前上方扑打技术练习。

（9）双手握球，分腿前后（30～50厘米）站立，身体后仰，后腿屈膝做蹬腿送髋起体掷球砸墙练习（较高标记）。

（10）双手握球，分腿前后（40～60厘米）站立，身体后仰，后腿屈膝做蹬腿送髋起体快速掷球砸墙练习（较高标记）。

（11）原地双手掷实心球完整技术练习。

（12）改进原地双手掷实心球技术练习。

四、易犯错误与纠正方法

（一）准备姿势易犯错误与纠正方法

易犯错误一：站位侧身。

纠正方法：①教师讲解错误原因。②练习者原地双脚左右分立与肩宽，做正面微屈双腿挺髋上体后仰动作技术练习。③练习者原地正面两腿前后稍分立，做正面向后上引体徒手或持轻器械投掷练习。

易犯错误二：手持球屈肘过度，球的位置太低、离身体近。

纠正方法：①练习者原地做双臂直臂上举后展动作练习。②练习者原地直立，正面做双或单大臂后伸展动作技术练习（直臂或微屈小臂）。③练习者两人一组，一人练习，练习者原地两脚前后开立，上体正面后仰，双肩大臂上举后展，小臂微屈后向远处伸展，辅助者帮助纠正动作技术练习。

易犯错误三：握持实心球后引，双肩后展幅度小。

纠正方法：①练习者进行各种发展腰、肩关节柔韧性的练习。②练习者做发展身体各部分协调性的练习。

易犯错误四：上体紧张，预备姿势身体僵直。

纠正方法：①练习者做各种发展放松能力和协调性的练习。②练习者背对肋木，双手反握肋木与肩宽、同肩高，做深蹲，双臂自然伸直，双脚放于肋木前60厘米处分立与肩宽，然后双脚脚掌滚动（由脚跟至前脚掌），用力向前上方蹬腿送髋（以握点为圆心，以握点至臀部最低点为半径，保持个人最大半径向前上方蹬送），抬头挺胸送肩成最大幅度的背弓。③练习者正面原地两腿前后稍开立后，伴随重心前移，前腿向前做大幅度的迈步送髋抬头，身体后仰，同时做后支撑腿屈膝135°左右蹬伸送蹬技术练习。④练习者正面原地两腿并拢直立后，重心稍后移，蹬伸腿向后撤一步（40～60厘米）屈膝支撑，同时身体后仰伸展，上臂上举后展，稍抬头。然后蹬伸后腿、送髋，身体向前上方做鞭打动作练习。

（二）最后用力易犯错误与纠正方法

易犯错误一：后腿蹬伸无力，用手臂力量掷球。

纠正方法：①练习者背对肋木，两腿前后分离，后腿距离肋木20～30厘米，后腿稍屈膝，身体重心在后脚的稍前方，双手经上向后反握肋木，成正面掷实心球预备姿势，后腿用力蹬伸送髋成背弓练习。②一人辅助和帮助，练习者成预备姿势，辅助者站在练习者身后，用双手拉住练习者的双手，限制练习者上体向前的动作幅度，练习者后腿用力蹬伸前送髋关节成背弓练习。③如练习②练习者做出背弓后继续用力，辅助者松开双手，练习者做向前上方伸展鞭打上体练习。

易犯错误二：掷球时屈肘、出手点低。

纠正方法：①练习者双脚原地并立，双膝微屈，做握球状大臂后展，蹬伸双腿的同时上体和大臂向前上方伸展至最高点。②练习者面对墙，前脚距离墙20厘米左右成正面原地掷实心球预备姿势，后腿蹬伸送髋，身体重心逐渐前上移至前支撑腿，身体向前上伸展，做双手触墙较高的标志练习。③练习者握持实心球，面对墙距离4米左右成正面原地掷实心球预备姿势，后腿蹬伸送髋，身体重心逐渐前上移至前支撑腿，身体向前上伸展带动大臂前上伸展对墙上面较高标志掷球。④练习者做好正面原地掷实心球预备姿势后，后腿蹬伸送髋掷球越过前方高出设置的横杆或横拉的橡皮筋练习。

易犯错误三：用力顺序不正确，无鞭打动作。

纠正方法：①练习者身体自下而上做振浪练习。②练习者做各种协调性练习。③练习者做跪膝送髋练习：背对肋木，双手握肋木与肩宽，双臂伸直自然下垂深蹲，双脚放于肋木前60厘米左右分立与肩宽，然后双膝跪撑向前上方送髋，人体以握点为转动轴向前上方摆动，抬头挺胸成最大幅度的背弓。④练习者以小幅度预备姿势站立后，后腿用力蹬伸送髋，上体体会做小幅度鞭打技术练习。

易犯错误四：实心球出手前屈髋、重心后坐。

纠正方法：①练习者双脚前后分立20～30厘米，身体稍后仰，双臂上举后展，重心偏向后腿，做后腿蹬伸送髋，重心前移至前支撑腿，后蹬用力伸髋，做整个上体向上稍向前的伸展练习。②练习者面对墙站立，做①动作技术练习，在上体向上稍向前伸展后用双手触及墙上较高的标志。③练习者面对墙，距离墙20～30厘米，成正面掷实心球预备姿势后，后腿用力蹬伸送髋，前腿用力支撑，上体随后向前上鞭打，重心前移稍过前支撑腿，双手触及墙上较高标志的同时，后腿蹬离地面后快速交换至前支撑腿稍前支撑，重心在支撑腿上，身体向上伸展使手触及的位置达到最高。④练习者握持球距离墙适当距离，成投掷预备姿势站立，掷球触及墙上标志（注意安全）。

易犯错误五：球出手前低头含胸。

纠正方法：①练习者抬头挺胸上步直体前抛实心球练习。②练习者原地双脚前后站立，上体稍后仰，双臂上举并后展，徒手模仿抬头挺胸掷球练习。③练习者面对墙适当距离站立，持球做预备姿势（动作幅度较小），做对墙掷球的抬头挺胸技术练习或类似练习（特别要注意球反弹的安全）。

（三）出手后维持身体平衡易犯错误与纠正方法

易犯错误一：掷实心球出手后不换步。

纠正方法：①练习者徒手两脚前后开立，重心前移过前支撑腿后，后腿快速交换至前腿稍前位置进行支撑，另一腿后展，重心在换上去的支撑腿上方。②练习者徒手稍加大动作幅度，在后腿蹬伸的情况下做①练习。③练习者用完整技术做②练习。

易犯错误二：实心球出手后重心不稳。

纠正方法：①教师讲解错误原因（实心球出手前前腿支撑无力，上体过度向前）。②练习者加强在最后用力的末期前支撑腿强有力地支撑练习和身体鞭打到适当位置时，实心球快速出手后的身体突停技术练习。

五、教学要求与建议

（一）教学要求

（1）面朝向要正。

（2）用力顺序从后下至前上，动作要连贯。

（3）动作速度由慢到快，突出加速节奏。

（4）预备姿势时，大臂后展，小臂的弯曲角度要小，不能大。

（5）在最后用力时，前腿支撑要逐渐使身体重心提高，不能屈膝。

（二）教学建议

（1）在学会握持球以后，教学中可以先让学生学习体会大臂带小臂的鞭打掷球动作，再教学生腰部以上的挺胸送肩做投掷臂的鞭打练习，最后教学生完整动作。

（2）每个分解动作技术的练习，都可以采取先徒手练习，然后持球练习。

（3）在教学中，一定要考虑先易后难，逐步达到掌握或基本掌握各个环节的技术，做到动作连贯。因为掷实心球技术的掌握是学生掌握所有投掷技术的基础，不可小觑。

第十节 原地掷铅球

一、教学目标

（1）通过原地掷铅球教学，使学生掌握掷铅球的基本用力顺序、基础技术和提高投掷能力。

（2）发展学生全身力量素质，增强学生的体质和健康水平。

（3）提高学生动作的协调性。

二、技术动作要点和重点、难点

（一）技术动作要点

1.握持球

握球：手指张开呈五齿状，球重心落在三根上（食指、中指、无名指），中间三指力量强，大小手指控方向，掌心空着且莫忘，手腕背屈力量强。

持球：将握好的球置于锁骨窝处，靠紧颈部，用手和下颚抵住铅球，手心向前，肘关节外展。

2.预备姿势

预备姿势有原地正面、原地侧面和原地背向三种。

原地正面：双脚前后开立40～60厘米，脚尖朝前，上体后仰，重心投影点在后脚的稍前位置，后腿屈膝，髋部前挺，前腿稍屈膝支撑，头稍后仰，整个姿势如“弓”状。

原地侧面（以右手持球为例）：上体自然正直侧对投掷方向，两腿左右开立，左脚站立在投掷圈中心附近，右脚站在离投掷圈前沿20厘米左右稍外展，重心在两腿之间，高姿势站立握持好球后，右腿屈膝，上体向右侧倾斜伸展，左臂微屈于胸前，左脚前脚掌内侧着地，重心落在靠近右腿稍偏投掷方向的位置，眼睛平视。

原地背向：持球后背对投掷方向，右脚站在靠近圆心附近稍内扣，左脚站在离铅球圈前沿20厘米左右稍外旋，前脚掌内侧着地，右腿屈膝，身体前倾，左臂自然下垂，左肩稍内扣，重心落在右腿稍偏后的位置，眼看前下方2～3米处。

3.最后用力

重心首先稍前移，右膝右脚向投掷方向转动的同时大腿用力蹬伸，推动髋关节及身体向前上方移动，左腿用力支撑，左侧肩臂内扣，腰、背和腹部肌肉被扭紧拉长，大腿继续蹬转推动上体向投掷方向抬起，逐渐形成左侧对着投掷方向，上体向右侧倾斜，随着右腿急速而有力蹬转，右髋不断向投掷方向前送，上体形成由侧弓到背弓不断抬起，头和胸转至投掷方向。在继续用力推动下，上体躯干肌群快速发力，右肩前送，左臂内旋下摆，右臂迅速将球掷出。用力顺序：蹬转—送髋—抬体—抬头—挺胸—挥臂—

拨指。

4.维持身体平衡

铅球出手后快速交换两腿，以全脚掌着地屈膝、屈髋缓冲，维持身体平衡。

（二）技术动作重点、难点

（1）重点：最后用力。

（2）难点：力的传递和动作技术的连贯性。

三、教与学的方法

1.握（持）球技术练习

（1）拨球技术练习：直立，两腿左右或前后分离，一手握（持）球，置于肩部锁骨窝处，另一手前面护球，大臂前上伸展带动小臂前伸，做甩腕拨球技术动作，护球手护住铅球，不要出手，然后两手护球收回到开始姿势，反复进行。

（2）在握（持）球的基础上，原地对地或沙坑做砸球练习：上体正直，两脚左右开立，两腿稍微屈，一手握持球于锁骨窝处，另一臂自然前举（或上举）做准备状，就绪后，两腿快速蹬伸的同时，上体急剧向下前屈同时送肩、伸臂、甩腕、拨指，将球掷于身体正前下方30～40厘米处。

（3）持球原地双腿屈伸立体举球练习：一手握（持）球于锁骨间，上体正直，两腿并拢或开立与肩宽，屈膝，另一臂自然下垂或前举，然后双腿蹬伸的同时，身体向上伸展，同时持球肩臂极限上举，后还原至开始姿势，进行下一次练习。

（4）前抛铅球。

（5）后抛铅球。

（6）侧抛铅球。

（7）原地两脚平行开立正面掷实心球或铅球。

（8）原地两脚前后开立正面掷实心球或铅球。

2.原地正面掷铅球

方法同原地正面掷实心球，不同的是单手持（掷）球。

3.原地侧向掷铅球

（1）原地侧向预备姿势技术练习。

（2）原地侧向徒手蹬转送髋技术练习。

（3）原地侧向蹬转送髋掷实心球技术练习。

（4）原地侧向掷轻铅球技术练习。

（5）原地侧向掷标准器械铅球技术练习。

4.原地背向掷铅球

（1）原地背向预备姿势技术练习。

（2）原地背向徒手蹬转送髋技术练习。

（3）原地背向蹬转送髋掷实心球。

（4）原地背向掷轻铅球技术练习。

（5）原地背向掷标准器械铅球技术练习。

（6）原地背向掷铅球教学比赛。

四、易犯错误与纠正方法

易犯错误一：握球用五指或满把抓球。

纠正方法：①教师讲解正确技术。②练习者做原地握球练习，老师指导或学生相互指导纠错。③练习者原地正确握球后，屈肘向下，双手相对分别握住球的侧上方，然后用力向上来回伸臂举球，体会正确握球姿势。④练习者原地正确握球站位后，做对地推球练习。⑤练习者加强手指、手腕力量练习。

易犯错误二：持球不在锁骨窝处。

纠正方法：①教师讲解错误原因。②练习者反复做握球后的正确持球技术练习（球放在锁骨窝处，掌心向前，球贴紧颈部和右侧下颚）。

易犯错误三：持球肘关节过低。

纠正方法：①教师讲解错误原因。②练习者在教师和同伴的指导与帮助下，反复做持球肘关节外展技术练习。③练习者按照技术要求，自己对着镜子进行正确技术练习。

易犯错误四：最后用力时，上体过早前移。

纠正方法：①练习者原地预备姿势做蹬伸（或蹬转）送髋技术练习（上体注意保持预备姿势）。②练习者扶肋木进行蹬伸（或蹬转），做送髋技术练习。③一人练习，另一人在练习者前方适当位置拉住练习者的非投掷臂、肩，练习者做蹬转送髋技术练习（侧、背向）。④练习者滑步做③练习。

易犯错误五：最后用力时，右腿只蹬不转（侧、背向）。

纠正方法：①练习者原地左右分腿不小于肩宽，保持身体直立姿势，以蹬伸腿的前脚掌为轴做蹬转内扣膝关节技术练习。②练习者做侧向或背向预备姿势后，保持上体姿势基本不变，做蹬伸腿的内扣同时蹬伸（或蹬伸同时内扣）技术练习。③一人练习，另一人在练习者前方适当位置拉住练习者的非投掷臂（高度大约与练习者的肩高同高），练习者做蹬转送髋技术练习（侧、背向掷球）。④练习者滑步做③练习。

易犯错误六：推球时用不上躯干和下肢力量，单纯用手臂的力量掷球（侧、背向）。

纠正方法：①学生面向肋木成预备姿势后，左手稍高于肩，向右侧远伸拉住肋木控制住上体和左肩，做蹬转送髋成背弓姿势（左腿有力支撑，头不要转动）。②练习者做身体自下而上的鞭打练习。③教师面对学生，左右分腿站立于学生预备姿势右侧偏前，右脚靠近练习者右脚并站于练习者脚前位置，左手拉住练习者左手，右手控制住练习者的左肩，练习者做蹬转送髋练习时，辅助者左手拉练习者的左手向练习者用力方向相反的远处，同时右膝顶推练习者的右腿向前蹬转送髋，身体成侧弓。④练习者加强腰腹肌和下肢力量训练。

易犯错误七：身体各环节最后用力顺序不正确。

纠正方法：①教师讲解错误原因。②练习者的身体由下至上做振浪技术练习，体会力量的传递。③练习者做后抛和前抛铅球技术练习。④练习者徒手完整技术，体会力量的传递和身体的鞭打技术练习。⑤练习者持轻器械做动作④的技术练习。

易犯错误八：推铅球时左肩后撤或上体向左侧倒。

纠正方法：①教师讲解正确的技术概念和意义。②练习者面对肋木，非投掷臂远伸扶肋木做侧向的蹬转送髋技术练习。③练习者做侧向原地掷铅球最后用力球出手前的左侧肩和上体往稍往前上送（沿投掷方向）后，支撑出球技术练习（画好两脚的位置）。④练习者做固定左侧的掷球技术练习。⑤练习者做背靠固定物的左侧支撑掷球技术练习。

易犯错误九：最后用力过程中无稳固的左侧支撑。

纠正方法：①教师讲解错误原因。②练习者原地双脚前后分立，做前腿有力支撑重心前移动做练习。③练习者侧向站立，身体稍右侧，做蹬转送髋重心前上移的同时，左侧有力支撑上体，做前上抬体（左肩高于右肩）的动作练习。④练习者做扶肋木蹬转送髋由侧弓到背弓的技术练习。

易犯错误十：推球时无积极地挺胸和送髋动作。

纠正方法：①练习者做原地抬头挺胸，向上伸臂提体的动作技术练习。②练习者做原地侧向的蹬转送髋抬头挺胸动作技术练习。③练习者握持铅球，抬头挺胸，向斜上方反复做推挺动作技术练习。④练习者做原地背向的蹬转送髋抬体抬头挺胸动作练习。

易犯错误十一：推球时出手角度低。

纠正方法：①教师讲解错误原因。②练习者改进掷球时臀部后坐的错误技术练习。③练习者改进掷球时低头含胸技术练习。④练习者朝着一定高度的标记做掷球练习。⑤练习者做推过一定高度和远度的横杆或拉绳练习。

易犯错误十二：推球时臀部后坐。

纠正方法：①练习者原地正面两脚前后开立，重心前移过前支撑点后快速交换腿支撑，前腿后展提髋做立体动作技术练习（由直腿至后腿弯曲，体会蹬伸与重心的转移）。②练习者原地侧向两腿左右分立，右腿蹬转送髋前移重心做练习①。③练习者原地侧向或背向蹬转送髋后做练习②。

五、教学要求与建议

（一）教学要求

（1）在教学中，学生集体持球或分组轮换持球练习时，要强调安全。

（2）进行投掷练习时，杜绝安排相向投掷。

（3）练习过程中要求待所有持球学生掷球后统一捡球，避免伤害事故的发生。

（4）为了便于管理，要求合理安排课的组织，增加和提高课的练习密度。

（二）教学建议

（1）在保证安全的前提下，合理、严密地组织课的教学。

（2）在原地掷铅球教学中，建议多进行辅助性、专门性和徒手模仿技术练习，使学生能基本掌握投掷铅球的基本技术，提高掷铅球技术水平和运动能力。在进行徒手模仿、辅助性和专门性技术练习时，要充分考虑到学生锻炼身体和增强体质的目标、任务。

（3）进行投掷技术练习时，为了防止技术变形，建议开始或技术尚不稳定时使用实心球、轻于标准器械进行练习，熟练后再使用标准器械进行技术练习。

第十一节　侧向滑步和背向滑步掷铅球

一、教学目标

（1）通过侧向或背向滑步掷铅球技术教学，使学生了解并掌握侧向滑步掷铅球的基本知识、基本技术和基本技能。

（2）发展学生的力量素质和爆发力，增强学生体质，提高学生健康水平。

（3）培养学生良好的组织纪律性，增强安全意识。

二、技术动作要点和重点、难点

（一）技术动作要点

（1）侧、背向滑步掷铅球握（持）球：同原地掷铅球握（持）球。

（2）侧向滑步掷铅球预备姿势：握（持）球后，两脚左右开立，侧对投掷方向，右脚外侧紧贴投掷圈的后沿内侧，左脚前脚掌内侧着地，重心在右腿上，上体向右侧倾斜，左臂微屈于胸前，眼平视。

（3）侧向滑步掷铅球预摆及滑步。①预摆：预摆时左腿微屈以大腿带动小腿向投掷方向摆起，同时上体保持向右倾斜姿势，右腿屈膝，左腿回摆靠近右腿，收腹含胸准备滑步。②滑步：首先身体重心向投掷方向移动，随之左腿向投掷方向摆出，同时右腿用力侧蹬，加速身体重心前移，当右腿结束蹬伸后立即贴近地面，向身体重心下方收扣小腿并落于圆心附近，在右腿收扣同时左腿积极向前下方下压，前脚掌内侧几乎与右脚同时着地（脚尖与投掷方向成45°左右），身体姿势保持不变。

（4）背向滑步掷铅球预备姿势。①高姿势：背对投掷方向，右腿直立，右脚尖站在圈内靠近后沿，脚跟对投掷方向，两脚前后开立20～30厘米，左腿脚尖或前脚掌点地，膝微屈，腿放松，上体正直，左臂自然上举或前举旋内，体重在右腿上，眼视前下方。②低姿势：背对投掷方向，右脚尖站在圈内靠近后沿，脚跟对投掷方向，右腿弯曲，上体前倾，两脚前后开立50～60厘米，左腿脚尖或前脚掌点地，膝弯曲，腿放松，左臂自然下垂，体重在右腿上，眼视前下方2～3米处。

（5）背向滑步掷铅球预摆及滑步。①预摆：预摆开始时，高姿势身体稍前倾，左臂前伸或下伸，左腿微屈，向后上方摆起的同时右腿适度蹬伸起，上体几乎成一直线，接着右腿屈膝下蹲同时左腿屈膝回摆靠近右腿团身，眼视圈外2～3米处。②滑步：臀部后移，紧接着左腿以大腿带动小腿向抵趾板方向稍外旋摆出，同时右腿积极蹬伸，保持上体姿势不变，右腿蹬伸结束时立即向身体重心下方边收边拉，同时左腿向抵趾板方向伸压，右腿落地于圆心附近，右脚掌与投掷方向成90～130°，左脚前脚掌内侧几乎与右脚同时着地，落地点在抵趾板附近，脚尖与投掷方向成45°左右，膝关节微屈。

（6）最后用力：同原地掷铅球。

（7）出手后的身体平衡：同原地掷铅球。

（二）技术动作重点、难点

（1）重点：最后用力。

（2）难点：滑步与最后用力的衔接。

三、教与学的方法

（一）侧向滑步掷铅球

（1）学习侧向滑步掷铅球的预备姿势。

（2）学习侧向滑步掷铅球的预摆技术。

（3）侧向站立，单手（持球手的异侧手）扶肋木，支撑腿屈膝，身体右倾，做蹬摆协调移动重心练习。

（4）侧向站立，单手（持球手的异侧手）扶肋木，支撑腿屈膝，身体右倾，做蹬摆协调移动重心后摆动腿落地支撑练习（成超越器械姿势）。

（5）侧向站立，单手（持球手的异侧手）扶肋木，支撑腿屈膝，身体右倾，做蹬摆协调移动重心后快速收支撑腿技术练习（成超越器械姿势）。

（6）双人合作做（3）、（4）练习（由扶肋木改为拉辅助者的手）。

（7）徒手侧向做滑步练习。

（8）持轻器械侧向做滑步练习。

（9）扶肋木做侧向蹬转送髋练习。

（10）一人拉练习者的非投掷臂，练习者进行侧向蹬转送髋练习（互换练习）。

（11）一人拉练习者的非投掷臂，练习者侧向滑步接蹬转送髋练习（互换练习）。

（12）在铅球圈内持轻器械做侧向滑步练习。

（13）在铅球圈内持轻器械做侧向滑步接蹬转送髋技术练习。

（14）在铅球圈内做侧向滑步持轻器械完整技术练习。

（15）在铅球圈内持标准器械做侧向滑步完整技术练习。

（16）改进技术练习。

（二）背向滑步掷铅球

（1）学习背向滑步掷铅球的预备姿势。

（2）学习背向滑步掷铅球的预摆技术。

（3）背向站位单手扶肋木（持球手的异侧手），做蹬摆协调移动重心练习。

（4）背向站位单手扶肋木（持球手的异侧手），做蹬摆协调移动重心摆动腿落地支撑练习。

（5）背向站位单手扶肋木（持球手的异侧手），做蹬摆协调移动重心后快速收支撑腿技术练习。

（6）双人合作做（3）、（4）练习（由扶肋木变换为拉辅助者手的练习）。

（7）徒手背向滑步练习。

（8）持轻器械背向滑步练习。

（9）扶肋木做原地背向蹬转送髋练习。

（10）一人拉练习者的非投掷臂，练习者原地进行背向蹬转送髋练习（互换练习）。

（11）一人拉练习者的非投掷臂，练习者背向滑步做接蹬转送髋练习（互换练习）。

（12）在铅球圈内持轻器械做背向滑步练习。

（13）在铅球圈内持轻器械背向做滑步接蹬转送髋技术练习。

（14）圈内持轻器械做背向滑步完整技术练习。

（15）铅球圈内持标准器械做背向滑步完整技术练习。

（16）改进技术练习。

四、易犯错误与纠正方法

（一）握（持）球易犯错误与纠正方法

同原地掷铅球。

（二）侧、背向滑步易犯错误与纠正方法

易犯错误一：摆动腿预摆后团身动作不紧，重心偏高。

纠正方法：①教师讲解错误原因。②练习者左手（位置较低）扶支撑物做预摆团身技术练习。③练习者原地徒手做预摆团身技术练习。

易犯错误二：蹬摆不协调。

纠正方法：①教师讲解错误原因。②练习者左手扶支撑物做徒手的支撑腿屈伸技术练习。③练习者左手扶支撑物做徒手支撑腿伸、摆动腿后摆，支撑腿屈、摆动腿收的预摆技术练习。④练习者原地做徒手预摆技术练习。⑤练习者持球做原地预摆技术练习。

易犯错误三：滑步距离短。

纠正方法：①练习者面向肋木，间距适当，做左手扶肋木预摆团身后的蹬伸，移重心后摆动，腿后下方远处摆、压、插的大幅度分腿技术练习（身体前倾保持不变）。②练习者做练习①蹬伸摆动后的快速收蹬伸腿落地至重心下方附近的技术练习。③双人配合辅助练习：一人辅助，另一人做②技术练习。④双人配合辅助练习：一人辅助，另一人做③技术练习。⑤练习者在地面上做两腿落地标记的徒手蹬摆技术练习。⑥练习者持器械做练习⑤的技术练习。⑦练习者做加强腿部力量的练习。

易犯错误四：滑步时上体过早转向投掷方向。

纠正方法：①练习者做左手扶肋木的蹬转送髋技术练习。②同伴拉住练习者的左手（限制练习者上体抬起和左肩打开），练习者做预摆后的滑步技术练习。③同伴拉住练习者的左手（限制练习者上体抬起和左肩打开），练习者做滑步后的蹬转送髋技术练习（直至成侧弓）。

易犯错误五：滑步停顿，动作不连贯。

纠正方法：①练习者做连续的滑步技术练习。②练习者做短滑步后的快速蹬转送髋

技术练习。③练习者做滑步后的蹬地腿快速收扣落地接蹬转送髋技术练习。④练习者做逐渐加大滑步距离的②练习。

易犯错误六：滑步过程中身体重心起伏过大。

纠正方法：①练习者做原地预摆团身后的移重心技术练习。②练习者做原地移重心后的蹬摆配合技术练习（结束后两腿大幅度分立，保持身体前倾）。③练习者连续做徒手滑步技术练习（强调首先移动重心，练习过程中保持身体前倾）。④练习者在投掷圈内做徒手滑步技术练习。⑤练习者在投掷圈内持器械做滑步技术练习。

易犯错误七：滑步后肩轴与髋轴没有扭紧。

纠正方法：①练习者做左手扶肋木的蹬转送髋技术练习（限制上体抬起和左侧打开）。②同伴拉住练习者的左手，练习者做蹬转送髋技术练习。③同伴拉住练习者左手，练习者向前滑步后做接蹬转送髋技术练习（保持头部右偏）。

易犯错误八：滑步与最后用力衔接不好。

纠正方法：①教师讲解错误原因。②练习者原地做侧、背向掷铅球技术练习。③练习者小幅度滑步后，快速收扣右腿，衔接快速蹬送髋关节技术练习。④练习者小幅度滑步后快速收扣右腿，衔接快速蹬送髋关节掷球技术练习。⑤练习者逐渐增大滑步动作幅度做④技术练习。

（三）最后用力易犯错误与纠正方法

同原地掷铅球。

（四）维持身体平衡易犯错误与纠正方法

同原地掷铅球。

五、教学要求与建议

（一）教学要求

（1）在教学中要高度重视安全教育，进行投掷练习时杜绝安排相向投掷。

（2）练习过程中要求待所有持球学生掷球后统一捡球，避免伤害事故的发生。

（3）教学中可运用的方法、手段很多，要根据课时选择适合学生技术形成和有利于身体锻炼的方法、手段进行针对性的教学。

（二）教学建议

（1）教学中要合理利用辅助练习，引导学生形成正确的运动技术。

（2）根据学校现有条件，注重课的组织安排，完成每次课的教学任务并达到教学目标。

（3）在教学中要突出力量素质练习，并重视学生的协调性练习。

第十二节 跑的身体练习

一、教学目标

（1）通过跑的身体练习教学，提高学生跑的能力。
（2）增强学生的心肺、呼吸和循环系统的功能。
（3）发展速度、速度耐力和一般耐力素质，增强学生体质。
（4）通过跑的身体练习教学，提高学生的协调性、灵敏性及快速反应能力。

二、跑的身体练习方法和技术动作要点、难点

（一）跑的身体练习方法

1.高抬腿跑

上体正直稍前倾，大腿积极向前上摆到水平，并带动同侧髋向前上，小腿放松自然折叠，脚跟接近臀部，另一只腿直腿支撑，随后高抬的腿大腿积极下压，在即将着地瞬间，支撑腿快速高抬，高抬的腿下压着地时，髋、膝、踝三关节几乎伸直，用前脚掌着地，着地点在身体重心投影点的下方。同时配合腿部动作两臂前后摆动。重心要求较高且平稳，双腿交替进行。主要用于发展途中跑技术和腿部力量的练习。

2.后蹬跑

上体正直稍前倾，两臂自然前后摆动。摆动腿积极向前上方摆出，带动同侧髋前送，后蹬腿充分蹬伸髋、膝、踝三关节。后蹬结束后，前摆的大腿积极下压，前脚掌着地，着地点离身体重心投影点较近，膝、踝关节缓冲，迅速转入后蹬。腾空阶段重心向前性好，腾空时要放松，重心起伏小，两腿交替频率快。主要用于发展后蹬技术和腿部力量的练习。

3.折叠腿跑

在跑动中放松、自然，蹬地腿在结束后蹬地，髋关节发力带动大腿快速向前摆动，同时小腿充分放松，顺势快速充分折叠进行跑进。要求摆动快、小腿放松、折叠紧。主要用于发展速度、协调性和放松能力的练习。

4.松大步跑

在正常跑的基础上，大腿高抬，后蹬充分，两大腿剪交叉大，摆腿和摆臂幅度加大，动作放松。主要用于发展途中跑技术和能力的练习。

5.加速跑

从静止开始，重心由低逐渐升高，步幅由小逐渐增大，上体逐渐抬起，步频较快，摆腿和摆臂幅度逐渐加大，两脚的内侧在一条直线上，速度逐渐加快。主要用于发展加速能力的练习。

6.冲刺跑

在不同段落跑的后程，由于体力下降，能量消耗过大，使得速度有所下降，为了保持比较高的跑速和尽量减少速度的下降，采取的跑的技术和战术称为冲刺跑。一般要求适当加大上体前倾，加快摆臂保持高速跑进。主要用于发展终点冲刺能力的练习。

7.追逐跑

一般两人一组，一人在前，另一人在后，间距适当（根据两人的水平而定）。在信号的指挥下，两人同时朝同一方向跑进，后者追逐前者跑。变换形式：前者在跑进中可改变跑进方向，后者追前者跑；前者被后者追到后，立即换位练习，即原来追者变为被追者，原被追着变为追者。主要用于发展速度、灵敏性和协调性的练习。

8.往返跑

在适当的距离内做两个标记或放置两个标志物，练习者绕过标记或标志物来回做跑进练习。主要用于发展耐力和跑的能力。

9.并列同步跑

练习者在同一起跑线后平行站立，在信号的指挥下一起跑进。主要用于发展速度和跑的能力。

10.让距跑

练习者速度不同，在进行跑的练习时，根据速度差异，速度快者在后，速度慢者在前，同时跑完规定距离。主要用于发展速度。

11.俯卧双臂支撑起立跑

练习者成双臂支撑地面的俯卧姿势，听到信号后，迅速站起并快速跑进。主要用于发展反应能力、灵敏性、上肢力量和速度。

12.俯卧单臂支撑起立跑

练习者成单臂支撑地面的俯卧姿势，听到信号后，迅速站起并快速跑进。主要用于发展反应能力、灵敏性、上肢力量和速度。

13.绕杆跑

间距3~5米插或立若干杆子，练习者成“S”型向前跑进，依次跑过所有的杆子。主要用于发展速度、协调性和灵敏性。

14.听信号反应跑

练习者首先做好预备或准备姿势，听到不同的信号迅速做出反应，按照信号规定的方向快跑。主要用于发展反应速度、灵敏性和协调性。

15.上坡跑

在水平跑进10米左右的距离后，进入坡度不大于5°的斜上坡跑。适当加大身体前倾，加强后蹬，加大摆动幅度。主要用于发展腿部力量和加强后蹬效果。

16.下坡跑

在水平跑进10米左右的距离后，沿着坡度不大于5°的斜下坡跑进。要充分放松，利用惯性跑进。主要用于发展速度、放松能力，特别是克服速度障碍。

17. 顺风跑

顺着风吹的方向跑进。主要用于发展速度、放松能力，特别是克服速度障碍。

18. 顶风跑

在站立或行进间启动，身体适当加大前倾，加强后蹬和摆动（摆腿和摆臂），迎着风吹来的方向跑进。主要用于发展后蹬力量和提高后蹬效果。

19. 牵引跑

用橡皮带或绳索绕在练习者的腰部，前端拴在自行车上或斜挎在速度快者的肩上，自行车或速度快者用稍快于练习者的速度牵引练习者跑进。主要用于发展速度，特别是克服速度障碍。

20. 沙地跑或草地跑

在沙地或草地上跑。主要用于发展腿部力量。

21. 变速跑

在跑进的过程中，快慢交替进行。一般规定快跑一定的距离后慢跑，慢跑一定的距离后再快跑，交替进行。主要用于发展专项耐力或一般耐力。

22. 走跑结合

跑一段距离后，走一段距离，交替进行。主要用于发展专项耐力和一般耐力。

23. 听枪（击掌或口令）跑

听到信号后迅速跑进。主要用于发展反应速度。

24. 前倒起跑

身体正直，双脚平行开立与肩宽，重心前移，将身体向前倾倒，当失去重心时，一只腿支撑，另一只腿迅速前摆，利用向前冲力顺势向前跑出。上体保持较大前倾，摆动积极快速，摆动腿下压积极，前脚掌滚扒着地，双臂协调配合摆动。主要用于发展跑速和加速能力。

25. 听节奏跑

按照老师和节拍器发出的节奏进行跑的练习。主要用于发展练习者的节奏感和协调性。

26. 反复跑

多次重复同一练习，两次（组）练习之间安排相对充分休息的练习方法。主要用于发展跑的能力。

27. 持续跑

练习者负荷强度较低、负荷时间较长、无间断地连续进行练习。主要是发展跑的能力和耐力素质。

28. 间歇跑

间歇训练法是指训练者对多次练习时的间歇时间做出严格规定，使机体处于不完全恢复状态下反复进行练习的训练方法。一般要求心率恢复到120次/分钟时进行下一次练习。主要用于发展跑的能力和无氧代谢的速度耐力。

（二）技术动作重点、难点

（1）重点：练习选择的针对性和合理安排。

（2）难点：练习时运动符合安排的节奏以及量与强度的合理搭配。

三、教学要求与建议

（一）教学要求

（1）根据学生能力和水平的不同，选择适合学生练习的内容和方法。

（2）在教学中不能操之过急，做到循序渐进、稳步提高。

（3）方法和手段是多样的，对于学生来说要因人而异，因人施教。

（4）跑的身体练习一般比较枯燥，教师在教学中要灵活运用，不断变换组织形式、练习内容、练习方式，以增强练习的趣味性，提高学生的兴趣。

（二）教学建议

（1）对中学生的教学主要以游戏性和竞赛性的练习为主，以发展跑的速度素质为主，将跑的素质和能力发展融在练习之中。

（2）初中及以上学生应逐渐发展其一般耐力素质，在进行跑的耐力身体素质练习时，要由易到难，逐渐增加跑距，不断变换形式，避免枯燥、乏味，注意培养学生的兴趣。

（3）跑的力量身体素质练习主要以克服自身重量的爆发力练习为主，高中以下年级的学生避免或少用大负荷的力量练习。

第十三节　跳的身体练习

一、教学目标

（1）通过跳跃教学，提高学生的弹跳素质。

（2）增强学生的爆发力和弹跳力，增强学生体质。

（3）通过跳跃教学，提高学生利用弹跳方法和手段锻炼身体的能力。

（4）激发学生利用弹跳方法和手段锻炼身体的兴趣。

二、跳跃练习方法和技术要领

1.各种形式的跳绳、跳橡皮筋

2.立定跳远

练习时两腿稍分开，膝微屈，两臂自然前后预摆两次，两腿随着屈伸，当两臂从后向前上方做有力的摆动时，两脚用前脚掌迅速猛蹬地。膝关节充分蹬直，向前跳起，身体尽量前送，过最高点后，屈膝、收腹、小腿前伸。两臂自上往下向后摆，落地时脚跟先着地，然后屈膝缓冲，上体前倾。

3.蹲跳

练习时，双脚左右平行外立，屈膝深蹲，两臂自然后摆，然后两腿迅速蹬伸，使髋、膝、踝三关节充分伸直，同时两臂迅速有力地向前上摆，最后用脚尖蹬离地面向上跳起，落地时用前脚掌着地，屈膝缓冲，接着再跳起。反复进行，直到完成规定次数。训练初期，可采用半蹲姿势，跳的组数和次数可根据年龄、性别、身体素质的不同而定。

4.踝关节跳

双脚并拢直立，脚掌快速用力伸展踝关节跳起，用前脚掌落地，落地后用最快的速度衔接下一次跳。在跳起的过程中保持身体和膝关节直立（脚跟不着地）。

5.单脚交换跳

练习时，上体正直，膝部伸直，两脚交换向上跳起。跳时主要用踝关节的力量，用前脚掌快速蹬地跳起，离地时，两脚面绷直，脚尖向下。练习方法可采用原地跳、行进间跳或在沙坑里跳，可以规定跳的时间（30秒~1分钟）和跳的次数（30~60次），也可以行进间跳20~30米。

6.抱膝跳（平地、沙坑）

两脚并拢直立，两臂自然下垂，开始时两腿适当下蹲屈膝，然后用力蹬伸髋、膝、踝三关节上跳，同时两臂上摆，当跳至接近最高点时，快速屈髋折叠小腿，双膝关节向胸部靠拢，然后快速下放双腿，用前脚掌着地后连接下一次动作，重心保持较高。此练习可以在沙坑里进行。先做原地的练习，技术掌握熟练后，可以做行进间或设置障碍的练习。

7.跑跳步

练习时左（右）腿用力蹬伸向上跳起，同时右（左）腿屈膝上举，两臂配合做前后大幅度的摆动，一腿落地后换另一腿进行。

8.纵跳摸高

练习时，两脚自然开立（间距10~20厘米），随后屈髋、屈膝成半蹲姿势的同时双臂摆至身体后下方（伸展），然后两腿同时用力蹬伸向上跳起，两臂配合向上摆动，一臂或两臂向上伸直，身体充分伸展，用一手或两手摸高。

9.单脚跳以头、手或脚触高物

起跳时，用全脚掌滚动着地，并迅速蹬地跳起。起跳腿三关节充分蹬直，腾空后上体保持正直，用头或手触高悬物之后，再学习用摆动腿的脚尖触高悬物。

10.弓箭步跳

练习时，弓箭步步幅要大，上体正直、不后坐，跳起后腾空两腿交换，两腿交替时动作不停顿，两臂配合下肢做协调的大幅度前后摆动。

11.跨步跳或多级跳

跨步跳动作与后蹬跑类似，区别在于跨步跳身体腾空高，重心起伏大，步幅大，脚全掌滚动着地，着地有明显的缓冲，摆动腿大腿抬得高，落地时大腿带动小腿积极下压，脚着地带有强烈的滚扒。可以在沙地或沙坑内进行。

12. 节奏跳

练习时为单脚跳与跨步跳的交替，一般一次单脚跳接一次跨步跳，或两次单脚跳接一次跨步跳，具体节奏可以自己进行合理、适当的安排。安排时要根据练习者的身体素质和运动水平而定。

13. 单脚跳

单脚跳有两种方法：一种是一腿屈膝提起，另一腿向前跳跃；另一种是一腿屈膝向上方摆起，另一腿用力蹬伸，使髋、膝、踝三关节充分蹬伸，同时同侧臂用力前摆，上体保持正直，向前上方跳起腾空后，蹬地腿屈膝向前摆，摆动腿向后进行交替，两臂相应地进行前后交替摆动，然后再用前面的腿进行第二次起跳。如此向前连续跳。可以在沙地或沙坑内进行。

14. 单脚起跳上高物

练习时，助跑3～5步，助跑起跳动作连贯，用起跳脚积极起跳，同时两臂与摆动腿配合有力地向上摆动，起跳腿屈膝上收落到跳箱或高台上。

15. 双脚连续跳起过栏架

练习时，把若干个低栏（根据运动能力定栏架高度）排成一行，每个栏架间隔1.5～2米（根据练习者水平定间距），跳起后屈膝、屈髋收大腿跳过栏架。要求重心移动平稳，身体正直，脚落地后迅速跳起。

16. 高处跳下

可站在跳箱或台阶上先向下跳，落地后立即跳起落在跳箱上。从台阶或跳箱上跳下后，立即跳过栏架。

17. 多级蛙跳

双脚左右开立约20厘米，预摆时两臂上举，提肩、提腰、提踵，然后两臂经前、下靠近体侧向后摆动的同时，双膝适当弯曲，屈髋下蹲，同时上体前倾，身体重心适当前移后，双腿快速用力蹬伸向前上方起跳，蹬伸的同时双臂快速、大幅度向前上方摆出，身体伸展，落地前大腿带动小腿折叠前摆，同时两臂后摆，稍团身，两脚向前积极滚动着地，落地缓冲时，屈膝、屈髋，重心不停前移，紧接着进行第二次起跳，动作同第一次。反复进行。

三、技术动作重点、难点

（1）重点：跳跃的用力速度和节奏。

（2）难点：用力的速度。

四、教学要求与建议

（一）教学要求

（1）对于运动素质和水平比较低的学生应选择难度低或降低难度的跳跃练习。

（2）跳跃练习的强度比较大，练习的数量不宜多，时间不宜长。

（3）教学中可根据学生身体素质发展的需要，选择和实施跳跃练习内容。

（二）教学建议

（1）对没有进行过跳跃练习的学生，对其进行跳跃内容的教学时，可从简单的跳绳和立定跳远内容开始教学，逐渐提高难度。

（2）每项跳跃技术教学开始时，都要把使学生掌握正确的跳跃技术作为教学的重点，从技术层面上避免伤害事故发生。

第十四节　投的身体练习

一、教学目标

（1）通过投的身体练习，提高学生投的技术，增强学生投的能力。
（2）提高学生力量素质，增强学生体质。
（3）培养学生不畏艰险、克服困难的信心和勇气。

二、练习方法

（1）掷沙包。
（2）掷垒球。
（3）前抛实心球或铅球。
（4）后抛实心球或铅球。
（5）侧抛实心球或铅球。
（6）正面原地掷实心球或铅球。
（7）原地侧向掷实心球或铅球。
（8）原地背向掷实心球或铅球。
（9）原地掷铅球。

三、技术动作重点、难点

（1）重点：最后用力技术。
（2）难点：最后用力和力的传递技术。

四、教学要求与建议

（一）教学要求

（1）根据不同年龄段，采用不同的投掷形式和器械重量。
（2）中学阶段主要是完善学生投掷技术和发展力量素质。

（二）教学建议

（1）初中阶段主要以实心球和轻器械铅球为主。
（2）高中阶段主要以铅球练习为主，发展学生投掷能力。

第十五节　负重身体练习

一、教学目标

（1）通过负重身体练习，增强学生体质，发展学生的力量素质。

（2）掌握负重练习技术与技巧，防止伤害事故发生。

（3）发展学生的柔韧性、协调性。

（4）提高学生的运动和工作能力。

二、技术动作要点及练习方法

1. 手持哑铃下蹲起

两腿并拢直立，双手各握一个适当重量的哑铃（可用其他合适的重物代替），垂于体侧，反复做下蹲后的快速起立（或跳起）练习。

2. 扶肋木肩负同伴下蹲起

练习者面朝肋木，距离肋木适当距离，双脚并拢或开立与肩宽，双手扶肋木下蹲，一同伴骑跨在练习者的双肩上，双手扶肋木，练习者反复做起立、下蹲练习（双手根据练习要求可以适当上下移动）。

3. 肩负轻负荷深蹲（或称全蹲）

将轻负荷置于颈后，双手抓握，身体挺直，两眼平视前方，两脚同肩宽，屈膝慢慢蹲下至大腿与小腿充分折叠，然后蹬伸起。

4. 肩负中等负荷浅蹲

动作基本同深蹲，只是下蹲时，大小腿的夹角在135°时保持住，然后蹬伸起。

5. 肩负中等负荷半蹲

动作基本同深蹲，只是下蹲时大腿达到基本与地面平行的状态后立即蹬伸。

6. 肩负轻负荷直腿提踵

将轻负荷置于颈后，两脚的前脚掌站立在垫木上，身体直立、直膝，然后反复做提踵动作。可站在特制的站立提踵架上练习（可肩负同伴进行练习）。

7. 卧推

仰卧凳上，两腿屈膝，两脚着地，双手正握杠铃，握距稍宽于肩，手臂伸直，头正颈直。吸气后慢慢放下杠铃至胸部。当杠铃轻轻接触胸部后，再将杠铃推起，同时呼气。

8. 仰卧单腿拉橡皮带屈伸

练习者仰卧在垫子上，身体伸展，橡皮带的一端系在练习者的一只脚的踝关节处，另一端系在适当距离的固定物上或由同伴拉着，另一条腿伸展，系橡皮带的腿的膝关节放松后快速收抬大腿，反复进行。

9.仰卧双腿拉橡皮带屈伸

练习者仰卧在垫子上，身体伸展，橡皮带的一头系在练习者的两只脚的踝关节处，另一端系在适当距离的固定物上（或由同伴拉着），练习者膝关节放松后快速收抬大腿，反复进行（也可以两腿分别系橡皮带交替屈伸）。

10.俯卧单腿拉橡皮带屈伸

练习者俯卧在垫子上，身体伸展，两只脚踝关节分别系一橡皮带，橡皮带的另一端系在适当距离的固定物上（或由同伴拉着），系橡皮带的两腿交替屈伸，反复进行。

11.俯卧双腿拉橡皮带屈伸

练习者俯卧在垫子上，身体伸展，橡皮带的一头系在练习者的两只脚的踝关节处，另一端系在适当距离的固定物上（或由同伴拉着），练习者屈伸小腿，反复进行。

12.仰卧举腿（或双脚夹重物）

练习者仰卧在垫子上，身体伸展，双腿并拢，直腿上举至与地面垂直，然后直腿慢慢放下（或夹适当重物进行）。对于腰腹肌和髂腰肌力量弱或开始练习时有困难的练习者，在开始练习时可适当屈膝，降低难度练习，以后逐渐增加难度。

13.仰卧起坐或肩后负杠铃片等

练习者仰卧在垫子上，身体伸展，双腿并拢，下肢保持不动，上体直起至与地面垂直，然后慢慢放下上体，反复进行。对于腰腹肌力量较强的练习者，可适当增加难度，在肩后附加一定的重物进行练习。

14.两头起

练习者仰卧在垫子上，身体伸展，双臂上举，以臀部为支点，上体和下肢同时向上抬、举起，腿和臂尽量向上，然后慢慢放下至开始位置，反复进行。节奏为抬起快，放下慢。

15.肩负杠铃或重物转体

杠铃或重物放于颈后，双手绕过杠铃杆扶在杠铃片上，两腿开立稍宽于肩，下肢相对固定，上体带动杠铃或重物做左右或右左来回转动，转动的幅度要尽量大，因人而异。此练习也可以在分腿半蹲的姿势下进行。

16.肩负杠铃体侧屈

杠铃放于颈后，双手绕过杠铃杆，扶在杠铃片上稳固杠铃片，两腿开立稍宽于肩，下肢相对固定，上体向左（右）侧屈后回正，再右（左）侧屈，反复进行。

17.俯卧上体起

练习者俯卧在垫子上，双臂前伸或放于体侧，同伴按住练习者下肢，练习者以髋关节为轴，上体尽量抬起。节奏为抬起较快，下放身体较慢。

18.俯卧下体起

练习者俯卧在垫子上，双臂前伸或放于体侧，同伴按住练习者肩部，练习者以髋关节或以上部位为轴，下肢或下体尽量上举。节奏为抬起较快，下放身体较慢。

19.俯卧两头翘

练习者俯卧在垫子上，双臂前伸或放于体侧，练习者以髋关节为轴，上体和下肢或下体同时尽量上举抬起。节奏为抬起较快，下放身体较慢。

20. 单手或双手持哑铃连续上举

练习者单手或双手持哑铃，两脚并拢或左右分立同肩宽，做单臂或双臂的向上屈伸练习。

21. 手持哑铃直臂侧展

练习者双手分别持哑铃自然垂于体侧，两脚并拢或左右分立同肩宽，两臂同侧平举，然后做放下的练习。

22. 手持哑铃水平后展扩胸

练习者双手分别持哑铃前平举，两脚并拢或左右分立同肩宽，两臂同时做经侧平举向后的扩胸练习。

23. 引体向上

练习者双手握住单杠，间距同肩宽，身体自然下垂。在静止状态下，双臂用力向上将身体拉起至下颚超过单杠，然后双臂退让，身体回到开始姿势后进行下一次练习（能力强者下肢可以附加适当的重物进行练习）。

24. 双臂屈撑

练习者双手以同肩宽或稍宽于肩的直臂支撑于地面，双腿并拢，身体成一直线。开始后，双臂退让，肘关节向后弯曲，直体向下。当胸部接近地面时，双臂用力将身体举起至最高位置后再重复上一次动作。水平比较差或初次练习者，降低练习难度，两腿可以采取适当分开支撑的方式进行。

25. 手持哑铃或手握杠铃体前小臂屈伸

练习者双手握哑铃或持杠铃，双腿并拢或平行开立与肩宽，身体直立，两臂的肘关节抵至腹部相对固定，小臂自然下垂。开始时，小臂随着卷腕用力上收，收到极限幅度后小臂退让放下小臂至开始的位置，然后重复上一次动作，反复进行。

26. 手持哑铃或杠铃体前卷腕

练习者双手握哑铃或持杠铃，双腿并拢或平行开立与肩宽，身体直立，两臂的肘关节抵至腹部相对固定，小臂前平举，手腕放松，手及哑铃（或杠铃）自然下垂，在保持身体和小臂相对静止的前提下，进行手腕的上卷后放下，重复进行练习。

27. 杠铃斜上推

练习者双手握持杠铃屈肘放于胸前，双腿并拢微屈，身体直立稍后倾，当双腿用力蹬伸的同时双腿做前后分立或左右开立，同时快速向前上方伸展双臂至极限位置，然后快速还原至开始姿势，进行下一次练习。

28. 杠铃抓举

练习者将杠铃平行地放在两小腿前面，两手虎口相对抓杠，以一个连续动作把杠铃从地面上举至两臂在头上完全伸直。

29. 杠铃挺举

练习者以一个连续动作把杠铃从地面上提至肩际。两腿平行伸直保持静止状态。先屈腿预蹲，接着用伸腿伸臂动作将杠铃举起至两臂完全伸直，两腿收回平行保持静止。

30. 双手握杠铃或杠铃片，置于头后做屈小臂屈伸

练习者双手握杠铃或杠铃片等重物，身体直立，双腿前后分立，大臂上举后展，小臂颈后屈肘自然下垂，在保持身体和大臂相对稳定的情况下做小臂的伸屈动作练习。

31. 双手握杠铃颈后上举

练习者双手握杠铃置于颈后，两脚前后或左右开立大约与肩宽，身体直立，膝部微屈或直立，用双臂的力量将杠铃举起，然后慢放下至开始的姿势后重复上一次动作。此练习也可采取借助下肢膝关节微屈伸展用力进行上举练习。

32. 体前屈提铃至胸

练习者双脚平行开立与肩宽，上体前屈，双手握杠铃，保持身体相对静止，双臂屈肘提铃至胸部，然后放下至开始姿势，反复练习。（此练习也可直体进行。直体进行时，双手抓握杠铃与肩宽，直臂自然下垂于体前。提铃时，上体保持固定，肘部外展。）

33. 体前提铃翻腕

练习者双脚平行开立与肩宽，上体前屈，直体直立，双手抓握杠铃与肩宽，直臂自然下垂于体前，提铃时，上体保持固定，肘部外展，当提至最高点时快速下沉肘关节，翻腕上举小臂，举铃至肩部位置。

34. 负重跨步跳

练习者可以以穿沙背心、肩负轻杠铃等形式进行跨步跳的练习。

35. 负重后蹬跑

练习者可以穿沙背心、肩负轻杠铃、拖拉适当重量的物体或拉橡皮带等进行后蹬跑的练习。

36. 负重跳台阶

练习者可肩负杠铃或穿沙背心等进行跳台阶的练习。

37. 负重跳深

练习者可肩负杠铃或穿沙背心等从台阶等高处跳下后接快速跳起的练习。

38. 负重台阶上下交换腿跳

练习者可肩负杠铃或穿沙背心，等一只脚踏在台阶或一定高度的物体上后，另一只脚立于地面，用高处的腿下压跳起后在空中交换腿，立于地面的腿交换上台阶或一定高度的高物上支撑缓冲，另一只腿交换于地面支撑，按照前一次的动作反复练习。

39. 穿沙背心或小腿绑沙袋的各种跑跳练习

练习者穿沙背心或小腿绑沙袋进行各种跳跃练习。

40. 小腿绑沙袋的各种跑的练习

练习者小腿绑沙袋进行各种跑的练习。

三、技术动作重点、难点

（1）重点：掌握正确的负重练习技术要领和技术动作方法。

（2）难点：练习负荷的重量和强度安排。

四、教学要求与建议

（一）教学要求

（1）先掌握正确的练习方法，然后进行由轻到重的负重练习，根据不同的负重能力区别教学安排。

（2）要根据教学的目标和任务，选择适合学生练习的负重练习内容。

（3）负重练习要考虑学生的全面身体素质发展要求。

（4）负重练习要特别注意教学中的安全教育。

（二）教学建议

（1）每项负重练习都必须在掌握正确的练习方法之后进行。

（2）练习必须做到先易后难，循序渐进。

（3）学生进行负重练习时，要做到安全第一。

（4）对学生进行负重教学时，应把发展学生的全面身体素质作为教学的重点。

第十六节　攀爬身体练习

一、教学目标

（1）通过教学发展学生的攀爬技术和技能。

（2）通过教学强化学生身体素质，特别是上下肢力量和耐力素质。

（3）培养学生勇敢、顽强、不怕艰险和克服困难等优良品质。

二、技术动作

1.仰卧起坐

2.俯卧撑

3.仰卧举腿

4.仰卧上体起

5.俯卧举腿

6.俯卧上体起

7.两头起

8.双杠追逐

9.爬绳（竿、树）

（1）手脚并用爬法（三拍法）。预备姿势为直臂悬垂，两手靠拢握绳（竿）。第一拍：两腿弯曲上提，两脚（一脚脚背，另一脚脚跟）和两腿夹绳（竿）。第二拍：两腿夹绳（竿），两手交替向上。第三拍：屈臂引体向上，同时两脚和腿蹬绳（竿），身体上升成屈臂夹绳（竿）悬垂。然后重复练习。

（2）只用上肢的爬法。双手握绳，两腿悬空，双臂用力向上引体，借助惯性，双手及时交替向上换握，使身体不断上升。爬绳下降时可用两腿夹绳，不要快速下滑，以防擦破手掌，也不要离地很高时松手跳下，以免摔伤。

10. 攀爬翻越绳网

11. 攀爬肋木

12. 钻越低障碍物

13. 借助悬垂绳索跨越壕沟

14. 攀爬云梯

15. 攀岩

攀岩运动属于登山运动，攀登对象主要是岩石峭壁或人造岩墙。攀登时不用工具，仅靠手脚和身体的平衡向上运动，手和手臂要根据支点的不同，采用各种用力方法，如抓、握、挂、抠、撑、推、压等，所以对人的力量要求及身体的柔韧性要求都较高。攀岩时要系上安全带和保护绳，以免发生危险。

攀爬类练习的内容很多，教学中教师可以根据现有的教学条件、设施现状和水平，自创或选择其他攀爬类内容进行教学，但具体教学要适合学生的实际。

三、技术动作重点、难点

（1）重点：攀和爬的技术。

（2）难点：四肢的协调配合。

四、教学要求与建议

（一）教学要求

（1）各攀爬类练习在开始进行教学时，一定要根据学生的身体素质和攀爬能力设置教学内容，不可超越学生的运动能力。

（2）平时应注重加强身体素质中的力量和耐力素质练习。

（3）每项攀爬类练习课前都应考虑安全和保护措施。

（二）教学建议

（1）攀岩运动难度较大，对攀岩者力量要求较高。

（2）在教学中，各攀爬类运动项目的练习一定要规范其技术动作，防止由于技术不当而造成伤害事故的发生。

（3）在开展攀爬类运动教学时，特别要增强安全意识。

第二章　体操教学指导

第一节　队列队形

一、教学目标

（1）学生了解队列队形练习的基础知识，掌握常用动作的技能，通过练习形成良好的身体姿势和体态，促进身体的正常发育，进一步发展身体协调性和灵活性，全面提高身体素质。

（2）培养学生的组织性和纪律性，增进学生的集体主义观念和社会责任感，养成迅速、准确、协同一致、严格守纪的习惯，彰显青少年积极进取、奋发图强的精神面貌。

（3）通过练习，把不同性格、不同兴趣、不同爱好的学生组合起来。加深人与人之间的和谐交往，建立情感、增进友谊，形成团结、和谐的群体。

（4）队形变换的内容、形式丰富多彩，且在不断变化之中，满足了学生求新、创新的心理需求，激发学生积极参与。

二、教学内容

（一）队列练习

1.原地队列动作

（1）集合、解散。

集合和解散是在体育课开始和结束时常用的动作。它分为横队集合和纵队集合。体育教学中一般采用横队集合。

①口令："成×列横队——集合"，"成×路纵队——集合"，"解散"。

②要领：

横队集合：右边第一名（基准学生）迅速到教师左前方距离教师4~6步的位置，成立正姿势；其他学生以基准学生为准，依次向左排列，自行对正、看齐。

纵队集合：第一组学生（基准组）迅速到教师右前方适当位置，依次向后重叠站成一行；其他组学生依次站在基准组的右侧，前后重叠成X路纵队，自行向前看齐。

解散：听到"解散"口令后，迅速离开原位（如学生是稍息姿势，要先立正，后离开)。

③重点：快速、准确、整齐、到位。

④难点：协同配合、步调一致。

⑤教与学的方法：

A.教师先讲解动作要领，然后请一组同学配合出列，进行示范。

B.教师可变换站位指挥，学生反复练习体会要领。

C.分组采用计时的竞赛方法，反复练习，看哪组集合得又快又好。

D.展示性练习。指定学生出列指挥全班，师生共同评价。

⑥易犯错误与纠正方法：

易犯错误一：思想不集中，动作不够快速、整齐。

纠正方法：教师可以采用打节拍法，要求学生在一个八拍内站到位。

易犯错误二：集合前学生分散，不易听清教师口令，出现队伍混乱。

纠正方法：教师可以采用事先熟悉的口哨声代替集合口令练习。

⑦教学要求与建议：

A.教师仪表端庄、精神饱满、口令清楚、声音洪亮、节奏明显，集合时面向阳光和风向站好。学生思想集中、听从指挥、动作迅速。

B.集合时，指挥员应当先发出预告或信号，如“全班同学注意”，然后站在预定队形的前方中央，面向预定队形成立正姿势，下达“成X列横队——集合”的口令。所有学生听到预告或者信号，原地面向教师成立正姿势；听到“集合”口令，跑步到指定位置面向指挥员集合（在教师后面的学生，应当从教师右侧绕过），自行对正、看齐，成立正姿势。

C.教师第一次课可以事前在操场上画好几条相隔1米的平行线，要求学生分组以横队站在线后。

D.指挥员要选好指挥位置。

一列横队：指挥位置应于队伍中央，指挥者与排头、排尾的连线构成等腰三角形的两腰或等边三角形的三个顶点。

二列横队：站在队形的垂直平分线上，与前排的距离等于该队形横长的1/2。

三列横队：站在队形中垂线上，与最后一排的排头、排尾构成等边三角形的三个顶点。

四列横队：站在队形中垂线上，与前排的距离等于前排与后排的距离。

二列相向横队：站在相向横队的中间。

圆形：站在圆形的中心。

半圆形：站在弧线的中心。

扇形：站在前排，与排头与排尾两端点构成等边三角形的三个顶点。

行进纵队：站在队伍左侧中央，随队行进。

（2）立正、稍息。

①口令：“立正”，“稍息”。

②口诀：

A.立正：颈胸小腿要挺直，头要正来眼平视。下额微收肩后展，两手放在裤线旁。脚跟靠拢腿夹紧，脚尖八字向外张。

B.稍息：脚顺脚尖方向伸，重心落在后脚跟。若是累了换个脚，恢复立正就行了。

③重点：立正时重心大部分落于两脚前脚掌上，保持躯干的收紧和持久站立；稍息时重心大部分落于右脚上。

④难点：腿要直，体要正，动作要迅速。

⑤教与学的方法：

A.教师边讲解，边示范。讲解顺序由下而上，示范要正确。

B.教师指挥，学生集体练习，教师及时纠正错误。

C.两人一组，一人喊一人做，反复练习体会要领，相互纠错。

D.采用与口令相反的动作进行集中注意力练习，如喊“立正”可做“稍息”。

⑥易犯错误与纠正方法：

易犯错误一：两脚跟未靠拢并齐，两脚分开大于或小于60°。

纠正方法：教师语言提示或以左脚尖为轴内转，使左脚跟触右脚尖，进行调整。

易犯错误二：身体站立时身体松懈；腿未并拢挺直。

纠正方法：采用语言提示，强调两膝后压的同时里合，收腹提臀，形成向上的合力；叫学生自己用一手从两膝插入，如插不进去，表示站立姿势正确。

易犯错误三：过分挺胸、翘臀、耸肩，两臂夹得太紧。

纠正方法：语言提示或采用正误对比的方法纠错。

易犯错误四：胸部不能自然挺出。

纠正方法：语言提示强调两肩自然下沉并稍向后张，呼吸时保留一部分气使胸部鼓胀，在此基础上使胸部自然挺出。

易犯错误五：稍息时换脚姿势不正确。

纠正方法：采用语言提示，强调稍息换脚时，要先立正，再换脚。

⑦教学要求与建议：

A.立正是基本姿势，是队列动作的基础，教学中应重点加强立正的正确姿态的训练，做到三挺、二收、两平。

三挺：挺腿（两膝内合，小腿向后、向上用力，使两腿挺直，并向前上方收臀）；挺胸（腰直，向后上方收腹提气，同时两肩微向后张，自然挺胸）；挺颈（头正直向上顶，颈直、稍有向上延伸的感觉）。

二收：小腹微收，下颚微收。

两平：肩平，两眼平视。

B.稍息时，出收脚要迅速，方向要正，距离准确，保持上体姿势不变。

（3）看齐。

①口令：“向右（左）看——齐”，“以××为准向中看——齐”，“向前——看”。

②口诀：

A.“向右（左）看——齐”要领：转头向右眼看腮，通视前面别站歪。对正看齐要站好，仅除末尾一人外。

B.“以××为准向中看——齐”要领：基准学生左拳举，其余学生向他看。通视前面别站歪，动令结束拳放下。

C.“向前——看”要领：头转正、眼向前，余光还要看全线。身体立正要站好，全队需要一个面。

③重点：身体直立，转头快速一致，碎步调整要快而齐。

④难点：动作协调一致，快速整齐。

⑤教与学的方法：

A.教师讲解动作要领同时配合示范。讲解到“以××为准向中看——齐”时，请一组学生配合示范。

B.教师指挥，学生集体练习。教师可命令基准学生先向前走一步，然后下达看齐口令。

C.分组练习，每组学生依次出列指挥。反复练习体会要领，相互纠错。

D.队列游戏。

方法一：教师可用手势代替口令练习，如高举右（左）手代表向右（左）看齐，两手胸前合掌代表向前看。

方法二：报数字找伙伴游戏。学生自由站立，听到教师报出的数字后，几名同学自由组合成一列，然后向右看齐。

⑥易犯错误与纠正方法：

易犯错误一：排面不整齐。

纠正方法：教师可跑到距离排头3～5步位置，面向排头看脚跟线和胸线是否在一条线上。如需要个别学生稍向前或稍向后时，教师应指出是哪位学生。

易犯错误二：转头慢，没有控制。

纠正方法：语言提示或采用正误对比示范的方法纠错。

⑦教学要求与建议：

A.看齐时要以碎步调整，至对正看齐后不动。一列以上队形看齐，学生左右间隙约一拳，前后列保持一臂距离。

B.学生在向右（左、中、前）看齐后，教师才能发出“向前——看”口令。

C.看齐时发现自己的位置与基准同学不在一条线上，要迅速以碎步调整。

D.教师可采用各种队形的集合，练习看齐动作，培养学生相互配合、协同一致的意识和习惯。

（4）报数。

①口令：“报数”。

②口诀：从右至左转头报，排尾报数不转头。声音洪亮精神足，报完还原成立正。

③重点：声音清楚、洪亮，精神饱满。身体直立，快速转头、快速转正。

④难点：动作敏捷，有集体配合的意识。

⑤教与学的方法：

A.教师讲解几种报数的形式："报数"和"1至几"报数。

B.教师口令指挥，学生反复练习边转头边报数的动作。

C.指定数字报数。如指定排头"3"和"6"开始报数或"1、4、7"报数等，反复练习动作的准确性和连贯性。

D.报数游戏。各列同时报数，由排头快速报数至排尾，再由排尾至排头，接着第二轮报数，以此类推；规定轮次，看哪列最快。

⑥易犯错误与纠正方法：

易犯错误一：注意力不集中，报数不连贯。

纠正方法：教师强调练习要求，或通过小组练习，或通过比赛方式练习。

易犯错误二：报数时身体未保持立直，报数后头未及时转正。

纠正方法：语言提示或采用正误对比示范的方法纠错。

⑦教学要求与建议：

A.报数时，要求学生注意力集中、态度认真、精神饱满，有良好的配合意识。

B.一列以上队形，听到"报数"口令是指第一列报数，后列不报数，只记住前列学生所报数字；听到"各列报数"口令后，每列同时报数；稍息时报数，在报数时要立正转头报数，报数完毕后，恢复稍息姿势。

C.报数练习比较枯燥，教学中尽量结合游戏形式进行练习，以激发学生的兴趣。

2.原地转法

原地转法是停止间变换方向的方法。分为向右（左）转、向后转，必要时也可半面向右（左）转。

①口令："向左（右、后）——转！"

②口诀：以"向左（右、后）——转！"为例，开始姿势立正站，右脚蹬地左脚转。转到直角腿并拢，身体立正向前看。

③重点：转体的速度与上体和腿协调一致。

④难点：在转动中腰要挺直，动作迅速、节奏分明。

⑤教与学的方法：

A.教师先讲解动作要领，然后示范。

B.教师喊口令指挥，学生分解动作练习。即1拍转体，2拍靠脚。听到"分解动作，向右（左、后）——转1、2"的口令，听到"1"，按要领转向新方向，不靠脚；听到"2"，迅速靠脚成立正姿势。

C.教师口令指挥，连贯动作练习。结合"十"字线反复练习。

D.学生自喊自练，可将几个方向转体动作连起来反复练习。

⑥易犯错误与纠正方法：

易犯错误一：转体时，上下体转动不一致。

纠正方法：语言提示，两腿挺直，腰杆当家，使上体和腿一致转动。

易犯错误二：转动和靠脚时，身体站不稳或晃动。

纠正方法：语言提示，向左（右）转动时，身体重心落在左（右）脚跟上，向后转动时，身体重心大部分落在右脚跟上。在转正身体后脚掌迅速着地，后腿蹬直，裆部夹紧。

易犯错误三：脚时而外扫、跺脚。

纠正方法：可由慢到快地反复体会取捷径靠脚的要领，靠脚时注意膝盖用力向后挺压，以防止弯腿、跺脚。

易犯错误四：靠腿时速度慢、无力。

纠正方法：语言提示，注意脚跟、脚腕发力，使脚内侧加速、用力前靠。

⑦教学要求与建议：

A.完成动作时，要求做到快、稳、准。“快”即转体快、靠脚快；“稳”即身体要稳，转动时腰杆挺直，身体重心落在支撑腿上；“准”即转体角度要准，靠脚要齐。

B.要多给学生自我练习和分组练习的机会。反复练习后，逐步做到规范、快速、整齐。

3.原地队列变换

原地队列变换最主要运用于调整队伍方向，分散和集中队伍用。常用的变换动作由一列横队变二列横队及其还原，由一路纵队变二路纵队及其还原，由一列横队变二路纵队及其还原。

①口令：“成二（一）列横队——走”，“成二（一）路纵队——走”，“向右成二路纵队——走”，“向左成一列横队——走”。

②要领：

A.一列横队变二列横队及其还原要领：

先进行“1、2”报数。然后下达口令，单数学生不动，双数学生左脚向左后方退一步，右脚经左脚右跨一步，左脚并右脚，站在单数学生之后，并自动看齐。还原时，后排学生左脚向左一步，右脚经左脚向前一步，左脚并右脚，立于单数学生左侧，并自动看齐。

B.一路纵队变二路纵队及其还原要领：

先进行“1、2”报数。听到口令后，单数学生不动，双数学生右跨一步，左脚经右脚向前一步，右脚靠拢左脚，立于单数学生右侧，自行对正看齐。还原时，双数学生右脚向后退一步，左脚经右脚向左跨一步，右脚并左脚，回到原位，自行对正、看齐。

C.一列横队变二路纵队及其还原要领：

先进行“1、2”报数。然后下达口令，随之按一路纵队变二路纵队的要领实施。还原时，全体向左转，随之按二列横队变一列横队的要领完成。

③重点：移动时，上体保持正确姿势，动作整齐，协同一致。

④难点：节奏分明，取位正确，到位能快速看齐。

⑤教与学的方法：

A.教师可用小黑板或挂图来讲解动作要领或请事先准备好的一组学生同时示范。

B.先慢动作分解练习，然后常速练习。开始练习时可让学生呼喊“1、2、3”节拍，配合完成动作。听到“分解动作，向右（左、后）——转1、2”的口令，听到“1”，按要领转向新方向，不靠脚；听到“2”，迅速靠脚成立正姿势。

C.左右单双数学生互换位置交替练习。

D.分组学生依次进行口令操作练习。练习中学生可相互纠错、评价。

⑥易犯错误与纠正方法：

易犯错误一：移动时身体姿势不正确。

纠正方法：语言提示正确姿势，并在练习中反复强调正确的身体姿势。

易犯错误二：不注意到位的自动对齐。

纠正方法：可采用比赛评价法，小组与小组、学生与学生互相帮助学习。

易犯错误三：对口令反应慢，行动迟缓。

纠正方法：可让学生学会口令，学生自己喊口令练习，也可以进行口令的评比。

⑦教学要求与建议：

A.在移位过程中，不转体、不转头、不摆臂、不屈腿，上体保持立正姿势。

B.教师示范时，可请一位学生做单数，教师示范双数完成变队形动作。然后在教师指导下喊1、2报数，集体练习。开始时慢速进行变队和还原练习，熟悉动作后，按正常节奏练习。

C.多数列（路）变成少数列（路），如果间隔已缩小，则先调动新队形需要的间隔距离，然后再下达口令。

4.各种步法和立定

（1）齐步走。

①口令：“齐步——走！”

②口诀：听到口令左脚迈，重心前移两臂摆。挺胸抬头直线走，手脚协调臂不弯。

③重点：迈脚的同时摆臂，脚跟先着地，手摆到位。

④难点：臂腿协调一致，步幅与步速准确。

⑤教与学的方法：

A.教师边讲解边示范动作要领。

B.先分解后完整，先慢速后常速练习，练习顺序：原地摆臂练习—腿部动作练习—完整练习。

C.步幅与步速练习。可在场地上画间隔75厘米的标志点（线），要求学生每步踩在线上。还可以用计时法和节拍器练习步速。

D.齐步和立定结合练习。可采用独自练习或分组练习。

⑥易犯错误与纠正方法：

易犯错误一：摆臂路线不正确。

纠正方法：语言提示，强调以小臂带动大臂，轻擦身体前后摆动，可结合摆臂线进行纠正。

易犯错误二：臂腿不协调。

纠正方法：语言和正误示范提示，强调在出脚同时摆臂，脚跟着地，手摆到位；在脚跟着地后，身体前移时，不要摆动手臂，以免同手同脚。练习时可采用踏步的方法反复练习、纠正。

易犯错误三：摆臂不自然、耸肩。

纠正方法：采用原地摆臂练习，强调肩关节下沉放松，大臂不要夹得过紧，以肩为轴，两臂自然摆动。

易犯错误四：步幅、步速不准确。

纠正方法：采用走标志线、跟音乐节奏和计时数步数等方法反复练习、纠正。

⑦教学要求与建议：

A.行进时要保持上体正直，摆臂自然，走直线；动作自然美观，步幅要准确，步速要适当。

B.为达到队伍的协同一致，可让学生在踏步或行进中齐喊“1——2——1！”或“左——右——走！”反复练习使步伐整齐划一。

C.要采用形式多样的方法，给学生自我练习和展示的机会。如：个人、小组、集体结合起来练习。但练习时间不要过长，形式应多样。

（2）正步走。

①口令：“正步——走！”

②口诀：绷脚踢腿臂前摆，脚掌着地体前移。脚臂到位体正直，节奏明快显威力。

③重点：踢腿快、摆臂快、着地快、跟体快；臂腿结合要协调自然。

④难点：踢腿的速度，摆臂的定型、定位及步幅、步速的准确。

⑤教与学的方法：

A.教师边讲解动作方法和要领边示范。

B.先分解后完整，进行先慢速后常速练习，练习顺序：原地摆臂练习—腿部动作练习—完整练习。

C.步幅与步速练习。可在场地上画间隔75厘米的标志点（线），要求学生每步踩在线上。还可以用计时法和节拍器练习步速。

D.正步走和立定结合练习。可采用独自、分组或集体练习形式进行。

⑥易犯错误与纠正方法：

易犯错误一：踢腿较慢，且踢腿时小腿先屈后伸。

纠正方法：反复强调踢腿时动作要快，有突然发力的感觉；反复练习“绷膝盖”踢腿，大、小腿同时发力，直腿前踢。

易犯错误二：臂腿不协调。

纠正方法：正误示范，强调在出脚同时摆臂，脚跟着地，手摆到位；在脚跟着地后，身体前移时，不要摆动手臂，以免同手同脚。可采用踏步的方法反复练习。

易犯错误三：踢正步时上体后仰。

纠正方法：从立正开始反复练习，向前踢腿，落脚前移重心，右腿同左腿。教学口令是“踢！落！踢！落！……”直到学生正确掌握为止。

易犯错误四：幅、步速不准确。

纠正方法：采用走标志线、跟音乐节奏和计时数步数等方法反复练习。

⑦教学要求与建议：

A.练习时要精神饱满，腿要踢直，着地用力，重心前移，上体正直；臂腿协调，雄壮有力。脚着地时两臂不动，踢腿时两臂迅速交替摆动。

B.为达到队伍的协同一致，可让学生在行进中齐喊“1——2!”反复练习使步伐整齐划一。

C.采用形式多样的方法，给学生自我练习和展示的机会。如：个人、小组、集体结合起来练习。练习时间不要过长，形式应多样。

（3）跑步——走。

①口令：“跑步——走!”

②口诀：提肘握拳体前移，左脚蹬地借弹力。行进整齐节奏明，夹肘摆臂在腰际。

③重点：利用两脚的弹力前进，前摆不露肘，后摆不露肘。

④难点：臂腿动作的协调自然和步幅、步速的准确。

⑤教与学的方法：

A.教师讲解动作、方法和要领，同时配合示范，学生认真观察、领会动作。

B.摆臂训练。先做原地摆臂练习，可结合动作开始时提臂收拳、途中摆臂和停止时放臂成立正的动作。后做踏步摆臂练习。

C.分解第一步动作练习。练习时，应做到听到预令时不弯膝、不抢跑，听到动令时屈腿倾上体，左脚按要领跃出前脚掌先着地，着地后身体要稳，第一步跃出的距离要准。

D.连贯动作练习。可结合步幅线、秒表进行训练，以达到步幅、步速的准确，同时强调行进时动作协调、自然。

E.按正常速度进行跑步、立定练习。可采用独自、分组或集体练习形式进行，并让学生边喊口令边做动作。

⑥易犯错误与纠正方法：

易犯错误一：摆臂时上下敲打或肘部外张。

纠正方法：语言强调肩关节放松、摆臂时体现前推后拉，向后摆臂时肘部里合。可利用摆臂线反复练习。

易犯错误二：预令弯腿，第一步“跃”不出来。

纠正方法：强调听到预令腿部不动，重心移至前脚掌（口令要稍长），听到动令后两腿微弯，左脚利用右脚掌的蹬伸，迅速向正前方跃出，前进中应保持前脚掌先着地。

易犯错误三：摆臂时，前后不到位。

纠正方法：强调向前摆时不露肘、肘部贴于腰际；向后摆时不露手，拳贴于腰际。

易犯错误四：行进时，上体后仰或臀部下坐。

纠正方法：强调收小腹，提臀部，腰杆挺直，上体前倾。

⑦教学要求与建议：

A.练习时，要求做到：听到预令抱拳快，听到动令跃出迅速，利用前脚掌蹬力前进。行进时，臂腿协调自然，摆臂时，两拳不要上下打鼓，不左右围绕腹部摆动，肘部不得外张，做到前摆不露肘，后摆不露手。

B.在集体或分小组练习中让学生相互纠错、相互评价，提高学生观察、分析问题的能力和相互合作学习的能力。

C.在跑步练习中要求学生注意前后距离，提高自控能力。

（4）立——定。

①口令："立——定！"

②口诀：动令落在右脚上，左脚前迈大半步。右脚快速靠左脚，挺身立正精神好。若是跑步继续跑，两步跑完迈左脚；右脚并拢双臂放，挺身立正做得好。

③重点：立定时，两腿挺直，做到不弯腰，不外扫，不跺脚，靠脚要迅速有力。

④难点：臂腿的协调配合和对跑步立定节奏的准确把握。

⑤教与学的方法：

A.教师边讲解动作方法和要领边慢拍示范，学生认真观察，领会动作要点。

B.立定动作的分解练习。

a.摆臂训练。先做原地摆臂练习，可结合动作开始时提臂收拳、途中摆臂和停止时放臂成立正的动作。后做踏步摆臂练习。

b.脚步练习。原地跨并步练习。手不动，连续做左脚向前半步，然后右脚并左脚成立正的动作。

C.三（五）步一靠练习。

齐步或正步的立定，用三步一靠的练习方法完成。跑步的立定，用五步一靠的方法，即按要领向前跑四步，第五步右脚向前迈大半步，收回左拳，右拳不摆动。听到"停"的口令，两手放下同时右脚迅速靠拢左脚恢复立正姿势。

D.结合各种步伐练习立定。

可采用慢速练习、常速练习。各种步伐立定同时，学生可以喊"1——2"或"1！2！3！4！"这种有助于振奋精神的口号，使步伐一致。

⑥易犯错误与纠正方法：

易犯错误一：立定时身体后仰、弯膝。

纠正方法：向前大半步，步幅要准确，左脚全部着地的同时身体重心前移到位；右脚跟抬起，右膝适当用力向后挺压，保持力量，取捷径迅速向左脚靠拢。

易犯错误二：跑步立定时臂腿不协调。

纠正方法：用五步一靠反复训练、纠正。注意听到"立——定"的口令后，继续向前跑两步时要减速，控制前冲惯性。左脚向前大半步时，身体稳住，两拳位于腰际，靠腿时臂放下与腿动作要一致。

⑦教学要求与建议：

A.立定时不垫步、不跨步、不弯膝，臂、腿动作协调自然，靠放一致。

B.进行立定练习时，可先采用原地双手握拳至腰间，连续做左脚向前半步后的两手迅速放下与右脚并左脚成立正的动作，强调重心前移，放手与并脚动作快速、有力。

C.可采用个人、小组、全体同学等多种方式进行练习和展示。提高学生相互观察、判断、自我评价和合作学习的能力。

5.行进间步法互换

步法变换主要用于行进间齐步与跑步以及齐步与正步的互换。各种步法互换动令均落在右脚，从左脚开始变换。

①口令：齐步换跑步走口令："跑步——走！"跑步换齐步走口令："齐步——走！"

②要领：

齐步换跑步：听到预令时，两手迅速握拳提到腰际，两臂自然摆动。听到动令时，由左脚开始即换跑步行进。

齐（正）步换正（齐）步：听到动令后，左脚开始换正（齐）步。

跑步换齐步：听到动令时，继续跑两步，再换齐步行进。

③重点：动令正确，换步及时，节奏清晰。

④难点：步伐准确、协调一致。

⑤教与学的方法：

A.教师边讲解动作、方法和要领，边示范，学生观察、领会技术要点。

B.练习由原地踏步开始换齐（正）步走，后练习换跑步走，再互换，节奏由慢速到正常速度练习。

C.教师指挥，学生行进间绕场地进行各种步伐的互换练习。

D.学生一对一练习。可一人喊，一人做，相互纠错，相互评价。

E.分组展示行进间各种步伐互换练习。

⑥易犯错误与纠正方法：

易犯错误一：动令不准确，未落在右脚。

纠正方法：多进行原地踏步、换步练习，再过渡到行进间练习。

易犯错误二：换步不及时，节奏感不强。

纠正方法：教会学生步伐变换时的口令节奏。

⑦教学要求与建议：

A.步法互换时，应做到准确、及时，节奏分明。变换步法前全队步伐要整齐才能一致换步。

B.较长时间跑步后换齐步时，因节奏突慢，开始几步可稍快，其后按齐步的正常节奏行进。

C.初学跑步换齐步时，教师可在动令后直接呼"1！2!"指明继续跑的两步。

6.移步

用于调整队伍前后距离和左右间隙。移步适合5步以内，5步以外采用跑步形式进行。

①口令："向右（左）跨×步——走"，"向前×（单数）步——走，后退×步——走"。

②要领：

A.向右（左）移步时，上体保持正直，每侧跨一步并脚一次，其步幅约与肩同宽，跨到指定步数停止。

B.向前移步时，应按单数步要领进行（双数步变为单数步）。向前1步时，用正步，不摆臂，向前3～5步时，按照齐步走的要领进行。向后退时，从左脚开始。每退1步靠脚一次，不摆臂，退到指定步数停止。

③重点：移动时上体保持正直，出脚要快，靠腿时要迅速、有力。

④难点：移动时距离的准确及动作的协调性。

⑤教与学的方法：

A.教师边讲解动作、方法和要领，边慢节奏完整示范，学生观察，领会技术要点。

B.集体做慢速—常速练习，先练习前后移步，后练习左右移步。

C.学生几人一组依次进行口令操作练习。练习中学生可进行相互评价。

D.以小组为单位进行展示性练习，看哪组走得步伐整齐，节奏鲜明。

⑥易犯错误与纠正方法：

易犯错误一：移步时身体不稳。

纠正方法：要注意掌握好身体重心的移动，右（左）跨步和退步时，上体保持立正姿势，向前移步时，按齐步的要领（1步用正步，不摆臂）进行。

易犯错误二：移步动作慢，靠腿无力。

纠正方法：强调移步时出脚要快，靠腿时要迅速、有力。

⑦教学要求与建议：

A.移步时，上体要保持良好的姿态，动作准确，节奏鲜明。

B.如果同时需要前后、左右移步时，最好先前（后）移步，然后左（右）移步，这样可少一次对正看齐。

7.行进间转法

行进间转法是行进间变换方向的方法。

①口令："向左（右）转——走"，"向后转——走"。

②要领："向""走"两字落一脚，另一脚迈向内扣。重心前移接转向，踏准口令最关键。

③重点：转体、出脚和摆臂动作要规范、准确、整齐。

④难点：转体规范，集体动作协同一致。

⑤教与学的方法：

A.教师先完整示范"向右转——走"，后讲解动作、方法和要点，同时配合慢节奏重点示范，要求学生观察、体会动作要点。预令、动令都落在右脚上。

B.在教师口令指挥下，学生采用原地踏步形式练习上步右转体，然后再踏步练习。开始时可以慢拍分解练习，听到动令后数"1"上左脚，数"2"转体同时出右脚，数"3"左脚前进一步，动作熟练后，再按常速原地练习。

C.在教师口令指挥下，学生进行完整练习。先集体练习，后分组练习。可将学生分成若干小组，每组由一个学生喊口令指挥调队，其他学生练习，轮流指挥。练习时，学生可相互纠错、评价。

D.展示性练习。每组选一名口令喊得好的学生，指挥全组或全班练习，看谁的口令准确、指挥得当。

E.在学生熟练掌握“向右转——走”的基础上，启发学生，通过思考、探究得出向左转——走”或“向后转——走”方法的结论，然后在教师口令指挥下，进行分解和完整练习。

⑥易犯错误与纠正方法：

易犯错误一：上步就转体，转体时走弧线。

纠正方法：在转体之前停顿一拍，学生就能充分地做出转体90°，同时出脚向新方向行进的动作。

易犯错误二：转动时，上体不正，两臂外张，身体不稳、晃动。

纠正方法：语言提示或正误对比示范。强调两臂自然摆动，不得外摆。向左（右）转走时，上体正直，身体重心大部分在前脚，向后转走时，重心落在两脚之间。

易犯错误三：以迈出半步的脚为轴，以单脚为轴转动。

纠正方法：听到动令上步后，重心平均放在两脚上，以两脚的前脚掌为轴转体。转体节奏可放慢，或采用分解练习法，按节奏练习。

易犯错误四：转体后，第一步迈错了脚。

纠正方法：语言提示向哪个方向转体走，转体后就先迈出同侧的脚；个人自喊自练进行体会。

⑦教学要求与建议：

A.转体时动令正确、节奏准确，集体步调一致。

B.向左（右）、后转走时，向前半步不要过大，转体时身体正直，两脚不得移动。转体、出脚和摆臂动作要协调一致。

C.向后转走教学时，要注意两臂自然摆动，不得外张，上体保持正直。向左右转走停顿时，重心落在前脚上，异侧臂在前。整个动作要有力度，尤其向新方向迈出的第一步，一定要刚劲有力。

D.教学中常采用跑步向后转走形式变换方向，跑步中听到口令“向后转——走”，继续向前跑两步，转体方法同“向后转——走”。

E.学生掌握各方向的转法后，把教学重点放在步伐的节奏感、整体动作步调一致、排面整齐、走姿优美和充满活力的精神面貌上。

（二）队形练习

1.基本图形变化

基本图形变化从与场地关系来讲，一般分为直线、斜线和曲线三种方向行进，并且在这三种方向的基础上可做出不同的图形变化。

（1）直线行进：绕场行进、错肩行进。

①口令：“绕场行进——走！”站立开始口令：“绕场行进，齐步——走！”“从右（左）边——走！”“一路隔一路从右（左）边——走！”“从里（外）边——走！”

②要领：

绕场行进要领：听到动令后，队伍自动沿着操场或体育馆的边绕场行进，每到一角依次自动转90°行进。

错肩行进要领：两个纵队迎面相遇时，下达口令，听到动令后，两队均以本队前进方向的右（左）边行进，相错左（右）肩，两队相隔为一步。

③重点：90°转弯明显，保持直线、对称行进。

④难点：集体协同、动作一致。

⑤教与学的方法：

A.教师可用小黑板或挂图依次讲解各动作要领和演示动作的线路，要求学生仔细观察，研究图示，领会要领，明确要求。

B.教学顺序先教绕场行进，然后教错肩行进。

C.教师在场地四角转弯处和错肩的位置设标志旗或标志物进行练习。教师可先带领学生边走边讲边练习，然后让排头带队练习。

D.动作熟练后，可采用配乐或变化各种上肢动作和步伐进行练习，提高学生练习兴趣。

⑥易犯错误与纠正方法：

易犯错误一：转弯处走成弧形。

纠正方法：教师采用语言或正误对比方法提示走到转弯处尽量保持直角。

易犯错误二：错肩行进时，队伍走向不明确，队伍拥挤、混乱。

纠正方法：教师必须先确定好基准学生并规定走向，要求纵队之间间隔一臂距离；并采用小黑板或挂图来演示动作的线路。

⑦教学要求与建议：

A.要求行进时路线清楚、整齐有序。

B.错肩行进的形式多样，一般先进行右（左）错肩行进的教学，熟悉后再进行一路隔一路的错肩行进的教学，最后选择内外错肩行进的教学，逐步提高练习难度。

C.错肩行进时，教师必须先说明两路各靠左（右）边走。此外，教师必须先确定好基准学生并规定走向。错肩行进时纵队路数越多，口令就要相应提前。一般在相遇处提前3～4步发口令。

（2）斜线行进：对角线行进、交叉行进。

①口令："沿对角线——走！""交叉行进——走！"

②要领：

对角线行进要领：排头走至场地一角时，自行向左（右）转135°，向场地对角行进。行进至对角，自行转弯绕场行进。

交叉行进要领：两路纵队斜向相遇时，依次交叉穿过正中点。行进至对角，自行向外转弯绕场行进。

③重点：自行转弯，保持斜线，对称行进。

④难点：自行转弯及时准确，交叉行进时排头保持平行。

⑤教与学的方法：

A.教师可用小黑板或挂图依次讲解各动作要领和演示动作的线路，要求学生仔细观察，研究图示，领会要领，明确要求。

B.教学顺序先教对角线行进，然后教交叉行进。

C.教师在对角转弯变向处和在两队交叉正中点插一标志旗或标志物的位置进行练习。教师可先带领学生边走边讲边练习，然后让排头带队进行练习。

D.动作熟练后，可采用配乐或变化各种上肢动作和步伐进行练习，提高学生练习的兴趣。

E.分组或集体展示性练习，师生共同评价。

⑥易犯错误与纠正方法：

易犯错误：相遇的两路学生交叉行进时，步速较慢，队伍拥挤、混乱。

纠正方法：教师提醒学生交叉时要有序依次穿插，并加快步速行进。

⑦教学要求与建议：

A.要求行进时路线清楚、整齐有序，排头保持平行。

B.交叉行进时，教师必须先说明两路哪路在前，哪路在后穿插，以免队伍相遇时碰撞或等待。交叉行进穿过正中点后，队伍步伐稍加快。

C.刚开始教学时，教师可以让学生分小组按行进路线，便步走进场地，熟悉路线、方向及交叉点或标志。

（3）曲线行进：蛇形行进、螺旋形行进、闭口螺旋形行进。

①口令："成蛇形——走！""成开（闭）口螺旋形——走！"

②要领：

蛇形行进要领：排头走进一角自行左后转弯向相反方向行进。走到边线时再自行向左后转弯行进，按此方法来回两次以上的走动形成蛇形行进。蛇形行进时左右相隔一步。

螺旋形行进要领：开口螺旋形行进时，排头按圆周靠内做螺旋形行进到达中心，然后自动向右后转弯沿队伍中间空隙相反方向走出来。

闭口螺旋形行进方法同上。但行进到中点后，全体同学立定，再向后转走，排尾变成排头向反方向前进。

③重点：每个同学必须走到排头学生转弯处才变换方向，队伍边走边调整距离，保持队形清晰。

④难点：集体协同配合，图形清楚。

⑤教与学的方法：

A.教师可用小黑板或挂图依次讲解各动作要领和演示动作的线路，要求学生仔细观察，研究图示，领会要点，明确要求。

B.教学顺序先教蛇形行进，然后教螺旋形行进。

C.初学曲线行进时，可在场地上画好图形，沿线行进或场地中设置标志点，由教师带队练习，然后排头带领学生练习。待动作熟练后，可采用跑步或配乐齐步走配合简单的手臂动作等进行练习。

D.分组练习。动作熟练后，可采用音乐伴奏或穿插游戏进行练习。

⑥易犯错误与纠正方法：

易犯错误一：曲线形行进时，间隔太小，队伍错乱。

纠正方法：教师提醒学生随时调整间隔，保持一臂距离，保持队形清晰。

易犯错误二：后面学生未走到排头位置就向后转弯，缩短行进距离。

纠正方法：在转弯处设标志杆或场地中间画标志点，提醒学生一定要饶过标志杆再向后转弯走，或脚踩标志点再变换方向走。

⑦教学要求与建议：

A.行进时步调一致，始终保持良好的身体姿态，其他学生要在排头学生转弯处变换方向，随时调整好队伍的间隔和距离。

B.教师事前要加强对排头学生的指导，使其掌握变换方向的位置和方法，以便其他学生跟随行进。

C.螺旋形行进时步速不要太快，步幅不要太大，前后距离不要太长，后继学生要紧跟前面学生，否则会走不出来。初学时可让学生手拉手走，防止队形混乱。

2.队形变化

（1）分队走，合队走，裂队走，并队走。

①口令："分队——走"，"合队——走"，"裂队——走"，"并队——走"。

②要领：

"分队——走"要领：听到动令后，一路纵队单数学生左转弯，双数学生右转弯，由一队依次分成左右两个不同方向绕场行进的纵队。

"合队——走"要领：听到动令后，相遇的两路纵队，在同一点上左路转弯走，右路右转弯走并依次进到左路后面，成一路纵队行进。

"裂队——走"要领：两路纵队行进，听到动令后，左路左转弯走，右路右转弯走，由两路纵队裂成两个不同方向绕场行进的纵队。

"并队——走"要领：听到动令后，迎面相遇的两路纵队，左路左转弯走，同时右路左转弯走并成两路纵队行进。

③重点：直角转弯，保持直线、对称行进。

④难点：动作协调一致，与集体合作到位。

⑤教与学的方法：

A.教师可用小黑板或挂图依次讲解各动作要领和演示动作的线路，要求学生仔细观察，研究图示，领会要领，明确要求。

B.教学顺序先分别教分队、合队、裂队、并队，然后进行组合练习。顺序是一路纵队做分队—并队—裂队—合队练习，两路纵队做裂队—合队—分队—并队练习。

C.教师可先在画好行进路线的场地上找两个小组进行演示，然后分组练习，最后全班练习。练习中教师可变换位置，随时提示动作要点。

D.每两小组配合感悟练习。

E.分组轮换进行展示，教师组织学生观察、纠错、评比。

F.动作熟练后，可采用变换手臂姿态和各种步伐或配音乐进行练习。如：手臂波浪、跑步、脚尖步等。

⑥易犯错误与纠正方法：

易犯错误一：转弯时动作不标准（弧形转弯）。

纠正方法：语言提示转弯处尽量保持直角转体，或采用标志物，要求学生肩过标志物后就直角转弯。

易犯错误二：两路纵队同向行进时未保持排头标齐。

纠正方法：语言提醒行进时排头用余光观察，随时注意调整步速，始终保持排面整齐。

⑦教学要求与建议：

A.除排头外的其余同学在排头转弯处要直角转弯，保持直线对称行进。两排头步幅均匀，平行行进。

B.应遵循由易到难，由简到繁的教学规律。安排教学进度时，先分别教分队、并对、裂队、除排头外的合队走，然后进行分队、并队、裂队、合队的综合练习。其中，要使排头两名学生明确行进路线。

C.初学动作时，教师最好站在变换队形的位置，面对学生，可用手势配合口令指挥学生练习。每种走法最好通过上下两个中点变换队形，预令可在行进至中点前三四步下达，动令提前一两步下达。

D.变换队伍时排头（基准）学生注意步幅、步速和排面整齐。分队走时，缩小步幅、减慢步速行进；并队、裂队走时，保持正常步幅、步速行进；合队走时加大步幅、加快步速行进。绕场行进时，各路排头学生要注意标齐，步速一致。

（2）行进间一路纵队变多路纵队及还原。

①口令：“向左（右）成×路纵队——走！”“向右（左）成一路纵队——走！”

②要领：听到动令后，基准×名学生一起向左（右）转，后面×名学生前进至同一地点，同时向左（右）转走，依次前进。听到向右（左）成一路纵队走时，第一排（四名）学生同时向右（左）转走，后面每×名学生前进至同一地点，同时向右（左）转走，紧跟排头成一路纵队。

③重点：每×名学生在第一排排头转向处同时直角转体，保持排面整齐。

④难点：每排动作协调一致，与集体配合到位。

⑤教与学的方法：

A.教师可用小黑板或挂图依次讲解各动作要领和演示动作的线路，要求学生仔细观察，研究图示，领会要领，明确要求。

B.教师可在一条直线上放上标志物，以便学生到位后同时向右（左）转走。教师可先找一个小组演示，然后分组练习，最后全班练习。练习中教师可站在变换位置前，随时提示动作要点。

C.分组轮换进行展示练习，教师组织学生观察、纠错、评比。

D.动作熟练后，可采用各种步伐进行练习。

⑥易犯错误与纠正方法：

易犯错误一：后面学生未在基准学生转向处转变方向。

纠正方法：语言提示转体的位置或采用画一直线或放标志物的方法，要求学生踩线或标志物就直角转体。

易犯错误二：变成多路纵队时前后距离过大；变成一路纵队时左右拥挤。

纠正方法：语言提醒变成多路纵队时缩小步幅，减速慢行；变成一路纵队时加大步幅、加速行进。

⑦教学要求与建议：

A.练习时注意队形和步伐的整齐，动作协调一致，快慢有序。

B.使用队形变换口令时要注意：如果向左转成多路纵队，那么还原成一路纵队时一定要向右转。这样使队伍始终保持原形，整齐有序。

C.可先用标记规定好转弯的位置或教师站在变换队形的点，用手势配合口令指挥学生练习，让各排头先有心理准备。

D.变换队形时注意步幅、步速和排面整齐。变成多路纵队时要缩小步幅、减慢步速行进；变成一路纵队时加大步幅，加快步速行进。

3.散开和靠拢

①口令："以右（左、中间×××）翼为基准，两臂间隔×步距离——散开！"（也称以广播体操队形散开）；"以右（左、中间）翼为基准——靠拢！"

②要领：

基准学生不动，其余用跑步或移步散开。前列或全体两臂侧举，对正看齐，然后两臂放下成立正姿势。当下达靠拢口令后，按口令要求迅速跑步靠拢看齐。

③重点：动作迅速，位置合理，整齐安静。

④难点：集体动作协调一致，快速整齐。

⑤教与学的方法：

A.教师讲解动作方法和要领，同时请一组学生配合演示，提出动作要求，学生仔细观察。

B.教师统一指挥练习，学生体会下达口令的时机、节奏与方法。

C.将学生分成四组进行练习，各组学生依次出列练习指挥。教师进行循环指导，并及时纠正错误。

D.分组轮换展示，教师组织学生观察、纠错、评比。

⑥易犯错误与纠正方法：

易犯错误一：学生之间容易出现相互推挤，前后的距离掌握不好，动作缓慢。

纠正方法：语言提示散开时注意用余光观察，手臂保持侧举，用碎步调整好左右间隔，然后两手前举目测调整好前后距离。

易犯错误二：散开后，排面不整齐，前后没有对齐。

纠正方法：语言强调散开后要自动调整间隔和距离，随时准备调整队形，始终保持排面整齐。

⑦教学要求与建议：

A.散开和靠拢时要动作准确、迅速，队形整齐。变化前须先规定好基准学生，规定好散开的走或跑的形式。

B.散开和看齐采用什么步法，可根据学生水平、教学需要选定，如果口令中指明某种步法时，学生必须用规定的步法正确、迅速地散开或靠拢。散开和靠拢的步法除了采用便步、侧关步和跑步外，根据学生水平也可采用跑跳步、踏跳步等动作。

第二节　徒手体操

徒手体操是基本体操内容之一，是由一系列徒手动作依照一定程序组成的身体操练。包括举、振、摆、倒、转、屈、伸、环绕等动作。可单人、双人或集体做，也可以定位或行进间做，不受器械和场地限制，因此容易普及。在此，我们以第三套全国中学生广播体操《舞动青春》为例。

一、教学目标

（1）了解第三套全国中学生广播体操的结构及特点，了解在中学生中开展广播操的意义，认识到广播操的健身、健美、健心作用。培养兴趣，引导学生积极参与练习，坚持做好课间操，为终身体育奠定基础。

（2）掌握第三套全国中学生广播体操各节动作，发展学生的协调性、灵敏性、柔韧性等综合素质，培养学生良好身体姿态和美的表现意识。

（3）培养学生勇敢、自信和积极向上的情绪，逐步形成坚强的意志品质，提高学生自我调控情绪的能力。

二、动作要点

1.预备节动作要点

臂、腿协调配合，部位准确，交叉摆动有力到位，节奏感强，身体充分伸展。

2.第1节　伸展运动动作要点

上、侧举及绕环动作手臂伸直、部位准确，脚侧点地时，重心控制得当，整节动作富有弹性，身体充分伸展，节奏感强。

3.第2节　扩胸运动动作要点

手臂举、屈、摆、振路线正确，拳掌分明，手臂经上后振时要伸直，在侧举后振时要平行于肩部。屈腿提膝时胸部含展分明，扩胸摆动有弹性。

4.第3节　踢腿运动动作要点

弓步方向正，前后弓步变换时重心移动要快，同时上体展含分明；屈、伸膝及踢腿动作协调、连贯、有弹性，上体正直，踢腿时直膝、绷脚面，两臂摆动动作协调，部位准确。

5.第4节　体侧运动动作要点

上步、开立、经前上举，体侧屈上体保持在额状面上，侧屈幅度大，动作舒展，过度自然。

6.第5节　体转运动动作要点

屈膝有弹性，绕人体垂直轴转体，重心在两腿间，眼随手动，手臂交叉有弹性，单臂绕环幅度大，部位准确。

7.第6节　腹背运动动作要点

体前屈腿要直，动作富有弹性，幅度逐渐加大，两臂协调配合，伸展、蹲屈充分，部位准确。

8.第7节　跳跃运动动作要点

转体弓步跳时动作协调，落地并腿缓冲，分腿跳时动作有弹性，落地时由脚尖过渡到全脚掌，分腿不宜太大，还原时方向要正；后踢腿跳时后屈腿脚尖接近臀部，落地有缓冲，上下肢配合协调。

9.第8节　整理运动动作要点

通过踏步以及手臂举、摆动作调整呼吸，放松，动作协调、连贯、放松。

三、教学重点、难点

1.预备节

（1）重点：两臂曲直分明，充满活力，踏步要求有力且整齐。

（2）难点：上肢动作与下肢踏步配合协调，两臂交叉摆动及两臂绕环时动作充分伸展。

2.第1节　伸展运动

（1）重点：两臂上举、侧举、绕环幅度要大且充分伸展；侧点步开度要大、重心控制在支撑腿上，重心无明显下降。

（2）难点：上肢动作发力快，到位准确、快速制动。头的摆动、眼睛看的角度要到位，与四肢配合。

3.第2节　扩胸运动

（1）重点：胸部肌肉主动发力，手臂肌肉协同配合，使胸背部肌肉充分伸展。脚侧点地或吸腿时重心保持在支撑腿上。

（2）难点：扩胸动作充分到位，刚健有力并富有弹性；腿部屈伸与手臂后振动作协调一致。

4.第3节　踢腿运动

（1）重点：踢腿时两腿伸直，踢起腿，大于90°，直膝，绷脚尖。

（2）难点：腿踢起时，身体重心要保持平稳；踢起腿落地后重心快速控制在两腿之间。

5.第4节　体侧运动

（1）重点：侧屈时两腿伸直，两脚不动，上体不要前倾或后仰。

（2）难点：上体在额状面内侧屈45°，动作富有弹性。

6.第5节　体转运动

（1）重点：以腰部发力带动躯干转动，手臂控制到位。转体时脚尖对正前方，脚跟不要提起。

（2）难点：转体角度的准确性；转体时重心保持在两脚之间。

7.第6节　腹背运动

（1）重点：体前屈要充分，腿要伸直；蹲起流畅有控制力。

（2）难点：体前屈躯干弯曲程度不够，体前屈与手臂的协调配合，富有弹性。

8.第7节　跳跃运动

（1）重点：落地有缓冲，跳跃动作轻松，富有弹性。

（2）难点：跳跃动作点到为止，注意及时收回。上下肢协调配合。

9.第8节　整理运动

（1）重点：落地有缓冲，跳跃动作轻松，富有弹性。

（2）难点：跳跃动作点到为止，注意及时收回。上下肢协调配合。

四、教与学的方法

（1）教师先做完整示范，然后慢拍示范、讲解各拍动作的要点，提出要求。

（2）每八拍采用分解教学再完整教学，教学过程由慢速到正常速度练习。可以先练习下肢动作或上肢动作，也可重点动作先提出来单独练习，待学生熟悉上下肢动作后，再进行完整动作练习。

（3）教完一个小节动作，教师领做，观察学生练习的情况，及时纠错。

（4）整节采用递加循环教学法，教完后一个八拍要及时和前面八拍连起来练习。

（5）整套动作采用递加循环教学法，教完一节，等动作熟练后及时和前面节连起来练习。

（6）配乐学生集体练习后进行分组练习，教师可适时提示，并指导纠正。

（7）学生展示性练习。可采用分组或个人展示。要求学生相互观摩、评价。

五、易犯错误与纠正方法

1.预备节

易犯错误一：手臂和腿配合不协调，在前两拍出手时容易先动腿；两臂头上交叉后衔接踏步不协调。

纠正方法：脚不动，分解慢做手臂动作练习；原地踏步练习；在教师口令提示下，先慢速练习完成踏步和手臂动作的配合，动作熟练后，常速完成。

易犯错误二：手臂上举和绕环时，动作不舒展、幅度小，屈肘。

纠正方法：练习前，先做颈、肩、胸、上肢部位的伸拉练习；语言强调上举和绕环时，手臂伸直，快速发力，力达指尖。

易犯错误三：头部转动不到位，转动时颈部肌肉放松。

纠正方法：慢速完成头部转动，体会立颈转头要领。

2.第1节　伸展运动

易犯错误一：脚侧伸点地时，重心随之移到该腿上，脚背向上。

纠正方法：反复练习左右腿脚尖侧点地、支撑腿稍屈膝动作，要求练习时重心不动，控制在支撑腿上，大脚趾内侧点地伸直。

易犯错误二：动作路线不清楚，经侧上举做成经前举，两臂绕环动作幅度较小，伸展不充分，动作没弹性。

纠正方法：上肢动作主要强调动作路线以及肩部在手臂举动及绕环时放松，指尖远伸，加大动作幅度练习，增加动作弹性及节奏感。

易犯错误三：手臂做上举、侧平举动作时位置控制不正确，与下肢动作配合不稳。

纠正方法：分别进行上肢动作和下肢动作练习，多次重复，体会手臂控制和重心控制力度。

3.第2节　扩胸运动

易犯错误一：扩胸动作不充分，用手臂发力，振幅较小。

纠正方法：强调用胸背部发力，结合上肢的摆振动作，加大扩胸幅度。

易犯错误二：下肢屈伸缺乏弹性，且与上肢屈伸、摆振动作不协调。

纠正方法：双手叉腰，进行腿屈伸练习；在口令提示下，先慢速练习腿屈伸和手臂扩胸动作的配合，动作协调后，常速完成。

易犯错误三：提膝动作不到位。

纠正方法：侧对镜子练习，观察扩胸动作幅度和上下肢动作的准确性。

4.第3节　踢腿运动

易犯错误一：踢腿动作缺乏力度，腿踢起的高度小于90°，屈膝。

纠正方法：扶把杆或手叉腰连续完成弓步前移重心踢腿练习，强调踢腿的力度、速度和高度，脚尖绷直。

易犯错误二：单腿的屈、伸、踢动作不连贯，幅度较小，没有弹性，支撑腿不稳、屈膝。

纠正方法：分别练习一腿直膝支撑，另一腿反复做提膝后伸、后伸前踢以及侧踢等动作。

易犯错误三：两拍一动和一拍一动易混淆，每两个八拍之间动作不连贯、不协调。

纠正方法：反复练习前后弓步接提膝、屈腿和前踢、左右交叉步接侧踢的动作，体会重心变化。

5.第4节　体侧运动

易犯错误一：体侧屈时低头、含胸，上体有前倾或转体，体侧屈没弹性，幅度小。

纠正方法：慢速到常速完成躯干向左、向右侧屈动作，强调腰部带动躯干在额状面内侧屈45°。侧屈时稍挺胸，眼看正前方。

易犯错误二：手臂动作路线不正确，控制不到位，上下肢配合不协调。

纠正方法：分解做手臂慢动作练习，然后配合上下肢提膝练习，强调手臂定位准确。

易犯错误三：腿向前、向侧迈步步幅较小，提膝动作不到位，两腿开立时重心偏移。

纠正方法：双手叉腰，反复练习下肢动作，注意步幅大，开立时重心控制在两腿之间。

易犯错误四：做提膝动作时重心不稳。

纠正方法：下肢动作练习，即腿向前后迈步接向侧迈步接提膝动作，重心落在支撑腿上。

6.第5节 体转运动

易犯错误一：用手臂发力带动身体转动，转体幅度小。

纠正方法：双手叉腰，上体做左右弹性慢转体动作，体会腰、肩发力带动上体转动的要领。

易犯错误二：头部动作不能配合转体，转体时重心不在两腿之间，脚跟离地。

纠正方法：学生两人一组背对背站立，慢速完成向右、向左转体，达到能相互对视的位置，强调头随身体转动，眼看左右手，脚跟贴紧地面。

7.第6节 腹背运动

易犯错误一：体前屈时屈膝，指尖未触及地面。

纠正方法：加强下肢柔韧性练习，辅以语音提示，强调腿部伸直。

易犯错误二：蹲起动作较突然，无控制感。

纠正方法：慢速完成下蹲、直立动作，提高腿部控制能力。

易犯错误三：手臂位置控制不准确。

纠正方法：开立，反复练习转体同侧手摸头，异侧手向斜前上方举；上体前屈时，两手依次触摸异侧脚尖，异侧手定位准确。

8.第7节 跳跃运动

易犯错误一：做跳跃动作时身体松懈无力，弓步跳和开合跳缺乏腾空，腿开度不够，落地没缓冲。

纠正方法：两手叉腰，反复进行弓步跳和开合跳练习，强调跳跃时上体保持直立，蹬地用力，腾空明显，落地由脚尖过渡到全脚掌，分腿稍宽于肩。

易犯错误二：上肢动作路线不清晰，动作位置控制不准确。

纠正方法：慢速到常速完成上肢动作练习，强调手臂定位准确。

易犯错误三：后踢腿跳动作不协调，上下肢配合不协调。

纠正方法：分解练习下肢和手臂动作，然后上下肢配合练习，同时语言提示后踢腿跳时后屈腿脚尖接近臀部。

9.第8节 整理运动

易犯错误一：上肢用力过大，速度较快。

纠正方法：匀速、缓慢地进行上肢动作练习。

易犯错误二：前臂绕环时机掌握不好，脚向前、后移动接踏步不协调，脚步混乱，上下肢动作配合不协调。

纠正方法：反复练习踏步配合手臂举、摆以及前臂绕环练习；分解练习脚步向前、向后接踏步练习，上下肢配合完成练习。

六、教学要求与建议

（1）要求动作规范、到位准确、发力迅速、姿态优美，过程路线方向清晰。成套动作连贯流畅、节奏感强、富有力度，有一定表现力。

（2）采用多种示范方法相结合的直观教法，指导学生做操。示范要清楚、准确、优美、节奏分明，不同动作采用不同的示范方法以及示范位置。本套操主要采用镜面示范。此种示范方法用于左右方向、路线简单的动作，不仅便于学生学习，而且便于教师观察学生练习情况。同时，结合侧面示范（用于显示前后方向的动作，例如踢腿运动等）以及背面示范（多用于方向路线、上下肢配合等复杂的动作，便于学生跟做，例如腹背、整理运动等），穿插少量分解示范和局部示范（适用于上下肢、躯干配合等较复杂的动作，例如跳跃等），然后完整练习效果更加。

（3）最佳教学效果应采用示范的同时配合讲解。教师讲解时要能准确运用体操术语，例如两臂经体前交叉绕至侧举等，要避免用不规范语言；要求以简明扼要、生动形象、通俗易懂的讲解来加深学生对动作的理解，重点讲清动作的运动方向、路线、部位及身体各部位的配合方法。

（4）合理利用口令，在教操开始口令的好坏直接影响效果。要求口令准确、清楚，声音洪亮，有节奏感，节拍口令和提示口令相结合，在运用节拍口令时要结合动作的性质和幅度以及熟练程度来决定快慢、长短和强弱。例如，体侧时第2个八拍的1—4拍要慢些，而跳跃的口令要轻快些，一些振臂扩胸动作不妨短促、有力一些，在一些易犯错误的动作中，例如伸展运动，可采用提示口令。

（5）在基本掌握每节操或整套操的动作路线后，鼓励学生进行合作学习，给予学生自主练习的机会。

（6）教师在带领学生练习时，除动作做得完美外，动作还要与口令、手势、语言等教学提示紧密结合，使学生达到眼看、耳听、心想、体动的目的，从而达到最佳的教学效果。

第三节　轻器械体操

轻器械体操是指手持轻器械进行身体练习的一种体操。它的特点是充分利用不同器械的特点，采用变化器械动作和徒手体操动作的配合，对身体各部位进行全面的锻炼。轻器械体操内容丰富，有体操棍、实心球操、绳操、圈操、哑铃操等。可单人、双人或集体做，也可定位或行进间做。

一、跳绳

（一）教学目标

（1）掌握跳绳的基本跳法以及跳短绳、长绳，绳游戏、绳操的技术要领，形成正确的跳绳基础动作，使学生能体会一绳多用的方法。

（2）通过各种跳绳练习，发展学生的协调能力，增强腕部、上下肢、腰腹肌等部位的肌肉力量，提高跳跃能力。

（3）培养学生机智、果断等素质和不怕失败、积极进取、拼搏向上的精神。培养学生集体协作配合的意识，感受与人合作的快乐，建立良好的、和谐的人际关系，为终身体育打下基础。

（二）动作要点

（1）跳绳的基本跳法：任何单脚或双脚跳时，均用前脚掌跳起，并用前脚掌过渡到全脚掌着地，落地屈膝缓冲。

（2）跳短绳。

①握绳方法：握有把（柄）的绳，手自然握住；握无把（柄）的绳，要把跳绳两端绕在手上，用拇指与食指第一、二关节握住跳绳。

②量绳方法：跳绳的长短可用双脚开立（不应大于肩）或一脚踏在跳绳中间部位，两手握绳的两端，两臂屈肘与体侧成直角，然后拉直跳绳即可。

③摇绳方法：两手握绳，两臂自然屈肘靠腰际，将绳置于体后，两手腕、手臂协调一致用力，将绳向上、向前抡起，当绳抡至头以上位置时，两手臂不停顿继续向下、向后抡绳，使绳绕身体周而复始地抡动。开始时，以两肩为轴，双臂双手腕同时用力，手臂抡绳动作比较大。技术熟练后，手臂抡绳动作可逐渐减小幅度，以两肘为轴，用两前臂和手腕配合摇绳。动作熟练后，可仅以两手腕的动作来摇绳。

④停绳方法：当跳绳由后向前摇转时，一脚向前伸，脚跟着地，脚尖抬起，使跳绳中段停在脚掌下。

⑤跳短绳要点：两手握绳体两侧，两臂屈肘靠腰际，手腕发力摇绳快，加速使绳过两脚。

（3）跳长绳。

①握绳方法：两人可单手或双手各握跳绳一端，如绳长可在拇指与其他四指间适当绕几圈。

②摇绳方法：两位摇绳人面对面而立，两人的身高接近为宜。两人向同一方向摇绳，动作要协调一致。

③正面、斜面（侧面）跑入跳长绳方法：面对或侧对绳圈来的方向，把跳绳打地声音当作“跑”的启动信号，一打地就跑入。当摇转的绳子着地瞬间及时跳起。连续跳1～3次（可并脚跳、单脚交换跳或并脚加垫跳）后，从反面跑出。两侧跑入交叉“8”字跳绳。将学生分成甲、乙两组，各站成一路纵队，分别站在绳子同侧两端。两摇绳人

向同侧方向正摇绳。甲队第一个跳绳人在摇转的绳子着地瞬间立即跑入，跳起一次后从反面跑出，绕过异侧摇绳人，站在乙队排尾；乙队第一人在甲队第一人跑出后，立即跑入，跳起一次后从反面跑出，绕过异侧摇绳人，站在甲队排尾。依次轮流跑完。上绳之前往前站，绳子打地往里钻，跑到中间往上蹿，路线跑直别拐弯。

④跳长绳动作要点：两人或多人跑入、跳绳、跑出的时机要一致。

（4）绳操。

将绳对折或多折持两端，绳绷直，如同体操棍。绳操同徒手操各节的练习要点基本相似。但具有一些自身特点的动作，如一些跳跃、平衡、绕过绳限制性等动作。

（三）教学重点、难点

（1）重点：掌握各种形式和姿势的跳法，动作自然、协调、连贯。

（2）难点：能够掌握快速跳绳跑中的最佳绳间节奏，上下肢协调配合，节奏感好。

（四）教与学的方法

除参照徒手操的教与学的方法外，还要根据绳自身的特点，采用不同的教法。

（1）教师讲解跳绳运动的作用及跳绳的内容，并示范各种姿势的跳绳动作，使学生了解跳绳运动的基本特点。

（2）教会学生跳绳时正确的手部动作和脚步动作。让学生体会以肘关节为辅、腕关节为主的摇绳方法和下肢跳起时身体轻盈、重心平稳、节奏稳定的跳法。

（3）教会学生跳短绳的基本方法，并掌握各种变化身体姿势的跳。待学生熟练掌握跳短绳的方法后，再进行长绳教学。

（4）绳操教学时，可采用分解与完整、循环递进法等教与学的方法，节奏由慢到快，逐步过渡到正常速度。学生基本掌握动作后，选配适当音乐进行伴奏，以增强韵律感和练习兴趣。

（5）可采用集体、小组、个人自主合作练习和展示，达到相互观摩、促进，共同提高的效果。

（五）易犯错误与纠正方法

易犯错误一：卡绳；跳绳的节奏掌握不好；绳到了脚边没起跳或绳还没有到脚边就起跳。

纠正方法：徒手练习跳绳；采用两段废旧的跳绳，把两边的绳子调到合适的位置，让学生模拟跳绳，让学生在没有障碍情况下体会脚和手的协调配合。

易犯错误二：以肩为轴，造成手臂随绳一起摇动。

纠正方法：语言提示手腕发力摇绳；徒手模仿及固定上臂的转动手腕练习。

易犯错误三：跳绳时，两脚不同步，一前一后或两脚用力不均匀。

纠正方法：原地空跳，按教师口令练习，要求两脚同步，用前脚掌起跳、落地；抬头，身体保持正直。先摇绳，后起跳练习，两脚用力均匀。

易犯错误四：跳长绳时，个别学生不敢上绳。

纠正方法：语言鼓励，消除紧张心理。强调跑入前站在绳圈着地最近点；教师反复示范领跳；减慢摇绳速度，语言提示“一、二、上、绳”的节奏口令。

易犯错误五：上绳后停顿，赶不上跳绳节奏。

纠正方法：语言提示跳绳人跑入的最后一步不要过大；熟悉绳子打地节奏；摇绳节奏一致，注意配合。

易犯错误六：绳操练习时身体松懈，手臂动作定位不准，路线不够清晰，缺少力度。

纠正方法：可采用显错法，帮助学生理解正确的身体姿态和手臂姿态或采用重点示范、分解练习方法和语言提示，体会手臂发力及正确的运动路线和上肢定位。

（六）教学要求与建议

（1）很好地利用绳和身体协调结合在一起练习，动作规范、协调，操作连贯、流畅，在活动中体验动作乐趣。

（2）在跳绳活动前，要加强收发器材的指导，练习时要强调活动的安全距离。

（3）在教绳操时，先让学生了解每节操的动作特征，然后采用多种教与学的方法教会学生动作。学生基本掌握动作后，再配以音乐进行完整练习。

（4）在掌握基础跳法后，可以增加多种形式花样跳以及规定时间跳、计数跳、移动跳等，以提高学生练习的技能和学习兴趣。

二、体操棍

（一）教学目标

（1）了解体操棍的特点和价值，掌握体操棍操的动作方法，体验活动时身体的动作、感受，发展肢体协调性。

（2）初步掌握取、收、持棍及持棍立正、稍息、行进、握棍的动作方法，培养学生动作整齐、服从指挥以及安全意识。

（3）通过体操棍教学提高学生柔韧性、灵活性和肌肉的控制能力，同时培养学生集体配合意识，体验合作学习的乐趣。

（二）动作要点

（1）持棍立正：保持立正姿势，右手持棍，食指握棍，其余三指贴住棍身，使棍垂直靠于右肩前。

（2）持棍稍息：左脚伸出大半步，同时棍轻落于左脚尖前。

（3）持棍行进：右手持棍同持棍立正，行进时右手持棍不动，左手自然摆动。

（4）握棍方法：单手或双手的正握、反握、翻握。可握两端、一端、中间等处。

（5）取、收持棍的方法：①送取法：学生站好做操队形后，由每一行的排头取与本列人数相等的棍，放在小臂上，然后从排尾的学生处一直走过去。每到一个学生处，那个学生就拿一根棍棒，最后他站回自己的排头位置。用此法将棍收回原处。②自取法：成一路纵队行进，到了放置棍处自动拿起一根棍持棍行进，或按教师规定的姿势（如将棍棒置于背后肩胛骨处等）继续行进。③传递法：学生站好做操队形后，排头取与本列（路）人数相等的棍，依次传递给左（右）或后面的人。

（6）体操棍操：体操棍操同徒手操各节的练习要点基本相似。除上下肢动作、躯干动作和全身动作外，还具有一些自身特点的动作。如一些跳跃、传递、绕过棍限制性动作以及模仿武术刀、枪、剑、棍等击剑刺杀等动作。

（三）教学重点、难点

（1）重点：身体活动与体操棍合理融合，配合一致，提高练习效果。

（2）难点：集体练习时的协同配合。

（四）教与学的方法

除参照徒手操的教与学的方法外，还要根据体操棍自身的特点，采用不同的教法。

（1）介绍体操棍取、收、持棍的方法和行进的动作要点、使用常识。讲解并示范体操棍练习时的安全距离、间隔，强调练习的安全性。

（2）先利用体操棍做模仿动作、限制性练习和游戏，提高学生对棍的认识，培养学生的练习兴趣。

（3）体操棍操教学时，先让学生了解每节动作的特征，然后采用分解与完整、循环递进法等教与学的方法教会学生动作。学生基本掌握动作后，再配以音乐进行完整练习。

（4）可采用集体、小组、个人练习和展示，达到相互促进，共同提高的效果。

（五）易犯错误与纠正方法

易犯错误一：拿棍后未按持棍行进的方法前进，棍碰到周围的人。

纠正方法：语言提示并示范持棍行进动作要领，反复强调安全问题。

易犯错误二：利用棍做限制性动作，屈臂、屈腿幅度小。

纠正方法：练习前多做腿和肩的柔韧性练习，持棍练习中注意幅度由小到大，教师提示正确动作姿态。

易犯错误三：棍操练习中变换握棍姿势时掉棍。

纠正方法：棍操练习前进行各种换握棍方法的学习，练习中强调变换的节奏和方法。

（六）教学要求与建议

（1）通过练习，学生能很好地利用体操棍进行练习，练习中控制好身体姿态，动作到位，有力度。操作连贯、流畅，在活动中感受乐趣。

（2）加强安全教育。课前将体操棍有条理地放在一处，练习前后要有组织地取、还器械。练习时要调整好间隔，一般做操时前、后、左、右为两臂加一棍的间隔和距离。

第四节 技巧

一、前滚翻

（一）教学目标

（1）使学生了解前滚翻团身紧的技术要点，并使学生了解如何利用前滚翻技术保护自己。

（2）掌握经直腿团身前滚翻动作技能，发展学生上臂支撑能力，提高身体灵巧性、协调性、平衡性。

（3）培养学生互帮互学的良好习惯，体验合作探究和取得成功的喜悦感。

（二）动作口诀

一蹲二撑三低头，团身滚动像皮球。

（三）教学重点、难点

（1）重点：保持低头弓身姿势，依次着地前滚。

（2）难点：团身紧，滚动连贯。

（四）保护与帮助

保护者单膝跪立于练习者侧前方，滚至背部着地时，推背助起立。

（五）教与学的方法

（1）教师先完整动作示范，后讲解动作要点，同时配合慢动作示范，提出具体要求，学生仔细观察，领会要领。

（2）仰卧抱膝团身前后滚动。体会正确弓身姿势滚动。要求前滚胸贴大腿，后滚膝跟肩。

（3）直腿前滚翻成直角练习，体会经直腿过程。

（4）仰卧垫上，两腿并拢向后上方举腿翻臀，然后向前快速收小腿，同时两手抱小腿团身滚动成蹲撑姿势。体会快速团身前滚。

（5）在10°～15°的斜面上练习由高到低的前滚翻。

（6）教会学生帮助、保护方法，要求学生相互帮助练习，教师巡回指导。

（7）学生独立练习。

（8）展示性练习。教师随机抽出几名学生出列示范，要求其他学生观察、分析，针对评价标准，指出不足之处，提出改进意见，教师点评。

（9）前滚翻拓展性练习。如：改变结束姿势的前滚翻，手不撑地的前滚翻，二人手拉手前滚翻，持球做前滚翻，前滚翻蹲立后接迎面抛来的球，等等。

（六）易犯错误与纠正方法

易犯错误一：前滚翻团身不紧，前滚胸跟大腿慢，臀部后坐。

纠正方法：背腹肌适度紧张，两脚蹬地有力；前滚时大腿紧贴胸部，小腿紧贴大腿。

易犯错误二：前滚的方向不正，有偏头现象。

纠正方法：强调蹬地用力要均匀，用头后部着垫或在地上划一直线，甚至在两平行标志物之间进行限制性练习。

易犯错误三：用头顶着垫或臀部提得太高，重心前移时不能迅速屈臂、团身。

纠正方法：反复练习蹬地提臀前移重心，屈臂低头，眼向后上方看。

（七）教学要求与建议

（1）要求经直腿，滚动连贯、圆滑、方向正。

（2）学生练习前要充分做好准备活动，特别是肩部和颈部，注意安全。

（3）进行组合练习时，教师应强调套路动作的规范性、连贯性和基本姿态。另外，在开始练习时，可先做2～3个动作组合，再逐渐增加动作的数量。

（4）前滚翻是基础动作，也是一种自我保护的方法。在掌握前后滚动的基础上，再学习团身前滚翻。掌握团身前滚翻后，两腿蹬直经直腿前滚翻。

（5）教学中在掌握正确前滚翻动作的基础上，可以让学生进行自主性、拓展性学习。为学生提供自主学习的机会，提高学生的学习兴趣，培养学生的创造能力。

二、后滚翻

（一）教学目标

（1）使学生了解后滚翻团身紧的技术要点，并使学生了解如何利用后前滚翻技术保护自己。

（2）掌握后滚翻动作技能，发展学生的柔韧性、协调性、空间感和思维能力。

（3）通过帮助保护方法学习，培养学生互助精神和集体精神，促进学生对体操的兴趣和身心的健康发展。

（二）动作口诀

后倒翻臀膝跟肩，翻掌肩上推手快。低头滚动团体紧，翻转身来成蹲撑。

（三）教学重点、难点

（1）重点：后倒快，后滚时膝跟肩翻臀。

（2）难点：团身紧、重心滚至垂直位推手及时。

（四）保护与帮助

保护者站在练习者后侧方，当其后滚至肩颈着地时，两手扶其髋部两侧帮助向上提拉，助其推手翻转。

（五）教与学的方法

（1）教师先示范完整动作，后讲解动作要点，要求学生仔细观察，领会要领。

（2）团身前后滚动。注意把手的位置放在肩上，尽量翻掌，指尖向肩，两肘内夹后滚。

（3）在斜坡上由高处向低处做后滚翻成蹲撑。

（4）教会学生帮保方法，要求学生之间相互帮助练习，教师巡回指导。

（5）学生独立练习，教师个别指导。

（6）集体纠正错误，并请优秀学生进行展示，学生积极互动，相互鼓励、评价。

（7）后滚翻拓展性练习：后滚翻成跪撑接跪跳起；前滚翻两腿交叉转体接后滚翻、后滚翻直腿起等。

（六）易犯错误与纠正方法

易犯错误一：团身不紧，后滚时膝不跟肩翻臀。

纠正方法：在斜面上，由高处向低处做后滚翻或保护者蹲于练习者侧后方，当练习者滚至肩颈时，一手托肩，一手托背部助滚翻。

易犯错误二：用力不均，后翻歪斜，推手无力。

纠正方法：保护者站立在练习者侧后方，当练习者后滚至肩颈时，两手扶髋侧部向上提拉，帮助推手和翻转。

（七）教学要求与建议

（1）要求团身紧，推撑及时，翻滚圆滑。

（2）后滚翻时，颈部受压力较大，学生练习前要充分活动颈部，强调注意安全。

（3）后滚翻是基础动作，也是一种自我保护的方法。在掌握前后滚动的基础上，再学习团身后滚翻。

（4）在正确掌握后滚翻动作的基础上，可以让学生进行自主性、拓展性学习。这不仅为学生提供了自主学习的机会，而且也培养了学生的创造能力。

三、肩肘倒立

（一）教学目标

（1）了解肩肘倒立动作概念以及完成动作的相关原理，建立肩肘倒立动作技术表象。

（2）通过学习使学生掌握肩肘倒立的动作技能，学会保护与帮助的方法。

（3）通过练习发展学生身体的空间感知能力与平衡能力，培养学生勇敢、顽强的意志和体操的美感。

（二）动作口诀

上体后倒臂压垫，举腿伸髋绷脚面。两手夹肘撑腰背，身体笔直立得稳。

（三）教学重点、难点

（1）重点：压臂、举腿展髋。

（2）难点：立腰撑背、紧身夹肘。

（四）保护与帮助

保护者站在练习者的侧面，两手握住其小腿缓慢向上提拉，必要时可用膝盖顶其臀部，使其髋部接近垂直部位。

（五）教与学的方法

（1）教师先示范完整动作，后讲解动作要点，要求学生仔细观察，领会要领。

（2）坐撑后倒举腿做伸髋回落练习。直角坐开始上体后倒，做收腹举腿伸髋练习，然后前滚回落成直腿坐。要求脚尖至头部上方时用力伸髋，体会伸腿的方向。

（3）利用标志物练习举腿伸髋。标志放于眼睛正上方合适位置，要求伸腿时，脚尖触标志物，体会伸腿的方向。

（4）教会学生帮保方法，要求学生之间相互帮助练习，教师巡回指导。

（5）分组比赛练习，看谁停得稳，立得直。

（6）集体纠正错误，并请优秀学生展示。学生积极互动，相互鼓励、评价。

（六）易犯错误与纠正方法

易犯错误一：身体不直。

纠正方法：练习者在保护、帮助下体会动作。

易犯错误二：伸腿方向不准，不能一下到位。

纠正方法：练习者坐撑后倒伸髋，再回原位。体会伸腿、压臂技术及方向。

（七）教学要求与建议

（1）身体与地面垂直，稳定停留三秒。

（2）收腹举腿要翻臀，眼睛应注视脚尖，向正上方伸直髋。

（3）在掌握正确肩肘倒立动作的基础上，让学生进行自主性、拓展性学习。这不仅为学生提供了自主学习的机会，而且培养了学生的创造能力。

四、单肩后滚翻成跪平衡

（一）教学目标

（1）掌握单肩后滚翻至跪平衡跪动作技术，明确动作技术环节以及保护与帮助的方法。

（2）通过教学提高学生滚翻、空间定向，控制身体平衡能力，发展身体的协调性、灵活性、柔韧性等综合身体素质。

（3）在互助的学习中使学生获得人际交往和合作体验，增强学习信心和责任感。

（二）动作口诀

向后滚动头左偏，右肩着垫右臂伸。左腿跪撑右腿举，抬头伸臂保平衡。

（三）教学重点、难点

（1）重点：举腿翻臀、头侧屈，右脚背触垫时屈膝跪垫。

（2）难点：头、手摆放正确与推手时机的把握。

（四）保护与帮助

保护者站在练习者后举腿一侧，双手握其脚踝，帮助练习者向后上举腿。当练习者达到跪平衡时，保护者单腿跪在练习者的左侧，一手托其左腿，一手托其左肩。

（五）教与学的方法

（1）教师示范并讲解动作要领，要求学生仔细观察，领会要领。

（2）坐撑后倒举腿摆放头、手练习。

（3）在保护与帮助下的完整练习。教师教会学生保护与帮助的站位、手法。同学相互间操作实习帮保的手法，同时依次练习完整动作。

（4）学生独立练习，教师巡回指导并纠错。

（5）组织优生示范、评价，要求学生相互评价，教师适时点评、总结。

（六）易犯错误与纠正方法

易犯错误一：后举腿高度过低。

纠正方法：练习者体会后举腿的正确位置。

易犯错误二：方向不正确。

纠正方法：练习者坐撑后做倒举腿摆放头、手练习。

（七）教学要求与建议

（1）平衡时后举腿膝盖高于头；臂、腿撑地要垂直。

（2）练习中要注意控制身体姿态，整体动作要给人美感。

五、鱼跃前滚翻

（一）教学目标

（1）让学生了解鱼跃前滚翻的动作技术结构，明确鱼跃前滚翻的动作要领，懂得身体跃起腾空是区别于前滚翻的关键。

（2）通过教学使学生能独立完成鱼跃前滚翻动作，并能够熟练掌握该动作的保护与帮助方法。

（3）培养学生在集体的环境中互帮互助、团结协作的精神，提高学生自我评价、审美和鉴赏美的能力。

（二）动作口诀

屈膝蹬地臂前伸，前上跃起要腾空。两手撑垫臂缓冲，低头前滚显轻松。

（三）教学重点、难点

（1）重点：蹬、摆、越技术动作的掌握和衔接。

（2）难点：蹬越的高度、远度，低头团身的时间。

（四）保护与帮助

保护者站在练习者起跳点侧方，当练习者起跳后，一手托腹，一手托大腿，助其腾空和屈臂缓冲前滚。

（五）教与学的方法

（1）教师示范、讲解动作要领及保护帮助的方法，要求学生仔细观察，领会要领，并学会保护与帮助的方法。

（2）由半蹲开始做，做两臂前摆远撑的前滚翻，过渡到低腾空的跳起前滚翻。要求用力蹲地后积极上摆、紧腰。

（3）从高处（30厘米左右）向下做前滚翻，要求手撑地先屈臂，再低头做前滚翻，体会两臂控制弯曲的感觉及技术。

（4）越过低障碍物的前滚翻，要求空中紧腰、髋关节大于90°，腿处水平位。

（5）在上面动作熟练后，加1～3步助跑的鱼跃前滚翻，要求空中紧腰、两臂撑地控制弯曲。

（6）在保护与帮助下进行完整动作的练习，要求保护者熟练掌握保护与帮助方法，且尽责尽力。

（7）集体纠正与个别分析，要求学生根据易犯错误分析，结合自身情况改正动作。

（8）继续练习，巩固要领，教师巡回指导并强调学练安全。

（9）组织优秀生示范与评价，要求学生展示与自我评价。

（10）在熟练掌握动作后进行鱼跃前滚翻的拓展性练习，如挺身鱼跃前滚翻、鱼跃前滚翻直腿起等。

（六）易犯错误与纠正方法

易犯错误一：手撑位置过远或过近，造成叠腰或跌背。

纠正方法：练习者做两臂前摆远撑的前滚翻和低腾空的跳起前滚翻。

易犯错误二：手撑地无控制，造成挫头、跌背。

纠正方法：练习者从高处（30厘米左右）向下做前滚翻，要求体会两臂的控制力量。

易犯错误三：团身过早，造成膝盖撞击面部。

纠正方法：练习者练习远撑前滚翻直腿坐。

（七）教学要求与建议

（1）腾空的重心高于髋，髋角不小于135°，滚动圆滑。

（2）鱼跃前滚翻时，手臂、颈及背部受一定压力，学生练习前要充分做好准备活动，强调注意安全。

（3）鱼跃前滚翻是一种自我保护方法，学习该动作前应先掌握前后滚翻，在此基础上再学习鱼跃前滚翻。

（4）在正确、熟练掌握鱼跃前滚翻动作的基础上，可以让学生进行自主性、拓展性学习。这不仅为学生提供了自主学习机会，而且培养了学生的创造能力。

六、头手倒立

（一）教学目标

（1）了解头手倒立的动作技术结构，学生能用自己的语言陈述头手倒立的动作。

（2）通过教学使大部分的同学能在同伴的保护、帮助下完成直体倒立动作，并且能够熟练掌握该动作的保护与帮助的方法。

（3）培养学生互帮互助、团结协作的精神。同时，通过练习让学生体验成功的乐趣，展现创新意识。

（二）动作口诀

前额触垫两手撑，头手等边三角形。一腿摆动一腿蹬，垂直地面快制动。夹肘紧腰固定臂，重心落在支面中。

（三）教学重点、难点

（1）重点：重心应落在头、手支撑面内。

（2）难点：伸髋立腰身体挺直。

（四）保护与帮助

保护者站在练习者前面，两手扶大腿用膝顶住腰部，助其成头手倒立，然后两手换扶小腿。重心向前无法控制时，应迅速低头团身前滚。

（五）教与学的方法

（1）教师示范、讲解动作要领及保护、帮助的方法，要求学生仔细观察，领会要领，并学会保护与帮助的方法。

（2）在垫上画一个等边三角形，摆正头和手的位置，练习提臀、立腰，脚逐渐靠近支撑点，使臀部接近垂直部位。

（3）背靠墙进行练习，要求头部离墙距离要合适，不能过大或过小。

（4）在保护与帮助下进行完整动作的练习。

（5）在保护、帮助下使练习者学会重心前倒无法控制时的低头前滚自我保护方法。

（6）要求学生根据易犯错误分析，结合自身情况改正动作。

（7）继续练习，巩固要领，教师巡回指导并强调学练安全。

（8）组织优生展示，要求学生相互评价，教师做总结性评价。

（9）在熟练掌握动作后进行头手倒立的拓展性练习，如双脚蹬地头手倒立、腿慢起头手倒立、屈体慢起头手倒立等。

（六）易犯错误与纠正方法

易犯错误一：头部和手的位置不成等边三角形，易接近一线。

纠正方法：练习者在垫上画上等边三角形标志，体会前额和两手撑垫的位置。

易犯错误二：头部着垫的部位不正确，常以头顶部代替前额部位。

纠正方法：练习方法同上，并结合语言提示。

易犯错误三：完成头手倒立时，重心不稳，身体晃动。

纠正方法：练习者由蹲撑开始，做屈体的头手倒立，逐渐提高伸髋、立腰、身体挺直的要求。

（七）教学要求与建议

（1）要求身体与地面垂直，停稳3秒。

（2）头手倒立时颈部受到压力较大，要求学生练习前要充分做好准备活动，特别是颈部和上肢，同时强调练习时颈部肌肉要紧张，注意安全。

（3）练习中头手倒立可用前滚翻结束，使练习者学会重心前倒无法控制时做快速低头前滚的动作进行自我保护。

（4）教学中在学生正确、熟练掌握头手倒立动作的基础上，可以让学生进行延伸性学习。这不仅为学生提供了自主学习机会，而且培养了学生的创造能力。

七、扶持的手倒立

（一）教学目标

（1）了解扶持手倒立的动作技术结构，明确动作要领。

（2）通过教学使学生基本完成扶持手倒立的动作，并熟练掌握该动作的保护与帮助方法。

（3）发展支撑与平衡能力，增强上肢力量和身体方位感的控制以及协调、灵敏等素质。

（4）在活动中与同伴合作，培养相互信任、敢于担当的品质。同时，通过练习克服胆怯心理，提高自信心。

（二）动作口诀

两手伸直前上举，两脚蹬摆手撑地。摆到垂直腿并拢，顶肩立腰成直线。

（三）教学重点、难点

（1）重点：蹬（地）摆（腿）配合。

（2）难点：调整重心、顶肩、立腰、前下看。

（四）保护与帮助

保护者位于前方，前后分腿站立，两手握两小腿上提，用前腿屈膝顶其肩部，成倒立后，膝部撤回，助其稳定。

（五）教与学的方法

（1）教师示范、讲解动作要领及保护、帮助的方法，要求学生仔细观察，领会要领，并学会保护与帮助的方法。

（2）用小力量做蹬摆成半倒立再还原，要求体会蹬摆、撑地、顶肩的配合以及回落技术。

（3）靠墙蹬摆腿练习，强调学练安全。

（4）学生在保护与帮助下进行完整动作的练习，要求保护者熟练掌握保护与帮助方法，且尽责尽力，教师巡回指导并纠错。

（5）当初步完成后，保护者可站于侧方，扶练习者的腿帮助其调节身体重心。

（6）教学对比示范，引导学生观察，要求学生根据易犯错误分析，结合自身情况改正动作。

（7）继续练习，巩固要领，教师巡回指导并强调学练安全。

（8）展示自我，并引导学生进行合理、客观的评价。

（9）在熟练掌握动作后，进行扶持头手倒立的拓展性练习，如靠墙倒立、倒立前滚翻、倒立转体屈髋脚着地等。

（六）易犯错误与纠正方法

易犯错误一：蹬地、摆腿力量或大或小。

纠正方法：练习者做靠墙蹬摆腿练习，体会合适的蹬地、摆腿力量。

易犯错误二：倾肩、塌腰、重心不稳。

纠正方法：练习者靠墙倒立，体会顶肩、立腰、紧身技术。

易犯错误三：倒立向前倒。

纠正方法：练习者借助保护者扶持倒立，做重心向前时手指用力顶住地面，同时抬头顶肩的动作。

（七）教学要求与建议

（1）要求顶肩、竖直、身紧、立稳。

（2）手倒立时，手腕及手臂承受重量较大，要求练习前要做好充分的准备活动，特别是腕关节和肘关节。

（3）练习前合理安排学生练习队形及练习路线和方向，以免学生之间相互发生碰撞。

（4）保护者应积极帮助练习者保持平衡。当练习者姿势稳定时，保护者可放手使其停留片刻。

（5）在学生正确、熟练掌握扶持倒立动作的基础上，可以让学生进行自主性、拓展性学习。这不仅为学生提供了自主学习机会，而且培养了学生的创造能力。

第五节　支撑跳跃

一、跳马分腿腾越

（一）教学目标

（1）通过学习使学生建立分腿腾越的技术概念，认识助跑踏跳在支撑跳跃运动中的重要性。

（2）使学生正确掌握踏跳有力、顶肩推手的基本技术，为完成腾跃器械打下良好的基础。

（3）提高学生跳越障碍的能力，发展学生的弹跳力、推掌力、协调性和柔韧性。

（4）学生在体验越过器械的练习中克服心理障碍，建立自信心，培养不怕挫折、不畏困难，勇于战胜自我的良好的心理品质。

（二）动作口诀

快速助跑一条线，单跳双落要有力。先跃后撑臀上提，顶肩有力推箱快。屈髋分腿腾器械，迅速挺髋上体抬。空中挺身臂侧举，屈膝缓冲站立稳。

（三）教学重点、难点

（1）重点：快速准确踏跳。

（2）难点：顶肩推手、挺身落地。

（四）保护与帮助

保护者站在练习者正前方，双手扶其上臂，顶其肩，并顺势上提，迅速后退一步。保护者站在练习者落地点一侧，落地时一手托其腹部，另一手扶其背。

（五）教与学的方法

（1）教师讲解示范动作及保护与帮助的方法，要求学生认真听讲，仔细观察，领会技术动作要领及保护帮助方法。

（2）俯撑两脚蹬地腿后摆，同时推手成分腿站立，接做挺身跳。

（3）助跳板靠近墙，助跑起跳做顶肩推墙动作，体会顶肩推手技术。

（4）学生在保护帮助下练习山羊分腿腾跃，要求顶肩推手、挺身并腿落地。

（5）横鞍马或高垫跳上成分腿立撑，接挺身跳下。要求跳上跳下动作连贯，分腿支撑直腿。

（6）由慢速助跑跳低横箱，要求顶肩推手、挺身并腿落地。

（7）学生在保护、帮助下逐渐增加跳箱的高度。练习中注意控制身体姿态。

（8）要求学生根据易犯错误分析，结合自身情况改正动作。

（9）学生继续练习，巩固要领，教师巡回指导并强调学练安全。

（10）学生分组展示，要求学生相互自我评价，教师总结。

（11）在熟练、正确掌握动作后可进行拓展性练习，如横箱预先后摆的分腿腾跃、纵箱分腿腾跃等。

（六）易犯错误与纠正方法

易犯错误一：提臀不够，低于器械。

纠正方法：练习者用练习分腿立卧撑体会提臀顶肩的方法纠正。

易犯错误二：手撑器械时推手慢或无力导致肩前冲。

纠正方法：练习者俯撑推手击掌，采用助跑起跳做顶推墙动作。教师提示学生推手时机，强化推手意识。

易犯错误三：无制动腿展髋动作。

纠正方法：练习者可采用从俯撑开始，经屈髋分腿推手成立撑，接挺身跳起；提示学生制动展髋时机，强化制动展髋意识。

（七）教学要求与建议

（1）推手时臀与肩平，分腿直、腾空，挺身明显。

（2）学习该动作前应先学习起跳技术，利用弹跳板练习分腿挺身跳、并腿挺身跳等动作，掌握正确起跳技术，提高控制身体姿态的能力。

（3）教学中从山羊跳、低箱跳逐步过渡到高横箱跳。

（4）练习前要充分做好准备活动，特别是腕部和脚踝；练习中要加强保护，尤其要注意落地区域保护垫的移动。

（5）在正确、熟练掌握横箱分腿腾跃动作的基础上，可以让学生进行自主性、拓展性学习。这不仅为学生提供了自主学习机会，而且培养了学生的创造能力。

二、横箱屈腿腾越

（一）教学目标

（1）通过教学使学生了解屈腿腾越的技术结构，明确动作技术要领。

（2）通过学习使学生能够克服心理障碍，由在保护下完成动作，逐渐地过渡到独立完成动作，且空中姿态较好。

（3）让学生乐意练习，体验成功的喜悦；通过练习培养学生不畏困难，勇于拼搏的良好品质。

（二）动作口诀

单跳双落向上弹，两臂主动伸向前。两手顶肩撑跳马，两腿并拢速提臀。屈膝收腹靠胸前，顶肩推手伸展髋。两臂经侧向上摆，下压挺身落地站。

（三）教学重点、难点

（1）重点：提臀、屈膝、顶肩。

（2）难点：推手抬上体、伸腿展髋。

（四）保护与帮助

教师在器械前学生落地点一方，面对学生前后分腿站，在其撑器械后，两手握其上臂顺势提拉越过器械。保护人随之后退至学生落地处。

（五）教与学的方法

（1）教师示范、讲解动作要领及保护帮助的方法，要求学生仔细观察，领会要领，并学会保护与帮助的方法。

（2）俯撑姿势开始，两脚蹬地推手收腹成屈腿蹲立。

（3）在弹板上做屈腿跳，体会团身、伸腿展髋动作。

（4）学习助跑上板，推手制动练习，同时收腹、屈腿、提臀。

（5）在保护帮助下，慢跑3～5步横箱跳上经蹲撑接挺身跳下。

（6）在保护帮助下，完成屈腿腾越练习。

（7）集体纠正与个别分析。要求学生根据易犯错误分析，结合自身情况改正动作。

（8）继续练习，巩固要领，教师个别指导。

（9）组织优秀生示范与评价，要求学生展示。

（10）学生分组展示，要求学生相互评价，教师总结。

（11）在正确、熟练掌握动作后，可进行横箱屈腿腾跃的拓展性练习，如横箱屈体腾跃、纵箱屈腿腾跃等。

（六）易犯错误与纠正方法

易犯错误一：跳起提臀、屈膝前引不够，造成脚尖擦跳箱。

纠正方法：练习者俯撑两脚蹬地推手收腹成屈腿蹲立；练习者在弹板上做屈腿跳，体会团身动作。

易犯错误二：推手后两腿向前送出，造成第二腾空伸展不充分。

纠正方法：练习者横箱跳上经蹲撑接挺身跳下；练习者在弹板上做屈腿跳，体会团身、伸腿展髋动作。

（七）教学要求与建议

（1）撑马时经屈腿姿势臀与肩平，腾空明显，展体落地。

（2）学习该动作前应先学习起跳技术，利用弹跳板练习屈腿跳，体会团身与展髋动作技术。

（3）由山羊、横鞍马或加高支撑点的横器械过渡到横马上练习。

（4）练习前要充分做好准备活动，特别是腕部和脚踝；练习时要加强保护，尤其要注意落地区域保护垫的移动。

（5）在正确、熟练掌握横箱屈腿腾跃动作的基础上，可以让学生进行拓展性学习，这不仅有利于提高学习兴趣，而且有利于培养学生的创造能力。

三、侧腾越（以向左为例）

（一）教学目标

（1）学生了解侧腾越的技术结构，明确动作技术要领及保护与帮助方法。

（2）通过学练，使学生能够独立完成侧腾越动作。

（3）发展学生力量和灵敏、协调、柔韧等身体素质，培养学生的空间感知、定向能力。

（4）培养学生勇敢、果断的意志品质，增强学生的自信心。

（二）动作口诀

两手同时撑箱背，提臀并腿向左摆。右肩侧倒左手推，右臂顶撑髋展开。左臂侧举右手推，背向跳箱缓冲落。

（三）教学重点、难点

（1）重点：跳起支撑同时含胸、提臀、腿侧摆。

（2）难点：推手侧伸移重心，顶肩展体。

（四）保护与帮助

初学时，可采用双人保护，一人站在器械后，摆越方向异侧，当学生手撑器械时，一手扶上臂，另一手托髋部帮助越过器械；另一人站在器械前摆越方向的异侧，握上臂、扶胸背，以防跌倒。保护者站在落地点旁，在做向左侧摆越时，右手抓住上臂，左手托大腿；做向右摆越时则相反。

（五）教与学的方法

（1）教师示范、讲解动作要领及保护、帮助的方法，要求学生仔细观察，领会要领，并学会保护与帮助的方法。

（2）在地上从俯撑开始做蹬地提臀侧摆成侧撑的练习。

（3）双手撑箱向侧提臀摆腿，原地落下。

（4）手扶器械连续做跳上成侧撑。

（5）用2～3步助跑跳上成侧撑，蹬箱侧跳下。

（6）低双杠支撑前摆侧下，体会侧伸展体。

（7）学生在保护、帮助下做完整动作的练习。

（8）在跳箱的左侧上方设置标志物，引导学生提高向侧摆腿高度和做出展髋挺身动作。

（9）集体纠正与个别分析。要求学生根据易犯错误分析，结合自身情况改正动作。

（10）继续练习，巩固要领，教师个别指导。

（11）组织秀优生示范与评价，要求学生大胆展示。

（12）在正确、熟练掌握动作后，可进行侧腾跃的拓展性练习。

（六）易犯错误与纠正方法

易犯错误一：提臀不够，两腿前摆。

纠正方法：练习者在垫上做俯撑弹起提臀侧摆成侧撑；练习者双手撑箱向侧提臀摆腿，原地落下。

易犯错误二：肩没侧移，使腿的侧摆不高。

纠正方法：练习者双手撑箱向侧提臀摆腿，原地落下。在练习完整动作时，在跳箱的左侧上方设置标志物，让练习者向左侧上方高摆。

易犯错误三：伸腿展髋不足或不及时。

纠正方法：练习者在伸腿方向设标志物纠正。

易犯错误四：前冲太快，来不及伸腿展髋。

纠正方法：练习者降低助跑速度，调近踏跳板距离。

（七）教学要求与建议

（1）箱上经单臂侧撑，腿与右肩平，落地前展髋明显。

（2）教学中要重视起跳向侧提臀摆腿的练习，体会快撑、提臀、摆腿起跳技术的连贯与协调。

（3）在正确、熟练掌握动作后，可在跳箱的左侧上方设置标志物，引导学生提高向侧摆腿高度和做出展髋挺身动作。

（4）练习前要充分做好准备活动，特别是腕部和脚踝。练习时要加强保护，尤其要注意落地区域保护垫的移动。

（5）在熟练掌握侧腾跃动作的基础上，可以让学生进行拓展性学习，这不仅有利于提高学生学习兴趣，而且有利于培养学生的创造能力。

第六节　器械体操

一、双杠

（一）支撑摆动

1.教学目标

（1）通过学习使学生建立支撑摆动技术概念，认识到支撑摆动在双杠动作技术中的重要性。

（2）使学生正确掌握直臂顶肩，以肩为轴摆动技术，为以后双杠动作的学习打下良好的基础。

（3）通过练习增强肩带和上肢的肌肉群的力量，发展平衡控制能力和灵敏等素质。

（4）培养学生顽强、果断与勇于克服困难的优良品质。

2.动作口诀

支撑摆动是基础，直臂顶肩肩为轴。前摆送髋腿上踢，后摆紧腰向后甩。

3.教学重点、难点

（1）重点：以肩为轴，直臂顶肩。

（2）难点：掌握握两腿加速摆动的时机。

4.保护与帮助

在学生侧面，一手握其上臂，助其支撑，一手推其腰臀，助其前送。

5.教与学的方法

（1）教师讲解示范动作及保护与帮助的方法，要求学生认真听讲，仔细观察，领会技术动作要领及保护、帮助方法。

（2）练习支撑移行远端，要求直臂顶肩。

（3）垫上做仰撑或俯撑（支撑臂与地面垂直，拉开肩角），两脚并拢绷直放在高于肩的凳上，体会前、后摆至最高点时身体所处的位置。

（4）小幅度支撑摆动，要体会以肩为轴。

（5）在保护、帮助下加大摆动幅度，体会加速摆腿的时机，要求前后摆出杠面。

（6）集体纠正与个别分析，要求学生根据易犯错误分析，结合自身情况改正动作。

（7）学生继续练习，巩固要领，教师巡回指导并强调学练安全。

（8）组织优生示范与评价，要求展示与自我评价。

（9）教师点评、表扬。

（10）在熟练、正确掌握动作后可进行拓展性练习，如两只撑手依次移动、两只撑手同时移动、支撑摆动单腿摆越支撑等。

6.易犯错误与纠正方法

易犯错误一：摆动时以髋为轴。

纠正方法：练习者做垫上仰撑或俯撑（支撑臂与地面垂直，拉开肩角），两脚并拢；练习者做小幅度支撑摆动，教师提示摆远不摆高，脚尖用力。

易犯错误二：摆动中肩部移动过大。

纠正方法：练习者除加强肩臂力量的训练外，摆动中要指明强肩角要拉开用力顶肩，在垂直面前后做“踢”“甩”腿、加速摆配合。

易犯错误三：后摆时挺腹塌腰。

纠正方法：垫上做仰撑或俯撑（支撑臂与地面垂直，拉开肩角），两脚并拢绷直放在高于肩的凳上，体会前、后摆至最高点时身体所处位置；练习者在保护、帮助下加大摆动幅度，做前摆有踢腿送髋，后摆有甩腿远伸的练习。

7.教学要求与建议

（1）以肩为轴，摆动自然，后摆过肩水平。

（2）支撑摆动时，手腕、上肢及肩部承受重量较大，要求练习前要做好充分的准备活动，特别是腕关节和肘关节。

（3）练习过程中一定要加强保护，根据学生实际情况逐步提高动作练习的要求。

（4）支撑摆动是双杠动作中的基本动作，为了更好完成后面动作，建议可把支撑摆动作为双杠练习前的准备活动。

（5）在熟练掌握支撑摆动的基础上，可以让学生进行拓展性学习，这不仅有利于提高学生的学习兴趣，而且有利于培养学生的创造能力。

（二）分腿坐前进

1.教学目标

（1）通过对双杠分腿坐前进的技术教学，使学生建立起正确的动作概念，头脑中形成分腿坐的动作表象。

（2）通过各种练习，使学生能够独立完成分腿坐前进的动作。

（3）发展学生的平衡能力和灵敏等身体素质，增强上下肢和躯干肌肉的力量。

（4）培养学生顽强、拼搏的精神和勇于克服困难的勇气。

2.技术口诀

前摆出杠分腿快，前倒挺髋向前进。两手远撑紧握杠，后摆并腿进杠面。

3.教学重点、难点

（1）重点：前进时挺髋前倒，直臂撑杠。

（2）难点：前倒挺髋撑杠与后摆腿的协调配合。

4.保护与帮助

保护者站在杠外练习者侧面，前摆时托其臀部送至分腿坐，进杠时一手握其上臂，另一手托其膝部帮助并腿进杠。

5.教与学的方法

（1）教师讲解示范动作及保护与帮助的方法，要求学生认真听讲，仔细观察，领会技术动作要领及保护、帮助方法。

（2）杠端跳上分腿坐，小幅度支撑摆动。

（3）从分腿坐开始，做两手推杠骑立再还原练习。

（4）杠上分腿坐，前倒挺髋体前撑杠，两腿顺势后摆，回落成分腿俯撑。

（5）杠上分腿坐，前倒挺髋体前撑杠，同时直腿压杠后摆并腿进杠。

（6）在保护、帮助下做完整动作的练习。

（7）集体纠正与个别分析，要求学生根据易犯错误分析，结合自身情况改正动作。

（8）学生继续练习，巩固要领，教师巡回指导并强调学练安全。

（9）组织优秀生示范与评价，要求展示与自我评价。

（10）教师点评并表扬做得好的学生。

（11）在熟练、正确掌握动作后，可进行拓展性练习，如杠端跳起分腿坐多次前进、分腿坐前进成外侧坐等。

6.易犯错误与纠正方法

易犯错误一：进杠时屈髋、屈腿。

纠正方法：练习者分腿坐，前倒挺髋体前撑杠，两腿顺势后摆，回落成分腿俯撑。

易犯错误二：腿进杠不腾起。

纠正方法：教师强调手远撑，上体大胆前倒，同时直腿压杠弹起后摆。

易犯错误三：分腿坐时砸杠。

纠正方法：练习者腿前摆肩应后倾，腿触杠迅速后滑。

7.教学要求与建议

（1）上课前要提示学生穿长裤，减小腿部与杠的摩擦，不仅有利于动作的完成，而且可以避免腿部擦伤。

（2）练习中要强调前倒挺髋撑杠，同时直腿压杠后摆。

（3）在熟练掌握分腿坐前进动作的基础上，可以让学生进行拓展性学习，这不仅有利于提高学生学习兴趣，而且有利于培养学生的创造能力。

（三）外侧坐越两杠直角下

1.教学目标

（1）通过讲解示范，使学生领会动作的要领，知道越两杠直角下时推手换握的时机，掌握自我保护和相互保护与帮助的方法。

（2）通过学习外侧坐越两杠直角下动作，学生能体验到摆、靠、挺、推、换、立的动作，并且能够独立地完成动作。

（3）通过练习发展学生的支撑、平衡能力和自我保护能力，增强上肢力量和腰腹力量，提高身体的协调能力。

（4）在练习中培养学生的合作意识和行为，在失败和克服困难的过程中提高抗挫折能力和情绪调节能力，在不断的进步与成功中增强自信心和自尊心。

2.动作口诀

弹杠倒体并腿摆，同时两臂要顶肩。摆到极点快制动，推手越杠展腹髋。

3.教学重点、难点

（1）重点：两腿踢摆、两臂推移重心。

（2）难点：展髋与推撑配合。

4.保护与帮助

保护者站在练习者的下杠一侧（左侧），一手握其上臂，一手托其臀部，帮助练习者向左上摆和外移重心，保护其落地。

5.教与学的方法

（1）教师讲解示范动作及保护与帮助的方法，要求学生认真听讲，仔细观察，领会技术动作要领及保护、帮助方法。

（2）反复练习外侧坐，上体后仰撑杠，两腿压杠摆举动作。

（3）反复练习由右外侧坐摆腿越两杠成左外侧坐，体会两腿压杠踢摆动作。

（4）在保护、帮助下做完整动作练习。

（5）在保护、帮助下，练习者由外侧坐向前摆腿踢悬吊物体越两杠下。

（6）集体纠正与个别分析。教师要求学生根据易犯错误分析，结合自身情况改正动作。

（7）学生继续练习，巩固要领，教师巡回指导并强调学练安全。

（8）组织优秀生示范与评价，要求学生自我评价。

（9）在熟练、正确掌握动作后可进行拓展性练习，如外侧坐前跳下、外侧坐内转90°前跳下、外侧坐越两杠转体180°下等。

6.易犯错误与纠正方法

易犯错误一：摆腿时臀部离不开杠，没掌握好压杠与摆腿动作。

纠正方法：练习者由外侧坐压杠摆腿腾起还原成外侧坐；练习者外侧坐向前摆腿踢悬吊物体后越两杠下。

易犯错误二：没有展髋、挺身或展髋、挺身太晚。

纠正方法：教师强调腿接近极点时的展髋与推杠要配合及时。

易犯错误三：推手换握不及时，主要是侧移重心不够。

纠正方法：练习者由外侧坐向前摆腿踢悬吊物后越两杠下，教师通过语言提示、纠正。

7.教学要求与建议

（1）两腿并拢充分前摆，展髋挺身姿势应杠水平面完成。

（2）教学中应反复练习外侧坐压杠摆腿腾起还原成外侧坐，让学生体会正确的压杠摆腿技术。

（3）练习中要注意加强保护，尤其防止外移重心不够，身体落地时髋部砸杠。

（4）在熟练掌握该动作的基础上，可以让学生进行拓展性学习，这不仅有利于提高学生学习兴趣，而且有利于培养学生的创造能力。

（四）支撑前摆下

1.教学目标

（1）通过讲解示范，使学生了解双杠支撑前摆下的动作结构，明确动作要领，掌握自我保护和相互保护与帮助的方法。

（2）学生能够独立完成动作，且正确掌握摆、移、制、推、换、挺、落的动作技术。

（3）通过练习增强学生的上肢力量和腰腹肌力量，提高身体的协调能力。

（4）培养学生克服困难、积极进取的优良品质。

2.动作口诀

支撑前摆髋前送，重心移动向右边。摆至高点推换手，空中展体腿下压。

3.教学重点、难点

（1）重点：前摆送髋过杠，腿出杠面时推手移重心。

（2）难点：压腿展髋与推杠换撑配合。

4.保护与帮助

保护者站在练习者落地的同侧，一手扶其上臂，以稳固支撑，一手在其前摆时托其腰背，助其越杠移重心保护落地。

5.教与学的方法

（1）教师讲解示范动作及保护与帮助的方法，要求学生认真听讲，仔细观察，领会技术动作要领及保护、帮助方法。

（2）在低双杠杠端，练习跳起支撑前摆跳下。

（3）反复练习支撑前摆屈髋举腿，体会身体前摆过杠下垂直部位后，迅速向前上方摆腿。

（4）进行支撑前摆下练习，要求幅度由小到大。

（5）在下杠一侧上方悬吊标志物，要求学生在动作练习中达到一定高度、幅度。

（6）集体纠正与个别分析。教师要求学生根据易犯错误分析，结合自身情况改正动作。

（7）学生继续练习，巩固要领，教师巡回指导并强调学练安全。

（8）教师组织优秀生示范，要求学生自我评价。

（9）学生在熟练、正确掌握动作后可进行拓展性练习，如支撑前摆向内转体90°或180°下、支撑前摆向外转体90°或180°下等。

6.易犯错误与纠正方法

易犯错误一：重心移动不够。

纠正方法：练习者采用支撑摆动推手成外侧坐。

易犯错误二：没有展髋或展得太晚。

纠正方法：练习者练习前应强调制动腿、展髋和推手接近同时做；练习者在保护与帮助下练习。

7.教学要求与建议

（1）展髋挺身姿势应在杠水平完成，落地稳、方向正。

（2）教学中一定要注重推手移重心的辅助练习，防止学生做完整动作练习时外移重心不够，导致下杠时髋部砸杠。

（3）刚开始学习时，要求学生落地时一定要抓杠，以防止因动作错误造成落地时前冲或后倒。

（4）在熟练掌握该动作的基础上，可以让学生进行拓展性学习，这不仅有利于提高学生学习兴趣，而且有利于培养学生的创造能力。

（五）支撑后摆转体180°成分腿坐

1.教学目标

（1）通过对双杠后摆转体180°分腿坐的技术教学，使学生建立起正确的动作技术概念，逐步形成正确的动作表象。

（2）通过学习，要求学生能够独立完成双杠——支撑后摆转体180°成分腿坐的动作。发展学生的平衡能力和身体灵敏度，增强学生的上下肢和躯干肌的力量。

（3）培养学生勇敢、果断、坚毅与克服困难的优良品质和勇往直前的拼搏精神。

2.动作口诀

并腿后摆肩为轴，腿出杠面剪绞分。推手转体一百八，两手换握分腿坐。

3.教学重点、难点

（1）重点：后摆至双腿高于杠面时转髋分腿。

（2）难点：转髋与分腿的配合。

4.保护与帮助

保护者站立在练习者转体方向的同侧，当后摆转髋分腿时，两手提搓其腰或髋部帮助转体。

5.教与学的方法

（1）教师示范、讲解动作要领及保护、帮助的方法，要求学生仔细观察、领会要领，并学会保护与帮助的方法。

（2）学生在地面上双手俯撑，做转髋分腿剪绞动作。

（3）练习支撑摆动，并在腿后摆杠面时，同伴给予信号，学生做扭髋的练习。

（4）斜杠上（前高后低）完成后摆转体180°成分腿坐动作。

（5）学生在保护与帮助下，在水平杠上练习后摆转体180°成分腿坐动作。

（6）集体纠正与个别分析。教师要求学生根据易犯错误分析，结合自身情况改正动作。

（7）继续练习，巩固要领，教师个别指导。

（8）组织优秀生示范，要求学生自我评价。

（9）在正确、熟练掌握动作后可进行拓展性练习，如支撑后摆转体90°成一杠坐、支撑后摆向内转体90°下等。

6.易犯错误与纠正方法

易犯错误一：后摆高度不够，未过杠就开始动作，两腿碰杠。

纠正方法：练习者反复练习支撑摆动，教师要求在后摆至最高点时转体。

易犯错误二：转体时身体重心偏侧或屈腿。

纠正方法：教师强调后摆保持直体，先转体后分腿。

易犯错误三：转髋不分腿或分腿不果断，一腿掉杠。

纠正方法：练习者在地面反复做模仿练习，在他人帮助下转髋。

7.教学要求与建议

（1）腿要直、转体正、不砸杠。

（2）因动作有一定难度，建议教学中多做一些辅助练习，逐步过渡到完整动作练习，以消除学生的恐惧心理。

（3）强调分腿角度要大，要求直腿控腿下落，用大腿后侧触杠，以避免膝盖及小腿内侧砸杠。

（4）在熟练掌握该动作的基础上，可以让学生进行拓展性学习，这不仅有利于提高学生学习兴趣，而且有利于培养学生的创造能力。

（六）支撑后摆挺身下

1.教学目标

（1）通过对双杠支撑后摆挺身下的技术教学，使学生了解技术结构，明确动作技术要领，掌握保护与帮助的方法。

（2）通过学习，要求学生能够独立完成该动作。发展学生肩带、躯干肌肉群的力量，及控制身体基本姿态的能力。

（3）培养学生勇于克服困难和团结协作的优良品质。

2.动作口诀

加速后摆至侧面，摆到极点快制动。推手顶肩猛发力，换手握杠再挺胸。

3.教学重点、难点

（1）重点：后摆高度要过杠。

（2）难点：推手换握杠的协调配合。

4.保护与帮助

保护者站在练习者落地的同侧，一手握练习者上臂，另一手托送其腹部，帮助其后摆下。或另一人站在练习者异侧后方，推送其髋侧部或腿部，帮助其出杠。

5.教与学的方法

（1）教师示范、讲解动作要领及保护、帮助的方法，要求学生仔细观察，领会要领，并学会保护与帮助的方法。

（2）练习者俯撑依次推手向侧移动，右手推离后在左手前撑地，左手迅速推离至侧举成单臂俯撑，移动快，身体直。

（3）做小幅度的摆动，两手同时推杠的后摆挺身下，体会推手、越杠动作。

（4）杠端跳起支撑摆动，后摆至最高点推撑换握出杠外，体会推撑、换握动作。

（5）进行支撑后摆挺身下的完整动作练习。

（6）集体纠正与个别分析。教师要求学生根据易犯错误分析，结合自身情况改正动作。

（7）继续练习，巩固要领，教师个别指导。

（8）教师组织优秀生示范，要求学生自我评价。

（9）在正确、熟练掌握动作后可进行拓展性练习，如支撑后摆向外转体90°下、支撑后摆向内转体90°下等。

6.易犯错误与纠正方法

易犯错误一：后摆不高或越杠时提臀、屈腿。

纠正方法：练习支撑摆动，要求后摆出杠面；练习杠端跳起支撑摆动，后摆至最高点推撑换握出杠外。

易犯错误二：换握时机不恰当。

纠正方法：练习者在杠端跳起做支撑摆动，后摆至最高点推撑换握出杠外；教师提示时机并配合信号纠正。

易犯错误三：后摆挺身下时，肩后撤或挺身不充分。

纠正方法：练习者在杠端跳起做支撑摆动，后摆至最高点推撑换握出杠外。

7.教学要求与建议

（1）直体后摆时高于肩水平，保持挺身姿势落地。

（2）在进行杠端推手换握练习时，加强安全保护，防止杠端倒肩掉杠。

（3）刚开始练习时一定要强调推手力量和时机，以防身体无法越杠或越杠后下落时离杠过近。

（4）在熟练掌握该动作的基础上，可以让学生进行拓展性学习，这不仅有利于提高学生的学习兴趣，而且有利于培养学生的创造能力。

二、单杠

（一）低单杠，单腿蹬地翻身上

1.教学目标

（1）使学生了解蹬地翻上动作结构，建立起正确的动作概念，明确动作要领，掌握保护与帮助的方法。

（2）通过练习使学生能够掌握翻上动作技能，独立完成蹬地翻上成支撑的动作。

（3）培养学生在集体的环境中互帮互助、团结协作的良好习惯。

2.动作口诀

一腿摆动一腿蹬，倒体梗头臂莫伸。下腹贴杠要靠紧，腿低杠面快制动。翻腕伸臂再挺胸，腰背紧张成支撑。

3.教学重点、难点

（1）重点：蹬地踢腿、屈臂引体。

（2）难点：蹬地摆腿与引体贴杠的协同配合。

4.保护与帮助

保护者站在杠前侧方，一手托其臀部，另一手拨肩，助其翻转。当腹部靠杠时，换成一手托肩，另一手托腿。

5.教与学的方法

（1）教师讲解示范动作要点及保护与帮助的方法，要求学生认真听讲，仔细观察，领会技术动作要领及保护、帮助方法。

（2）在低单杠上练习屈臂引体及跳上支撑，做前翻下，尽量放慢腿的下降速度。

（3）两手握杠站立悬垂，做摆腿、蹬地配合练习，体会摆、蹬的用力时间和动作顺序。

（4）在蹬地处放置助跳板或跳箱盖进行练习。

（5）在低单杠上由屈体俯撑开始，在帮助下练习制动腿、抬上体、翻腕成支撑。

（6）集体纠正与个别分析。教师要求学生根据易犯错误分析，结合自身情况改正动作。

（7）学生继续练习，巩固要领，教师巡回指导并强调学练安全。

（8）教师组织优秀生示范与评价，要求学生自我评价。

（9）在熟练、正确掌握动作后可进行拓展性练习，如双腿蹬地摆动翻上、高杠悬垂摆动翻上等。

6.易犯错误与纠正方法

易犯错误一：引体与蹬地配合不当，倒肩踢腿太早或只踢不倒或只倒不踢。

纠正方法：练习者两手握杠站立悬垂，做摆腿、蹬地配合练习。练习者体会摆、蹬的用力时间和动作顺序，强调同时倒肩踢腿。

易犯错误二：站位不正确、蹬踢后远离单杠。

纠正方法：在保护与帮助下做完整动作的练习，或强调前跨一步越过杠下垂面，向后上方踢腿，可设标志物。

7.教学要求与建议

（1）支撑时，腿部低于杠水平后下45°。

（2）准备活动要充分，同时要加强安全保护措施。

（3）练习时要提醒学生注意蹬摆的力量，以防力量过大，髋或腹部砸杠。

（4）在熟练掌握蹬地翻上动作的基础上，可以让学生进行拓展性学习，这不仅有利于提高学生的学习兴趣，而且有利于培养学生的创造能力。

（二）挂膝摆动上

1. 教学目标

（1）让学生了解挂膝摆动上动作技术环节以及各部分之间的内在联系，使学生形成主动参与学练的意识。

（2）通过学习，要求学生能够独立完成挂膝摆动上动作，发展学生的力量、灵敏和协调等身体素质及控制身体基本姿态的能力。

（3）培养学生知难而上、勇敢顽强、挑战自我的良好品质，体验合作学习的乐趣。

2. 动作口诀

直臂悬垂右膝挂，左腿前摆速展髋。脚尖发力向后摆，摆过垂面翻腕骑。

3. 教学重点、难点

（1）重点：挂膝弧形摆动；使身体重心远离握点。

（2）难点：摆腿和直臂压杠动作的协调配合。

4. 保护与帮助

保护者站在杠前左侧方，练习者后倒时，一手托他的肩部，另一手托其臀部前送。当做挂膝上时，保护者一手托背部，另一手压其左大腿帮助其上扛成骑撑姿势。

5. 教与学的方法

（1）教师讲解示范动作及保护与帮助的方法，要求学生认真听讲，仔细观察，领会技术动作要领及保护与帮助的方法。

（2）单挂膝悬垂摆动练习，幅度由小到大，体会摆动腿伸直，摆动时脚尖用力划弧。

（3）利用标志物单挂膝前后摆动。要求前摆远伸触标志物，后摆过杠下垂面加速后摆，体会摆动的幅度和方向。

（4）在保护、帮助下进行练习，要求掌握正确的保护与帮助方法，保护者尽责尽力。

（5）集体纠正与个别辅导。要求学生根据易犯错误分析，自行改正动作。

（6）教师组织优秀生示范与评价，要求学生自我评价。

（7）教师总结、评价。

（8）在正确、熟练掌握动作后可进行拓展性练习，如骑撑后倒挂膝上、骑撑后倒挂膝回环等。

6. 易犯错误与纠正方法

易犯错误一：摆动时屈臂、屈髋、屈腿幅度小。

纠正方法：练习者单挂膝摆动，幅度由小到大，体会摆动时臂、腿伸直。

易犯错误二：急于屈臂拉杠，或摆腿过早。

纠正方法：练习者在保护、帮助下进行动作练习，教师提示摆腿压臂时机。

易犯错误三：前摆时，腿摆向后上方，动作摆动失去节奏。

纠正方法：练习者单挂膝摆动，前摆远伸触标志物，后摆过杠下垂面，体会摆动的幅度和方向。

7.教学要求与建议

（1）摆动腿直，直臂上成骑撑。

（2）为减轻膝后腘窝的摩擦，提前通知学生上课时穿长裤或带护膝，也可以将海绵、胶皮等材料套在单杠上，以消除学生的心理顾虑和减少擦伤事故发生。

（3）所做练习必须在有保护与帮助的情况下进行练习。

（4）在熟练掌握该动作的基础上，可以让学生进行拓展性学习，这不仅有利于提高学生的学习兴趣，而且有利于培养学生的创造能力。

（三）支撑单腿摆越成骑撑及还原

1.教学目标

（1）通过对单杠支撑单腿摆越成骑撑及还原动作的技术教学，使学生了解技术结构，明确动作技术要领，掌握保护与帮助的方法。

（2）通过练习要求学生能够独立完成动作，发展上肢力量及身体协调性，提高身体在杠上的控制能力和自我保护的能力。

（3）通过教学，使学生在练习中学会合作，形成合作共进的学习效果，体验运动乐趣和成功的喜悦。

2.动作口诀

右手推杠右腿摆，重心左移靠紧臂。右腿摆越过杠后，握杠回移成骑撑。

3.教学重点、难点

（1）重点：摆腿、推手移重心时的配合。

（2）难点：身体重心的平衡控制。

4.保护与帮助

保护者站在杠前摆越腿的侧方，一手扶上臂，一手托摆动腿，摆越后及时换成扶腿，帮助稳定成支撑和骑撑姿势。

5.教与学的方法

（1）教师示范、讲解动作要领及保护、帮助的方法，要求学生仔细观察，领会要领，并学会保护与帮助的方法。

（2）手持体操棍于腹前，做单腿向前摆越及还原的模仿练习。

（3）在鞍马或跳箱上做支撑单腿摆越成骑撑及还原的练习。

（4）在保护与帮助下练习支撑单腿摆越成骑撑及还原。

（5）集体纠正与个别分析。教师要求学生根据易犯错误分析，结合自身情况改正动作。

（6）继续练习，巩固要领，教师个别指导。

（7）教师组织优秀生示范与评价，要求学生自我评价。

（8）在正确、熟练掌握动作后可进行拓展性练习，如可换成另一腿做、由支撑单腿依次摆越成后撑并还原等。

6.易犯错误与纠正方法

易犯错误一：移重心、推手不充分。

纠正方法：练习者在鞍马或跳箱上做支撑单腿摆越成骑撑及还原的练习。

易犯错误二：摆越、换撑动作不连贯。

纠正方法：练习者先练习双杠杠端、杠外单腿摆越成骑撑，然后在保护与帮助下进行完整动作练习。

易犯错误三：摆越时屈膝。

纠正方法：练习者先做单腿向前摆越及还原的模仿练习，后在鞍马或跳箱上做支撑单腿摆越成骑撑及还原的练习。

7.教学要求与建议

（1）直腿摆越，骑撑时两腿夹角在杠下前后45°以上。

（2）做好准备活动，特别是腰、腹、肩、腕、踝等关节，防止运动损伤。

（3）选择合理保护与帮助位置。根据单杠动作的特点，保护人站位要正确，时机要恰当，注意力要集中，防止练习者掉杠。

（4）在熟练掌握该动作的基础上，可以让学生进行拓展性学习，这不仅有利于提高学生的学习兴趣，而且有利于培养学生的创造能力。

（四）支撑后摆挺身下

1.教学目标

（1）通过讲解示范，使学生了解单杠支撑后摆挺身下的动作结构，建立起正确的动作概念，明确动作要领，掌握自我保护和相互保护与帮助的方法。

（2）能够基本完成后摆下技术动作。发展上肢及腰腹肌力量，提高支撑平衡的控制能力。

（3）让学生在互帮互助的学习环境下，完成学习任务，体会成功的喜悦。

2.动作口诀

支撑两腿预前摆，直臂顶肩腹弹杠。摆至高点制动腿，快速推手挺身下。

3.教学重点、难点

（1）重点：预摆及腹部弹杠后摆。

（2）难点：直臂顶肩推杠、保持挺身落地。

4.保护与帮助

保护者站于杠后练习者体侧，一手握上臂，一手托大腿。

5.教与学的方法

（1）教师讲解示范动作及保护与帮助的方法，要求学生认真听讲，仔细观察，领会技术动作要领及保护与帮助的方法。

（2）跳上成支撑，收腹成稍屈体支撑，体会预摆动作。

（3）连续做小幅度弹杠后回落支撑的练习。

（4）练习不推离单杠的支撑后摆下。

（5）在保护与帮助下进行完整动作的练习。

（6）集体纠正与个别分析。教师要求学生根据易犯错误分析，结合自身情况改正动作。

（7）继续练习，巩固要领，教师个别指导。

（8）教师组织优秀生示范与评价，要求学生自我评价。

（9）在正确、熟练掌握动作后，可进行拓展性练习，如支撑后摆转体90°或180°下、高单杠上后摆下等。

6.易犯错误与纠正方法

易犯错误一：支撑后摆时撤肩、提臀、身体远离杠，摆腿低于杠。

纠正方法：练习者做不推离单杠的支撑后摆下。

易犯错误二：推杠过早或过晚。

纠正方法：练习者在保护与帮助下进行完整动作的练习，并以语言信号提示纠正。

7.教学要求与建议

（1）练习时杠后要有人保护，而且杠前也应有人保护，以防练习者肩前移过多，后摆时身体前倒。

（2）练习中推杠过早即边摆边推，致使身体落地距离较远，且落垫后腕部易挫伤。放好垫子，注意保护和帮助。

（3）在熟练掌握该动作的基础上，可以让学生进行拓展性学习，这不仅有利于学生提高学习兴趣，而且有利于培养学生的创造能力。

（五）挂膝后回环一周半成挂膝悬垂

1.教学目标

（1）使学生了解并骑撑挂膝后回环一周半的动作技术要领，建立起正确的动作概念，掌握自我保护和相互保护与帮助的方法。

（2）使学生能够基本完成挂膝后回环一周半成挂膝悬垂技术动作，发展学生上肢、肩、背部肌肉及关节灵活性、手脚协调能力，提高悬垂定向平衡与自控能力。

（3）增强自我保护能力和安全意识，培养勇敢拼搏、团结协作的精神。

2.技术动作要点

（1）用力撑起，向后伸腿，升高重心。

（2）臀部后移、直臂倒肩，远离握点，加大摆动幅度。

（3）上体前摆过杠下垂面后即加速向后上方踢腿。

3.教学重点、难点

（1）重点：伸腿、倒肩。

（2）难点：踢腿与拎杠配合。

4.保护与帮助

保护者站立在杠前练习者摆动腿一侧，在肩部摆至杠下垂面时，一手托臀，一手拨肩并随之上托。

5.教与学的方法

（1）教师讲解示范动作及保护与帮助的方法，要求学生认真听讲，仔细观察，领会技术动作要领及保护、帮助方法。

（2）由两手握体操棍成骑撑站立姿势开始，做前腿屈、后腿后摆成弓步，棍向前推至腘窝部的练习。

（3）由杠上骑撑开始，帮助者站杠后侧，一手扶肩，一手托后腿，帮助体会撑起、后摆腿、挂膝后倒技术。

（4）杠上骑撑，后腿向后远伸，后倒成挂膝摆动。

（5）在保护、帮助下做完整动作练习。

（6）集体纠正与个别分析。教师要求学生根据易犯错误分析，结合自身情况改正动作。

（7）继续练习，巩固要领，教师个别指导。

（8）教师组织优秀生示范与评价，要求学生自我评价，教师点评。

（9）在正确、熟练掌握动作后可进行组合练习。

6.易犯错误与纠正方法

易犯错误一：撑起或腿后摆不够，臀部垂直下落，没有远离握点。

纠正方法：练习者由杠上骑撑开始，保护者站杠后侧，一手扶肩，一手托后腿，帮助练习者体会撑起、后摆腿、挂膝后倒技术。

易犯错误二：上体后倒时，摆动腿未主动前摆。

纠正方法：练习者做杠上骑撑，撑起后腿向后远伸，后倒成挂膝摆动。

易犯错误三：前摆过杠下垂面后没有加速向后上方踢腿。

纠正方法：练习者在帮助下从单挂膝摆动开始，做后回环。

7.教学要求与建议

（1）直臂回环，摆动腿始终伸直。

（2）为减轻膝后腘窝的摩擦，提前通知学生上课时穿长裤或带护膝，也可以将海绵、胶皮等材料套在单杠上，以消除学生的心理顾虑和减少擦伤事故发生。

（3）强调安全意识，练习中要时时提醒学生正握单杠，以防脱手造成伤害，同时必须在有保护与帮助的情况下进行练习。

（4）在正确熟练掌握动作后可进行拓展性练习，如挂膝向后回环一周半接挂膝上，挂膝向后回环，等等。

（六）支撑后摆转体90°下

1.教学目标

（1）通过讲解、示范，使学生了解单杠支撑后摆转体90°下的动作结构，明确动作要领，掌握自我保护和相互保护与帮助的方法。

（2）学生能够基本完成动作，并通过练习增强学生的上肢力量和腰腹肌力量，提高支撑平衡的控制能力。

（3）培养学生勇于克服困难的优良品质和勇往直前的拼搏精神。让学生在互帮互助的学习环境下完成学习任务，体会成功的喜悦。

2.技术动作要点

（1）预先前摆时，上体前屈和腿前摆要充分。

（2）支撑后摆时，利用腹弹和两臂含胸用力顶肩相结合。

（3）转体时，掌握时机和上、下肢的协调配合，控制重心。

3. 教学重点、难点

（1）重点：预摆及腹部弹杠。

（2）难点：推杠转体。

4. 保护与帮助

帮助者站在杠后练习者转体异侧，用两手扶起腰侧，帮助转体；或一手握其上臂，另一手托起腿部帮助后摆。当转体时，两手扶起腰侧，帮助转体落下。

5. 教与学的方法

（1）教师讲解示范动作及保护与帮助的方法，要求学生认真听讲，仔细观察，领会技术动作要领及保护、帮助方法。

（2）支撑后摆重复练习，体会支撑后摆时，利用腹弹和两臂含胸用力顶肩。

（3）地面俯撑，弹腿转体90°成侧撑，体会推手移重心成单臂支撑。

（4）练习不松手的支撑后摆下。

（5）在保护与帮助下做完整动作练习。

（6）集体纠正与个别分析。教师要求学生根据易犯错误分析，结合自身情况改正动作。

（7）继续练习，巩固要领，教师个别指导。

（8）教师组织优秀生示范与评价，要求学生自我评价。

（9）在正确、熟练掌握动作后，可进行拓展性练习，如支撑后摆转体180°下、悬垂摆动后摆转体90°下等。

6. 易犯错误与纠正方法

易犯错误一：支撑后摆时撤肩，提臀时身体远离杠，摆腿低于杠。

纠正方法：练习者做不推离单杠的支撑后摆下，强调肩不要后撤过大，加力向后上摆腿。

易犯错误二：推杠过早或过晚。

纠正方法：在保护与帮助下进行完整动作的练习，并以语言信号提示纠正。

易犯错误三：推手转体时，身体失去支撑。

纠正方法：练习地面俯撑，弹腿转体90°成侧撑，体会推手移重心成单臂支撑。在保护与帮助下进行完整动作的练习，提示推手，重心移到支撑臂。

7. 教学要求与建议

（1）转体结束时，两腿不低于杠水平部位，方位正。

（2）练习时要求不但杠后有人保护，而且杠前也有人保护，以防练习者肩前移过多，后摆时身体前倒。

（3）练习中推杠过早即边摆边推手转体，容易脱手导致摔伤，放好垫子，注意保护和帮助。

（4）在熟练掌握该动作的基础上，可以让学生进行拓展性学习。

第三章　健美操教学指导

第一节　健美操基本动作

本章所论述的健美操基本动作主要是有氧操的基本动作。有氧操的基本动作包括手型、基本上肢动作和基本步伐。其中，基本步伐是组成健美操动作组合的最小单位，创编时通过对最基本步伐的演变、发展，从而形成较为复杂的动作组合。

教学目标：通过教师的讲解和示范，使学生了解健美操基本动作技术以及运用；了解基础动作与演变动作的规律，激发学生学习热情，提高学生创新能力；通过健美操基本动作练习，建立肌肉活动顺序，形成正确动作规格，建立正确的动作技术概念；通过基本动作的练习，使全身肌肉匀称、协调发展，减少多余脂肪、紧缩肌肉，培养良好的身体姿态和优雅气质；通过单个动作的反复练习，使练习者掌握如何发力、发力顺序以及对肌肉的控制，体会人体在整个运动过程中身体各部位之间协调配合所产生的动作节律，感受动作的美（基本动作的教学目标相同，故后文省略）。

教法：要有正确、优美的动作示范，使学生形成正确的动作表象；根据学生的基础和动作的特点确定示范形式、示范方法；教学中先示范领做，无需注重学生的错误动作，学生熟悉动作后再做讲解和要求。

学法：学生在模仿教师动作时，体会肌肉用力顺序、控制方法，注意身体基本姿态，提高协调性和控制能力；注意教师的动作、动作演变的规律。在此基础上选择自己感兴趣的内容和形式进行创编，提高学习兴趣和创新能力。

一、并掌

（一）教学目标（略）

（二）技术动作要点

大拇指指关节微屈内扣，指关节贴于食指旁，其余四指并拢伸直。手腕伸直，使手臂成一条直线。掌心用力，腕关节与掌指关节保持适度紧张。

（三）技术动作重点、难点

手腕伸直，掌心用力。

（四）教与学的方法

（1）教师先示范领做，学生集体模仿练习。

（2）教师讲解，并指出易犯错误。

（3）学生结合教师讲解，进行集体、分组练习。

（4）教师个别指导。

（五）易犯错误与纠正方法

易犯错误：手腕不直，内屈或外伸。

纠正方法：练习者由握拳开始，手指并拢快速伸直，体会腕关节、掌关节用力的感觉。语言提示“手腕放松、掌心用力、指尖伸远”。

（六）教学要求与建议

对于初学者无需要求太严，做出大致手型即可。对于有一定基础的学生，可以提示“手腕放松、掌心用力、指尖伸远”。学习动作时，首先应强调手型的规范和要求，其次进行掌变拳、拳变掌的练习以及结合各个方位的举、摆练习，体会手型和手位的控制要领，培养控制意识。

二、分掌

（一）教学目标（略）

（二）技术动作要点

五指用力分开并伸直，掌心发力。

（三）技术动作重点、难点

手指伸直、五指分开。

（四）教与学的方法

（1）教师先示范领做，学生集体模仿练习。

（2）教师讲解，并指出易犯错误。

（3）学生结合教师讲解，进行集体、分组练习。

（4）教师个别指导。

（5）动作控制法。保持正确手型一段时间后，强化控制正确动作的肌肉感觉。

（五）易犯错误与纠正方法

易犯错误：手指屈。

纠正方法：手指用力，力点在指尖。由握拳开始，手指快速弹出去，体会腕关节、掌关节用力的感觉。

（六）教学要求与建议

强调手型的规范和要求，进行掌变拳、拳变掌的练习以及结合各个方位的举、屈伸练习，体会手型和手位的控制要领，培养控制意识。形象提示学生手指屈伸用力像“星星眨眼睛”的感觉，快速有力。

三、立掌

（一）教学目标（略）

（二）技术动作要点

五指并拢伸直，手掌用力上翘。

（三）技术动作重点、难点

手腕后伸。

（四）教与学的方法

（1）教师先示范领做，学生集体模仿练习。

（2）教师讲解，并指出易犯错误。

（3）学生结合教师讲解，进行集体、分组练习。

（4）动作控制法。保持正确手型一段时间，强化控制正确动作的肌肉感觉。

（五）易犯错误与纠正方法

易犯错误：手腕立不起来。

纠正方法：双手合十，体会小臂肌肉收缩的感觉，提示学生力点在掌根。语言提示“掌根发力”。

（六）教学要求与建议

首先应强调手型的规范和要求，其次结合手臂前推、侧推等方位的练习，体会手型和手位的控制要领，培养控制意识。注意动作幅度的循序渐进，避免损伤关节。学生腕关节的柔韧性和小臂的肌肉力量会影响立腕的质量，可以在这两方面加强练习。

四、花掌

（一）教学目标（略）

（二）技术动作要点

五指用力分开，小指、无名指、中指自掌指关节处依次内旋，大拇指稍内扣。

（三）技术动作重点、难点

指根用力，手指依次内旋。

（四）教与学的方法

（1）教师先示范领做，学生集体模仿练习。

（2）教师讲解，并指出易犯错误。

（3）学生结合教师讲解，进行集体、分组练习。

（4）动作控制法，保持正确手型一段时间，强化控制正确动作的肌肉感觉。

（5）结合手臂摆动练习。

（五）易犯错误与纠正方法

易犯错误：手指屈。

纠正方法：语言提示“手指像盛开的花儿”；先做分掌，然后各手指向小指方向旋转。

（六）教学要求与建议

强调手型的规范和要求；先做分掌，手指伸直，指根用力，然后手指旋转，学生体会手指的用力和肌肉控制；对于无法完成的学生，教师可以手把手地将学生手指摆在预定位置。手指的美感需要长期的练习，平时加强手指各关节柔韧性练习。

五、实心拳

（一）教学目标（略）

（二）技术动作要点

四指卷握，大拇指末端关节紧压食指和中指第二关节。

（三）技术动作重点、难点

四指卷握。

（四）教与学的方法

（1）教师先示范领做，学生集体模仿练习。

（2）教师讲解，并指出易犯错误。

（3）学生结合教师讲解，进行集体、分组练习。

（4）教师个别指导。

（5）结合前后摆臂握拳练习。

（五）易犯错误与纠正方法

易犯错误：大拇指伸直或被食指和中指握住。

纠正方法：语言提示。

（六）教学要求与建议

此手型较为简单，对初学者稍作指导即可。有一定基础的学生在配合手臂、步伐练习时，可以提示拳面方向，以提高动作的美感。

六、空心拳

（一）教学目标（略）

（二）技术动作要点

四指卷握，大拇指末端关节压住食指和中指的末端关节，拳形成空心状。

（三）技术动作重点、难点

手指微屈成空心。

（四）教与学的方法

（1）教师先示范领做，学生集体模仿练习。

（2）教师讲解，并指出易犯错误。

（3）学生结合教师讲解，进行集体、分组练习。

（4）教师个别指导。

（5）结合前后摆臂握拳练习。

（五）易犯错误与纠正方法

易犯错误：大拇指伸直或被食指和中指握住。

纠正方法：语言提醒。

（六）教学要求与建议

此手型较为简单，对初学者稍作指导即可。有一定基础的学生在配合手臂、步伐练习时，可以提示拳面方向，以提高动作的美感。实心拳和空心拳一起对比练习。

七、剑指

（一）教学目标（略）

（二）技术动作要点

食指与中指并拢伸直，其余手指内收弯曲，大拇指末端关节压住无名指和小指。

（三）技术动作重点、难点

食指与中指的力度。

（四）教与学的方法

（1）教师先示范领做，学生集体模仿练习。

（2）教师讲解，并指出易犯错误。

（3）学生结合教师讲解，进行集体、分组练习。

（4）教师对学生进行分类指导。

（5）动作控制法，保持正确手型一段时间，强化控制正确动作的肌肉感觉。

（6）结合手臂做绕环练习。

（五）易犯错误与纠正方法

易犯错误：食指与中指分开。

纠正方法：指间夹薄纸或硬币练习。

（六）教学要求与建议

此手型较为简单，对初学者稍作指导即可。有一定基础的学生在配合手臂、步伐练习时，可以提示用力点在指尖方向，想象手指就是一把剑，眼神跟随指间，体现英气勃发的精神状态，以提高学生练习激情和加强动作的美感。

八、V指

（一）教学目标（略）

（二）技术动作要点

食指与中指用力分开，伸直，其余手指同剑指手型。

（三）技术动作重点、难点

食指与中指的幅度。

（四）教与学的方法

（1）教师先示范领做，学生集体模仿练习。

（2）教师讲解，并指出易犯错误。

（3）学生结合教师讲解，进行集体、分组练习。

（4）教师对学生进行分类指导。

（5）动作控制法，保持正确手型一段时间，强化控制正确动作的肌肉感觉。

（6）结合手臂做绕环练习。

（五）易犯错误与纠正方法

易犯错误：食指与中指手指屈。

纠正方法：提示学生指尖用力。

（六）教学要求与建议

此手型较为简单，对初学者稍作指导即可。有一定基础的学生在配合手臂、步伐练习时，可以提示用力点在指尖方向，体现成功与喜悦的精神状态。

九、响指

（一）教学目标（略）

（二）技术动作要点

小指与无名指屈曲紧握，拇指与食指、中指摩擦后，中指击打大鱼际，产生响声。

（三）技术动作重点、难点

中指击打大鱼际，产生响声。

（四）教与学的方法

（1）教师先示范领做，学生集体模仿练习。

（2）教师讲解，并指出易犯错误。

（3）学生结合教师讲解，进行集体、分组练习。

（4）教师对学生进行分类指导。

（5）结合手臂做屈伸练习。

（五）易犯错误与纠正方法

易犯错误：中指未击打大鱼际。

纠正方法：慢速练习，体会动作用力。

（六）教学要求与建议

双手可以同时、依次完成练习，打出不同节奏。同学间也可以比赛，看谁打得更响，增加学习兴趣。

十、屈臂摆动

（一）教学目标（略）

（二）技术动作要点

双手握拳，以肩关节为轴，手臂屈肘（60°左右）前后摆动。向前摆动时肘关节不超过躯干，向后摆动时，手不超过躯干。

（三）技术动作重点、难点

手臂前后摆动的幅度。

（四）教与学的方法

（1）教师先示范领做，学生集体模仿练习。

（2）教师讲解，并指出易犯错误。

（3）学生结合教师讲解，进行集体、分组练习；小组内互相纠正错误。

（4）教师对学生进行分类指导。

（5）先原地摆臂，再结合踏步练习。

（五）易犯错误与纠正方法

易犯错误：前后摆动幅度过小或过大，耸肩；手臂左右摆动。

纠正方法：前后标志物提示，肩膀放松。

（六）教学要求与建议

采用摆动—静止—摆动的练习方式，体会手臂位置感；两人一组，一人做摆动，一人观察，并用手控制摆动的幅度。结合踏步练习双臂可以同方向摆动，也可以反方向摆动。

十一、手臂举

（一）教学目标（略）

（二）技术动作要点

以肩关节为轴，臂伸直向某个方向运动，活动范围不超过180°，并停留在某一部位。

（三）技术动作重点、难点

手臂伸直，动作有控制；动作到位、路线清晰。

（四）教与学的方法

（1）教师先示范领做，学生集体模仿练习。

（2）教师讲解，并指出易犯错误。

（3）学生结合教师讲解，进行集体、分组练习；小组内互相纠正错误。

（4）教师对学生进行分类指导。

（5）先原地摆臂，再结合踏步练习。

（五）易犯错误与纠正方法

易犯错误：手臂弯曲；没有力度。

纠正方法：大臂发力加速，肢体控制最远端。

（六）教学要求与建议

先原地做手臂动作，然后结合腿的屈伸完成练习，然后结合步伐完成练习；体会手臂加速运动、减速制动的肌肉感觉；为了增加动作幅度，姿态更优美，在做举之前可以做一些肩关节拉伸的动作。根据运动方向不同，可以成前举、上举、侧举、前上举、前下举、后下举、下举、侧上举、侧下举。

十二、手臂屈伸

（一）教学目标（略）

（二）技术动作要点

上肢固定不动，以肩关节为轴，肘关节由弯曲到伸直或者由伸直到弯曲的过程。

（三）技术动作重点、难点

关节的弹性屈伸，肱二头肌、肱三头肌、胸大肌、三角肌等肌肉协调用力，快速收缩与伸展。

（四）教与学的方法

（1）教师先示范领做，学生集体模仿练习。

（2）教师讲解，并指出易犯错误。

（3）学生结合教师讲解，进行集体、分组练习；小组内互相纠正错误。

（4）先慢速练习，体会用力顺序，再做常速练习，体会加速与制动的肌肉感觉。

（五）易犯错误与纠正方法

易犯错误：动作无弹性。

纠正方法：快速发力，加速运动，减速制动。

（六）教学要求与建议

根据位置和方向，动作可以变化成胸前屈、胸前平屈、肩上屈、肩侧屈、肩下屈、胸前上屈、腰侧屈、头后屈。根据用力方向和用力顺序可以做手臂上提、下拉、胸前推、肩上推、冲拳等动作。

十三、手臂摆动、绕、绕环

（一）教学目标（略）

（二）技术动作要点

两臂或单臂以肩关节为轴或上肢固定，手臂以肘关节为轴做弧形运动至某个指定位置。运动范围在180°以内的称之为摆动；运动范围在180°以上、360°以下的称为绕；运动范围达到或超过360°的称为绕环。

（三）技术动作重点、难点

路线清晰，起始与结束动作位置明确。

（四）教与学的方法

（1）教师先示范领做，学生集体模仿练习。

（2）教师讲解，并指出易犯错误。

（3）学生结合教师讲解，进行集体、分组练习；小组内互相纠正错误。

（4）先慢速练习，体会用力顺序，再做常速练习，体会加速与制动的肌肉感觉。

（五）易犯错误与纠正方法

易犯错误：路线不清晰；起止点位置不准；手臂没有伸直。

纠正方法：慢速练习，强调动作的起始位置、方向、路线和结束位置，看清运动轨迹，体会手臂在不同位置时肌肉的感觉；手臂尽量往远处伸。

（六）教学要求与建议

学生在完成这些大幅度动作时，常出现动作方向和运动轨迹方面的错误，从而导致动作不协调、不到位，有附加动作。教师应用分解教学法，通过慢动作示范结合讲解，强调动作的起始位置、方向、路线和结束位置，同时提示手心面对的方向；学生慢速体会动作，必要的情况下，教师给予助力（或同学之间相互指导），帮助学生体会正确的手臂移动和手位的控制位置。

动作可变化为两臂同时、同方向运动，两臂依次或相反方向运动，单臂运动方向可以向内、向外、向前、向后等。

十四、膝弹动

（一）教学目标（略）

（二）技术动作要点

两腿并拢，膝关节有弹性的屈伸。膝关节由弯曲到还原，还原时不是直立，是膝微屈。

（三）技术动作重点、难点

膝关节的缓冲。

（四）教与学的方法

（1）教师先示范领做，学生集体模仿练习。

（2）教师讲解，并指出易犯错误。

（3）学生结合教师讲解，进行集体、分组练习；小组内互相纠正错误。

（4）教师对动作做不到位的学生进行个别指导。

（五）易犯错误与纠正方法

易犯错误：分腿、无弹性。

纠正方法：分腿者两腿之间夹一张纸或其他薄片物品；无弹性者先慢速体验用力过程，逐渐提速至正常速度完成练习。

（六）教学要求与建议

保持身体稳定性，弹动幅度由小到大，速度由慢到快。结合手臂完成练习，如：膝弹动时，同时做双臂同方向摆动，或者直臂、屈臂肩绕环。

十五、踝弹动

（一）教学目标（略）

（二）技术动作要点

两腿伸直或屈膝时，做脚尖或脚跟抬起落下的动作，脚尖或脚跟抬起时，要保持身体重心平稳。

（三）技术动作重点、难点

动作的弹性。

（四）教与学的方法

（1）教师先示范领做，学生集体模仿练习。

（2）教师讲解，并指出易犯错误。

（3）学生结合教师讲解，进行集体、分组练习；小组内互相纠正错误。

（五）易犯错误与纠正方法

易犯错误：身体重心不稳。

纠正方法：立腰夹臀，缓慢伸展、收缩踝部肌肉，保持身体重心在一条垂直线上运动。

（六）教学要求与建议

保持身体稳定性，弹动幅度由小到大，速度由慢到快，结合手臂完成练习。如：踝弹动时，同时做双臂同方向摆动，或者直臂、屈臂肩绕环。

十七、弓步

（一）教学目标（略）

（二）技术动作要点

两脚前后站立，重心在两腿之间，关节弯曲度不超过90°，膝关节投影点不超过脚尖，另一条腿伸直。

（三）技术动作重点、难点

重心把握。

（四）教与学的方法

（1）教师先示范领做，学生集体模仿练习。

（2）教师讲解，并指出易犯错误。

（3）学生结合教师讲解，进行集体、分组练习；小组内互相纠正错误。

（4）先慢速练习，后逐渐加快速度。

（五）易犯错误与纠正方法

易犯错误：两条腿都弯曲；重心不在两腿之间。

纠正方法：两手叉腰，做直立和弓步的变换练习，迈出腿屈曲，另一腿伸直；强调动作幅度和重心控制在两腿之间。

（六）教学要求与建议

先慢速完成练习，动作规范后常速练习，如先4拍一动到2拍一动，最后1拍一动，体会后腿蹬直的感觉；有一定基础后，可以配合扩胸动作完成练习。动作可以演变为原地前后弓步、原地左右弓步、转体弓步。

十八、移动重心

（一）教学目标（略）

（二）技术动作要点

由两腿开立开始，经过屈膝下蹲后，身体重心移动到一条腿上，脚全掌着地，另一条腿以脚尖点地。

（三）技术动作重点、难点

移动的时机。

（四）教与学的方法

（1）教师先示范领做，学生集体模仿练习。

（2）教师讲解，并指出易犯错误。

（3）学生结合教师讲解，进行集体、分组练习；小组内互相纠正错误。

（五）易犯错误与纠正方法

易犯错误：重心移动慢，髋关节参与运动。

纠正方法：腿曲后迅速向侧蹬地成一腿支撑，一腿点地姿势。强调收腹立腰。

（六）教学要求与建议

可以把动作分成2拍，第1拍屈膝，重心在两腿之间，第2拍重心移至一腿上动作。动作熟练后在1拍完成整个动作。可以演变成左右移动重心、前后移动重心。

十九、踏步

（一）教学目标（略）

（二）技术动作要点

两脚依次抬起、落地，躯干随腿有适当的起伏变化，协调用力。

（三）技术动作重点、难点

保持踝、膝、髋等关节的依次用力、缓冲。

（四）教与学的方法

（1）教师先示范领做，学生集体模仿练习。

（2）教师讲解，并指出易犯错误。

（3）学生结合教师讲解，进行集体、分组练习；小组内互相纠正错误。

（五）易犯错误与纠正方法

易犯错误：动作无弹性。

纠正方法：先慢速完成练习，脚尖最先着地，最后离地，体会用力顺序。

（六）教学要求与建议

提醒学生脚下落时，注意膝、踝关节有弹性缓冲。尽量多练习，少讲解，让学生体会用力顺序。动作可以演变成踏步转体、踏步分腿、踏步并腿、弹动踏步。

二十、走步

（一）教学目标（略）

（二）技术动作要点

向前走时，脚后跟先着地，再过渡到全脚掌着地，向后走时相反。

（三）技术动作重点、难点

保持踝、膝、髋等关节的依次用力、缓冲。

（四）教与学的方法

（1）教师先示范领做，学生集体模仿练习。

（2）教师讲解，并指出易犯错误。

（3）学生结合教师讲解，进行集体、分组练习；小组内互相纠正错误。

（五）易犯错误与纠正方法

易犯错误：动作无弹性。

纠正方法：慢速练习体会用力顺序。

（六）教学要求与建议

提醒学生脚下落时，注意膝、踝关节有弹性缓冲，上体可以有节奏协调摆动。可以向不同方向走步，向前、向后、向侧前、向侧后、向左右转体、弧形走等。

二十一、一字步

（一）教学目标（略）

（二）技术动作要点

一脚向前迈步，另一脚向前脚并拢，再依次返回。前后都有并脚过程。

（三）技术动作重点、难点

保持踝、膝、髋等关节的依次用力、缓冲。

（四）教与学的方法

（1）教师先示范领做，学生集体模仿练习。

（2）教师讲解，并指出易犯错误。

（3）学生结合教师讲解，进行集体、分组练习；小组内互相纠正错误。

（五）易犯错误与纠正方法

易犯错误：不并腿，动作无弹性。

纠正方法：固定上步的位置，反复练习原地踝关节弹动。

（六）教学要求与建议

提醒学生偶数拍都有并步，脚下落时，注意膝、踝关节有弹性的缓冲。可以与V字步对比练习。动作可演变成向前一字步、向后一字步、转体一字步。

二十二、V字步

（一）教学目标（略）

（二）技术动作要点

一只脚向前侧方迈一步，另一只脚向另一方向迈一步，两腿屈膝分立，重心在两腿之间，然后依次还原。两脚之间距离比肩宽，脚尖与膝关节方向一致，向侧前。

（三）技术动作重点、难点

保持踝、膝、髋的方向。

（四）教与学的方法

（1）教师先示范领做，学生集体模仿练习。

（2）教师讲解，并指出易犯错误。

（3）学生结合教师讲解，进行集体、分组练习；小组内互相纠正错误。

（五）易犯错误与纠正方法

易犯错误：重心不稳；两脚之间距离偏小。

纠正方法：重心在两腿之间，躯干不要晃动；固定落脚位置，使两脚距离比肩宽。

（六）教学要求与建议

可以与一字步对比练习。动作可演变成倒V字步、转体V字步、跳V字步。

二十三、漫步

（一）教学目标（略）

（二）技术动作要点

一脚向前迈出，屈膝，重心随之迁移，另一只脚稍抬起，然后原地落下；向后动作同向前，方向相反。两脚依次抬起、落地，重心随之前后协调移动，但始终在两腿之间。

（三）技术动作重点、难点

重心前后移动，动作有弹性。

（四）教与学的方法

（1）教师先示范领做，学生集体模仿练习。

（2）教师讲解，并指出易犯错误。

（3）学生结合教师讲解，进行集体、分组练习；小组内互相纠正错误。

（五）易犯错误与纠正方法

易犯错误：重心不稳；重心移动不准确。

纠正方法：慢速练习，体会迈步重心前移或迈步重心后移，脚踝的用力和重心移动的时机。

（六）教学要求与建议

提醒学生身体重心要前后移动，动作要有弹性。动作可以演变成转体漫步、跳步漫步。

二十四、脚尖点地

（一）教学目标（略）

（二）技术动作要点

一腿稍屈膝站立，另一腿伸出，绷脚尖，脚尖点地，然后还原到并腿姿势。支撑腿始终保持屈膝站立，并随动作有弹性地屈伸。

（三）技术动作重点、难点

保持踝关节紧张度、膝关节的弹性。

（四）教与学的方法

（1）教师先示范领做，学生集体模仿练习。

（2）教师讲解，并指出易犯错误。

（3）学生结合教师讲解，进行集体、分组练习；小组内互相纠正错误。

（五）易犯错误与纠正方法

易犯错误：动作无弹性。

纠正方法：原地的踝关节、膝关节的屈伸练习，提踵、落踵，先慢速练习，后逐渐加快速度，体会缓冲用力。

（六）教学要求与建议

动作可演变成脚尖向前点地、脚尖向侧点地、脚尖向后点地。

二十五、脚跟点地

（一）教学目标（略）

（二）技术动作要点

一腿稍屈膝站立，另一腿伸出，勾脚尖，脚后跟点地，然后还原到并腿姿势。支撑腿始终保持屈膝站立，并随动作有弹性地屈伸。

（三）技术动作重点、难点

保持踝关节紧张度、膝关节的弹性。

（四）教与学的方法

（1）教师先示范领做，学生集体模仿练习。

（2）教师讲解，并指出易犯错误。

（3）学生结合教师讲解，进行集体、分组练习；小组内互相纠正错误。

（五）易犯错误与纠正方法

易犯错误：动作无弹性。

纠正方法：原地的踝关节、膝关节的屈伸练习，提踵、落踵，先慢速练习，后逐渐加快速度，体会缓冲用力。

（六）教学要求与建议

动作可演变成脚后跟向前点地、脚尖向侧点地。

二十六、并步

（一）教学目标（略）

（二）技术动作要点

一脚迈出，绷脚尖，高重心，另一只脚随之并拢屈膝点地，支撑腿踝关节放松，低重心，再向另一个方向迈步。

（三）技术动作重点、难点

保持踝关节、膝关节的紧张度和弹性，重心平稳过渡。

（四）教与学的方法

（1）教师先示范领做，学生集体模仿练习。

（2）教师讲解，并指出易犯错误。

（3）学生结合教师讲解，进行集体、分组练习；小组内互相纠正错误。

（五）易犯错误与纠正方法

易犯错误：动作无弹性。

纠正方法：原地的踝关节、膝关节的屈伸练习，提踵、落踵，先慢速练习，后逐渐加快速度，体会缓冲用力。

（六）教学要求与建议

可演变成左右并步、前后并步、转体并步。

二十七、迈步点地

（一）教学目标（略）

（二）技术动作要点

一脚向侧迈一步，两脚经屈膝移重心至一条腿上，另一条腿在前、后、侧用脚尖或脚跟点地。

（三）技术动作重点、难点

身体重心的弧形移动。

（四）教与学的方法

（1）教师先示范领做，学生集体模仿练习。

（2）教师讲解，并指出易犯错误。

（3）学生结合教师讲解，进行集体、分组练习；小组内互相纠正错误。

（五）易犯错误与纠正方法

易犯错误：髋关节有多余动作，如顶、移、扭转。

纠正方法：收腹立腰，慢速体会重心移动，使之在额状面内做弧形运行。

（六）教学要求与建议

身体重心移动要明显。动作可以演变成左右迈步点地、前后迈步点地、迈步转体点地。

二十八、迈步后屈腿

（一）教学目标（略）

（二）技术动作要点

一脚向侧迈一步，经过屈膝移重心，成微屈支撑，另一腿后屈，脚跟靠近臀部，绷脚尖。然后朝相反方向迈一步。

（三）技术动作重点、难点

身体重心移动路线。

（四）教与学的方法

（1）教师先示范领做，学生集体模仿练习。

（2）教师讲解，并指出易犯错误。

（3）学生结合教师讲解，进行集体、分组练习；小组内互相纠正错误。

(4) 教师个别指导。

(五) 易犯错误与纠正方法

易犯错误：身体重心左右过渡差、上下移动与动作要求相反。

纠正方法：固定髋关节，做原地半蹲移重心动作，逐渐过渡到迈步移动，移动屈腿。

(六) 教学要求与建议

动作可以演变成侧迈步后屈腿、前后移动后屈腿、转体后屈腿。

二十九、迈步吸腿

(一) 教学目标 (略)

(二) 技术动作要点

一脚迈出一步，重心迅速移至迈出的这条腿上，另一腿屈膝抬起，大腿高抬超过90°，小腿自然下垂，脚尖绷直。然后向相反方向迈一步。

(三) 技术动作重点、难点

大腿抬起高度不对。

(四) 教与学的方法

(1) 教师先示范领做，学生集体模仿练习。

(2) 教师讲解，并指出易犯错误。

(3) 学生结合教师讲解，进行集体、分组练习；小组内互相纠正错误。

(五) 易犯错误与纠正方法

易犯错误：大腿抬高高度不够；动作无弹性。

纠正方法：原地做抬腿、放下动作，动作定型后再做迈步吸腿。

(六) 教学要求与建议

动作可以演变成向前迈步吸腿、向侧迈步吸腿、向前侧迈步吸腿、转体吸腿。

三十、侧交叉步

(一) 教学目标 (略)

(二) 技术动作要点

一脚向侧迈一步，脚尖稍微外移，脚跟落地，重心迅速移动到这脚上，另一脚在其后交叉，随之再向侧迈一步，脚尖向前，另一脚屈膝点地并拢。步幅为大—小—中—并。

(三) 技术动作重点、难点

重心移动要及时，注意控制步幅。

(四) 教与学的方法

(1) 教师先示范领做，学生集体模仿练习。

(2) 教师讲解，并指出易犯错误。

(3) 学生结合教师讲解，进行集体、分组练习；小组内互相纠正错误。

（五）易犯错误与纠正方法

易犯错误：动作僵硬、无弹性。

纠正方法：反复练习第一步，在起步之前踝关节用力，提踵，再注意迈出脚的方向，最后连贯练习。

（六）教学要求与建议

动作可以演变成左右交叉步、转体交叉步。

三十一、吸腿

（一）教学目标（略）

（二）技术动作要点

一腿抬起、还原落地。抬起腿大腿与地面平行，小腿与地面垂直，脚尖绷直，支撑腿稍屈膝缓冲，上体正直。

（三）技术动作重点、难点

立腰抬腿。

（四）教与学的方法

（1）教师先示范领做，学生集体模仿练习。

（2）教师讲解，并指出易犯错误。

（3）学生结合教师讲解，进行集体、分组练习；小组内互相纠正错误。

（五）易犯错误与纠正方法

易犯错误：弓腰屈髋。

纠正方法：先按立正姿势站好，然后缓慢抬腿、还原，体会身体肌肉控制的感觉。

（六）教学要求与建议

动作可以演变成向前吸腿、向侧吸腿、向前侧吸腿、转体吸腿。

三十二、踢腿

（一）教学目标（略）

（二）技术动作要点

一腿稍屈膝站立，另一腿向上抬起，脚尖绷直，身体正直，动作幅度因人而异。

（三）技术动作重点、难点

立腰踢腿。

（四）教与学的方法

（1）教师先示范领做，学生集体模仿练习。

（2）教师讲解，并指出易犯错误。

（3）学生结合教师讲解，进行集体、分组练习；小组内互相纠正错误。

（五）易犯错误与纠正方法

易犯错误：弓腰屈髋，踢腿时支撑腿脚跟离地，踢腿不直。

纠正方法：收腹立腰拔背，踢腿时，强调主力腿脚跟不离地，强调踢腿的力度、速度和高度，腿绷直。

（六）教学要求与建议

脚跟不离地，体会大腿肌肉用力的感觉。踢腿的幅度因人而异，避免受伤。可以演变成前踢腿、侧踢腿。

三十三、摆腿

（一）教学目标（略）

（二）技术动作要点

一腿稍屈膝站立，另一腿做有控制的摆动，然后还原成并步。上体随着摆腿向前、后或侧倾，保持身体的平衡。

（三）技术动作重点、难点

摆动腿伸直，脚尖绷直。

（四）教与学的方法

（1）教师先示范领做，学生集体模仿练习。

（2）教师讲解，并指出易犯错误。

（3）学生结合教师讲解，进行集体、分组练习；小组内互相纠正错误。

（五）易犯错误与纠正方法

易犯错误：腰松、摆动腿屈。

纠正方法：收腹立腰拔背，强调摆腿的力度、速度和高度，大腿发力，腿绷直。

（六）教学要求与建议

提醒学生练习时注意上体正直，主动腿屈膝缓冲，摆动腿幅度不要过大且要有控制。动作可以演变成向前摆腿、向侧摆腿。

三十四、弹踢

（一）教学目标（略）

（二）技术动作要点

一腿站立（或跳起），另一腿先向后屈膝，再向前下方弹踢出去，脚尖绷直，两膝盖靠在一起，上体保持正直，后还原，做相反方向的动作。

（三）技术动作重点、难点

动作的弹性。

（四）教与学的方法

（1）教师先示范领做，学生集体模仿练习。

（2）教师讲解，并指出易犯错误。

（3）学生结合教师讲解，进行集体、分组练习；小组内互相纠正错误。

（五）易犯错误与纠正方法

易犯错误：动作连贯性差，不协调。

纠正方法：做单腿的前踢、后屈，朝前下45°方向踢腿，注意动作的加速和制动。

（六）教学要求与建议

先单腿练习再双腿练习，先慢速练习再常速练习。可以演变成向前弹踢、向侧弹踢、弹动弹踢、转体弹踢。

三十五、吸腿跳

（一）教学目标（略）

（二）技术动作要点

一腿屈膝抬起，大腿抬至水平，脚尖绷直，落地还原；另一脚离地跳起、落地，保持缓冲；上体正直。

（三）技术动作重点、难点

身体的稳定性。

（四）教与学的方法

（1）教师先示范领做，学生集体模仿练习。

（2）教师讲解，并指出易犯错误。

（3）学生结合教师讲解，进行集体、分组练习；小组内互相纠正错误。

（五）易犯错误与纠正方法

易犯错误：跳跃时腰松、腿松、缺乏腾空。

纠正方法：收腹立腰；踝关节、小腿发力，保持一定的紧张度。

（六）教学要求与建议

先做好原地吸腿练习，再做吸腿跳的练习；体会肌肉用力的感觉。可演变成向前吸腿跳、向侧吸腿跳、向前侧吸腿跳、转体吸腿跳。

三十六、屈腿跳

（一）教学目标（略）

（二）技术动作要点

一腿稍屈膝站立（或跳起），另一腿向后屈膝，脚跟靠近臀部，膝关节不超过支撑腿的膝关节，然后落地还原。上体随着摆腿向前、后或侧倾，保持身体的平衡。

（三）技术动作重点、难点

身体的稳定性。

（四）教与学的方法

（1）教师先示范领做，学生集体模仿练习。

（2）教师讲解，并指出易犯错误。

（3）学生结合教师讲解，进行集体、分组练习；小组内互相纠正错误。

（五）易犯错误与纠正方法

易犯错误：大腿下垂、屈髋。

纠正方法：股后肌群和臀部肌群收缩用力，保持一定的紧张度。

（六）教学要求与建议

原地做后屈腿练习，体会肌肉用力感觉。可演变成左右依次屈腿跳、转体后屈腿跳。

三十七、弹踢腿跳

（一）教学目标（略）

（二）技术动作要点

双脚起跳，单脚缓冲落地，另一腿小腿后屈，然后小腿向前踢伸直，脚尖绷直，上体正直。

（三）技术动作重点、难点

两脚落地的过程，控制肌肉的能力。

（四）教与学的方法

（1）教师先示范领做，学生集体模仿练习。

（2）教师讲解，并指出易犯错误。

（3）学生结合教师讲解，进行集体、分组练习；小组内互相纠正错误。

（五）易犯错误与纠正方法

易犯错误：整个动作松散。

纠正方法：两手叉腰，立腰拔背，强调弹踢的方向和高度以及支撑腿的控制。

（六）教学要求与建议

腿向前下45°方向踢出、控制。可以演变成向侧弹踢腿跳、向前弹踢腿跳、转体弹踢腿跳、移动弹踢腿跳。

三十八、摆腿跳

（一）教学目标（略）

（二）技术动作要点

一腿向上跳起，然后缓冲落地还原，另一腿抬起控制，幅度不要过大。上体随着摆腿向后或侧倾，保持身体平衡。

（三）技术动作重点、难点

摆动腿伸直，脚尖绷直，控制重心。

（四）教与学的方法

（1）教师先示范领做，学生集体模仿练习。

（2）教师讲解，并指出易犯错误。

（3）学生结合教师讲解，进行集体、分组练习；小组内互相纠正错误。

（五）易犯错误与纠正方法

易犯错误：腰松、摆动腿屈，重心不稳。

纠正方法：踝关节发力起跳，摆动腿腾空时脚尖向下压，控制支撑腿小腿肌肉。

（六）教学要求与建议

先原地做摆腿动作，体会身体协调用力。动作可以演变成向前摆腿跳、向侧摆腿跳。

三十九、并腿跳

（一）教学目标（略）

（二）技术动作要点

双脚并拢，同时用力跳起，屈膝，缓冲落地。

（三）技术动作重点、难点

落地缓冲。

（四）教与学的方法

（1）教师先示范领做，学生集体模仿练习。

（2）教师讲解，并指出易犯错误。

（3）学生结合教师讲解，进行集体、分组练习；小组内互相纠正错误。

（五）易犯错误与纠正方法

易犯错误：分腿；落地无缓冲。

纠正方法：先原地并腿做踝膝关节的弹动，体会用力顺序。

（六）教学要求与建议

动作可演变成向前并腿跳、向后并腿跳、向侧并腿跳。

四十、开合跳

（一）教学目标（略）

（二）技术动作要点

双脚由并拢开始用力，同时跳起，分腿缓冲落地，脚尖自然外展膝关节沿脚尖方向屈，夹角不小于90°。再由分腿跳，并腿落地。立腰。

（三）技术动作重点、难点

半蹲技术，落地技术。

（四）教与学的方法

（1）教师先示范领做，学生集体模仿练习。

（2）教师讲解，并指出易犯错误。

（3）学生结合教师讲解，进行集体、分组练习；小组内互相纠正错误。

（五）易犯错误与纠正方法

易犯错误：脚尖、膝关节过分内扣或外展；动作松懈无力，缺乏腾空，腿开度不够。

纠正方法：两手叉腰，反复进行开合跳练习，强调踝关节发力蹬地腾空和分腿落地的开度和控制。

（六）教学要求与建议

先做原地分腿半蹲立、半蹲弹动练习，体会肌肉用力顺序和控制感觉。可以演变成原地开合跳、转体开合跳。

四十一、弓步跳

（一）教学目标（略）

（二）技术动作要点

双腿同时用力，并腿跳起，分腿前后（左右）落，成一腿屈、一腿直。双脚在一条直线上，脚尖方向向前（前侧）。

（三）技术动作重点、难点

落地技术。

（四）教与学的方法

（1）教师先示范领做，学生集体模仿练习。

（2）教师讲解，并指出易犯错误。

（3）学生结合教师讲解，进行集体、分组练习；小组内互相纠正错误。

（五）易犯错误与纠正方法

易犯错误：双腿弯曲跳跃；动作松懈无力，缺乏腾空，腿开度不够。

纠正方法：两手叉腰，反复进行弓步跳，强调踝关节发力蹬地腾空和分腿落地的开度和控制。

（六）教学要求与建议

先做好原地弓步动作，再连接跳起，完成整个动作。可演变成左右弓步跳、前后弓步跳、侧弓步跳。

四十二、并步跳

（一）教学目标（略）

（二）技术动作要点

右脚迈出，身体重心随之迅速前移，双脚蹬地跳起，左脚并右脚，同时落地。

（三）技术动作重点、难点

起跳用力。

（四）教与学的方法

（1）教师先示范领做，学生集体模仿练习。

（2）教师讲解，并指出易犯错误。

（3）学生结合教师讲解，进行集体、分组练习；小组内互相纠正错误。

（五）易犯错误与纠正方法

易犯错误：迈步、起跳动作脱节、僵硬，膝、踝关节弹性缓冲不够。

纠正方法：先做好迈步并腿提踵立。讲解正确的落地技术，多做原地纵跳练习，强调髋、膝、踝关节的协调、缓冲。

（六）教学要求与建议

动作可以演变成向前并步跳、向后并步跳、向侧并步跳。

四十三、迈步吸腿跳

（一）教学目标（略）

（二）技术动作要点

右腿向侧迈一步，双脚同时起跳，右脚缓冲落地，膝关节微屈，左腿后屈膝，绷脚尖。

（三）技术动作重点、难点

跳起时身体姿势的控制。

（四）教与学的方法

（1）教师先示范领做，学生集体模仿练习。

（2）教师讲解，并指出易犯错误。

（3）学生结合教师讲解，进行集体、分组练习；小组内互相纠正错误。

（五）易犯错误与纠正方法

易犯错误：屈髋，脚尖没有绷直。

纠正方法：加强踝关节力量和柔韧练习，做踝关节的屈伸，体会绷脚尖的肌肉感觉。

（六）教学要求与建议

先做好迈步起跳的重心控制，体会肌肉对姿态控制的感觉，再做完整练习。动作可以演变成向前迈步吸腿跳、向侧迈步吸腿跳。

四十四、后踢腿跑

（一）教学目标（略）

（二）技术动作要点

两脚同时用力，经过腾空后，右脚先缓冲落地，左腿小腿后屈，脚尖绷直，然后另一条腿做相同动作。上体稍前倾，保持高重心。

（三）技术动作重点、难点

起跳用力。

（四）教与学的方法

（1）教师先示范领做，学生集体模仿练习。

（2）教师讲解，并指出易犯错误。

（3）学生结合教师讲解，进行集体、分组练习；小组内互相纠正错误。

（五）易犯错误与纠正方法

易犯错误：身体重心下沉，身体松弛。

纠正方法：加强弹跳力和耐力练习。连续立踵跳练习，强调全身收紧，重心上提。

（六）教学要求与建议

落地时前脚掌先落地，迅速过渡到全脚掌。可以演变成原地后踢腿跑、向前后踢腿跑、向后踢腿跑、弧形后踢腿跑、转体后踢腿跑。

四十五、小马跳

（一）教学目标（略）

（二）技术动作要点

左脚蹬地跳起，右脚向侧迈步落地，左脚随之迅速并右脚，在右脚足弓旁点地，两膝盖靠拢，双脚再同时跳跃一次，然后另一只脚做相同动作。

（三）技术动作重点、难点

起跳并腿。

（四）教与学的方法

（1）教师先示范领做，学生集体模仿练习。

（2）教师讲解，并指出易犯错误。

（3）学生结合教师讲解，进行集体、分组练习；小组内互相纠正错误。

（五）易犯错误与纠正方法

易犯错误：蹬地腿没有并上迈步腿、用力不协调；动作腾空不够。

纠正方法：两手叉腰，反复练习，强调踝关节发力蹬地腾空、落地控制。

（六）教学要求与建议

先做好迈步并腿点地动作。可以演变成原地小马跳、向前小马跳、向后小马跳、向侧小马跳、转体小马跳。

第二节　健美操组合

一、手臂姿态操组合

手臂动作多种多样，手臂动作的加入使健美操动作更加丰富多彩，正确的手臂姿势对整个身体姿态的完善以及对动作的艺术风格起重要的作用。

（一）教学目标

1.认知目标

通过对两臂对称的同时动作、两臂对称的依次动作、两臂非对称的同时动作的学习和训练，使学生了解和掌握基本的手臂动作形式，促进学生生长发育，形成正确的身体姿势。通过动作姿态的学习发展思维、观察、注意、记忆、感知、想象力和创造力。

2.技能目标

通过组合学习提高动作的灵活性、准确性、协调性以及对肌肉的控制能力，建立良好的身体感觉。通过动作姿态的学习，学会表现美和欣赏美，学会利用健美操锻炼身体的方法。

3.情感目标

通过动作姿态的学习提高自信心，勇于展现自我，减轻学习压力，释放不良情绪，培养学生自信、乐观、勇于创新的精神品质。通过同学之间相互的学习、帮助，增强团队协作意识。

（二）技术动作要点

预备姿势：两腿直立，两臂自然下垂。

腿部动作保持为踏点步。1拍：右脚向右迈一步。2拍：左脚并右脚，前脚掌点地。3拍：左脚向左迈一步。4拍：右脚并左脚，前脚掌点地。5—8拍：同1—4拍。

手臂动作为：

第一节（4×8）

第一个八拍

1、2拍：两臂前举，合掌，掌心相对。

3、4拍：两臂上举。

5、6拍：两臂侧举。

7、8拍：两臂下举。

第二个八拍

1、2拍：两臂经体前交叉绕至侧上举，合掌，掌心向内。

3、4拍：两臂经体侧还原至体侧。

5、6拍：同1、2拍动作。

7、8拍：同3、4拍动作。

第三个八拍动作同第一、二个八拍，但速度加快一倍。

第四个八拍动作同第三个八拍。

第二节（4×8）

第一个八拍

1、2拍：左臂侧下举，右臂侧上举，合掌，掌心向下。

3、4拍：两臂胸前平屈，合掌，掌心向下。

5、6拍：手臂动作同1、2拍，方向相反。

7、8拍：同3、4拍动作。

第二个八拍

1、2拍：两臂前举交叉，右臂在上，合掌，掌心向下。

3、4拍：两臂腰侧屈。

5、6拍：两臂侧下举。

7、8拍：两臂下举。

第三个八拍动作同第一、二个八拍，但速度加快一倍。

第四个八拍动作同第三个八拍。

第三节（4×8）

第一个八拍

1、2拍：左臂下举，右臂经前上举，合掌，掌心相对。

3、4拍：手臂动作同1、2拍，方向相反。

5、6拍：左臂向下绕，右臂向上绕。

7、8拍：两臂胸前屈交叉，指尖触肘关节，右臂在上，合掌，掌心向下。

第二个八拍

1、2拍：两臂上摆至手背相击。

3、4拍：两臂还原成第一个八拍的7、8拍动作。

5、6拍：两臂侧举，分掌，掌心向前。

7、8拍：两臂下举。

第三个八拍动作同第一、二个八拍，但速度加快一倍。

第四个八拍动作同第三个八拍。

第四节（4×8）

第一个八拍

1、2拍：右臂胸前屈，握拳，拳心向内，左臂不动。

3、4拍：右臂不动，左臂动作同右臂。

5、6拍：右臂肩上屈，拳心向内，左臂不动。

7、8拍：右臂不动，左臂动作同右臂。

第二个八拍

1、2拍：右臂头上屈，拳心向下，左臂不动。

3、4拍：右臂不动，左臂动作同右臂。

5、6拍：两臂腹前交叉，右臂在上，拳心向后。

7、8拍：两臂下举。

第三个八拍动作同第一、二个八拍，但速度加快一倍。

第四个八拍动作同第三个八拍。

第五节（4×8）

第一个八拍

1、2拍：两臂侧举，合掌，掌心向下。

3、4拍：两臂经上向内绕至腹前交叉，右手在上。

5、6拍：两臂向外绕至肩侧屈，指尖触肩。

7、8拍：两臂向上伸至上举，掌心相对。

第二个八拍

1、2拍：右臂下拉成左前屈，握拳，拳心向内，左手叉腰。

3、4拍：右臂伸至侧上举，合掌，掌心向外，左臂不动。

5、6拍：右臂大臂不动，前臂屈，左臂侧下举。

7、8拍：两臂下举。

第三个八拍动作同第一、二个八拍，但速度加快一倍。

第四个八拍动作同第三个八拍。

第六节（4×8）

第一个八拍

1、2拍：两臂侧下举，分掌，掌心向前。

3、4拍：两臂头上交叉，右臂在前，掌心向前。

5、6拍：两臂侧举，掌心向前。

7、8拍：右臂上举，掌心向前，左手叉腰。

第二个八拍

1、2拍：手臂动作同第一个八拍的7、8拍，但动作相反。

3、4拍：两臂伸至前举，掌心向下。

5、6拍：两臂向内绕至前举，掌心向上。

7、8拍：两臂上提至头前屈，掌心向前。

第三个八拍动作同第一、二个八拍，但速度加快一倍。

第四个八拍动作同第三个八拍。

第七节（4×8）

第一个八拍

1、2拍：右臂前冲拳，拳心向下，左臂腰侧屈，拳心向上。

3、4拍：两臂动作同1、2拍，方向相反。

5、6拍：两臂向内绕至胸前平屈，右臂在上，拳心向下。

7、8拍：双手叉腰。

第二个八拍

1、2拍：两臂经侧绕至头上击掌。

3、4拍：两臂下拉至肩上屈，指尖触肩。

5、6拍：右臂胸前平屈，腕下屈，指尖触左肘，左臂胸前平屈，腕上屈，指间触右肘。

7、8拍：手臂动作同5、6拍，方向相反。

第三个八拍动作同第一、二个八拍，但速度加快一倍。

第四个八拍动作同第三个八拍。

第八节（4×8）

第一个八拍

1、2拍：右臂肩上屈，合掌，掌心向前，左臂肩下屈，合掌，掌心向后。

3、4拍：两臂同1、2反。

5、6拍：右臂经左向上绕，左臂不动。

7、8拍：右臂绕至肩上屈，掌心向上，左臂不动。

第二个八拍

1、2拍：右臂不动，左臂下伸至右前下举，掌心向下。

3、4拍：右臂肩下屈，左臂上提至肩上屈，两大臂成一条斜线，握拳，拳心相对。

5、6拍：两臂伸至右前下举，双手互握。

7、8拍：两臂绕至左前上屈。

第三个八拍动作同第一、二个八拍，但速度加快一倍。

第四个八拍动作同第三个八拍。

（三）技术动作重点、难点

（1）单个手臂动作重点、难点参见健美操基本动作。

（2）组合动作整体重点、难点在于手臂部位、路线、手型变化等。

（四）教与学的方法

（1）教师先示范领做，学生集体模仿练习。

（2）教师利用提问法、启发式教学，讲解动作要点，并指出易犯错误。

（3）学生结合教师讲解，进行集体、分组练习，小组内互相纠正错误、自我评价、合作学习。

（五）易犯错误与纠正方法

易犯错误一：每节之间衔接不流畅。

纠正方法：把每一节做熟练后，采用连接法，把每一节连接上。不熟的地方，单独拿出来重复练习，熟练掌握后再接新内容，不可囫囵吞枣。

易犯错误二：跟随音乐能力差，手忙脚乱。

纠正方法：选择节奏、速度合适的、学生喜欢的音乐；学生多听音乐；跟随音乐练习。

（六）教学要求与建议

（1）任何韵律性活动的学习都是从认识音乐节拍开始的，掌握音乐的节拍是进一步了解健美操和掌握动作节奏的基础，因此在教授组合动作之前，要培养学生的节奏感，进行认识节拍的练习，区别动作节奏变化。教师根据节拍带领学生认识节拍，或者利用膝踝弹动、踏步、点地进行节拍练习，如：一拍一动、一拍两动、两拍一动等。

（2）该组合动作从简单的两臂对称的同时动作向两臂对称的依次动作过渡，最后是较难的两臂非对称的同时动作，教师可根据学生的具体情况选择难易度适合学生的部分内容，也可以选择整个组合练习。

（3）教师要根据学生的学习能力、身体素质状况，在总体运动形式确定的前提下，调节学生练习的难度、强度，练习的幅度，音乐的速度。水平较低的学生可选择节奏较慢的部分动作，即只重复练习每节的前两个八拍；水平较高的学生在熟悉动作后，选择节奏较快的部分，即只重复练习每节的后两个八拍。刚开始练习时选择较慢速度的音乐，熟练掌握后可选择速度较快的音乐，等等。

（4）教师采用多种教与学的方法教授学习内容。一套动作由多个组合（或多节）构成，每个组合标记为A、B、C、D等，采用递加法和链接法学完整套操。如先学A，再学B，然后练习A+B，以此类推学更多的组合。

（5）教师在启发和引导学生练习和掌握动作时，不要只重视技术动作的掌握，而应在学习和掌握动作的同时，不断地培养学生良好的锻炼习惯，帮助学生掌握良好的练习方法。

（6）教学过程中应遵守循序渐进的原则，不要急于求成，要先让学生了解动作组合的规律，熟练掌握单个动作，然后将动作组合连起来做，留充足的时间给学生自练，通过互相纠正、练习掌握动作，最后跟随节奏分明、速度适宜的音乐练习，还可请几位学生或分小组轮流表演，请大家观看、分析、讨论，谈自己的看法，让学生互相纠正错误动作，解决存在的问题。培养学生的评价能力、解决问题的能力以及敢于展示自我的精神。

（7）该组合动作要求手位准确，路线清晰，动作幅度大，手型变化明显。

（8）课后作业可以让学生选择自己喜欢的音乐，选择喜欢的内容自由组合练习，培养学生的创新能力和激发学生的学习积极性。

二、身体步伐组合

（一）教学目标

1.认知目标

组合从膝踝关节的弹动开始练习，使学生认识和熟悉动作的节奏。通过手臂配合步伐的身体练习，使学生了解和掌握健美操步伐连接的规律，为学生自己创编健美操进行锻炼打下基础。发展学生的思维、观察、注意、记忆、感知、想象力和创造力。

2.技能目标

通过组合学习使学生熟练掌握健美操的基本步伐的动作要领和健身的原理，提高身体跟随音乐律动的能力，提高身体的灵活性、协调性、准确性。掌握利用健美操锻炼身体的方法，形成良好锻炼习惯。

3.情感目标

通过简单动作的学习，消除学生羞怯、自卑的心理，提高学生学习的自信心和主动性。学生通过对基本步伐的改编、展演、评比，培养其创新意识，提高其创造能力。培养学生勇于展现自我，积极乐观的心理品质。通过同学之间的相互学习、帮助，增强团队协作意识，保持与集体一致，培养集体主义精神。

（二）技术动作要点

预备姿势：直立，两臂自然下垂。

A组合（8×8）

第一个八拍

第1拍：提踵立，两手叉腰。

第2拍：落踵，两手叉腰。

第3—8拍：重复动作第1、2拍。

第二个八拍

第1拍：并腿半蹲，两臂胸前平屈。

第2拍：直立，两臂还原于体侧。

第3拍：并腿半蹲，两臂胸前屈。

第4拍：动作同第2拍。
第5—8拍：动作同第1—4拍。
第三个八拍
第1—3拍：右脚抬起向前走3步，两臂前后自然摆动。
第4拍：左脚尖在右脚足弓处点地，胸前击掌。
第5—8拍：动作同第1—4拍，方向相反。
第四个八拍
第1拍：右脚向右侧迈一步，两臂前下举，划掌，掌心向上。
第2拍：左脚尖在右脚足弓处点地，手臂还原于体侧。
第3、4拍：动作同第1、2拍，方向相反。
第5拍：右脚向右侧迈一步，两臂侧举，合掌，掌心向下。
第6拍：动作同第2拍。
第7、8拍：动作同第5、6拍。
第五个八拍至第八个八拍动作同第一个八拍至第四个八拍，方向相反。

B组合（8×8）
第一个八拍
第1拍：右脚向前迈一步，右臂前举，合掌，掌心向左。
第2拍：左脚并右脚，左臂前举，合掌，掌心向右。
第3拍：右脚后退一步，右臂上举，合掌，掌心向左。
第4拍：左脚并右脚，左臂上举，合掌，掌心向右。
第5拍：右脚向前迈一步，右臂下摆至前举，合掌，掌心向左。
第6拍：左脚并右脚，左臂下摆至前举，合掌，掌心向右。
第7拍：右脚后退一步，右臂还原于体侧。
第8拍：左脚并右脚，左臂还原于体侧。
第二个八拍
第1拍：右脚向右前方迈一步，自然摆臂。
第2拍：左脚向左前方迈一步，自然摆臂。
第3拍：向右扭胯，足尖向左，两手扶髋。
第4拍：向左扭髋，足尖向右，两手扶髋。
第5、6拍：动作同第3、4拍。
第7拍：右脚向左后方迈一步，自然摆臂。
第8拍：左脚并右脚，手臂还原于体侧。
第三个八拍
第1拍：右脚向前迈一步，两臂上举，合掌，掌心向前。
第2拍：左脚向前提膝，两臂下拉至胸前上屈，握拳，拳心向内。
第3拍：左脚向后退一步，两臂上举，合掌，掌心向前。

第4拍：右脚并左脚，两臂经前还原于体侧。

第5—8拍：动作同第1—4拍，方向相反。

第四个八拍

第1拍：右脚向右一步，右手上举，合掌，掌心向左。

第2拍：左脚在右脚后交叉，两手胸前平屈，前臂重叠，右臂在上。

第3拍：右脚向右迈一步，双手向侧打开至侧举，合掌，掌心向下。

第4拍：左脚并右脚，两臂腰侧屈，握拳，拳心向上。

第5拍：左脚向左迈一步成半蹲，两臂前举，合掌，掌心向下。

第6拍：右脚后屈，两臂收于腰侧屈，握拳，拳心向上。

第7、8拍：动作同第5、6拍，方向相反。

第五个八拍至第八个八拍动作同第一个八拍至第四个八拍，方向相反。

（三）技术动作重点、难点

（1）单个动作的重点、难点见前面单个动作技术。

（2）组合练习重点在于左右脚动作的衔接、身体重心的转换与控制。

（3）组合练习难点在于动作节奏与音乐的节奏吻合、交融与提升。

（四）教与学的方法

（1）教师先示范领做，学生集体模仿练习。

（2）教师利用提问法、启发式教学、分层教学，讲解动作要点，提问并指出易犯错误。

（3）学生结合教师讲解，进行集体、分组练习，小组内同学之间多讨论，互相纠正错误、并学会教会同学、自我评价、合作学习，加强对动作的理解、记忆。

（4）练习和休息相结合。休息时可以观察其他同学怎样完成练习的，还可以听音乐，熟悉节奏，根据旋律在动作上体现音乐的情感。

（5）学生将组合里的基本动作提取出来，分小组重新进行创编组合并展演，同学之间互相评价。

（五）易犯错误与纠正方法

易犯错误一：B组第一个八拍和第二个八拍的动作容易混淆。

纠正方法：手势提示，如做第一个八拍的动作时，教师手指正前方，做第二个八拍的动作时，教师手指侧前方。

易犯错误二：做B组第四个八拍的动作时，重心上下相反。

纠正方法：语言提示，如采用交叉步1—2—3—4或蹲—起—蹲—起。

（六）教学要求与建议

（1）任何韵律性活动的学习都是从认识音乐节拍开始的，掌握音乐的节拍是进一步了解健美操和掌握动作节奏的基础，因此在教授组合动作之前，要培养学生的节奏感，进行认识节拍的练习，区别动作节奏变化。教师根据节拍带领学生一起拍手认识节拍，或者利用膝踝弹动、踏步、点地进行节拍练习，如：两拍一动、一拍一动、一拍两动等。

（2）让学生明白学习的目的是为了锻炼身体，不是为了获得好的成绩或名次，鼓励学生积极主动地去学习，大胆地去做，勇敢地表现。

（3）教学中要体现学生学习的主体性。教学中要注重学生个性发展，改变以往健美操教学中“教师教、学生学”的教学状态，学生不再是简单的模仿、练习、记忆，注重学生之间、师生之间的沟通，通过学生学习、创编、展示、比赛等多种形式提高学生学习健美操的能力和创造力。

（4）教师始终用积极的语言鼓励学生，如“做得很好”“学得真快”“手臂再加点力更漂亮”等等。集体练习时，个别学生出现错误，不要直呼其名提醒，可以说“有的同学，哪里要注意”。如个别同学错误严重，可在练习时单独指导，避免影响其自尊心。采用多种形式教学，教师喊口令，学生一起喊口令，学生按小组依次喊口令，教师领做，优秀学生示范，小组演示，小组改编比赛，等等。

（5）可以和影像资料里的领操员一起练习，开拓学习面。

三、跑跳操组合

（一）教学目标

1. 认知目标

了解跑跳操的结构，通过身体姿态的学习和训练，发展思维、观察、注意、记忆、感知、想象力和创造力。陶冶学生的心灵与情操，促进其对美的认识和创造。

2. 技能目标

通过跑跳组合的长期练习，促进骺软骨的生长，韧带拉力更强，关节更稳固，使骨骼更加结实，促进肌肉生长，发展腿部肌肉力量和弹跳能力。培养在空中控制身体平衡和正确姿态的能力。通过动作姿态的学习学会表现美和欣赏美。掌握利用健美操锻炼身体的方法，形成良好的锻炼习惯。

3. 情感目标

通过学习提高学生自信心，培养学生的参与意识。培养学生不怕吃苦、努力学习的品质。通过同学之间相互的学习、帮助，增进友谊，增强团队协作意识。

（二）技术动作要点

预备姿势：直立，两臂自然下垂。

A组合（8×8）

第一个八拍

第1—4拍：右脚开始向前跑4步，手臂自然前后摆动。

第5拍：双脚跳开，腿微屈，两臂侧举，合掌，掌心向下。

第6拍：双脚跳并，两臂腹前交叉，右臂在上，合掌，掌心向内。

第7、8拍：动作同第5、6拍。

第二个八拍

第1—4拍：向右弧形跑转270°，右臂经左绕至右侧下举，一指指尖指向运行方向。

第5拍：右脚吸腿跳，胸前击掌。

第6拍：右脚跳落，两臂肩侧屈，合掌，掌心向内。

第7、8拍：动作同第5、6拍，方向相反，第8拍结束后手臂还原于体侧。

第三个八拍

第1拍：右脚向右前方迈一步，右手侧上举，合掌，掌心向外。

第2拍：左脚向左前方迈一步，左手侧上举，合掌，掌心向外。

第3拍：右脚还原，右手腰后屈，合掌，掌心向后。

第4拍：左脚还原，同时向右转体90°，左手腰后屈，合掌，掌心向后。

第5—8拍：动作同第1—4拍，第8拍不转体。

第四个八拍

第1拍：右脚向右迈一步，两臂侧下举，合掌，掌心向内。

第2拍：右脚小跳，左腿向侧摆至侧下举，脚尖向侧下，两臂侧上举，合掌，掌心向外。

第3拍：左脚在右脚前交叉迈出，屈膝，重心随之前移，右脚稍抬起，两臂摆至右臂腰后屈，左臂胸前平屈，空拳，拳心向下。

第4拍：右脚落地，重心后移，两臂向外摆。

第5拍：左脚向左迈一步，两臂摆至侧举。

第6、7拍：动作同第3、4拍，方向相反。

第8拍：左脚收回，还原直立。

第五个八拍至第八个八拍动作同第一个八拍至第四个八拍，方向相反。

B组合（8×8）

第一个八拍

第1拍：左脚蹬地跳起，同时右脚向右侧迈步落地随之左脚并右脚点地，两臂前臂向前绕环，空拳，拳心向前。

第2拍：两脚小跳一次，手臂同第1拍。

第3、4拍：动作同第1、2拍，方向相反。

第5拍：下肢动作同第1拍，右臂摆至下举，左臂摆至上举。

第6拍：两脚小跳一次，两臂震动一次。

第7、8拍：动作同第5、6拍，方向相反。

第二个八拍

第1、2拍：右脚起用恰恰步后退，两臂经胸前平屈向外摆至侧举，合掌，掌心向下。

第3、4拍：动作同第1、2拍，方向相反。

第5—8拍：动作同第1—4拍。

第三个八拍

第1—4拍：右脚起开始踏步4次，自然摆臂。

第5拍：右脚后撤，左脚小跳成弓步，两臂胸前上屈，握拳，拳心向内。

第6拍：右脚收回后吸，左脚小跳一次，两臂摆至后屈，握拳，拳心向内。

第7、8拍：动作同第5、6拍。

第四个八拍

第1拍：右脚后吸腿跑，右手侧上举，合掌，掌心向外。

第2拍：左脚后吸腿跑，左手侧上举，合掌，掌心向外。

第3拍：右脚后吸腿跑，手头上击掌。

第4拍：左脚后吸腿跑，两臂胸前平屈，合掌，掌心向下。

第5拍：右脚向前弹踢，两臂向前伸直前举，合掌，掌心向下。

第6拍：右脚向左屈膝，手臂还原成胸前平屈，合掌，掌心向下。

第7拍：动作同第5拍。

第8拍：右脚支撑，左脚后吸，两臂还原于体侧。

第五个八拍至第八个八拍动作同第一个八拍至第四个八拍，方向相反。

（三）技术动作重点、难点

（1）单个跑跳动作重、难点参见健美操基本动作。

（2）组合动作整体重点在于跳动时保持躯干的适度紧张，做到挺胸、收腹、立腰；落地时注意缓冲，做到稍屈膝，前脚掌先落地；踢腿时保持腿部姿态，做到直膝、绷脚面。

（3）组合难点在于动作的节奏与音乐节奏的吻合、交融与提升。

（四）教与学的方法

（1）教师先示范领做，学生集体模仿练习。

（2）教师利用提问法、启发式教学，讲解动作要点，提问并指出易犯错误。

（3）学生结合教师讲解，进行集体、分组练习，小组内互相纠正错误、自我评价、合作学习。

（4）教师巡回、个别指导。

（5）分小组创编、展演、评价。

（五）易犯错误与纠正方法

易犯错误一：身体重心下沉、不稳。

纠正方法：加强弹跳力和耐力练习。连续立踵跳练习，强调挺胸、收腹、拔背，全身收紧，重心上提。

易犯错误二：跟随音乐能力差。

纠正方法：学生多听音乐；学习每一个八拍后尽量跟随音乐练习。

易犯错误三：正反面混淆。

纠正方法：了解每组合操的结构，每组合操共八个八拍，都是前四个八拍从右脚开始，后四个八拍从左脚开始。

（六）教学要求与建议

（1）跑跳步伐练习时，要强调动作的缓冲和弹性，加强脊柱、髋关节、膝关节、踝关节的肌肉收缩与放松的控制练习，避免动作僵硬或关节过伸。

（2）加强呼吸练习，调整呼吸，配合动作，使动作练习达到完美状态。

（3）跑跳操属于高冲击力、高强度练习，学生易产生疲劳感，应多采用语言鼓励、教学比赛等多种形式鼓励学生，激发学生学习积极性。

（4）注意教学内容的连续性和渐进性。课程难度和运动强度逐渐加大。第一，难度的渐进。如：认识节拍—原地动作—简单的基本步伐—简单的手臂配合—较复杂的步伐—方向的变化—转体动作—较复杂的手臂配合；重复次数由多到少。第二，强度的渐进。连续运动时间由5分钟以上—10分钟以上—15分钟以上—20分钟以上；动作速度由20拍/10秒—22拍/10秒—24拍/10秒。第三，内容的渐进。1个组合循环训练—2个组合循环训练—3个组合循环训练；一个组合里4个基本步伐—6个基本步伐—8个基本步伐。

（5）建议选择节奏感强、速度较快的音乐。

四、方位姿态操组合

（一）教学目标

1.认知目标

了解方位姿态操的结构，通过身体、手臂配合步伐，结合旋转、各个方向的动作练习，使学生建立良好的空间感觉，准确掌握身体在运行中的空间位置。通过身体姿态的学习和训练，促进生长发育，培养优美的身体姿态和审美能力。发展思维、观察、注意、记忆、感知、想象力和创造力。

2.技能目标

通过组合学习提高身体的灵活性、协调性、准确性以及对肌肉的控制能力。通过动作姿态的学习学会表现美和欣赏美。掌握利用健美操锻炼身体的方法，养成锻炼的习惯。

3.情感目标

通过动作、姿态的学习提高学生自信心，减轻学生学习压力，释放学生不良情绪，培养学生自信、乐观、勇于创新的精神品质。通过同学之间相互的学习、帮助，增强团队协作意识。

（二）技术动作要点

预备姿势：直立，两臂自然下垂。

A组合（8×8）

第一个八拍

主要动作：脚尖点地。主要方向：前、侧。

第1拍：右脚尖前点地，右臂上举，花掌，掌心向外，左臂胸前屈，花掌，掌心向内。

第2拍：还原成直立。

第3拍：动作同第1拍，方向相反。

第4拍：还原成直立。

第5拍：右脚尖侧点地，右臂侧举，花掌，掌心向后，左臂胸前平屈，花掌，掌心向内。

第6拍：还原成直立。

第7拍：动作同第5拍，方向相反。

第8拍：还原成直立。

第二个八拍

主要动作："X"步。主要方向：前侧、后侧。

第1拍：右脚向右前方迈一步，右臂侧上举，合掌，掌心向外。

第2拍：左脚向左前方迈一步，左臂侧上举，合掌，掌心向外。

第3拍：右脚还原，胸前击掌一次。

第4拍：左脚还原，胸前击掌一次。

第5拍：右脚向右后方迈一步，右臂侧下举，合掌，掌心向前。

第6拍：左脚向左后方迈一步，左臂侧下举，合掌，掌心向前。

第7拍：右脚还原，胸前击掌一次。

第8拍：左脚还原，胸前击掌一次。

第三个八拍

主要动作：交叉步转体。主要方向：左右，运动成"□"形。

第1拍：右脚向右迈一步，两臂侧举，合掌，掌心向下。

第2拍：左脚在右脚后向右迈一步，两臂腹前交叉，合掌，掌心向内。

第3拍：动作同第1拍。

第4拍：左脚并右脚，同时身体向右转体90°，手臂同第2拍。

第5—8拍：动作同第1—4拍，方向相反。

第四个八拍动作同第三个八拍。

第五个八拍至第八个八拍动作同第一个八拍至第四个八拍，方向相反。

B组合（8×8）

第一个八拍

主要动作：漫步转体、弹踢腿跳。主要运动方向：前、后。

第1拍：右脚向前迈一步，两臂经前绕至侧上举，花掌，掌心向内。

第2拍：向左转体180°，手臂还原至体侧。

第3拍：右脚向前迈一步，两臂前摆至前侧下举，花掌，掌心向前。

第4拍：动作同第2拍。

第5拍：右脚向前弹踢，右臂侧举，合掌，掌心向下，左臂前举，合掌，掌心向下。

第6拍：右脚小跳，左脚后屈，两臂还原于体侧。

第7拍：动作同第5拍，方向相反。

第8拍：动作同第6拍，方向相反。

第二个八拍

主要动作：迈步转体360°。主要运动方向：左、右。

第1拍：右脚向右迈一步，两臂侧下举，合掌，掌心向内。

第2拍：左脚向右前交叉迈一步，向右转体180°，手臂同第1拍。

第3拍：右脚向右迈一步，向右转体180°，手臂同第1拍。

第4拍：左脚脚尖点地，右胸前击掌一次。

第5—8拍：动作同第1—4拍，方向相反。

第三个八拍

主要动作：上步吸腿跳。主要运动方向：前侧，成“V”形。

第1拍：右脚向右前方迈一步，右臂侧上举，花掌，掌心向后，左手胸前平屈，花掌，掌心向后。

第2拍：右脚小跳一次，左腿前吸，右臂胸前平屈，花掌，掌心向后，左臂侧下举，花掌，掌心向后。

第3拍：左脚还原，手臂同第1拍。

第4拍：右脚还原，手臂还原体侧。

第5—8拍：动作同第1—4拍，方向相反。

第四个八拍

主要动作：迈步后屈腿转体。主要运动方向：左、右。

第1拍：右脚向右迈一步，两臂前举，合掌，掌心向下。

第2拍：左腿后屈，同时向右转体180°，手臂收于腰间，握拳，拳心向上。

第3拍：左脚向左迈一步，手臂同第1拍。

第4拍：右腿后屈，同时向右转体180°，手臂同第2拍。

第5拍：动作同第1拍。

第6拍：左腿后屈，手臂同第2拍。

第7拍：左脚侧点地，手臂同第1拍。

第8拍：动作同第6拍。

第五个八拍至第八个八拍动作同第一个八拍至第四个八拍，方向相反。

（三）技术动作重点、难点

（1）单个手臂动作重点、难点参见健美操基本动作。

（2）组合动作整体重点、难点在于转体的用力，姿态的控制，对路线和方向的掌握。

（3）组合难点在于动作的节奏与音乐节奏的吻合、交融与提升。

（四）教与学的方法

（1）教师先示范、领做，学生集体模仿练习。

（2）教师利用提问法、启发式教学，讲解动作要点，并指出易犯错误。

（3）学生结合教师讲解，进行集体、分组练习，小组内互相纠正错误、自我评价、合作学习。

（4）学生分组创编、展演、评价。

（五）易犯错误与纠正方法

易犯错误一：路线、方向不准确。

纠正方法：教师先演示一下路线，有条件的可以播放录像资料或展示路线图。学生先练习步伐，然后练习路线，最后配合手臂练习。

易犯错误二：身体重心不稳。

纠正方法：注意对姿态的控制，把握面、身体、脚尖的正确方向。

易犯错误三：跟随音乐能力差，手忙脚乱。

纠正方法：选择中速的、学生喜欢的音乐；学生多听音乐；每一节课后尽量跟随音乐练习。

（六）教学要求与建议

（1）该组合动作要求面、身体、脚尖的方向准确，身体姿态控制力强，运动路线清晰。教师始终用积极的语言鼓励和提示学生。

（2）该组合动作简单，手臂配合容易，但运动方向、路线要求较高，学生可以先熟悉步伐，然后配合路线练习，有能力的学生再配合手臂练习。如果学生协调性不好，提示学生不要在意别人完成的程度，先做好步伐练习，超越自己就够了。动作前四个八拍以先出右脚为主，后四个八拍换成左脚，动作相反，教师可以只教右脚动作，左脚动作可以让学生自己讨论学习，培养他们观察、思考、学习的能力。

（3）教师要根据学生的学习能力、身体素质状况，在总体运动形式确定的前提下，调节练习的难度、强度、幅度，音乐的速度。水平较低的学生，可选择节奏较慢的部分动作，只重复练习每节的前两个八拍；水平较高的学生在熟悉动作后，可选择节奏较快的部分，只重复练习每节的后两个八拍。刚开始练习时选择速度较慢的音乐，熟练掌握后可选择速度较快的音乐，等等。

（4）教师采用多种教与学的方法教授学习内容。如采用链接法学会A组合内的每一个八拍，学会A组合再学B组合内容。最后连接起来练习A＋B，反复练习。

（5）教学的过程中，遵守循序渐进的原则，不要急于求成，要先让学生了解动作组合的规律，熟练掌握单个动作，然后将动作组合连起来做，留充足的时间给学生自练，通过互相纠正、练习掌握动作，最后跟随节奏分明、速度适宜的音乐练习，还可请几位学生分小组轮流表演，请大家观看、分析、讨论、谈自己的看法，让学生给同伴纠正错误动作，解决存在的问题，培养学生的评价能力、解决问题的能力以及敢于展示自我的精神。

（6）音乐是健美操的灵魂。练习初期，要有意识地开发和训练学生的节奏感，听一些旋律简单、对称的音乐，使学生在听懂音乐节奏的基础上慢慢掌握节奏。建议选择中速音乐配合练习。

（7）可以把编好的组合套路，绘成图解或制成影像资料发给学生，让学生自己学习，然后在课堂上抽查，提高学生学习主动性。

（8）在掌握基本动作之后，可引导学生采用多种方法和途径进行学习和改编所学内容，培养学生的创新思维和提高他们的学习兴趣。

五、双人健美操组合

（一）教学目标

通过教学使学生正确掌握科学的练习方法，学会控制自己的动作，能把学到的知识相互迁移、相互渗透，并能够灵活地运用；培养学生互相谦让、协调配合、友好相处、克服困难、团结合作、勇于创新的精神；发展学生的思维力、灵活地处理事物的能力和展示自己的能力。

（二）技术动作要点

预备姿势：分腿站立，两人成150°开位，a右手侧上举，左手握b右手，b与a动作相反（两名队员可以是同性别，也可以是不同性别；动作不同时会标出a、b两人各应做的动作，没有标出则为两人动作相同）。

第一个八拍

第1拍：a左手用力拉起b右手，b右脚向前一步。

第2拍：a左手拉b右手至侧上举；b吸左腿旋转360°，右臂上举，左臂叉腰。

第3、4拍：左脚落地。

第5拍：右脚上步，右臂侧上举，并掌，掌心向外，左臂叉腰。

第6拍：右脚小跳，左腿后摆，手臂不变。

第7拍：左脚上步，右臂胸前屈，左臂侧下举，两臂成一条直线，合掌，掌心向下。

第8拍：跳吸右腿，左臂肩上屈，合掌，指尖触肩，右臂侧平举，花掌，掌心向上。

第二个八拍

第1拍：跳成开立，两臂侧平举，合掌，掌心向下。

第2拍：跳成并立，胸前平屈，握拳，拳心向下。

第3拍：右脚向侧弹踢1次，左手侧上举，花掌，掌心向上，右手侧平举，合掌，掌心向下。

第4拍：右脚向侧弹踢1次，两手叉腰。

第5、6拍：右脚向右前迈步转体180°，右臂上举，花掌，掌心向左。

第7、8拍：左脚向前迈步、并腿，左臂侧下举，合掌，掌心向内。

第三个八拍

第1拍：右腿前踢腿跳，两臂侧平举，花掌，掌心向上。

第2拍：左腿后踢腿跳，两臂胸前平屈，右臂在上，合掌，掌心向下。

第3拍：开合跳，两臂经上绕至侧下举。

第4拍：吸左腿，左臂胸前平屈，右臂肩侧屈，分掌，掌心向前。

第5、6拍：向左恰恰步，左手叉腰，右臂肩上向前屈伸2次，握拳。

第7、8拍：迈步并腿跳，跳成背对背，手臂还原于体侧。

第四个八拍

第1拍：a右脚前弓步跳，双臂侧下举，微屈，花掌，掌心向内。

第2拍：a左脚后吸，左手叉腰，右手脸前屈，分掌，掌心向外。

第3拍：a左脚前跑跳，两臂腹前交叉，合掌，掌心向下。

第4拍：a右脚前踢，右臂侧平举，合掌，掌心向下，左手肩上屈，指尖触肩。

第5拍：a开合跳，右臂胸前屈，左臂腹前屈，合掌，掌心相对。

第6拍：a左腿前吸，左臂还原至体侧，右臂胸前平屈，合掌，掌心向下。

第7拍：a左脚前交叉点地，双臂胸前屈交叉，左臂在外，握拳，拳心向内。

第8拍：a右腿侧摆腿跳，左臂侧上举，右臂侧平举，花掌，掌心向上。

b与a动作相同，方向相反。

第五个八拍

第1拍：跳成开立，左手叉腰，右手前平举，分掌，掌心向下。

第2拍：跳并，手臂还原于体侧。

第3拍：跳成开立，两臂侧下举，合掌，掌心向内。

第4拍：跳并，两人面对面，手臂头上交叉，花掌，掌心向前。

第5、6拍：左脚上步，左臂屈肘，两人掌心相对。

第7拍：右腿侧踢，两臂上举，手掌重叠，掌心向下。

第8拍：跳并，还原成直立。

第六个八拍

第1拍：右脚前踢，两臂侧上举，花掌，掌心向上。

第2拍：跳成半蹲，左手臂还原至体侧，右手经前绕至头后屈，合掌。

第3拍：左腿摆腿跳，左臂肩上屈，右臂侧下举，合掌，掌心向内。

第4拍：右腿后踢腿跑，左手下举，右手上举合掌，掌心向外。

第5拍：左腿后踢腿跑，左臂肩上屈，大小臂成90°，立掌，右臂侧下举，掌心向内。

第6拍：右脚后踢腿跑，胸前击掌，肘与肩平。

第7拍：跳成半蹲，左臂侧上举，压腕，右手侧下举，立掌，掌心向下。

第8拍：跳并，左臂腰后屈，分掌，掌心向后，右臂头上屈，分掌，掌心向前。

第七个八拍

第1拍：跳成开立半蹲，两人面对面，胸前击掌。

第2拍：膝关节伸直，击对方右掌。

第3拍：同第1拍的动作。

第4拍：同第2拍的动作，但击左掌。

第5拍：同第1拍的动作。

第6—8拍：腿弹动，击掌三次，胸前、脸前、头上依次升高。

第八个八拍

第1、2拍：并腿小跳2次，a左手腰后屈，右臂腰侧屈，前臂屈伸2次，打响指2

次。b与a动作相同，但手臂相反。

第3、4拍：a向右迈一步，重心在右脚，两臂经体前向外绕至左臂侧平举，握b右手，右臂侧上举，合掌，掌心向外。

第5拍：a左脚向左上一步，左手拉b右手至上举；b右脚向右上一步，右手上举。

第6拍：a向左转一圈。

第7、8拍：a向左侧迈一步成左侧弓步，两臂经前绕至左臂侧上举，右手侧平举，握b左手。

b与a动作相同，但方向相反。

（三）技术动作重点、难点

（1）单个手臂动作重点、难点参见健美操基本动作。

（2）组合动作整体重点、难点在于两人动作一致，包括动作节奏、动作幅度，两人要配合好。

（四）教与学的方法

（1）教师先示范领做，学生集体模仿练习。

（2）教师利用提问法、启发式教学，讲解动作要点，提问并指出易犯错误。

（3）学生结合教师讲解，进行集体、分组练习，小组内互相纠正错误、自我评价、合作学习。

（五）易犯错误与纠正方法

易犯错误一：两人动作、节奏不一致。

纠正方法：强调动作的发力时机。

易犯错误二：动作幅度大小不一致。

纠正方法：分组时尽量安排两个身高、体形、柔韧素质相当的学生为一组；强调对姿态的控制，幅度大的减小动作幅度，幅度小的增大动作幅度，使两人幅度相接近。

易犯错误三：缺乏配合意识、无表现力。

纠正方法：先了解双人操的特点以及相互配合在双人操中的重要性等，再进行学习。

易犯错误四：动作不熟练，队形混乱。

纠正方法：先学动作，待熟练后，向学生介绍场地和队形，明确每个动作所经过的队形路线，强调队形到位的节拍，再逐节地进行动作加队形的练习。

易犯错误五：音乐选择不当。

纠正方法：应让学生试听音乐，给学生一定的时间，自己配合音乐练习，熟悉音乐的节奏。练习时节奏太快，动作和队形配合无法完成，节奏太慢，造成练习效果不佳，音乐节奏在10秒钟为24拍比较适宜。

（六）教学要求与建议

（1）教学前，先向学生介绍双人健美操的风格和特点，特别要介绍双人操与单人操的区别，对场地的要求，队形的变化及双人的密切配合，等等。有条件的学校，最好先让学生观看教学录像片，让学生对双人健美操有一个直观、完整的印象，这对教学效果有积极的促进作用。

（2）练习中，可让学生自愿结合，组成双人组，可男女混合，也可双男、双女，学习能力强的学生可以互换角色，教师在教单个动作时，要加强培养双人配合意识。发现动作表现比较好的学生，要给予肯定和表扬，激发学生的表现欲望。

（3）教学中，先教动作，待动作熟练后，让学生自己试配队形练习，教师及时提示队形如何变化。

（4）学生开始练习时选择慢速音乐练习，避免学生跟不上音乐节奏而产生厌学情绪。动作熟悉后再选择稍快一点的音乐，最后配合动作、队形跟随音乐练习，增强教学效果。

（5）可以和影像资料里的领操员一起练习，开拓学习面，可根据自己的爱好，学会选配音乐，尝试编辑自己学过的动作组合。

（6）可以把编好的组合套路绘成图解或制成影像资料发给学生，让学生自己学习，然后在课堂上抽查，提高学生学习主动性。

第三节　有氧搏击操

有氧搏击操是在有氧健身操的基础上融音乐、舞蹈、拳击、跆拳道、空手道等搏击运动的基本内容于一体的有氧健身操，具有健美、减肥、娱乐、健身、增强自信心、调节情绪、放松精神等多种功效。有氧搏击操不同与拳击、跆拳道的竞技性，而是结合项目的特点，体现科学、安全、有效、全面的健身要求，对直拳、勾拳、摆拳、踹腿、弹踢等基本技术进行改编，使动作简单易学，具有时代感、趣味性、健身性，使挑战性与娱乐性融为一体。当一个人真正参与有氧搏击操的锻炼时，在节奏强劲的音乐下，在英姿飒爽的拳脚之间，切身感受其中之快乐，会被其独特的魅力所吸引，并从中受益。

搏击操的站姿来源于搏击项目的防卫姿态，分正面站姿和格斗站姿。

正面站姿：双腿平行，分立成直线，双膝微屈，收腹，双肩平行、自然下垂、放松，双臂屈肘握拳于下颌部，双臂垂直于地面，重心在两腿之间。

格斗站姿：双腿前后站立稍屈膝，分立，后腿屈45°，双脚内扣，身体侧对正面，重心在两腿之间，手臂同正面站姿。拳法包括正直拳、侧直拳、摆拳、勾拳、锤击；拳法一般由站姿开始，由脚底蹬地传递至腰腹，再由腰腹带动手臂出拳，腿部与腰部同时发力瞬间带动手臂向外发力至虚拟着点，紧接收回。整个过程应一气呵成。在腿法中，主力腿的稳定是至关重要的，主力腿应微屈，使身体重心下移，保持必要的稳定，同时身体随着动作要做与腿相反的倾斜，以保持身体的平衡与稳定。

一、直拳

（一）教学目标

使学生掌握直拳的基本技术；通过单个动作反复练习，掌握如何发力、发力顺序以及对肌肉的控制。

（二）技术动作要点

拳由站姿手臂开始，发力由腿、腰带动冲拳，同时手臂内旋到达虚拟远端着点，到达点之前，身体保持放松，到达一瞬间紧张，随后放松收回站姿手臂位置。

（三）教学重点

发力顺序。

（四）教与学的方法

（1）教师先示范领做，学生集体模仿练习。

（2）教师讲解，并指出易犯错误。

（3）学生结合教师讲解，进行集体、分组练习，小组内互相纠正错误。

（五）易犯错误与纠正方法

易犯错误：发力时机不明确。

纠正方法：蹬地转体时放松身体，加速冲拳，至虚拟目标时减速制动，拳心由在腰间向上至目标时旋转向下。减慢速度完成动作，体会用力。

（六）教学要求与建议

假想攻击目标为对方的下颚或腹部，可以由同伴提供手或者其他标志物。发力顺序从腿、腰、肩、拳开始，手臂和肩部成一直线，控制肘关节周围肌群的收缩，不使关节过分强直，以免造成肘关节损伤。

二、勾拳

（一）教学目标

使学生掌握勾拳的基本技术；通过单个动作反复练习，掌握如何发力、发力顺序以及对肌肉的控制。

（二）技术动作要点

发力与直拳相同，手臂由站姿手臂位置开始，先向后摆再由后经下向上冲拳至虚拟远端着点，手臂要始终保持屈肘90°，紧贴身体，另一只手臂保持防御姿势。

（三）教学重点

手臂发力臂形。

（四）教与学的方法

（1）教师先示范领做，学生集体模仿练习。

（2）教师讲解，并指出易犯错误。

（3）学生结合教师讲解，进行集体、分组练习，小组内互相纠正错误。

（五）易犯错误与纠正方法

易犯错误：手臂路线不准确；手臂伸直。

纠正方法：从腰部发力，出拳的一侧肩膀降低，该侧臀部扭转，拳由下向上击打，拳头反转，拳心向着自己；控制用力，保持手臂屈肘90°的臂形。

（六）教学要求与建议

要求学生先慢速练习，体会用力顺序及发力与制动，再常速练习。避免腕关节和肘关节损伤。假想攻击目标为对方的肋部或鼻子。

三、摆拳

（一）教学目标

使学生掌握摆拳的基本技术；通过单个动作反复练习，掌握如何发力、发力顺序以及对肌肉的控制。

（二）技术动作要点

发力、开始姿势与直拳相同，屈臂向外提肘。手臂弧形摆动伸至虚拟远端着点。收回至开始姿态。

（三）教学重点

手臂运行路线。

（四）教与学的方法

（1）教师先示范领做，学生集体模仿练习。

（2）教师讲解，并指出易犯错误。

（3）学生结合教师讲解，进行集体、分组练习，小组内互相纠正错误。

（五）易犯错误与纠正方法

易犯错误：出拳路线和发力顺序不准确。

纠正方法：出拳时臂和肩成一弧形，稍伸肘，发力顺序从腿、腰、肩、拳至虚拟目标。

（六）教学要求与建议

假想攻击目标为对方的脸颊或两肋。要求学生先慢速练习，体会用力顺序及发力与制动，再常速练习。避免腕关节和肘关节损伤。

四、肘击

（一）教学目标

使学生掌握肘击的基本技术；通过单个动作反复练习，掌握如何发力、发力顺序以及对肌肉的控制。

（二）技术动作要点

两脚平行站立，以右手横击为例，左腿首先蹬地，移动重心至右腿，腰部发力向右移动，左手掌推右手拳至右侧，最后力量到达肘关节。

（三）教学重点

击打点用力控制。

（四）教与学的方法

（1）教师先示范领做，学生集体模仿练习。

（2）教师讲解，并指出易犯错误。

（3）学生结合教师讲解，进行集体、分组练习，小组内互相纠正错误。

（五）易犯错误与纠正方法

易犯错误：肩过度外展。

纠正方法：肘关节运行至假想目标时制动。

（六）教学要求与建议

假想攻击目标为对方的躯干或两肋。要求学生先慢速练习，体会用力顺序及发力与制动，再常速练习。避免肩关节和胸大肌损伤。

五、顶膝

（一）教学目标

使学生掌握顶膝的基本技术；通过单个动作反复练习，掌握如何发力、发力顺序以及对肌肉的控制。

（二）技术动作要点

支撑腿微屈，动力腿用力提膝，同时稍收腹，身体稍后仰。

（三）教学重点

提膝时身体重心稳定。

（四）教与学的方法

（1）教师先示范领做，学生集体模仿练习。

（2）教师讲解，并指出易犯错误。

（3）学生结合教师讲解，进行集体、分组练习，小组内互相纠正错误。

（五）易犯错误与纠正方法

易犯错误：身体晃动。

纠正方法：主力腿微屈，下肢肌肉发力，控制身体。

（六）教学要求与建议

假想攻击目标为对方的下颚或腹部。

六、踹腿（前、侧、后方向）

（一）教学目标

使学生掌握踹腿的基本技术；通过单个动作反复练习，掌握如何发力、发力顺序以及对肌肉的控制。

（二）技术动作要点

支撑腿同顶膝，动力腿由屈膝提起开始发力，同时伸直腿，勾脚至虚拟端点，后由原路收回，身体向相反方向倾斜使身体保持平衡。

（三）教学重点

伸直腿时重心稳定。

（四）教与学的方法

（1）教师先示范领做，学生集体模仿练习。

（2）教师讲解，并指出易犯错误。

（3）学生结合教师讲解，进行集体、分组练习，小组内互相纠正错误。

（五）易犯错误与纠正方法

易犯错误：用力点不正确。

纠正方法：用脚侧缘攻击至虚拟远端目标动作完成，支撑腿转髋转脚跟，收回动力腿。

（六）教学要求与建议

假想攻击目标为对方的胫骨、膝盖骨侧面、大腿骨侧面。

七、跳踢

（一）教学目标

使学生掌握跳踢的基本技术；通过单个动作反复练习，掌握如何发力、发力顺序以及对肌肉的控制。

（二）技术动作要点

两脚前后开立，目视目标，一腿屈膝抬起，落下的同时另一腿直腿上踢并跳起。动作目标为对方的躯干、脸。

（三）教学重点

踢腿时机。

（四）教与学的方法

（1）教师先示范领做，学生集体模仿练习。

（2）教师讲解，并指出易犯错误。

（3）学生结合教师讲解，进行集体、分组练习，小组内互相纠正错误。

（五）易犯错误与纠正方法

易犯错误：两腿用力不协调。

纠正方法：分腿重复完成练习。

（六）教学要求与建议

假想攻击目标为对方的躯干、脸。

八、基本组合教学

（一）教学目标

1.认知目标

了解搏击操的结构，通过身体姿态的学习和训练，发展思维、观察、注意、记忆、感知、想象力和创造力。陶冶学生的心灵与情操，促进学生对健与美的正确认识。

2.技能目标

通过搏击组合的长期练习，促进肌肉生长，提高肌肉加速运动与制动的能力，提高神经控制能力。培养控制身体平衡和正确姿态的能力。通过动作姿态的学习学会表现美和欣赏美。

3.情感目标

通过动作姿态的学习提高自信心，勇于展现自我，培养学生的参与意识。培养学生不怕吃苦、努力学习的精神品质。通过同学之间相互的学习、帮助，增进友谊，增强团队协作意识。

（二）技术动作要点

有氧搏击组合A（8×8）

预备姿势：搏击操的准备姿势。

第一个八拍

第1—4拍：向右连续并步两次，同时右臂向侧直拳两次，一拍一动。

第5—8拍：同第1—4拍，方向相反。

第二个八拍

第1—4拍：两腿开立，稍屈膝，右、左臂依次勾拳一次。

第5拍：右臂摆拳。

第6拍：两臂摆至左侧上举。

第7拍：右腿顶膝。

第8拍：还原成右脚在前的预备姿势。

第三个八拍

第1—4拍：右、左臂依次向前直拳一次。

第5拍：右臂手掌向上劈至胸前屈。

第6拍：手臂不动，左腿并右腿。

第7、8拍：左腿前踢，落成预备姿势。

第四个八拍

第1—4拍：踏步向左转体360°。

第5、6拍：双脚向右小跳两次。

第7、8拍：半蹲，向右击肘。

第五个八拍至第八个八拍动作同第一个八拍至第四个八拍，方向相反。

有氧搏击组合B（8×8）

预备姿势：搏击操的准备姿势。

第一个八拍

第1—4拍：右、左臂依次向前直拳一次。

第5、6拍：右臂勾拳一次。

第7、8拍：右臂手掌劈至右下方。

第二个八拍

第1、2拍：右腿向左前方顶膝，落至左脚前交叉，两臂经上举屈肘下摆。

第3、4拍：左、右脚依次后退一步成屈膝开立，两臂胸前屈防御。

第5、6拍：右臂向前下锤击一次。

第7、8拍：动作同第5、6拍，方向相反。

第三个八拍

第1—4拍：向右交叉步，两臂胸前屈防御姿势，第4拍成右迈步点地，左臂向右前直拳。

第5—8拍：向左交叉迈步点地，右臂向左做前直拳。

第四个八拍

第1—4拍：双脚向左小跳两次，左臂向左侧直拳两次。

第5拍：右脚带动身体左转，右臂向左前直拳。

第6拍：右脚并左脚，两臂在胸前呈防御姿势。

第7、8拍：左腿侧踹一次落成半蹲。

第五个八拍至第八个八拍动作同第一个八拍至第四个八拍，方向相反。

（三）技术动作重点、难点

（1）单个动作重点、难点参见搏击健美操基本动作。

（2）组合动作整体重点在于保持躯干的适度紧张，移动时对身体重心的控制。做到稍含胸、收腹、立腰；落地时注意缓冲，稍屈膝。

（3）组合难点在于动作的节奏与音乐节奏的吻合、交融与提升。

（四）教与学的方法

（1）教师先示范领做，学生集体模仿练习。

（2）教师利用提问法、启发式教学，讲解动作要点，提问并指出易犯错误。

（3）学生结合教师讲解，进行集体、分组练习，小组内互相纠正错误、自我评价、合作学习。

（4）学生分小组展演、评价。

（五）易犯错误与纠正方法

易犯错误一：身体重心不稳。

纠正方法：强调含胸、收腹、立腰，全身收紧，重心上提。

易犯错误二：跟随音乐能力差。

纠正方法：多听音乐；每一个八拍学习后尽量跟随音乐练习。

易犯错误三：正反面混淆。

纠正方法：了解每组组合操的结构，每个组合共八个八拍，练熟正面再做反面。

（六）教学要求与建议

（1）有氧搏击操有科学、安全、有效等特点，其动作简单易学，更具有时代感、趣味性、健身性，使挑战性与娱乐性融为一体。要强调动作的缓冲和弹性，加强脊柱、肩关节、髋关节、膝关节、踝关节的肌肉收缩与放松的控制练习，避免动作僵硬或者关节过伸。

（2）加强呼吸练习，调整呼吸，配合动作，使动作练习达到完美状态。

（3）教学内容要连续和渐进。有氧搏击操严格按照有氧操的结构进行，运动强度适中，动作的选择以增进健康、避免伤害为原则。课程难度和运动强度逐渐加大。

（4）建议选择节奏感强、节奏较快的音乐。在强劲的音乐伴奏下和老师的带领下，在发力间伴着整齐有力的呐喊声，使整个课堂的气氛热烈。学生在这种气氛下练习热情将极大提高，使锻炼成为一种娱乐，原本艰辛的锻炼过程变得轻松愉快。在面对假想的敌人投入激情时，练习中得到“挑战”的乐趣。

第四章　篮球教学

第一节　基本技术

一、运球：急停、急起、变向

（一）教学目标

（1）了解运球急停急起与变向的作用和动作要领。

（2）明确认知目标后学习具体技术动作，通过练习掌握动作，并能够在实战中灵活运用。

（3）通过该动作的学习引导学生对运动生活和学习的思考。

（二）动作分析与要领

（1）运球急停、急起：以右手运球为例，急停时，重心降低，左脚掌内侧蹬地急停，球控制在重心位置，手掌按压球的正上方，运球高度在膝关节上下；急起时，重心前压，右脚前脚掌用力蹬地，手按拍球的后上方，运球高度与髋关节同高。

（2）急起加体前换手变向运球：（以右前方向左前方变向为例）右手迅速按拍球的右侧上方，使球向身体左侧反弹，低重心，右脚蹬跨、转体、侧右肩保护球的同时换左手运球，加速超越并逐渐提高重心（如图4–1）。

图4–1

（三）教学重点、难点

（1）重点：急停急起变向过程中对球的控制。

（2）难点：蹬地急停的效率与蹬转变向的时机。蹬地急停的效率指的是在快速运球急停中，在最短的距离内停下，并能很好地保护球。急停有惯性，对于运球不是很熟练的学生在完成这一练习时经常会掉球，或者在接收到急停信号后要做很长距离的缓冲，这都是蹬地急停动作效率低下的表现。最好的时机是在防守队员重心随前急于调整回来的那一瞬间，防守后退，进攻向前，形成摆脱。

（四）教与学的方法

（1）徒手练习跨步急停、变向跑。体会急停时蹬地用力的脚步动作。

方法：底线至中线往返跑，往返三五趟为一组，要求尽全力。

（2）原地高运球、低运球，单手前推后拉运球，原地体前换手变向运球，体会按拍球的部位，提高手控制球的能力。

方法：原地分组练习，教师指挥变换运球动作，要求学生看老师手势，并及时做出反应。

（3）看信号运球急停急起练习。培养学生抬头运球习惯。

方法：分组做底线往返28米急停急起练习，学生抬头看教师手势做出相应变化，要求抬头，控制球的方向并保持与身边同伴的距离，防止人球相撞。

（4）遇标志杆体前换手变向练习。

方法：右前方4～6米处设一标志杆，右手运球跑到标志杆前向左前方换手变向运球跑。重点是变向时上步探肩保护球的动作。

（5）“之”字形路线连续做体前换手变向练习。

方法：列队按顺序依次沿边线做练习，重点体会手脚协调配合，手控制球的能力。

（6）一对一对抗体前换手变向运球练习。体会运球变向时机和保护球的动作。

方法：全场一攻一守练习体前换手变向运球，防守人消极防守，运球人利用体前换手变向运球，争取突破对方防线。

（五）易犯错误与纠正方法

易犯错误一：低头运球。

纠正方法：练习时让学生看信号做出反应，反复做。

易犯错误二：变向运球时，上步速度慢，保护球不力。

纠正方法：练习者做原地体前换手变向运球，同时迅速上步做侧身倒肩的练习。

易犯错误三：运球变向后，不是在体侧运球，而是习惯在体前运球。变向运球手按拍球点太高，速度太慢。

纠正方法：运球人前设防守人，在对方犯上述错误时打掉对方的球。

易犯错误四：急停运球缓冲期过长，不能迅速停下。

纠正方法：练习者做快速往返跑练习，体会上步前脚掌蹬地急停动作，并在运球急停时加以运用。同时运球动作由行进中拍球的后上方迅速变为按压球的正上方。

（六）教与学的建议

（1）在运球教学中，可以一些熟悉球性的练习方法作为辅助练习，通过多种方式提高学生兴趣。

（2）在运球教学中，向学生讲授与运球有关的规则，如走步、非法运球。

（3）在练习中应重视运球后的持球动作，包括原地运球后持球，急停后持球，奔跑中接球、持球，为以后与传球、投篮技术结合打好基础。

（4）在运球教学中，应注意运用对抗练习手段，可借助一些运球游戏提高学生兴趣，以增加对抗机会。

（5）有条件的学校可充分利用多媒体，帮助学生建立正确的动作概念。强调通过同学间互相观摩、帮助、评价以及师生对话，提高学习效率。

（6）这一动作可在初期几次课学习中作为重点练习动作，在以后的课程学习中作为专项准备活动加以巩固练习。

二、原地单手肩上投篮

投篮是篮球运动中得分的重要技术手段之一，分为肩上投篮和低手上篮。原地单手肩上投篮是各种肩上投篮的基础动作，比如行进间单手肩上投篮，原地跳起单手肩上投篮（跳投），等等。

（一）教学目标

（1）了解各种投篮的动作方法和运用时机。

（2）掌握原地单手肩上投篮的基本要领。

（3）培养学生的专注力和稳定的心态。

（二）动作分析与要领

以右手原地单手肩上投篮为例，右手五指张开，掌心空出，持球于右肩上方，大拇指与眉毛同高，腕关节、肘关节与肩关节呈大约90°，左手置于球的左侧，不施力，仅保护球。两脚前后开立，右脚在前，屈膝、收髋，含胸抬头目视篮筐瞄篮；蹬地，舒展身体，抬肘伸臂，手腕前屈，手指拨球（尤其是食指和中指）将球送出。

（三）教学重点、难点

（1）重点：①屈膝蹬地，抬肘伸臂，压腕拔指。②原地单手肩上投篮是篮球运动中的基本动作之一，球场上的一切动作都是围绕得分而展开的。初学投篮时一定要掌握正确的投篮动作，切忌在初学阶段为了投进而投篮，破坏了建立正确动作表象的最佳时机。投篮距离可以近一点，体会手指、手腕送拨球的动作。送拨球时手指的分工如下：大拇指和小拇指控制球的方向，食指、中指和无名指用力拨球，其中，食指、中指主要施力，无名指随前。时刻铭记：力量来源于腿部。

（2）难点：①动作协调一致，用力正确。②初步掌握投篮的动作后，要提高投篮命中率。投篮投进与否不是简单的动作对错的问题，练习者要通过反复的练习，建立稳定的动作模式，在各种环境下保持心理和身体的稳定，从而提高命中率。

（四）教与学的方法

（1）原地徒手模仿练习，建立完整动作表象。

方法：集体列队听教师口令进行徒手练习，体会投篮准备姿势（三个90°）。

（2）对墙拍球，体会手指、手腕对球的控制。

方法：以右手对墙拍球为例，练习者面对墙站立，与墙的距离不得超过一球，右臂竖直高举，肘关节伸直或微曲。右手五指张开，各手指分工同投篮，对墙拍球。拍球时全身放松，用力点集中在右手手指、手腕上。

（3）原地做持球空投，体会抬肘伸臂，压腕拨指。

方法：两人一组面对面站立，做持球投篮动作，进行自评和互评。

（4）近距离（1.5米）投篮练习，体会给定目标下的抬肘伸臂，压腕拔指。

方法：列队在罚球线前，距篮筐约1.5米的位置投篮，轮流依次进行，教师逐个检查投篮动作。

（5）原地投篮练习（3～5米），体会腿部蹬伸发力。

方法：5人一组用两球，4人捡球传递，1人投篮，10个球一换，要求投篮距离由近及远，连续投篮，稳定手型。

（五）易犯错误与纠正方法

易犯错误一：手指、手腕用力不正确，球出手后方向不稳定。

纠正方法：要求投篮出手后，手指要指向球篮，掌心向下略向外。

易犯错误二：投篮出手后，球飞行弧线太低。

纠正方法：要求学生投篮伸臂时竖直向上，做持球原地投上去、迎下来的动作。

易犯错误三：总犯同一错误。如投篮力量过大或过小，或偏向一侧，等等。

纠正方法：缩短投篮距离，加强稳定手型的练习，掌握正确的动作后逐渐用力，拉远投篮距离。在缩短投篮练习的过程中强化五指分工，通过手指分工稳定投篮方向，教师可以用对墙运球练习学生手指、手腕对球的控制能力。

易犯错误四：投篮出手用力错误，小臂外旋，球从无名指和小拇指中滑出。

纠正方法：对墙拍球，体会手指、手腕送拨球的动作，尤其是食指、中指用力拨球的动作，这一动作与投篮最后出手动作相同。

（六）教与学的建议

（1）学生动作尚未定型时，不要强调命中率，否则学生注意力集中在命中率上，容易做出错误动作。

（2）要培养学生的注意力，投篮时提示学生不要分散注意力，养成注意力集中的好习惯，这可以提高投篮命中率。

（3）培养学生稳定的心理素质，用规定任务的方法，如要求学生必须投中一个空心球或两组比赛连续进球次数等，提高学生的注意力。

（4）根据学生实际情况适当调整投篮距离，使其有投中的机会，培养其自信心，水平提高后再逐渐增加距离。

（5）投篮练习是一个枯燥、乏味的反复练习过程，教师在教学中可适当结合游戏竞赛，提高学生的练习积极性。

（6）每次课的教学重点略有差异，如准备姿势强调持球动作，手臂形态和手指分工；近距离投篮强调提肘压腕，垂直发力；稍远距离强调力量来自腿部，蹬地发力。

三、行进间单手肩上投篮

（一）教学目标

（1）了解各种投篮的动作、方法和运用时机。

（2）掌握行进间单手肩上投篮的基本要领。

（3）培养学生的专注力和稳定的心态。

（二）动作分析与要领

行进间单手肩上投篮的动作有两种：一是俗称的三步高手上篮；二是俗称的跨步跳投。

三步高手上篮的动作要领：运球至三分线以内罚球线附近收球起跨，以右手上篮为例，跨右脚，第一步大，第二步小，第三步单腿提膝向上跳起投篮，右手动作与原地单手肩上投篮动作相同。

跨步跳投的动作要领：以右手运球、右手投篮为例，运球停止左脚向左前上方跨跳出去，右脚跟上，右脚前脚掌蹬地制动向上跳起投篮，投篮动作同单手肩上投篮。以左手运球右手投篮为例，左手运球停止左脚交叉步向右前方跨跳，右脚跟上，形成交叉步跨跳超越防守，然后跳起投篮，投篮动作同单手肩上投篮。

（三）教学重点、难点

（1）重点：跳起投篮时上下肢动作要协调一致。

（2）难点：起跨时收球与跨步要协调一致（初学阶段）；起跳时手指、手腕柔和发力，提高命中率（提高阶段）。

（四）教与学的方法

（1）徒手脚步练习（以右手上篮为例）。

方法：集体列队听口令练习。①三步上篮原地脚步练习口令：准备——开始（连续跨三步）。②原地跨步起跳脚步练习口令：准备——开始。

（2）运一次球后接投篮的练习。

方法：在与篮板成45°角，距球篮5～6米处，运一次球跨步拿球碰板投篮。

（3）慢速运球跑接行进间单手肩上投篮。重点解决起跨拿球的最佳距离及最佳投篮距离。

方法：底线列队全场沿边线运球上篮，依次进行。

（4）连续往返运球跑行进间投篮练习。

方法：从一侧的边线与中线交点处向球篮运球，跑行进间投篮，如投不中须补投中篮，然后拿篮板球跑向另一侧边、中线交点处后，运球返回投篮，投中后运球返回出发点。

（5）45°角持球突破三步上篮练习。

方法：45°角位置面向篮板持球跳步接球做突破上篮练习。

（6）0°角持球突破上篮练习。

方法：0°角位置面向篮框跳步接球做持球突破跨步投篮练习。

（五）易犯错误与纠正方法

易犯错误一：行进间单手投篮时，初学者跨步拿球时容易迈错脚。

纠正方法：增加运一次球上篮练习，逐渐拉远距离。

易犯错误二：行进间上篮时不会利用跑动惯性辅助投篮，投篮时速度降低。

纠正方法：讲清速度快慢与投篮力量大小之间的关系，提倡跑动快速，出手柔和的投篮动作。

（六）教与学的建议

（1）在运球接行进间单手肩上投篮教学时，可用徒手脚步动作练习解决跨步拿球、跳起举球的行进间投篮的脚步动作，然后练习跨步拿同伴手中球后起跳投篮动作，在上述动作基本掌握后，可做运一次球后跨步拿球上篮动作。逐渐过渡到半场距离运球上篮和运球投篮游戏中去。

（2）待运球接行进间单手肩上投篮动作基本掌握后，可结合各种要求的游戏进行练习。如：1分钟内往返三分线与篮下运球接行进间单手肩上投篮游戏；半场往返两次投中四球的运球接行进间单手肩上投篮游戏；全场绕场上三圈运球接行进间单手肩上投篮，往返一次投中两球游戏；等等。

（3）教学过程中应引导学生对自己和同伴的动作评价、分析和比较。适当时候可组织学生讨论，提高自己认识动作的能力。做动作有问题的学生，可先提醒他们，让他们先自己找问题，再帮助他们解决。也可让技术好的同学帮助他们，在班级内养成互帮、互学的风气。

（4）在练习或游戏中要鼓励学生自己找窍门，如碰板的位置、拿球位置、投篮的距离等，让学生自己总结提高投篮命中率的经验。

四、原地跳起单手肩上投篮

原地跳起单手肩上投篮是比赛中最常见的投篮方法之一。它既可以增加投篮高度，又具有较好的稳定性，而且容易与其他动作相结合，所以深受学生喜爱（一般女学生做此动作有些困难，可安排女生练习在跳起后上升阶段出手投篮的动作）。原地跳起单手肩上投篮在中、远距离投篮方法教学中所处的位置应是先学原地单手肩上投篮—随跳随投单手肩上投篮—原地跳起单手肩上投篮—运球急停跳起单手肩上投篮—移动中接传球急停跳起单手肩上投篮。所以教学中要注意前后的衔接与区别对待。

（一）教学目标

（1）了解各种投篮的动作、方法和运用时机。

（2）掌握原地跳起单手肩上投篮的基本要领。

（3）培养学生的专注力和稳定的心态。

（二）动作分析与要领

原地跳起单手肩上投篮的技术动作与原地单手肩上投篮相似，仅在蹬地用力时多加些力，形成跳起动作，跳起到最高点时腹部用力滞空，投篮。

（三）教学重点、难点

（1）重点：跳起后将球在最高点投出。

（2）难点：身体协调用力，确保球在起跳最高点出手。

（四）教与学的方法

（1）复习原地单手肩上投篮练习。

方法：把学生分成两队，分别站在两个半场的罚球线上，投篮拿球后运球到对侧排队投篮，按顺序依次进行。

（2）随跳随投单手肩上投篮练习。

方法：把学生分成两队，分别站在中线的两端，靠右面向球篮，运球至篮下，做行进间单手肩上投篮的动作，并逐渐拉大投篮距离，反复练习。

（3）随跳随投单手肩上投篮练习（升级版）。

方法：同练习（2），要求提高，用同侧步或交叉步的方法停球投篮，动作连贯，尽量跳到最高点投篮。

（4）五点投篮。

方法：以球篮到罚球线的距离为半径画一个比三分线更靠近球篮的圆弧，分别在0°角、45°角和罚球线做五个标记，进行五点投篮。每个点上跳投两次。

（5）运球急停投篮。

方法：三人一组，一分钟自投自抢。距离球篮罚球线远度距离任意点跳投，投篮后抢篮板球，运球出三分线后再返回适当距离继续投篮。

（6）四人一组投篮练习。

方法：一人在固定位置原地投篮，两人捡球，一人供球，连续投20个球，要求记录投进的次数。4人轮换直到整组练习完毕。

（五）易犯错误与纠正方法

易犯错误一：原地跳起肩上投篮时，投篮出手时间过早，上升阶段就出手，会影响今后跳投动作进一步提高。

纠正方法：①明确原理，缩短投篮练习距离，要求其延缓出手时间。②加强核心力量练习，提高身体制空稳定性。

易犯错误二：运球急停原地投篮动作脱节，急停时持球不稳，与投篮动作衔接不上。

纠正方法：急停时右脚在前直接持球在右肩上，重心降低，急停动作就是投篮的预备动作。

（六）教与学的建议

（1）在开始教学时，先复习原地单手肩上投篮的技术动作，在此基础上，让学生做徒手起跳投篮模仿练习，体会全身用力。然后可让学生两三人一组互相跳投模仿练习，体会出手时间与用力的大小。在能基本完成动作时，再对篮练习，练习初期可在近距离进行，动作熟练后再逐渐加大投篮距离。

（2）跳投的学习要结合游戏穿插进行，避免学生感到枯燥。可以分成两队，每队每人投一次，比赛各队投中总数。可以两队各持一球篮，队员依次投篮，比哪一个队连续投中的次数多；比赛个人的连续投中次数。比赛五点投篮；比30秒钟内在3秒限制区外投中的累积数；等等。在游戏中要结合学生遇到的具体情况穿插练习基本动作，以保证学生掌握动作。

（3）教学中结合学生的具体情况，适时引导和启发学生思考问题和解决问题，如跳投时经常出现投不到球篮的现象，这是出手时间晚，起跳方向偏后，球举得太高，手指、手腕用力不够等造成的。不要急于把这些问题告诉学生，可组织大家分析、讨论，找出问题并解决问题。

（4）跳投技术的掌握与运用是不可分的，可结合各种竞赛游戏提高学生运用跳投技术的能力。如在一对一攻守中结合持球突破练习跳投、二攻一、三攻二时练习跳投；在教学比赛中练习跳投。重点在于移动与起跳的联结，对跳投时机的把握。

（5）指导学生探究学习。教学中，启发学生自己找影响投篮命中率的因素，总结提高命中率的方法。比如，初学者碰板较易进球，出手距离适中容易投中，跑动快速而出手柔和容易进球，等等。学生对命中率提高感兴趣，鼓励他们找学习中的窍门，养成学动作、善思考的习惯。

（6）本单元教学内容为原地跳投，为了更好与实践结合，可以在本单元后期进行行进间急停跳投，与上步急停跳投相关的脚步教学也可适当安排。

五、行进间低手上篮

（一）教学目标

（1）了解各种投篮的动作、方法和运用时机。

（2）掌握行进间单手低手上篮的基本要领。

（3）培养学生的专注力和稳定的心态。

（二）动作分析与要领

以右手投篮为例。收球后右脚跨步拿球，左脚迈步蹬地充分向前上方跳起，右手托球伴随惯性向前上方伸展，腕指上挑，使球前旋入篮。

（三）教学重点、难点

（1）重点：上挑投篮。

（2）难点：速度快慢与手举球高低和投篮力量之间的协调配合。

（四）教与学的方法

（1）原地单手托举球练习。

方法：集体列队练习，双手持球于胸前，使球移至投篮手一侧后单手托球前上举（至平行于肩或高于肩）腕指上挑使球至空中。反复练习，体会低手投篮动作，提高手控制球的能力。

（2）原地单手抛球入篮练习。

方法：站在篮下，单手托球，手臂伸展；抛球时，手臂上摆，腕指上挑将球抛出入篮，提高手控制球的能力。沿边线运球至篮下依次进行。

（3）运球1～2次中慢速的行进运球投篮练习。

方法：沿边线列队运球练习。主要体会跑动速度与举球高低的关系，调整投篮出手距离。

（4）快速行进间运球低手投篮练习。

方法：沿边线列队快速运球练习，左右依次进行。主要体会速度对投篮举球高低和腕指上挑力量大小的影响，提高投篮命中率。

（5）接传球的行进间单手低手投篮。

方法：罚球区设一同伴接传球，练习者在中线靠近边线附近，运一次球后，传球给同伴，接同伴回传球单手低手投篮。练习跨步、接球的衔接。

（五）易犯错误与纠正方法

易犯错误一：投篮举球时举的位置过低，跑动速度快，仓促出手，影响命中率。

纠正方法：重复原地举球练习，提示跑动中举球位置提高。

易犯错误二：不会利用跑动惯性辅助投篮，投篮时速度降低，只懂用手臂上摆和腕指上挑力量投篮；不会借助跑动惯性，投篮时动作生硬，降低进球命中率。

纠正方法：讲清速度快慢与投篮力量大小之间的关系，提倡跑动快速，出手柔和的投篮动作。

（六）教与学的建议

（1）行进间单手低手投篮出手柔和，投篮时球在身体的前侧，所以一般应用在快攻时或快速跑动而前面没有防守人时，投篮距离较远时不宜使用此种方法。教师应培养学生养成在不同情况下，采用正确投篮方式的习惯。

（2）在行进间单手低手投篮教学中，在完成动作的基础上，要求学生腾空时间稍长，动作舒展大方，投篮出手时，手要尽量接近篮圈，使整个动作优美、流畅。

（3）在教学中将行进间运球单手低手投篮与行进间单手肩上投篮加以比较，使学生了解两者的区别，包括应用时机、速度、手法的不同等。在此基础上找出它们的共同点，在行进间单手肩上投篮的基础上学习行进间单手低手投篮，可以获得更好的效果。

（4）教学单元后期教师可以介绍多种低手上篮的方法，如勾手上篮、中间挑篮、底线勾手等。

六、双手胸前传接球，单手肩上传接球

（一）教学目标

（1）了解传球在篮球运动中的作用，传球的种类和运用的方法。

（2）掌握基本传球方法：双手胸前传球和单手肩上传球。

（3）遇到防守不慌乱，通过合理的传球处理问题，培养学生随机应变和与同伴合作的意识。

（二）动作分析与要领

（1）原地双手胸前传接球。

传球：双脚前后站立，双腿微曲，含胸屈肘，双手胸前持球。十指张开，两大拇指呈“八”字相对，其余八指竖直朝上，掌心空出，肘关节自然向下。蹬地用力，重心前移，伸臂传球。食指、中指用力拨球，球出手后两掌心向下、向外。

接球：保持球出手时的身体姿态，手部动作与传球准备动作相同，伸出去迎接来球。在触球的一瞬间主动收球，重心后移，屈膝含胸，回到传球的准备姿势。

（2）单手肩上传接球。

传球：以右手肩上传球为例，传球准备姿势同上。持球动作为右手持球后下方，左手在球的左前方。开始传球时，右脚向后撤一步，重心后移，身体侧向前方站立。双手持球向右后方引球，传球时，右脚蹬地用力，身体转向正前方，右手臂大臂带动小臂鞭打传球，手指、手腕拨球，球出手后掌心向下。

接球：同原地双手胸前传接球。

（三）教学重点、难点

（1）重点：接传球手臂与手指、手腕送迎球的技术要领。

（2）难点：上下肢协调发力，控制方向和力量。

（四）教与学的方法

（1）两人一组原地胸前传接球练习。

方法：学生自由组合，距离3～5米进行原地传球练习，练习原地双手胸前传接球，往返50次，要求传球手法正确，球飞行路线平直，落点准确。

（2）原地双手胸前传球接力。

方法：将学生分成两路纵队面对面站立，相距4米左右，排头的同学向对面传球，传球后经右侧跑到对面的队尾站立，如此依次传球接力。原地接球、传球，传球后跑动，连续传球不掉球。

（3）四角传球。

方法：如图4–2。双手胸前传接球，传球后跟进，弧线插上要球时用弧线跑侧身接球，传给对角线上的同学后，从右侧至队尾排队。可根据学生水平的不断提高，增加球的数量。

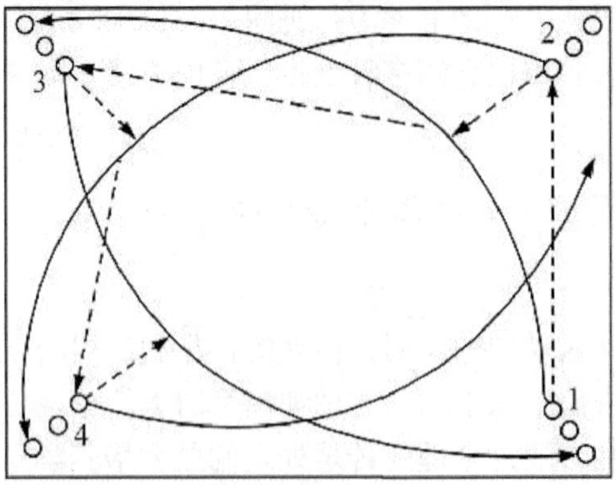

图4–2

（4）原地单手肩上传球。

方法：两人一组相距8~10米练习。听教师口令练习（①上步；②传球）。

（五）易犯错误与纠正方法

易犯错误一：双手胸前传球时肘关节向外张开，近距离传球时体会不到错误动作带来的问题，一旦距离拉长，肘关节外张限制发力。

纠正方法：教师示范，个别指导纠正错误。

易犯错误二：单手肩上传球时上下肢配合不协调。

纠正方法：听口令练习（①上步；②传球）。

易犯错误三：四角传球跑动场面异常混乱。

纠正方法：混乱是因为传完球后直接跑对角线，造成易相撞，传球距离大，容易失误。可采用折标志物，传球后沿边线跟进至标志物，然后通过弧线插上要球等办法解决问题。

易犯错误四：传球接力带球走违规。

纠正方法：强调先接传球，再跑动，设障碍物，要求在球传出手之前不许超越障碍物。

（六）教与学的建议

（1）在教学中对双手胸前传接球，应不断提高教学要求，不能停留在动作外形的准确上，而要强调动作快速有力、落点准确，特别是在原地练习时，应提倡动作短促、有力。

（2）可给学生一些表现的机会，以提高教学效果。比如两人行进间传球时，要求中途球不能落地，落地者马上返回出发点，按顺序再做，成功者留在球场另一端。

（3）培养学生传球后积极跑位的意识，训练无球队员占位要球技术。

（4）原地传接球时强调接球后重心降低的传球姿态，教学过程中可以加入持球三威胁姿势教学，为行进间接球、持球突破教学做准备。

七、组合技术：双人或多人传接球与投篮

（一）教学目标

通过不同形式的组合练习提高学生传球和投篮的技术。

（二）动作分析与要领

（1）双手胸前传接球（略）。

（2）行进间传接球：跑动中，上体稍向来球方向侧转，双眼注视来球，当球接近自己时，上步接球，再跨一步时将球用双手胸前传球方法将球传出。

（三）教学重点、难点

（1）重点：传接球投篮。

（2）难点：传接球与投篮动作间的衔接。

教学单元以单个技术之间的衔接教学为主，如进攻点附近接球直接上步投篮的上步接球动作学习，接球后面向球篮的三威胁姿势和持球突破动作教学。

（四）教与学的方法

（1）两人行进间边线传球上篮。

方法：由边线两人传球上篮，靠外侧同学拿球上篮，另一同学抢篮板后两人边线传球回来，至队尾，依次进行，不掉球。

（2）两人中间传球上篮。

方法：学生两两分组在篮下列队，两人中路传球上篮往返，间隔与罚球线长度相同，学生轮流依次练习。不掉球，保证传球准确性。

（3）三人“8”字绕切上篮。

方法：同练习（2），学生依次练习。传球后绕过接球同学，插上要球，距离不必过远，可用单手递球。

（4）三线快攻上篮。

方法：三人传球，中间同学持球，两边依次插上要球，一传二传后沿边线快下接球上篮。传球到位，减少运球，提高传球效率。

（5）运球传球突破组合练习。

方法：全场沿边线运球传球给弧顶的同伴后在45°角附近接球、持球突破上篮，抢篮板球后从另一侧返回，列队依次进行。快速练习，且接球后脚步清晰，无违规现象。

（五）易犯错误与纠正方法

易犯错误一：学生不适应近距离的跑动传接球，动作停顿不连贯。

纠正方法：可调整传球动作，用比较轻缓的单手递球。

易犯错误二：上篮路线不明确，最后上篮的同学拿球后调整时间过长。

纠正方法：传切过程中看篮，跑过中圈后，处在两边的同学自动向外拉开，接传球后上篮。

易犯错误三：中间控球学生运球次数太多，推进速度慢。

纠正方法：一传、二传传完球后迅速沿边线快下接球。

易犯错误四：中间控球学生停下等边线学生快下接球。

纠正方法：中间控球学生接球后注意观察两边同学，不要急于运球推进。

（六）教与学的建议

（1）传球与上篮的组合练习是篮球教学与训练经常采用的练习方法，在传球与接球上篮这两个动作的比较中，传球给上篮同伴是有一定难度的，尤其是在不允许调整，直接接球上篮的练习中。教师应加强对传球同学的指导，使组合练习更加流畅。

（2）为解决重复练习的枯燥、乏味，教师可采用竞赛的方式进行练习，提高学生的兴趣。

（3）向学生介绍规则，结合练习内容解释带球违例的含义。

八、行进间运球接单手肩上投篮

（一）教学目标

（1）行进间运球接单手肩上投篮最简单的形式就是直线运球投篮，包括“8”字运球，组合运球等形式，通过练习，可提高学生的控球能力和行进间投篮命中率。

（2）在掌握动作的同时，还要保证投篮的命中率。在教学中应启发学生多思考，如投篮距离控制，投篮点的选择，速度的调整，等等。

（3）启发学生在掌握动作，提高命中率的同时，养成勤于思考的习惯。

（二）动作分析与要领

以右手投篮为例。行进间运球，当球从地面反弹起时，跨左脚同时双手拿球，迈右脚蹬地制动起跳，当身体接近最高点时，用单手肩上投篮动作将球投出。

（三）教学重点、难点

（1）重点：运球结束收球技术动作。

（2）难点：上步收球降低重心，同时调整身体正面面对球篮。

（四）教与学的方法

（1）直线运球投篮（无压迫）。

方法：沿边线快速运球投篮。把握速度，控制命中率。

（2）直线运球投篮（有压迫）。

方法：在运球上篮学生身后安排一名学生追赶，起跑时相隔一米。

（3）“8”字运球投篮。

方法：围绕场上三个圆做“8”字运球练习，学生按顺序依次练习。前一名同学运球过半场后，后一名同学开始运球。

（4）45°角持球突破，急停投篮。

方法：三分线外45°角持球做同侧步或交叉持球突破，运球两次后急停、投篮。

（五）易犯错误与改正方法

易犯错误一：在快速运球跑时，腾空后前冲太快，投篮力量不易控制。

纠正方法：示范讲解，在跨步拿球时要减速，最后一步要重心回收，全脚掌着地，制动向上跳。

易犯错误二：投篮时注意力不集中，随便出手。

纠正方法：采用投中过关的方法，投中者转到另一侧球篮，投不中返回重投，直至过关为止。

易犯错误三：为了避免身后同学追赶向边线绕着跑，导致在篮下被追赶同学封堵。

纠正方法：开始就要压着追赶学生的路线跑，挡在他身前正对篮的位置。

易犯错误四：绕圆时距离太远，动作不规范。

纠正方法：过圆时，靠外侧手运球，身体向心倾斜，重心降低。

易犯错误五：收球、投篮衔接慢。

纠正方法：积极思考，反复练习。

（六）教与学的建议

（1）投篮教学要启发学生自己动脑思考，培养学生的反馈能力，让学生自己找错误原因，纠正动作，效果将更好。

（2）教学时要由易到难，循序渐进，不能操之过急，基础没有打好，加快速度后，会做出更多的错误动作。

（3）投篮命中率是教学中的难点，如总是偏低，可采用在篮下原地反复投的方法来提高命中率。

（4）投篮命中率基本稳定后，可加大投篮距离，以提高运球行进间单手肩上投篮的应用范围。

九、运球、传接球与抢球游戏

（一）教学目标

培养学生运用各种技术动作的能力和实际对抗能力，培养学生选择运球、传球时机的能力。教学中要注意区别对待。

（二）教学重点、难点

综合运用技术能力和攻守对抗能力。

（三）教与学的方法

（1）运球、传接球、行进间单手肩上投篮。

方法：如图4–3，要求由慢到快，逐渐加快速度。

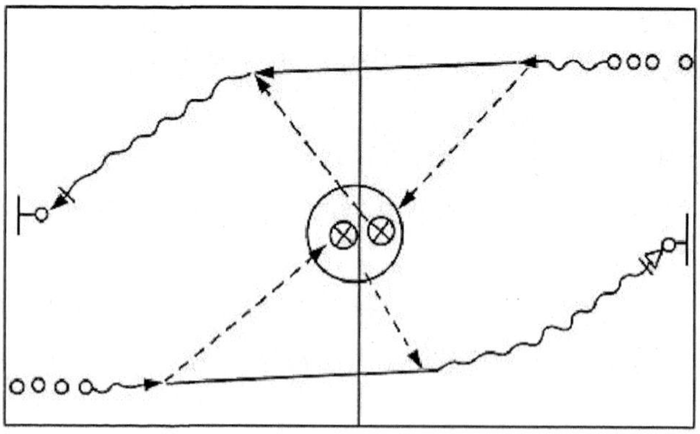

图4–3

（2）原地传球封堵练习。

方法：三人一队，两人传球，一人防守，要求防守队员贴身防守，球传到另一侧后迅速转身上步封堵，直到封堵成功，传球失误者替下防守队员，继续练习。

（3）原地两人运球斗牛。

方法：两人分别持球在规定区域内运球，将对方人或球驱逐出区域者为胜。

（4）双人抢球一攻一。

方法：两人边线传球上篮后传球给接应同学，接应同学抛球，拿到球的学生进攻，无球人防守，一攻一上篮。

（四）易犯错误与纠正方法

易犯错误一：行进间运球后传球，行进间接球后运球衔接不好。容易带球走违例，掉球、传球不到位。

纠正方法：练习运一次球后传球，练习原地上步接球、运球。

易犯错误二：防守队员侵人犯规。贴身防守时要注意不能抱人、拉人，要利用合理的手部和脚步动作积极封堵。

纠正方法：向队员讲解防守规则，犯规的几种常见动作，如何用积极的脚步避免犯规。

易犯错误三：转身上步防守动作慢，还没到位，对方的球就已传出。

纠正方法：传球队员适当缩小传球距离，吸引防守队员上前防守后想办法将球传出，避免高吊球。

易犯错误四：消极躲避，背对对方。

纠正方法：鼓励学生用手拨打对方的球；制定规则，用后背将对方挤出区域为违例，正面和侧面身体对抗迫使对方出区域的为好球。

（五）教与学的建议

（1）运球与传球结合在一起的组合技术是参加对抗练习和教学比赛的前提，可根据学生的情况，编排不同顺序的组合，使学生达到能随意组合的程度。

（2）高中学生掌握篮球技术的情况，一般是防守能力强进攻能力弱，所以在对抗练习时，应以进攻为重点。

（3）结合抢球教授正确的防守技术，进行平滑步、攻击步、撤步等个人防守基础脚步教学以及个人防守时防守位置的选择与调整。

十、接传球原地跳起单手肩上投篮

（一）教学目标

使学生了解接传球原地跳起单手肩上投篮在比赛中的应用，让学生明了跳投与随跳随投动作之间的区别以及提高跳投质量的关键。接传球原地跳起单手肩上投篮，要求在掌握动作的同时，要保证投篮的命中率。在教学中应调动学生学习的主动性，寻找提高命中率的技巧，如投篮的出手时机、手型的控制，要定点多次重复练习。还要向学生指出：只有增加练习次数并探究提高命中率的关键才能提高动作的准确性。

（二）动作分析与要领

接传球原地跳起单手肩上投篮（略）。

（三）教学重点、难点

接球与起跳的连接，跳起后的投篮时机及投篮的出手动作。

（四）教与学的方法

（1）原地起跳徒手模仿练习，体会全身的协调用力。

（2）两人面对面相距4～5米做跳投模仿练习，体会跳起后的投篮时机。

（3）单人持球对篮板或对墙跳投模仿练习，要求相距4～5米，连续向一个固定目标跳投，体会出手动作及落点的控制。

（4）两人一队，一人在罚球线后跳投，另一人捡球后传给投篮队员，投篮队员可原地接球后跳投，也可上一步接球后跳投，重点体会接球与起跳的连接及手型的控制，每投5球两人交换。

（5）三人一队，一人在罚球线后跳投，另外两人捡球，然后准确地传给跳投队员，投篮队员上一步或跨步急停接球后跳投，要求接球起跳连接自然、流畅，起跳有力，每10球交换1次，要求跳投者要定点连续进行。

（五）易犯错误与纠正方法

易犯错误一：起跳后出手过早（属于随跳随投，动作难度低于规范的跳投）。

纠正方法：指出问题，要求在空中稍停顿再出手，开始可能会矫枉过正，反复练习的同时加强学生腰腹核心力量练习。

易犯错误二：起跳后出手过晚（这种错误会导致动作吃力）。

纠正方法：指出问题，要求出手动作提前并反复练习。

易犯错误三：不是垂直起跳。

纠正方法：在投篮位置摆设障碍，要求原地起跳并落在原地，不许碰触和超过障碍。

易犯错误四：接球和起跳动作脱节。

纠正方法：建立连贯的动作概念，反复练习，要求在接球前屈膝，球触手迅速举球跳起投篮。

（六）教与学的建议

（1）教学中最大的难点是跳起投篮出手时机过早，原因一般是概念不清或力量不够，所以在教学过程中要着重强调跳投出手时机应是在身体上升接近最高点时。可在近距离情况下待学生控制好出手时机后，再加长投篮距离。

（2）投篮的命中率是核心问题。要想在较少的课时中提高投篮命中率，一是要学生开动脑筋，总结每一次投篮的体验，纠正偏差；二是要采用集中重复的方法练习，加深正确的动作概念并能在实践中运用，能收到较好的效果。

（3）跳投这一技术动作教学出现在高中阶段，此阶段教师可以在体育课上增加学生的核心力量训练，提高学生身体素质，有助于该技术动作的教学。

第二节　基本战术

一、以多打少

（一）教学目标

以多打少多用在快攻战术中，快速推进，在前场形成以多打少的局面，在对方回防不及时时迅速把握时机投篮得分。在教学中要注意强调快速推进、快速结束。因为比赛中以多打少的局面是一个良好的得分机会，所以要保证成功率，要想保证以多打少的成功率，除了要求队员之间相互默契配合外，还要注意提高个人的篮下投篮的命中率。否则配合再好，也不能得分。

（二）动作分析与要领

以多打少最常见的形式是二攻一和三攻二。

二攻一：两人拉开一定距离，传球推进，在接近防守人时，一侧队员运球向篮下推进，如防守队员不积极上前堵截，则加速运球突破对手到篮下投篮。如防守队员积极堵截时，将球传给同伴进行篮下投篮。

三攻二：进攻三人呈三线快攻，距离拉开，中间控球队员持球突破，两个防守队员上来防守，哪边上来就把球分到哪边的同伴手中，迅速投篮。如对方两队员均不积极上前堵截，则由中间队员直接运球突破投篮。

（三）教学重点、难点

（1）重点：传球的质量。

（2）难点：接近对手时，果断突破，迅速分球。

（四）教与学的方法

（1）原地二攻一练习。

方法：原地两人传球，一人防守。采用各种传球方式，唯独杜绝高抛传球，尽可能贴近防守人身体传球。

（2）两人传球平行推进至篮下投篮练习。

方法：中路双人传球上篮。提高传球准确率和投篮的命中率。

（3）设消极防守的二攻一练习，在两人传球到防守人的防守区域时，防守队员可有意暴露防守意图，堵截一侧队员，使对手较容易做出正确判断。

方法：中路双人传球上篮，防守人在罚球线附近防守。快速做出判断，果断上篮或传球。

（4）全场往返二攻一练习。

方法：两人一组，两条端线后各放若干组，当对面两人传球过来时，其中一组出一人上前至三分弧顶防守，对方进攻结束后抢篮板球和同伴传球推进到前场二攻一。依次连续进行。

（5）三人行进间传球推进至篮下投篮。

方法：三人中路三线快攻。提高传接球与投篮的成功率。

（6）设消极防守的三攻二练习。

方法：三人中路三线快攻，遇两人防守时以多打少。在三人传接球推进至防守人的防守区域时，防守队员可有意暴露防守意图，堵截持球队员，培养持球队员准确、及时的传球能力。

（7）全场往返三攻二练习。

方法：列队往返练习。进攻时突破果断，分球的时机和方法及时、恰当。

（五）易犯错误与纠正方法

易犯错误一：二攻一时，当对手假动作要上前堵截时，过早停球，被对手撤回防另一侧队员，影响成功率。

纠正方法：强调要点，在防守者不积极上前堵截时一定要做突破投篮的准备。

易犯错误二：在接近对方防守区域时，两进攻者停下来频繁传球，为保成功率而延误时间。

纠正方法：讲清二攻一须快速结束的道理，因时间一长，对手同伴回来就失去了以多打少的机会。

易犯错误三：二攻一时，两人距离太近，容易造成防守队员一防二。

纠正方法：讲清道理，传球推进时拉开距离。

（六）教与学的建议

（1）在进行二攻一教学前，应注意提高学生个人篮下投篮的命中率、二人的快速行进间传接球能力。

（2）在二攻一时，有的防守人死守篮下，这时要注意培养学生中近距离投篮的命中率。

（3）在二攻一练习时，可根据学生水平提高难度，比如在全场往返二攻一练习时，对水平高的学生可要求其提高成功率。对水平不高的学生可要求其往返2～3次再轮换。

（4）可结合二攻一，使学生自己探究三攻二的最佳方法，再通过实践来检验自己的方法是否适用。提高学生在学习中的迁移能力。

（5）在教学中，如基础较差的学生实在掌握不了三攻二战术配合，可以要求这些学生在理论上弄清道理，为今后的学习打好基础。

二、以少防多

（一）教学目标

在同伴退防不及时时，能以少量防守队员牵制住进攻队员，迫使其传球或停球，使同伴快速回防恢复正常防守阵形。

（二）动作分析与要领

一防二：占据篮前4～5米的中间位置，利用假动作，争取让对手停球或失误，延误对方进攻速度。对方突破投篮时，要积极封盖。

二防三：两防守人应及时抢占篮下有利位置，合理利用假动作，造成对方失误或延缓对方速度。当一侧防守队员上前堵截时，另一侧队员及时退至中间位置准备断球。

（三）教学重点、难点

（1）重点：增加对方传球次数，延缓进攻时间。

（2）难点：真真假假的封堵动作，尽可能造成对方失误。

（四）教与学的方法

（1）三角滑步。

方法：个人防守脚步练习，由平滑步、攻击步和后撤步组成。重心平稳，蹬转变向明显。

（2）“之”字形后撤步接交叉步抢断练习。

方法：中路列队往返练习。交叉步时加速为起跳抢断做准备。

（3）原地一防二练习。

方法：原地两人传球，一人抢断。积极封抢，伺机断球。被抢断的进攻球员与防守队员互换。

（4）全场往返一防二练习。

方法：两人一组，两条端线后各放若干组，当对面两人传球过来时，其中一组出一人上前防守，对方进攻结束后抢篮板球和同伴传球推进到前场二攻一。依次连续进行。防守动作真真假假、虚实结合。

（5）三人传球，两人防守原地练习。

方法：三分线弧顶的三人传球练习，两人站在罚球线两端，模拟二三联防的占位防守。防守队员移动迅速，始终保持一人防球，另一人兼顾。

（6）全场往返二防三练习。

方法：三人一组，两条端线后各放若干组，当对面三人传球过来时，其中一组出两人上前防守，对方进攻结束后抢篮板球和另一同伴传球推进前场三攻二，依次连续进行。迫使对方多传球，拖延进攻时机，为队友争取回防时间。

（五）易犯错误与纠正方法

易犯错误一：一防二时，上步抢断球未果，无法及时撤回防守。

纠正方法：强调以少防多、重在干扰，加强攻击步与后撤步的衔接练习。

易犯错误二：二防三时，两人同时后缩，给进攻投篮机会。

纠正方法：明确二防三防守策略。一人严防持球队员，另一个兼顾余下两人。注意轮转。

（六）教与学的建议

（1）教防守练习时，除了教授防守基本技术，还应教授正确的防守取位。

（2）结合防守基本技术教学，有效进行身体素质练习。

（3）结合防守教学，进行侵人犯规的规则讲解。

（4）以少防多的防守策略教学，重在领悟。

三、半场人盯人

（一）教学目标

半场人盯人防守可以分为防守有球队员与防守无球队员。防守无球队员可以分为防近球（强侧）和防远球（弱侧）。在教学训练中，首先要弄明白防守的目的。

防有球队员，对持球队员要施以最大的压力，限制其突破、投篮和传球。

防无球队员，无论是近球队员还是远球队员，都要尽可能组织队员摆脱和在有威胁的区域接球。

（二）动作分析与要领

（1）由攻转守后，要全体迅速退到三分线左右，每个防守队员找到自己负责防守的进攻队员，站好防守位置。

（2）防守有球队员时，要站在对手与球篮之间；防守无球队员时，要站在对手与球篮之间，稍偏向球的一侧。

（3）防守距离一般在一臂左右，对手离球篮近，防守队员应离他近一些；对手离球篮远，防守队员可以离他稍远一些。

（4）在防守自己的对手时，要兼顾场上其他情况，要注意球的位置和走向，要注意补防和协防。

（5）半场盯人防守的分工，一般根据防守位置、防守能力和身体条件确定，一般是：高防高、矮防矮、强防强、弱防弱。

（三）教学重点、难点

（1）重点：随时保证正确的防守位置，防住自己的进攻队员。

（2）难点：在进攻队员进行掩护、挡拆等进攻配合时，防守队员之间注意挤过、绕过、穿过等防守配合的运用。

（四）教与学的方法

（1）全场一防一。

方法：全场边线一防一，要求防守队员随时要与进攻队员保持一臂的防守距离，在进攻队员突破时及时卡位，用身体躯干部位限制进攻队员的进攻。进攻队员突破后可放慢速度，等待防守队员追上后继续进行。

（2）选位练习。

方法：在半场内，五个进攻队员落位固定后，五个防守队员按分工找好自己负责的人，站好位置。第一，进攻队员不动，球在进攻队员之间传动，防守人要调整自己的位置。第二，球固定在一个站立不动的进攻队员手里，其他进攻队员自由移动，这时防守人练习在跟随自己负责防守的人的移动中保持自己正确的防守位置。第三，在进攻队员移动，球也移动的情况下，防守队员要随时保证自己的位置正确。

（3）回防练习。

方法：在前场进攻转为防守时，全队迅速退回本方半场，找到自己负责的进攻队员，并防住他。

（4）半场比赛中强化人盯人防守练习。

方法：规定不考虑协防、补防、换人防守等集体配合，只负责盯紧自己负责的进攻队员，谁负责的进攻队员得分，谁受处罚。

（五）易犯错误与纠正方法

易犯错误：进攻队员总是可以很轻松地超越防守，轻松上篮。

纠正方法：造成上述情况的原因有两种，其一是两位队员实力悬殊比较大，建议教师及时调换实力相当的队员进行练习；其二是防守队员防守过于放松，对进攻队员没有任何压迫，教练员要及时喊停，对防守队员提出严格要求，提高标准，继续练习。

（六）教与学的建议

（1）人盯人防守战术是现代篮球战术体系防守系统中最重要的组成部分，以盯人、防球为主，每个队员盯住一个进攻队员，同时与同伴相互协作的全队防守战术。这种防守战术不是简单的一对一防守，更重要的是要随时准备与队友进行夹击、协防、换防、轮转部位等等。好的人盯人防守是全队的防守。最好的盯人防守看起来像是区域联防，而最好的区域防守看起来像是盯人防守。

（2）防守时强调语言沟通。从某种程度而言，出色的人盯人防守是靠队员语言交流和沟通建立起来的。防守时必须要充满激情地进行语言沟通。

（3）在练习时，对持球队员站的不同位置和不同特点进行分析，使学生认清对手的主要威胁是什么。

（4）在盯人防守时，要求学生尽量减少不必要的犯规，提倡在正常防守动作下防住对手。

（5）在组织教学时，在一个小单元或一堂课内，适当穿插一些发展体能的练习，这不仅是提高战术的有效手段，而且是全面发展体能所必需的。

四、全场紧逼人盯人

（一）教学目标

全场紧逼人盯人防守是一项攻击性很强的防守战术，也是一种较难掌握的战术配合。在教学中应以半场盯人为基础，逐渐过渡到全场紧逼盯人防守，在学习中要培养学生积极、主动、勇敢、顽强的作风。

（二）动作分析与要领

（1）由攻转守时，全队行动要迅速、一致，抢占有利位置，盯住自己分工负责的对手。

（2）防发球队员时，应积极挥动双臂，封堵传球角度，造成对方失误。

（3）防持球队员时，应防止对手突破，迫使对方停球或向边线运球，对方停球后要及时贴近紧逼防守。

（4）防无球队员时，以防对手接球为主，人球兼顾，要抢前防守，迫使对手走外线和远离球，便于断球。

（5）全队要有良好的配合意识，当持球队员在场角或中线前停球时，邻近防守队员要大胆放弃自己的对手，上前夹击，其他队员要居中策应，及时补防。

（三）教学重点、难点

积极主动，及时到位。

（四）教与学的方法

（1）半场紧逼盯人练习。由攻转守时，全队迅速退回后场，当对方进入前场时，全队队员各自盯住自己对手，对持球队员积极迎堵，邻近队员准备随时上前夹击。其他队员居中策应，准备断球。

（2）三对三掷端线界外球时的紧逼练习。⑥号掷端线界外球时，△6号和△5号夹击⑤号，△4号紧逼④号，伺机断球，争取造成对方5秒违例（图4–4）。

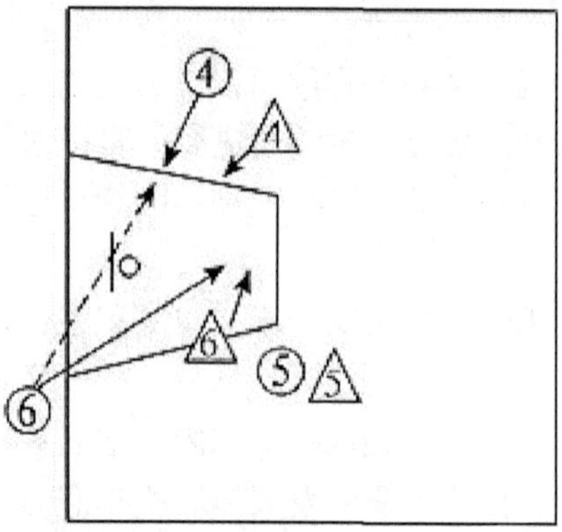

图4–4

（3）投中得分后全场紧逼盯人防守练习。在五对五全场攻守时，一旦投中得分，迅速找到自己的对手，紧逼盯人，防守掷端线界外球的队员则和同伴夹击准备接界外球的进攻队员，其他防守人伺机断球。

（五）易犯错误与纠正方法

易犯错误：在紧逼盯人时易造成侵人犯规。

纠正方法：复习有关规则，加强移动技术练习，强调合理使用手臂动作。

（六）教与学的建议

（1）初学紧逼人盯人时，不要求夹击与协防，强调各负其责，防止漏防。

（2）与半场盯人结合运用，每当本队得分后采用全场紧逼人盯人防守战术，一旦前场紧逼人盯人不奏效，则迅速退回后场，采用半场盯人战术。

（3）反复进行急起、起停等身体和心理的训练。防守要积极，一定要在规则允许的范围内做到紧逼不放。

五、区域联防

（一）教学目标

教学中应使学生懂得区域联防的特点、应用时机、落位阵形，与其他区域联防的关系以及防守的基本方法、薄弱环节等基本知识，并注意培养学生集体协作和照顾全局的意识。

（二）动作分析与要领

（1）落位阵形：见图4–5。

（2）防守要点：以球为主，随球移动，对进入自己防区的持球队员采用盯人防守，其他队员适当向防持球队员和篮下靠拢，准备协防和防对方穿插。

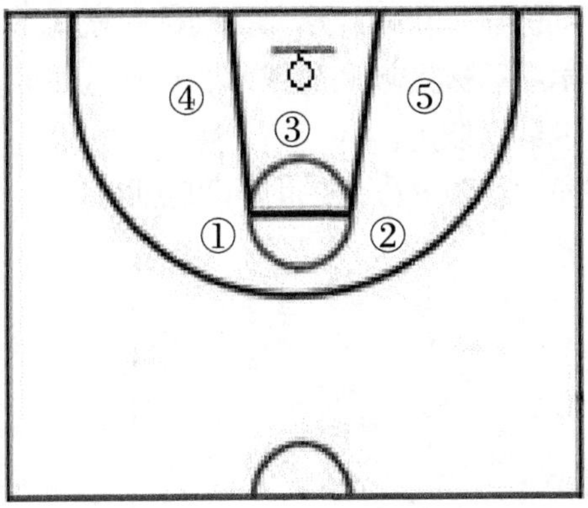

图4–5

（三）教与学的方法

（1）二防二练习。在两个进攻队员互相传球时，两防守队员随球移动，有球上防，无球后撤，准备协防（图4–6）。

（2）二防三练习（图4–7）。当球在⑥号手中时，△4号上前防守，△5号撤回，当球传给④号时，△5号上前防守，△4号撤回，当球传给⑤号时，△4号马上移动到⑤号身前防守，在球向相反方向传时，防守队员移动方法同上。

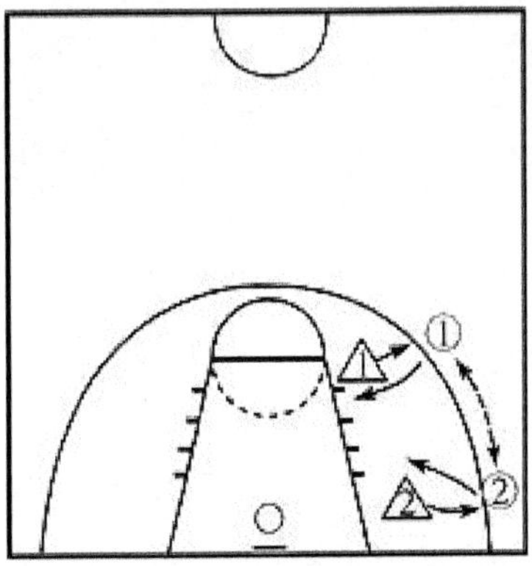

图4–6

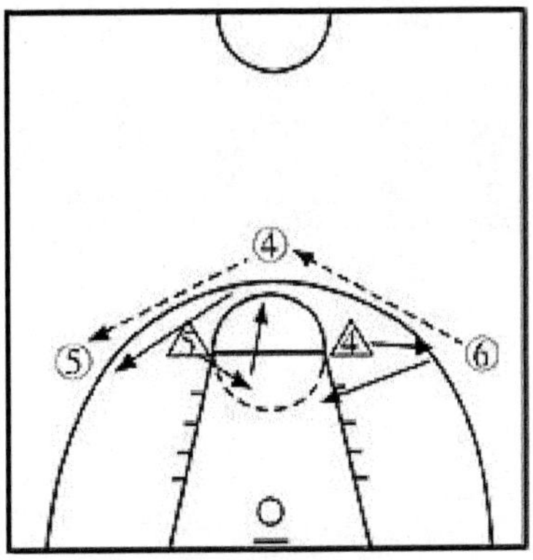

图4–7

（3）五防五练习。在半场五对五比赛时，防守队员按照区域联防移动方法，随球的转移而调整自己的位置，教师可随时鸣哨暂停，检查防守队员的位置是否合适。

（四）易犯错误与纠正方法

易犯错误一：在联防防守时，邻近两名队员易出现谦让或一齐上的情况，造成防守出现漏洞。

纠正方法：明确什么时候该哪名队员上前防守，并通过反复练习使学生掌握。

易犯错误二：球在远离自己时，过分注意球的动向，忽视自己区域的无球队员切入和背插。

纠正方法：讲清道理，练习用余光观察周围情况，随时准备封堵球或人。

（五）教与学的建议

（1）教学中应明确防守队员的位置分工与职责要求，在讲解时可结合挂图、图板、电影、录像等直观教具，以使学生获得既形象又准确的概念。

（2）为了有利于学生学习掌握区域联防战术，可将区域联防进行分解教学，以逐步提高队员的配合意识和战术运用能力。

（3）给学生自己研究和设计防守办法的时间和空间。

第五章　排球教学指导

第一节　基本技术

排球的基本技术包括准备姿势、移动、垫球、传球、发球、扣球、拦网等技术。

一、准备姿势和移动

（一）教学目标

（1）使学生掌握准备姿势和移动的动作做法和要点。

（2）使学生知道准备姿势和移动技术的动作要点，教学的重点、难点，教与学的方法，易犯错误与纠正方法以及教学要求与建议。

（二）技术动作要点

（1）准备姿势：两脚开立与肩同宽，脚尖朝前或者稍内扣，脚后跟微微离地，身体的重心压在前脚掌，膝盖微屈，含胸收腹，身体处在放松的状态中。

（2）移动：在准备姿势的前提下，通过自己的判断，利用各种步法去接近球的过程。

（三）技术重点、难点

（1）重点：准备姿势的做法以及移动的步法。

（2）难点：正确的判断和移动时对重心的控制。

（四）教与学的方法

（1）讲解示范：先讲准备姿势和移动在比赛中的作用和意义，接着示范，最后讲解动作要领。

（2）模仿练习。

（3）学生分散体会动作。

（4）教师指挥进行组合训练：①安排游戏提高启动和移动能力；②利用改变抛球的方向完成各种练习。

（五）易犯错误与纠正方法

易犯错误一：上体太直，臀部后坐，全脚着地。

纠正方法：讲清楚动作要领，重心没有适当前移，可采用正、侧面来示范。

易犯错误二：两脚的距离过大，造成移动困难。

纠正方法：多做徒手练习。

（六）教学要求与建议

（1）教学中，要反复进行徒手练习，等基本掌握了动作要领后才能采用游戏来对抗。

（2）多用手势或球等视觉信号来培养学生用眼来观察、判断的习惯。

（3）移动击球的全过程：准备姿势—判断—移动步法—准备姿势—完成各种技术—准备姿势。在这一过程中，保持身体重心的平稳是最关键的。

二、正面双手垫球

（一）教学目标

（1）使学生掌握正面双手垫球的动作做法和要点。

（2）使学生知道正面双手垫球的技术动作要点，教学的重点、难点，教与学的方法，易犯错误与纠正方法以及教学要求与建议。

（二）技术动作要点

在判断的前提下：

移——移动到位，正面对准来球。

插——降低重心，两臂前伸，插到球下，并初步取好手臂的角度。

夹——含胸收肩，两臂夹紧，两肘伸直，前臂压腕，用平整而稳定的击球面等球。

提——含胸后提肩。

蹬——手臂击球时，下肢伸腿蹬地。

跟——重心随球向前跟进。

（三）技术重点、难点

（1）重点：固定垫击面以及人与球的位置关系。

（2）难点：全身协调用力击球。

（四）教与学的方法

（1）教师先做正面、侧面、背面的完整示范。

（2）分别讲解垫击面的组成以及全身协调的用力过程，学生试做，徒手体会动作。

（3）原地做垫球的徒手练习，体会正确的垫球动作。教师要检查纠错。

（4）通过两三步的移动做垫球的徒手练习，体会正确的垫球动作和正确处理人与球的位置关系。

（5）垫固定球，即二人一组，一人双手持球固定于小腹前，另一人做双手垫球动作，重点体会全身协调用力和正确的击球位置。同时，同伴要观察练习者在手碰球的瞬间手型是否有变化。

（6）垫击抛来的球。同伴的球要抛准，尽量控制球的弧度和落点。

（7）自垫。要求不断提高控制球的能力，保持好人与球的位置关系。注意垫球手臂是否伸直，同伴要多监督、提示。

（8）对垫。二人一组面对面站立，距离3～4米，连续对垫。要求随时做好垫球前的准备姿势，并快速移动，保持合理的位置进行垫球。二人之间的距离可由近到远。

（9）不隔网的接发球练习。加大距离，球要尽量发（抛）准，接发球者正面垫球，将球垫在自己体前2～3米的位置，并要有一定的弧度。

（10）隔网的接发球练习。

（五）易犯错误与纠正方法

易犯错误一：垫球前准备姿势不正确，重心过高、过低，或重心靠后，影响垫球效果。

纠正方法：多徒手练习准备姿势，控制重心。

易犯错误二：击球位置不正确。球易击在手、肘关节等处，影响垫球质量。

纠正方法：多垫固定球练习，体会全身协调用力、正确的击球位置、动作。

易犯错误三：手臂击球时弯曲。

纠正方法：教师可用一手按压学生的手腕部分，另一只手由下向上顶学生的肘下部，使学生体会压腕顶肘的动作。

易犯错误四：非全身协调用力击球。

纠正方法：多徒手练习体会全身协调用力。

（六）教学要求与建议

（1）垫球的初学者一定要注意手型要正确、合理，多做徒手动作，不要急于用球。特别要注意含胸夹肩的动作。

（2）在两人一组练习时，抛球的同伴要把球抛准，同时要观察同伴的动作是否正确，动作不正确时要及时提醒同伴并纠错。

（3）在练移动垫球时，要结合准备姿势和移动的要领练习。

（4）垫球手型实际上就是一个垫排球的“球拍”，要从球拍的特征上来让学生了解手臂的组成要求：平整、固定、击球面要大。

（5）若教学对象是初中低年级学生，可以在垫球部位贴一些学生喜欢的图片（像学生经常用的笑脸、卡片等），让学生体会击球部位。

（6）垫球初期，最主要要解决学生垫球手臂疼的问题（特别是女生），一定要强调压腕，而且尽量用气压小点的球，以免影响学生的积极性。

三、正面上手传球

（一）教学目标

（1）学生掌握正面上手传球的动作做法和要点。

（2）学生知道正面上手传球的技术动作要点，教学的重点、难点，教与学的方法，易犯错误与纠正方法以及教学要求与建议。

（二）技术动作要点

判断来球的路线和落点，尽快地移动到合适的位置，做好传球前的准备姿势，当球接近额前时，主动迎球。利用蹬腿、展体和伸臂的协调力量，通过手指、手腕的弹力将球击出。

（三）技术重点、难点

（1）重点：传球的手形以及人与球的位置关系。

（2）难点：全身协调用力传球。

（四）教与学的方法

（1）示范：先多次重复做正面和侧面的完整示范，给学生一个完整的动作概念。然后分解示范传球前的准备姿势、手形、击球点以及身体的协调用力过程。

（2）讲解：仔细讲解传球的手形，传球前的迎球动作以及击球点，然后是身体的协调用力，手指、手腕的动作，等等。

（3）学生练习的步骤和教学的顺序：①徒手模仿练习。主要是手形、击球点以及全身的协调用力。②持球模仿练习。用球来规范手形、击球点，同时同伴可以给球一个压力（用手将球压住），让练习者体会协调用力。③抛接练习。同伴抛球，练习者保持好手形和击球点，用稍大的半球形手形将球稳稳接住。④原地传抛来的球，体会完整动作和身体的协调用力。⑤原地对传。⑥移动传球。⑦改变方向的传球。⑧网前传球。

（五）易犯错误与纠正方法

易犯错误一：传球手形不好，影响传球效果。

纠正方法：反复做徒手练习和接球检查手形的练习，建立正确动作概念，体会正确动作。

易犯错误二：击球点过高或过低。

纠正方法：击球点过高是因为传球时两臂近似伸直；击球点过低主要是肘关节过于外展所致。反复做原地抛接球练习，逐渐体会正确的手形、击球点，等练习熟练以后，将球抛离身体，通过快速移动，人至球下将球接住。

易犯错误三：上下肢传球时用力不协调。

纠正方法：多做简单的抛传动作，体会正确的传球动作和全身协调用力。

（六）教学要求与建议

（1）教师应把技术讲解和示范结合起来进行教学，引导学生思考，建立完整、正确的动作概念。

（2）传球教学应将完整教学法和分解教学法结合起来进行。

（3）教学中应多注重徒手练习和最简单的动作练习，多体会用手“托球”的要领，便于学生快速掌握动作。

（4）传球教学中要特别注意大拇指朝前和击球点偏低等错误动作的纠正，要让学生有意识地控制。在学习的初期尽量少用自传练习。

四、发球

（一）正面下手发球

1.教学目标

（1）使学生掌握正面下手发球的动作做法和要点。

（2）使学生掌握正面下手发球的动作要点，教学的重点、难点，教与学的方法，易犯错误与纠正方法以及教学要求与建议。

2.技术动作要点

在准备姿势的基础上，脚前后站立，持球手将球垂直上抛于击球手臂前，离手20～30厘米，同时击球手臂伸直后摆。击球时，以肩为轴，带动手臂由后向前摆动，以掌根或虎口击球的后中下部。身体重心顺势向前跟进。

3.技术重点、难点

（1）重点：抛球的位置、高度、击球点以及击球部位。

（2）难点：击准球。

4.教与学的方法

（1）讲解示范：先讲解发球的分类（每种分类教师先示范，再讲解名称），以及一些基本的发球规则。然后进行正面下手发球完整的多次示范，再讲解发球的过程、抛球的高低位置、击球点、击球部位等要点。

（2）学生模仿、试做。①徒手试做、模仿发球动作：体会身体的协调用力和挥臂击球的路线。②抛球练习：抛球要垂直上抛，位置与高度要固定。③击固定球练习：自己将球固定，用发球的正确动作击球，体会摆臂击球过程。

（3）学生练习。①学生两人一组，练习近距离（9～10米）的发球练习。体会完整的动作，但手臂不要发力。教师要巡视纠错。②学生分组进行隔网的发球练习（离网6米左右）。③加大发球的距离，练习完整的动作。

5.易犯错误与纠正方法

易犯错误一：抛球不好，抛球过高，时前时后或忽左忽右，影响发球的质量。

纠正方法：教师观察其抛球的错误原因，要求按正确的动作进行专门练习，固定抛球的位置与高度，使抛球动作正确、熟练。

易犯错误二：击球部位不准，一般都是击在球的底部，导致球的弧度很高，过不了网。

纠正方法：发球时死死盯住击球部位，击球的后中下部。

易犯错误三：击球时掌根击不准球。

纠正方法：看准击球部位，抛球后先不用全力击球，用较轻的力量击中球。也可多击固定球，提高其击球时手掌的感觉，从而不断改进击球动作。

易犯错误四：身体动作不协调或发力方法不准确，用不上力。

纠正方法：注意全身的协调动作和正确的用力方法，多做徒手练习。注意抛球和挥臂动作的配合。

6.教学要求与建议

（1）正面下手发球的力量主要来自手臂的前后摆动，不能光靠手臂尤其是前臂来发力。

（2）击球的部位不能在底部，尽量将球抛离身体，击球的后中下部。

（3）球不能抛得太高，离手即可。

（二）侧面下手发球

1.教学目标

（1）使学生掌握侧面下手发球的动作做法和要点。

（2）使学生掌握侧面下手发球的重点、难点，教与学的方法，易犯错误与纠正方法以及教学要求与建议。

2.技术动作要点

身体侧对球网站立，重心落在两脚之间，上体稍前倾。持球手臂将球向右肩前平稳托起，击球手臂呈由后下到前上的斜面，在腹前用掌根击球的中下部，击球后身体顺势入场。

3.技术重点、难点

（1）重点：抛球的位置和高度以及击球部位。

（2）难点：击准球。

4.教与学的方法

（1）讲解示范：先讲解发球名称的由来，以及一些基本知识和发球规则。然后进行完整的多次示范，再讲解发球的过程、抛球的高低位置、击球点、击球部位等要点。

（2）学生模仿、试做。①徒手试做、模仿发球动作：体会身体的协调用力和挥臂击球的路线。②抛球练习：抛球要垂直上抛，位置与高度要固定。③击固定球练习：自己将球固定，用发球的正确动作击球，体会摆臂击球过程。

（3）学生练习。①学生两人一组，练习近距离（9～10米）的发球练习。体会完整的动作，但手臂不要发力。教师要巡视纠错。②学生两人一组进行隔网发球练习（离网6米左右）。③加大发球的距离，练习完整的动作。

5.易犯错误与纠正方法

易犯错误一：抛球不好，时前时后或忽左忽右，影响发球的质量。

纠正方法：观察其抛球的错误原因，按正确的动作要求进行专门练习，固定抛球的位置与高度，使抛球动作准确、熟练。

易犯错误二：击球点不好，造成击球时手臂挥不直，用不上力量，等等。

纠正方法：多击固定球；或先把球抛好，眼睛要盯住击球部位，及时挥臂击球。

易犯错误三：击球时手掌控制不住球，击不准球。

纠正方法：看准击球部位击球，抛球后先不用全力击球，用较轻的力量击中球。也可多击固定球，提高击球时手掌的感觉，从而不断改进击球动作。

易犯错误四：身体动作不协调或发力方法不准确，用不上力量。

纠正方法：注意全身的协调动作和正确的用力方法，多做徒手练习。注意抛球和挥臂动作的配合。

6.教学要求与建议

（1）侧面下手发球是转体带动手臂由后下方向前上方挥动，手臂挥成一条弧线。

（2）抛球不能太高，离手就行。

（3）注意击球部位和手型的准确性。

（三）正面上手发球

1.教学目标

（1）使学生掌握正面上手发球的动作做法和要点。

（2）使学生掌握正面上手发球的重点、难点，教与学的方法，易犯错误与纠正方法以及教学要求与建议。

2.技术动作要点

身体面对球网站立，两脚自然前后开立，手臂弯曲，托球于身前。将球平稳垂直地抛向右肩前上方，高度适中，在抛球的同时，右臂抬起，屈肘后引，肘关节略比肩高，转体收腹带动手臂，挥臂动作如鞭打。用全手掌击球的后中下部，击球时手掌与球吻合，击球后手腕快速、主动地对球做推压动作，使球上旋飞行，身体顺势入场。

3.技术重点、难点

（1）重点：抛球的位置和高度以及击球部位。

（2）难点：击准球。

4.教与学的方法

（1）讲解示范：先讲解发球名称的由来以及一些基本知识和发球规则。然后进行完整的多次示范，再讲解发球的过程、抛球的高低位置、击球点等要点。

（2）学生模仿、试做。①徒手试做、模仿发球动作：体会身体的协调用力和挥臂击球的路线。②挥臂练习：多次练习并熟练掌握屈肘后引向肩前上方最高点呈弧形挥臂。③抛球练习：抛球要垂直上抛，位置与高度要固定。要抛在比击球点高50厘米左右处，挥臂快的可以抛低点，身高高的可以抛高点，因人而异。

（3）学生练习。①学生练习近距离（3米）的隔网发球。体会完整的动作，但手臂不要发力，将球轻打过网，球要向前旋转。教师要巡视纠错。②学生加大隔网的距离。距离网6米左右，重复上面的练习。③加大发球的距离，站在发球线后，体会完整的动作。④学生自我评价。

5.易犯错误与纠正方法

易犯错误一：抛球不好，抛球过高过低、时前时后或忽左忽右，影响发球的质量。

纠正方法：教师观察学生抛球的错误原因，要求按正确的动作进行专门练习，固定抛球的位置与高度，使抛球动作正确、熟练。

易犯错误二：击球点不好，击球点偏前或偏后、偏侧；击球点过低，造成击球时手臂挥不直，用不上力量，等等。

纠正方法：多击固定球；或先把球抛好，眼睛要盯着击球部位，及时挥臂击球。

易犯错误三：击球时手掌控制不住球，击不准球。

纠正方法：看准击球部位击球，抛球后先不用全力击球，用较轻的力量击中球。也可多击固定球，提高其击球时手掌的感觉，从而不断改进击球动作。

易犯错误四：身体动作不协调或发力方法不准确，用不上力量。

纠正方法：注意全身的协调动作和正确的用力方法，多做徒手练习。注意抛球和挥臂动作的配合。

6. 教学要求与建议

（1）多做徒手挥臂练习，要使整个身体协调，特别是两只手臂都要抬起来。熟练掌握弧形挥臂动作。

（2）手掌要张开包住球，手、手臂和整个身体都要向前上方推压跟进，使球一定要向前旋转。

（3）球要抛稳、要固定位置，不能太高也不能太低，击球时身体要相对稳定。

（4）要全手掌击球，发球过程中眼睛要牢牢盯住球的中下部。

（5）开始练习的时候，切记不要发力，随手挥击球就行，否则容易挫伤手指。

五、扣球

（一）教学目标

（1）使学生掌握扣球的动作做法和要点。

（2）使学生掌握扣球的重点、难点，教与学的方法，易犯错误与纠正方法以及教学要求与建议。

（二）技术动作要点

助跑前采用稍蹲准备姿势，两臂自然下垂，观察并判断来球的落点。确定球的落点后，左脚先向前迈出一小步，接着右脚再迅速跨出一大步，左脚及时并上，踏在右脚之前，两膝弯曲稍内收，迅速蹬地，两臂由后向前上方用力上摆。起跳后，挺胸展腹，上体稍右转，身体呈反弓形。挥臂时，转体收腹，依次带动肩、肘、腕各关节成鞭甩动作向前上方挥动，手臂挥至最高点时，用全手掌击球的后中上部，并主动向前推压，使球前旋。人最后缓冲落地。

（三）技术重点、难点

（1）重点：助跑起跳时机、挥臂路线和击球部位。

（2）难点：人与球的位置关系以及人能否包住球。

（四）教与学的方法

1. 手法及手臂挥摆动作

（1）示范。先做完整动作的示范，使学生在头脑中建立一个完整技术动作的概念。然后一手托球一手做全手掌击球的示范；做慢速手臂挥摆击球的示范。要使学生看清楚手臂挥摆的轨迹和正确的击球点。

（2）讲解。可采用边讲解边示范的方法进行。重点要讲清小臂在挥摆前的后振动作，手臂挥摆的轨迹、手掌击球动作和正确的击球点。

（3）试做。先体会徒手挥臂动作，然后每个学生左手（或者同伴帮忙）托一个球，用右手做击球手法练习。

（4）练习。①集体做徒手挥臂动作。强调小臂后振和挥臂时以肩发力，以大臂带动小臂的快速鞭打动作。②利用吊球（或者同伴帮助）做原地手臂挥臂击球动作。要强调手包住球和打准球。③原地对墙（或者两人一组）扣反弹球；原地对墙（网）做自抛球扣球练习。扣反弹球要强调手包球和打满球；自抛扣球练习要强调击球臂的正确挥臂动作。④利用低网做原地自抛、自扣练习。要求将球垂直向上抛起，强调快速挥臂和保持在正确的击球点击球。

2.助跑步法和起跳方法

（1）示范。主要做两步助跑起跳的示范。先做完整动作的示范，然后再做分解示范。示范动作可由慢到快，一步步地进行。起跳要先做原地起跳示范，再结合助跑起跳的制动动作做起跳示范。

（2）讲解。要讲清楚助跑的意义和作用，助跑前的准备姿势，助跑方法（步幅、步速、节奏、摆臂配合等）和要求。助跑方法可采用边讲解边示范的方法进行。起跳要讲清楚起跳方法，身体伸展和用力顺序。讲清摆臂配合的作用和方法。在结合示范进行讲解后，还应再进行几次全程助跑起跳的完整示范，以加深学生的印象。

（3）试做。可让学生自己练习，体会助跑步法和起跳方法，特别要使学生体会步法与摆臂的配合方法。

（4）练习。①由教师统一指挥集体练习。助跑开始要先做慢动作。练习中，教师应一边提示要领，一边让学生练习。然后再做由慢到快的助跑练习。起跳要先做原地起跳，再结合助跑制动做起跳练习。在练习中要强调助跑、起跳与摆臂的配合。②二人一组练习。一人做，一人观察并纠正动作。③集体或分组结合球网做助跑起跳的完整动作练习。要强调制动起跳，避免触网。

3.助跑起跳扣球（结合球和网的练习）

（1）示范。利用网上固定吊球做慢速的完整动作示范；结合二传球做扣球完整技术的示范。

（2）讲解。要讲清楚助跑起跳的开始位置以及与步数的关系，利用固定吊球讲清楚正确的起跳点以及起跳点与保持正确击球点的关系。

（3）练习。①利用网上固定吊球分组练习。强调用慢速助跑，注意体会正确的技术动作。②利用网前抛球（老师抛）进行扣球练习。要求抛出的球垂直下落，高度与落点固定。强调助跑开始的时间和击球时机。③结合二传进行扣球练习。要求传出的球高出球网1.5～2米，近似垂直下落，落点要尽可能固定。

（五）易犯错误与纠正方法

易犯错误一：击球臂不是弧形挥摆，而是直接伸向球直臂压球。

纠正方法：①利用固定吊球重复进行手臂挥摆的示范。示范速度要慢，要使学生看清楚手臂挥摆的轨迹。②教师可以拉着学生的手臂用慢速做弧形挥摆的练习。③让学生模仿教师动作，和教师一起做弧形挥摆练习。④在教师指导下做原地扣固定吊球的练习。

易犯错误二：击球时肘关节没有挥直，肩、肘关节过分紧张、僵硬。

纠正方法：①教师模仿肘关节甩不直和肩、肘关节紧张的问题，使学生看清楚这些错误动作对扣球效果的影响。②在教师指导下，让学生肩、肘放松地做匀速徒手摆臂练习，教师要随时提醒肘关节放松挥直，并强调大臂带小臂，小臂带动手掌的快速鞭打动作。③让学生手持小沙包（网球）等做挥臂鞭打练习。④利用固定吊球，使学生肩、肘放松，做原地的击球挥臂练习。⑤有的学生肩、肘关节紧张，这是柔韧性差造成的。这种紧张不是在教学中能够解决的。可让学生在课外多做肩、肘关节徒手或持轻器械的柔韧性练习。

易犯错误三：击球时肘关节下拖，影响击球点和击球的力量。

纠正方法：①肘关节下拖，当大臂向后作引臂动作时，肘关节不是向前上方运动，而是过早地平着向前转动（肘关节向前）造成的。因此，要让学生看清楚小臂后振时肘关节的动作。②教师握住学生的大臂做肘关节向前上方运动的练习。③利用有拉筋的固定吊球练习。让学生站在吊球下面，做原地挥臂击球练习。吊球高度与击球臂伸直的高度相同。练习中要强调小臂后振后向上挥直击球。

易犯错误四：助跑步幅顺序不合理，第一步大，第二步小。

纠正方法：①步幅不合理，主要是有些学生因怕助跑起跳不及时，而急于上步扣球造成的。所以应先解决学生急于求成的心理状态。教会学生判定球飞行情况，掌握好助跑开始的时间，并进行反复练习以达到熟练程度。②在地面上按照正确步幅画上线，让学生踏着线进行助跑扣球练习。

易犯错误五：击球点保持不好，多数情况是击球点靠后。

纠正方法：①击球点保持不好的原因，多是起跳点选择不准确造成的。可用扣固定吊球的方法，并在正确的起跳点处划条线作为标志，做助跑起跳扣球练习。②击球点靠后，有的是起跳时前冲造成的。起跳前冲是制动不好的缘故。故要强调做好起跳前的制动动作。在练习时，教师可在学生起跳时伸手拦一下，给以限制信号，使学生体会向上起跳动作，逐步养成上跳的习惯。

易犯错误六：起跳时间把握不准，非早即晚。

纠正方法：①起跳时机不对，与助跑开始的早晚有关。所以先要讲清楚根据二传出手的情况，什么时候开始助跑，并进行示范。②学生练习时，教师可用提示性语言给以强化。③起跳时机不好，与传球弧度的高低有关。应要求传球出网的高度基本固定，不能忽高忽低，否则扣球人很难把握起跳时机。

（六）教学要求与建议

（1）在教学中应做好准备活动，加强安全教育，避免运动损伤。

（2）在教学初期，不要过于强调动作细节，待学生能连贯做动作以后，再抓动作细节。

（3）女生应以原地扣球教学为主，但原地扣球动作要正确熟练，扣球手法要合理。

（4）扣球练习按照原地扣球—低网扣球—正常网高的扣球进行，由易到难。

（5）扣球一定要保持球在体前，注意起跳点不能太靠近网。

（6）初学时千万不要发力，随手挥动击球就行，只要将球打成向前旋就行。

六、组合技术

（一）教学目标

使学生能熟练地完成各个动作的串联，能掌握串联中的要领以及注意事项。

（二）技术动作要点

组合技术是把已经初步掌握的单项技术串联起来，是单项技术和比赛联系的桥梁。其动作要领是要在场上时时要做好准备姿势，在准确的判断下积极移动，然后完成击球前的准备姿势，完成下一个技术动作。

（三）技术重点、难点

（1）重点：在各技术之间的准备姿势、判断和移动。

（2）难点：在于各项基本技术之间的串联和综合运用基本技术能力的培养。

（四）教与学的方法

1. 传球与垫球组合练习

（1）一传一垫。二人一组面对面相距4米站立，一人传球，一人垫球，然后互换。要求控制球的落点，提高传垫球的质量。

（2）加长距离传垫球。二人一组面对面相距6～7米站立，一人垫球，一人传球。可先固定垫球人、传球人，也可以传、垫球交叉进行。要求提高控制球的能力，传垫球时要全身协调用力。

（3）移动传垫球。二人面对面相距4米站立：①一个人固定站位，向另一人左右传垫球，另一人在移动中将球传垫回来球处；②二人站立后，分别将球传垫到对方两侧。要求在移动中使学生身体面对出球方向，处理好人与球之间的位置关系。

（4）隔网传垫球。二人一组面对面站立，相距5米左右，在球网上连续传垫球。注意传垫球弧度的变化。

（5）手摸地传垫球。二人一组面对面相距4米站立，每传垫球一次，手摸地一次。

2. 发球、垫球与传球组合练习

（1）一发一垫。二人一组面对面站立，相距9米，一人发球，一人垫球，然后交换。要求提高发球的准确性，垫球时全身要协调用力，并控制球的落点。

（2）一发一垫一传。二人一组相距9米，面对面站立，一人发球，一人将球垫到二人中间，发球人迅速向前跑动，将球传给垫球人，然后交换。要通过快速跑动提高运用技术的能力。

（3）隔网一发一垫一传。五人一组，一人先在场内，然后再在发球区向另半场连续发球，三人接发球，将球垫到3号位，一人在3号位将来球传到4号位。然后彼此交换。要求提高发球的成功率和准确性，垫球时要及早判断，快速移动。

3. 传球与低网扣球组合练习

（1）自传自扣。自己持球站在3米线上，上手传球到网前，助跑起跳后将球扣过低网。要求传球能较好地控制球的落点，扣球时注意保持好人与球之间的位置关系。

（2）一传一扣。二人一组，一人在4号位准备扣球，另一人在3号位上手传球到4号位，4号位人助跑起跳将球扣过低网，然后交换。要求助跑有节奏，起跳要充分，逐渐建立良好的时空感觉。传球人要控制球的落点。

（3）二传一扣。二人一组，一人站在4号位将球上手传到3号位，3号位人将球上手传到4号位，4号位人助跑起跳扣球，然后互换练习。要求3号位传球人传球时面对出球方向，并控制好球的落点。

（4）一抛一传一扣。三人一组，一人在后排将球抛给3号位的人，3号位人将球上手传到4号位，4号位人助跑起跳扣球。

（5）连传连扣。二人一组，一人在3号位连续向4号位上手传球，另一人在4号位连续扣球，每扣一次球后回到初始位置，准备再扣。要求扣球人前后移动速度要快，控制好人与球的位置关系，连扣次数可适当增加。

（五）易犯错误与纠正方法

易犯错误：完成一个技术动作后就放松，没有积极做好准备姿势和移动，导致在完成下一个动作时身体没有到位，影响了下一个动作的完成。

纠正方法：老师要提醒学生，学生自身要积极改正。

（六）教学要求与建议

（1）组合练习的初期，学生可能会不适应。因此，在变化技术动作时，不要过于抓技术细节，应首先考虑能让组合练习完整进行下去，随着练习次数增多，动作质量自然会提高。

（2）在进行组合练习时，应多对学生进行团结协作，克服困难等方面的思想教育。

（3）组合技术教学应与简单教学比赛结合进行。

（4）组合技术各技术之间以准备姿势、判断和积极的移动为纽带。练习中一定要强调完成动作后要立即做好准备姿势。

第二节　基本战术

一、中一二进攻战术

（一）教学目标

（1）使学生掌握中一二战术概念、站位方法以及各个位置的职责。

（2）使学生掌握中一二战术的要点，教学的重点、难点，教与学的方法，易犯错误与纠正方法以及教学要求与建议。

（二）技术动作要点

由前排中间3号位队员担任二传，将球传给4号位和2号位两个前排队员扣球的进攻形式。

（三）技术重点、难点

（1）重点：掌握站位方法、换位方法以及每个位置的职责。

（2）难点：在实战中熟练运用。

（四）教与学的方法

（1）讲解：教师讲解战术的概念、站位方法、各个位置队员的职责。

（2）用沙盘、绘图演示讲解的内容。

（3）请队员现场演示。

（4）练习方法：①4、5、6号位队员接对方近距离发球，组织4号位进攻。要求三名队员将球准确地垫到前排中间3号位二传队员处，再由其将球传到4号位供4号位队员扣球，要务必通过几人配合，三次击球过网。②2、1、6号位队员接对方近距离发球，组织2号位进攻。③2、1、6、5、4号位队员接对方近距离发球，组织4、2号位队员进攻。要求队员明确场上位置，互相配合，完成“中一二”进攻战术练习。

（5）集体讲解，提示动作要点和要求。

（五）易犯错误与纠正方法

易犯错误一：基本技术不熟练，导致配合不起来，战术完成不了。

纠正方法：多练习基本技术。

易犯错误二：队员换位时机不合理，导致犯规或者来不及完成下一个动作。

纠正方法：向学生讲解换位的时机，在实战练习中及时提醒学生。

易犯错误三：队员对场上位置的职责不清楚，导致全队完成动作不协调。

纠正方法：跟学生讲解清楚场上每个位置的职责，在实战练习中及时提醒学生。

（六）教学要求与建议

（1）在战术教学前一定要先讲解清楚场上位置的职责分工。

（2）教学时先分解再整体，由简单到复杂一步一步进行。在教学中，教师一定要及时提醒学生不合理的跑动和注意事项。

（3）基本战术教学要与基本技术、组合技术结合起来进行，不断提高技术、战术的质量。

（4）向学生反复强调自己学习的目的，在不断提高战术质量的过程中，加深对排球运动的理解。

（5）要在战术教学中培养学生之间的协作精神，彼此之间的配合意识。

（6）战术教学应与教学比赛结合起来进行。

二、心跟进防守战术

（一）教学目标

（1）使学生掌握双人拦网心跟进防守战术的概念、站位方法以及各个位置的职责。

（2）使学生掌握双人拦网心跟进防守战术的要点，教学的重点、难点，教与学的方法，易犯错误与纠正方法以及教学要求与建议。

（二）技术动作要点

“心跟进”防守又称为“6号位跟进”防守。此种方法在我方双人拦网配合较好，对方在比赛中较多运用吊球的情况下采用。“心跟进”防守要求拦网要有效地封锁对方向我方6号位区域的进攻，6号位队员跟上保护，防守吊球，其他队员各自在自己的防守位置上防守扣过来的球。这种防守战术对跟进队员的技术要求较高，跟进队员应善于接吊球和传调整球。

（三）技术重点、难点

（1）重点：掌握站位方法以及每个位置的职责。

（2）难点：在实战中熟练运用。

（四）教与学的方法

（1）讲解：教师讲解防守战术的概念、站位方法以及各个位置队员的职责。

（2）用沙盘、绘图演示讲解的内容，提出注意事项。

（3）用现场队员站位来演示。

（4）练习方法：①手抛球练习“心跟进”防守战术。一人在球网一侧将球抛到另一侧两名拦网队员身后，6号位队员跟进防吊球，将球防起后组织“中一二”进攻。要求6号位队员要判断准确，移动速度要快，身体重心要低。教学时，可让同学在6号位排成一路纵队，轮流练习。②防扣球练习“心跟进”防守战术。两名队员在半场一传一扣，另半场两名队员消极拦网，6号位队员跟进防守对方的吊球。要求防守队员各自防守自己的区域，6号位队员要早判断，快移动。

（5）集体讲解，提示动作要点和要求。

（五）易犯错误与纠正方法

易犯错误：队员对场上位置的职责不清楚，导致全队完成动作不协调。

纠正方法：向学生讲解清楚场上每个位置的职责，在实战练习中及时提醒学生。

（六）教学要求与建议

（1）在战术教学前一定要先讲解清楚场上人员的职责分工。

（2）教学时先分解再整体，由简单到复杂一步一步进行。在教学中，教师一定要及时提醒学生注意不合理的跑动和注意事项。

（3）基本战术教学要与基本技术、组合技术结合起来进行，不断提高技术、战术的质量。

（4）要向学生反复强调自己学习的目的，在不断提高战术质量的过程中，加深对排球运动的理解。

（5）要在战术教学中培养学生之间的协作精神，彼此之间的配合意识。

（6）战术教学应与教学比赛结合起来进行。

第六章　足球教学指导

中学体育与健康教材的足球教学内容包括：踢球技术、接球技术、运球技术、头顶球技术、掷界外球技术、抢截球技术、守门员技术、个人进攻战术、个人防守战术、局部攻守战术、整体攻守战术。该课程以“健康第一”为指导思想，紧扣教材内容，从教学目标，技术动作要领与要点，教学重点、难点，教与学的方法，易犯错误与纠正方法，教学要求与建议几方面对足球基本技术和战术进行教学指导。

第一节　踢球技术

足球踢球技术教学内容包括：脚内侧踢球，脚背正面踢球，脚背内侧踢球和脚背外侧踢球。

一、教学目标

通过引导、启发、激发培养学生学习足球的兴趣，提高学生参与足球运动的热情，使学生体验到踢足球的快乐。学生理解脚内侧踢球，脚背正面踢球，脚背内侧踢球和脚背外侧踢球的技术动作结构，掌握技术动作要点，能够将球准确传到队友脚下。锻炼学生的腿部力量，提高学生身体各部位的协调性，发展学生的柔韧和灵敏素质，增强学生体质。培养学生稳定的心理品质，发展学生的协作、配合精神。

二、技术动作要领与要点

（一）脚内侧踢球技术动作要领与要点

直线助跑，支撑腿微屈、踏在球侧、脚弓对准传球方向，摆动腿屈膝外展、向前摆动，以脚弓击球后中部，击球后随前。

（二）脚背正面踢球技术动作要领与要点

直线助跑，最后一步稍大步。支撑脚踏在球的侧后方10～15厘米处，足尖对准传球方向，膝关节微屈。踢球腿在跨步支撑的同时大腿后引，小腿尽力后摆。在支持脚着地的同时，上体稍前倾。以髋关节为轴，大腿带动小腿由后向前摆动。当膝盖提至接近球的后上方时，小腿爆发式前摆。击球时，脚背绷直，脚踝压紧，以脚背的正面击球的后中部。击球后，踢球腿应随球继续前摆。

（三）脚背内侧踢球技术动作要领与要点

斜线助跑，助跑方向与出球方向约成45°。支撑脚，踏在球的侧后方25~30厘米处，膝关节微屈，足尖指向出球方向，身体稍向支撑脚一侧倾斜。在支持脚着地的同时，身体顺势向出球方向转动，踢球腿以髋关节为轴，大腿带动小腿呈弧形由后向前摆动。当膝盖提到接近球的内侧垂直上方的瞬间，小腿加速前提，脚尖稍外旋，脚面绷直，脚尖指向斜下方，以脚背内侧击球的后下部。踢球后，踢球腿随球继续前摆。

（四）脚背外侧踢球技术动作要领与要点

直线助跑，最后一步稍大步。支撑脚踏在球的后侧方10~15厘米处，足尖对准传球方向，膝关节微屈。大腿带动小腿由后向前做弧形摆动，在踢球腿的膝盖摆到接近球的垂直上方的瞬间，小腿加速前摆，脚尖旋内，脚背外侧与地面垂直，脚面绷直，脚趾扣紧，以脚背外侧部位击球的内侧后中部。踢球后，踢球腿随球继续前摆。

三、教学重点、难点

（一）脚内侧踢球教学重点、难点

（1）重点：支撑腿支撑，摆动腿摆动，脚内侧击球。

（2）难点：脚尖对准传球方向、脚内侧部位击球中部与控制击球力量。

（二）脚背正面踢球教学重点、难点

（1）重点：支撑腿支撑，摆动腿摆动，脚背正面击球。

（2）难点：摆动腿前摆过程中膝盖提至接近球后上方，大腿制动小腿爆发式前摆的连接。

（三）脚背内侧踢球教学重点、难点

（1）重点：支撑腿支撑，摆动腿摆动，脚背内侧击球。

（2）难点：支撑环节身体重心向支撑脚一侧倾斜，大腿带动小腿呈弧形由后向前摆动过程中大腿制动与小腿加速前摆衔接，脚背内侧部位击球的后下部。

（四）脚背外侧踢球教学重点、难点

（1）重点：支撑腿支撑，摆动腿摆动，脚背外侧击球。

（2）难点：支撑脚踏在球的后侧方10~15厘米处，足尖对准传球方向；在踢球腿的膝盖摆到接近球的垂直上方的瞬间，小腿加速前摆，脚尖内转，脚背外侧与地面垂直，脚面绷直，脚趾扣紧，以脚背外侧部位击球的后中部。

四、教与学的方法

（一）教的方法

（1）讲解法：通过简明、生动的语言向学生系统地讲授脚内侧踢球、脚背正面踢球，脚背内侧踢球和脚背外侧踢球技术的动作要点，运用形象的描绘、陈述，通过启发性的设疑、解疑，使学生在较短的时间内获得关于这些技术的知识。

（2）问答法：问学生足球有几种运行轨迹，足球射门脚法有几种，足球定位射门有几种，启发学生思考，培养学生的思考能力和语言表达能力，提高学生学习兴趣。

(3) 讨论法：让学生讨论使用各种脚踢球技术的特点，在比赛中运用这种方法的重要性；讨论定位球射门的力量、速度。

(4) 演示法：教师分别示范脚内侧接触球的上部、中部、下部；向学生展示脚背正面的具体部位，脚背正面和球接触的部位；向学生展示脚背内侧的具体部位，脚背内侧和球接触的部位；向学生展示脚背外侧的具体部位，脚背外侧和球接触的部位。

(5) 动作示范法：通过完整示范和分解示范，直观展示各种脚踢球技术的动作过程，给学生建立直观动作表象。

(二) 学的方法

(1) 练习法：

①先原地做大腿带动小腿摆腿踢球的模仿练习，再做向前跨一步模仿踢球练习。

②在向前慢跑中做模仿踢球的练习。

③主要做摆腿击球和脚形控制的模仿动作。要求动作协调放松、连贯。不要做用力过猛的摆腿击球模仿动作。

④分解和完整徒手模仿练习：主要体会踢球技术动作各个环节，可做完整动作，也可先分解再做完整动作练习。

⑤两人一组，一人踩球，一人原地做踢固定球练习。

⑥两人一组，间隔5~8米，做脚击球练习。

⑦两人一组，间隔15米，做脚内侧踢球练习和移动球练习。

⑧两人一组，间隔15米，甲队员固定在原地踢球给乙队员，乙队员直线迎面跑上去迎球踢还给甲，并回到原来的位置上，依次循环。练习完毕，甲乙互换练习方式。

⑨两人一组，采用各种脚踢球技术，做行进间的传球练习。

⑩采用各种脚踢球技术进行射门练习。

⑪三人一组，连续二过一配合，最后一人脚背正面踢球做射门练习。

(2) 游戏法：

①四个人围成一个边长为5米的正方形进行传球练习，一个人在四人之间抢球，抢球人触到球时与被抢的队员交换位置。

②共两队，每队5或6人，在场区30×30米或40×40米场地内，两队抢球，一队用脚内侧传球，另一队抢球，抢到球后，交换发球权，游戏继续。

③两队，每队3~5人，把12~18个标志桶均匀分布在中圈内，两个队均在中圈以外。其中一队控制球为进攻方，另一队为防守方，进攻方距中圈不得少于15米，防守方防止进攻方射中中圈内的标志桶。两队用不同颜色、号码球衣区分。球射进中圈内击倒标志桶得分。控球一方为进攻方，另一方防守，控球权改变后，双方立即转变攻守，射击必须在中圈以外并用脚背正面，射击球穿过中圈可以被再次控制，停留在中圈则成为"死球"，原控球队失去控球权。防守一方获得控球权后必须从中圈15米以外开始进攻，除非去捡"死球"，一般在练习中不允许队员进入中圈。游戏进行到全部标志桶被击倒为一回合，共5个回合。击倒一个标志桶得1分，积分多的队为胜队。

④在标准运动场的球门正前方距离球门20米以上，安排若干个学生每名队员一个

球。队员之间可以单独比赛，也可以进行小组间集体对抗，每名队员都从一个指定的踢球点踢球，以脚背外侧部位，脚背内侧部位踢球。球必须是在空中通过外弧线进入球门后才能被判定获胜一球。每名队员或者每组轮流进行。

五、易犯错误与纠正方法

（一）脚内侧踢球易犯错误与纠正方法

易犯错误一：踢球腿屈膝外展不充分，脚尖没有翘起。

纠正方法：踢球腿屈膝充分外展，脚尖翘起。

易犯错误二：摆腿动作过分紧张，摆速受到限制。

纠正方法：腿形固定，做以髋关节为轴的摆动练习。

易犯错误三：踢球时，腿前摆膝关节伸直，形成直腿摆踢。

纠正方法：踢球腿屈膝充分外展，膝关节固定。

易犯错误四：踢球时上体向踢球腿一侧倾斜，脚踝内翻。

纠正方法：支撑腿重心下降，重心落在支撑腿上。

易犯错误五：踢出球是空中球，而不是地滚球。

纠正方法：击球点不正确，击球点应该在球的后中部。

（二）脚背正面踢球易犯错误与纠正方法

易犯错误一：支撑脚的位置靠后，造成踢球时身体后仰而踢球的后下部，使踢出的球偏高。

纠正方法：标记支撑脚与球的位置关系，反复练习，并结合踢固定球体会脚触球部位，要求身体稍前倾，重心跟上。

易犯错误二：摆动腿前摆时，小腿过早前摆，造成直腿踢球，出球无力。

纠正方法：强调小腿摆动时机，要求摆动腿的膝盖接近球的垂直上方时，加速摆动小腿。

易犯错误三：踢球时勾脚尖，造成脚趾触球。

纠正方法：做上一步踢球模仿练习，并结合用垒球垫将球垫起的踢球练习，要求脚背绷直，足尖向下。

（三）脚背内侧踢球易犯错误与纠正方法

易犯错误一：助跑的方向不对，支撑脚的位置偏后，易把球踢高。

纠正方法：用线标出助跑方向和支撑脚的位置进行练习。

易犯错误二：踢球脚脚尖外转不够，接触球部位不正确。

纠正方法：踢定位球练习，强调脚触球的部位。

易犯错误三：没有向出球方向摆腿，形成向内画弧摆动，屈体弯腰。

纠正方法：多做模仿练习，强调立足后转体，摆动腿向出球方向摆动。

（四）脚背外侧踢球易犯错误与纠正方法

易犯错误一：支撑脚位置偏前，踢球时身体伸展不充分，踢出球偏低。

纠正方法：用线标出助跑方向和支撑脚的位置进行练习。

易犯错误二：踢球腿摆动方向不正确，踢球施力方向偏离球的重心，出球不旋转。

纠正方法：踢球脚向前摆动时，脚尖向支撑脚一侧转动。

易犯错误三：脚背外侧没有垂直于地面，球没有呈外弧线旋转。

纠正方法：加强模仿动作练习，使动作固定。

易犯错误四：踢球点不准确，球不离开地面或者弧形过大方向不准确。

纠正方法：在球上面标出触球部位，发力不要太大。

六、教学要求与建议

（一）教学要求

（1）讲解的要求：简明扼要，生动形象，有针对性，讲解时要结合演示、图示。讲解动作方法时，可按照踢球动作的顺序讲解。

（2）示范的要求：示范时，正确、准确，多示范面。一般先进行慢动作的正面示范。做击球点示范时，可采用静止动作示范法。

（3）初学阶段要强调掌握正确的动作，不要过多要求力量。

（4）组织练习时注意不同技术水平的搭配，在初学阶段强弱搭配；在巩固、提高阶段要技术水平相当。

（5）在组织练习的过程中，可充分采用语言提示以启发学生思考，防止错误动作的形成。

（6）要求学生在练习时，将练、想、看结合起来。

（7）要严格要求基础较好的学生，设法调动他们的积极性。可指定他们与基础差的同学结成小组，互帮互助，让他们发挥教师助手的作用。

（二）教学建议

（1）开始教学时，应先做模仿练习踢静止球，在教学中要抓住支撑脚的站位、踢球腿的摆动和脚触球的部位等技术环节。

（2）在练习步骤上，可先做徒手模仿练习、分解练习、完整练习，体会踢球的动作结构，然后可两人一组小力量对踢定位球或对墙练习。掌握动作后，可在移动中踢来自不同方向的球。

（3）在教学时，可有意识地采用“集体会诊”，即练习与讨论相结合的方法，提高学生观察、分析踢球技术的能力，学会有针对性地纠正易犯错误和改进踢球动作的方法。

（4）踢球练习时一般采用重复练习法，多鼓励、多要求、多纠正，防止学生产生厌烦情绪。

（5）合班上课时注意男女生分组及搭配。

（6）给学生提问的机会，培养学生分析动作正误的能力，可在课上开展互帮互学，人人充当“小先生”的活动。

（7）遵循区别对待原则，可在技术较好的班级使用游戏法和比赛法。

（8）多利用辅助设备练习基本动作，如高矮墙、网、挡板等，来增加练习密度。

第二节　接球技术

足球接球技术的教学内容包括：脚内侧接地滚球，脚背正面接球，脚背外侧接地滚球，大腿接球和胸部挺胸式接球。

一、教学目标

通过引导、启发、激发培养学生学习足球的兴趣，提高学生参与足球运动的热情，使学生体验踢足球的快乐。学生理解脚内侧地滚接球，脚背正面接球，脚背外侧接地滚球，大腿接球和胸部挺胸式接球的技术动作结构，掌握技术动作要点。促进学生身体健康，培养学生稳定的注意力，帮助其形成耐心、细致的性格。

二、技术动作要领与要点

（一）脚内侧接地滚球技术动作要领与要点

支撑脚脚尖对准来球，膝关节微屈，同侧肩止对来球。接球腿提膝，大腿外展，脚尖微翘，脚底基本与地面平行，脚内侧正对来球并前迎，当脚内侧与球中部接触的一瞬间迅速后撤，把球接在脚下。

（二）脚背正面接球技术动作要领与要点

根据球的落点，及时移动到位，脚背正面迎下落的球，当球与脚面接触的一瞬间，接球脚与球同步下撤，此时大腿膝关节、踝关节、脚趾均保持适度的紧张，脚尖微翘将球接到需要的地方。

（三）脚背外侧接地滚球技术动作要领与要点

将接球点放在接球腿一侧，支撑腿膝关节微屈。接球腿提起屈膝，脚内翻使小腿和脚背外侧与地面成一锐角，并对着接球后球运行的方向，脚离地面约半球高，然后大腿向接球后球运行的方向推送，同时身体随球移动。

（四）大腿接球技术动作要领与要点

面对来球方向，根据球的落点迅速移动到位，接球腿大腿抬起，当球与大腿接触的瞬间大腿下撤将球接到需要的位置上。

（五）胸部挺胸式接球技术动作要领与要点

面对来球站立（两脚左右或前后开立），两膝微屈，重心置于支撑面内，上体后仰，下颌微收，两臂自然张开，保持身体平衡。接触球瞬间，两脚蹬地，膝关节伸直用左胸部或者右胸部上挺送球的下部，使球微微弹起于胸前上方。

三、教学重点、难点

（一）脚内侧接地滚球教学重点、难点

（1）重点：支撑脚脚尖对准来球，摆动腿摆动，做触球动作。

（2）难点：脚内侧正对来球并前迎，脚内侧与球中部接触的一瞬间迅速后撤。

（二）脚背正面接球教学重点、难点

（1）重点：判断选位，脚背正面触球动作。

（2）难点：脚背正面上迎下落的球，当球与脚面接触的一瞬间，接球脚与球下落的速度同步下撤，此时大腿膝关节、踝关节、脚趾均保持适度紧张。

（三）脚背外侧接地滚球教学重点、难点

（1）重点：判断选位，脚背外侧触球动作。

（2）难点：脚内翻使小腿和脚背外侧与地面成一锐角，并对着接球后球运行的方向，脚离地面约半球高。

（四）大腿接球教学重点、难点

（1）重点：判断选位，大腿接球动作。

（2）难点：接球腿大腿抬起，当球与大腿接触的瞬间，大腿下撤将球接到需要的位置上。

（五）胸部挺胸式接球教学重点、难点

（1）重点：判断选位，左胸部或者右胸部接球动作。

（2）难点：接触球瞬间，两脚蹬地，膝关节伸直用左胸部或者右胸部上挺送球的下部使球微微弹起于胸前上方。

四、教与学的方法

（一）教的方法

（1）讲解法：通过简明、生动的语言向学生系统地讲授脚内侧接地滚球，脚背正面接球，脚背外侧接地滚球，大腿接球和胸部挺胸式接球的动作要点，运用形象的描绘、陈述，启发性的设疑、解疑，使学生在较短的时间内获得关于这些接球技术的知识。

（2）问答法：问学生足球比赛中地滚球运行的数量、区域、速度；怎样改变进攻方向；怎样接空中球。启发学生思考，培养学生的表达能力，激发学生学习兴趣。

（3）讨论法：让学生讨论比赛中脚内侧接地滚球，脚背正面接球，脚背外侧接地滚球，大腿接球和胸部挺胸式接球的技术运用。

（4）演示法：用技术图解或者视频来演示技术动作。

（5）动作示范法：通过完整示范和分解示范直观展现脚内侧接地滚球，脚背正面接球，脚背外侧接地滚球，大腿接球和胸部挺胸式接球的动作过程，给学生建立直观动作表象。

（二）学的方法

（1）练习法：

①徒手模仿练习：要求动作协调、放松、连贯。不要做用力过猛的模仿动作。

②分解和完整徒手模仿练习：主要体会接球技术动作各个环节，可做完整动作，也可先分解再做完整动作练习。

③两人一组，间隔10米，一人用手抛地滚球，一人迎球用脚内侧把球停在体前或

向左、右侧停球。停球后将球拾起再用手抛给对方。

④10～16人为一大组，5～8人为一小组，两组相向站位间隔15～20米，一组排头队员踢球给另一组排头队员，踢完后跑到另一组末尾，依次循环。

⑤两人一组，相距10～15米，甲向乙两侧传球，乙跑动用规定脚内侧部位接地滚球，乙接球后再回传给甲。

⑥三人一组，站成一条直线，每两人相距10米左右。甲传球给乙，乙用脚内侧接地滚球，然后传给丙，丙再回传给乙。反复练习，做够规定的次数后，互换位置。

⑦用脚背正面接空中球的方法自抛自接空中下落球。

⑧二人互抛互接空中球，逐渐改变球的运行弧度、落点，接球者练习移动接球。

⑨两队队员相互传高球，练习接空中球。

⑩接球者在半场中圈站立。守门员由本方罚球区掷（踢）球至中圈附近，接球者跑上接空中球。

⑪甲、乙两人相向站立，间隔5米，甲抛半高球至乙左侧约3米处，乙接球，接球后用正脚背将球传给甲，甲用手接球后迅速将球抛向乙右侧约3米处，乙迅速移动调整脚步，用右脚脚背正面接球，接球后用正脚背将球传给甲，左右反复来回传球。

⑫6～8人一组纵向站立，甲队员站在离小组排头乙队员5米处，甲队员专门抛半高球到乙前面3米处，乙迅速追上，判断好落点，用右脚脚背正面接球，待球缓冲落下，用正脚背将球传给甲，甲用手接球后，马上将球抛向丙。乙传球后迅速转身跑到小组最后，循环进行。

⑬二人互抛互接空中球，逐渐改变球的运行弧度、落点，使接球者练习移动接球。

⑭接球者在半场中圈站立。守门员由本方罚球区掷（踢）球至中圈附近，接球者跑上接空中球。

⑮甲、乙两人相向站立间隔5米，甲抛半高球向乙左侧约3米处，乙用大腿接球，接球后用正脚背将球传给甲，甲用手接球后迅速将球抛向乙的右侧约3米处，乙迅速移动调整脚步，用大腿接球，接球后用正脚背将球传给甲，左右反复来回传球。

⑯6～8人一组纵向站立，甲队员站在离小组排头乙队员5米处，甲队员专门抛半高球到乙的前面3米处，乙迅速追上，判断好落点，用大腿接球，待球缓冲落下，用正脚背将球传给甲，甲用手接球后，马上将球抛向丙。乙传球后迅速转身跑回小组最后，循环进行。

⑰用胸部接空中球的方法自抛自接空中下落球。

⑱二人互抛互接空中球，逐渐改变球的动行弧度、落点，接球者练习移动接球。

⑲两队员相互传高球，练习接空中球。

⑳接球者在半场中圈站立。守门员由本方罚球区掷（踢）球至中圈附近，接球者跑上接空中球。

㉑甲、乙两人相向站立间隔5米，甲抛半高球至乙左侧约3米处，乙用胸部接球，接球后用正脚背将球传给甲，甲用手接球后迅速将球抛向乙的右侧约3米处，乙迅速移动调整脚步，用胸部接球，接球后用正脚背将球传给甲，左右反复来回传球。

㉒6～8人一组纵向站立，甲队员站在离小组排头乙队员5米处，甲队员专门抛半高球到乙的前面3米处，乙迅速追上，判断好落点，用胸部接球，待球缓冲落下，用正脚背将球传给甲，甲用手接球后，马上将球抛向丙。乙传球后迅速转身跑回小组最后，循环进行。

（2）游戏法：

①四个人围成一个边长为5米的正方形，用脚内侧进行传球练习，一个人在四人之间抢球，抢球人触到球时与被抢的队员进行位置互换。

②两队，每队5或6人，在场区30×30米或者40×40米场地内，两队之间抢球，一队用脚内侧传球，另一队抢球，抢到球后，交换发球权，游戏继续。

③在练习场地为30×40米的长方形区域内，用不同颜色、号码的衣服把队员分成两个队，其中一个队控制球。控球一方队员设法摆脱自己的防守者，完成传球—接球的配合。队员利用脚背正面接停、控制队友投来的球，球接下来后在球落地之前用手持球，然后再传给其他队友。持球队员在传球之前，允许拿球连续行走5步。防守一方通过断截对方传球，或对手在球落地之前接控球失败获取控球权，不允许直接对抗、拼抢。连续传球10次得1分，积分多者为胜方。判断来球，当身体与来球接触的瞬间，接球部位要缓冲、回撤，以减缓来球的冲击。可以适当调整练习人数和场地。

④在练习场地为30×40米的长方形区域内，用不同颜色、号码的衣服把队员分成两队，其中一个队控制球。控球一方队员设法摆脱自己的防守者，完成传球—接球的配合。队员利用大腿接停、控制队友投掷来的球，球接下来后在球落地之前用手持球，然后再传给其他队友。持球队员在传球之前，可拿球连续行走5步。防守一方通过断截对方传球，或对手在球落地之前接控球失败获取控球权，不允许直接对抗、拼抢。连续传球10次得1分，积分多者为胜方。

⑤在练习场地为30×40米的长方形区域内，用不同颜色、号码的衣服把队员分成两个队，其中一个队控制球。控球一方队员设法摆脱自己的防守者，完成传球—接球的配合。队员利用胸部接停、控制队友投来的球，球接下来后并在球落地之前用手持球，然后传结其他队友。持球队员在传球之前，允许拿球连续行走5步。防守一方通过断截对方传球，或对手在球落地之前接控球失败获取控球权，不允许直接对抗、拼抢。连续传球10次得1分，积分多者为胜方。

五、易犯错误与纠正方法

（一）脚内侧接地滚球易犯错误与纠正方法

易犯错误一：触球时，接球脚的踝关节过于紧张，没有缓冲，球停得离身体过远。

纠正方法：加强模仿练习，提高动作协调性，由慢到快做接球练习。

易犯错误二：停地滚球时，脚离地过高，使球通过。

纠正方法：加强分解和完整练习，严格控制脚离开地面的高度。

（二）脚背正面接球易犯错误与纠正方法

易犯错误一：对球在空中运行的速度与轨迹判断不准确，接球时机、位置不好而造成漏接。

纠正方法：遵循由易到难、由低到高、由慢到快的练习方式。

易犯错误二：触球时，踝关节过于紧张，球停得离身体过远。

纠正方法：加强脚触球练习。

易犯错误三：接球脚下撤太晚，使球不能随脚下撤。

纠正方法：把球放在脚上练习下撤，然后自抛自接体会缓冲时机。

（三）脚背外侧接地滚球易犯错误与纠正方法

易犯错误：接球脚的踝关节没有放松，接球不稳。

纠正方法：练习时踝关节固定放松。

（四）大腿接球易犯错误与纠正方法

易犯错误一：接球腿过于紧张，不能较好地缓冲来球力量。

纠正方法：练习时把球放在大腿上，大腿下撤，练习缓冲。

易犯错误二：接球大腿下撤过快，使球不能随腿下撤。

纠正方法：手拿住球下落，练习大腿下撤时机。

（五）胸部挺胸式接球易犯错误与纠正方法

易犯错误一：接球时，球在空中的位置选择不准，未能用正确部位接触球。

纠正方法：加强自抛自接练习，判断球的位置。

易犯错误二：与球接触的瞬间，挺胸过晚，没有减缓来球的冲击。

纠正方法：眼睛盯住来球，注意力完全放在球上。

易犯错误三：没有充分展腹，造成挺胸而不能后仰，使球弹得过远，难以控制。

纠正方法：练习时充分展腹。

六、教学要求与建议

（一）教学要求

（1）接球技术教学，讲解和示范应尽量结合起来进行。重点讲解和示范接球的动作，特别是迎撤球的动作示范要慢一些，让学生更好地看清缓冲来球力量的动作。

（2）动作方法应按照判断选位、支撑脚位置、支撑腿的作用、接球动作、护球和与下一动作衔接的顺序展开有节奏的讲解。

（3）在开始学习接球时，要让学生注意接球时的触球部位要适当放松，并要做好迎撤动作。

（4）在初步掌握接球动作后，要使学生养成主动迎球和停球后迅速衔接下一个动作的好习惯。

（5）练习步骤上要先做模仿接球动作，体会动作方法，再自传自接，互传互接。先练习原地接球、逐渐过渡到迎面跑动接球。先练习向前和向两侧停，再练转身停球。

（6）先练习接近距离和力量轻的来球，再练习接中、远距离和较大力量的来球。

（7）基本掌握接球技术动作后，再与接远球、接传球、接球射门等技术动作结合起来做组合练习。

（8）可根据学生对接球技术动作掌握程序进行分组教学，并提出具体要求。

（二）教学建议

（1）在接球的瞬间，身体重心要稳固处在支撑脚上，以保证球脚自如地进行动作。要随时提醒学生养成接球后观察周围情况的习惯，以便将球停在需要的位置上，为及时、正确地接球和加快进攻速度创造条件。

（2）要隐蔽自己的接球意图，便于摆脱对手争抢。

（3）接球要与运球、传球、过人和射门紧密衔接，以适应快速进攻的要求。

（4）在教学顺序上，接球运用部位一般可按照脚内侧、脚背、大腿、胸部的顺序进行。

（5）初学接球技术时，一般采用反复练习单个动作的方法。巩固、提高和改进技术时，各种接球技术可交替练习。要多进行基本的接球方法练习。可向学生简单介绍其他接球方法，在课上不用较多的时间进行练习。

（6）在教学时，应该根据学生的足球技术水平区别对待，在技术较好的班级中可合理使用游戏法和比赛法。

第三节　运球技术

足球运球技术包括：脚背正面运球，脚背内侧运球，脚背外侧运球和脚内侧运球。

一、教学目标

通过引导、启发、激发培养学生学习足球的兴趣，提高学生参与足球运动的热情，使学生体验到踢足球的快乐。学生理解脚背正面运球，脚背内侧运球，脚背外侧运球和脚内侧运球的技术动作结构。提高学生身体各关节的协调性，提高学生的速度素质。培养学生勇敢、顽强、机智、果断等品质。

二、技术动作要领与要点

（一）脚背正面运球技术动作要领与要点

跑动时，身体自然放松，上体稍前倾，两臂自然摆动，步幅不宜过大。运球脚提起时，膝关节弯曲，脚跟提起，脚尖下指，在迈步伸脚着地前，用脚背正面向前推拨球前进。

（二）脚背内侧运球技术动作要领与要点

跑动时，身体自然放松，上体稍前倾并稍向运球方向转动，两臂自然摆动，步幅要小些。运球脚提起时，膝关节弯曲，脚跟提起，脚尖稍外转，在迈步伸脚着地前，用脚背内侧向前侧推拨球，球向前以侧曲线或弧线运行。

（三）脚背外侧运球技术动作要领与要点

跑动时身体自然放松，上体稍前倾，两臂自然摆动，步幅要小些。运球脚提起时，膝关节弯曲，脚跟提起，脚尖稍内转，在迈步伸脚着地前，用脚背外侧向前推拨球，球以直线运行。向前侧推拨球，球以曲线或弧线运行。

（四）脚内侧运球技术动作要领与要点

运球时，支撑脚稍向前跨，踏在球的前侧方，膝关节稍弯，上体前倾并向里转。随着身体的向前移动，运球脚提起，用脚内侧推球的后中部。

三、教学重点、难点

（一）脚背正面运球教学重点、难点

（1）重点：运球脚前摆触球。

（2）难点：脚跟提起，脚尖下指，在迈步伸脚着地前，用脚背正面向前推拨球前进。

（二）脚背内侧运球教学重点、难点

（1）重点：运球脚前摆触球。

（2）难点：在迈步伸脚着地前，用脚背内侧向前侧推拨球。

（三）脚背外侧运球教学重点、难点

（1）重点：运球脚前摆触球。

（2）难点：在迈步伸脚着地前，用脚背外侧向前推拨球。

（四）脚内侧运球教学重点、难点

（1）重点：脚踏地支撑，运球脚前摆触球。

（2）难点：运球脚提起，用脚内侧推球的后中部。

四、教与学的方法

（一）教的方法

（1）讲解法：通过简明、生动的语言向学生系统地讲授脚背正面运球动作要点，运用形象的描绘、陈述，启发性的设疑、解疑，使学生在较短的时间内获得关于该项技能的知识。

（2）问答法：问学生足球比赛中的运球方法有几种；足球比赛中的运球和运球过人之间的联系；如何在足球比赛中改变方向；比赛中运球、护球较好的方法有哪些。启发学生思考，培养学生的表达能力，提高学生学习兴趣。

（3）讨论法：让学生讨论比赛中的运球速度，比赛中的变速运球，比赛中的变向运球，比赛中的运球、护球。

（4）演示法：用技术图解或者播放视频来演示技术动作。

（5）动作示范法：通过完整示范和分解示范直观展现脚背正面运球，脚背内侧运球，脚背外侧运球和脚内侧运球动作过程，给学生建立直观动作表象。

（二）学的方法

（1）练习法：

①颠球练习。用单脚脚背正面颠球，或两脚交替颠球，体会脚与球接触的感觉。

②学生按动作要领做无球跑动模仿练习。提醒自己降低重心，放松身体。

③在走或慢跑中体会脚背正面运球，脚背内侧运球，脚背外侧运球和脚内侧运球技术。

④用单脚脚背内侧运球，由慢到快。

⑤用左脚前脚掌将球引到足下，再用左脚的脚背内侧将球停在原地。用右脚脚背内侧将球改变方向后推出。

⑥两脚交替做一步一触球练习。

⑦急停启动运球练习。学生直线运球，运动中突然用前脚掌将球踩住，然后用脚背正面运球，反复练习。

⑧快速直线运球，提醒学生抬头观察场上情况。

⑨队员分成两组，组间相隔20米左右，两组成“一”字形相对排列。一组第一人运球到对面的运球起点线，把球传给另一组的第一人，然后跑到排尾，依次循环。

⑩队员排成一路纵队。由排头开始从起点线运球绕过对面标旗，再折回起点，把球传给下一个人，然后跑到排尾，依次循环。

⑪圆圈运球：以一脚为轴，另一脚脚背内侧不停向内运球、转球。一周后，换另外一只脚练习。

⑫直线运球：用右脚脚背内侧直线运球15米后，用右脚脚背内侧将球扣住，迅速转体用左脚脚背内侧运球，反复做上述练习。

⑬单脚拨球练习。用单脚脚背外侧连续向外侧转圈拨球。一步一步沿小圆圈拨球。

⑭用右脚脚背外侧将球推出，然后用右脚外侧置于滚动的球前面，将球停住（此时支撑脚在球后面）。以右脚为轴转身180° ，然后用右脚背外侧将球向前推出。

⑮足跟提起，双脚内八字行走。

⑯单脚脚背外侧运球，由慢到快。

⑰两脚分开与肩同宽，双脚做拨球练习。用双脚内侧来回拨球。可在原地拨，也可边拨边向前或后移动。

⑱拨球。用右脚内侧拨球横向滚动，左脚内侧将球停住，接着，左脚内侧使球横向滚动，反复练习。

⑲以左脚内侧跨过球，用右脚的内侧将球向前方推出，接着右脚跨过球，反复练习。

⑳掩护运球。用脚内侧做掩护运球。一人在慢速中运球，另一人在一侧消极抢球，运球人侧身掩护运球。

（2）游戏法：以标准足球场地的一条边线作起点线，另一条边线作折返线，或用标志物标出相应距离的起点线和折返线，每组一球，分为若干组。队员听信号后迅速运球前进，到达折返线后再迅速转身折返回到起点线，并立即把球交给自己的同伴，同伴重复这一过程。依次往返。每人跑2次为一局。最先运球到达的一组为胜方。处理好运球速度和控球距离的关系。为了不影响队员的速度，又能控制球，应把球推运到队员身体前2～3米处，不要把球始终控制在脚下，可针对不同年龄和能力的运动员来调整比赛距离。对10岁以下的队员，起点线与折返线距离应在30～40米。

五、易犯错误与纠正方法

（一）脚背正面运球易犯错误与纠正方法

易犯错误一：运球时，不是推拨球，而是捅球，球离身体过远。

纠正方法：多做原地运球练习，体会脚与球接触的感觉。

易犯错误二：支撑脚离球过远，身体后仰；触球后，身体重心不能随球前移。

纠正方法：反复做无球跑动练习，提醒自己降低重心。

（二）脚背内侧运球易犯错误与纠正方法

易犯错误：运球时，触球的部位不正确，脚型控制不稳。

纠正方法：练习时多做原地触球模仿练习。

（三）脚背外侧运球易犯错误与纠正方法

易犯错误一：运球时，膝关节没屈，推球力量大，球离身体过远，失去控制。

纠正方法：按动作要领做无球模仿练习。原地用脚背外侧将球推拨出去后，用脚底拉回，再推拨出去，反复练习。

易犯错误二：脚尖不内转，触球部位不正确，控制不好运球方向。

纠正方法：做两人脚背外侧踢地滚球练习。

易犯错误三：身体重心过高或臀部后坐，身体重心不能随球前移。

纠正方法：做一步一触球练习。

（四）脚内侧运球易犯错误与纠正方法

易犯错误：运球时，不是推拨球，而是踢球，以致球离身体过远而失去对球的控制。

纠正方法：练习原地脚内侧推拨球，体会脚内侧与球接触的感觉。

六、教学要求与建议

（一）教学要求

（1）教师先完整示范，使学生建立完整的动作概念。

（2）教师分步示范，并详细讲解，重点强调全身动作要协调，注意脚尖下指与球的接触部位，强调蹬、摆、推、拨。

（3）学生做模仿练习时，注意全身协调放松，重心降低。

（4）学生运球前仔细回忆脚背正面运球重点、难点。

（5）强调运球时尽量抬头，扩大视野。

（6）教师进行集体、个别指导，及时纠正学生错误动作。

（7）教师适时安排错误动作示范，使学生加深对正确动作的理解。

（二）教学建议

（1）练习形式多样，防止枯燥。

（2）运球练习要同各种熟悉球性的练习结合起来。

（3）在练习步骤上，先练习慢跑运球，然后加快运球速度。

（4）教师安排学生做自我总结，体会动作要领，总结规律。

第四节　头顶球技术

足球头顶球技术包括：正面原地头顶球，正面原地跳起头顶球，正面助跑跳起头顶球，侧面原地头顶球，侧面原地跳起头顶球和侧面助跑跳起头顶球。

一、教学目标

通过引导、启发、激发培养学生学习足球的兴趣，提高学生参与足球运动的热情，使学生体验到踢足球的快乐。学生理解正面原地头顶球，正面原地跳起头顶球，正面助跑跳起头顶球，侧面原地头顶球，侧面原地跳起头顶球和侧面助跑跳起头顶球技术动作结构，掌握技术动作要点。提高学生身体关节的协调性，促进学生力量素质的发展。培养学生勇敢、顽强、机智、果断等品质。

二、技术动作要领与要点

（一）正面原地头顶球技术动作要领与要点

身体正对来球，两脚左右开立15～20厘米（或者前后开立），脚尖稍内转，膝关节微屈，上体稍前倾，两臂屈肘后伸，身体重心平均落在两脚上，两眼注视来球，判断好来球的速度，做好准备工作，腰部前挺，胸部上提、下颌平收、两臂自然张开，上体后倾，顶球时双脚迅速蹬地，上体由后向前摆动，在即将触击球时，两腿迅速用力蹬伸，以腰腹和颈部的快速摆动主动迎击来球。击球时，颈部肌肉保持紧张，两眼注视出球方向。

（二）正面原地跳起头顶球技术动作要领与要点

身体正对来球，两脚左右开立15～20厘米，脚尖稍内转，膝关节微屈，上体稍前倾，两臂屈肘后伸，身体重心平均落在两脚上，两眼注视来球。起跳时，两臂由后向前上方振臂，用力跳起，在跳起上升过程中挺胸展腹，注视来球，当跳到最高点准备顶球时，身体成背弓，当球运行到身体垂直部位前的瞬间，快速收腹，身体前摆并且甩头，在最高点用前额正面顶球，顶球后两腿自然屈膝，屈踝落地。

（三）正面助跑跳起头顶球技术动作要领与要点

在助跑过程中判断来球运行路线和起跳方向，起跳时，两臂由后向前上方振臂，同时弓身，提胸、收下颌、两脚积极用力蹬伸，在跳起上升过程中挺胸展腹，两臂自然张开，两眼注视来球，当跳至最高点准备顶球时，身体成背弓，当球运行到身体垂直部位前的刹那，快速收腹，折体前摆并且甩头，用前额正面将球顶出，顶球后两腿自然屈膝，屈踝落地。

（四）侧面原地头顶球技术动作要领与要点

顶球前与出球方向同侧腿向前跨出一步，两膝微屈，身体重心放在后脚上，上体和头稍向异侧倾斜并转体约45°，两眼斜视来球，两臂自然张开。顶球时，后脚蹬地，上体和头向出球方向迅速扭转，屈体甩头，在与出球方向同侧肩的前上方，用前额侧面击球。

（五）侧面原地跳起头顶球技术动作要领与要点

起跳动作与前额正面原地跳起顶球的起跳动作相同。在跳起上升的过程中，上体侧屈，侧对来球。在跳到最高点顶球时，急速转体、甩头，用前额侧面将球击出。顶球后，两膝微屈缓和落地。

（六）侧面助跑跳起头顶球技术动作要领与要点

一般用单脚起跳。起跳动作与前额正面助跑跳起头顶球的单脚起跳动作相同。在跳起上升的过程中，上体侧屈，侧对来球。在跳到最高点顶球时，急速转体、甩头，用前额侧面将球击出。顶球后，两膝微屈缓和落地。

三、教学重点、难点

（一）正面原地头顶球教学重点、难点

（1）重点：蹬地与摆动，头触球。

（2）难点：顶球时双脚迅速蹬地，上体由后向前摆动，以腰腹和颈部的快速摆动主动迎击来球。击球时，颈部肌肉保持紧张，两眼注视出球方向。

（二）正面原地跳起头顶球教学重点、难点

（1）重点：蹬地与摆动，头击球。

（2）难点：在跳起上升过程中挺胸展腹，当跳到最高点准备顶球时，身体成背弓，当球运行到身体垂直部位前的瞬间，快速收腹，折体前摆并且甩头。

（三）正面助跑跳起头顶球教学重点、难点

（1）重点：起跳蹬地与摆动，头击球。

（2）难点：当跳起至最高点准备顶球时，身体成背弓姿势，当球运行到身体垂直部位前的瞬间，快速收腹，折体前摆并且甩头。

（四）侧面原地头顶球教学重点、难点

（1）重点：起跳蹬地与摆动，头击球。

（2）难点：上体和头向出球方向迅速扭转，屈体甩头，在与出球方向同侧肩的前上方，用前额侧面击球。

（五）侧面原地跳起头顶球教学重点、难点

（1）重点：起跳蹬地与摆动，头击球。

（2）难点：在跳到最高点顶球时，急速转体、甩头，用前额侧面将球击出。

（六）侧面助跑跳起头顶球教学重点、难点

（1）重点：起跳蹬地与摆动，头击球。

（2）难点：在跳到最高点顶球时，急速转体、甩头，用前额侧面将球击出。

四、教与学的方法

（一）教的方法

（1）讲解法：通过简明、生动的语言向学生系统地讲授正面原地头顶球，正面原地跳起头顶球，正面助跑跳起头顶球，侧面原地头顶球，侧面原地跳起头顶球和侧面助跑跳起头顶球动作要点，运用形象的描绘、陈述，启发性的设疑、解疑，使学生在较短的时间内获得关于该项技能的知识。

（2）问答法：问学生在足球比赛中哪个部位能顶球，头顶球时头的具体位置，头顶球时球的具体位置，头顶球时球的速度，有几种头顶球的方法，身高对头顶球的影响，启发学生思考，培养学生的表达能力，提高学生学习兴趣。

（3）讨论法：让学生讨论比赛中的头顶球的运用，如何用头顶球射门，如何用头顶球传球，如何在进攻和防守中争抢头顶球。

（4）演示法：用技术图解或者播放视频来演示技术动作。

（5）动作示范法：通过完整示范和分解示范直观展现正面原地头顶球，正面原地跳起头顶球，正面助跑跳起头顶球，侧面原地头顶球，侧面原地跳起头顶球和侧面助跑跳起头顶球动作过程，给学生建立直观动作表象。

（二）学的方法

（1）练习法：

①做各种顶球模仿练习。

②一人双手举球至对方头的高度，另一人用额正面顶球。领会顶球时接触部位和击球点。然后逐渐加大顶球力量。一方面消除惧怕心理，另一方面养成注视来球和顶球前不闭眼的习惯。

③顶吊在吊球架上的球。每次顶后，将球稳住再顶。逐渐练习连续顶球，以提高接触部位和击球点的准确性。以上练习主要是领会动作要领、动作方法。其中要强调接触部位、击球点和身体各部位关节肌肉的协调用力。

④自抛自顶球。自己向空中或对墙抛球，待球下落或弹回时对墙顶球。

⑤两人一组，一人抛球一人顶。

⑥顶边路传中球。中间插上做前额正面原地顶球。

⑦一人双手举球超过对方头顶，另一人用前额侧面原地顶球。

（2）游戏法：

①在标准排球场地上，每五人一组，分为若干组。在排球场内，用头正面顶球，进行排球式的比赛。按照排球规则计分。

②以标准足球场地中圈内中线为标准线，一人抛球，另一人原地跳起顶球，看谁顶得远，最远者获胜。

③在标准足球场地罚球区，两人一组，一人抛球，另一人正面助跑跳起头顶球。顶球队员持球站在罚球弧线附近，将球掷给站在球门内或球门侧面或罚球点侧面的队员。该队员用手接球后再抛至罚球点附近，顶球队员跑上顶球射门。进球多者获胜。

④在标准足球场地内画若干个边长10米的等边三角形，三人一组分成若干组，甲、乙、丙分别站在三角形的三个角上，甲抛球，乙用前额侧面原地头顶球给丙，丙原地不动用手接球。顶给丙球多者获胜。

⑤排两列纵队，两队相距4米，每列纵队前4米处安排一名抛球队员，每队一球。听到信号后，抛球队员抛球给本队第一名队员，这名队员用前额侧面原地跳起头顶球再回传给抛球队员并迅速下蹲跪地，抛球队员接球后再抛球给第二名队员，第二名队员同样头顶球回传并下蹲跪地，依次循环。先完成的一队获胜。一轮比赛结束后，第一名队员改当抛球队员，依次循环。赢得一轮得1分，先获得6分的队为胜方。

⑥在40×50米的练习场地内，在两条端线的中间用标志物或旗杆各设立一个宽4米的球门，用不同颜色、号码的衣服区分两队和中立队员，12人（每队4人共两队，4名中立队员），游戏时间自定。每队防守一个球门，并攻击对方球门，不设守门员，球只能用于进行传递不能争抢，在传球之前可以持球行走5步，允许断截对方传球和阻挡对方射门，必须用前额侧面助跑跳起头顶球射门得分。中立队员属于控球一方，以利于形成8打4的局面，教练员在场地中央向空中抛球，队员跳起争球，获得控球权。防守一方通过下风途径获得控球权：断截对方传球，对方持球掉落地面，对方持球行走5步以上，对方控球出界。进球多的一方为胜利方。

五、易犯错误与纠正方法

（一）正面原地头顶球易犯错误与纠正方法

易犯错误一：顶球时闭眼。

纠正方法：先用球轻轻地触击顶球前额的部位，随着练习次数的增加，逐渐加大力度。

易犯错误二：顶球时缩头、耸肩。

纠正方法：缩头是不敢主动迎击球，可多作无球练习，着重颈部、腰、腿协调用力，之后用轻力量抛球练习。

易犯错误三：球顶不远、无力，只用颈力。

纠正方法：要多练习腰腹肌力量，特别注意蹬地、收腹、甩头同时用力的练习。可坐在地上练习顶球。

（二）正面原地跳起头顶球易犯错误与纠正方法

易犯错误：跳起顶球时，起跳时间掌握不好。

纠正方法：多顶挂在高空中的吊球，体会跳起时间。

（三）正面助跑跳起头顶球易犯错误与纠正方法

易犯错误：助跑跳起顶球时球与头接触的部位不对。

纠正方法：多顶挂在高空中的吊球，体会球与头接触的部位。

（四）侧面原地头顶球易犯错误与纠正方法

易犯错误：前额侧面顶球时容易顶在头的侧面。

纠正方法：练习甩头顶球时，眼睛尽量往出球方向看，多练吊球，体会动作和击球部位。

（五）侧面原地跳起头顶球易犯错误与纠正方法

易犯错误：跳起顶球时，起跳时间掌握不好。

纠正方法：多顶挂在空中的吊球，体会跳起时间。

（六）侧面助跑跳起头顶球易犯错误与纠正方法

易犯错误：助跑跳起顶球时，助跑起跳时间掌握不好。

纠正方法：多顶挂在高空中的吊球，体会助跑跳起时间。

六、教学要求与建议

（一）教学要求

（1）向学生讲解技术概念时要简明、扼要，可采用边讲解边模仿的方法进行。

（2）动作方法应按照动作完成顺序：判断选位、蹬地摆体、顶球时间与部位逐步讲解。讲解时应先做一次完整示范，然后可采用边讲解边示范的方法进行。

（3）动作的关键部分，即击球动作和时间要突出讲解，反复示范。

（4）发现错误时，可采取分散或集中的形式进行讲解。示范要针对错误产生的原因，采用正误对比的方法进行。

（5）复习教材应根据课的要求，抓住关键的因素反复讲解，有时可与提问相结合，采用由一个学生讲，其他学生补充，最后由教师归纳、总结的方法进行。示范要突出重点，要与讲解结合进行。

（6）模仿动作：以个人练习为主，重点为顶球动作、时间与击球方法。

（7）体会动作：二人一组，互抛互顶。重点为摆体、甩头击球动作。

（8）基本技术动作：2～3人一组均可，重点以动作协调、连贯、准确为主。

（9）跳起顶球，抛球弧度要适当加大，给顶球人以向上跳起的时间，要求跳到最高点时顶球。

（二）教学建议

（1）讲解示范时，要突出强调运用顶球部位的准确性。

（2）讲解时要强调眼睛注视来球的作用，示范时要能做到“目迎目送”，起到直观教学的作用。

（3）示范时要轻松自如，以消除学生顶球时的恐惧心理。

（4）在体会动作的练习中，抛球的弧度不要过大，二人之间的距离以2～3米为宜。

（5）向前顶球二人一组练习较好。

（6）任何顶球方法和形式的练习，都要注意培养准确的判断球的运行路线和选择击球点的能力。

（7）在掌握熟练技术动作后，应在对抗的情况下进行争顶，以适应比赛实际需要。

（8）讲解与示范顶球动作时，要特别强调蹬地是为了摆体，摆体是为了甩头，甩头才是正确的击球方法，防止错误动作的产生。

（9）动作示范要突出摆体、甩头主动击球的动作，以动作准确、协调为主。传球示范要以方向准确为主，蹬地、摆体、甩头、击球紧密结合。射门示范要突出抢点、冲顶动作，以准确、有力为主。

（10）头顶球传球、射门应结合实战，组织形式可多种多样，重点以运用效果为主。

第五节　掷界外球技术

足球掷界外球技术包括：原地掷界外球和助跑掷界外球。

一、教学目标

通过引导、启发、激发培养学生学习足球的兴趣，提高学生参与足球运动的热情，使学生体验到踢足球的快乐。学生理解原地掷界外球和助跑掷界外球技术动作结构，掌握技术动作要点。提高学生身体关节的协调性和肩关节的柔韧性，提高学生力量素质和灵敏素质。培养学生协作、机智、果断、灵活等品质。

二、技术动作要领与要点

（一）原地掷界外球技术动作要领与要点

面对场内出球方向，两手手指自然张开，持球的后半部，两拇指靠近，虎口相对，两脚前后或者平行站立，膝关节稍屈，将球举在头后，身体重心放在两脚上，上体后仰呈背弓。掷球时，两脚蹬地，收腹屈体，同时两臂快速前摆，身体重心前移，手腕、手臂、腰和腹部同时用力将球掷出。

（二）助跑掷界外球技术动作要领与要点

面对场内出球方向，助跑轻松自然，垫步的同时双手持球举过头顶，身体重心放在两脚上，上体后仰呈背弓。当最后一步踏地时，后脚开始蹬地，收腹屈体，同时两臂快速前摆，身体重心前移，手腕、手臂、腰和腹部同时用力将球掷出。

三、教学重点、难点

（一）原地掷界外球教学重点、难点

（1）重点：按规则完成双手掷界外球动作。

（2）难点：两臂快速前摆，手腕、手臂、腰和腹部等全身协调同时用力将球掷出。

（二）助跑掷界外球教学重点、难点

（1）重点：按规则要求完成助跑掷界外球动作。

（2）难点：助跑与掷球动作的衔接，不犯规。

四、教与学的方法

（一）教的方法

（1）讲解法：通过简明、生动的语言向学生系统地讲授原地掷界外球和助跑掷界外

球动作要点，运用形象的描绘、陈述，启发性的设疑、解疑，使学生在较短的时间内获得关于该项技能的知识。

（2）问答法：问学生在足球比赛中球出边线规则规定罚什么球，掷界外球是否越位。启发学生思考，培养学生的表达能力，提高学生学习兴趣。

（3）讨论法：让学生讨论比赛中原地掷界外球的远度，进攻的方法。

（4）演示法：用技术图解或者播放视频来演示技术动作。

（5）动作示范法：通过完整示范和分解示范直观展现原地掷界外球和助跑掷界外球的动作过程，给学生建立直观动作表象。

（二）学的方法

（1）练习法：

①发展上肢力量、腰腹力量及腿部力量的练习。

②掷界外球的辅助练习。

③持球方法和准备姿势的练习。

④掷界外球的模仿练习。

⑤近距离掷球。两人一组相距5～7米进行互掷球练习，重点体会用力顺序及方法，逐渐提高动作的协调性和连续性。

⑥远距离掷球。两人一组相距15～20米进行互掷球练习，重点解决在不违例的情况下，提高掷球远度的问题。

⑦掷准练习。两人或多人一组，在场地内放置目标，看谁掷得准。此方法也可采用游戏的形式进行。

⑧结合其他技术进行综合练习。此方法以如何灵活、不失时机掷球为练习重点。

⑨无球的助跑及垫步练习，以垫步练习为主。

⑩做无球的助跑、垫步、引臂、蹬地练习，着重体会助跑与蹬地的有机结合。

⑪完整技术的模仿练习。重点体会助跑与掷球的衔接。

⑫掷远。两人一组，相距15～20米进行助跑掷球练习，在熟练的基础上逐渐提高掷球的远度。

（2）游戏法：

①用标志线画出一个45×20米的长方形区域，再将场地平均分为三个区。将队员分为三队，每个区内设一队，站在两端区内的队员是掷球者，在中间区内的队员是目标者，两端区内各有一个球。掷球队员试图用球击中目标队员的腰部以下，必须使用正确的掷界外球动作。目标队员可以在中间的区域内自由移动，避免被球击中；球穿过场地被另一端的队员接到后，要继续掷击目标；目标队员被球击中后，要立即将球交还给掷球的队员，游戏继续。每个队员击中目标队员腰部以下得1分，教练员要判定犯规的掷球，并处罚1分。每局中首先得到15分的队为胜方。游戏进行3局。

②在场地上画一条白线作为界限线，队员站在线外。助跑掷界外球看谁掷得远。每人掷5次。掷得最远者获胜。

五、易犯错误与纠正方法

（一）原地掷界外球易犯错误与纠正方法

易犯错误一：近距离掷球时，易出现动作不连续而造成犯规。

纠正方法：放慢动作速度，重点体会掷球的用力顺序，并且适当减小蹬地力量。

易犯错误二：远距离掷球时，易出现两臂不均匀而形成单臂掷球的错误动作。

纠正方法：发展上肢力量、腰腹力量、腿部力量和身体的协调性，在练习中逐渐协调掷球动作。

易犯错误三：想把球掷远，忽视脚步动作，单脚或双脚垫步离开地面。

纠正方法：牢固树立任何一只脚不能离开地面的意识，掷球时要靠上肢力量、腰腹力量、腿部力量和身体的协调用力。加强用力顺序的练习。

（二）助跑掷界外球易犯错误与纠正方法

易犯错误一：出球无力。

纠正方法：熟练动作，使掷球动作连贯、协调。同时，增加蹬地力量，加快摆体、收腹的速度，缩短球出手的时间。

易犯错误二：掷出的球弧度过大从而影响球的远度。

纠正方法：通过讲解使学生在理论上弄清楚球出手的角度与球运行距离的关系。在练习中调整好球出手的角度和球出手的时机。

易犯错误三：助跑掷界外球时，易出现动作脱节和掷球后身体过分随前形成单脚离地。

纠正方法：加强垫步练习和助跑与掷球动作的衔接。通过适当加大两脚的距离来控制身体向前的冲力。

六、教学要求与建议

（一）教学要求

（1）概括地讲解掷界外球的发展与作用。

（2）重点讲解掷界外球的具体规定。可以归纳为以下四条，以便学生理解、记忆：身体面向场地；双脚均不得全部踏入场内；双脚均不得全部离地，允许在地面上滑动；动作连贯。

（3）按照动作完成顺序：准备姿势、蹬地、摆体收腹、挥臂、甩腕和拨指，依次进行详细讲解。讲解前可以先进行一次完整示范，然后采用边讲解边示范的方法进行。

（4）示范要直观形象。同时可以采用正反结合的方法，让学生判断正确与错误。但是错误示范要少做。

（5）任何讲解与示范应在接近比赛的条件下进行。可以划一条模拟边线，教师站在边线外进行讲解与示范。

（二）教学建议

（1）使学生了解掷球地点无论在哪要力争向前掷球。

（2）使学生了解尽可能缩短球出界到入场的时间。

（3）强调球出手的角度与速度，使学生明白二者对球运行的远度和速度的影响。

（4）采用提问、作业和教学实习的方法来巩固学生的理论知识和提高学生的实战能力。

（5）让学生判断其他学生的动作是否犯规，这样有助于学生更快地形成正确的技术动作。

（6）发现错误时，可采用分散和集中的形式进行讲解，对于个别错误采用个别指导、纠正的方法，对大部分学生易犯的错误可采用集中讲解、纠正的方法。

第六节　抢截球技术

足球抢截球技术包括：正面抢截球和侧面抢截球。

一、教学目标

通过引导、启发、激发培养学生学习足球的兴趣，提高学生参与足球运动的热情，使学生体验到踢足球的快乐。学生理解正面抢截球和侧面抢截球技术动作结构，掌握技术动作要点。提高学生身体关节的协调性和踝关节的柔韧性，提高学生力量素质和灵敏素质。培养学生机智、果断的性格。

二、技术动作要领与要点

（一）正面抢截球技术动作要领与要点

两脚前后稍开立，两膝稍屈，身体重心下降，并平均落在两脚上，面向对手。当对方带球脚触球即将着地或刚着地时，立即抢球。抢球脚的脚内侧对准球，并跨出一步，膝关节弯曲，上体前倾，身体重心移至抢球脚上。在双方脚同时触球时，脚触球后脚内侧要顺势向上提拉，使球从对方脚背滚过，身体迅速跟上，把球控制住。

（二）侧面抢截球技术动作要领与要点

侧面抢球是对手快速运球推进时，防守队员与之平行跑动或从其背后追上成平行跑时所采用的抢球方法。动作方法是当与对手并肩跑动时，身体重心稍下降，同对方接触的臂要紧贴身体，当对方靠近自己一侧的脚离地时，用肘关节以上部位，冲撞对方相应部位，使对方向外侧倒斜而暂时失去身体平衡又离开了球，乘机将球抢过来。

三、教学重点、难点

（一）正面抢截球教学重点、难点

（1）重点：上步抢截环节。

（2）难点：在双方脚同时触球时，脚触球后要顺势向上提拉，使球从对方脚背滚过。

（二）侧面抢截球教学重点、难点

（1）重点：冲撞抢截环节。

（2）难点：当对方靠近自己一侧的脚离地时，用肘关节以上部位，冲撞对方相应部位。

四、教与学的方法

（一）教的方法

（1）讲解法：通过简明、生动的语言向学生系统地讲授正面抢截球和侧面抢截球技术动作要点，运用形象的描绘、陈述，启发性的设疑、解疑，使学生在较短的时间内获得关于该项技能的知识。

（2）问答法：问学生在足球比赛中正面抢截时用脚的什么部位，合理冲撞的概念。启发学生思考，培养学生的表达能力，提高学生学习兴趣。

（3）讨论法：让学生讨论比赛中正面抢截时怎样能成功抢截。

（4）演示法：用技术图解或者播放视频来演示技术动作。

（5）动作示范法：通过完整示范和分解示范直观展现正面抢截球和侧面抢截球动作过程，给学生建立直观动作表象。

（二）学的方法

练习法：

①两人一球，球放在两人中间，两人均离球一步，两人同时做跨步用脚内侧抢球的模仿练习。

②两人一球，甲脚前放一个球，乙做跨步抢球的模仿练习。

③两人一球，甲做慢速运球，乙迎面上去做跨步抢球，练习两人夹住球的提拉动作。

④两人一组，相距4米，中间旋转一球，按教师的手势两人同时做跨步抢球及同时夹住球的提拉动作。

⑤两人一组，相距7～8米，一人直线运球，另一人做正面跨步抢球。

⑥两人一球，相对站立，相距3～4米将球放在中间，听信号后，两人同时上前伸脚拼抢。

⑦人一组，侧面站立，一人原地模仿运球，另一人做合理冲撞的模仿练习。

⑧两人一组，肩并肩慢跑观察对手身体重心移动，练习掌握冲撞时间和冲撞动作。

⑨两人一球，一人直线运球，另一人从侧面合理冲撞抢球。

五、易犯错误与纠正方法

（一）正面抢截球易犯错误与纠正方法

易犯错误一：身体重心不能及时移向抢球脚上和抢球脚的踝关节不够紧张，因抢球无力而失败。

纠正方法：加强跨步抢球的模仿练习。

易犯错误二：把握不好抢球时机。

纠正方法：控球者慢速运球，抢球者观察到位才上抢。

易犯错误三：抢球脚抬得过高，造成犯规。

纠正方法：在球上做标记，抢球者对着标记抢球。

（二）侧面抢截球易犯错误与纠正方法

易犯错误一：冲撞时用手或肘、肩推对手造成犯规。

纠正方法：着重强调练习时同对方接触的臂要紧贴身体，冲撞对方相应部位。

易犯错误二：不是在对手靠近自己一侧的脚离地时冲撞，因而没有效果。

纠正方法：加强观察对手身体重心移动，掌握冲撞时间。

六、教学要求与建议

（一）教学要求

（1）正面抢截球动作的主要部分：判断选位，上步抢截，抢截后衔接动作可采用边讲解边示范的方法。

（2）侧面抢截球动作的主要部分：观察判断、合理冲撞、抢截后衔接动作可采用边讲解边示范的方法。

（3）讲解内容简明扼要，易懂易记，把要讲的内容概括为几个字。

（4）初学阶段要强调正确掌握动作，不要过多要求力量。

（5）要求学生在练习时，要把练、想、看结合起来。从培养目标考虑，还应当给学生说的机会，培养学生分析动作正误的能力，可在课上开展互帮互学，人人充当“小先生”的活动。

（6）学生练习时强调要把握好抢球时机。

（7）学生练习抢球时眼睛盯住球，注意力要集中在对手重心移动上。

（8）距离球1～1.5米是正面抢截范围，学生练习时注意把握。

（9）抢截成功后要注意动作之间的衔接。

（10）对手同侧脚离开地面是合理冲撞时机，学生练习时注意把握，提高练习效果。

（二）教学建议

（1）练习步骤与方法一定要根据课的任务和要求选择运用。

（2）任何形式的练习与方法都要有明确的目的，还必须提出几点切实可行的要求，便于课后总结和检查教学效果。

（3）要考虑场地、器材设备和学生水平等客观条件，选择简单易行、效果好和便于教师组织和照顾的形式和方法。

（4）教师要循序渐进安排练习内容。

（5）对基础差、动作掌握较慢的学生要耐心，不能急躁，要多鼓励、多表扬，肯定其进步之处，再指出其不足之处，以坚定其学习的信心。

（6）对基础较好的学生要敢于严格要求，不能姑息迁就，要设法调动他们的积极性。可指定他们与基础差的同学结成小组，帮助分析解决学习中的难点，发挥教师助手的作用。

（7）组织练习时要注意力量的搭配，在初学阶段要强弱搭配；在巩固提高阶段要力量相当。

（8）在组织练习的过程中，可充分采用语言提示以启发学生思考，防止错误动作的形成和减少停顿时间。

第七节　守门员技术

守门员技术包括：接球、扑球、击球和发球。

一、教学目标

通过引导、启发、激发培养学生学习足球的兴趣，提高学生参与足球运动的热情，使学生体验到踢足球的快乐。学生理解守门员接球、扑球、击球和发球技术动作结构，掌握技术动作要点，能够完成接球技术。提高学生的速度素质、柔韧素质和灵敏素质。培养学生沉着冷静、勇敢顽强、意志坚定的品质。

二、技术动作要点

（一）守门员接球技术动作要点

1.单腿跪撑式接地滚球技术动作要点

观察判断，移动选位，一腿跪撑于另一腿脚跟附近，距离不超过球的直径，当手指触球的一瞬间，曲臂夹肘，两手收球后撤缓冲，将球抱于胸前。

2.站立接平直球技术动作要点

观察判断，移动选位，站立正对来球，两臂前伸，两手迎球，肘关节稍屈、夹紧，触球同时屈肘后撤，抱球于怀中。

3.单脚跳起接高空球技术动作要点

观察判断，移动选位，单脚蹬地跳起摆动腿屈膝积极上摆，掌心向前，手指向上，拇指靠拢呈“球窝”状，两臂上伸触球，同时两肘内收并下引，顺势翻掌将球抱于胸前。

（二）守门员倒地侧扑球技术动作要点

扑球时，异侧脚内侧侧蹬发力，同侧腿屈膝迎球跨出，上体顺势压扑以加速重心的前移倒地，双臂同时迎出接球，腕关节稍内扣，用手掌挡压控球，触球后屈臂收球于胸前，并快速抱球起身。

（三）守门员击球技术动作要点

1.单拳击球技术动作要点

起跳上升时，击球手臂位于肩侧，屈肘握拳，身体稍侧转，到最高点时身体快速回转，以肘带肩挥拳，用拳面将球击出。

2. 双拳击球技术动作要点

起跳上升时，双臂于胸前屈肘握拳，两拳靠拢，拳心相对，到最高点时，双拳同时迎球冲出击球。

（四）守门员发球技术动作要点

1. 低手掷球技术动作要点

两脚前后开立，持球手臂后摆，身体侧前屈，后脚蹬地，重心前移，持球手挥臂、甩腕、拨球，掷出地滚球。

2. 勾手抛球技术动作要点

两脚前后开立，侧对出球方向，单手持球后引，重心后移，后脚蹬地，持球手臂由后经体侧上摆至肩，用力将球掷出，掷球手臂随摆。

三、教学重点、难点

（一）守门员接球教学重点、难点

1. 单腿跪撑式接地滚球教学重点、难点

（1）重点：单腿跪撑，两手接地滚球。

（2）难点：一腿跪撑于另一腿脚跟附近，距离不超过球的直径。

2. 站立接平直球教学重点、难点

（1）重点：站立正对来球，两臂前伸，两手迎球，肘关节稍屈、夹紧，触球同时屈肘后撤。

（2）难点：触球同时屈肘后撤。

3. 单脚跳起接高空球教学重点、难点

（1）重点：单脚蹬地跳起摆动腿屈膝积极上摆，两臂上伸接球，同时两肘内收并下引。

（2）难点：接球下引时顺势将球抱于胸前。

（二）守门员倒地侧扑球教学重点、难点

（1）重点：倒地侧扑，手掌挡压控球，抱球起身。

（2）难点：小腿、大腿、臀部、肩部、手臂外侧依次缓冲着地。

（三）守门员击球教学重点、难点

1. 单拳击球技术教学重点、难点

（1）重点：单拳击球技术动作。

（2）难点：最高点时身体快速回转，以肘带肩挥拳，用拳面将球击出。

2. 双拳击球技术教学重点、难点

（1）重点：双拳击球技术动作。

（2）难点：最高点时，双拳同时迎球冲出击球。

（四）守门员发球教学重点、难点

1. 低手掷球技术教学重点、难点

（1）重点：低手掷球技术动作。

（2）难点：持球手挥臂，甩腕，拨球，将球掷出地滚球。

2.勾手抛球技术教学重点、难点

（1）重点：勾手抛球技术动作。

（2）难点：单手持球后引；持球手臂由后经体侧上摆至肩，用力将球掷出。

四、教与学的方法

（一）教的方法

（1）讲解法：通过简明、生动的语言向学生系统地讲授守门员接球、倒地侧扑、击球、发球技术动作要点，运用形象的描绘、陈述，启发性的设疑、解疑，使学生在较短的时间内获得关于该项技能的知识。

（2）问答法：问学生在足球比赛中守门员位置的重要性，守门员怎样扩大扑接球距离，守门员出击时如何处理球，守门员发出什么样的球同伴容易接住。启发学生思考，培养学生的表达能力，提高学生学习兴趣。

（3）讨论法：让学生讨论比赛中表现出色的守门员是如何守门的，守门员为什么会漏球，守门员击球时如何扩大击球面积，守门员如何将球掷得远。

（4）演示法：用技术图解或者播放视频来演示技术动作。

（5）动作示范法：通过完整示范和分解示范直观展现守门员接球、倒地侧扑、击球、发球技术动作过程，给学生建立直观动作表象。

（二）学的方法

①无球技术练习：准备姿势练习。练习者按动作要求重复做提踵屈蹲—起身的练习。

②移动练习：在罚球区内做各种方向的往返运球；在球门线前做弧形的滑步或交叉移动。

③选位练习：守门员假设来球的位置，选择合理的防守选位。

④接球手形练习：徒手做练习；持球做练习；自抛自练；两人对练；做单一手形练习；一上一下两种手形交替练习。

⑤两人一组，一人射门，守门员用各种姿势交替接地滚球、平直球和高球。

⑥两人一组，一人射门，守门员在前、后、左、右移动中做接球练习。

⑦两人一组，一人射门，守门员向前接一低平球回传，向后移动跳起接一高球，反复进行练习。

⑧两人一组，一人底线传中或者45°斜传，守门员出击接底线或45°传中球。

⑨守门员成坐姿或者跪姿向两侧倒地扑接同伴的抛球。

⑩守门员成半蹲姿势依次向两侧倒地扑接同伴的抛球。

⑪守门员在球门前扑接同伴射向两侧门柱附近的球。

⑫两人一组，一人运球，守门员伺机倒地扑接运球同伴的脚下球。

⑬守门员自抛，练习单拳或双拳击球。

⑭两人一组，一人抛球，另一人练习单拳或双拳击球。
⑮两人一组，一人踢球，另一人练习单拳或双拳击球。
⑯两人一组，一人射门，另一人练习单拳或双拳击球。
⑰守门员自抛对墙练习，练习低手掷球技术或勾手抛球技术。
⑱两人一组互抛互掷，相距5至10米，练习低手掷球技术或勾手抛球技术。
⑲人一组，一人踢地滚球或高空球，另一人练习低手掷球技术或勾手抛球技术。

五、易犯错误与纠正方法

（一）守门员接球易犯错误与纠正方法

1.单腿跪撑式接地滚球技术易犯错误与纠正方法
易犯错误：接球屈臂收球不夹肘，球从臂下漏出。
纠正方法：练习手形和屈臂、收球、夹肘一体化动作。
2.站立接平直球技术易犯错误与纠正方法
易犯错误：接球缓冲方向不是顺势后撤，而是双手抓球。
纠正方法：正确理解动作概念，多练习抱球缓冲。
3.单脚跳起接高空球技术易犯错误与纠正方法
易犯错误：跳起接球没有至最高点接球。
纠正方法：练习起跳时机，正确判断来球高度。

（二）守门员倒地侧扑球易犯错误与纠正方法

易犯错误一：倒地扑接球时摔在地上。
纠正方法：小腿、大腿、臀部、肩部、手臂外侧依次缓冲着地。
易犯错误二：倒地扑接球时，两手臂没有一致伸出，接球不稳。
纠正方法：两臂向球伸出，左手掌心正对来球，右手在左手前上方，两拇指靠近。

（三）守门员击球易犯错误与纠正方法

1.单拳击球技术易犯错误与纠正方法
易犯错误：起跳时机不对，没有击到球。
纠正方法：练习起跳时机，正确判断来球高度。
2.双拳击球技术易犯错误与纠正方法
易犯错误：两拳没有合拢，影响击球的力量和方向。
纠正方法：两拳靠拢，拳心相对。

（四）守门员发球易犯错误与纠正方法

1.低手掷球技术易犯错误与纠正方法
易犯错误：持球手挥臂，没有甩腕拨球，球在地上容易反弹，滚动方向不确定。
纠正方法：持球手挥臂、甩腕、拨球，将球掷出，球顺势地滚。
2.勾手抛球技术易犯错误与纠正方法
易犯错误：持球手臂没有后引，抛球不远。
纠正方法：身体侧对出球方向，持球手臂后引。

六、教学要求与建议

（一）教学要求

（1）练习时，注意不安全因素，要做到安全防护，以保证练习效果和防止伤害事故发生。

（2）守门员接球技术难度大、复杂程度高，教学过程遵循由易到难的教学原则。

（3）守门员技术学习容易引起学生恐惧心理，要培养学生沉着冷静、顽强勇敢的心理品质。

（4）守门员接球教学先进行手型的模仿动作和手型反复变换的组织练习，然后再在距离、力量、方向和练习形式（手抛或脚踢）的变化中组织练习。

（5）教学过程要充分使用场地设备、辅助器材，提高学生练习的积极性。

（6）先教单个技术动作，串联单个技术，有目的地组成与技术有关的各种综合技术练习。

（7）进行5至8人的分组合作练习，通过合作练习发挥学生的主体作用。

（8）发球技术教学课运动负荷较小，合理运用教学组织形式科学安排教学内容，可达到一定的锻炼效果。

（9）教学时多鼓励学生练习守门员发球技术，注意培养学生自信、乐观的品质，增强学习效果。

（二）教学建议

（1）接球教学讲解要对比分析，使学生深刻理解技术要点。

（2）守门员技术属于特定位置技术，教学过程中合理引导学生练习，发现有天赋的学生。

（3）接球教学时合理掌握技术教学顺序，按先静止、后移动；先正面、后两侧；先原地、后跳起；地滚球、低平球、平高球、高空球的顺序进行。

（4）守门员技术练习，男女生合班上课应区别对待，教学有序进行。

（5）通过多种游戏的形式和方法来组织守门员扑球技术教学，以培养学生对守门的兴趣。

（6）教学中注意培养学生的合作意识，勇敢、顽强的精神。

（7）教学形式应不拘一格，避免生搬硬套。可通过多种游戏的形式和方法来组织守门员击球技术教学。

（8）发球技术教学课，教学场地大，掷球远，教学组织要严密有序。发球技术教学课和射门练习有机结合起来。

第八节　个人进攻战术

足球个人进攻战术包括：传球、射门、运球突破和跑位。

一、教学目标

通过引导、启发、激发培养学生学习足球的兴趣，提高学生参与足球运动的热情，使学生体验到踢足球的快乐。学生理解传球是比赛中运用最多的战术手段，掌握传球战术要点，能够在比赛中顺利完成传接战术配合；让学生理解射门是比赛中得分唯一手段，是进攻战术最重要、最困难、最核心的环节，能够完成射门；学生理解运球突破是比赛中形成以多打少的重要手段，能够在比赛中完成运球突破；学生理解跑位是利用空间、创造空间形成有威胁进攻战术的关键，能够在比赛中完成跑位战术。提高学生的速度素质、力量素质和灵敏素质。培养学生协作、机智、果断、灵活等品质。

二、技术行动要点

（一）传球技术行动要点

传球前要注意观察，预见同队队员和防守队员的意图，掩饰自己的意图，使对手防不胜防。

传球力量应既能不利于防守队员的抢截，又有利于接球队员处理球。时机是战术成功的关键，传跑恰到好处、配合默契，可获得进攻的时间和空间。熟练、合理地运用不同脚法，控制传球方向，准确地传球到位。

（二）射门技术行动要点

能射不传、能射不带、能射不过、能射不停，高度认识射门的意义和重要性。让对方守门员猝不及防是破门得分的关键。根据守门员的位置和移动情况选择射门角度，可以取得好的射门效果。通过敏锐的观察，及时、准确的判断，采取有效的射门方法。

（三）运球突破技术行动要点

准确掌握启动时机、启动快而突然，对手身后有较大空当，球突破后有一定的距离。观察对手的身体重心，假动作要逼真，假动作后突破坚决、快速。拉、扣、拨动作组合合理控球稳定，随机应变，不断变化球速、方向、身体姿势，拉、扣、拨突破一气呵成。运球速度变化快，隐蔽、具有欺骗性。运球时稍侧身，把握穿裆时机，控制穿裆球速度。

（四）跑位技术行动要点

本方控球时观察球所处的场区位置、控球情况、进攻发展以及无球队员的活动、防守队员的活动等。准确跑位可以达到摆脱、接应、拉开、切入、插上、套边、包抄、牵制等目的。

恰当的跑位时机涉及跑位队员、传球队员以及传球时间、空间和防守队员的位置、行动意图。

一动全动、协同跑位，形成合理进攻队形。

三、教学重点、难点

（一）传球教学重点、难点

（1）重点：隐蔽传球意图，传球力量适中，传球时机恰到好处，准确地传球到位。

（2）难点：掌握恰到好处的传球时机，准确地传球到位。

（二）射门教学重点、难点

（1）重点：射门准确、突然、有力；选择最佳射门角度；把握射门时机，选择合理的射门方法。

（2）难点：射门准确、突然、有力。

（三）运球突破教学重点、难点

（1）重点：强行突破；运球假动作突破；快速拉、扣、拨突破；变速运球突破；穿裆球突破；人球分过突破。

（2）难点：运球假动作突破；快速拉、扣、拨突破；穿裆球突破。

（四）跑位战术教学重点、难点

（1）重点：跑位的时机、目的和行动。

（2）难点：时机把握。

四、教与学的方法

（一）教的方法

（1）讲解法：通过简明、生动的语言向学生系统地讲授传球、射门、运球突破和跑位技术行动要点，运用形象的描绘、陈述，启发性的设疑、解疑，使学生在较短的时间内获得关于该项技能的知识。

（2）问答法：问学生在足球比赛中哪种进攻战术运用最多，在足球比赛中最激动人心的事情是什么，喜欢哪一个球星在足球比赛中的技术，本方控球时只有一个人控球其他人干什么。启发学生思考，培养学生的表达能力，提高学生学习兴趣。

（3）讨论法：在休息时让学生讨论如何在比赛中相互配合，比赛中的射门方式，比赛中不同场区的运球突破，比赛中跑位的种类。

（4）演示法：用技术图解或者播放视频来演示技术动作。

（5）动作示范法：通过完整示范和分解示范直观展现传球、射门、运球突破和跑位技术动作过程，给学生建立直观动作表象。

（二）学的方法

（1）练习法：

①10×10米场地内，3名进攻队员传球，一名防守队员抢球。

②30×30米场地内，五名进攻队员传球，两名防守队员抢球。

③30×30米场地内，四名进攻队员传球，三名防守队员抢球。

④20×10米场地内，一人消极防守，另一人运球突破。

⑤20×10米场地内，一人积极防守不抢球，另一人运球突破。

⑥20×10米场地内，一人积极防守，另一人运球突破。

⑦40×10米场地内，球门在20米处，门宽8米（用标志物）。一名守门员守门，在场地两端各有2名射手，可以运球射门、接球射门、配合射门。射门队员面对球门射门、转身射门、侧对球门射门。

⑧40×10米场地内，球门在20米处，门宽8米（用标志物），一名守门员守门，在场地两端各有2名队员，一人防守，另一人射门，防守从消极到积极，可以运球射门、接球射门、配合射门。射门队员面对球门射门、转身射门、侧对球门射门。

⑨30×20米场地内，两人一组，练习套边跑、身后跑、斜线跑。

⑩射门练习时，安排队员在罚球区内进行补射跑位。

（2）游戏法：

①人数均等的两队（每组3～5人，1名中立队员）。在40×40米的场地中央用标志物或旗杆设置一个8米宽的球门，由1名守门员把守，两队用不同颜色、号码衣服区分，其中一队控制球。控球一方进攻，另一方防守，进攻一方设法射门得分。守门员时刻保持注意力集中，根据球的移动不断调整自己的位置，扑接双方射门。控球后迅速把球掷到场地的某一角让双方继续争夺。当防守队员抢断成功或进球得分或球出界时，控球权转换。如果球出界外，由对方掷界外球恢复比赛。射门通过两标志物或旗杆并低于守门员头部即为成功，进球多者为胜方。

②两队，每队5～8人，练习场为标准足球场。用不同颜色、号码衣服区分两队（如一队为红队，一队为蓝队），所有队员每人一球在中圈内，没有守门员。每队防守一个球门，进攻另一个球门。练习开始时所有队员在中圈内运球，教练员发出红队或蓝队的信号，如喊“红队”，红队队员迅速离开中圈，以最快的速度运球进攻蓝队球门，蓝队队员放弃控球快速追赶，在红队队员射门前设法赶上并抢夺控球；只有进入罚球区后才能射门；防守队员抢到球后运回中圈。重复练习6次。不固定地交换进攻和防守。每进一球得1分。防守队员每次抢球成功并运回中圈得1分，积分多者为胜方。

（3）比赛法：

①30×30米场地内，5人对5人进行小场地比赛，练习传球。

②50×50米场地内，7人对7人进行小场地比赛，练习传球。

③40×30米场地内，进行6对6比赛（有守门员），练习各种跑位战术。

五、易犯错误与纠正方法

（一）传球易犯错误与纠正方法

易犯错误一：练习时传球简单，意图明显，被对手断球。

纠正方法：传球时要养成抬头观察赛场的习惯。

易犯错误二：练习时传球力量过大或过小。

纠正方法：熟练掌握各种传球技术。

易犯错误三：传球时机过早或过晚。

纠正方法：加强练习传跑配合。

（二）射门易犯错误与纠正方法

易犯错误一：射门时射高。

纠正方法：采用合理射门方法，控制射门动作。

易犯错误二：射门没有力量。

纠正方法：射门时要运用腿部爆发力。

易犯错误三：射门射偏。

纠正方法：观察球门位置，选择合理的角度，采用合理射门方法。

（三）运球突破易犯错误与纠正方法

易犯错误一：有好的射门、传球机会时，粘球过多运球突破贻误战机。

纠正方法：时时观察，正确判断。

易犯错误二：后场运球突破。

纠正方法：后场运球突破价值不大，前场运球突破。

（四）跑位战术易犯错误与纠正方法

易犯错误一：跑位时机不准确，过早或者过晚。

纠正方法：时时观察，准确行动。

易犯错误二：多人跑同一位置。

纠正方法：保持合理队形，位置不重叠。

六、教学要求与建议

（一）教学要求

（1）教学要让学生理解传球、射门、运球突破和跑位的原则和要求，使学生练习时合理运用。

（2）教学要指导学生传球前隐蔽自己的战术意图。

（3）教学要指导学生射门准确、有力。

（4）学生练习时要做到传球动作快速、简练、多变。

（5）教师中断练习时机讲解传球时间、力量、目标要恰到好处。

（6）在比赛和游戏中练习传球技能。

（7）防止单调的教学片面追求战术练习，注意贯彻“快乐足球”理念，使学生愉快学习。

（8）学生练习时要有耐心，不能急于求成，把握好射门时机。射门练习要结合培养意志品质，提高学生身体素质。在比赛和游戏中练习射门技能。

（9）教学要让学生理解运球突破的原则和要点，使学生练习时合理运用。

（10）指导学生运球突破时要抬头观察场上情况，注意变速、变向并控好球。

（11）学生练习时要机动、灵活运用运球突破。

（12）运球突破要重视个人创造性和个人风格的培养。

（13）在比赛和游戏中练习运球突破。

（14）让学生理解跑位的方式、作用和特征。

（15）学生练习时要机动、灵活运用跑位。跑位要与多种技能结合教学。在比赛和游戏中练习跑位。

（16）传球练习应根据比赛中进攻、进球的规律和特点进行组织和教学。

（17）教师根据学生的练习情况调整练习组织和人员安排。

（二）教学建议

（1）练习应根据比赛中进球的规律和特点进行组织和教学。

（2）教师根据学生的练习情况调整练习组织和人员安排。

（3）教学设计和组织使学生能够真正体验到足球运动的乐趣。教学时注意把足球的基础性、知识性、娱乐性、健身性等融为一体。

（4）教学要注重学生战术意识培养，通过运球突破形成以多打少。

第九节　个人防守战术

足球个人防守战术包括：选位盯人和断球。

一、教学目标

通过引导、启发、激发培养学生学习足球的兴趣，提高学生参与足球运动的热情，使学生体验到踢足球的快乐。学生理解选位盯人和断球战术行动要点。提高学生的速度素质、力量素质、耐力素质、灵敏素质和柔韧素质。培养学生协作、机智、果断、灵活等品质。

二、战术行动要点

（一）选位盯人战术行动要点

1.选位时机

要先于进攻队员。

2.选位位置

进攻队员、防守队员、本方球门中点成一直线。

3.选位原则

兼顾球、进攻队员、本方队员的变化，保持稳固的防守队形，根据场上形势灵活变换选位。

4.盯人原则

根据不同场区和防守形势，采取松动盯人、紧逼盯人、贴身紧逼盯人。控球队员、进攻队员、球要兼顾。

（二）断球防守战术行动要点

1.准确判断

准确判断对方战术意图，预测传球路线和目标。

2. 移动选位

根据判断移动选位，等待时机。

3. 断球时机

对方传球一刹那，快速插上断球。

三、教学重点、难点

（一）选位盯人教学重点、难点

（1）重点：选位时机、位置和原则；盯人原则。

（2）难点：兼顾球、进攻队员、本方队员的变化，保持稳固的防守队形，根据场上形势灵活变换选位。

（二）断球防守教学重点、难点

（1）重点：准确判断，移动选位，抓好断球时机。

（2）难点：准确判断对方战术意图，预测传球路线和目标以及断球时机。

四、教与学的方法

（一）教的方法

（1）讲解法：通过简明、生动的语言向学生系统地讲授选位盯人和断球防守战术行动要点，运用形象的描绘、陈述，启发性的设疑、解疑，使学生在较短的时间内获得关于该项技能的知识。

（2）问答法：问学生对方控球时我方队员怎么办，用哪些方法可以获得控球权。启发学生思考，培养学生的表达能力，提高学生学习兴趣。

（3）讨论法：在休息时让学生讨论比赛中怎样选位盯人，在比赛中怎样成功断球。

（4）演示法：用技术图解或者播放视频来演示技术动作。

（5）动作示范法：通过完整示范和分解示范直观展现选位盯人和断球防守战术行动过程，给学生建立直观动作表象。

（二）学的方法

（1）练习法：

①半场攻守对抗练习，7人对7人，练习选位盯人战术。

②30×30米场地，5名红队队员和5名黄队队员练习抢球，练习断球战术行动。

（2）比赛法：

①30×30米场地内，5人对5人开展小场地比赛，练习选位盯人战术。

②50×50米场地内，7人对7人开展小场地比赛，练习选位盯人战术。

③全场比赛练习，练习选位盯人战术。

④30×30米场地内，5人对5人进行小场地比赛，练习断球战术行动。

⑤50×50米场地内，7人对7人进行小场地比赛，练习断球战术行动。

五、易犯错误与纠正方法

（一）选位盯人易犯错误与纠正方法

易犯错误一：选位时机不准确（过早或过晚）。

纠正方法：时时观察对手，准确行动。

易犯错误二：选位位置不准确。

纠正方法：要把防守、选位、球门中点三点成一直线牢记在心，养成习惯。

易犯错误三：过度关注球，盯人不紧。

纠正方法：紧逼盯人兼顾球。

（二）断球防守易犯错误与纠正方法

易犯错误一：判断不准确。

纠正方法：时时观察对手，预测对方行动。

易犯错误二：断球时机过早或过晚。

纠正方法：用“过电影”方法模仿练习，反应要快、准。

六、教学要求与建议

（一）教学要求

（1）让学生理解选位盯人的时机、位置、原则；让学生理解断球战术的判断、位置、时机。

（2）指导学生观察场上情况，注意选位盯人和断球意识的培养。

（3）指导学生练习时机动、灵活运用选位盯人；指导学生练习时机动、灵活运用断球、顾全防守全局。

（4）选位盯人要与多种技能结合教学。

（5）在比赛和游戏中练习选位盯人、断球。

（6）要指导学生断球后快速反击。

（二）教学建议

（1）选位盯人、断球练习应根据比赛中攻守规律和特点进行组织和教学。

（2）教师根据学生的练习情况调整练习组织和人员安排。

（3）教师要认真观察学生的练习情况，及时纠正错误以及有针对性地变换练习形式。

（4）教学设计和组织使学生能够真正体验到足球运动的乐趣。

（5）教学时注意把足球的基础性、知识性、娱乐性、健身性等融为一体。

第十节　局部攻守战术

足球局部攻守战术包括：二过一——局部进攻战术，保护——局部防守战术，补位

——局部防守战术。

一、教学目标

通过引导、启发、激发培养学生学习足球的兴趣，提高学生参与足球运动的热情，使学生体验到踢足球的快乐。学生理解二过一、保护、补位战术行动要点。提高学生的速度素质、灵敏素质。培养学生机智、果断、灵活、沉着等品质。

二、战术行动要点

（一）二过一——局部进攻战术行动要点

1.传切二过一

控球队员控制好传球时机、方向、力量，跑位队员控制好跑位时机、位置，传切配合默契。

2.踢墙式二过一

控球队员注意把握传球时机、方向、力量，传球后立即插入。接应队员一次触球，力量适当，传球到位。

3.回传反切二过一

控球队员距离接球队员8～10米处传脚下球，接回传球后立即传防守队员身后空当，接球队员回撤接球诱使防守队员紧逼，再回传脚下球，立即反切防守队员身后空当。

4.交叉掩护二过一

控球队员远离防守队员的脚运球，与接应队员相向跑位，两人交接到位，接应队员运球快速越过防守队员，控球队员交接时做假运球继续跑位。

（二）保护——局部防守战术行动要点

1.距离

保护距离与球在场区位置决定，在后场保护队员与抢球队员之间距离为4～5米，在中场保护队员与抢球队员之间距离为5～8米，在前场保护队员与抢球队员之间距离为6～10米。

2.角度

一般站位角度为靠球门一侧与抢球队员成45°角。

3.呼应

保护队员与抢球队员呼应语言简练、明确、洪亮。

（三）补位——局部防守战术行动要点

1.补空当

进攻队员插上进攻退守不及时，由其他同伴暂时补位，以防对方利用这一空当快速反击。

2.交换防守

临近队员相互补位。

三、教学重点、难点

（一）二过一——局部进攻教学重点、难点

（1）重点：四种二过一战术行动要点。

（2）难点：回传反切二过一战术。

（二）保护——局部防守战术教学重点、难点

（1）重点：保护的距离和角度。

（2）难点：一般站位角度为靠球门一侧与抢球队员成45°角。

（三）补位——局部防守教学重点、难点

（1）重点：补空当与交换防守补位。

（2）难点：临近队员相互补位。

四、教与学的方法

（一）教的方法

（1）讲解法：通过简明、生动的语言向学生系统地讲授二过一、保护、补位战术行动要点，运用形象的描绘、陈述，启发性的设疑、解疑，使学生在较短的时间内获得关于该项技能的知识。

（2）问答法：问学生二打一时配合的方法是什么；如何配合抢球队员防守；若边后卫插上进攻退守不及时，此时临近同伴怎么行动。启发学生思考，培养学生的表达能力，提高学生的学习兴趣。

（3）讨论法：在休息时让学生讨论比赛中怎样完成二过一，讨论比赛中保护战术行动要点，讨论相互补位。

（4）演示法：用技术图解或者播放视频来演示技术动作。

（5）动作示范法：通过完整示范和分解示范直观展现二过一、保护、补位战术行动过程，给学生建立直观动作表象。

（二）学的方法

①两人一组练习二过一战术。

②20×20米场地内，3人一组，2人进攻，1人消极防守，练习二过一。

③20×20米场地内，3人一组，2人进攻，1人积极防守，练习二过一。

④20×20米场地内，3人一组，1运球进攻，2防守（其中一人抢球，另一人保护）。

⑤30×30米场地内，4人一组，2人进攻，2人防守，练习保护战术。

⑥二分之一场地内，7人对7人攻守加一个守门员，练习保护战术。

⑦30×30米场地内，设两个小球门，4人一组，2队攻守，练习补位战术。

⑧二分之一场地内，7人对7人攻守，加1个守门员，练习补位战术。

五、易犯错误与纠正方法

（一）二过一——局部进攻易犯错误与纠正方法

易犯错误一：传切二过一练习时传跑时机不默契。

纠正方法：控球队员和跑位队员要有呼应。

易犯错误二：踢墙式二过一练习时接应队员传球的力量不当以及方向不准。

纠正方法：接应队员加强一次性传球练习。

易犯错误三：回传反切二过一练习时控球队员传给反切队员球力量不当以及方向不准。

纠正方法：控球队员加强一次性传球练习。

易犯错误四：交叉掩护二过一练习时控球队员和接应队员交接球配合不默契。

纠正方法：控球队员和接应队员加强原地交接球配合。

（二）保护——局部防守战术易犯错误与纠正方法

易犯错误一：比赛中保护距离过远，失去保护作用。

纠正方法：加强对抢球队员的距离判断，培养保护意识。

易犯错误二：比赛中控球队员不断移动变化，形成保护角度过大或过小，失去保护作用。

纠正方法：加强对抢球队员的距离判断，培养保护意识。

（三）补位——局部防守易犯错误与纠正方法

易犯错误：交换防守时，补位不及时。

纠正方法：加强交换防守队员的呼应。

六、教学要求与建议

（一）教学要求

（1）教学要让学生理解二过一、保护、交换防守战术行动。

（2）指导学生二过一战术配合时多用脚内侧传球，保护时呼应明确，补位时应明确临近位置。

（3）学生练习时要机动、灵活，不要刻板模仿，注意保护的距离和角度不断变化，注意防守队员能追赶上不需要补位。

（4）要指导学生练习时互相呼应；练习保护时快速抉择，时机稍纵即逝；对罚球区空当及时补位。

（5）在小型比赛中练习二过一战术、保护、补位局部防守战术。

（6）防止单调的教学片面追求练习，注意贯彻快乐足球理念，使学生愉快学习。

（二）教学建议

（1）练习应根据比赛中攻守规律和特点进行组织和教学。

（2）教师根据学生的练习情况调整练习组织和人员安排。

（3）教师要认真、仔细观察学生的练习情况，及时纠正错误以及有针对性变换练习形式。

（4）教学设计和组织使学生能够真正体验到足球运动的乐趣。

（5）教学要注意战术配合意识的培养。

（6）教学时注意把足球的基础性、知识性、娱乐性、健身性等融为一体。

第十一节　整体攻守战术

足球整体攻守战术包括：中路整体进攻战术，边路整体进攻战术，人盯人整体防守战术，区域盯人整体防守战术和混合盯人整体防守战术。

一、教学目标

通过引导、启发、激发培养学生学习足球的兴趣，提高学生参与足球运动的热情，使学生体验踢足球的快乐。学生理解中路整体进攻战术，边路整体进攻战术，人盯人整体防守战术，区域盯人整体防守战术和混合盯人整体防守战术行动要点，能够在比赛中运用以上战术。提高学生速度素质、力量素质、耐力素质、柔韧素质和灵敏素质。培养学生协作、顽强、机智、果断、灵活等品质。

二、战术行动要点

（一）中路整体进攻战术行动要点

1. 后场发动进攻

由守门员或者后卫队员在后场发动进攻，从中路不断渗透到前场展开进攻。

2. 中场发动进攻

中场获得发球权，从中路不断渗透到前场展开进攻。

3. 前场发动进攻

前场获得发球权，通过前锋、前卫、后卫插上短传配合中路渗透进攻。

（二）边路整体进攻战术行动要点

1. 边路传中

边路突破或者边路配合，传中球弧度低、速度快、向内旋转空中球；头部以下膝部以上平直球；地滚球。落点分为前点（近门柱附近）、中点（罚球点附近）、后点（远门柱附近）。

2. 边路渗透进攻

通过个人突破或者局部配合渗透进攻。

（三）人盯人整体防守战术行动要点

各人专门盯防自己的防守对象，防守对象跑到哪，自己就跑到哪，不交换防守对象，不受防守区域限制，后方队员间的保护主要由最后的拖后中卫进行区域保护和补位。通过压迫式的凶猛抢断来压制对手的进攻和技术优势，队员分工明确，对对方的限制力强，对防守球员的体能、意志、防守能力的要求高。

（四）区域盯人整体防守战术行动要点

区域盯人防守指全队在防守时，层层设防，形成层层盯人加保护的整体防守体系。在区域防守体系中，每个队员在自己相对稳定的区域内进行盯人防守。

对进入自己防守区域的对方队员实施盯人防守，当对方进攻队员交叉跑位到另一个防守区域时，我方防守队员和该区域防守队员交换防守任务，不越区盯人，不受对方的牵引。防守队员由在其身后的队员来保护和补位。当对方强行突破或无球跑动切入接球时，防守队员就要紧追盯防。

（五）混合盯人整体防守战术行动要点

混合盯人整体防守战术是人盯人防守和区域防守结合的一种防守形式，在某些区域实行人盯人防守，在某些区域实行区域盯人防守。对对方进攻组织者和主要得分手实行人盯人防守，限制他们的行动。

三、教学重点、难点

（一）中路整体进攻教学重点、难点

（1）重点：后场、中场、前场发动中路进攻。

（2）难点：中路进攻时跑位接应、传切配合、二过一战术、突破射门、不同位置队员的战术配合。

（二）边路整体进攻教学重点、难点

（1）重点：边路传中和边路渗透进攻。

（2）难点：边路渗透进攻中的局部配合。

（三）人盯人整体防守教学重点、难点

（1）重点：各人专门盯防自己的防守对象。

（2）难点：防守队员被对方突破，防守队员之间的保护与补位要及时到位。

（四）区域盯人整体防守教学重点、难点

（1）重点：每个队员在自己相对稳定的区域内进行盯人防守。

（2）难点：对方进攻队员交叉跑位到另一个防守区域时，我方防守队员和该区域防守队员交换防守任务。防守队员由在其身后的队员来保护和补位。当对方强行突破或无球跑动切入接球时防守队员要紧追盯防。

（五）混合盯人整体防守教学重点、难点

（1）重点：在某些区域实行人盯人防守，在某些区域实行区域盯人防守。

（2）难点：对对方进攻组织者和主要得分手实行人盯人防守和区域盯人防守的结合。

四、教与学的方法

（一）教的方法

（1）讲解法：通过简明、生动的语言向学生系统地讲授中路整体进攻战术，边路整

体进攻战术，人盯人整体防守战术，区域盯人整体防守战术和混合盯人整体防守战术的要点，运用形象的描绘、陈述，启发性的设疑、解疑，使学生在较短的时间内获得关于该项技能的知识。

（2）问答法：问学生什么叫中路进攻，边路进攻，人盯人防守，区域盯人防守，人盯人防守是否可以和区域盯人防守结合。启发学生思考，培养学生的表达能力，提高学生学习兴趣。

（3）讨论法：让学生讨论中路进攻有哪些形式，边路进攻有哪些形式，人盯人防守优缺点，区域盯人防守优缺点。

（4）演示法：用技术图解或者播放视频来演示技术动作。

（5）动作示范法：通过完整示范和分解示范直观展现中路整体进攻战术，边路整体进攻战术，人盯人整体防守战术，区域盯人整体防守战术和混合盯人整体防守战术行动过程，给学生建立直观动作表象。

（二）学的方法

①50×50米场地内，7人对7人攻守，包括2个守门员，练习中路进攻。

②全场地11人制比赛，设守门员，两队只能中路进攻，练习中路进攻。

③二分之一场地内，在与边线平行的罚球区线和边线之间留出边路位置，7人对7人攻守，外加1个守门员，练习边路进攻。

④全场地11人制比赛，设守门员，两队只能边路进攻，练习边路进攻。

⑤50×50米场地内，7人对7人攻守包括2个守门员，练习人盯人防守。

⑥全场地11人制比赛，设守门员，练习人盯人防守。

⑦50×50米场地内，7人对7人攻守，包括2个守门员，练习区域盯人防守。

⑧全场地11人制比赛，设守门员，练习区域盯人防守。

⑨50×50米场地内，7人对7人攻守，包括2个守门员，练习混合盯人整体防守战术。

⑩全场地11人制比赛，设守门员，练习混合盯人整体防守战术。

五、易犯错误与纠正方法

（一）中路整体进攻易犯错误与纠正方法

易犯错误一：队形保持不合理，进攻队员多于防守队员。

纠正方法：严格要求队员位置，保持攻守平衡。

易犯错误二：进攻队员盘带太多，缺少队员配合。

纠正方法：强调进攻方式多样化。

（二）边路整体进攻易犯错误与纠正方法

易犯错误一：边路传中，进攻队员抢一个点。

纠正方法：要求包抄队员抢定位点，保持进攻点多样化。

易犯错误二：边路传中，进攻队员传球质量不高。

纠正方法：加强边路传球技术练习。

（三）人盯人整体防守易犯错误与纠正方法

易犯错误：只顾看球，盯人不紧。

纠正方法：时时刻刻盯住人，人球兼顾。

（四）区域盯人整体防守易犯错误与纠正方法

易犯错误：区域与区域结合部位防守职则不清，造成混乱。

纠正方法：准确判断，和同伴呼应，交换盯人。

（五）混合盯人整体防守易犯错误与纠正方法

易犯错误：对方进攻组织者和主要得分手盯人不紧。

纠正方法：加强职责分工教育，时时刻刻盯住防守对象。

六、教学要求与建议

（一）教学要求

（1）让学生理解中路整体进攻战术，边路整体进攻战术，人盯人整体防守战术，区域盯人整体防守战术和混合盯人整体防守战术行动。

（2）指导学生进攻时利用节奏变化，调动对手防守重心；传中时球运行高度变化，调动对手防守；人盯人防守时人球兼顾；区域盯人防守时交换防守；混合盯人防守时，在哪些区域实行人盯人防守，在哪些区域实行区域盯人防守。

（3）指导学生进攻推进应有层次，攻守平衡；进攻包抄应有层次，有多个进攻点。

（4）在比赛中练习边路进攻要求传中包抄到位，配合简练；练习中路进攻要求传跑默契配合；练习人盯人防守要求进行贴身紧逼；练习区域盯人防守要有协防意识；练习混合盯人防守要求职责分工明确。

（5）指导学生地面进攻和头球摆渡配合；认识传中落地点区域；在区域与区域结合部位防守。

（6）全队要有良好的配合意识，思想统一，配合默契，前后呼应，行动迅速。

（7）防止单调的教学片面追求练习，注意贯彻快乐足球理念，使学生愉快学习。

（二）教学建议

（1）练习应根据比赛中攻守规律和特点进行组织和教学。

（2）教师根据学生的练习情况调整练习组织和人员安排。

（3）教学设计和组织使学生能够真正体验到足球运动的乐趣。

（4）教学比赛要防止学生受伤。

（5）教学时注意把足球的基础性、知识性、娱乐性、健身性等融为一体。

第七章　武术教学指导

第一节　武术基本技术

一、手型

（一）拳

1. 教学目标

（1）使学生掌握拳的做法和要点。

（2）使学生知道拳的动作要点，教学的重点、难点，教与学的方法，易犯错误与纠正方法及教学要求与建议。

2. 技术动作要点

四指卷握，大拇指末端关节紧压食指和中指第二关节，手腕平直并紧张。

3. 技术动作重点、难点

手指实心卷握，拳面平整。

4. 教与学的方法

（1）讲解示范：先进行拳的完整示范；多次示范后讲解拳各部位的名称，拳的位置高低等。

（2）学生模仿、试做：徒手试做、模仿动作；体会拳的用力。

（3）学生练习：学生自己对着镜子练习，体会完整动作与位置；教师巡视纠错。

5. 易犯错误与纠正方法

易犯错误一：大拇指在内，大拇指指尖超出拳面，拳面不平。

纠正方法：用大拇指锁住拳。

易犯错误二：握拳时手腕放松。

纠正方法：提醒学生手腕紧张，告知学生放松手腕容易造成受伤并无法发力。

6. 教学要求与建议

（1）手型较为简单，初学者稍作指导即可。

（2）提示拳面平整，大拇指紧扣四指，提高动作的规范性。

（二）掌

1.教学目标

（1）使学生掌握掌的做法和要点。

（2）使学生知道掌的动作要点，教学的重点、难点，教与学的方法，易犯错误与纠正方法及教学要求与建议。

2.技术动作要点

大拇指紧扣，其他四指并拢伸直，手掌用力上翘。

3.技术动作重点、难点

手腕后伸。

4.教与学的方法

（1）讲解示范：先进行掌的完整示范；进行多次示范后讲解掌各部位的名称、掌的位置高低等。

（2）学生模仿、试做：徒手试做、模仿动作；体会掌的用力。

（3）学生练习：学生自己对着镜子进行掌的练习，体会完整动作与位置；教师巡视纠错。

5.易犯错误与纠正方法

易犯错误：手腕立不起来，四指无法并拢。

纠正方法：加强腕关节的柔韧性练习。

6.教学要求与建议

（1）手型较为简单，初学者稍作指导即可。

（2）提示力达掌根，四指并拢，大拇指扣紧，以提高动作的规范性。

（3）加强腕关节的柔韧性练习。

（三）勾

1.教学目标

（1）使学生掌握勾的做法和要点。

（2）使学生知道勾的动作要点，教学的重点、难点，教与学的方法，易犯错误与纠正方法及教学要求与建议。

2.技术动作要点

五指指尖捏紧，屈腕，勾尖向下。

3.技术动作重点、难点

指尖紧捏、用力屈腕。

4.教与学的方法

（1）讲解示范：先进行勾的完整示范；进行多次示范后讲解勾各部位的名称，勾的位置高低、着力点等。

（2）学生模仿、试做：①徒手试做、模仿动作：体会勾的用力与位置。②勾手练习：五指指尖捏紧，用力扣腕。

（3）学生练习：学生自己对着镜子进行勾手练习，体会完整动作与位置；教师巡视纠错。

5.易犯错误与纠正方法

易犯错误：五指放松、松腕、勾尖方向不对。

纠正方法：在学生做动作时用语言提醒他们。

6.教学要求与建议

（1）手型较为简单，初学者稍作指导即可。

（2）提示勾尖方向，以提高动作的规范性。

（四）爪

1.教学目标

（1）使学生掌握爪的做法和要点。

（2）使学生知道爪的动作要点，教学的重点、难点，教与学的方法，易犯错误与纠正方法及教学要求与建议。

2.技术动作要点

掌背伸开，五指弯曲用力紧扣，力达指尖。

3.技术动作重点、难点

五指弯曲内抓，力达掌指指尖。

4.教与学的方法

（1）讲解示范：先进行爪的完整示范；进行多次示范后讲解爪各部位的名称，爪的位置高低、着力点等。

（2）学生模仿、试做：徒手试做、模仿动作；体会爪的用力与位置。

（3）学生练习：学生自己对着镜子进行爪的练习，体会完整动作与发力；教师巡视纠错。

5.易犯错误与纠正方法

易犯错误：五指放松、未力达指尖、掌背未伸开。

纠正方法：在学生做动作时用语言提醒他们。

6.教学要求与建议

（1）手型较为简单，初学者稍作指导即可。

（2）提示力达指尖，掌背伸开，以提高动作的规范性。

二、手法

（一）冲拳

1.教学目标

（1）使学生掌握冲拳的做法和要点。

（2）使学生知道冲拳的动作要点，教学的重点、难点，教与学的方法，易犯错误与纠正方法及教学要求与建议。

2.技术动作要点

冲拳分为平拳与立拳两种。平拳拳心向下，立拳拳眼向上。两脚平行开立，与肩同宽，抱拳于腰间，肘尖向后；上身直立、挺胸、收腹、顺肩，在肘节过腰后，右前臂内旋。力达拳面，直臂，与肩同高。左拳在前为左冲拳，右拳在前为右冲拳。左右冲拳技术要点一致，练习时可交替进行。

3.技术动作重点、难点

拧腰、顺肩、急旋前臂，要有寸劲。

4.教与学的方法

（1）讲解示范：先进行冲拳的完整示范；进行多次示范后讲解冲拳的位置高低、动作过程、发力顺序、着力点等。

（2）学生模仿、试做：①试做、模仿动作：体会冲拳的发力顺序。②冲拳练习：从腰间冲至目标，出拳的位置与肩同高。

（3）学生练习：①学生两人一组，双方之间留一臂距离，一方伸出手掌固定位置，练习者向固定位置冲拳；体会冲拳的路线与冲拳着力点；教师巡视纠错。②学生自己对着镜子冲拳，体会完整动作，冲拳的位置。教师巡视纠错，或运用口令进行集体、分组练习。③熟练后，可使用散打手靶，两人一组进行冲拳打靶练习；结合步型、腿法进行练习。

5.易犯错误与纠正方法

易犯错误一：出拳时手腕放松，出现翘腕或扣腕等错误动作；拳面不平。

纠正方法：反复语言提示。

易犯错误二：冲拳或高或低，或左或右，影响冲拳质量。

纠正方法：让学生放慢速度，重新体会动作过程。

易犯错误三：冲拳时动作不协调，上下肢无法做到协调统一。

纠正方法：让学生放慢速度，重新体会动作过程与发力。

6.教学要求与建议

（1）学习动作时，应先强调冲拳的规范和要求。

（2）结合手臂前冲拳、侧冲拳等方位的练习，体会冲拳和冲拳位置的控制要领，培养控制意识。

（3）学生腕关节的柔韧性和小臂的肌肉力量，对于冲拳的影响最大，可以在这两方面加强练习。

（4）注意动作幅度的循序渐进，避免损伤关节。

（二）架拳

1.教学目标

（1）使学生掌握架拳的做法和要点。

（2）使学生知道架拳的动作要点，教学的重点、难点，教与学的方法，易犯错误与纠正方法及教学要求与建议。

2.技术动作要点

两脚平行开立，与肩同宽，抱拳于腰间，肘尖向后；右拳向下、向左、向上经头前向右上方划弧架起，拳眼向下，目视左方。左拳在上为左架拳，右拳在前为右架拳。左右架拳技术要点一致，练习时可交替进行。

3.技术动作重点、难点

松肩，肘微屈，前臂内旋。

4.教与学的方法

（1）讲解示范：先进行架拳的完整示范；进行多次示范后讲解架拳的位置高低、动作过程、发力顺序、着力点等。

（2）学生模仿、试做：①试做、模仿动作：体会架拳的发力顺序。②架拳练习：从腰间架拳至头顶。

（3）学生练习：①学生自己对着镜子进行架拳练习，体会完整动作，架拳的位置；教师巡视纠错，或运用口令进行集体、分组练习。②熟练后，结合步型进行练习。

5.易犯错误与纠正方法

易犯错误：经体侧亮拳，动作路线错误。

纠正方法：让学生放慢速度，重新体会动作过程与发力。

6.教学要求与建议

（1）学习动作时，应先强调路线与动作的规范和要求。

（2）加强学生的肩关节的柔韧性练习。

（3）注意动作幅度的循序渐进，避免损伤关节。

（三）推掌

1.教学目标

（1）使学生掌握推掌的做法和要点。

（2）使学生知道推掌的动作要点，教学的重点、难点，教与学的方法，易犯错误与纠正方法及教学要求与建议。

2.技术动作要点

两脚平行开立，与肩同宽，肘尖向后；上身直立、挺胸、收腹、顺肩，在肘节过腰后，右前臂内旋。力达掌根，直臂，与肩同高。左拳在前为左冲拳，右拳在前为右冲拳。左右冲拳技术要点一致。

3.技术动作重点、难点

手腕后伸。

4.教与学的方法

（1）讲解示范：先进行推掌的完整示范；进行多次示范后讲解推掌的位置高低、动作过程、发力顺序、着力点等。

（2）学生模仿、试做：①试做、模仿动作：体会推掌的发力顺序。②推掌练习：从腰间推至目标，推掌的位置与肩同高。

（3）学生练习：①学生两人一组，双方站立为一臂距离，一方伸出手掌固定位置，练习者向固定位置推掌；体会推掌的路线与推掌着力点；教师巡视纠错。②学生自己对着镜子进行推掌，体会完整动作，推掌的位置；教师巡视纠错，或运用口令进行集体、分组练习。③熟练后，可使用散打手靶，两人一组进行推掌打靶练习；结合步型、腿法进行练习。

5.易犯错误与纠正方法

易犯错误一：推掌时手腕放松，大拇指放松，四指无法并拢。

纠正方法：反复语言提示。

易犯错误二：推掌或高或低，或左或右，影响推掌质量。

纠正方法：让学生放慢速度，重新体会动作路线。

易犯错误三：推掌时动作不协调，上下肢无法做到协调统一。

纠正方法：让学生放慢速度，重新体会动作过程与发力。

6.教学要求与建议

（1）学习动作时，应先强调推掌的规范和要求。

（2）结合手臂前推、侧推等方位的练习，体会推掌和推掌位置的控制要领，培养控制意识。

（3）学生的腕关节的柔韧性和小臂的肌肉力量，影响推掌的最终发力，可以在这两方面加强练习。

（4）注意动作幅度的循序渐进，避免损伤关节。

（四）架掌

1.教学目标

（1）使学生掌握架掌的做法和要点。

（2）使学生知道架掌的动作要点，教学的重点、难点，教与学的方法，易犯错误与纠正方法及教学要求与建议。

2.技术动作要点

两脚平行开立，与肩同宽，掌置于腰间，肘尖向后；右拳变掌，向下、向左、向上经头前向右上方划弧架起，掌心向前，虎口朝下，眼随右手动作转动，亮掌时，注视左方。左掌在上为左架掌，右掌在前为右架掌。左右架掌技术要点一致，练习时可交替进行。

3.技术动作重点、难点

抖腕、亮掌与转头要同时完成。

4.教与学的方法

（1）讲解示范：先进行架掌的完整示范；多次示范后讲解架掌的位置高低、动作过程、发力顺序、着力点等。

（2）学生模仿、试做：①试做、模仿动作：体会架掌的发力顺序。②架拳练习：从腰间架掌至头顶。

（3）学生练习：①学生自己对着镜子进行架掌练习，体会完整动作，架掌的位置；教师巡视纠错，或运用口令进行集体、分组练习。②熟练后，结合步型进行练习。

5.易犯错误与纠正方法

易犯错误一：抖腕动作不明显，形成以臂部动作为主。

纠正方法：单独做抖腕、转腕练习，提高腕部的灵活性。

易犯错误二：抖腕、亮掌与转头不一致。

纠正方法：让学生放慢速度，重新体会动作过程与发力；教师运用口令或信号提示让学生做亮掌动作。

6.教学要求与建议

（1）学习动作时，应先强调路线与动作的规范和要求。

（2）加强学生的肩关节、腕关节的柔韧性练习。

（3）注意动作幅度的循序渐进，避免损伤关节。

二、步型

（一）马步

1.教学目标

（1）使学生掌握马步的做法和要点。

（2）使学生知道马步动作要点，教学的重点、难点，教与学的方法，易犯错误与纠正方法及教学要求与建议。

2.技术动作要点

两脚平行开立，重心落于两腿之间；两腿屈膝半蹲，大腿接近水平，膝和脚尖方向一致向正前方；脚跟外蹬，腰背直立。

3.技术动作重点、难点

脚尖与膝关节的方向、立腰。

4.教与学的方法

（1）讲解示范：先进行马步的完整示范；多次示范后讲解马步的动作要求、上下肢的正确位置、身体重心等。

（2）学生模仿、试做：体会马步动作上下肢的正确位置、身体重心。

（3）学生练习：①学生自己对着镜子进行马步的练习，体会完整动作、上下肢的正确位置和身体重心；教师巡视纠错。②静力性控制，保持正确步形一段时间，强化控制正确动作的肌肉感觉。

5.易犯错误与纠正方法

易犯错误一：脚尖外展。

纠正方法：语言提示“脚尖向前”，让学生体会脚跟外蹬的感觉。

易犯错误二：两脚距离过大或过小。

纠正方法：让学生量出三脚的距离后再下蹲做马步。

易犯错误三：大腿未接近水平、弯腰跪膝。

纠正方法：强调挺胸、立腰之后再下蹲，膝不得超过脚尖的垂直线；体会肌肉用力的感觉。

6.教学要求与建议

（1）加强下肢力量，根据马步的规范与要求进行原地静力性练习，逐渐延长练习时间。

（2）有一定基础后，可以配合上肢完成动作练习，例如马步冲拳、马步架掌等，先慢后快。

（3）熟练后，可进行步形与步形之间的转换练习，例如：弓步—马步—弓步，先慢后快。

（二）弓步

1.教学目标

（1）使学生掌握弓步的做法和要点。

（2）使学生知道弓步动作要点，教学的重点、难点，教与学的方法，易犯错误与纠正方法及教学要求与建议。

2.技术动作要点

两脚前后站立，重心在两腿之间，上体正直，目视前方；左腿屈膝半蹲，膝关节不超过脚尖；右腿膝关节伸直，右脚全脚掌着地，右脚尖内扣约45°。左腿在前为左弓步，右腿在前为右弓步。左右弓步技术要点一致。

3.技术动作重点、难点

左腿屈膝的膝关节不超过脚尖、右腿膝关节伸直、右脚掌全着地。

4.教与学的方法

（1）讲解示范：先进行弓步的完整示范；多次示范后讲解弓步的动作要求、上下肢的正确位置、身体重心等。

（2）学生模仿、试做：体会弓步动作上下肢肌肉的用力、位置、身体重心。

（3）学生练习：①学生自己对着镜子进行弓步的练习，体会肌肉用力、身体重心，教师巡视纠错。②静力性控制，保持正确步形一段时间，强化控制正确动作的肌肉感觉。

5.易犯错误与纠正方法

易犯错误一：后脚拔根、掀脚掌。

纠正方法：提高膝关节和踝关节的柔韧性，并强调脚跟蹬地。

易犯错误二：前腿的膝关节超过脚尖。

纠正方法：语言提示“前腿膝关节不得超过脚尖”，加强下肢力量。

易犯错误三：后腿屈膝。

纠正方法：强调后腿挺膝和用力后蹬。

易犯错误四：塌腰和上体前倾。

纠正方法：两手叉腰，做直立和弓步的变换练习；强化动作规范性和重心控制；语言提醒动作要求。

6.教学要求与建议

（1）加强下肢力量，根据弓步的规范与要求进行原地静力性练习，体会后腿蹬直的感觉；逐渐延长练习时间。

（2）有一定基础后，可以配合上肢完成动作练习，例如：弓步推掌，可先慢后快。

（3）熟练后，结合步形进行步型转换练习，例如：马步—弓步—仆步，可先慢后快。

（三）仆步

1.教学目标

（1）使学生掌握仆步的做法和要点。

（2）使学生知道仆步动作要点，教学的重点、难点，教与学的方法，易犯错误与纠正方法及教学要求与建议。

2.技术动作要点

两脚开立，右腿全蹲，大小腿折叠贴紧，膝关节外展，全脚掌着地；左腿侧仆步膝关节伸直，脚尖内扣，全脚掌着地；上体微前倾。左腿伸直为左仆步，右腿伸直为右仆步。左右仆步技术要点一致。

3.技术动作重点、难点

双脚全脚掌着地，仆步腿膝关节伸直，全蹲腿大小腿折叠贴近。

4.教与学的方法

（1）讲解示范：先进行仆步的完整示范；多次示范后讲解仆步的动作要求、上下肢的正确位置、身体重心等。

（2）学生模仿、试做：体会仆步动作上下肢肌肉的用力、位置、身体重心。

（3）学生练习：①学生自己对着镜子进行仆步的练习，体会肌肉用力、身体重心；教师巡视纠错。②静力性控制，保持正确步形一段时间，强化控制正确动作的肌肉感觉。

5.易犯错误与纠正方法

易犯错误一：全蹲腿大小腿不能折叠紧贴、脚跟离地。

纠正方法：语言提醒，并强调做加强柔韧性的练习。

易犯错误二：仆步平仆腿膝关节弯曲。

纠正方法：使平仆腿的脚外侧抵住固定物体（如墙壁），不让脚外侧掀起。

6.教学要求与建议

（1）根据仆步的规范与要求进行原地静力性练习，体会仆步腿伸直和全蹲腿大小腿紧贴的感觉；逐渐延长练习时间。

（2）有一定基础后，可以配合上肢完成动作练习，例如：仆步亮掌，可先慢后快。

（3）熟练后，结合步型进行步型转换练习，例如：弓步—仆步，可先慢后快。

（四）虚步

1.教学目标

（1）使学生掌握虚步的做法和要点。

（2）使学生知道虚步动作要点，教学的重点、难点，教与学的方法，易犯错误与纠正方法及教学要求与建议。

2.技术动作要点

两脚前后开立，后腿屈蹲并支撑身体重心，脚尖外展约45°；前腿屈膝，脚尖绷直稍内扣并虚点地面；上体挺直。左脚在前点地为左虚步，右脚在前点地为右虚步。左右虚步技术要点一致。

3. 技术动作重点、难点

两脚前后开立时，后腿屈蹲支撑身体重心；前脚尖虚点地面；重心要虚实分明。

4. 教与学的方法

（1）讲解示范：先进行虚步的完整示范；多次示范后讲解仆步的动作要求、上下肢的正确位置、身体重心等。

（2）学生模仿、试做：体会虚步动作上下肢肌肉的用力、位置、身体重心。

（3）学生练习：①学生自己对着镜子进行虚步的练习，体会肌肉用力、身体重心；教师巡视纠错。②静力性控制，保持正确步形一段时间，强化控制正确动作的肌肉感觉。

5. 易犯错误与纠正方法

易犯错误一：两脚前后开立时站在一条直线上。

纠正方法：语言提示。

易犯错误二：后腿支撑时无法下蹲或脚跟离地。

纠正方法：加强下肢力量，可做单腿支撑深蹲、半蹲练习。

易犯错误三：虚实不分。

纠正方法：前脚先悬空，等支撑腿下蹲后再以脚尖虚点地面成虚步；语言提示强调重心。

6. 教学要求与建议

（1）根据虚步的规范与要求进行原地静力性练习，体会虚步支撑腿的重心；刚开始可进行高虚步练习，逐渐延长练习时间并加深支撑腿的屈蹲角度。

（2）有一定基础后，可以配合上肢完成动作练习，例如：虚步亮掌，可先慢后快。

（3）熟练后，结合步型进行步型转换练习，例如：仆步—虚步，可先慢后快。

（五）歇步

1. 教学目标

（1）使学生掌握歇步的做法和要点。

（2）使学生知道歇步动作要点，教学的重点、难点，教与学的方法，易犯错误与纠正方法及教学要求与建议。

2. 技术动作要点

两腿交叉靠拢屈膝全蹲，左脚全着地，脚尖外展；右脚前脚掌着地，膝部靠于前小腿外侧，臀部贴于右脚跟处。左腿在下为左歇步，右腿在下为右歇步。左右歇步技术要点一致。

3. 技术动作重点、难点

两腿交叉靠拢全蹲，臀部紧贴右脚跟处。

4. 教与学的方法

（1）讲解示范：先进行歇步的完整示范；多次示范后讲解歇步的动作要求、上下肢的正确位置、身体重心等。

（2）学生模仿、试做：体会歇步动作上下肢肌肉的用力、位置、身体重心。

（3）学生练习：①学生自己对着镜子进行歇步的练习，体会肌肉用力、身体重心；教师巡视纠错。②静力性控制，保持正确步形一段时间，强化控制正确动作的肌肉感觉。

5.易犯错误与纠正方法

易犯错误一：下蹲时臀部无法贴于脚跟处。

纠正方法：加强膝与踝关节柔韧性的练习；后腿紧贴前腿外侧。

易犯错误二：重心不稳，后腿膝关节点地或手扶地，出现附加支撑。

纠正方法：前脚脚尖充分外展，两腿紧贴；加强髋关节的柔韧性练习。

6.教学要求与建议

（1）根据歇步的规范与要求进行原地静力性练习，体会歇步支撑腿的重心；逐渐延长练习时间。

（2）有一定基础后，可以配合上肢完成动作练习，例如，歇步冲拳，可先慢后快。

（3）熟练后，动作可以演变为左右腿相互交叉变换的歇步，可先慢后快。

四、步法

（一）垫步

1.教学目标

（1）使学生掌握垫步的做法和要点。

（2）使学生知道垫步动作要点，教学的重点、难点，教与学的方法，易犯错误与纠正方法及教学要求与建议。

2.技术动作要点

后脚离地提起，脚掌向前脚处落步，前脚立即以脚掌蹬地向前上跳起，将位置让于后脚，然后再屈膝提腿向前落步，目平视前方。左右垫步技术要点一致。

3.技术动作重点、难点

垫步时保持上体正直并侧对前方，步法协调。

4.教与学的方法

（1）讲解示范：先进行垫步的完整示范；多次示范后讲解垫步的动作要求、路线等。

（2）学生模仿、试做：体会垫步步法的动作路线。

（3）学生练习：①学生自己对着镜子进行垫步的练习，体会动作路线、重心等；教师巡视纠错。②明确步法的先后顺序，重复练习，达到上下肢协调统一。

5.易犯错误与纠正方法

易犯错误：垫步时容易混淆上步顺序。

纠正方法：语言提示动作顺序。

6.教学要求与建议

（1）根据垫步的规范与要求重复练习。

（2）有一定基础后，还可以配合上肢完成动作练习，例如，垫步挑掌，可先慢后快。

（3）熟练后，可以进行左垫步接右垫步，可相互变换，先慢后快。

（二）击步

1.教学目标

（1）使学生掌握击步的做法和要点。

（2）使学生知道击步动作要点，教学的重点、难点，教与学的方法，易犯错误与纠正方法及教学要求与建议。

2.技术动作要点

上体前倾，后脚离地提起，脚掌随即蹬地前纵。在空中时，后腿向前碰击前脚，落地时，后脚先落，前脚后落。目平视前方。左右击步技术要点一致。

3.技术动作重点、难点

击步时保持上体正直并侧对前方，步法协调。

4.教与学的方法

（1）讲解示范：先进行击步的完整示范；多次示范后讲解击步的动作要求、路线等。

（2）学生模仿、试做：体会击步步法的动作路线。

（3）学生练习：①学生自己对着镜子进行击步的练习，体会动作路线、重心等；教师巡视纠错。②明确步法的先后顺序，重复练习，达到上下肢协调统一。

5.易犯错误与纠正方法

易犯错误：击步时混淆蹬地纵起的顺序。

纠正方法：语言提示动作顺序；可进行连续击步练习。

6.教学要求与建议

（1）根据击步的规范与要求重复练习。

（2）有一定基础后，还可以配合上肢完成动作练习。例如，击步挑掌，可先慢后快。

（3）熟练后，可以进行左击步接右击步，可相互变换，先慢后快。

五、腿法

（一）正踢腿

1.教学目标

（1）使学生掌握正踢腿的做法和要点。

（2）使学生知道正踢腿的动作要点，教学的重点、难点，教与学的方法，易犯错误与纠正方法及教学要求与建议。

2.技术动作要点

两脚并立，两手立掌，两臂侧平举。左脚向前上半步，左腿职称，右脚脚尖勾起向前额处踢。目平视前方，练习时左右交替进行。左右正踢腿技术要点一致。

3. 技术动作重点、难点

踢腿时上肢保持正直，双膝伸直，目平视前方。

4. 教与学的方法

（1）讲解示范：先进行正踢腿的完整示范；多次示范后讲解正踢腿的动作要求、路线等。

（2）学生模仿、试做：体会正踢腿的动作路线。

（3）学生练习：学生自己对着镜子进行正踢腿练习，体会动作路线、重心等；教师巡视纠错。

5. 易犯错误与纠正方法

易犯错误一：踢腿时上体前倾或后仰，两臂前后摆动。

纠正方法：可踢低腿，体会上体正直，双手控制不随意摆动；语言提示。

易犯错误二：踢腿时双腿出现膝关节弯曲。

纠正方法：加强两腿的柔韧性；语言提示。

易犯错误三：踢腿时支撑腿脚跟拔起或送髋。

纠正方法：上步可小一些，可踢低腿，体会动作；语言提示。

6. 教学要求与建议

（1）根据正踢腿的规范与要求重复练习。

（2）先压腿和摆腿，再练习踢腿。

（3）可进行把杆踢腿重复练习。

（4）有一定基础后，左右腿交替进行。

（5）熟练后，可前后衔接其他腿法组合练习，例如：右正踢腿—右外摆腿，可先慢后快。

（二）侧踢腿

1. 教学目标

（1）使学生掌握侧踢腿的做法和要点。

（2）使学生知道侧踢腿的动作要点，教学的重点、难点，教与学的方法，易犯错误与纠正方法及教学要求与建议。

2. 技术动作要点

右腿向前上半步，脚尖外展，左脚脚跟稍踢起，身体略右转，左臂前伸，右臂后举。随即，左脚脚尖勾紧向左耳侧踢起，同时右臂屈肘上举亮掌，左臂屈肘立掌于右肩前或垂于裆前。目平视前方，练习时左右交替进行。左右侧踢腿技术要点一致。

3. 技术动作重点、难点

踢腿时上肢保持直立、侧身。

4. 教与学的方法

（1）讲解示范：先进行侧踢腿的完整示范；多次示范后讲解侧踢腿的动作要求、路线等。

（2）学生模仿、试做：体会侧踢腿的动作路线。

（3）学生练习：学生自己对着镜子进行侧踢腿的练习，体会动作路线、重心等；教师巡视纠错。

5.易犯错误与纠正方法

易犯错误一：踢腿时上体前倾或后仰。

纠正方法：可踢低腿，体会上体直立；语言提示。

易犯错误二：踢腿时双腿出现膝关节弯曲。

纠正方法：加强两腿的柔韧性；语言提示。

易犯错误三：踢腿时支撑腿脚跟拔起或送髋。

纠正方法：上步可小一些，可踢低腿，体会动作；语言提示。

6.教学要求与建议

（1）根据侧踢腿的规范与要求重复练习。

（2）先压腿和摆腿，再练习踢腿。

（3）可进行把杆踢腿重复练习。

（4）有一定基础后，左右交替进行。

（5）熟练后，可前后衔接其他腿法组合练习。例如，右正踢腿—右侧踢腿，可先慢后快。

（三）外摆腿

1.教学目标

（1）使学生掌握外摆腿的做法和要点。

（2）使学生知道外摆腿的动作要点，教学的重点、难点，教与学的方法，易犯错误与纠正方法及教学要求与建议。

2.技术动作要点

右脚踢向前方上半步，左脚尖勾紧，向右侧前上方踢起，经面前向左侧上方摆动，直腿落在右腿旁。目平视前方，练习时左右交替进行。左右外摆腿技术要点一致。

3.技术动作重点、难点

踢腿时上肢保持正直，松髋，外摆成扇形，幅度大，目平视前方。

4.教与学的方法

（1）讲解示范：先进行外摆腿的完整示范；多次示范后讲解外摆腿的动作要求、路线等。

（2）学生模仿、试做：体会外摆腿的动作路线。

（3）学生练习：学生自己对着镜子进行外摆腿的练习，体会动作路线、重心等；教师巡视纠错。

5.易犯错误与纠正方法

易犯错误一：踢腿时上体前倾或后仰，两臂前后摆动。

纠正方法：可踢低腿，体会上体正直，双手控制不随意摆动；语言提示。

易犯错误二：踢腿时双腿出现膝关节弯曲。

纠正方法：加强两腿的柔韧性，语言提示。

易犯错误三：踢腿时支撑腿脚跟拔起或送髋。

纠正方法：上步可小一些，可踢低腿，体会动作；语言提示。

易犯错误四：外摆幅度不够。

纠正方法：可压横叉、髋外展动作练习，提高髋关节的灵活性；语言提示。

6.教学要求与建议

（1）根据外摆腿的规范与要求重复练习。

（2）先压腿和摆腿，再练习踢腿。

（3）可进行把杆踢腿重复练习。

（4）有一定基础后，左右交替进行。

（5）熟练后，可前后衔接其他腿法组合练习。例如，右外摆腿—右里合腿，可先慢后快。

（四）里合腿

1.教学目标

（1）使学生掌握里合腿的做法和要点。

（2）使学生知道里合腿的动作要点，教学的重点、难点，教与学的方法，易犯错误与纠正方法及教学要求与建议。

2.技术动作要点

右脚踢向前方上半步，左脚脚尖勾起里扣并向左上方踢起，经面前向右侧上方直腿摆动，落于右脚外侧。目平视前方，练习时左右交替进行。左右里合腿技术要点一致。

3.技术动作重点、难点

踢腿时上肢保持正直，目平视前方。

4.教与学的方法

（1）讲解示范：先进行里合腿的完整示范；多次示范后讲解里合腿的动作要求、路线等。

（2）学生模仿、试做：里合腿试做、模仿动作：体会里合腿的动作路线。

（3）学生练习：学生自己对着镜子进行里合腿的练习，体会动作路线、重心等；教师巡视纠错。

5.易犯错误与纠正方法

易犯错误一：踢腿时上体前倾或后仰，两臂前后摆动。

纠正方法：可踢低腿，体会上体正直，双手控制不随意摆动；语言提示。

易犯错误二：踢腿时双腿出现膝关节弯曲。

纠正方法：加强两腿的柔韧性；语言提示。

易犯错误三：踢腿时支撑腿脚跟拔起或送髋。

纠正方法：上步可小一些，可踢低腿，体会动作；语言提示。

易犯错误四：里合幅度不够。

纠正方法：可压横叉、里合、外展、动作练习，提高髋关节的灵活性。

6.教学要求与建议

（1）根据里合腿的规范与要求重复练习。

（2）先压腿和摆腿，再练习踢腿。

（3）可进行把杆踢腿重复练习。

（4）有一定基础后，左右交替进行。

（5）熟练后，可前后衔接其他腿法组合练习。例如，右里合腿—右外摆腿，可先慢后快。

（五）弹腿

1.教学目标

（1）使学生掌握弹腿的做法和要点。

（2）使学生知道弹腿的动作要点，教学的重点、难点，教与学的方法，易犯错误与纠正方法及教学要求与建议。

2.技术动作要点

右腿屈膝提起，大腿与腰平，右脚绷直，提膝接近水平，要迅速猛力挺膝，向前平踢（弹击），力达脚尖。大腿与小腿成一直线，高与腰平，左腿伸直或微屈支撑。目平视前方，练习时左右交替进行。左右弹腿技术要点一致。

3.技术动作重点、难点

踢腿时上肢保持正直，脚面绷直，收髋。力达脚尖，目平视前方。

4.教与学的方法

（1）讲解示范：先进行弹腿的完整示范；多次示范后讲解弹腿的动作要求、路线等。

（2）学生模仿、试做：体会弹腿的动作路线。

（3）学生练习：学生自己对着镜子进行弹腿的练习，体会动作路线、重心等；教师巡视纠错。

5.易犯错误与纠正方法

易犯错误一：发力点不明显。

纠正方法：强调挺胸，绷脚尖；弹腿散打脚靶，体会动作的发力。

易犯错误二：弹踢时双膝弯曲。

纠正方法：上步可小一些，可踢低腿，体会动作；语言提示。

易犯错误三：弹踢时支撑腿拔根。

纠正方法：上步可小一些，可踢低腿，体会动作；提高双腿柔韧性；语言提示。

6.教学要求与建议

（1）根据里弹腿的规范与要求重复练习。

（2）先压腿和摆腿，再练习踢腿。

（3）可进行把杆踢腿重复练习。

（4）弹踢散打脚靶体会发力。

（5）有一定基础后，左右交替进行。

（6）熟练后，结合手法动作交替练习。例如，弹右腿时冲左拳，可先慢后快。

（六）蹬腿

1.教学目标

（1）使学生掌握蹬腿的做法和要点。

（2）使学生知道蹬腿的动作要点，教学的重点、难点，教与学的方法，易犯错误与纠正方法及教学要求与建议。

2.技术动作要点

右腿屈膝提起，大腿与腰平，右脚勾起，提膝接近水平，要迅速猛力挺膝，向前蹬出，力达脚跟。大腿与小腿成一直线，高与腰平，左腿伸直或微屈支撑。目平视前方，练习时左右交替进行。左右蹬腿技术要点一致。

3.技术动作重点、难点

踢腿时上肢保持正直，脚尖勾起，收髋。力达脚跟，目平视前方。

4.教与学的方法

（1）讲解示范：先进行蹬腿的完整示范；多次示范后讲解蹬腿的动作要求、路线等。

（2）学生模仿、试做：蹬腿试做模仿动作；体会蹬腿的动作路线。

（3）学生练习：学生自己对着镜子进行蹬腿的练习，体会动作路线、重心等。教师巡视纠错。

5.易犯错误与纠正方法

易犯错误一：力点不明显。

纠正方法：强调挺胸，勾脚尖；蹬散打脚靶，体会动作的发力。

易犯错误二：蹬腿时双膝弯曲。

纠正方法：上步可小一些，可蹬低腿，体会动作；语言提示。

易犯错误三：蹬腿时支撑腿拔根。

纠正方法：上步可小一些，可蹬低腿，体会动作；提高双腿柔韧性；语言提示。

6.教学要求与建议

（1）根据蹬腿的规范与要求重复练习。

（2）先压腿和摆腿，再练习蹬腿。

（3）可进行把杆蹬腿重复练习。

（4）蹬散打脚靶体会发力。

（5）有一定基础后，左右交替进行。

（6）熟练后，结合手法动作交替练习。例如，蹬右腿时推左掌，可先慢后快。

（七）侧踹腿

1.教学目标

（1）使学生掌握侧踹腿的做法和要点。

（2）使学生知道侧踹腿的动作要点，教学的重点、难点，教与学的方法，易犯错误与纠正方法及教学要求与建议。

2.技术动作要点

两腿左右交叉，右腿在前，稍屈膝。随即，右腿伸直支撑，左腿屈膝提起，左脚里扣，脚跟用力向左侧上方踹出，高与肩平，上体向右侧倒，眼视左侧方。目平视前方，练习时左右交替进行。左右侧踹腿技术要点一致。

3.技术重点、难点

挺胸、开髋、猛踹、脚外侧朝上，力达脚跟。

4.教与学的方法

（1）讲解示范：先进行侧踹腿的完整示范；多次示范后讲解侧踹腿的动作要求、路线等。

（2）学生模仿、试做：体会侧踹腿的动作路线。

（3）学生练习：①学生自己对着镜子进行侧踹腿的练习，体会动作路线、重心等；教师巡视纠错。②学生尝试蹬踹后控腿定位，体会肌肉的用力感觉；教师巡视纠错。

5.易犯错误与纠正方法

易犯错误一：脚尖朝上，成侧踹腿。

纠正方法：强调侧踹腿内旋后再踹出。

易犯错误二：高度不够或展幅度不够。

纠正方法：做侧压腿、横叉等柔韧性练习；可把杆练习，体会踹腿的高度；先做低踹腿，体会正确的动作路线，逐渐抬高；语言提示。

6.教学要求与建议

（1）根据里蹬腿的规范与要求重复练习。

（2）先压腿和摆腿，再练习蹬腿。

（3）可进行把杆蹬腿重复练习。

（4）反复进行控腿练习。

（5）蹬散打脚靶体会发力。

（6）有一定基础后，左右交替进行。

（7）熟练后，结合手法动作交替练习。例如，蹬右腿时推左掌，可先慢后快。

第二节　拳术技术

一、健身拳

1.教学目标

（1）使学生掌握健身拳的做法和要点。

（2）使学生知道健身拳动作要点，教学的重点、难点，教与学的方法，易犯错误与纠正方法及教学要求与建议。

2.技术动作要点

略

3. 技术动作重点、难点

健身拳整体动作的动作路线变化和劲力顺达等。

4. 教与学的方法

（1）教师先示范领做，学生集体模仿练习。

（2）教师利用提问法、启发式教学，讲解动作要点与动作攻防含义，提问并指出易犯错误。

（3）教师巡回、个别指导。

（4）学生模仿：体会健身拳教学内容的动作路线与变化、要领与发力、上下肢的协调统一。

（5）学生练习：①学生独立整理技术动作，从生疏逐渐到熟练；教师巡视纠错；语言提示。②学生自己对着镜子进行练习，体会动作路线、要领、发力等；教师巡视纠错并用语言提示。

（6）学生结合教师讲解，先集体后分组练习，小组内互相纠正错误、自我评价、合作学习，最后再进行集体练习。

5. 易犯错误与纠正方法

易犯错误一：进步蝶掌。上下肢动作不连贯、蝶掌发力不正确。

纠正方法：上步、马步、弓步与蝶掌注重动作的连贯性与协调性；蝶掌时两掌根上下相对，推掌时力达掌根。

易犯错误二：转身按摔。进行转身按摔过程中动作路线不清晰、不协调且僵硬；下跪动作重心不稳。

纠正方法：明确动作路线与要领，转身按摔动作要以腰带动身体，下跪时要稳住重心，按摔用力；先慢后快。

易犯错误三：分拳前撞；未充分掌握动作要领与技击含义，前撞及双拳后摆动作不协调，发力不正确。

纠正方法：头撞是攻击动作，最终着力点在前额。前撞与双拳后摆同时发力，注重动作的配合才能劲力顺达。

易犯错误四：跳步顶膝。换腿跳步过程中不连贯，手脚的配合度不够，顶膝动作路线不清晰，要领不明确。

纠正方法：明确换跳步的动作路线与要领，反复进行换跳步的动作示范，注意手脚的配合度；顶膝动作发力点在膝尖，发力要快速、连贯，用力上顶并保持重心稳定。

易犯错误五：下肢重心过高。

纠正方法：加强下肢力量，可多做步型组合，反复练习。

6. 教学要求与建议

（1）先慢速完成练习，动作规范后常速练习，体会动作路线、要领、发力等。

（2）要注重基本技术，按动作要求与规范进行单式、组合、分段与整套等重复练习，反复强调技术要点，可提高动作质量，加强熟练度。

（3）在讲解与示范武术动作时，要明确每一动的攻防意义，让学生能快速、正确理解武术动作的路线与发力要点，建立攻防意识。

（4）让学生运用镜子反复揣摩，自查自纠。

（5）让学生运用录像功能记录自身技术动作，反复比对，自查自纠。

（6）在武术课堂中，要对学生进行德育教育，培养学生尊师爱生，团结互助的精神。

（7）课堂中，部分学生缺乏安全意识，在教学过程中对学生的安全问题进行关注，禁止嬉戏打闹，对他们的思想变化引起高度的重视，进行安全提醒。在安排队列时，让学生保持安全距离。

二、形神拳

1.教学目标

（1）使学生掌握形神拳的做法和要点。

（2）使学生知道形神拳动作要点，教学的重点、难点，教与学的方法，易犯错误与纠正方法及教学要求与建议。

2.技术动作要点

略

3.技术动作重点、难点

形神拳整体动作的动作路线变化和劲力顺达等。

4.教与学的方法

（1）教师先示范领做，学生集体模仿练习。

（2）教师利用提问法、启发式教学，讲解动作要点与动作攻防含义，提问并指出易犯错误。

（3）教师巡回、个别指导。

（4）学生模仿：体会形神拳教学内容的动作路线与变化、要领与发力、上下肢的协调统一。

（5）学生练习：①学生独立整理技术动作，从生疏到熟练。教师巡视纠错，并用语言提示。②学生自己对着镜子进行练习，体会动作路线、要领、发力等；教师巡视纠错；语言提示。

（6）学生结合教师讲解，先集体后分组练习，小组内互相纠正错误、自我评价、合作学习，最后再进行集体练习。

5.易犯错误与纠正方法

易犯错误一：震脚砸拳、马步冲拳。震脚砸拳不流畅；蹬腿冲拳重心不稳或是力点不明显；马步左右冲拳步形不到位，冲拳不协调。

纠正方法：提膝拧臂的同时进行震脚砸拳，该过程要做到提膝伸展与砸拳收合的协调发力；蹬腿时支撑腿膝微屈，力达足跟；进行马步动作时注意与顶平、与肩平、与大腿平，上体挺直、脚跟外蹬、脚尖朝前。

易犯错误二：震脚左弓步双推掌，抡臂拍脚，弓步顶肘。震脚转身弓步双推掌等动作不协调；抡臂拍脚时，抡臂动作不走立圆，拍脚击响时双膝弯曲，支撑腿脚跟拔起顶肘时未力达肘关节。

纠正方法：强调动作的连贯性和完整性；抡臂时，肩放松，手臂走立圆；拍脚击响时头向上顶，直腰，双膝伸直，注意击响腿高度，脚面绷直，击响掌要力达掌心；顶肘时从腰间发力，力达肘尖。

易犯错误三：仆步抡拍，弓步架栽拳。仆步抡拍的动作不流畅；栽拳动作发力不协调。

纠正方法：抡臂要走立圆，臂向上时贴近耳朵，臂向下时近大腿，在抡臂的同时注意下肢的重心转换；仆步拍地时，仆步腿膝关节伸直，掌在拍击地面时上下肢协调发力，做到力达掌心；左栽右架要与转头同时完成，注意动作的力点与眼神的配合。

6.教学要求与建议

（1）先慢速完成练习，动作规范后常速练习，体会动作路线、要领、发力等。

（2）要注重基本技术，按动作要求与规范进行单式、组合、分段与整套等重复练习，反复强调技术要点，可提高动作质量、加强熟练度。

（3）在讲解与示范武术动作时，要明确每一动作的攻防意义，让学生能快速、正确理解武术动作的路线与发力要点，建立攻防意识。

（4）让学生运用镜子反复揣摩，自查自纠。

（5）让学生运用录像功能记录自身技术动作，反复比对，自查自纠。

（6）在武术课堂中，要对学生进行德育教育，培养学生尊师爱生，团结互助的精神。

（7）课堂中，部分学生缺乏安全意识，在教学过程中对学生的安全问题进行关注，禁止嬉戏打闹，对他们的思想变化提高重视，进行安全提醒。尤其在安排队列时，让学生保持安全距离。

第三节　武术器械技术

一、刀术

（一）刀法技术

1.教学目标

（1）使学生掌握各刀法的做法和要点。

（2）使学生知道刀法动作要点，教学的重点、难点，教与学的方法，易犯错误与纠正方法及教学要求与建议。

2.技术动作要点

（1）抱刀：左臂下垂，左手屈腕，食指与中指夹住刀柄，拇指和虎口扣住护手盘、刀背贴于微屈的左臂内侧，刀剑朝上，刀刃朝前。

（2）右手握刀法：右臂下垂，右手虎口靠贴刀盘，五指屈握刀柄；刀尖朝前，刀刃朝下。手腕要灵活，随刀法变换，适当调整握力。

（3）抱刀礼：并步站立，左手抱刀，屈臂抬起使刀横于胸前，刀刃向上，右手成掌，以掌心附于左手拇指第一指节上，高与胸齐，两手与胸间距离为20～30厘米。

（4）藏刀：刀身平直（刀尖朝前，刀刃朝下），藏于右髋侧为平藏刀。刀身横平（刀尖朝后，刀刃朝外），藏于左腰后为栏腰藏刀。

（5）扎刀：刀刃朝下，朝上或朝左，刀尖向前直刺为扎，力达刀尖。

（6）缠头刀：由右手握刀连接开始。刀尖下垂，刀背沿左肩贴背绕过右肩，头部正直。

（7）裹脑刀：刀尖下垂，刀背沿右肩贴背绕过左肩，头部正直。

（8）劈刀：刀由上向下，力达刀刃为劈刀。抡劈刀沿身体右（左）侧抡成立圆。

（9）带刀：刀尖朝前，刀刃朝左（右），由前向侧后抽回为带刀。

（10）砍刀：刀向左或右下方斜劈，以腰肋力，力达刀刃为砍刀。

（11）撩刀：刀刃由下向前上，力达刀刃前部为撩刀。撩刀有正撩与反撩，正撩前臂外旋，刀沿身体右侧贴身弧形撩出。反撩为前臂内旋，刀沿身体左侧贴身弧形撩出。

（12）格刀：刀尖朝下，向左（右）摆动格挡为格刀。

3.技术动作重点、难点

了解刀法动作攻防含义，动作路线清晰，要领明确，劲力顺达，握刀指腕灵活。

4.教与学的方法

（1）教师先示范领做，学生集体模仿练习。

（2）教师利用提问法、启发式教学，讲解动作要点与动作攻防含义，提问并指出易犯错误。

（3）教师巡回、个别指导。

（4）学生模仿：体会刀法教学内容的动作路线与变化、要领与发力、上下肢的协调统一。

（5）学生练习：①学生独立进行各刀法的技术动作，从生疏到熟练；教师巡视纠错并用语言提示。②学生自己对着镜子进行练习，体会动作路线、要领、发力等；教师巡视纠错；语言提示。

（6）学生结合教师讲解，先集体后分组练习，小组内互相纠正错误、自我评价、合作学习，最后再进行集体练习。

5.易犯错误与纠正方法

易犯错误一：劲力不协调顺达。

纠正方法：先放慢动作不发力，体会动作路线与要领；重复练习，体会最终的着力点。

易犯错误二：手腕过紧。

纠正方法：多练习转腕动作，体会松腕动作；握刀练习转腕动作。

易犯错误三：基本刀术技法发力不正确，不贴身。

纠正方法：明确刀法攻防含义与路线，刀法不贴身可多做转腕或松腕练习；明确路线，以腰带臂发力至持刀手。

易犯错误四：攻防意识概念模糊。

纠正方法：明确刀法的攻防含义后，让学生穿上护具进行对抗练习（可用“武术短兵”的训练器材进行），体会发力与攻防，建立正确的概念与意识。

6.教学要求与建议

（1）先慢速练习与体会刀法，动作规范后常速练习，体会每个动作的路线、要领、发力等。

（2）注重刀手配合的动作练习，明确刀与手的运行路线；刃背分明，加强刀背的贴身练习；注意以腰领刀。

（3）按动作要求与规范进行各刀法的重复练习，反复强调技术要点，提高动作质量、加强熟练。例如，每种刀法持续练习40秒，分三组巩固动作。

（4）在讲解与示范刀法动作时，要明确每一动作的攻防意义，让学生尽快建立攻防意识。

（5）让学生运用镜子反复揣摩，自查自纠。

（6）让学生用录像记录自身技术动作，反复比对，自查自纠。

（7）在武术课堂中，要对学生进行德育教育，培养学生尊师爱生，团结互助的精神。

（8）在教学过程中对学生的安全问题进行关注，手持器械，须禁止嬉戏打闹，对他们的思想变化提高重视，进行安全提醒；在安排队列时，让学生保持安全距离；学生体会攻防动作时，在教师指导下进行，准备好护具和安全的“泡沫短兵”器材。

（二）刀术

1.教学目标

（1）使学生掌握各刀术的做法和要点。

（2）使学生知道刀术动作要点，教学的重点、难点，教与学的方法，易犯错误与纠正方法及教学要求与建议。

2.技术动作要点

略

3.技术动作重点、难点

了解刀术动作路线清晰，要领明确，劲力顺达，握刀指腕灵活，快速建立正确的攻防意识。

4.教与学的方法

（1）教师先示范领做，学生集体模仿练习。

（2）教师利用提问法、启发式教学，讲解动作要点与动作攻防含义，提问并指出易犯错误。

（3）学生模仿。体会剑法教学内容的动作路线与变化、要领与发力、上下肢的协调统一。

（4）学生练习：①学生独立进行各刀术的技术动作，从生疏到熟练；教师巡视纠错并用语言提示。②学生自己对着镜子进行练习，体会动作路线、要领、发力等；教师巡视纠错并用语言提示。

（5）学生结合教师讲解，先集体后分组练习，小组内互相纠正错误、自我评价、合作学习，最后再进行集体练习。

5.易犯错误与纠正方法

易犯错误一：跳步歇步劈刀（进行缠头刀时，刀背不贴后背；跳步接歇步时重心不稳；跳步抡不走立圆）。

纠正方法：明确缠头劈刀的攻防含义；缠头刀时右臂要屈肘提腕，刀尖垂于后背；右脚蹬地跳起与落地动作要轻，保持重心稳定。

易犯错误二：缠头裹脑虚步藏刀（缠头裹脑动作不贴身，虚步动作重心不明确）。

纠正方法：注意握刀的方式方法，握刀时手臂内旋虎口往下，防止过紧或过松，刀身直竖；虚步动作明确重心在右腿上。

易犯错误三：插步蹬腿扎刀（插步蹬腿扎刀动作不协调，蹬腿扎刀时蹬腿和扎刀不能同时发力）。

纠正方法：明确插步蹬腿扎刀动作的动作路线与要领，并讲解蹬腿扎刀的攻防含义；徒手进行蹬腿单独练习，蹬腿膝关节伸直，支撑腿可微屈；扎刀与蹬腿同时完成，力达刀尖。

易犯错误四：跳起插步砍刀（跳起插步砍刀动作不协调，缠头斜劈和插步不能同时完成）。

纠正方法：明确跳起插步砍刀的动作路线和动作要领，讲解攻防含义；手腕与手指将刀握稳，手臂带动刀从右肩上方斜运行至左腹前。

易犯错误五：左右腕花高虚步劈刀（腕花不立圆，腕花与转身动作不协调，劈刀发力不正确）。

纠正方法：明确左右腕花高虚步劈刀的动作路线与要领，讲解攻防含义；做腕花刀时握刀的手指与手腕要松活，刀走立圆；腕花与转身要同时进行，转身动作以腰带动上肢转动，劈刀力达刀刃。

易犯错误六：缠头箭踢（刀缠头与箭踢动作不能协调连贯，重心不稳）。

纠正方法：明确分解箭踢与徒手动作路线与要领，反复进行徒手箭踢动作的练习；跳步动作可进行右腿蹬踢，再练习跳踢，注意跳踢腿的高度和重心转换；进行缠头箭踢动作时，先做扫刀再做蹬踢，注意重心稳定。

6.教学要求与建议

（1）先慢速练习与体会，动作规范后常速练习，体会刀术的动作路线、要领、发力等。

（2）注重刀手配合的动作练习，明确刀与手的运行路线；刃背分明，加强刀背的贴身练习；注意以腰领刀，协调跳跃翻腾动作。

（3）按动作要求与规范进行刀法的重复练习，反复强调技术要点，提高动作质量，加强熟练度。例如，组合练习，每组四个，共三组；分段练习，每段三次等方法来巩固动作。

（4）在讲解与示范刀术动作时，要明确每一动作的攻防意义，让学生尽快建立攻防意识。

（5）让学生运用镜子反复揣摩，自查自纠。

（6）让学生运用录像记录自身技术动作，反复比对，自查自纠。

（7）在武术课堂中，要对学生进行德育教育，培养学生尊师爱生，团结互助的精神。

（8）在教学过程中对学生的安全问题进行关注，手持器械，须禁止嬉戏打闹，对他们的思想变化提高重视，进行安全提醒；在安排队列时，让学生保持安全距离；学生体会攻防动作时，在教师指导下进行，准备好护具和安全的“泡沫短兵”器材。

二、健身短棍

（一）棍法

1.教学目标

（1）使学生掌握各棍法的做法和要点。

（2）使学生知道棍法动作要点，教学的重点、难点，教与学的方法，易犯错误与纠正方法及教学要求与建议。

2.技术动作要点

（1）右手持棍法：右手持棍，以拇指和食指卡握棍身，其余三指自然弯曲，虎口朝向棍梢，使棍身紧贴于身体右侧，把端触地。

（2）握棍法：①单手握，右手握住棍身距把端1/3处。②顺把握，双手虎口顺向握棍。③对把握，双手虎口相对握棍。

（3）劈棍：两脚前后开立后，右手握棍直臂上举，左手握棍把在右腹前，将棍竖于右前侧；左手将棍把屈肘拉至左腰侧，右手握棍向前下劈出，棍梢高与腰平，力达棍前端，同时身体稍左转；目视棍梢。

（4）戳棍：两脚前后开立，两手握棍横于腹前，棍梢朝前；左手滑握棍身，臂内旋向左伸出，手心朝下，同时右手握棍向前戳出，力达棍梢端。

（5）抡棍：两脚开立，两手紧靠，顺把握于棍身后段，将棍扛于右肩上；两手用力使棍由右经体前向左平抡，扛棍于左肩上，目视右后方。

（6）崩棍：两脚前后开立，两手持棍平举于体前；右手屈肘将棍把拉至右腰侧，左手滑握中段，臂伸直，使棍梢向上崩击，高与头平；目视棍梢。

（7）左右舞花棍：左右舞花动作必须连贯，两手松握棍身，以便两臂交叉，左手换握要适时迅速，右臂内旋体左转，左臂内旋体右转，棍身贴身立圆舞动，速度快而均匀。

（8）左右撩棍：撩棍要贴近腿外侧，不得触及身体，右撩上体左转，左撩上体右转，身械协调一致，速度要快，力达棍前段。

3.技术动作重点、难点

了解棍法动作攻防含义，动作路线清晰，要领明确，劲力顺达，握棍手的变化要灵活。

4.教与学的方法

（1）教师示范领做，学生集体模仿练习。

（2）教师利用提问法、启发式教学，讲解动作要点与动作攻防含义，提问并指出易犯错误。

（3）学生模仿：体会棍法教学内容的动作路线与变化、要领与发力、上下肢的协调统一。

（4）学生练习：①学生独立进行各棍法的技术动作，从生渐到熟练；教师巡视纠错，并用语言提示。②学生自己对着镜子进行练习，体会动作路线、要领、发力等；教师巡视纠错，并用语言提示。

（5）学生结合教师讲解，先集体后分组练习，小组内互相纠正错误、自我评价、合作学习，最后再进行集体练习。

5.易犯错误与纠正方法

易犯错误一：劲力不协调顺达。

纠正方法：先放慢动作不发力，体会动作路线与要领；重复练习，体会最终的着力点。

易犯错误二：抓握器械动作僵硬，器材与肢体不能协调配合与发力，常出现器械触身或者掉地等错误。

纠正方法：多练习棍花，通过体会握棍松紧度来支配棍。

易犯错误三：攻防意识概念模糊。

纠正方法：明确棍法的攻防含义后，让学生穿上护具进行对抗练习（可用“武术短兵”的训练器材进行），体会发力与攻防，建立正确的概念与意识。

易犯错误四：棍法不能贴近身体。

纠正方法：多练习棍花，且贴近墙边进行，帮助棍花贴身；多体会以腰带动棍体，以腰发力。

6.教学要求与建议

（1）先慢速练习与体会棍法，动作规范后常速练习，体会每个动作的路线、要领、发力等。

（2）优先熟顺把法的灵活运用；强调以腰领身带动棍体运行；扫转类棍法动作必须明确轴心位置；保持准确力点，以腰发力。

（3）按动作要求与规范进行各棍法的重复练习，反复强调技术要点，提高动作质量、加强熟练度。例如，每种棍法持续练习40秒，分三组巩固动作。

（4）在讲解与示范棍法动作时，要明确每一动作的攻防意义，让学生尽快建立攻防意识。

（5）让学生运用镜子反复揣摩，自查自纠。

（6）让学生运用录像记录自身技术动作，反复比对，自查自纠。

（7）在武术课堂中，要对学生进行德育教育，培养学生尊师爱生，团结互助的精神。

（8）在教学过程中对学生的安全问题进行关注，手持器械，须禁止嬉戏打闹，对他们的思想变化提高重视，进行安全提醒；在安排队列时，让学生保持安全距离；学生体会攻防动作时，在教师指导下进行，准备好护具和安全的“泡沫短兵”器材。

（二）健身短棍

1.教学目标

（1）使学生掌握健身短棍的做法和要点。

（2）使学生知道健身短棍动作要点，教学的重点、难点，教与学的方法，易犯错误与纠正方法及教学要求与建议。

2.技术动作要点

略

3.技术动作重点、难点

了解健身短棍动作攻防含义，动作路线清晰，要领明确，劲力顺达，握棍手的变化要灵活。

4.教与学的方法

（1）教师先示范领做，学生集体模仿练习。

（2）教师利用提问法、启发式教学，讲解动作要点与动作攻防含义，提问并指出易犯错误。

（3）学生模仿。体会棍法教学内容的动作路线与变化、要领与发力、上下肢的协调统一。

（4）学生练习：①学生独立进行各健身短棍的技术动作，从生到熟练；教师巡视纠错，并用语言提示。②学生自己对着镜子进行练习，体会动作路线、要领、发力等；教师巡视纠错，并用语言提示。

（5）学生结合教师讲解，先集体后分组练习，小组内互相纠正错误、自我评价、合作学习，最后再进行集体练习。

5.易犯错误与纠正方法

易犯错误一：提膝平抡（（平抡时不能做到棍走平圆，抡棍与提膝配合不协调，重心不稳）。

纠正方法：先明确棍走平圆运行路线，进行抡转，提膝，力达棍稍。左支撑腿膝关节伸直并稳住重心。

易犯错误二：上步平戳（手握棍的方式方法不正确，棍与身体的距离较远，戳棍的力度较小）。

纠正方法：先进行握棍方式的讲解与示范；明确棍的运行路线和发力方式；可向学生讲解戳棍的攻防意义，要求发力短促并力达棍把；转身上步与戳棍要同步完成。

易犯错误三：撤步盖把（滑把动作过紧，撤步与盖把不协调连贯；盖把路线不正确，并且棍把一端过短）。

纠正方法：持棍手要松活，从滑把动作着手，先慢后快；盖把动作的路线是由上至下弧线进行，讲解盖把的攻防含义，力达棍把。

易犯错误四：跟步挑把。棍身远离身体，上挑发力不正确。

纠正方法：明确跟步挑把的路线技术要领，并讲解挑把的攻防含义；先进行跟步挑把的徒手练习，再持棍练习，先慢后快；再提示上挑时要加速用力。

易犯错误五：转身拨棍。棍远离身体，转身不圆滑，转身时重心不稳，转身与拨棍动作脱节，发力不正确。

纠正方法：明确转身拨棍的路线技术要领，并讲解转身拨棍的攻防含义；拨棍路线要走平圆，以腰带动身转；先进行徒手练习，再持棍练习，先慢后快。

6.教学要求与建议

（1）先慢速练习与体会，动作规范后常速练习，体会每个动作的路线、要领、发力等。

（2）优先熟顺把法的灵活运用；强调以腰领身带动棍体运行；扫转类棍法动作必须明确轴心位置；保持准确力点，以腰发力。

（3）按动作要求与规范进行健身短棍的重复练习，反复强调技术要点，提高动作质量、加强熟练度。例如，分段练习，每段练习三次来巩固动作。

（4）在讲解与示范健身短棍动作时，要明确每一动作的攻防意义，让学生尽快建立攻防意识。

（5）让学生运用镜子反复揣摩，自查自纠。

（6）让学生运用录像记录自身技术动作，反复比对，自查自纠。

（7）在武术课堂中，要对学生进行德育教育，培养学生尊师爱生，团结互助的精神。

（8）在教学过程中对学生的安全问题进行关注，手持器械，须禁止嬉戏打闹，对他们的思想变化提高重视，进行安全提醒；在安排队列时，让学生保持安全距离；学生体会攻防动作时，在教师指导下进行，准备好护具和安全的“泡沫短兵”器材。

第四节　对抗技术

一、散手

（一）散手步法

1.教学目标

（1）使学生掌握各步法的做法和要点。

（2）使学生知道步法动作要点，教学的重点、难点，教与学的方法，易犯错误与纠正方法及教学要求与建议。

2.技术动作要点

（1）实战准备姿势：双脚脚跟微抬，膝关节微屈，抬首挺胸，小腹收起，双臂曲肘置胸口。低头、收下颌，目视对手。脚在前称为“正架”；因大多数人是右侧肢体有力，有力的一侧要放在后面，所以一般都成“正架”。右脚在前为“反架”。

（2）进步：前脚上步与后脚跟步的衔接要快。

（3）退步：后脚退步与前脚撤收的衔接要快。

（4）插步：后脚向左横移一步，脚跟离地，两脚略呈交叉。

（5）跨步：后脚侧向跨出，跨步后两腿要虚实分明。

（6）盖步：后脚向前交叉盖步；身体不要明显起伏。

（7）垫步：提膝的同时后脚跟进并擦地而行。

3.技术动作重点、难点

了解散手步法的动作路线清晰，要领明确，步法变化要快速灵活。

4.教与学的方法

（1）教师示范领做，学生集体模仿练习。

（2）教师利用提问法、启发式教学，讲解动作要点与动作攻防含义，提问并指出易犯错误。

（3）学生模仿：体会步法教学内容的动作路线与变化、要领与发力、上下肢的协调统一。

（4）学生练习：①学生独立进行各步法的技术动作，从生疏到熟练；教师巡视纠错，并用语言提示。②学生自己对着镜子进行练习，体会动作路线、要领、发力等；教师巡视纠错；语言提示。③两人一组配合练习，体会步法的运用，练习移动速度；教师巡视纠错；语言提示。

（5）学生结合教师讲解，先集体后分组练习，小组内互相纠正错误、自我评价、合作学习，最后进行集体练习。

5.易犯错误与纠正方法

易犯错误：移动速度过慢。

纠正方法：下肢放松，步法重心与路线清晰明确；根据信号快慢进行反应练习。

6.教学要求与建议

（1）单独练习。先慢速练习与体会步法，动作规范后常速练习，体会每个动作的路线、要领、发力等。

（2）结合信号练习。教师或同组学生以击掌、口令等为信号，要求练习者根据信号做出相应的步法，以此来提高反应能力，并巩固步法。

（3）分组配合练习。可两人一组反应练习，分主动与被动进行练习，期间要求保持一定安全距离。例如，根据主动方（攻方）所做的步法，被动方（守方）作出反应，以此来提高散手步法的运用能力和反应能力。

（4）结合攻防动作练习。可两人一组配合练习，步法结合动作进行攻防练习。例如，主动方左冲拳结合进步，被动方做撤步。

（5）让学生运用镜子反复揣摩，自查自纠。

（6）让学生运用录像记录自身技术动作，反复比对，自查自纠。

（7）在武术课堂中，要对学生进行德育教育，培养学生尊师爱生，团结互助的精神。

（8）在教学过程中对学生的安全问题进行关注，须禁止嬉戏打闹，对他们的思想变化提高重视，进行安全提醒；在安排队列时，让学生保持安全距离；学生体会攻防动作时，在教师指导下进行，准备好护具，做好安全措施。

（二）散手拳法

1.教学目标

（1）使学生掌握各拳法的做法和要点。

（2）使学生知道拳法动作要点，教学的重点、难点，教与学的方法，易犯错误与纠正方法及教学要求与建议。

2.技术动作要点

（1）直拳：两腿蹬地、上体微微右转，随之左拳直线冲出，拳心向下，拳面为击打面，右拳防守，护住右腮。右手直拳与左拳动作一致，方向相反。

（2）掼拳：两腿蹬地，上肢向右微倾斜，同时左拳向外45°，确保向前横向攻击。拳心向下，手臂微曲，力达拳面。右拳做防守，护住右腮。右掼与左掼拳动作一致，方向相反。

（3）抄拳：两腿蹬地，左拳自下而上勾击，上臂和前臂之间保持90°～110°的夹角。力量集中于拳面，拳心向内。左拳与右拳动作一致，方向相反。

（4）转身鞭拳：两腿蹬地，身体向后旋转，左插步，双臂回收，左右拳置于胸前。上肢旋转90°，右臂横向攻击。攻击时拳眼向下，力量集中于拳背。左拳与右拳动作一致，方向相反。

3.技术动作重点、难点

了解散手拳法的动作路线清晰，要领明确，步法变化要快速灵活。

4.教与学的方法

（1）教师示范领做，学生集体模仿练习。

（2）教师利用提问法、启发式教学，讲解动作要点与动作攻防含义，提问并指出易犯错误。

（3）学生模仿：体会拳法教学内容的动作路线与变化、要领与发力、上下肢的协调统一。

（4）学生练习：①学生独立进行各步法的技术动作，从生渐到熟练；教师巡视纠错，并用语言提示。②学生自己对着镜子进行练习，体会动作路线、要领、发力等；教师巡视纠错，并用语言提示。③两人一组配合练习，体会拳法的运用，练习移动速度；教师巡视纠错；语言提示。

（5）学生结合教师讲解，先集体后分组练习，小组内互相纠正错误、自我评价、合作学习，最后再进行集体练习。

5.易犯错误与纠正方法

（1）冲拳易犯错误与纠正方法。

易犯错误：撩拳，肘先于冲拳而动，形成拳往下撩的错误；只动前臂，冲拳时以肘关节为轴，不是以肩催臂，而只是前臂屈伸。

纠正方法：强调以拳领先，勿先动肘；或同伴帮助以一手拉拳，一手按肘，体会冲拳；强调肩先启动，催肘送拳。

（2）掼拳易犯错误与纠正方法。

易犯错误：幅度过大；翻肘过早，出现摔拳；向前探身。

纠正方法：先不发力，按照规范的动作路线做，面对镜子或通过同伴帮助纠错，等正确动作稳定后，再加大力度；请同伴帮助，一手拉拳，一手按肘，克服翻肘的错误；体会转腰发力，或同伴控制身体前探。

（3）抄拳易犯错误与纠正方法。

易犯错误：左拳向外绕行；发力时上体后仰；重心上提、歪胯。

纠正方法：先面对镜子，不追求用力，重点体会拳的运行要领以及内力的运用；请同伴帮助，一手按头，一手扶胯，边练习边提示改进。

（4）鞭拳易犯错误与纠正方法。

易犯错误：转体停顿，站立不稳；前臂没有外甩，形成直臂抡打，力点不准。

纠正方法：可专做转体练习；原地练习鞭拳，体会甩前臂的要领。

6.教学要求与建议

（1）单独练习。先慢速练习与体会拳法，动作规范后常速练习，体会每个动作的路线、要领、发力等；单独击打沙袋练习。

（2）结合信号练习。教师或同组学生以击掌、口令等形式为信号，要求练习者根据信号做出相应的步法，以此来提高反应能力，并巩固拳法。

（3）分组配合练习。两人一组击靶练习，一方拿靶一方击靶；两人一组反应练习，分主动与被动进行练习，期间要求保持一定安全距离。例如，根据主动方（攻方）所做的拳法，被动方（守方）作出反应，以此来提高散手拳法的运用能力和反应能力。

（4）结合攻防动作练习。可两人一组配合练习，步法结合动作进行攻防练习。例如，主动方左右冲拳结合进步，被动方做防守。

（5）让学生运用镜子反复揣摩，自查自纠。

（6）让学生运用录像记录自身技术动作，反复比对，自查自纠。

（7）在武术课堂中，要对学生进行德育教育，培养学生尊师爱生，团结互助的精神。

（8）在教学过程中对学生的安全问题进行关注，须禁止嬉戏打闹，对他们的思想变化提高重视，进行安全提醒；在安排队列时，让学生保持安全距离；学生体会攻防动作时，在教师指导下进行，准备好护具，做好安全措施。

（三）散手腿法

1.教学目标

（1）使学生掌握各腿法的做法和要点。

（2）使学生知道腿法动作要点，教学的重点、难点，教与学的方法，易犯错误与纠正方法及教学要求与建议。

2.技术动作要点

（1）蹬腿：准备姿势站立，右腿微曲，左腿提膝，脚跟向前蹬出，力量集中于脚跟。右蹬腿同左蹬腿，但动作相反。

（2）横摆踢腿：上体右倾，左腿扣膝，直腿横摆，力道集中于小腿。（右横摆踢腿，动作相同，方向相反。）

（3）侧踹腿：右腿直立支撑身体，左腿提膝，小腿外摆，脚掌攻击对手。（右侧踹腿动作相同，方向相反。）

3.技术动作重点、难点

了解散手腿法的动作路线清晰，要领明确，步法变化要快速灵活。

4.教与学的方法

（1）教师示范领做，学生集体模仿练习。

（2）教师利用提问法、启发式教学，讲解动作要点与动作攻防含义，提问并指出易犯错误。

（3）学生模仿：体会腿法教学内容的动作路线与变化、要领与发力、上下肢的协调统一。

（4）学生练习：①学生独立进行各腿法的技术动作，从生渐到熟练；教师巡视纠错，并用语言提示。②学生自己对着镜子进行练习，体会动作路线、要领、发力等；教师巡视纠错，并用语言提示。③两人一组配合练习，体会腿法的运用，练习移动速度；教师巡视纠错，并用语言提示。

（5）学生结合教师讲解，先集体后分组练习，小组内互相纠正错误、自我评价、合作学习，最后进行集体练习。

5.易犯错误与纠正方法

（1）蹬腿易犯错误与纠正方法。

易犯错误：提膝不过腰，髋、踝关节放松，力不顺达。

纠正方法：上体直立，多做提膝靠胸练习和左右转换的蹬腿；挺髋并稍前送，亦可做蹬墙壁、树干、沙包等练习，体会发力点和着力点。

（2）横摆踢腿易犯错误与纠正方法。

易犯错误：俯身、坐髋、撅臀、膝没有扣，形成撩摆。

纠正方法：注意上体稍立起，注意支撑腿挺髋站稳；多做踢打沙包练习，体会动作。

（3）侧踹腿易犯错误与纠正方法。

易犯错误：上肢与踹出的腿不协调，髋关节展开不充分，挺腹；发力顺序错误。

纠正方法：明确动作的运行路线与技术的要领，理解技术动作的攻击含义；手扶支撑物进行踹腿，体会单腿支撑侧踹腿；出腿路线明确后，离开支撑物自行练习，再对镜子找出错误动作；学生分组相互拿靶或配合，在同伴的帮助下纠正发力顺序和挺腹错误。

6.教学要求与建议

（1）单独练习。先做慢速练习与体会腿法，动作规范后常速练习，体会每个动作路线、要领、发力等；单独踢沙袋练习。

（2）结合信号练习。教师或同组学生以击掌、口令等为信号，要求练习者根据信号做出相应的腿法，以此来提高反应能力，并巩固步法。

（3）分组配合练习。两人一组踢靶练习，一方拿靶一方击靶；两人一组反应练习，分主动与被动进行练习，期间要求保持一定安全距离。例如，根据主动方（攻方）所做的腿法，被动方（守方）作出反应，以此来提高散手腿法的运用能力和反应能力。

（4）结合攻防动作练习。可两人一组配合练习，腿法结合动作进行攻防练习。例如，主动方进步左横摆腿，被动方做防守。

（5）让学生运用镜子反复揣摩，自查自纠。

（6）让学生运用录像记录自身技术动作，反复比对，自查自纠。

（7）在武术课堂中，要对学生进行德育教育，培养学生尊师爱生，团结互助的精神。

（8）在教学过程中对学生的安全问题进行关注，须禁止嬉戏打闹，对他们的思想变化提高重视，进行安全提醒；在安排队列时，让学生保持安全距离；学生体会攻防动作时，在教师指导下进行，准备好护具，做好安全措施。

（四）散手摔法

1.教学目标

（1）使学生掌握各摔法的做法和要点。

（2）使学生知道摔法动作要点，教学的重点、难点，教与学的方法，易犯错误与纠正方法及教学要求与建议。

2.技术动作要点

（1）夹劲过背：双方由实战姿势开始，甲以左直拳击乙头部；乙用前臂格挡甲左前臂，左臂由甲左肩上肩穿过后，屈臂夹甲颈部；同时右脚背部至左脚平行，两腿屈膝，身体右转，以左侧髋部紧贴甲方前身；继而两腿蹬伸，向下弓腰、低头将甲背起后摔倒。

（2）抱腰过背：甲用右掼拳击乙头部；乙向前上半步，右闪身，左臂由甲右臂下穿过，右手拍挡甲左拳；背右步，屈膝后蹬直，向下弓腰、低头将甲摔倒。

（3）抱腿过背：由甲用右蹬腿击乙胸部开始。乙立即用手抓握住甲右腿，右腿向后背步，屈膝，将甲右腿上抬到左肩上；随即两腿蹬直，低头，弓腰，将甲过背摔倒。

3.技术动作重点、难点

了解散手腿法的动作路线清晰，要领明确，步法变化要快速灵活。

4.教与学的方法

（1）教师示范领做，学生集体模仿练习。

（2）教师利用提问法、启发式教学，讲解动作要点与动作攻防含义，提问并指出易犯错误。

（3）学生模仿：体会腿法教学内容的动作路线与变化、要领与发力、上下肢的协调统一。

（4）学生练习：①学生独立进行各腿法的技术动作，从生疏到熟练；教师巡视纠错，并用语言提示。②学生自己对着镜子进行练习，体会动作路线、要领、发力等；教师巡视纠错，并用语言提示。③两人一组配合练习，体会腿法的运用，练习移动速度；教师巡视纠错，并用语言提示。

（5）学生结合教师讲解，先集体后分组练习，小组内互相纠正错误、自我评价、合作学习，最后进行集体练习。

5.易犯错误与纠正方法

易犯错误一：夹颈过摔时夹颈不牢固；背不起对方。

纠正方法：使身体贴靠对方，屈臂环绕加紧；强调背步、转身、低头、弓腰、蹬腿协调连贯。

易犯错误二：抱腰过背时，抱腰不紧；摔不倒对方。

纠正方法：上步转身要贴近对方身体；应使上步、转身、低头、弓腰、抻腿动作连贯一致，用力充分。

易犯错误三：抱腿过背时抓握脚不牢；扛不住对方右腿。

纠正方法：宜抓握对手脚踝处；转身屈膝，上抬对方右脚动作连贯，不能断劲。

6.教学要求与建议

（1）两人一组配合体会。两人一组先不发力放慢速度练习摔法，动作规范后常速练习，体会动作路线、要领、发力等。

（2）结合信号练习。教师或同组学生以击掌、口令等形式为信号，要求练习者根据信号做出相应的摔法，以此来提高反应能力，并巩固摔法。

（3）结合攻防动作练习。可两人一组结合动作进行攻防练习。例如，主动方进步掼拳，被动方做防守摔法。

（4）让学生运用镜子反复揣摩，自查自纠。

（5）让学生运用录像记录自身技术动作，反复比对，自查自纠。

（6）在武术课堂中，要对学生进行德育教育，培养学生尊师爱生，团结互助的精神。

（7）在教学过程中对学生的安全问题进行关注，须禁止嬉戏打闹，对他们的思想变化提高重视，进行安全提醒；在安排队列时，让学生保持安全距离；学生体会攻防动作时，在教师指导下进行，准备好护具，做好安全措施。

（四）散手防守

1.教学目标

（1）使学生掌握各防守动作的做法和要点。

（2）使学生知道防守动作要点，教学的重点、难点，教与学的方法，易犯错误与纠正方法及教学要求与建议。

2.技术动作要点

（1）接触防守。①拍挡：左手以拳心或掌心为力点向里横向拍挡。前臂尽量垂直，拍挡幅度小，用力短促。左右技术要点一致。②挂挡：左手屈臂向同侧头部或肩部挂挡。上臂和前臂迭紧并紧贴于头侧，要含胸侧身，暴露面小。左右技术要点一致。③拍压：左拳变掌以掌心或掌根为力点由上向前下拍压。拍压时臂要弯曲，手腕和掌指要紧张用力，臂内旋，虎口、指尖均朝右。左右技术要点一致。④外抄：左手臂外旋弯曲，上臂紧贴肋部，前臂水平，手心朝上，同时右手屈臂紧贴腹部，立掌，手心朝外，手指朝上。上臂紧护躯干，两手成钳子状。抱腿时，两手相合锁扣。左右技术要点一致。⑤里抄：左手臂微屈并外旋，紧贴腹前，手心朝上，同时右手臂紧贴胸前，立掌，虎口朝上，掌心朝外。两臂紧贴体前，保护住裆部和胸、腹部，抱腿时右手掌心朝下或左手相合锁扣。左右技术要点一致。⑥外挂：以左手外挂为例，右拳由上向下、向左后斜挂，掌心朝里，肘尖朝后，臂微屈。左臂肘关节微屈，肘尖内收朝后，左臂朝左后斜下挂防。左右技术要点一致。⑦里挂：左臂内旋，左拳由上向下、向右斜下挂防，拳眼朝内，掌心向左。臂尽量内旋，略屈肘以桡骨为力点挂防，幅度要小，同时上体应略向右转。左右技术要点一致。⑧掩肘：以左掩向为例，左臂弯曲，前臂外旋，在腰微向右转的同时向内、向腹下滚掩，拳心朝里，以前臂尺骨下端（小指侧）为防守力点，含胸、收腹、低头。上体含缩，两手紧护胸腹，以腰带臂，滚掩如关门闭户。左右技术要点一致。⑨阻挡：两脚蹬地，身体微前移，以肩部和手心阻挡对方直线拳法的进攻；以臂部阻挡对方直线腿法的进攻。身体紧张、含缩，闭气，阻挡拳法要提左肩并收下颏；阻挡腿法要含胸、收腹、沉气，两手紧护体前，尽量缩小被击面。左右技术要点一致。⑩阻截：左腿屈膝略抬，脚趾翘起，以脚掌为力点前伸阻截，脚掌朝前下方。提膝迅速，阻截要抢在对方进攻之前，支撑要稳。左右技术要点一致。

（2）闪躲防守。①撤步：前脚由前向后收步，接近后脚时前脚掌着地，重心落于后腿。前脚回收迅速，虚点地面，上体正直，支撑要稳。左右技术要点一致。②后闪：重心后移，上体略后仰闪躲。后闪时下颏收紧，闭嘴合齿，后闪幅度不宜过大，重心落于后腿。左右技术要点一致。③侧闪：两膝微屈，俯身，上体向左侧或右侧闪躲。上体要含缩，侧身不转头，目视对方。左右技术要点一致。④下躲闪：屈膝，沉胯，重心下降，缩颈，弧形向下躲闪，两手紧护胸部。下躲闪时，膝关节、髋关节和颈部要同时弯曲、收缩，目视对手。左右技术要点一致。⑤跳闪：两脚蹬地使身体向后、向左或向右跳闪。跳闪时，整体移动不能松懈；向左跳闪上体微向右转，向右跳闪上体微向左转，眼睛始终盯着对手。左右技术要点一致。⑥提膝：后膝微屈独立支撑，前腿屈膝提起。重心后移，提腿迅速，根据对方腿法进攻的路线、方位，膝盖分别有里合、外摆或垂直向外的变化。左右技术要点一致。

3.技术动作重点、难点

了解散手腿法的动作路线清晰，要领明确，步法变化要快速灵活。

4.教与学的方法

（1）教师先示范领做，学生集体模仿练习。

（2）教师利用提问法、启发式教学，讲解动作要点与动作攻防含义，提问并指出易犯错误。

（3）学生模仿：体会防守动作教学内容的动作路线与变化、要领与发力、上下肢的协调统一。

（4）学生练习：①学生独立进行各防守的技术动作，从生疏到熟练；教师巡视纠错，并用语言提示。②学生自己对着镜子进行练习，体会动作路线、要领、发力等；教师巡视纠错，并用语言提示。③两人一组配合练习，体会防守动作的运用，练习移动速度；教师巡视纠错，并用语言提示。

（5）学生结合教师讲解，先集体后分组练习，小组内互相纠正错误、自我评价、合作学习，最后再进行集体练习。

5.易犯错误与纠正方法

易犯错误：学生对技术动作的技术路线与要领不清晰，发力不正确，两人的相互配合不默契。

纠正方法：先明确防身术动作的技术路线与要领，讲解每个动作的发力点与攻防着力点；讲解每个动作的攻防含义，并提示技术的发力点；学生先进行单独练习，待技术熟练后再进行相互对练。

6.教学要求与建议

（1）个人练习。先不发力放慢速度练习防守动作，动作规范后常速练习，体会动作路线、要领、发力等；运用镜子反复揣摩，自查自纠；让学生运用录像记录自身技术动作，反复比对，自查自纠。自己想象对手的进攻；练习相应的防守动作，经过反复强化，建立正确的条件反射，形成巩固的动力定型。

（2）不接触的攻防练习。在教师或同伴的帮助下，以规定进攻动作为信号间隔一定距离，不接触身体，自己根据信号作出相应的防守动作。

（3）接触的攻防练习。两人一组，一方进攻，另一方防守，互相接触。进攻一方用力的大小，速度的快慢以及运用方法都要根据练习者的实际能力来控制。

（4）进攻与防守反击练习。基本掌握动作之后，应尽量把防守与反击结合起来，避免形成单纯的消极防守和被动打法。

（5）在武术课堂中，要对学生进行德育教育，培养学生尊师爱生，团结互助的精神。

（6）在教学过程中对学生的安全问题进行关注，须禁止嬉戏打闹，对他们的思想变化提高重视，进行安全提醒；在安排队列时，让学生保持安全距离；学生体会攻防动作时，在教师指导下进行，准备好护具，做好安全措施。

二、女子防身术

1.教学目标

（1）使学生掌握防身术的做法和要点。

（2）使学生知道防身术的动作要点，教学的重点、难点，教与学的方法，易犯错误与纠正方法及教学要求与建议。

2.技术动作要点

（1）准备姿势：保持该姿势的重要原因是可以尽可能少地暴露攻击的部位。侧身的姿势是：两腿站立，前后站位，膝盖微屈，脚掌着地。双手和双腿保持一致，呈握拳一前一后状。

（2）拳法攻击：①冲拳：同散手冲拳。②抄拳：同散手抄拳。③鞭拳：同散手鞭拳。④劈拳：该动作的顺序是由上往下，此拳法使用的部位是拳的外背棱或者直接使用手棱攻击对手的面部。

（3）手法攻击：①爪：张开手指，将指甲作为武器向对方面部攻击。受攻击者轻则眼睑被抓破、流泪，重则导致眼球破损。②双指：使用两根手指对歹徒的目视部位造成伤害。

（4）肘部攻击：①顶肘：大小臂折叠，肘尖、手心向下，肘尖向前顶出；蹬腿、送髋、拧腰发力，力达肘尖。顶肘适用于攻击歹徒的腋窝部位、胸腹部。②挑肘：前臂要收回，大小臂折叠，肘尖向前；肘尖从下往前上方进行攻击；蹬腿、转体、抬肘发力。攻击歹徒下颌。③反手横肘：手臂平抬，蹬腿，转体、拧腰发力，在旋转的同时手臂折叠猛击，力达肘尖。攻击歹徒的脸部、太阳穴等。

（5）膝盖攻击

顶膝：大腿向上提起，膝盖向对方要害部位迅速顶出；在发力时将对方距离拉近，有利于动作的完成。

（6）腿法：弹腿同武术基本技术弹腿一致。

3.技术动作重点、难点

明确技术动作的路线与技术要领，让学生学会理解每个技术动作的发力顺序；掌握女子防身术基本技术动作以及攻防意义，可以灵活运用各种技法。

4.教与学的方法

（1）教师示范领做，学生集体模仿练习。

（2）教师利用提问法、启发式教学，讲解动作要点与动作攻防含义，提问并指出易犯错误。

（3）学生模仿：体会腿法教学内容的动作路线与变化、要领与发力、上下肢的协调统一。

（4）学生练习：①学生独立进行各防身术的技术动作，从生疏逐渐到熟练；教师巡视纠错，并用语言提示。②学生自己对着镜子进行练习，体会动作路线、要领、发力等；教师巡视纠错，并用语言提示。③两人一组配合练习，体会防身术的运用；教师巡视纠错，并用语言提示。

（5）学生结合教师讲解，先集体后分组练习，小组内互相纠正错误、自我评价、合作学习，最后进行集体练习。

5.易犯错误与纠正方法

易犯错误：学生对技术动作的技术路线与要领不清晰，发力不正确，两人的相互配合不默契。

纠正方法：先明确防身术动作的技术路线与要领，讲解每个动作的发力点与攻防着力点；讲解每个动作的攻防含义，并提示技术的发力点；学生先进行单独练习，待技术熟练后再进行相互对练。

6.教学要求与建议

（1）个人练习。先不发力放慢速度练习防身术动作，动作规范后常速练习，体会动作路线、要领、发力等；运用镜子反复揣摩，自查自纠；让学生运用录像记录自身技术动作，反复比对，自查自纠。自己想象对手的进攻；练习相应的防身术动作，经过反复强化，建立正确的条件反射，形成巩固的动力定型。

（2）接触的攻防练习。两人一组，一方进攻，另一方防守，互相接触，进一步提高防守的实效性。进攻一方用力的大小，速度的快慢以及运用方法的简繁等都要根据练习者的实际能力来控制。

（3）进攻与防守反击练习。基本掌握动作之后，应尽量把防守与反击结合起来，避免形成单纯的消极防守和被动打法。

（4）在武术课堂中，要对学生进行德育教育，培养学生尊师爱生，团结互助的精神。

（5）在教学过程中对学生的安全问题进行关注，须禁止嬉戏打闹，对他们的思想变化提高重视，进行安全提醒；在安排队列时，让学生保持安全距离；学生体会攻防动作时，在教师指导下进行，准备好护具，做好安全措施。

附　录

案例一　健美操基本步伐学习课教学设计

一、指导思想

以“健康第一”为指导思想，体现学生主体地位、教师主导地位，遵循运动技能的形成、发展规律，采用因材施教、寓教于乐的体育教学模式，激发学生的学习兴趣，为学生终生体育奠定基础。在教学过程中，加强学生自学、自编、自练的能力，使学生能够灵活地运用所学知识，在学习过程中获得成就感，提高审美观及鉴赏能力，形成自信、自尊、乐观等良好的心理品质。培养学生相互探究、团结协作的精神，促进学生身心全面、协调发展，增强社会适应能力。

二、教材分析

健美操是把体操和舞蹈中的简单动作，根据学生的身体特点和发展身体的要求组编成操。在节奏分明、速度较快的音乐伴奏下，通过身体各部位的练习，塑造健美的体形，从而达到健身、健心、健美、陶冶情操的目的。本次课因为是第一次课，所以选择的是一些基本的健美操步伐动作，它具有动作简单、易学的特点，为以后学习组合动作打下了基础。

三、学情分析

教学对象为初中一年级的学生。初中学生正处于身体发育阶段，他们活泼、好动，身体的协调性及灵敏性比较好，具有一定的审美能力以及音乐节奏感。他们对一些枯燥、乏味的体育教材不感兴趣，对新鲜事物充满好奇。健美操动作特别适合中学生的学习能力和身体机能特点，学生通过学习健美操，可以增强体质，塑造优美的身体姿态，提高艺术素养，增强自信心。本单元教学从学生的生理、心理特点出发，以培养学生的学习兴趣为主，运用模仿练习、迁移学习、自主合作探究学习、创新自编等教学策略，来达到发展学生身心的目的。

四、教学目标

通过本次课学习，学生能初步掌握健美操基本步伐技术，包括踏步、一字步、V字步、开合跳等基本技术，能准确说出动作的专业术语，大致描述出基本动作要领。90%的学生能掌握技术动作要领，80%的学生能协调用力，70%的学生在教师的带领下能跟随音乐完成练习。

五、教学方法

教法：提问法、领做法、讲解示范法、探究法、巡回指导法、纠错法、成果展示法等。

学法：观察法、模仿练习法、跟随法、合作学习法、自我评价法。

根据教学内容和学生特点，我们选择了模仿练习、自主合作探究学习、创新自编等教学策略。整个教学过程从教师领做开始，学生模仿学习，建立一定动作表象后，教师讲解，学生分组练习。让学生体会动作技能学习的基本过程和注意事项，在学生学习右边动作的基础上提醒他们思考左边动作的路线和方法。在做好步伐练习后，尝试创编加上手臂练习。让学生理解、掌握健美操学习的基本规律。在此基础上让学生自己进行迁移学习、改编和创造一些健美操其他的基本步伐。让学生感受创造的成功与快乐。

整个教学过程改变以往大部分教师采用的先讲解、示范，再练习、纠错，先分解练习再完整练习的单一教学形式，采用健身房教与学方法，即完整连续教学，先完整八拍完成简单练习，然后逐渐用复杂的动作依次替换简单动作，直到把预期要学的动作全部替换上。教师连续领做，至学生初步建立动作表象后，再对一些动作提出要求，指出错误。

六、教学流程

本课在教师的指导下，采用分散与集中、友伴分组的教学组织形式，以教师的启发诱导，学生自主尝试、练习为主。充分体现学生自主学习、探究学习、合作学习的学习方式，使每一位学生都能体验体育运功的愉悦，并能很好地掌握运动的技能技巧。

课堂常规（培养良好的课堂行为习惯）—导入部分（激发学习兴趣与热情）—愉悦热身（在音乐伴奏下进行热身活动）—健美操基本步伐练习（示范讲解，学生自己体会练习，做到分层教学）—结束部分（评价、总结、放松）。

1.课前10分钟教师布置场地，准备好器材。

2.课堂常规（约3分钟）：集合整队，清点人数；师生问好，检查着装；宣布本课内容；进行安全教育，安排见习生。

3.热身（约7分钟）：在音乐伴奏下沿场地做行进间步伐练习和柔韧练习。

4.学习健美操基本步伐动作（约20分钟）：教师进行完整动作示范，讲解动作要领及动作名称，分解动作教学，使学生建立正确的动作概念，教师运用领做法、完整法、分解法、节奏变换法等教学方法，使学生逐步学会动作，加强学生动作的美感和力度，增强学生的节奏感。

5.创编空间（约10分钟）：学生在学习了一些基本步伐的基础上，以小组的形式，组长带领组员，加上手臂动作，积极创编一种基本步伐组合，给学生一个自由发展的空间，借以培养学生的创新意识和团队协作精神。

6.放松练习与总结（约3分钟）：教师在音乐的伴奏下，带领学生做瑜伽拉伸放松，让学生能够充分拉伸身体，进行自我身心调整。

7.课后小结（约2分钟）：教师引导学生对本节课的内容进行总结、点评，提出下节课要求及布置课后作业。

七、健美操单元计划

课次	教学目标	教学内容	重点、难点	教学的主要策略
1	认识节拍、掌握好单个动作，加强协调性，培养学生自信、乐观的心理品质	基本步伐：踏步、V字步、一字步、开合跳	重点：熟悉动作名称及动作结构 难点：对动作节奏的把握	（1）教师带练 （2）教师讲解、示范 （3）学生模仿自练 （4）教师巡查规范动作
2	初步掌握健美操基本步伐动作，把握节奏特点，为成套动作打下基础	基本步伐：漫步、侧交叉步、迈步吸腿、迈步后屈腿、小马跳、后踢腿跑	重点：掌握各种步伐 难点：动作协调、连贯	（1）教师带练 （2）教师讲解、示范 （3）学生模仿集体练习 （4）学生分组练习、教师巡查，规范动作
3	熟练组合动作，提高身体的灵活性、协调性、准确性，通过基本组合的改编、展演，培养其创新意识，提高其创造能力	身体步伐组合	重点：动作的规范性 难点：动作优美、连贯	（1）集体练习 （2）教师带练、提示、引导 （3）学生分组练习 （4）师生共同评价
4	配合不同手臂动作，学习跑跳操组合，发展学生下肢力量，提高学生快速反应能力，培养学生不怕吃苦、努力学习的精神品质，不断发掘自身潜能。通过同学间的相互学习、帮助，增进友谊、增强团队协作精神	跑跳操组合	重点：动作的规范性 难点：动作优美、连贯	（1）集体练习 （2）教师带练、提示、引导 （3）学生分组讨论、练习 （4）师生共同评价

<table>
<tr><td rowspan="2">教学内容</td><td colspan="3" rowspan="2">1. 认识节拍
2. 健美操基本步伐：踏步、一字步、V 字步、并步、开合跳</td><td>重点</td><td colspan="3">熟悉动作名称和结构</td></tr>
<tr><td>难点</td><td colspan="3">对动作节奏的把握</td></tr>
<tr><td>教学目标</td><td colspan="7">1. 认识节拍，激发学生学习兴趣
2. 学习健美操基本步伐技术动作，使约 90% 的学生初步掌握动作要领
3. 增强学生各项身体素质，发展学生的协调能力</td></tr>
<tr><td>顺序</td><td>教学内容</td><td>教师活动</td><td>学生活动</td><td>组织教学</td><td>时间</td><td>次数</td><td>强度</td></tr>
<tr><td rowspan="2">准备部分</td><td>一、课堂常规
（1）体育委员整队集合、师生问好
（2）检查着装、人数
（3）宣布课的内容和任务，进行安全教育
（4）安排见习生</td><td>1. 向学生问好，检查着装
2. 语言导入，向学生宣布课的内容和要求
3. 安排见习生</td><td>1. 向老师问好
2. 认真听老师宣布课的内容和要求</td><td>组织：四列横队
队形：
XXXXXXXXXXX
XXXXXXXXXXX
XXXXXXXXXXX
XXXXXXXXXXX
△
X：学生 △：教师
要求：
1. 集合时做到快、静、齐
2. 精神饱满，注意力集中</td><td rowspan="2">10 分钟</td><td>1</td><td>低</td></tr>
<tr><td>二、准备活动
（1）学生绕场做行进间步伐练习：踏步走、足尖步、后踢腿跑、并步跳、摆腿跳
（2）柔韧练习</td><td>4. 用口令指导学生进行队列练习
5. 示范并带领学生一起练习，用口令指挥
6. 教师口令指挥，并领操
7. 提出要求，注意安全</td><td>3. 学生认真、仔细听老师口令，并跟随老师迅速做出相应动作
4. 学生听口令，跟教师一起做动作</td><td>组织：成一路纵队，绕场地做行进间练习
队形：
X XXXX
X
X △
XXXXXXXX
要求：整齐，步伐有力
组织：四列横队，成广播体操队形散开
要求：
1. 动作有力，整齐
2. 幅度由小到大
3. 各关节充分活动</td><td>4×8 拍</td><td>中</td></tr>
</table>

顺序	教学内容	教师活动	学生活动	组织教学	时间	次数	强度
基本部分	一、节拍的认识 认识节拍，掌握一个8拍的节奏，做四拍一动、两拍一动、一拍一动的膝关节屈伸、踝关节屈伸 二、健美操基本步伐 1.踏步 动作要领：两脚依次抬起，在下落时膝、踝关节有弹性地缓冲。脚尖先落地，然后过渡到脚掌，再到脚跟，左脚落地的同时抬起右脚，多做练习找准弹性和力度 2.一字步 动作要领：一脚向前迈出，另一脚随之并上，两膝自然弯曲缓冲，然后依次收回 3.V字步 动作要领：一脚向前侧方向迈出，另一脚随之迈出，脚尖成一条直线，两脚距离略比肩宽，两膝自然弯曲，然后依次收回 4.并步 动作要领：一脚迈出，绷脚尖，高重心，另一只脚随之并拢屈膝点地，支撑腿踝关节放松，低重心，再向另一个方向迈步。 5.开合跳 动作要领：双脚起跳，双脚落地，起跳时身体要有向上提的感觉，分开时膝盖的缓冲很重要，双脚落在同一水平直线上，脚掌先着地	1.伴随口令，演示不同节奏的动作 2.示范踏步动作，并讲解动作要领 3.示范一字步动作，并讲解动作要领 4.示范V字步动作，并讲解动作要领 5.示范并步动作，并讲解动作要领 6.示范开合跳动作，并讲解动作要领	1.认真听讲，仔细观察教师示范 2.记清动作名称 3.在老师指导下模仿练习动作 4.按老师示范动作练习，注意动作的节奏	组织教法：教师领做，示范讲解动作要领，学生模仿练习 队形：四列横队 要求： 1.听从老师安排，练习时要认真 2.牢记老师讲的动作名称 3.注意动作的节奏	30分钟	8×8拍	高

<table>
<tr><th>顺序</th><th>教学内容</th><th>教师活动</th><th>学生活动</th><th>组织教学</th><th>时间</th><th>次数</th><th>强度</th></tr>
<tr><td>结束部分</td><td>1. 集合队伍、放松练习
2. 引导学生点评本次课
3. 布置课后练习收回器材
4. 宣布下课，师生再见</td><td>1. 带领学生跟随音乐进行瑜伽放松练习
2. 小结本次课</td><td>1. 和老师一起在音乐伴奏下进行放松练习
2. 积极发言，谈动作体会</td><td>队形：四列横队
要求：心情放松，精神愉快</td><td>5分钟</td><td></td><td>低</td></tr>
<tr><td>场地器材</td><td>1. 运动场地1块
2. 音乐设备1套</td><td>预计练习密度
预计平均心率
运动负荷
（心率曲线）</td><td colspan="5">65%
130次/分钟左右</td></tr>
<tr><td>课后小结</td><td colspan="7"></td></tr>
</table>

案例二　有氧搏击操组合课教学设计

一、指导思想

根据高中体育与健康课程标准的理念，本课以水平五的具体教学目标为依据，选择有氧搏击为主要教学内容，使学生科学运用有氧搏击方法来锻炼身体，发展肌肉力量，提高身体的协调性、稳定性。让学生在掌握运动技能的同时，开拓创新思维，培养不怕危险、困难，坚持信念的良好品质。学生在与同伴进行进攻与防守的对练过程中，深刻体会合作与竞争的意义。

二、教材分析

本次课是有氧搏击操单元计划的第三次课，采用的主教材是自编有氧搏击操组合，辅助教材是游戏穿越火力网。

有氧搏击健美操，组合了拳击、跆拳道、散手、太极拳等项目的基本动作，具有强烈的时代感、趣味性、挑战性。中学生正处在身心发展的主要阶段，力度感强的有氧搏击是现代中学生非常喜欢的教学内容之一，能够体现当代中学生的青春朝气。学生通过学习有氧搏击健美操，可以增强体质，提高身体素质，塑造端正的身体姿态，提高艺术素养、陶冶情操，增强自信心，培养团结协作精神及群体意识。

“穿越火力网”是一个竞赛性游戏，对出击速度和战术安排有较高的要求。能锻炼学生果断出击、有效避闪能力，还能锻炼学生战术安排意识。能提高学生团队合作的本领。这个游戏惊险刺激，有利于学生释放压力，一次参与人员多，学生更能体验到集体游戏带来的快乐，产生集体归属感。

三、学情分析

高二学生思维活跃，学习能力强，敢于、乐于接触新生事物。对一些具有挑战性的事物有一定的兴趣。从学生实际出发，将新兴的特色健美操——有氧搏击引入课堂，有利于激发学生学习的积极性，改善和活跃课堂气氛，减轻学生精神压力，满足学生的身心发展需求，引导学生积极参加体育锻炼。前几次课我们已经学过一些单个基础动作，根据以上特点这次课我选择了有氧搏击健美操组合动作，以兴趣导入，由易到难，循序渐进，使学生逐步掌握技术要领，最终达到本课预期的教学目标。

四、教学目标

1.掌握有氧搏击操的基本知识、动作特点及成套操的动作技能，提高肌肉力量（尤其是爆发力），增强动作的灵敏性、协调性和节奏感。

2.激发学生参与练习的积极性、主动性。

3.培养积极向上的拼搏精神，调节情绪，缓解紧张的学习压力，提高学习效率。

4.培养学生自主学习的能力，培养合作意识，增强展示自我的自信心。

五、教学方法

教法：影像资料法、提问法、讲解示范法、分层教学法、提示法、巡回指导法、纠错法、成果展示法等。

学法：想象法、观察法、模仿练习法、合作学习法、自我评价法、竞赛法。

整个教学过程改变以往大部分教师采用的先讲解、示范，到练习、纠错，先分解练习再完整练习的单一教学形式，采用健身房教学方法，教师连续领做，至学生初步建立动作表象后，再对一些动作提出要求，指出错误并纠正。播放规范影像资料，拍摄学生练习和展示的动作，两者对比，综合评价，学生很容易找到自己的不足与差距。通过多种方法让学生掌握学习内容。

六、教学流程

本课在教师的指导下，采用分散与集中，友伴分组的教学组织形式。以教师的启发诱导，学生自主尝试、练习为主。充分体现学生自主学习、探究学习、合作学习的学习方式，使每一位学生都能体验到体育运动的愉悦，并能很好地掌握运动的技能技巧。

课堂常规（培养良好的课堂行为习惯）—导入部分（激发学习兴趣与热情）—愉悦热身（在音乐伴奏下进行热身活动）—健美操组合练习（示范讲解，学生自己体会练习，做到分层教学）—结束部分（评价、总结、放松）。

1.课前10分钟教师布置场地，准备好器材。

2.课堂常规（约3分钟）：集合整队，清点人数；师生问好，检查着装；宣布本课内容；进行安全教育，安排见习生。

3.热身（约6分钟）：在音乐伴奏下沿场地做行进间步伐练习和柔韧练习。

4.学习有氧搏击健美操基本组合动作（约20分钟）：教师完整组合动作示范，讲解动作要领及动作名称，分解动作教学，使学生建立正确的动作概念，教师运用领做法、完整法、分解法、节奏变换法等教学方法，使学生逐步学会动作，加强学生动作的美感和力度，增强学生的节奏感。

5.游戏：老师讲解游戏“穿越火力网”的方法和规则，并演示动作，学生集体练习。

6.放松练习与总结（约3分钟）：教师在音乐的伴奏下，带领学生做瑜伽拉伸放松，让学生充分拉伸身体，调整身心。

7.课后小结（约2分钟）：教师引导学生对本节课的内容进行总结、点评，提出下节课要求及布置课后作业。

七、有氧搏击操单元计划

课次	教学目标	教学内容	重点、难点	教学的主要策略
1	了解有氧搏击操与拳击、跆拳道的异同以及健身效果。通过单个动作的练习体会发力和制动，发展学生的灵敏与平衡素质	搏击健美操的基本站姿、基本拳法：直拳、勾拳、摆拳	重点：熟悉动作名称及动作结构 难点：动作发力顺序	(1) 教师带练 (2) 教师讲解、示范 (3) 学生模仿自练 (4) 教师巡查规范动作
2	初步掌握有氧搏击操基本动作，把握节奏特点，为成套动作打下基础。在强劲音乐伴奏下运动，有利于释放学生的学习压力，调节情绪	肘击、顶膝、踹腿、跳踢	重点：掌握基本拳法和腿法 难点：加速发力和制动，用力顺序	(1) 教师带练 (2) 教师讲解、示范 (3) 学生模仿集体练习 (4) 学生分组练习、教师巡查规范动作
3	通过组合长期练习，促进肌肉生长，提高肌肉加速运动和制动的能力。通过动作姿态学习，学会欣赏美、展现美，提高学生的自信心	基本组合	重点：控制速度和身体重心稳定性 难点：动作连贯性、节奏感	(1) 集体练习 (2) 教师带练、提示、引导 (3) 典型学生示范 (4) 师生共同评价
4	集体跟随音乐完成组合动作，培养乐感；分组创编和展演，培养学生的创新意识和勇于展现自我的精神；通过同学间的相互学习、帮助，增进友谊、增强团队协作意识	巩固已学组合，分组练习，尝试自主创编	重点：动作的规范性 难点：跟随音乐的能力和表现力	(1) 集体练习 (2) 学生分组讨论、练习、创编 (3) 小组展演 (4) 师生共同评价

<table>
<tr><td rowspan="2">教学内容</td><td colspan="2" rowspan="2">1. 自编有氧搏击健美操组合动作
2. 游戏：穿越火力网</td><td>重点</td><td colspan="5">控制速度和身体重心稳定性</td></tr>
<tr><td>难点</td><td colspan="5">动作连贯性、节奏感</td></tr>
<tr><td>教学目标</td><td colspan="8">1. 掌握有氧搏击操的基本知识、动作特点及成套操动作技能，提高肌肉力量（尤其是爆发力），增强动作的灵敏性、协调性和节奏感
2. 激发学生参与练习的积极性、主动性
3. 培养积极向上的拼搏精神，调节情绪，缓解紧张的学习压力，提高学习效率</td></tr>
<tr><td>顺序</td><td>教学内容</td><td>教师活动</td><td>学生活动</td><td>组织教学</td><td>时间</td><td>次数</td><td>强度</td></tr>
<tr><td rowspan="2">准备部分</td><td>一、课堂常规
（1）体育委员整队集合、师生问好
（2）检查着装、人数
（3）宣布课的内容和任务，进行安全教育
（4）安排见习生</td><td>1. 向学生问好，检查着装
2. 向学生宣布课的内容
3. 安排见习生</td><td>1. 按要求站队，向老师问好
2. 听口令按要求进行练习</td><td>组织：四列横队
队形：
XXXXXXXXXX
XXXXXXXXXX
XXXXXXXXXX
XXXXXXXXXX
△
X：学生 △：教师
要求：
1. 集合时做到快、静、齐
2. 精神饱满，注意力集中</td><td rowspan="2">10分钟</td><td rowspan="2">1</td><td>低</td></tr>
<tr><td>二、热身活动：行进间徒手操
沿着排球场边线做各种动作（踏步走、后踢腿跑、并步跳、弹踢腿、吸腿跳、柔韧操等）</td><td>4. 提示要领，提出要求。指导学生练习
5. 口令提示动作要领，提出要求
6. 带领学生一起运动</td><td>3. 行进间注意听教师口令变化
4. 行进间注意教师动作提示及变化</td><td>组织：成一路纵队，绕场地做行进间练习
队形：
X XXXX
X
X △
XXXXXXXX
要求：
1. 动作整齐一致，变换动作要迅速
2. 跑进过程中不要推挤，注意安全
3. 充分做好准备活动</td><td>中</td></tr>
</table>

顺序	教学内容	教师活动	学生活动	组织教学	时间	次数	强度
基本部分	一、自编有氧搏击健美操组合 第一个八拍 1—4拍向右连续并步两次，同时右臂向侧直拳两次，一拍一动。5—8拍动作同1—4拍，方向相反 第二个八拍 1—4拍两腿开立，稍屈膝，右、左臂依次勾拳一次。5拍右臂摆拳。6拍两臂摆至左侧上举。7拍右腿顶膝。8拍还原成右脚在前的预备姿势 第三个八拍 1—4拍右、左臂依次向前直拳一次。5拍右臂手掌向上劈至胸前屈。6拍手臂不动，左腿并右腿。7—8拍左腿前踢，落成预备姿势 第四个八拍 1—4拍踏步向左转体360°。5—6拍双脚向右小跳两次。7—8拍半蹲，向右肘击	1.完整示范四个八拍的组合动作 2.领做第一个八拍动作，并提示动作名称及用力点 3.领做第二个八拍动作，并提示动作名称及用力点 4.领做两个八拍的连续动作 5.领做第三个八拍动作，并提示动作名称及用力点 6.领做第四个八拍动作，并提示动作名称及用力点 7.领做第三、第四两个八拍动作 8.领做四个八拍的动作 9.鼓励学生模仿练习 10.学生练习时，教师巡回指导	1.学生认真听讲，仔细观察教师示范，记清动作名称 2.学生在教师指导下模仿练习动作 3.学生按老师示范动作练习，注意动作的节奏 4.学生跟老师一起将组合动作连起来完成 5.各组展示学习成果	组织教法： 1.教师示范、讲解动作要领，学生模仿练习 2.教师鼓励、指导学生自主学习 组织队形：四列横队 要求： 1.听从老师安排，练习时要认真 2.要牢记老师讲的动作名称 3.注意动作的节奏 4.练习时各组要体现合作精神	20分钟	8×8拍	高

顺序	教学内容	教师活动	学生活动	组织教学	时间	次数	强度
基本部分	二、游戏 名称：穿越火力网 方法：全班分成两组，进攻组站在排球场底线，准备穿越。防守组分成两部分，分别站在排球场两边线附近，准备射击。进攻队员被沙包击中，牺牲退出，以成功穿越的队员个数计算成绩 规则： 1. 防守队员需站在排球场地边线后 2. 进攻队员需从排球场底线开始。每名射击队员只有一次射击机会 3. 做完一次，双方队员互换角色，最终以成功穿越人员个数多少决定胜负	11. 安排、布置场地 12. 讲解游戏方法和规则 13. 示范游戏中射击、跑动的动作 14. 游戏开始后，为比赛做裁判	6. 帮助老师布置场地 7. 小组商量决定进攻和防守战术 8. 严格遵守规则，完成游戏	组织队形： 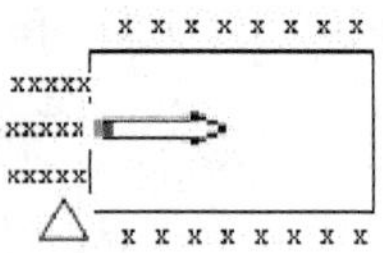 ⟹：行进方向 要求： 1. 练习时要注意安全 2. 只能从一个方向穿过 3. 严格按照比赛规则进行	10分钟	6至8次	中
结束部分	1. 集合队伍、做身体放松练习 2. 引导学生点评本次课 3. 布置课后练习，收回器材 4. 宣布下课，师生再见	1. 带领学生跟随音乐进行瑜伽放松练习 2. 小结本次课 3. 组织学生，收回器材	1. 和老师一起在音乐伴奏下进行放松练习 2. 积极发言，谈动作体会 3. 帮助教师收回器材	组织队形：四列横队 要求：心情放松，精神愉快	5分钟		低
场地器材	1. 运动场地1块 2. 音乐设备1套 3. 有氧搏击健美操音乐盘 4. 沙包20个	预计练习密度 预计平均心率 运动负荷 （心率曲线）	65% 130次/分钟左右				
课后小结							

案例三　篮球原地单手肩上投篮（第一次课）教学设计

一、指导思想

课的构思与设计始终围绕课改的精神和理念，贯彻“健康第一”的指导思想，促进学生身心全面、健康发展。以学生的发展为本，充分发挥学生的主体地位，挖掘学生的潜能，启发学生积极思考、主动探究并加强行为规范的养成。让学生在动脑、动手的同时培养想象力、实践能力、感知能力和创新意识。通过篮球教学不仅使学生对篮球运动的认识有所提高，激发学生参与篮球运动的兴趣，达到强身健体的目的，更重要的是培养学生坚强的意志品质。

二、学情分析

本课授课对象是初二的学生，男女生合班，学生兴趣广泛，探究欲强烈。男生喜欢有激烈对抗的运动，但是没有基础或基础薄弱；而大多女生因为篮球项目的对抗太多，抢夺太激烈而产生畏惧，学习积极性不是很高。因此，在教学中应由易到难，循序渐进，把枯燥的技术练习融入有趣的竞争游戏，增加学生的学习兴趣，及时把握课堂契机，激发女生的参与积极性。

三、教材分析

篮球运动趣味性强、对抗性强，深受学生喜爱。篮球原地单手肩上投篮是所有投篮技术的基础，完成动作技术需要上下肢的协调配合，需要一定的身体协调能力和理解力，想要规范掌握并不容易。故将此教材内容分为三次课学习，分为单手肩上持球动作学习、上肢发力动作学习、上下肢协调发力动作学习。本教学内容的教学重点是抬肘伸臂、压腕拨指；难点是上下肢协调配合完成腿部蹬伸与抬肘伸臂的协调一致。具体到每节课的重难点又略有不同，详情见下表。采取看图理解、自学自练、互学互练、游戏和展示评价等生动、活泼的形式展开。注重基本技术的练习和衔接，重视学生在学习过程中对知识的理解和深化，在技术、技能上重视学生的个体差异，重视在实践活动中每个学生的进步。

课次	教学内容	重点	难点
1	原地单手肩上投篮持球动作教学	单手肩上持球方式	腕、肘、肩三个90°
2	近距离投篮	上肢发力	抬肘伸臂、压腕拨指
3	稍远距离投篮	上下肢协调发力	腿部蹬地发力与抬肘伸臂动作的衔接

四、组织教法

采用完整的动作示范和设置问题思考让学生对篮球原地单手肩上投篮建立一个感性的、完整的认识和理性的思考，明确什么动作是连贯的，然后分解示范配合讲解和挂图，把动作分成单手肩上持球和蹬伸出手两部分，使学生加深对该动作的理解，便于进一步的学习，紧接着组织学生进行分解动作的练习，突出本次课的重点、难点，逐渐加大练习的难度和深度，递进式学习，再做完整的动作练习和互投练习（在完整练习中突出本次课重点掌握技术），最后在游戏的情景下进一步强化动作，让学习变得有趣。

五、教学流程

一开始整队集合，安排见习生，强调安全保护，以饱满的精神状态进入学习。通过做热身操，提高学生的注意力，加强学生对篮球步伐的学习，同时起到迅速热身的效果，为本次课的教学做准备。实践部分利用学生的兴趣设置问题，引起学生对动作的思考，调动学生的热情，增进学生对动作学习的积极性。教师在新动作学习中运用讲解法、示范法、完整法、分解法、游戏法、对比展示法、评价法等教学方法；学生运用理解法、看挂图模仿法、分组法、自主学习法、探究法、合作法、游戏法、评价法等方法学习，使学生能熟练掌握学习动作。课程结束时，安排了一个素质练习加大课的学习强度，最后学生在温馨、轻松、愉悦的音乐伴奏下放松身体，结束本次课的学习，寓教于乐，整个课堂氛围轻松、活跃。

六、教学特色

1. 层次递进：本节课难度由简到繁，由易到难，由分解动作到完整动作，层层推进。通过教师的启发、引导、辅助、激励，充分调动学生学习的主动性。

2. 情景教学：为了调动学生对知识的学习兴趣，在课堂教学中创设情景，运用挂图、游戏比赛、合作讨论、小组互助等多种方法和手段来营造宽松、和谐、生动、活泼的课堂氛围，使学生受到感染和激励，愉快、发自内心地投入学习和锻炼，突出学生的主体地位。

3. 多元评价：本课贯穿了课堂的多元评价，学生之间的评价不再是简单的鼓励性语言，教师的评价也不再是简单评价好与差，而是加入对具体技术的点评和学习态度、学习方法的评价。注重学生学习过程中的心理表现，注重对学生知识技能、学习态度、合作精神与情感表达的评价。

4. 课时计划：篮球原地单手肩上投篮（第一次课）

<table>
<tr><td>学习内容</td><td colspan="2">篮球原地单手肩上投篮</td><td>场地器材</td><td colspan="4">1.篮球场一块；2.篮球4筐
3.大黑板一块；4.胶带若干
5.音箱一台</td></tr>
<tr><td>教学目标</td><td colspan="7">1.认知目标：了解单手肩上投篮的概念和技术要领
2.技能目标：学生通过本次课的学习，基本能规范完成原地单手肩上投篮的持球动作，并体验投篮的完整动作
3.情感目标：提高专注力，发扬团结协作精神，体验成功感</td></tr>
<tr><td>重难点</td><td colspan="7">重点：单手肩上持球

难点：单手肩上持球的规范性</td></tr>
<tr><td rowspan="2">结构</td><td rowspan="2" colspan="2">教学内容</td><td rowspan="2" colspan="2">组织与要求</td><td colspan="3">负荷</td></tr>
<tr><td>次数</td><td>时间</td><td>强度</td></tr>
<tr><td>导入与热身</td><td colspan="2">课堂常规：
1.指定地点鸣哨集合
2.师生问好
3.宣布课的内容
4.检查服装，安排见习生
5.体育委员集合、整队
6.讲解安全事宜，见习生随堂见习
热身活动：热身操、篮球步法组合

专项拉伸：球操
1.腕关节运动
2.扩胸运动
3.全身运动
4.弓步仆步拉伸
5.膝绕环
6.踝关节运动</td><td colspan="2">组织队形：
●●●●●●
●●●●●●
○○○○○○
○○○○○○
★
★（老师）●（女生）○（男生）
要求：精神饱满，动作快、静、齐

组织队形：同上
要求：
1.跟随音乐节奏，动作大方舒展
2.专项练习时人球结合，动作舒展</td><td>4×8拍</td><td>2分钟

7分钟</td><td>低

中</td></tr>
<tr><td>实践与提高</td><td colspan="2">原地右手肩上投篮动作方法：
两脚前后（右脚在前）或左右开立，两膝微屈。投篮手五指自然分开，掌心空出。右手持球于肩上，右手大拇指与右眉毛齐高，腕关节、肘关节与肩关节近似三个90°（本次课教学重点），双眼瞄向投篮篮框。投篮时，双脚蹬地同时伸展膝关节、髋关节，抬肘伸臂，手腕前屈，食指、中指用力拨球，使球向后旋转。出手后，食指、中指指向投篮篮圈（蹬、伸、抬、直、压、拨、随）</td><td colspan="2">组织队形：同上
教学步骤：
1.完整示范（挂图分析，教师示范并针对技术环节提问）
A.胸前持球和单手肩上持球的手形区别
B.持球方法中三个90°指的是哪里
2.示范讲解时，学生沿三分线站成弧形队形，与老师成45°角
3.完整示范后，教师根据学生的回答进行标准答案揭晓，同时进行分解示范，突出本次课重点：单手肩上持球的三个90°
要求：认真听讲，仔细观察</td><td></td><td>3分钟</td><td>低</td></tr>
</table>

结构	教学内容	组织与要求	负荷		
			次数	时间	强度
实践与提高	易犯错误： 肘关节外展 纠正方法： 加强单手肩上持球动作的学习，规范持球动作的3个90°				
	1.原地完整动作徒手模仿练习 练习内容：右手持球于肩上，右手大拇指与右眉毛齐高，腕关节、肘关节与肩关节近似三个90°（本次课教学重点），眼睛看向篮框 练习方法：听口令集体徒手练习 口令： （1）单手肩上持球 （2）蹬伸出手	组织队形：同上 教学步骤： 1.教师讲解示范练习内容，学生认真观看 2.学生散开跟着教师口令，在教师带领下模仿练习 3.练习停止，教师集中点评，鼓励优秀同学，强化正确动作要领，特别是单手肩上持球三个90度动作的规范性 4.继续散开练习，学生听口令练习 5.练习停止，教师集中点评 6.教学效果展示 要求：仔细观察、认真模仿，积极思考、探究，相互讨论练习动作		6分钟	
	2.原地胸前持球至单手肩上持球练习 练习方法：从双手胸前持球到单手肩上持球，右手翻腕持球于肩上，左手微微转动贴于球的左侧保护球 口令： （1）胸前持球 （2）单手肩上持球 要求：胸前持球到单手肩上持球迅速规范，无多余动作		20次	6分钟	中
	3.原地双人近距离对投动作练习 练习方法：组织队形，1、3排向后转，1、2排，3、4排学生两两相对，间隔两米。体验投篮完整动作，为下节课做准备。 口令： （1）1、3排学生持球投给2、4排学生 （2）2、4排学生持球投给1、3排学生 要求：胸前持球到单手肩上持球动作要求规范执行			8分钟	

<table>
<tr><td rowspan="2">结构</td><td rowspan="2" colspan="2">教学内容</td><td rowspan="2">组织与要求</td><td colspan="3">负荷</td></tr>
<tr><td>次数</td><td>时间</td><td>强度</td></tr>
<tr><td>实践与提高</td><td colspan="2">4.篮下完整投篮体验（竞赛）
方法：分成两组罚球线后列队（每组二十人），每人投一次，看哪一组进球总数多
要求：规范单手肩上持球动作</td><td>组织：纵队列于罚球线后
教学步骤：同上
要求：
1.耐心做好单手肩上持球动作
2.在正式投篮之前请同组队员检查自己的持球手型
3.同组学生之间相互鼓励，共同完成挑战</td><td>2次</td><td>5分钟</td><td>低</td></tr>
<tr><td>调节与评价</td><td colspan="2">1.集合整队
2.音乐静力拉伸放松
3.课堂小结与评价
4.收器材，宣布下课</td><td>组织：
●●●●●●●
●●●●●●●
○○○○○○○
○○○○○○○
★
★（老师）●（女生）○（男生）
要求：调整呼吸，身体和精神放松</td><td></td><td>3分钟</td><td>低</td></tr>
<tr><td>预计运动负荷</td><td>练习密度大约：40%~45%
平均心率大约：130~135次/分</td><td colspan="5">课后小结：</td></tr>
</table>

案例四　篮球快攻战术——“三攻二”教学设计

一、指导思想

以“健康第一”为指导思想，以“课程标准”为指导依据，尊重高中生的不同需要，坚持以学生为本，使其将知识学习、实践经验、习惯养成、能力培养结合起来，提高其综合能力。本课以学生发展为本，以篮球教学为主线，通过对篮球战术的讲解、示范和师生互动的实际教学模式，让学生在小组合作、师生互动、自我评价的轻松、和谐的氛围中掌握篮球的基本技术，具备篮球战术的基本意识，培养学生的学习兴趣，让学生充分感受篮球运动的魅力。

二、教材分析

高中课改模块教学后，篮球模块属于选修模块，本次课教学计划在篮球模块教学的后阶段——战术意识的培养。在对篮球的运、传、投等技术掌握较好的情况下，本课设计的教学内容为篮球快攻战术配合“三攻二”的第三次课，三攻二在比赛中是快攻常用配合方法，趣味性较强。该技术需要熟练的运球传球，是对持球突破分球、运球急停跳投等技术的灵活运用，在教学安排过程中进行先分解再连贯的方法，让学生先理解再掌握最后实际运用。

课次	教学内容	重点	难点
1	二攻一	突破分球	传球方法的选择
2	三攻二	罚球线附近的急停跳投	提高命中率
3	三攻二	根据防守位置选择进攻方式	快速行进中对处理球方式的判断

三、学情分析

篮球运动是高中生最喜欢的运动健身项目之一，深受广大学生喜爱。高二年级学生经过初中阶段篮球课的学习，对篮球的传、运、接已经有了较好地掌握。高中阶段模块教学初期又对基本技术有了进一步巩固，基本战术学习可适时展开，激发学生进一步学习的兴趣和热情，让更多的学生热爱篮球，掌握科学的篮球运动方式，形成终身体育意识。

四、教学效果预计

预计平均心率在135次/分左右，预计练习密度为60%左右。运动负荷为中上等。

授课班级：高二年级篮球选项班　　　授课人数：40人　　　课次：第3次课

<table>
<tr><td>学习内容</td><td>1.复习篮球快攻战术——二攻一
2.学习篮球快攻战术——三攻二</td><td>场地器材</td><td>篮球场2块，篮球41个，展板1个，挂图2张</td></tr>
<tr><td>教学重点</td><td>根据防守位置选择进攻方法</td><td>教学难点</td><td>快速行进中对处理球方式的判断</td></tr>
<tr><td>学习目标</td><td colspan="3">1.通过合作练习提高A组学生在快速行进间的传接球能力；较熟练地掌握全场二攻一配合在实践中的运用；掌握半场三攻二战术的基本配合方法和要求；增强B组学生在行进间传接球的稳定性；培养快攻意识
2.鼓励学生树立勇猛顽强、敢打敢拼的作风，通过多人进攻配合的练习，培养团队精神</td></tr>
</table>

<table>
<tr><td rowspan="2">教学过程</td><td rowspan="2">教学内容</td><td rowspan="2">组织与要求</td><td colspan="3">负荷</td></tr>
<tr><td>次数</td><td>时间</td><td>强度</td></tr>
<tr><td rowspan="2">导入与热身</td><td>一、课堂常规（如图8-1）
1.检查人数，见习学生向教师汇报
2.宣布本次课的内容及要求，对学生进行安全教育</td><td>组织形式：全班集体练习

图8-1
要求：精神饱满，快、静、齐</td><td></td><td>2分钟</td><td>低</td></tr>
<tr><td>二、热身活动
1.一般性练习：功能拉伸操；颈部拉伸；肩部拉伸；体转拉伸；下蹲拉伸；腿部拉伸
2.专项性练习：全场“跑篮”</td><td>要求：
1.学生认真练习
2.充分拉伸身体各部位，激活肌肉

组织形式：全班同质分组</td><td>2×8</td><td>3分钟</td><td>低</td></tr>
</table>

教学过程	教学内容	组织与要求	负荷		
			次数	时间	强度
实践与提高	练习方法（如图8-2）：①和②同时从不同向运球传给⑤和⑦，快速跑入篮下分别接⑤和⑦回传的球，上篮或跳投，并抢篮板传至下一名同学，以此类推；③和④按和①和②的动作方法继续完成，以此类推	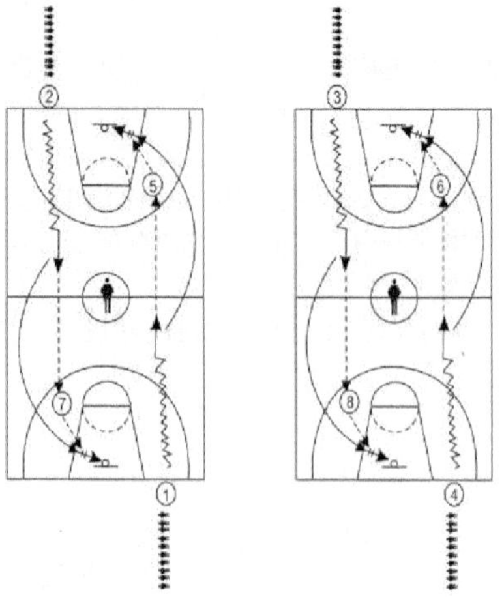 A组（积极防守）场地一　B组（消极防守）场地二 图8-2 要求：A组学生从运、传、上篮或跳投的系列技术动作完成基本流畅；增强跳投的技术动作；提高B组学生三步上篮的命中率且基本无走步现象发生	6至8次/人	5分钟	中
	一、复习篮球快攻战术——二攻一 1.配合方法（如图8-3） ①自抛自抢篮板球后传球给②，②传球给插上的①，两人快速直线推进做二攻一的练习，结束后到边线队尾。③抢篮板球后传球给④，④与插上的③快速推进进行练习，以此类推。学生轮流充当防守者。 2.重点、难点 重点：快攻推进前场二攻一 难点：准确把握进攻方式的能力 3.易犯错误 A组在无人防守情况下，传球不投篮；B组在速度快的情况下，易掉球 4.纠正方法 A组果断、勇敢、严格要求；B组传接球速度由慢加快，课下加强练习	组织形式：全班同质分组 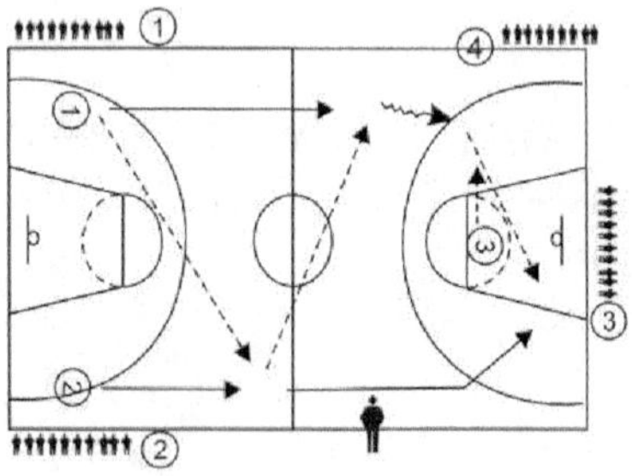 图8-3 教学步骤： 1.提问快攻战术——全场二攻一的重难点 2.两组各抽取三名学生展示上节课学习效果 3.点评各组优缺点并提出本节课练习要求 4.观察分组练习情况 5.鸣哨集合，指出易犯错误，提出纠正方法 6.观察学生分组练习情况 7.鸣哨集合，小结	10至12次/人	12分钟	中

北平也是“另类”的：“破屋”“碧绿的天色”“青天下的驯鸽”“一丝一丝漏下来的日光”“破壁腰中的牵牛花”，甚至对牵牛花，他还有着另类的要求：牵牛花，我以为以蓝色或白色者为佳，紫黑色次之，淡红色最下。最好，还要在牵牛花底，教长着几根疏疏落落的尖细且长的秋草，使作陪衬。很明显，作者选用的都是冷色调词语或场景，即便是暖色调的日光，也要它透过槐树叶底漏下来，减损光亮，支离破碎。为什么，因为他出身知识分子家庭，个性多愁善感，所以笔下的景物虽美，却带着落魄文人那种“枯藤老树昏鸦”的审美情趣。

林语堂的《动人的北平》，写了北平的方方面面，而且题目“动人”可见对于北平的感情。但是，他笔下选择的却不是景物，而是“人”。他把北平比作“一个魁梧的老人”。一开始笔触所及就是“穿高跟鞋的摩登女郎与着木屐的东北老妪并肩而行”，描写的“一个驼背的老人”，而这个人会让你感觉“后悔没有早日遇见他”，“一个可爱的老画家”，形象居然是“露着大肚子坐在槐树下的竹椅上用芭蕉扇摇风乘凉”；其他提到的也是“一个踢毽子的老人”“一个刀手”“一个儿童戏剧学校的太太”“一个人力车夫”“一个前朝的县太爷”……这些人物，都是“有故事”“神秘莫测”“悠闲自得”的，而这些人物只会在故都出现。可见，林语堂喜欢一个城市，更是喜欢城市里的人。换言之，林语堂和郁达夫是完全不同的两种人，林语堂乐观豁达，热爱社交，对人更感兴趣，所以也只有他写“北平”写的是“人”而不是“景”。

梁实秋的《北平的冬天》、冰心的《北平之恋》，同样可以找到不同，同样可以找到作者选材的不同，主观地赋予客观“景物”感情和思想的不同。

梁实秋是个实在人，他看到的是“生活”，是“冬防”，是煤黑子（专门帮人做煤球的人）的辛苦，是自己带墨盒和墨水瓶上学冻手的辛苦，是愚昧男女在沙尘中过年的可悲，是各色劳动人民在寒风里打战的可怜。所以结论是“冬天实在是很可怕”。所以，虽然他出生于北平，但明显对于北平只有艰苦的生活记忆，没有美好的景物留存。

至于冰心，作为女性作家，她的文章风格更加细腻，加上自小过着幸福生活，情感更加温和。她看到的北平更加全面，不仅看到风景的美，也看到风俗人情的美；不仅看到名胜古迹的美，也看到小家小户的美：不仅是写景物的人，也写人的美、生活的美。还不惜笔墨地写了“客气的警察”“快乐的游客”。很明显，作为幸福的人，冰心看到的一直就是北平阳光下的一面。所以只有她会把北平当作自己的恋人。

所以，我们写景物，不要生搬硬套，要自己去选材，自己去描绘，越是自己的世界，越是全人类的世界。只有发自真心真性情的作品，才是有文化价值的作品。

3.你看到什么就是什么。问题是你到底看通透了没有！

高中教材，高考的选文与小学、初中的不同，主要就在于“难懂”。比如散文，要么是主题多，很难全面把握；要么就是主旨隐晦，需要仔细分析。

当然，把握主旨也并不是什么不可能的任务，主要有两个突破的方法：一是“系统自洽”，文中发现的问题，用文中的内容来回答；二是“字斟句酌”，虽然文章不会直接点明主题，但是间接说，委婉说，始终还是要凭借文句，仔细斟酌字句，也就可以听出“弦外之音”“言中之意”。

下面我们拿粤教版教材中，最能够考验学生阅读理解能力的两篇散文来探讨。

鲁迅的文章，向来比较难以分析。当老师抛出“反封建礼教”之类的结论时，学生要么就觉得无趣，要么就觉得凭空而来，反正内心是比较抗拒的。但其实，鲁迅被称为“中国文化的脊梁”，这句话并没有过誉，《五猖会》就是一篇既有方法价值，又有教育意义的文章。

几乎每一篇课文，教师教学时都有知人论世的环节，但是一般都是名号、生卒年、作品、社会地位之类的内容，我认为这样并没有意义。如果一个作者值得介绍，那么就要让学生对他更加了解，像自己的朋友一样：他经历过什么，他有什么特别之处。鲁迅的文化价值在于独立思想与批判精神；他是一直在思考，一直在独立地思考，思考中国的问题、传统文化的问题，而《五猖会》就是他的一部思考作品。

作为散文，《五猖会》包含诸多内容，看起来散乱：一会儿是童年的自己对赛会的向往和一再失望；一会儿是明代《陶庵梦忆》记载的赛会；一会儿又是荒唐的当局（禁止谈国事，禁止妇女穿旗袍）和古怪的社会（读书人不看，妇孺不许看赛会，只有闲人能看）；一会儿又是介绍五猖会、“梅姑庙”；终于扣题写到要去看五猖会了，又变成父亲罚我背书，背完书，我对五猖会又不感兴趣了。

其实前后对照，首尾联系，我们就会发现文章布局的奥妙：孩子天性好热闹，所以喜欢赛会很正常，但是为什么赛会不能满足作者的想象和期盼？答案可以从后面当局和社会的各种“禁止”联系起来。尤其是读书人不屑看，妇孺不许看，只有闲人看的赛会，所以不热闹！为什么读书人不屑看呢？因为五猖庙和梅姑庙“殊与礼教有妨”。为什么妇孺不许看呢？因为封建男权父权思想，这从后面“我”被罚背书，母亲长妈妈无法营救可以看出来。文章最后作者提了一个关键的问题：我至今一想起，还诧异我的父亲何以要在那时候叫我来背书。这问题，其实就是要引导我们思考的，鲁迅也怕大家读不懂啊。联系前文，答案就是：父亲想让“我”成为读书人，成为遵守封建礼教的人。为了做到这一点，父亲用他的家长地位，强制用背书扼杀了“我”的兴趣。所以，文章就是两个问题：封建家长制对儿童天性的扼杀，封建礼教对人性的束缚。

那为什么说“封建礼教”束缚人性呢？因为除了“殊与礼教有妨”之外，其实文章还有更加玄妙的内容。为什么要写明代豪奢的赛会？明代难道就不是“封建礼教”思想横行的时代？原因很简单，朱元璋得天下之后，为了稳固统治，所以在各州县都设置“五猖庙”，目的就是为了纪念自己死去的士兵（古代军队最小编制是“伍”），更为了以“神”来加强对百姓的思想心灵的束缚。所以明代的赛会是豪奢的，毕竟是为了加强“宗教”的仪式感。同样的“梅姑庙”本来也是为了宣传封建礼教的“妇女贞洁观”。“室女守节”，就是女子定了亲，丈夫死了，居然还得为丈夫守节不嫁到死。这明摆着就是剥夺了妇女的平等权利，追求幸福，拥有自我人生的权利。但是，为什么一转身，这些赛会居然冷清了呢。很明显从两座庙的微妙的“改变”可以看出端倪。统治者利用“神”来深入、全面管理百姓，而百姓反过来也利用“神”进行反抗。比如“梅姑庙”，老百姓就编造了梅姑成神后又跑去拐人家的丈夫，并且把那丈夫和梅姑一起供在庙里。这就变成了对“爱情自由”的歌颂了。“五猖庙”中，老百姓故意把“猖獗吓人”的五猖神塑造得形象温和，还造了五位太太，而且并不分座。这样来展现“平等”的思想。要知道在北京戏园里，连演戏都是要有规有矩，按照地位三六九等分开坐。总之，封建统治者开始是想“造神”来束缚百姓，后来百姓又借助“塑神”来进行反抗。所以到了鲁迅的时代，封建统治者就尴尬了，又不能明令禁止，只能自己“不屑看”，采取逼迫自己的老婆孩子不去看的措施。

最高明的辩论手法，就是“以子之矛攻子之盾”。鲁迅的文章内容看起来是东拉西扯，毫无章法，其实是环环相扣，绵里藏针。

如果学生能够通过这篇《五猖会》学会理解散文的方法和诀窍，那么其他的散文要看不懂还真的难了。

《五猖会》是“系统自洽”的典型案例，《寒风吹彻》则是“字斟句酌”的典型案例。

《寒风吹彻》的主题看起来是更容易理解的，比如题目为什么用了“彻”。“彻”就是指透透的，没有遗留的。到底如何“彻”，文章层次鲜明地、条理清晰地阐述了观点：由外而内（寒风、社会人际），由远而近（老人、姑姑、母亲、自己），由浅到深（一根骨头，一副表情，一种心境，整个人生）。而且语言描写也相当生动，对寒风的描写，甚于恐怖片：先是进入密室，知道缝隙；而后是刻意针对，盯着我；之后是毁灭周围过后，对付孤独的一个我（十四岁的少年）——先是弄坏一根骨头，然后是一副表情……（像猫玩老鼠一样），最后是弄死身边的一个个的人（让人看到自己无能为力），然后还让你既对它漠然，又似乎在等待（等死）。

但是知道这些，我们好像感触不到文章有什么非凡之处。这就需要再细细地推敲，多问几个为什么了？

首先，对待寒风（冬天、落雪）作者的心里很矛盾，既漠然又期待，为什么？

就文本而言是因为寒风总让我耽搁一些事，而又给我机会反思人生。

其次，具体而言，作者为什么会被寒风冷掉一根骨头？

同样就文本而言，我们可以找到大量相关的“可能”：一、年级小，十四岁，不懂寒风；二、孤独上路，那次没有别人相伴，所以寒风只收拾我一个人（其实就是没有照应，也没有长辈引导、保护）；三、父亲的冷漠和责问（不仅没有及时嘘寒问暖，还责备儿子砍的柴火不够两天烧），这使得我不敢提起；四、没有及时烤火。如果懂得这样分析，自然就能够掌握文章背后的内容要点：对寒风，从不懂到懂，从懂到怕再到防备，从防备又到感觉无力反抗。人遭受寒冷，关键是内在的寒冷，而内在的寒冷主要就是孤独，一个人承担。

这里又会产生一个问题，为什么父亲对“我”会那么冷漠？这看起来不可思议，但是前面有句话，“亲人都说我冷，但其实我把仅有的温暖都给了你们”，说明作者也是和父亲一样的一个人。为什么会这样？想想，一家人养了七个子女（后面讲到“母亲拉扯大她的七个儿女”），而且后面讲母亲，没有讲父亲，很明显父亲更早就去世了，为什么？父亲承担了多少，作者没有说。父亲的冷漠，还有为什么要让一个十四岁的孩子独自一个人去砍柴火，关键就是父亲承受了更多的寒冷，但是他其实已经为这个家牺牲了一切。

所以又产生了一个问题：及时烤火有没有用？“我”让一个过路的老人烤火，结果老人还是死了。关键是老人的孤独，还有他一辈子遇到的“寒风”，冻僵了的“内心”，哀莫大于心死！很明显老人没有什么家人，或者有家人，也没有让老人感到任何温暖，所以老人怎么也躲不过，或者他也没有心思去躲，可能死了还能和家里人一起呢。那么想躲的呢，姑妈躲不过，很明显姑妈也很孤独，她躲在家里，也邀请母亲有空多去“暄暄”（注意这词，意为寒暄、嘘寒问暖），但是最终躲不过，死在一个冬天，就像爷爷和奶奶（为什么没有父亲，很明显关于这点可以有更多的思考，比如工作累死的，病死的）。那么想保护的呢，母亲有七个子女，但是七个子女都有自己的家，都有自己要面对的寒风，要承担自己的责任。很明显七个子女也没和母亲一起住，所以即便他们经常来看望母亲，母亲始终有一个人面对孤独的时候；即便他们关心备至，母亲始终有自己内心的孤独。就像面对死亡，始终是“每个人自己的事”，别人根本无法插手。

这样，我们就可以理解其他的问题了。

为什么说“我才渐渐明白自己再躲不过雪，无论我蜷缩在屋子里，还是远在冬天的另一个地方”，即使到海南岛去也躲不过吗？为什么？孤独和冷本身都是自然赋予，无可逃避的。发现了这一点，所以作者才给出“寒风吹彻”的说法，因为他发现了人类内在最大的“恐怖与无奈”。因此，我们也就可以真正理解了文章的创作意图：

一是每个人都必须要面对自己一个人的冬天，那么该如何面对？应该有自己的兴趣爱好、理性追求，应该有自己的朋友，应该有自己最牢靠的慰藉。

二是我们不能像主人公那样冻坏一根骨头，同样的也不能像主人公的父亲那样变得冷漠。我们应该及时地抱团取暖，关注自己的心灵温度。受冻了，要及时找人倾诉，要尽量地保持自己的温度。

三是我们不能扩展寒冷，而要传播温暖。要理解别人的寒冷，用自己的温暖去化解；也要克制自己的寒冷，及时给自己的心灵烤烤“火”。

句子的内涵，句子的弦外之音，只要仔细揣摩，多问几个为什么，联系上下文，自然就可以真正体会到作品的主题。虽然，有些散文本身主题含有“多义歧解性”，但我们也要明白其背后的缘由和意图。比如筱敏的《捕蝶者》。首先，作者故意把自己抽离，直接建立“捕蝶者”与“蝶”，“捕蝶者”与“诗人”的矛盾。捕蝶者，“你爱蝶”“你是受过专业训练的”“你是古典主义者或自然主义者”

"你是有准备的人"……而蝶，文中有三类，一种是庸俗的菜粉蝶，它们自由自在；一种是珍贵的蝶，捕蝶者会捕捉它们，并且进行处理；还有一种是"未被发现"珍奇的蝶，捕蝶者最终如愿以偿抓到了它，而且是为了成就功名，牺牲了蝶。至于"诗人"与"捕蝶者"的讨论，作者进行的是两种人生意义的探讨。一种是宁可自由自在庸俗地活着，像菜粉蝶；一种是耀眼地死去，并且成为永恒的美，像被捕蝶者抓到珍奇的蝶。这也反映出"现实"掠夺者与被掠夺者的关系，蝴蝶失去生命，而捕蝶者赢得名声。作者对于这些事情并没有提出观点，而是让我们自己去思考权衡。

其次，作者隐藏了"价值倾向"。捕蝶者有两个细节"最为你想往的，可能是亚马逊丛林。然而你是要计算旅行成本的，想往总归是未来的事情""你多么钦羡它们的自由，而捕蝶网长在你的手上，你是不自由的，所以，你半世不得安睡"。这说明，捕蝶者有着对"牺牲蝴蝶成就自我，改变潦倒的起因"的认识，也有着对"天生完美，光靠美就拥有光环的羡慕"的领悟，以及内在的愧疚。

像这样的文章，也是可以作为"学生研读"的经典范例。

4.人有气度，才是真人；文有风格，才是经典

数学家约翰·伯努利在1696年的《教师学报》杂志上面提出"最速降线"问题，结果收到了牛顿匿名的解答，他看了之后说："我从它的利爪上认出了这头狮子。"

数学家如此，文学家也一样。真正的大师，你看到文章就可以知道"只有这头狮子的爪子能够划出来"。

林语堂的《论趣》和钱锺书的《论快乐》被粤教版教材安排在一起，它们都是属于比较容易分析的"论述类散文"。林语堂自况"两脚踏中西文化，一心评宇宙文章"。我年轻时迷过他的作品，没有觉得他夸张，但是当《论趣》和《论快乐》摆在一起，就会发现问题了。两篇文章，都是讨论人在现实中如何活得快乐的问题。林语堂觉得该有"趣"："这趣可以激发灵机，有利于青年人读书成长。"文章观点鲜明，条理也清晰。每一个层层推进的分论点，作者都引用了"有趣"的掌故：乾隆随行的"名利妙答"，奉承高僧的"名心难除"，徐志摩求学被烟熏出来的"灵魂"，李考克学生时期选课选了"掮客术"和"宗教"，还有其他诸如袁中郎说人生快事莫如趣，巴士特发明微菌，哥伦布发现新大陆，科学家发现声光化电，都是穷理至尽求知趣味使然。我们对《论趣》和《论快乐》进行比较就会发现，林语堂是讲故事，分析比较简单，比如巴士特发明微菌，哥伦布发现新大陆是因为“趣”吗？真相如何，并没有说清楚。如果再较真，我们就会思考，乾隆的故事哪里来的，高僧的故事哪里听的，都是含糊其词。虽然这些掌故，都可以找得到，但是林语堂要么是记忆力不够精准所以没有记住，要么是根本就对细节毫不在乎。

相比之下，我们却可以从《论快乐》中看到钱锺书的语言特色，简单讲就是生动、丰富、深刻。具体讲就是：其一，学贯中西，旁征博引。文中引用了中外大量的诗文小说，都是言之凿凿的，有书名有原句的。不仅是原著，对于文化的基础——“文字”，文章也引用了各国语言中“快乐”一词，进行了“构成分析”，让我们更充分理解中西文化的“共同点”，找到人类文明对于“快乐”一词的一致感悟和理解。其二，童心真趣，幽默生动。作为一名大师，钱锺书的文章虽然引用殊多，比较生僻，但是却不至于让人望而却步。像《西游记》《酉阳杂俎》《广异记》中所引用的内容，就像我们平常人在读典籍时，会特别注意的小趣事一样。像“电兔子”之类的比喻，既生动形象又显得饶有趣味。其三，道德情趣，哲学况味。钱锺书站在哲学和道德的高度，为我们指明人生出路：快乐短暂是现实的，痛苦漫长也是现实的，快乐容易消逝离开，痛苦又总是纠结缠绕，我们真正能够做的事，就是享受痛苦，以苦为乐，苦中作乐。这样的观点，和佛教的“怨憎会，爱别离”的概括，以及“心无挂碍”的解脱手段是一致的。好的文章就是这样，既通俗易懂，又生动有趣，更关键地，它还能够启发我们，教育我们，引导我们，真正解决现实中遇到的人生问题。

总之，通过这样的对比，可以帮助学生理解文章的艺术风格，另外，可以让学生尝试探讨教材中鲁迅、老舍等人的语言风格，并且进行论证。

二、小说阅读的应考技法与运用

本部分我把小说和影视作品放在一起，不是因为现在影视文学和小说相互影响，角色互换，而是本质上，小说和影视作品都是通过塑造人物形象，构造故事情节来表达思想感情。

1. 小说、影视作品的核心就是人物和情节

《红楼梦》作为中国古典名著之一，就情节和人物而言，都具有典范的意义和

价值。粤教版选的是《宝玉挨打》，人教版选的是《林黛玉进贾府》。其实这两篇恰好是整部《红楼梦》的重中之重，不可偏废。

《宝玉挨打》侧重“情节铺设”，《林黛玉进贾府》侧重“人物塑造”，而且在人物和情节之中，它们又恰好暗示了故事情节的发展，点明了“主题”。比如从《林黛玉进贾府》可以看出黛玉的聪慧灵性，也可以看出她的身心虚弱；《宝玉挨打》可以看出宝玉纨绔子弟不务正业的一面，也可以看出他虽然作为封建家族继承人，却极端反对封建礼法，具有平等思想。而这两人的特点，也就暗示了两人的爱情悲剧，以及家族的悲剧。不仅如此，《林黛玉进贾府》中展现的贾府奢华铺陈，《宝玉挨打》中展现的官场腐败，都是对社会以小见大的反映。

《宝玉挨打》在结构安排方面，着重铺设故事情节，突出矛盾。既层层递进，步步设计，又波澜渐息，涟漪渐无。宝玉之所以挨打，一开始是“状态葳蕤，毫无望族气派”惹出贾政三分气；接着是“与伶人表赠私物”“得罪王府”使得贾政大恼；再接着是“贾环中伤宝玉强奸未遂逼死丫鬟”使得贾政非打死宝玉不可。看起来是父子矛盾，其实背后每一波澜都有问题：先是荒废学业，暗示无法继承家业，光宗耀祖；再是流连倡优，不能结交官宦，伸张家族利益；最后是沉迷女色，而且荒诞不经，为家族声誉抹黑。从中可以看出贾政对宝玉的“期待”和“失落”，所以宝玉挨打是自然的事。

《宝玉挨打》设计的故事情节，不仅在于整体布局的好，枝节的设计也妙。贾环的中伤，也可以看出“嫡庶”的矛盾。宝玉临打，想托话老妪，不料却遇到个聋婆。聋婆的话听起来荒唐，却又恰好以“下人”的角度来看待“下人被迫致死”的事件，反映出了社会不平与底层人的贱命和认命的问题。王夫人救子，三句话，效果不同，最后一句直击贾政心扉，点明宝玉打不得的关键在于他是家族的希望，是王夫人的依赖，这也表现出封建家族“嫡长子继承制”与“妇女三从四德”的问题。最后，贾母救走宝玉，既呈现了普通家庭的隔代亲，隔代袒护与教育的问题；也揭示了让宝玉放荡不羁的根源在于祖母的溺爱。这些使得故事情节环环相扣，合理自然。

《林黛玉进贾府》在塑造人物方面，既有群像描写，又有个别描写；既有铺垫，又有对比；既有间接描写，又有直接描写；既有静态描写，又有动态描写。我们跟随“黛玉”进入贾府，看到三等仆妇吃穿用度不凡，进门后小厮替换轿夫抬轿的排场，穿红着绿争着打起帘笼的丫头，这是全景式的贾府人物描写，也是从奴仆的角度衬托主子的形象。三个姊妹，同样妆饰，却明显身材状貌不同，而且呈现的个性也不同，这也是一种群体的塑像。至于王熙凤则是作者浓墨重彩着笔的对象，先声夺人显示她在贾府地位非凡；衣着烦琐艳丽可见华贵与庸俗交杂的个性；一句“天下真有这样标致的人物，我今儿才算见了！况且这通身的气派，竟不像老祖宗的外孙女儿，竟是个嫡亲的孙女”，把黛玉、三姊妹和贾母的马屁都拍了，可见其口齿……在描写黛玉方面，众人眼中的黛玉“年貌虽小，其举止言谈不俗，身体面庞虽怯弱不胜”，直接的描写已经展露出人物的特点，间接地从黛玉回答祖母和宝玉“读书”的问题，一会是“只刚念了《四书》”，一会又是“不曾读，只上了一年学，些须认得几个字”，全因贾母的回答，可见其“细心和谨慎”。对于宝玉的描写，既间接地通过其母王夫人的介绍和担忧，又直接通过宝黛初会的外貌描写和对话互动展开，这也是通过静态、动态方式塑造人物的体现。

小说《红楼梦》本身的经典，又成就了像1987年央视版《红楼梦》这样经典的影视作品。我曾经让学生读课文，然后观看《红楼梦》里的片段，比较“电视剧里面多了哪些细节，少了哪些细节”，让学生思考“这些不同有什么特点和效果”。这也可以看出“影视作品”与“小说”的异同。当时在课堂上学生找了很多，比如电视剧中“宝玉第二次去见贾母的时候，他经过花园走廊时逗那只鹦鹉”，而课文中没有这样的细节，可是这个情节的设置，既符合课文中黛玉进门前看到的鹦鹉，也展现了宝玉的贪玩。比如课文中只是说宝玉问黛玉有没有“字”，而在电视剧中，问的时候黛玉用手写，而宝玉抓过黛玉的手。这既显出宝玉丝毫没有“男女授受不亲”的礼法之心，也契合前面所说的“最喜在内帏厮混”的说法。再如，课文宝玉是坐毕再细看形容黛玉，而电视剧里是宝黛作揖后对视了很久，而且还是探春把黛玉扶走开的，而年少的惜春则是看两人看呆了。因为小说主要靠文字表现人物形态，而戏剧则是靠动作展现出来，不过二者相同的都是注重对人物的塑造和情节的构思。

2. 好故事，殊途同归

小说、影视作品与叙事散文的不同之处，关键就是“虚构”。即便是基于现实生活，但始终高于生活。在“情节”上要超越平淡乏味的现实人生，在“人物”上超越平凡模糊的常人个性，这样才能吸引读者、观众，刺激受众大脑，引发思考，展示主题。

叙事散文与小说、影视作品的不同在于其情节方面的真实与虚构，也在于平淡与曲折。当然，我们不能排除平实的小说和戏剧的存在，比如沈从文的《边城》，故事情节波澜不惊，人物质朴自然，但不管是小说还是改编成的戏剧，始终都是文学史和影视史上不可或缺的成分。

小说、影视作品在于故事情节的构思，特别是矛盾冲突的设置。说白了，就是把什么样的人，置于何种境地，然后让人思考其反映出来的问题，从而获得教益。

鲁迅《阿Q正传》是现实主义代表作品之一，阿Q也是世界文学史上的一个经典符号。鲁迅弃医从文的经过，我们在初中教材中了解过。鲁迅用文学改变国人的精神，借助这部小说来揭示国民劣根性。

《阿Q正传》的故事情节相对于“王侯将相逐鹿问鼎，才子佳人风花雪月”的情节来说，明显是“摆不上台面”的，而且故事说白了也不过就是平常市井小人物之间的“小摩擦”，以及小人物犯罪被处死的“小见闻”。鲁迅在这部作品中着力的是对人物的塑造，是对人物的构思。

主人公阿Q形象非常另类，也非常典型。阿Q的姓氏、先前行状的“渺茫”，其实际意义是增强读者的“代入感”。以至当年小说出版，很多人居然指责鲁迅恶意中伤自己。阿Q身处社会底层，没有家，没有亲人，只能寄身土地庙，靠各种零工谋生。所以，也一直备受周遭人们的欺负。从主人公阿Q的遭际来看，他应该是个勤快能干的人，但是现实中却受到闲人的欺负，受到地主老爷的欺负，受到地主儿子的欺负，还受到其他赌徒的欺负，受到被自己鄙视的王胡的欺负……在种种被欺负之下，他一再地用唯一可以使得出的“精神胜利法”来应对：身份卑微，就说“先前比你阔，将来儿子比你阔”；被嘲笑癞疮头，就自行避讳；被人家欺负，先是内心想着“被儿子打”而得胜，后是自认“虫豸”又自觉能够做到“自轻自贱”而倍感光荣；赌输了就输了，赌赢了被抢了钱还挨了揍，却靠给自己一巴掌，让自己觉得打自己的人是自己，又得了胜。但是，当被王胡揍了一顿之后，他似乎发觉了精神胜利法的缺点，于是又进行了实践性的改造，转身欺负小尼姑，然后十分得意。很明显，阿Q身上的“自尊”。自尊本来是好事，但是他将自尊没有建立在自知之上，没有落足在自强之中，反而在“对比”之下，一再受到肉体与精神打击之后，选择“自欺欺人”的精神胜利法，这样只会导致“自轻自贱”“自甘堕落”。这也就是导致阿Q最终以悲剧收场的根本原因。

塞缪尔的《等待戈多》是现代主义作品，人物也是底层的小人物，但是作者并无意凸显他们的性格特征。换言之，他们个性的淡化，恰好又是增强“代入感”的手段。《等待戈多》构思着力的不是人物，而是“平凡而又离奇”的故事。“等待”本来就是最通俗的情节，我们每天都会花不少时间等待，但是为什么两个小人物一直等待一个叫作戈多的人的到来，尽管他们一直都没有等到，却依然在那里傻傻地等，所以这样的情节就吸引读者了。

粤教版教材节选的是《等待戈多》的第一幕。两个主人公，流浪汉爱斯特拉冈、弗拉季米尔在等待过程中，絮絮叨叨地聊天。我们看其中的三个情景：一是睡沟里的惨境，每天都被同一群人打，想自杀但是连死都不光彩；二是脱靴子与帽子；三是《圣经》中关于“上帝与两个贼”，四部福音书的不同叙述。

现代派作品，喜欢采用荒诞的情节。荒诞就逼迫读者去思考其中的“不合理”，去获得“合理”的解释。在第一个情景中，为什么会陷入如此惨境，为什么要睡在沟里，而且每天都被同一群人打？为什么不挪个地方，为什么不避开那群打自己的人？为什么主人公总是要提“九十年代”（1890年）。要注意，现代派作品，并不是外星人作品，不管如何离奇，最终还是对现实世界的描述。在美国纪录片《纽约拾荒客》中，聚焦着那些曾经有着良好教育、光鲜工作的人，因为失业、离异，救济金不够生活，最终沦为“拾荒客”的故事。对于他们而言，该如何面对拥有高学历，却在世贸当文员，在微软、IBM当工程师的过去？他们会想到当时更努力，懂得储蓄维持婚姻，还是尝试改变社会法则，甚至一早就体面地自杀？但不管如何，他们已经陷进了困境，除了等待老天降下好运气，再也没有决心摆脱拾荒的困境。

第二个情景，爱斯特拉冈一直在脱他的靴子，想要弗拉季米尔帮忙，但是弗拉季米尔不管不顾，而爱斯特拉冈脱下后，很快地又穿回去。爱斯特拉冈脱靴穿靴，脱帽戴帽，到底要说什么？他们应该要相依为命、抱团取暖才对，为什么对彼此的困苦不闻不问？大部分人总是沉溺在现实的琐事中，无法挣脱，就像希腊神话里，被诅咒推巨石上山的西西弗斯一样。他们总是沉溺在自身的困境中，感觉他人、世界就是地狱。因为沉溺在琐事中，没有努力提升自己的能力，去摆脱琐事的纠缠；因为沉溺在自身的痛苦中，没有付出也没有回报。

第三个情景，弗拉季米尔讲他对《圣经》的发现。我们知道《圣经》由《新约》和《旧约》组成。《新约》则由多章福音书组成。福音书就是几个使徒讲述耶稣受难的经过，进行传道的故事，当然在细节上稍有不同。按弗拉季米尔的说法："四个使徒都在场……可是只有一个使徒谈到有个贼得了救……其他三个里面，有两个压根儿没提起什么贼，第三个却说那两个贼都骂了他（耶稣）。"两个贼和耶稣一起被钉上十字架，这个过程他们也肯定会有交流，而且贼虽然是卑劣肮脏的，但并不妨碍他们"近水楼台先得月"得到耶稣的救赎。《等待戈多》，有人理解戈多，就是上帝（Godot与God发音相近），换言之这里就是质疑"等待救赎"本身。两个流浪汉直到最后，还是在等待，但是戈多一直没有来。即便把戈多理解成一个具体的人物，比如发达了的朋友，但只是等待，不付出努力，不做出改变，始终是无法改变命运。

塞缪尔用的是荒诞的情节，但其实本心也是像鲁迅一样疗救人的精神。他们都是指向人本身的问题，同样都是对现实进行振聋发聩的揭露与批评，就像《国际歌》中唱道：从来就没有什么救世主，也不靠神仙皇帝！要创造人类的幸福，全靠我们自己！

总之，散文、小说，最重要的就是注重对"艺术、风格、意象、主旨、情节、人物"的打磨。当然，只有熟悉它们，才能自如地鉴赏文学作品，创作出优秀的作品来。

古诗文：理解万岁

古诗文的教学核心就是“理解”，简言之，就是“读懂古人说什么才是最重要的”。

有人推崇“素读”（指对文本不追求投入理解，只是将其反复诵读）方法，也有人为“诵读经典呐喊”。我虽然在读书年代也喜欢背诵古诗文，但让我与古诗文产生“亲密感”的，却是“读”本身。在高中时代，我的文言文其实很差。偶然一次看到同桌在读《古文观止》，就借来读。当时的《古文观止》没有白话文注释，是纯粹的原版原著。刚开始读，有很多不明白的地方，看文中的注释只会更迷糊，查资料当时压根就没有可能（当时不知道有《古代汉语词典》，更没有网络可以用），所以只能是硬啃，读不懂先放下，看了后面再回来琢磨。开始一篇文章读上几个小时，然后会两个小时、一个小时……一星期后，我看完了整部《古文观止》。反思起来，我认为主要是归功于自己的白话文功底，然后通过“不断磨合”“不断适应”“不断熟悉”文言文而已。上了大学，我从图书馆借到的第一本书是古本翻印的《世说新语》，不仅没有标点，还全部繁体字，自然还有一些奇奇怪怪的“通假字”（主要是避讳）。阅读起来同样有点困难，但是翻完这本书，文言文对我而言就和现代文一样了。因为能够读懂了，我就像打开了一扇门，从此也对诸子百家、佛教等经典作品产生了兴趣。

根据我自身的经验，我整理了一套教学方法。

“教就是为了不教”，最好的方法就是“自己搞定”。除了要求学生自己诵读、抄写“高考必背篇目”之外，对于一些基础比较好的，就建议他们直接读《史记》中的人物传记，然后有问题再和我探讨；对于普通水平的学生就建议他们先从《笑府》之类的文言笑府集笑话开始，然后是文言寓言故事，再然后是《二十四史》中的有趣段落，最后才是高考那种类似《二十四史》中比较完整的传记。

总之，我是让学生循序渐进地接触文言文。

在运用教材时，我注意先易后难，先简后繁。比如粤教版必修五中的文章，按教材顺序是：《鸿门宴》（司马迁）、《陈情表》（李密）、《段太尉逸事状》（柳宗元）、《游褒禅山记》（王安石）、《郑伯克段于鄢》（《左传》）、《报任安书》（司马迁）。《游褒禅山记》篇幅短，内容较简单，先讲；其次是《郑伯克段于鄢》情节简单，也比较容易；《鸿门宴》和《报伍安书》连着上，虽然篇幅都较长，但《史记》还是比较好读的，《报伍安书》既是司马迁写史记的“心声”，也是理解其“生命观和使命感”的重要素材；然后才是《段太尉逸事状》，故事多，难度等同高考阅读篇目，篇幅更是远远超过，所以放后面；最后才是《陈情表》，它不仅是“表”这样比较少接触的文体，而且文采斐然、感情沉重，比较难以掌握。总之一点就是循序渐进，逐渐拉近学生与文言文的距离。

正如前面讲“语文绪论”谈到的，教材缺陷就是没有“绪论”。不仅整体需要绪论，具体的教学也需要绪论。所以我的第一节文言文课，并不急着开始教材教学，而是先帮助学生克服恐惧心理，拉近学生和文言文的距离。学生对于文言文是有“恐惧心理”的，君不闻：一怕周树人，二怕文言文，三怕写作文。而且，现在初中的文言文教学，因为中考主要考核课内篇目，所以导致初中文言文教学有可能陷入“死记硬背”的极端。反正把标准翻译背下来，自然万无一失了。结果就是使学生对文言文很反感，也使教师忽略了对文言文的理解训练。

拉近学生与文言文的距离，不仅要学生理解“文言文不过就是爷爷的爷爷的爷爷……说的话”，不是“外语”，最多隔着点“代沟”，何况更关键的是“爷爷的爷爷的爷爷……也年轻过，而且就活在中华大地上”，并且要让学生明白文言文的基本特征：自由和精简。

一、古文没有标点符号

古文是没有标点符号的，所以断句能力显得很重要，古代需要教“句读”也是因为这个原因。没有标点现代文都难懂，文言文自然就更容易让读者产生歧义了。比如在《道德经》和《论语》中，都有这样的例子。

《道德经》开篇第一句可以断为：“道，可道，非常道（道理，可以说，但是说出来的却不是永恒的道理）”；可以断为“道可，道非，常道（说可以，说不可以，人们常常这么说）”；也可以断为“道可道非常道（道理可以说不一般的道理）”。

《论语》中的“民可使由之不可使知之”，可以断成“民可使由之，不可使知之”（“百姓可以让他们自由放纵，但不能让他们知道什么”或者“对于老百姓，只能使他们按照我们的意志去做，不能使他们懂得为什么要这样做”），当然这是“愚民思想”。也可以断成“民，可使，由之；不可使，知之”（百姓可以被领导，就由着他们，如果不服从，就得教育他们），这是教化民众的理念。还可以断为“民可，使由之；民不可，使知之”（人民认可，就这么办；不认可，也应让他们了解情况），这使人民群众有决定权和知情权，是“民主思想”的体现。

明确了文言文的这一“缺点”，能使学生对于文言文自然可以更亲近。就像只有面对亲密的人，人才能展示“阴暗面”一样。接受了文言文的缺点，学生才会更清楚地认识这个“朋友”。同时学生也会对于断句感兴趣，更勇于探索和尝试。

二、字形书写不认真，错别字当家常便饭

“错别字”一开始就是图便利，“别字”也就是“六书”中所谓的“假借”，一般所说的“通假”。后来又因为“避讳”这一文字处理方式，使得古人喜欢对规范汉字“动手脚”。就像我当初看到古版《世说新语》中，“丘”少了右边一竖，说“上”不是“上”，让我琢磨了很久。教材中，我们也会遇到类似的情况，比如《段太尉逸事状》中的“生人”，不是指“活人”，也不是“陌生人”，而是指“生民”“百姓”。就因为唐太宗名叫李世民，为了避免当官的“惊堂木”一拍，骂句“大胆刁民”时，顺着骂了皇帝，所以“民”变成了“人”。

当然，不管如何变化，通假字始终是用“音近”“形近”字来顶替，这与现代网络通信发达，为贪图时间快，以形近、音同字相代换，使用“网络语言”“火星文”等情况相似。所以，理解这点，学生也能够更好地判断通假字，理解文言文了。

三、没有词性分类、语法规范

“世上本无事，庸人自扰之”，古汉语本来就没有什么词性、语法限制。古人想怎么说话就怎么说话，反正只要听明白了就行。比如“春风又绿江南岸”，

"绿"是形容词，但诗中就是当动词用。比如周星驰的名言"我走先"，其实也不过就是古人常用的表达方式。说"我走先"，虽然不符合现代语法规范，但我们可以自然地确定信息为："我先走。"

古人不讲究语法，但是"五四运动"期间，推广白话文的先生们，引进西方语法体系，对传统的文言文进行了整理，让语言表达有规矩起来。其好处是使我们的表达更规范。当然，这也让我们现代人和老祖宗们有了隔阂。很多老师大多围绕"语法点"、词类活用、古今异义、通假字等方面展开，似乎每节课都有很多基础知识要记，但是学生却越弄越整不明白。我认为解决问题的方法，就是打破隔阂，直接理解。为什么？因为既然古人没有词性、语法规范，你为什么要用我们的规矩去束缚古人，这不是折腾自己吗？

再说了，广东高考历史上也只直接考过一次句式方面的试题，是一道3分的选择题，然后就再也没有出现过。何况高考大纲一直到2018年，还是明确只考核"宾语前置"句，因此，老师没必要整天让学生折腾"状语后置""主谓倒装"之类的知识点。

高考对文言文的考核重点是"读懂文言文"的能力。如果能够直接就读懂，为什么还要用语法来一一分析，就好比一个人如果能够独立行走，为什么还要拄着拐杖？

文言文的另一个特征是"精简模糊"。

汉语本来就是世界语言中较为精简的语种。文言文以单音节词为主，而且又有大量的省略，所以基本上是现代汉语表达的一半字数。所以千万别说古人古板，我们更古板；千万别嫌古人啰唆，我们更啰唆。"之乎者也"其实是帮忙省事的词语。

问题是，古人说话是"精简"了，但是"歧义"多了，当然我所指的不是"古今异义"。有些老师，总喜欢罗列"古今异义"词，这是毫无意义的。比如"妻子"古代是指"妻子、儿女"，"于是"是指"在这里"，"学者"是指"求学的人"。其实只要是拆开来，一个字翻译成一个词的，就算不上什么"古今异义"。古今异义应该是指文言文中有些词语，字形和现代汉语相同，但意义和用法却不同，诸如"吊"是安慰，"课"是敦促，"劝"是勉励，"遗"是赠送，"多"是赞美……

精简造成歧义，其实也给训诂学者提供了大量工作机会。因为都是单音节词，还要承载多种可能的意义，所以造成对句子的意思可以有很多的理解。比如我大学读《诗经》时就发现，《静女》一诗中“自牧归荑，洵美且异。匪女之为美，美人之贻”。“荑”的意思有两个：一音yí，指除去田地里的野草；一音tí，指某种草或初生的叶芽。所以，人们大致上都把诗歌翻译成：从牧场馈赠我的荑草（彤管），美得那么耀眼，也不是你真的很美，而是因为那是美丽的人儿送给我的。原始时代放牧和耕种是不分离的。因为一开始生产力落后，人们在田地里种下粮食，有时间还得去放牧，不然不能维持生活。把“荑”承上理解为“彤管”，看起来是通，实际还是勉强。所以我认为应该把“荑”理解为第一种意义，翻译成：从野外放牧回来到田地里除草，彤管一直还是光泽亮丽……就因“归”“荑”都只是一个字，所以意义可以产生很大偏差。

明确了文言文的基本特点，我们就可以尝试理解文言文。

因为我自己读高中时对文言文语法也是一头雾水，所以即便在大学熟悉了这些语法，也不愿去教学生这些。加上我自己文言文的能力是通过读《古文观止》悟出来的。所以，我教文言文就是教学生直接地去理解。这里我用一则小学就学过的《程门立雪》来讲解读懂文言文的几个基本诀窍。

“程门立雪”这个故事，《宋史》记载的原文是这样的：杨时见程颐于洛。时盖年四十矣。一日见颐，颐偶瞑坐，时与游酢侍立不去。颐既觉，则门外雪深一尺矣。

为什么要选择这样简单的短文呢，因为“文字系统”比较简单。推断时，联系上下文的空间比较小，难度也比较小。而且，掌握了方法，就可以通过把一整篇的文言文，切分成独立完整的多个片段，来更加容易理解文章意思。比如《论语》中的“学而时习之，不亦说乎？有朋自远方来，不亦乐乎？人不知而不愠，不亦君子乎？”我们都学过，也知道什么意思。但是大家都忽略了一个问题：这三句话，如何连贯、联系起来理解。要明白，在这个语言环境中，讨论的是“学习”的问题，所以不管是说什么都应该把它和学习统一起来，而且不能脱离孔子开办私学，接受非贵族子弟读书的历史背景。因此，连贯起来是这样理解的：因为学生大多数还要务农，做生意，所以很忙。好不容易交了学费来上课，却往往因为不能及时复习，把学到的东西忘了。所以“学习了并且时常复习，不也是很快乐的事吗”。孔子是建议学生多挤出时间复习啊！因为古代交通落后，知识交流困难，所以孔子就建议学生，“有朋友从远方来，那就是大好事了，多多和他们交流，吸取外来知识”。孔子也告诉他们：别人不理解时，不要生气，不也是品德上有修养的人吗？所以，理解文意第一招就是“上下推断”，连成一片，要保证文本系统内容的“自洽”，不矛盾。

明白这一点，我们就可以来最基本的第二招：“组词”。因为古文精简，所以我们要“把字变成词”。注意，已经是词的就自然不用“组”了。所以《程门立雪》一文的第一句我们就可以组词翻译为：“杨时拜见程颐到洛阳”或者“杨时遇见程颐在洛阳”。明显这两种翻译意思都通，但是不一样。根据刚才的“上下文推断法”，从后文可以看出杨时是“主动”去见程颐的，所以必须选择“杨时拜见程颐到洛阳”。直译过来会使句子有点不通顺，这也是因为文言文自由散漫造成的，但是我们不管，倒来倒去也好，加油添醋也好，删繁就简也罢，反正第三招就是让翻译的句子通顺。因此，可把句子翻译为：杨时到洛阳拜见程颐。

当然这里面藏了一个问题，为什么“于”翻译成“到”，而不是组词成“于是”。我们知道“之乎者也”这些都是虚词，对于虚词，千万不能靠死记硬背来掌握它们。为什么？因为虚词像虚数无法离开实数一样，无法脱离实词存在。我们翻译“于”为“到”，完全是靠第四招：“由实推虚”。所谓实词，就是给出一个词，你脑子里可以“蹦出对应的东西来”的。比如“花”，你可能想到牡丹花，我想到茉莉花，但都能在脑海里产生；比如“跳”，你可能想到的是刘翔跳，我想到的是青蛙跳；比如“美”，你可能想到的是一幅名画，我想到的是一盘美食。而虚词，则多是想不出来的，比如“因为”。虚词的意义是由实词决定的，比如《寡人之于国也》中的“寡人之于国也，尽心焉耳矣！”只需要把实词找出来，“寡人国家尽心”就可以翻译出“寡人对这个国家也算是尽心了”。相关的“焉耳矣”只是因为语出君王，需要延长语气，体现他的雍容之态而已。如果靠死记，然后翻译成“啊罢了了”，那就乱套了。实词“遇见”是偶然性的，可以是“在”，而“拜见”是主动性的，必须是“到”。换过来“在洛阳拜见程颐”“到洛阳遇见程颐”都是不通顺的。

接下来“杨时大概年纪四十岁了（杨时年纪大概四十了）”，基本没有什么难度。“（杨时）有一天（去）拜见程颐”，也是使用“让它通顺”的原则，对句子做了填补。

下一句即“颐偶瞑坐”，又得学新招数了。需要用到第五招：“偏旁推测”。中国汉字虽然始于象形文字，但是随着时代发展需要，更多的是形声字，而形旁决定了字的本意。“瞑”左边形旁为“目”，说明与“眼睛”有关，右边“冥”是“暗”的意思（也与“日”有关）。眼睛暗，就是闭上眼的意思。所以，此句可翻译成“程颐偶然（恰好）闭着眼睛打坐”。用偏旁来推测词义，对于现代汉语而言，很多行不通，但对古汉语而言，基本都行得通。当然，对于偏旁的意义也无须死记硬背，只需要利用比较熟悉的“带着同样偏旁的字”去猜测就好了。具体归纳如下，大家可以参考。

“礻”旁的字都与祭祀有关：社——土地神（古代“社会”用“世”）；祛——祭神以求去祸除灾；祢——奉祀亡父的宗庙。这些字都是我们不了解的，但是都可以借此猜测。同样的，“之”跟行走有关：“适”——往，到。“车”跟车辆运输有关，如“辇”“舆”——人力车和马车。“日”跟太阳、时间有关，如“莫”——黄昏，“旦”——早晨。“贝”和财物有关，如“赀”——罚款。“阝”在左边即“阜”，右边即“邑”，字多和地名、邦郡有关，如：“阻”，本义为险要之地的意思（古代“阻止”用“沮”）。“亻”与人有关，如“信”——使者。“彳”与行走有关。“口”和声音有关。“门”“宀”“广”和房屋有关。如“庠序”。“纟”和丝织品或绳子有关。“巾”与丝织品有关。“韦”有皮革有关。“髟”和毛发有关。“月”与肌肉内脏有关。“王”与玉器有关。“刂”与刀有关。“冫”与冰冷有关。“灬”与火有关。“歹”与灾祸死亡有关。“戈”与兵器战争有关。“爫”（爪）与手的动作有关。“罒”与惩处有关。“耒”与耕作有关。“页”与头部有关。“缶”与陶器有关。“酉”与酿造有关。“隹”zhuī（短尾鸟）与鸟类有关……

根据形旁，我们可以看看很多“陌生”字的本义。如我们可以从辞典上找出声旁为“周”的字：扌周（同掤）——从一侧托起重物，凋——水回旋、水名，翢——传说中的一种鸟，騆——神马，啁——鸟叫声，椆——一种树，婤——美好貌，裯——短衣，皗——缯白，稠——禾多而密，赒——周济、救济，徟——行走的样子，郮——古国名，輖——车重，晭——深的样子，晭——明，耐寒，绸——绸缎，碉——石屋，凋——草木衰落，鲷——加吉鱼，雕——一种猛禽，琱——治玉，彫——画，蜩——蝉，调——声音调和、协调。

接下来，我们再继续翻译“时与游酢侍立不去”。这句话有点难度，涉及另外两种诀窍。

第六招：“并列推测”。“时”是杨时，这没有难度，但是为什么“游酢”也是指人呢，这是因为“与”表示前后是并列关系。古文虽然以单音节词为主，但是却经常使用“并列成分”来表达意思，就像我们现在喜欢用排比句一样。既然前面是人名，“与”后面也肯定是人名。当然也要注意，并列成分在具体意思上有要么相近，要么相反的特点。比如《小石城山记》中，有句“无土壤而生嘉树美箭，益奇而坚，其疏数偃仰，类智者所施设也”。其中“嘉树美箭”的“箭”比较难理解，因为翻译成“弓箭”是不通的。我们可以看到“嘉树”和“美箭”是并列的，而“嘉”又与“美”意思相近，所以“箭”与“树”相近，是“竹”的意思。后面“疏数偃仰”的“数”也是难点，但我们知道“疏数”和“偃仰”并列，而“偃（倒伏，如偃旗息鼓）”和“仰（抬起，如仰天长啸）”是相反的，由此可以推出“疏（稀疏）”与“数”是相反的意思，所以“数”是指茂密。与之类似，如《山中与裴秀才迪书》中的“多思曩昔”，“曩”与“昔”并列，且同为“日”旁，故知与时间有关，也是过去的意思。《陋室铭》中的“谈笑有鸿儒，往来无白丁。”“鸿儒”是指“有学问的人”，那么“白丁”自然就是指“没文化的人”了。

第七招：“潮语推测”。潮州话是一种古老的语言，所以有很多直接读出来就能理解的“古汉语”。当然，这种情况，其他地方方言也有存在，只是我不熟悉，不能断言。这句子中的“去”（“时与游酢侍立不去”），在潮州话中就是“离开”的意思。潮州话还有很多这样的词语，名词“床”指桌子，睡觉的“床”叫“眠床”，李白《静夜思》里的“床”指的是桌子；“鼎”指炒锅，王勃《滕王阁序》里“钟鸣鼎食之家”的“鼎”指的也是炊具；动词“起”是指建筑；“走”是指跑；形容词“儒”“雅”，表示精致、好看的意思。

接下来继续翻译，“程颐已经觉醒（醒来了），门外的雪已经积了一尺多深”。很明显，这需要最后一招：熟悉“时态”。英语的时态是折腾人的，古汉语就简单了，只有三个：进行时，用“方”；完成时，用“已”“既”；将来时，用“将”“且”。所以遇到“既”不要只想着“既然”，要看看是否表示“完成”，是的话就翻译为“了”“已经”。

除了这八招，当然还有别的，诸如“兼词”（盍：何不；诸：之乎；焉：于之）也是要死记的。在教学中，只需要掌握这八招的运用方法，学生基本上就能够独立理解文言文了。掌握方法后，老师在上文言文课时，就让学生用各种方式翻译，然后指正提示就好。

处理教材时，利用课文的特点，每篇文章可以突出某个要点。比如《游褒禅山记》中就有大量的“其”，可以作为“任何”代词，可以代替：我、你、他（她、它），也可以代替：我的、你的、他（她、它）的，还可以代替：这、那、这些、那些，还可以表达语气：千万、难道，甚至还可以“根本不翻译”。这对于拿来训练“由实推虚”的解读方法，还有了解“其”的用法相当有效。

可能有人问：文言文是重在理解，古诗词后面带的词可是“鉴赏”啊，难道也要理解？很简单，首先就命题人而言，古诗词重点不是鉴赏，而是理解。其次是对学生而言，如果读不懂古诗词，怎么鉴赏？

从词句到主题，读懂古诗词，需要三个步骤。

第一，明确古诗词“省略、倒装”的特点，用补就补，该倒就倒。

古诗词为了符合字数、格律要求，需要省略成分或运用倒装句式。要用五个字、七个字来表达一个完整的意思，必然会“省略”掉一些文字；要服从“平平仄仄”的格律约束，自然要把词语甚至句子进行倒置。

为了帮助学生理解格律诗词为什么要这样，老师还可以顺便教学生写“格律诗”，体验一下更有说服力。

只要了解格律诗写作的三个难点，或者说不同于现代诗的三个要求，就能很快学会写格律诗词。

1. 对仗。古人很早就发现了世界的“对称”美，并将它用在格律诗词上，比如“律诗”要求颔联和颈联都要“对偶”，而且是比较严格的对应。《声律启蒙》中“云对雨，雪对风，晚照对晴空”就是对“对仗素材”的发掘。

只需要最严谨、最有趣的对联就可以帮助学生理解，我用的是梁启超的绝对：三才天地人/四诗风雅颂；潮州状元林大钦的绝对：银湖院后虎耳草/金石宫前龙眼花（不仅字词数量相对、词性相对、属性相对，而且字词内容一一超越上联）。

2. 平仄。和毕达哥拉斯发现“音响的和谐与发声体体积的一定比例有关”规律一样，中国古人很早就发现了“节奏”之美。我们可以拍一下手，然后拍一下桌子，连着拍就会发现“单调乏味”。改变一下，拍两下手，再拍两下桌子，突然就有了“韵味”，动听起来。所以，古人把阴平、阳平称“平声”，把上声、去声和入声称为“仄声”。两两搭配起来就有了节奏感，格律诗基本的格律是这样的：仄仄平平仄，平平仄仄平；平平平仄仄，仄仄仄平平。其他的“七绝”就是在前面加上相反的搭配；“五律”“七律”就是在后面按相同的格律，再增添一轮诗句。至于“一三五不论，二四六分明”，还有“拗救”，避免“孤平”之类的，其实就是指格律在无法一一对应，必须调整时，注意要连带进行调整，确保诗歌尽量保持“平平仄仄”的交替，而“粘连”的要求其实就是让诗词保持连贯的音乐感。

郁达夫《故都的秋》中有一句话，可以帮助我们很好地理解诗词的平仄。我们现在读“一阵秋雨一阵凉”是“平仄平仄平仄平”，而郁达夫发现“北方人念阵字，总老像是层字，平平仄仄起来，这念错的歧韵，倒来得正好”。为什么？因为“阵”字读音变“层”，前面的“一”字读音就变了，读起来就成了“仄平平仄仄平平”，这样子就使得句子富有音乐感、节奏美了。

3. 押韵。冰心《繁星·春水》中的一首小诗：大海呵！哪一颗星没有光？哪一朵花没有香？哪一次我的思潮里，没有你波涛的清响？就因为押韵，读起来自然朗朗上口，韵律和谐悦耳。这就是押韵的妙处。

掌握了这些，就可以随意给学生个“事物”，然后带着学生一起写一首“五绝”。先确定大概要表达的内容，一句一句写，然后学生就可以轻易地明白为什么要“省略”“倒装”了。

“省略”“倒装”运用最好的例子是辛弃疾的《西江月·夜行黄沙道中》：

明月别枝惊鹊，清风半夜鸣蝉。稻花香里说丰年，听取蛙声一片。

七八个星天外，两三点雨山前。旧时茅店社林边，路转溪头忽见。

我们先按照前面理解文言文的方法，对诗句进行处理：月亮离别了树枝，把枝上的乌鹊惊动起来。半夜里清风吹过惊醒了蝉，让它鸣叫了起来。我们在稻花香中，听着一片蛙声，仿佛谈论着今年的丰收。天外只有七八颗稀疏的星星，山前下起微细的两三点雨。在溪口拐弯时看到了社林边，当年喝过酒的茅店。

很明显，“清风半夜鸣蝉”“七八个星天外”“两三点雨山前”都是省略了动词，“星天外七八个星”“山前两三点雨”都是句子内部的倒装，而“听取蛙声说丰年”“路转溪头忽见”则是与前句之间“跨句”的倒装。

只有熟悉这一特点，扫清障碍，要补就补，该倒就倒，才能明确诗句的本意。此外，诗词也经常有对偶句出现（尤其是律诗，严格规定颔联、颈联一定要对偶）。这和文言文一样，也是可以运用“并列成分”的分析方法来进行词义推断。

第二，注意题目、注释，充分利用积累的有关文化常识。

正如文言文，需要结合上下文，甚至原著全书的“文字系统”对文句进行理解一样，了解作者是谁，是在什么情形下写的，自然更能够理解作品。

粤教版《唐诗宋词元散曲选读》的结构安排是比较特别、巧妙的。即从唐到宋、元，从盛唐、中唐到晚唐，从北宋到南宋，基本上按照“时间顺序”来安排诗人出现。每个诗人又是“并列对比”地铺展他们不同风格特色的作品，比如作为山水田园诗的代表人物王维，偏偏还选了反映他年轻时渴望边塞建功的《观猎》；比如作为浪漫主义杰出代表的李白，特意还选了现实主义风格的《丁都护歌》；比如其诗以通俗易懂著称的白居易，居然还找到了一首朦胧诗《花非花》。不仅如此，在大诗人的作品之外，还结合诗词内容“种类”（即景抒情、山水田园、边塞战争……）集结了一些小诗人的作品。

这样，可以帮助学生建立一个“坐标轴”，利于掌握基本的文化常识。比如说，李白是盛唐的，所以其诗歌充满傲岸风骨和自信乐观精神，激情昂扬，即便经历了“安史之乱”由盛而衰的年月，但毕竟时间比较短；相比之下，杜甫比李白晚，更多的时间是生活在动荡不安当中，所以其诗歌更多是哀戚之音，更关注现实的苦难。再比如说，李白和王维的生卒年基本一致，但是李白和王维成长背景不同，人生经历不同，性格特点不同，所以作品风格也大不相同。李清照，是跨越北宋南宋的女词人，所以她的作品风格在国破家亡前后又是大不相同的。

另外，也可以让学生习惯于借助“题目”和“注释”来理解诗歌。比如朱庆馀的《近试上张籍水部》：

洞房昨夜停红烛，待晓堂前拜舅姑。妆罢低声问夫婿，画眉深浅入时无。

这首诗内容易懂，可是如果不看题目，就会把诗歌理解为表达新婚女子临见公婆的紧张心情。结合题目就知道这是临近考试，朱庆馀询问张籍，自己文章写得如何，是否符合当时评分的标准，是否被主考官们接受。

第三，熟悉常见的诗词主题，结合诗句进行推测。

一方面，受古代艺术理论“哀而不伤，乐而不淫”的限制，中国传统诗词主题，大多委婉含蓄。另一方面，受人生现实“痛苦多于欢乐”“不平则鸣”的影响，诗歌体现出多“愁”少“乐”的倾向。

那么“痛苦”集中在哪里呢？最核心的就是“惜春悲秋”。如果大家都长生不老，那么再多的苦难都可以作为历练，关键是青春易逝，时不我待。“春”就是青年的美好时光，转眼即逝；“秋”是中年收获的季节，却一事无成又两鬓斑白，这样如何挨到人生的冬天？在这个核心基础上，还有四大常见主题：思念、建功立业、怀才不遇、归隐。为什么呢？人类的情感是共通的。我经常这样引导学生思考：现在大家还在读书，一年后大家就毕业了，考上大学，这时候大家不管远近，都真正离开了家乡。到那时候就会思念亲人朋友，甚至思念家乡草木。大家不管读什么学校，都会想要干一番事业。“一将功成万骨枯”成功的人毕竟总是极少数，所以大部分都有怀才不遇之感，但还是老老实实继续工作。只有少数人站起来喊一句“老子不干，回家养猪去”了，这些人在古代就是“归隐”之士。

只有真正理解了诗句，我们才能进行精准鉴赏。鉴赏诗词，核心就是“意象”“艺术”“主题”，而这些恰好也就是高考大纲规定的考查内容。

我们具体结合教材中的诗句来分析“理解”的重要性。

首先是意象方面。意象分析要求全面、准确把握诗句，只有这样才能真正领悟主题。

杜甫《登高》里塑造的人物形象是自己：万里悲秋常作客，百年多病独登台。艰难苦恨繁霜鬓，潦倒新停浊酒杯。“常作客”是指离乡背井、长年漂泊；“百年多病”是指年纪大了又多病；“潦倒新停浊酒杯”是指因为潦倒不堪，连低廉的浊酒都喝不上。只有这些分析出来，我们才能精确把握人物形象。

苏轼《念奴娇·赤壁怀古》里塑造的人物形象是周瑜：遥想公瑾当年，小乔初嫁了，雄姿英发。羽扇纶巾，谈笑间，樯橹灰飞烟灭。“小乔初嫁”讲的是“周瑜初娶”的少年得志，年纪轻轻就娶了东吴第一美女，还和皇帝攀了连襟兄弟的亲戚；“雄姿英发”是指英姿挺拔，头发乌黑亮丽；“羽扇纶巾”讲的是水军提督儒生打扮，显得自信悠闲……只有这样理解准确，我们才能发现周瑜的“少年得志，为国建功立业”人生轨迹。相比之下，苏轼“早生华发”还被贬谪，真是太令人同情了。

其次是“艺术”。诗歌艺术很丰富，因而需要理解诗句的内涵才能掌握它。

比如王维的《观猎》：

风劲角弓鸣，将军猎渭城。草枯鹰眼疾，雪尽马蹄轻。
忽过新丰市，还归细柳营。回看射雕处，千里暮云平。

句子是不难理解，但是如果不理解透，你觉得这首诗里面有几种修辞？有什么艺术手法值得一提？

“风劲角弓鸣”，风很大，在这时候弓弦响了，说明主人公在“大风”中拉弓射箭。这种违背常识的做法，很明显只有一种解释，就是将军臂力惊人而且箭术高明。力量大才能不受风影响，技艺高才能排除风力影响的角度和方向。所以这句话就用了“衬托”手法。“将军猎渭城”为什么要倒装在后，这也是王维的高明之处。我们看电影，有近景、中景、远景、全景、特写。“风劲角弓鸣”就是特写，先特写吸引观众，然后再让我们“中景”看到主人公，“全景”看到他的军队、他的身份，还有他来此的目的。所以，王维诗作不仅是“诗中有画，画中有诗”，而且还非常富有现代色彩的“影像感”。

最后是“主题”。如果不理解诗句，就难以把握主题。

比如王维的《积雨辋川庄作》：

积雨空林烟火迟，蒸藜炊黍饷东菑。漠漠水田飞白鹭，阴阴夏木啭黄鹂。
山中习静观朝槿，松下清斋折露葵。野老与人争席罢，海鸥何事更相疑。

通过前三句，我们可以明确诗中“田园生活”“田园风光”“吃斋坐禅”的内容，得到“对田园生活的热爱，表达归隐的旨趣”。诗词基本上都有“先景后情”“先事后理”的特点，所以主题我们就锁定在最后一句。尾联是两个典故，看起来是没有联系的。一典出《庄子·杂篇·寓言》：杨朱去从老子学道，路上旅舍主人欢迎他，客人都给他让座；学成归来，旅客们却不再让座，而与他“争席”，说明杨朱已得自然之道，与人们没有隔膜了。一典出《列子·黄帝篇》：海上有人与鸥鸟相亲近，互不猜疑。一天，父亲要他把海鸥捉回家来。他又到海滨时，海鸥便飞得远远的，心术不正破坏了他和海鸥的亲密关系。这两个典故，一是去除了富贵之态，能够融入世俗人群；一是去除功利之心，能够融入大自然。描绘田园生活美好容易，表达归隐愿望不难，但是像王维这样，能够写出真正的归隐旨趣，就很少见了。而粤教版教材对《积雨辋川庄作》中的“野老”典故都没有讲清楚，理解自然就错误了，真正明白主旨也就难了。

作文：什么是学不到的？

我常对学生的卷子作预测：通过高三强化应试训练，可以提升20分，但是只能到120分，要上130分得靠运气。极少数时候，我会遇到底子扎实好的，才会说：你底子真不错，就是不懂得应试的技巧。掌握了技巧，发挥正常，130分以上绝对有保障，运气好点，你还能上140分，甚至接近满分。

区别在哪？其实就是语文有些东西，是“学”不到的。术篇部分的作文，才谈如何在考试中，写出高分作文，达到自己所能达到的巅峰。在道篇，我们谈作文，自然要谈“无法短期靠应试技巧”达到的境界。究竟什么是学不到的呢？

举个例子，一个名叫陈谦豫的五年级学生，写了一首诗歌《同伴》。我觉得真心好。记录如下：

从妹妹出生
到现在
她一直有种荷花的气息
也许
她是一股清爽的风
淘气地
偷偷地
揪住了荷花的裙角
…… ……
她们是同伴吗？

这首诗有多少妙处，好在哪里，这里我们不讨论。作为语文老师，我看到后首先想到的是，如果我来教学生，一节课就可以让每个学生都写出一首诗来。因为我只需要确定这样的“写作任务”：写自己最喜欢的人或物，必须联想到另一种事物，要求使用比喻、拟人、设问等修辞手法，表达出自己对他（它）的感受，然后再稍加指导、修改。大部分五年级的孩子，我相信都能够做到。所以这是学得到的。

那么什么是学不到的呢？很明显，写《同伴》的小作者，喜欢用诗歌来表达自己的情感。她擅长运用各种修辞，而且富有想象力，更关键的是心思细腻，情感丰富。我虽然不会说她将来会是个诗人之类的傻话，但很明显，她具备很好的文学素养，这必然基于她内在的兴趣和热情，还有外在的阅读和写作积累。

要让孩子“充诗人”很容易，但要让孩子“当诗人”很难。同样，你给我一个要求，我就能教学生达到，这就是高考！但是，要让学生掌握语文的奥妙和力量，那就是另外一回事了。要学生通过短时间应试训练，达到高考卷子要求，得到“好看”的结果不难，但是在海量的高考卷子中脱颖而出，取得“辉煌”的成绩就很难，因为这不是一年的时间就可以教出来的。

现行粤教版教材每单元都有对应的“写作指引”，但“高考备三年”使得很多学校都忽略了对“新闻”“传记”“调查报告”等写作的训练，直接剑指“议论文”，甚至这两年更是锁定“任务驱动型议论文”。这看起来是集中力量学一样东西，但其实效果并不好。不说学生写得闷死了，老师也改得烦死了。结果拖拉稀松地学议论文，到了高三，学生还是写得乱七八糟，不堪入目。相比之下，我之前的老师——潮州市金山中学李美勇老师的教学模式就不同了。他教一样，就让我们写一样。最有印象的一次是他教《沁园春·雪》，讲完就晒自己写的一首《沁园春》，表达他对教学的热爱，然后建议我们大家尽可能地尝试。我记得当时自己也写了一首《沁园春》，讲自己去凤凰山上玩的经历。因为当时也不懂押韵，有些字韵用错了，老师改了之后，还当场朗诵了我的词，这让我印象很深刻。后来我自己还买了《笠翁对韵》《声律启蒙》学声律，在日记本上写了不少首诗词。所以大学上诗词课，陈新伟教授说我写的诗是他教了几十年书见过最好的，我写的一首格律诗还被他拿去发表了。同样，在我执教开始的几年里，我也坚持教什么就让学生写什么。印象最深刻的是有两个学生：一个写武侠，一个写侦探；一个崇拜金庸，一个喜欢福尔摩斯，结果两人都写了几十页作文纸的小说，而且写得像模像样（后来，一个成了省电视台的导演，一个成了市党报的编辑）。我在课堂上表扬他们的“大作”，全班同学都抢着读，这对其他同学也起到激励作用，大家创作热情高涨。那些作文写得差的，也自愿一次又一次地修改自己的作文，然后拿给我改。本来我以为他们能够进步到某个水平就难能可贵了，但他们硬是把自己的作文琢磨到非常优秀的地步。有了写作的兴趣，有了写作的动力，写作水平才能够提升。反观现在，顶多只能让学生循序渐进学写议论文，结果学生自然很容易厌烦，因为没有结合课文学习，仅听老师讲方法（议论文方法能有多少，能多有趣?)，始终无从下手。一直写议论文，没有变化，学生不仅厌烦，而且也没有让他们找到“特长”“自信”的机会，而且缺乏循序渐进的过程，学生更是丝毫没有“修改”“提升”的空间。

近年来，全国Ⅰ卷的作文题，似乎指向了“书信”，其实也是一种尴尬的指引。2018年作文题一出来，就有广东省的权威专家指出：这是“议论性书信”。高考作为学习导向，陷入的是一个困境：不让学生写议论文吧，议论文始终是高中阶段的培养核心；让写议论文吧，大家整天练习议论文，别的都不会写了，而且潜在的问题就是扼杀了学生写作的兴趣和热情。教育专家也好，学校教师也罢，出于高考功利，宁可只讲议论文，以简对繁。按照我个人的理解：小学作文就是要“讲清楚一件事”，初中作文就是要“讲好一件事”，高中作文再叙事真没有什么空间了，大不了就是“用一件事来说道理”。高中阶段是形成世界观、人生观、价值观的关键转折期，作文的核心始终是“学会思辨”，必须像“大学辩论赛”那样，重点不是“论点”，而是“论证”，“论证”和“辩论”一样，是技术性的东西，说白了并不复杂，易于教学操作，老师都会选这个。这就是矛盾的根源！

所以，我对“作文教学”有两个基本观点：（1）要重视教材内容的学习，活学活用；（2）要尝试多种文体，多种写作手法、技巧。具体如何做呢？这里用记叙文和议论文两大文体作为案例来讲。

记叙文，什么是学不到的境界呢？我们先来看2018年广东省中考潮州学生的一篇优秀作文：

恒

《锁麟囊》中唱道：“繁华回首如梦渺，残生一线付惊涛”，枝头梨花开败了三十余载，她仍守候着心中不变亘古的永恒梦想。

昔日，她常将自己锁在阁中一遍又一遍地捻袖唱戏，那时候无一人理解她的坚持。我站在窗边，奶奶叹道："你姑姑真是倔。"我却分明望见她清朗的眸里，闪烁着笃定永恒的光彩，倒映着澄莹清润的苍穹天光。

精诚所至，金石为开。她以一首《霸王别姬》唱进了所有人的心门，赢得了所有人的认可。我长立台下，深深凝望着如仲春明媚的她——红氍毹前小虞姬指点金花的水袖似游龙潜渊般百转千回，朱唇咏吟的是婉转清扬的唱腔，琉璃瓦脊般上吊的凤眸分别倒映着霞光般灿烂的颜采。

十年如亘古，十年如转瞬。她用不厌其烦地执着将自己对潮剧的爱书写进永恒的诗篇，却因痴迷而唱坏了天生的莺嗓。她变得沉默，那闪着星子般熠熠光华的双眸无一丝光彩。我站在门口看见她深情地抚着许久未穿的戏服，痴痴地抚着如意冠上的点翠。坚强如她竟落下了无奈怅然的泪，晕开了一片迷茫的水渍。

她因《霸王别姬》而声名鹊起，亦想因《霸王别姬》而惊鸿惊束。她在铜镜前描完最后一笔入鬓眉，扶正如意冠，扬起一抹灿烂的笑踏上樟木地板，是熟悉的虞姬的扮相，却无力拔山兮气盖世的霸王，也无熟悉的满座宾客。"自从我随大王东征西战——"启唇便是凄婉哀扬的唱腔，恍惚间，似重回心中永恒的乌江畔西楚旌旗猎猎飘摇，千马齐喑，虞姬似一支一去不回的箭镞镇静地踏上了弓弦。鸳剑剑花眩漫，翻腕纵身，去势惊起花间寒风，她与西楚虞姬的身影在夜风中淡淡凝散，哀婉声嗓似要将人心皆哀哀唱碎，寒鸦扑簌着悲啼一声，此刻怔愣地观者几乎深信不疑——此刻，她就是虞姬，虞姬就是她，耳畔仿若响起亘古永恒，轻若流岚一声："虞兮虞兮奈若何？"台上虞姬似重重跟跄，仿佛亦陷入那个隔世经年的永恒梦境，她在舞台上完美地诠释了那个倾城绝艳的虞姬。这是她最后一次唱戏——这才是担得起"名动天下"的一场戏。

一缕夜风吹落枝头梨花，我看见她泛白的指尖轻轻地颤，仿若也不能抽身于西楚乌江河畔的幻梦。这是我最忘不了的一场戏。三十二年如转瞬，她仍静静守候着这个梦。一场戏，一个人，无不诠释着"恒"字。戏子无情？非也！

这篇文章，他的确该拿满分。不仅完美地解决了"恒"这个题目的内涵和外延，更关键的是，它展现了一般学生无法达到的外在语言和内在底蕴功力。

和前面的儿童诗歌一样，我们先进行技术性分析，弄清楚大家可以迅速学得到的是什么。记叙文技术体系相当固定：前有铺垫，后有升华；内靠矛盾，外借细节。当然，最重要的就是制造“矛盾”。记叙文说白了就是“讲故事”，如果没有故事，那不是记流水账，就是说废话，而且主题必须在矛盾中得到凸现。记叙文对应我们现实的生活。生活充满矛盾，我们就是在不断地解决矛盾、调和矛盾中成长起来的，怎么少得了“矛盾”。所谓“求不得苦”才是“修道的关键”。

“矛盾”是故事的关键！就像周星驰在北京大学回答关于《大话西游》结局的问题。小女生认为紫霞和至尊宝无法走到一起是爱情的悲剧，纠结其中。周星驰却说：“我们都喜欢说，爱情方面，如果两个人结婚，他很爱她，她也很爱他，那就没什么看头了。一定要他爱她，她又不能爱他，最后她表面不爱他，其实她又是爱他。”说白了，如果没有这样设置矛盾，《大话西游》拍起来就没有故事了。回到例文中，如果一开始姑姑的“恒”被家庭接受，被社会理解，那么就没有故事了；如果姑姑的“恒”结出硕果，得到好的回报，那也只能是普普通通的故事。恰好因为姑姑执着追求潮剧表演的“恒”，与奶奶的不理解，姑姑持续不断付出“恒”，与唱坏莺嗓，终结潮剧梦的“矛盾”，让我们更好地理解了“姑姑对潮剧的爱”，让我们感悟到“真挚的爱”才能“永恒”，这才是人生的真谛。

“铺垫”和“升华”是文章不可缺失的成分。文如看山不喜平，前有铺垫后有升华，自然才有层次，更有立体感。没有开头“奶奶叹道：你姑姑真是倔”的铺垫，文章吸引读者继续读下去的“力”就不够；没有最后“一场戏，一个人，无不诠释着‘恒’字”的升华，主题就不够鲜明，而且只是局限在“姑姑”一个人身上，我们“读者”始终只是“局外人”，似乎并无多大干系。

“细节”描写，可以是人物的语言、动作、外貌、心理，也可以是景物的渲染。“她清朗的眸里，闪烁着笃定永恒的光彩”一句传神地描写出姑姑的执着追求，不为所动，还紧紧地扣了题。“红氍毹前小虞姬指点金花的水袖似游龙潜渊般百转千回”一句是对姑姑表演技艺的展现，也是她长久不懈努力的成果。“泛白的指尖轻轻地颤”是人物“大痛大快”心理的细腻绽放……当然，我们也可以看出，没有一定的文学天赋，没有大量的阅读基础和写作训练，怎样也无法有这般“文采”。

当然，这一切都是学得到的，按照这几个步骤训练写作，可以轻易地应对所有的记叙文题目。但是，就算是先拿到作文题目，回家慢慢写，有几个能够写出这样一篇文章来？有几个人能够写出，“《锁麟囊》中唱道：‘繁华回首如梦渺，残生一线付惊涛’”；有几个人能够写出“她在铜镜前描完最后一笔入鬓眉，扶正如意冠，扬起一抹灿烂的笑踏上樟木地板，是熟悉的虞姬的扮相，却无力拔山兮气盖世的霸王，也无熟悉的满座宾客”。不懂潮剧的，不可能引用的出来《锁麟囊》。我是从小跟奶奶看潮剧的，都不知道《锁麟囊》，更记不住这样一句唱词。“如意冠”“樟木地板”写到如此之细，让我们想起了《红楼梦》。没有真实体验，何来这些物件？没有对潮剧长期的接触和真挚的情感，怎么可能写出“是熟悉……，却无……，也无……”的李清照句式来。这些老师品得出来，却无法教学生写得出来。

因为感情，所以了解姑姑，因而能够写出一个普通而又传奇的“人物”；因为兴趣，所以了解潮剧，因而能够写出大家看不到的一个“世界”。作文教不出的是对自我，对人生的万种情思；教不出的是对众生，对红尘的满腔热爱。

记叙文如此，议论文也是一样的。

2018年广东一模的作文题是根据马尔克斯的一段话，写出对“今天与明天”关系的感触与思考。深圳市第二高级中学张俊卿写出了一篇优秀作文。

今日修罗道，明朝莲花开

诺奖得主，魔幻现实主义大师马尔克斯在罹患重症的《告别信》中，阐述了他独特的时间观：“我们的心中要永远有一个明天，他会给生活以希望。如果没有明天，那我们更要把握当下。”在马尔克斯眼中，人生真正的幸福，不仅仅在于明天登顶时的荣光，更在于今日攀登险阻的无畏。

这种时间潜流，让人不禁想到了马大师在《百年孤独》中的经典开篇：“多年以后，奥雷连诺上校站在行刑队前面，谁会想起父亲带他去参观冰块的那个遥远的下午。”这个魔幻的开篇，将昨天、今天、明天再次串联。今天正是明天的昨天。明天又会成为下一个今天。

今天是因，明日是果。今天是现世，明天是来生。今天是情欲肉身的修罗道场，明天是灵魂涅槃的般若莲花。既然是修罗道场，就要经受人生的种种折磨和考验，这是一个极为艰难的登山的过程。也无怪乎诗人顾城会在

《山影》中说："今天是魔鬼，明天是天使。"就如《西游记》中的孙悟空，本可以一个筋斗云翻越万水千山取得真经，却偏偏要经历九九八十一难，方成斗战胜佛。因为，今天是一个"悟"的过程，在磨难中思考，在砥砺中成长。只有经过每一个今天的淬炼，才能磨掉身上的贪、嗔、痴、慢、疑，进而达到"空"的澄明之境。

但是，我们也要看到，并不是每一个奋斗的今天，都能迎来光明的明天。我们要有一种"但行好事，莫问前程"的平和心态。正如了凡大师所云："人为善，福虽不至，祸已远离。人为恶，祸虽不至，福已远离。"我们在每一个今天的人生奋进中，纵然没有实现"会当凌绝顶"的英武豪迈，却依旧可以拥有"一览众山小"的潇洒情怀。我们不能保证明天一定光辉灿烂，但至少我们可以把握今天的无悔奋斗。

你肯定知道海子脍炙人口的《面朝大海春暖花开》中的名句："从明天起做一个幸福的人。"但你可曾知道，他在《幸福的一日——致秋天的花楸树》中这样赞美"今天"：我无限地热爱着新的一日，今天的太阳，今天的马，今天的花楸树，使我健康富足拥有一生。从黎明到黄昏，阳光充足，胜过一切过去的诗，幸福找到我，幸福说："瞧这个诗人，他比我本人还要幸福。"

这样的议论文，无论是哪种水平的语文老师，都会给出高分。这不仅是完美的考场作文，而且其"论证艺术"也已经达到普通语文老师都无法企及的境界。单从技术性分析上看，观点鲜明："今天"的苦难历练，成就"明天"的幸福美满。即使不是幸福美满，也是功德圆满。论证充分而且结构合理：不仅点出"今天"和"明天"的联系，还运用诗歌名句等作为论据，既充分又富有内涵，还显得诗意盎然。其论证不仅考虑到"积极的成果"，要把握今天，历练自我；还考虑到"不光明的可能"，要确保潇洒情怀；不仅引用了海子的"决心明天的幸福"，也引用了"感受今天的幸福"。

当然，抛开这些技术性手段，我们可以看到的就是学不来的东西。对马尔克斯的了解，文章一开头就多了"题干"没有的四个字"罹患重症"。很明显，作者不仅知道这句话，还知道这句话的背景，更会背出马尔克斯那句经典的开头。如果对文学没有兴趣，是不可能去了解马尔克斯，也不可能把这句话记住的，还有后面那么多顾城和海子的诗歌，更不要说对佛教的理解。

可见，不管是记叙文还是议论文，优异的作品始终是“一眼卓越即非凡”。这种绝对性优势，不是普通学生可以学到的。

其实上面的两篇作文也不是说要学却“无从入手”，关键是学生对文学的兴趣和积累，还有就是“诗在诗外”。这两篇文章中，兴趣是作者取胜的关键，也可以说这是文章“特色”“风格”的体现。艺术最高境界就是“特色”“风格”，与众不同才有出众之处。

明白这一点就知道，其实要“出类拔萃”也不是难事，关键就是“自我”：有自己的兴趣和爱好，有自己的追求和付出。我没有搜集很多，但是回顾一下，像2010年广东的两篇《与你为邻》优秀作文，一篇明显是学“钢琴”的学生写的，一篇明显是爱好“漫画”的学生写的；2014年全国Ⅰ卷的优秀作文《与对手相拥，奏响共赢之歌》，明显就是一名热衷“经济管理学”，对大企业竞争浮沉感兴趣的学生写的；2014年广东高考的优秀作文《黑白胶片的时代》，明显就是一名热爱摄影的潮州学子写的……

那么，普通水平的学生，尤其是那些觉得“兴趣和爱好都很奢侈”的学生，难道就无法写出满分作文吗？不是的。普通学生也能够写出满分作文，只要扎实学好教材，灵活运用，即使写不出个性，也写得出文采来！

恰好，2018广东一模考后，网络还提供了《今日修罗道，明朝莲花开》作者的同校同学王世风的另一篇优秀作文：

明日时无多　今日最当惜

“对酒当歌，人生几何？”曹孟德酾酒临江，叹人生之短暂；“哀吾生之须臾，羡长江之无穷。”苏东坡夜游赤壁，感时光之易逝。求声名，立功业，通达当世，奈何时日无多，谁人无忿？依我之见，先贤遗以后世的不是埋怨而是警示：明日时无多，今日最当惜！

有人说：明天是今天的梦，为今天指明方向。此言得之。没有对明天的畅想设计，就没有今日的有条不紊；没有明天的方向指引，就没有今天的成竹在胸；没有明天的梦想激励，就没有今日的奋勇向前。君不见莫言、屠呦呦，诺贝尔奖收入囊中；君不见创客风靡全国，高铁走出国门，量子卫星入寰宇。于个人而言，明天引导着成功；于国家而言，明天意味着强盛。不可不知的是，举国畅谈中国梦，是明天的梦，也是灿烂的未来！

然而，没有今天这块基石，明天永不到来。活在昨天的人是悲哀的，活在明天的人是虚幻的，活在今天的人才是真实的。唯其真实，才可把握；唯其真实，才有可为。李大钊告诫我们：最珍贵的是今天，最容易失去的也是今天。约翰·洛克则说：抛弃今天的人，没有明天。所以我们应该夯实今天之基石，用今天去点亮明天。今日积跬步，明日致千里；今日锲不舍，明日镂金石；今日斩荆棘，明日临峰顶。

每一个明天终究会降临，把握好每一个今天，其实就把握好了明天，把握好了时间。只是当每一个明天变成今天，当每一个今天破晓降临时，我们却漠然无觉或惊慌失措罢了！迷惘、退缩、怠惰，时间被揉成废纸，尘封进历史的长河。有人说：幸福生活是奋斗来的。如若明天的憧憬仍在，就当如蚯蚓一般奋斗不息，以不绝的毅力和用心，换一个上食埃土下饮黄泉的自在。

筑我梦者，明日之日无多时；遂我愿者，今日之日最当惜。让我们一起点燃今天的生命之火，去照亮明天的梦想天空！

除去李大钊和约翰·洛克两句名言的引用（其中约翰的那句稍微有误），我们可以看到的，其他的引用基本上不是课文学过的诗词，就是老师们一般都会推荐的新闻时事。换言之，这篇文章的作者更是听老师话的好孩子。所以我拿这两篇作文给学生看时，就说：我不要求你们写出第一篇来，但是第二篇你们完全可以写出来。

如何利用教材教作文呢？在教学中，其实就两个步骤。

其一，利用《报任安书》中的“名段”学习论证的方法要点；其二，利用粤教版必修五的文言文单元（第五单元）的几篇课文，训练学生灵活运用课文来作为“论证素材”。

正如前面所讲的，高中考核重点是学生的思辨能力，所以不在于提出观点，而在于论证观点。动画片《麦兜的故事》里，麦兜的妈妈在教育麦兜时，这样讲：“从前有个小朋友撒谎，有一天他死了。从前有个小朋友他很用功的念书，长大了之后发财了……”这样的说教我们听了都会发笑。所以议论文，关键就是议论得有说服力。怎么才有说服力？《报任安书》中“古者富贵而名摩灭……思垂空文以自见”，这一段是典范的论证结构。

第一，从基本要求上说。

首先，观点明确："唯倜傥非常之人称焉"（只有那些超凡脱俗、非比寻常的人才能被历史记住、称道）。那么怎么样才叫做"倜傥非常之人"，什么条件才会催生"倜傥非常之人"，文章接下就是论证这些了。

其次，结构严谨，文中举出西伯侯（即周文王姬昌）、孔子、屈原、左丘明、孙膑、吕不韦、韩非子的实例，这是并列结构，而且这多个"个体"和"《诗经》的作者们"群体，是点面结合、并列类比的结构方式。

再次，方法多样，使用举例论证、类比论证，使得文章富有说服力。

第二，具体的论证方法也值得学习。

首先是举例充分。在逻辑上，这叫"归纳法"。归纳法要求支撑同一观点的案例越多越好。如果案例单一，比如说小明是优秀生，那能够证明小明所在的A班学生都是优秀生吗？不行！因为这不能排除A班的小聪、小红、小星都是后进生的可能。当然把A班全部同学的成绩都晒出来，都很优秀，那自然证明了A班学生都是优秀生。学生在写作文时，如果能够像司马迁一样一口气列出这么多材料，而且点面结合，就相当了不起了。所以高考大纲对议论文"丰富"的规定就是"材料丰富，论据充实"（对记叙文要求就是"形象丰满，意境深远"）。

其次是例子具体。司马迁列出的上述人物都是"有名有姓"，而且"众所周知"，所以有说服力。学生，尤其是刚接触议论文的学生，常常"我如何如何，我二舅子的三表弟如何如何……"或者"有个人……"给人的感受就是：是不是瞎编胡诌的？时间、地点、人物事件要具体明确，这样内容才显得"真实"，才有说服力。简单说就是：记叙文要"我如何如何"，亲身经历，这样是真实；议论文不能"我如何如何"，公众认同，这才是真实。

再次是紧扣主旨。《报任安书》一文观点是"唯倜傥非常之人称焉"，那么每一个材料都要紧紧与之对应。西伯侯"被囚禁"然后"推演出《周易》"。"被囚禁"是个条件，在这样的条件下，很多人垮了，而西伯侯反而利用这段时间，探索宇宙万物的规律，推演出《周易》这部著作来，为中华乃至世界文明做出贡献，所以他是超凡脱俗非比寻常的伟人，被后人称道。后面的例子也都一样，这些人物都是克服了某种普通人难以忍受的困难或耻辱，坚持下去，展现自己的才智，为人类留下精神财富，所以才会永远被世人称道。

最后是分析说明。罗列例子后，司马迁还指出"此人皆意有所郁结，不得通其道，故述往事，思来者”，这是对例子的分析说明。换言之，这不仅是“归纳推理”，还是“演绎推理”（因果论证），指出内在原因：他们遭受到的打击，不管是来自他人，还是命运，这让他们感到愤慨，更加激发他们要表现自身的才华、智慧的欲望。这样子让我们“知其然，更知其所以然”，文章自然更有说服力了。所以，我们在具体的论证之后，最好要有分析，不管是假设分析还是因果分析，都是更好的“内在支撑”。

懂得了论证的基本要求，那么如何才能像司马迁那样，运用材料来证明论点呢？早在2007年，我自己就做过一次尝试。在天涯社区上以“苏一明”的署名发布了《一个苏轼挑战十省高考作文》的系列文章，以林语堂《苏东坡传》的内容为素材，写了十个省的十篇不同高考作文。这个尝试，其实就是在探索“材料的灵活运用”。这一要点，什么时候也不会变。不然就算你把材料都背下来，却不清楚如何对应，也是“蠢妇难为有米之炊”。

在教学中，我是这样使用教材的。以粤教版教材第五册“文言文单元”为例，里面包含司马迁《鸿门宴》、李密《陈情表》、柳宗元《段太尉逸事状》、王安石《游褒禅山记》、左丘明《左传·郑伯克段于鄢》、司马迁《报任安书（节选）》这几篇课文。

首先，单元学习后，进行小结巩固，让学生对课文内容熟悉于心。只有“熟”才能“生巧”。

其次，先尝试进行分类。比如按“情感分”可以把课文分析如下：《鸿门宴》是朋友情（刘邦和张良、樊哙；项伯与张良）；《陈情表》是祖孙情，是亲情（李密与祖母）；《段太尉逸事状》是官民情（段秀实与边地百姓、与农民）；《游褒禅山记》是亲情、友情（王安石与兄弟和朋友）；《左传·郑伯克段于鄢》是亲情（颖叔考与母亲；反面则庄公母子和庄公兄弟）；《报任安书》是朋友情（司马迁与任安）。能够这样分析的话，面对各种含有“情感”的作文题，自然能够轻松对号入座，进行针对性引述。

最后，是针对具体作文题的训练。比如之前学生写过“进与退”的话题作文，就可以这样使用：刘邦以退为进，谦卑地请罪，仓皇地逃跑，最终赢得生存的机会，为将来的胜利奠定基础；想要奉养祖母，而朝廷催逼甚急，李密以退为进，一书《陈情表》，委婉真诚地倾诉最终让晋武帝为之动容，接受了他的推辞；面对蛮横无理而又贪婪的谯令谌，段秀实以退为进，自己卖马偿还农民的田租，最终愧死谯令谌；王安石他们听从了“撤退”的建议，结果失去了“前进”观奇景的机会，最终后悔不已；郑庄公面对贪得无厌的母亲和弟弟，以进为退，在弟弟行为引发朝野不满，图谋不轨之时，一举剿灭弟弟的势力；司马迁没有选择一死了之，而是接受宫刑的奇耻大辱，以退为进，最终赢得了后人的理解和敬佩，更留下了千古名篇《史记》。

通过这样的训练，学生自然能够学会灵活运用材料，不会放着十二年教材里的素材宝藏，面对作文题“无话可说”。

议论文可以通过教材这样训练，记叙文也一样。通过熟悉课文，明确记叙文的基本写作构思、要求，然后每单元进行“仿写训练”，这点在高中教材设置中没有特别突出，但是在小学教材中有体现出来。比如人教版的六年级（上册）《语文》教材中，第一单元就有《山中访友》《山雨》《草虫的村落》《索溪峪的“野”》几篇文章，这都是写“自然景物”的，单元后面的《口语交际·习作》就安排了几个关于“大自然”景物描写的题目。教材后面各个单元也是这样的安排，明显就是这样的意图。其实在高中教材中，也应该如此设置。

我这里举一个具体的案例来说明，这种训练方法的成果。2008年广州一模卷出了一道传记阅读题《舞者之歌——伊莎朵拉·邓肯》。因为当时广东的高考开始用“实用类”文体来考学生，所以这道题作为一个典范案例，一直都给学生做。2011年，我有一个学生叫周曼蓉，她就特别擅长这种“灵活运用”的方法。她就把《舞者之歌》的材料，成功地运用到2011潮州市二模的作文题上。

作文题目具体如下：

> 我们每个人所拥有的才能是独特的，每个人的优点才是自己成长空间最大的地方。人之所以成功，不是因为他改正了每一个缺点，而是因为他最大限度地发挥了自己的优点。人生成功的诀窍就是善于经营自己的长处。请以“经营自己”为标题写一篇文章。

结果她写出了考场的满分作文：

经营自己

20年的成长之路一步一个脚印走了过来，一路的汗水，一路的微笑伴随我走到今天。曾经那个“肆无忌惮”拿着麦克风唱儿歌的小女孩，已蜕变成一个走在声乐专业上的音乐生，这一路尽管坎坷，但我依旧善于经营自己，坚持走出一个更绚丽的舞台。

童年的时光总是美妙的，天生的胆大，使我做什么都是从不退缩。小时候跟随奶奶到农村过暑假，善于经营自己的我总喜欢招来小朋友，把我在幼儿园学到的歌曲，舞蹈“传授”给他们。看到他们跟在我身后翩翩起舞，心中无比的自豪，我也因之乐此不疲。

上学时，我凭借着这一优点被送入合唱团。没有接受专业训练的我，明显落后于其他人，但善于经营自己的我，还是“经营”起我的另一个优点，敢于表现。我总能很自然融入演唱的情感中，轻而易举就把握住歌曲的内容，演唱起来十分投入，虽然有些许滥竽充数，但还是合唱团里的闪光点。

在真正选择人生的路口上，善于经营自己的我毫不犹豫地选择了音乐专业，这也是我最刻骨铭心的选择。曾经的我犹豫过，尽管从小和音乐有着许多说不出清的缘分，然而毕竟是外行，不像其他同学一样，从小就系统地学习。在我犹豫不定的时候，老师的鼓励让我重新找回信心，坚持经营自己的长处。

在学艺的道路上充满艰辛与挫折，面对一个复杂的学习过程，我知道了不易。风格的差异是令我在音乐道路上最大的困难。我的声乐老师并没根据我自身特点选择正确的曲目，而是根据时下的唱法教我，走民美唱法相结合的路子，而我的风格是属于纯正的民族唱法。尽管方法是相通的，但选择的曲目将会影响演唱的质量和学习的进步，认识到这一原因，善于经营自己的我，马上改变策略，另外寻求适合自己的声乐老师。

在音乐的道路上，一直是我不断坚持经营自己所走过来的。我认识到自己的长处和短处，不断地改变方向，扬长避短，在家人和老师的帮助下，走上高考独木桥。无论结果如何，但我相信只要我不断制定正确的策略，经营自己，发展自己的长处，我一定能步向更高的舞台。

善于经营自己，不必顾及世俗的眼光，走自己的路，让别人说去。成功经营自己才是最重要的战役。

这篇作文拿满分，我想没有几个老师会有意见，但是大家对比下那篇《舞者之歌》，肯定会笑出声来。毕加索有句言：好的艺术家抄，伟大的艺术家偷。说的就是这样的事。那么，如何掌握这种“偷”的能力呢？对此，我采用“数学解题”法来进行分析。

首先是让学生接触“多题多解”。这个阶段比较简单，因为学生一般运用的就是不同题目，使用不同事件素材。比如写到做好事就想到扶老人过马路，写到挫折就想到一次考试不及格，写到亲情就想到自己生病，爸妈陪着……当然，要让学生接触不是这些，而是在同一“题目”中能够“另辟蹊径”写得出出类拔萃的作品，要让学生避开那些“老套”的情节。

其次是让学生接触“一题多解”。我一直使用的素材就是2008年广东中考卷题目“脚步”，以及当年汕头市的几篇范文。因为这些范文包含“父爱篇”“母爱篇”“热点篇”“友情篇”“励志篇”“哲思篇”……他们从各个不同的角度，运用不同的事件素材去写。熟悉这些范文后，再训练学生构思，引导学生从“学校”“家庭”“社会”三个领域去比较哪个合适，然后再从下一层追溯回忆。比如“学校”从时间上可以是“进校门”“早读”“课堂”“课间休息”……从空间上可以是“公开课”“体育课”“艺术课”“实验课”……从人物上可以是“师生之间”“同学之间”……熟悉这些，学生就可以从不同角度去训练，变换素材，练习构思，不会写起来总是“老三篇”。

最后才让学生练习“一解多题”。尝试结合自己的兴趣和爱好、专注的领域，运用同一个素材，“以不变应万变”去写不同的题目。这是最难也是最关键的一个步骤。在具体教学中，我一般是把前一年全国各地的中考作文题都搬出来，然后让学生拿自己印象最深、体验最真的事情去构思（议论文就是拿高考题目，然后给学生一篇人物传记去构思），学生觉得能写的就不用管，不能写的就提出来和大家一起讨论。当然老师要确保自己能够给出具体的演绎方式。

这就是作文可以学到的东西，这就是教材的打开方式。不要总是说高考不考课内，只要熟悉教材，熟悉某一领域的知识，必定能“生巧”，毕竟运用之妙，存乎一心！

有了素材，我们就可以开始构筑作文的大厦。所谓谋篇布局，重点就是要安排结构。

2018年深圳一模传出了一篇字靓文正的59分作文，老师们品读之后，都赞不绝口。我们来看一下：

你孤单吗

温卓越

这一场偶然发生的育儿理念之冲突看似平常，中外理念不同是众所周知的，可细细想来，实令人感慨万千。

育儿理念的不同只是表象不同，其实质，是中外文化追求的不同。

为什么要扶？又为什么不扶？

扶，是呵护他，疼爱他，更甚在告诉他：你尽管去走，摔倒无妨，始终有一双手在你身后帮你；不扶，是锻炼他、敲打他，更是在告诉他：你尽管去走，摔倒无妨，但你要坚强要自主，没有人能帮你。

扶，是因你不孤单；不扶，是因你很孤单，一个人的战斗只能靠自己。能说孰对孰错吗？不能。

在中国，家庭观念相当浓重，这源自上古周代的宗法制。两千多年来，它已成了中华魂之一部分。在家里特别是在大家庭里，兄弟姐妹之间互帮互助也极其常见，即使在独生子女家里，也可能与堂表兄弟联系密切。强助弱，长扶幼，是家庭中必不可少的关系。更所谓“兄弟阋于墙，外御其侮”，危难时机团结一心才能共渡难关，这一切教会我们不孤单地生活。对上孝顺父母，对下呵护弱小，是中国孝悌的体现。我们都拥有家人帮助。

在中国，朋友的分量重于千金。我们都听过梁山好汉的故事，他们的会议厅名为“聚义堂”。正是为了这个“义”字，从古至今流传了多少为朋友两肋插刀的佳话！落魄时，不必惊慌，因为我们都拥有朋友的帮助。

在中国，从不缺乏大爱无疆的人。我们坚信“一方有难，八方来援”，国内如此，国际亦如此。因为追求“仁”，国内一直开展扶贫工作，我们追求的不是某个人的飞黄腾达，而是所有人都过上幸福生活。“达则兼济天下”，我们救济他国于困难之中，我们的发展为落后国家带去机遇。中国，从不自私，从未孤单，中国更要让世界也不再孤单。我们的背后，始终有一双手。

反观外国，孩子18岁成年便须自力更生，父母不再提供援助。他们要让孩子独立闯荡，苦乐自知。外国人眼中大家都是朋友，也就不强调所谓义气，当然也可好聚好散。外国的贫民窟里聚积着大量社会最底层人，谁来救济他们？在财富论英雄的社会里，没能凭自己努力挣到钱，并没有值得可怜之处。国外强调个人主义，正是因为他们笃信一切由自己开创，一切因我而生，我的独立，无须帮助。中国的孝悌仁义与外国的独立打拼实无可比性，我们自古以来便强调人的社会性，而外国强调个性。但二者无高下之分，正所谓"求同存异"。

文化追求不同，出发点却都是为了更好地生存。育儿理念不同，各有所长，但都为了孩子好，有此足矣！

你孤单吗？无论是与否，请坚信我们都会有别样的精彩人生！

其他种种好我们暂且不谈，我们现在来讨论其结构。作者观点明确，一开始就提出观点，而且是"透过现象，揭示本质"。然后根据中西文化差别来探讨问题，以"对照式"的方式进行论证，而且在讨论中国文化时，更是从亲情、友情、社会温情等方面"层进式"地进行讨论。

我曾花费时间研究各类文章的结构，发现结构形式相当有限。可能是因为人类受时空间限制，不管是文学作品还是科普读物，不管是叙事类还是论述类，都限制在"线性"和"平面"写作之中。不管是议论文还是记叙文，除了最熟悉的"总分总"结构之外，还有就是"分"的部分含有"对比"，可以勉强再分出一种"对照式"。另外，也有极少人使用"层进式"结构（层层递进，逐渐拓展、加深）进行写作。最特别的，也只见识过爱因斯坦"公理化思想、线性推理"和"逆向思维"相结合（例《自由和科学》）的写作模式。

因为现在高考写记叙文的很少，所以我们大概了解一下其结构类型就好。我教学使用的案例是这样的：基本式的范例是安·古德里斯《妹妹扮演的角色》，层进式的范例是朱国勇《高贵的生命不卑微》，并列式的范例是张晓风《有些人》。

至于议论文，在宏观层面，我采用"比较文学"的方法教学生理解文章结构安排。粤教版材中的《阿房宫赋》《六国论》《过秦论》三篇文章都是讨论六国灭亡，秦国在迅速崛起之后又急骤灭亡的原因，但文章采用的结构方式却不同。

《阿房宫赋》采用了"类比"的方法，在结构上同时摆出"六国的破灭在于奢侈而不爱惜人民，结果把搜刮来的宝贝都给了秦国”而“秦国统治者又因为兴建阿房宫之类的奢侈行为，亡了国”。指出原因在于“秦统治者奢侈无度，不爱惜人民”。

《六国论》采用的是“对比”的方法，在结构上拿贿赂秦的国家和不贿赂秦的国家进行对比；拿秦国受贿所得与战胜所得，六国贿赂所失与战败所失做对比；拿六国祖先苦心经营的领地与子孙轻易送人做对比。阐述了“六国灭亡的原因在于贿赂秦国”的观点。

《过秦论》前面谈秦国的崛起，先论述历代秦皇的治国策略，“线性”证明秦崛起的蓄积性质。同时从商鞅变法的几个方面和秦始皇巩固天下的几项策略“并列”证明秦崛起的必然性。最后又拿陈涉与六国做“对比”，“并列”地从“出身”“才能”“资源”“军队”“武器”等方面进行具体的衡量。最终指出决定国家崛起和灭亡的关键在于“是否施行仁义”。

熟悉这些之后，就可以拿具体的题目，让学生练习从几个方面去考虑，或者从不同方面去对比，能够从不同层次去加深拓展自然更好。

在微观方面，我用现代文《在马克思墓前的讲话》和文言文《滕王阁序》作为案例，讲具体前后内容的衔接连贯。《在马克思墓前的讲话》能够做到前后段落之间的句子“粘连一气”：“……永远地睡着了”后面就“这个人的逝世……”；“……所形成的空白，不久就会使人感觉到”后面就“正像……马克思发现了人类历史的发展规律”“不仅如此，马克思还发现……”；“其中任何一个领域他都不是浅尝辄止”后面就是“他作为科学家就是这样。但是这在他身上远不是主要的”，这些堪称典范的段落间衔接案例。

《滕王阁序》则是整体构思和段落内部的“意韵连贯”。在整体构思上，从“宴会时、地、人”到“宴会周围景物”，然后到“宴会盛况”和“个人感想”，最后回到“宴会主题”。在内在情感上，从“躬逢胜饯”的骄傲，到“宇宙无穷”的喜悦，转而“兴尽悲来”诸多感慨，从“命途多舛”的消极到“穷且益坚”的积极，最后“钟期既遇，奏流水以何惭”回归宴会热闹相聚之景，共襄文坛盛事的喜悦。具体内容方面，则从“地理到人文”，从“季节到景色（从远到近，自上而下）”，从“外在景物到内在情怀”……这些更是结构安排典范中的典范。

所谓一课一得，如果能够在这些课文后面，及时进行充分训练，或者是对应的“结构训练”，也会让学生轻松得到相关写作能力的提升。

术篇

力从地起，离地则借力打力

选择题：魔高一尺，道高一丈

选择题也称客观题，不管是多选还是单选，因为答案有限，而且没有超乎答案范围的答法，会就会，不会就不会；对就对，不对就不对。评价也容易，计分也精准。

当然，选择题也有其局限，就是无法“充分”评估学生的学习能力，尤其是文科方面的能力。我们都知道语文，更多的是理解、表达与鉴赏、评价等方面的学习，表达可以有很多种方式，鉴赏也可以有不同的角度，这些是无法全凭选择题来评定。所以，不论是高考，还是公务员考试，始终是选择题和主观题的搭配。这样既有客观评估的比例，也有主观发挥的可能。

选择题外在有主观题补充，内在看起来就完美吗？不是的，选择题本身也存在着缺陷。一方面，命题方不断在给客观题打补丁；另一方面，命题方打补丁的同时，又会造成新缺陷的产生。

学生“世代流传”着两句关于选择题的口诀：“三长一短选最短，三短一长选最长。”“不懂就选C！”

我们先来看“不懂就选C”的问题。这是个概率问题，因为客观题先天就给出了“蒙”的概率，不管如何单选的起始概率就是25%，但靠瞎猜明显是不合算的。

初中时，我一同学英语很烂，有一次考了几十道选择题，结果他只对了两道。我们都觉得很神奇，于是我拿过试卷就给他计算了下，全部选A可以得几分，全部选B可以得几分……最终结论还真是选C最赚分。这件事使我印象深刻。所以，我上大学有一次考英语恰好耳机坏掉了，压根就听不到听力题目，我就全部选了C，结果得了全班最高分。当然也听说了，教授本来要让我听力0分的，看我后面阅读和作文都完成得很好，也就算了。后来还听说，要在所有的C

前，加个别的选项，不然明摆着就是“瞎蒙”，老师会重点打击的。有点别的选项，总好搪塞一下。

现在来分析下选C命中率高的原因。C项比较接近黄金分割点，或者说老师命题时，像玩藏宝游戏一样，习惯于藏在第三处，既不让你一下子找到，也不让你从后头开始找。所以选C能提高答题概率的确是有一定道理的。但别忘了，这是20年前的故事了，时移世易，如果不与时俱进，那就真傻了。

广东自主命题那几年，我每年都给选择题答案计数，然后数出了奥妙：ABCD四个选项概率是均等的。什么意思？也就是说10道选择题，ABCD这四个选项，最少出现2次，最多出现3次，而且后期还出现双选题，所以那个唯一出现一次的E一般也是答案。为什么广东考卷会出现这种问题呢，我估计是命题人为了回避“不懂就选C”的问题，所以先命好题目，然后通过人工或者计算机按照概率平均分配答案项。很明显广东自主命题，一开始就对选择题打了补丁。这个发现有什么好处，很简单，对于检查答案就有好处，如果你10道题，出现了4个A，那么其中你犹豫的那个A，就可以改成别的选项，甚至可以改成那个你只选了1次的选项。

一直到2015年广东使用全国卷，答案出来我一算，糟糕，方法失灵了。选项里居然出现了4个B，2个A……当然，我们还可以折腾下去，继续数清楚，比如得出“从A到D轮流，每年一个选项出现5次”之类更加复杂的隐藏逻辑来，但是意义已经不大了。也就是说，高考命题人的补丁彻底成功。具体地说就是他们采用了“无规律”的答案选项。

那么“三长一短选最短，三短一长选最长”又有没有用呢？

相信这个方法出处也是源于英语，而且还是我们那一代的方法。初中时我英语很好，不用靠蒙，但是发现题目的答案，尤其是阅读题，还真是符合这样的规律。一般阅读题答案就是表述最长的选项，甚至到了大学做快速阅读，我发现还是这样的规律。估计就是因为“越准确”答案一般需要“越详细”的表述，错的表述一般会“不具体”或者“有缺漏”，相对长度就比较短。当然，我相信现在英语题应该不会这样了。单纯从“长短”进行判断是件很愚蠢的事，何况语文科的题目，选项长短基本也就一两个字的事。单纯靠长短来蒙的方法肯定是失效了，但是这一方法背后的思维却是正确的，那就是“分析法”。下面我们来看看“分析法”在选择题中体现的非凡价值。

分析法是常用的科学方法。1667年，荷兰人击败英国舰队，远到剑桥也听得到炮声。牛顿从炮声推断出荷兰人打败了英国人，不久新闻证实了他的说法。因为炮声越来越大，说明荷兰人离得越来越近；反之就是另外一回事了。牛顿使用的就是两种分析方法：因果分析和对比分析。分析方法有很多，但是每一种分析方法都可以在选择题上使用。

下面我们用几个例题来看看，这些都是我从其他科目的题中挑选出来的。

例1.……，哪一项是不正确的（C）

A. 该种群数量可用N表示　　　　B. 该种群数量大约为88只

C. 该种群数量大约为100只　　　D. $N = 39 \times 34 \div 15$

首先对比可知，BC两个选项具有相似性，而且BC两个选项必然只有一个正确，因为"一个种群数量不可能同时是88只，又是100只"。既然BC必须有一项不正确，而这是单选题，那么意味着AD必然正确，所以由D可以推算出正确答案是88。所以"不正确"的应该是C。

例2.……表现有哪些（ABCD）

A军事侵略　B政治控制　C经济掠夺　D文化渗透　E外交讹诈

这里运用到的是"切分分析"方法，就是把一个事物切分成几个部分，可以怎么分的问题。历史分析问题，一般就是按选项中的ABCD去分的，而外交属于政治，不与其他并列。这是多项选择，所以选ABCD。这看起来不是绝对的，但其实涉及命题人的设错策略。具体怎么一回事，我们看下一个例子。

例3.……，可见参与反应的一项是（D）

A氯化亚铁　B硝酸镍　　C硫酸铜　　D氯化亚铜　E氯化亚汞。

这道题的答案是D，为什么呢？因为通过对比选项，我们可以发现选项中出现3个氯化亚，还有2个铜。答案就是两者的"交集"D。为什么会这样呢？因为命题人设题的基本思路是：层次。简单说就像玩游戏一样，过了第一关，再过第二关。这样才有难度，才有筛选性。学生计算出了氯化亚，但还必须进一步计算出到底是哪一种金属。当然，命题人可以很容易"反应试"，故意不这么设计，但这样也就意味着答案一次性就可以计算出来了，因为计算到氯化亚，我已经得出答案了。这种"两难"，决定了命题人还是会坚持这种方式，而这意味着会有非常鲜明的"破绽"可以被利用，比如下面全国卷的例子。

例4.填入下面文段空白处的词语，最恰当的一组是（A）

我们曾说，中学生初学文言文时__①__不要依赖译文。__②__并不是说在整个学习过程中绝对不去参看译文。其实，__③__肯动脑筋，__④__不盲目机械地看待译文，__⑤__，只要译文不是太差，看着译文也无妨。有时候把译文跟注释对照起来揣摩学习，__⑥__不失为一种可行的方法。

	①	②	③	④	⑤	⑥
A	/	这	如果	而且	那么	也
B	最好	当然	一旦	/	而且	就
C	一定	也	如果	并且	因此	/
D	尽量	/	因为	进而	所以	仍

通过分析选项，我们可以发现A和C相似点最多，我用“加框”把它们标志出来。③④连在一起表示递进关系，⑤表示结论。再由⑥中A的“也”退一步，与C的“就”的必然性条件不同，与D选项“仍”相似，所以判断选A。

也就是说，通过对比分析选项，我们可以快速找到答案。当然，高考命题人依然会打补丁，而且补丁的方式也不复杂。在2018年高考的几个题目中，我们都可以看到这一点。简单地说就是既保持了“两层思考”的难度，又避免了直接从选项中推测答案。简单地描述这种设题模式就是：A.ab B.ac C.db D.dc。这样，我们只能踏踏实实地一步步解题，从25%到50%再到100%，提升答题准确率。

具体地以题目来看，比如2018全国Ⅰ卷的第10题，具体的选项设计是这样的：

例5.下列对文中画波浪线部分的断句，正确的一项是（ C ）

A. ……/芝坐爽/下狱/当死/而口不讼直/志不苟免/……

B. ……/芝坐爽下狱/当死/而口不讼直志/不苟免/……

C. ……/芝坐爽下狱/当死/而口不讼直/志不苟免/……

D. ……/芝坐爽/下狱/当死/而口不讼直志/不苟免/……

通过对比分析，我们可以减少阅读和思考的时间。比如处理上面的断句题，我们直接就可以看到“芝坐爽下狱”要在哪里断开，这样就提高了效率。何况，我们还可以通过从最有把握处找突破口，比如“口不讼直”“志不苟免”，比较容易断开，我们就可以去掉BC两个选项中的一个，即便我们会在AD纠结，但是减少了选择量，就提高了答题速度。

更有效的还有“组合选”，像2017全国Ⅰ卷第17题，其选项如下：A.①③⑥ B.①④⑤ C.②③⑤ D.②④⑥。我们明显可以不用从头看到尾。对应选项，我们可以直接看第一个成语，如果①对了，我们就可以确定CD不对。也就是说我们最少只需要看两个选项就可以找到答案，这样答题速度自然提高了很多。

语文科除了表象的分析，还有内在的分析。那就是学生可能会比较陌生，但有些老师会教的“生对熟错”技巧。

比如说高考字音、字形题（全国卷不考，天津、浙江等地还有）。博闻强识（zhì）、附和（hé），这两个下划线的字音究竟哪个对哪个错？答案是前者对，后者错。为什么，因为我们经常错读附和（hé），而考纲里就规定考核“常用常错”字，既然如此，考试设错也就在我们常用的字词中了。当然考纲这样做，本意是善良的，毕竟考些生僻的字词，现实意义并不大，又不是准备培养孔乙己。即便现在不考字音字形了，但还会考成语。考纲对成语虽然没有具体规定考核“常用成语”方面的内容，但是实际上还是有这样的考量，所以高考也“杀熟”！一些聪明的学生看成语题判断正误，直接就冲“熟”而去。

比如2016年的成语题，考的就是“举重若轻、光怪陆离、改换门庭、并行不悖、空谷足音、奉为圭臬”，我们判断一下就知道最后两个成语相对“陌生”，所以这两个成语“真”的没用错。看选项 A. ①②④ B. ①③⑤ C. ②⑤⑥ D. ③④⑥。既然⑤⑥对，那么已经可以选C了。当然，高考命题人会“反应试”。2017年考的成语是“重整旗鼓、意味深长、层出不穷、守正不阿、踌躇满志、万无一失”，明显学生感到“陌生”的是“守正不阿”，但是它“恰好”是错误的！甚至，命题人可以做得“更绝”，连减少选择量的机会也不给了。2018年不考“组合选择”，而且也不是判断运用正误，改考“成语辨用”。成语辨用“王者归来”，还专挑区分度不明显的成语来考，这无疑加大了考试难度。

当然，高考命题人始终是掌握先机，而指导应试的老师虽然善于吸取经验教训，不断提升水平，调整策略，但仍然是慢一步。高考内容每年虽然只是小变化，但是其实都是在打补丁。老师好不容易研究出“应试策略”出来，教给学生，到了考场就会发现泡汤了。

上面的博弈，只是基础级的。它是在“基础知识题”范围内的，只要学生注意记忆知识点和训练方法，照样可以逢考必对的。真正的战斗，是体现在高级的“阅读题”中。以前高考阅读题基本上也不用选择题，但是出于本文开头提到的“客观需要”，何况现在阅读量大，写作量也不小，两个半小时难不成还要延长到三个小时，甚至分上下午来考语文？所以后来高考还是大量增加了阅读的选择题，减少主观题，这也因此露出了三大破绽。

其一是“鉴赏题”的破绽。文学类中古诗词鉴赏和小说、散文鉴赏，乃至2017年新增加的论述类“论证方法和结构”的鉴赏，这些题目选项的基本结构是：方法、效果、内容和而且……设错一般锁定在“内容”上。比如2017年全国Ⅰ卷的第4题：

例6.下列对小说相关内容和艺术特色的分析鉴赏，不正确的一项是（B）

A.小说开头不仅形象地描写了风沙的狂暴，也细致地表现了人物的直觉印象与切身感受，烘托并渲染了“天罴”的恐怖气氛。

B.被困队员身陷绝境却调动起所有能量开门救助敲门人，送瓜人在被困队员生死关头奇迹般的出现，这都说明生命奇迹无法解释。

C.小说善于运用细节表现人物，开门前试验队员一句“桌子上有资料没有？当心被风卷进去”，就体现了科研工作者高度的责任意识。

D.试验队被困队员与素不相识的送瓜人之间的故事，不仅令人感动，还揭示出一个朴素而有意味的人生道理：帮助别人，也是帮助自己。

答案是B。因为“生命奇迹无法解释”，原文真没有这样的观点，毕竟这观点很“唯心”，与立德树人不搭边。我们从每个选项的基本结构看就知道，“方法”很丰富，“效果”很明显，而且文学的“方法”很多。鉴赏是含有“主观”性的，仁者见仁，智者见智。它既包含了认识因素，也包含了思想教育因素。

其二是设错方式的局限。阅读题关于“原文内容”的判断，不管是文言文阅读，还是现代论述文本阅读，设错始终落在“主体和细节”上。所以，教师一般都会概括出诸如“主体混淆、范围不清、因果不当”等的设错方式，而且教学生“舍本逐末”，放弃通篇的阅读，对应选项去找原文表述，然后再细细比对。为了“反应试”，命题人提升“对比难度”，要么“置换近义词”，要么“整合或拆分文句”，要么就是“逻辑推演”，结果又造成了“远对近错”的漏洞：选项和原文表述越相似，就越是错；选项和原文表述越不相同，甚至原文都找不到，那么就肯定对。教师只要教学生“反其道而用之”就能更迅速地解决问题。

文言文毕竟还需要建立在理解的基础上，题目细节设置也相对容易些，而论述文就不行了。2015年高考在这方面的试题基本都是原文信息的“比对”，到了2016年，就多出了“推演”题，2017年，又多出了“论证方法和论证结构鉴赏”题，而且比对也不再是按照自然顺序来（第一题对应第一段，第二题对应第二段……）。高考命题人这种思路是正确的：首先，打乱顺序，对来对去花费学生时间，学生9分题花了20多分钟（高考基本上是1分钟时间对应1分题的），自然就得放弃这种“笨办法”，逼得你老老实实读原文；其次，多种题型使考核学生能力更全面，更能够评估学生的实际水平。但是，这一补丁，又造成了新的“漏洞”，那就是“逻辑推演”。

其三是逻辑的谬误。之前对于“对比文句”的问题，命题人就开始在选项中，偷偷采用“逻辑推演”来变换原句的表述。既然是推理，所以重点就是“逻辑”。这样一来，学生就可以直接从“逻辑入手”。我很反感“找原句进行细细比对”的笨方法，所以一开始研究对策的方向就是“表述逻辑”。我整理出了三对三错：“因果关系错，条件关系错，否定表述错”和“并列关系对，补充关系对，转折关系对”。为什么？因为这是运用唯物主义辩证法，联系、全面、发展地看问题。如“你因为……所以……”这个结论是基于“有限理由”的“有限推理”，所以很容易“不全面，不发展”。同样地，“你……就……”这个条件也必定的“有限”。即便你只是说了个“不”，不是也把话说死了吗？至于，并列的“不仅……而且……”句式，补充“……还……”句式，这不就是“更全面点”吗？至于“但……却……”，这不就意味着你看到了“两个面”了吗？所以，依靠这种方式，有的题目直接就可以从选项中找到答案！2015、2016年的高考卷大家可以试试。我们再看看2017年全国Ⅰ卷第3题怎么解答？

例7.根据原文内容，下列说法**不正确**的一项是（B）

A.如果气候容量无限，就不必对气候变化进行伦理审视、讨论气候的正义问题。

B.如果气候变化公约或协定的长期目标能落实，那么后代需求就可以得到保证。

C.只有每个人都控制“碳足迹”从而实现了代际共享，才能避免“生态赤字”。

D.气候容量的公平享有是很复杂的问题，气候正义只是理解该问题的一种视角。

按照我原来的策略，大家会发现A含否定关系，BC含条件关系。三个“嫌疑项”啊！当然仔细观察，我们还是可以发现问题的。D“只是……一种视角”，说明还有很多别的。至于A和C，仔细斟酌就会发现奥妙，“负负得正”啊！“如果无限，就不必”，双重否定是肯定；“只有……都……才能”，前提是“无限”的，结论还那么“有限”，能错吗？那些知其然不知其所以然的学生，只记得“三对三错”，却没有领悟“联系、全面、发展地看问题”的精髓，答题时自然就犯难了。

当然，命题人太精明也不是什么好事，因为这可能会制造出更大的问题。更糟糕的是，命题进入太精细的程度，发生争议性的概率也就大了起来。就像我们研究到达“量子尺度”时，就会发现很多宏观的定律根本用不上。

比如2018年全国Ⅱ卷第3题的A选项：“大数据时代的个人在网上的信息太多，如果没有主动权，就难以保护隐私。”这句话被判断是“正确”的。原文相应的表述是：“被遗忘权”不是消极地防御自己的隐私不受侵犯，而是主体能动地控制个人信息，并界定个人隐私的边界，进一步说，是主体争取主动建构个人数字化记忆与遗忘的权利。很明显原文没有A选项这样的表述，如果原文讲了，那么这个选项肯定是对的。所以作为推理，我们必须纯粹从逻辑上进行推理，而根据“有限条件”，可以判定它错误。我们可以轻易地找个反面推理：个人虽然没有权力去主动保护隐私，但是被动地也可以保护隐私，比如国家相关法律具体严密，网络服务单位守信重诺，所以“如果没有……就……”这种假设明显不符合逻辑。而做为“错误”选项B：“遗忘是个人和社会的一种修复和更新机制，是我们在面对现实和想象未来的基础。”虽然，原文原句是：不论是个人的遗忘还是社会的遗忘，在某种程度上都是一种个人及社会修复和更新的机制，让我们能够从过去经验中吸取教训，面对现实，想象未来，而不仅仅被过去的记忆所束缚。明确有“在某种程度上”的限定，但这并不是一种“强限制”，何况选项还有“一种”的明确限定。虽然原文没有直接出现“基础”，但“让我们能够……面对现实……不仅仅被……束缚”，就含有“基础”的表述，完全可以接受。也就是说命题人这种“人为客观”会使得题目纠缠在“理解”的量子尺度里！它可以是对的，也可以是错的，关键是考了之后，需要看到答案后才能明白。而且，这样苛刻的题目，也逐渐脱离了本意，没有区分度。对此，我对学生的建议就是：直接使用判断逻辑来解题，一般都能对两题，然后，用这道题的“准确度”来换“速度”，把更多的时间放在可以确保得分的题目上。

文综卷：语文知识系统与核心素养

有学生和我抱怨，说现在的文综，尤其是地理科没法考了，选择题考的都是课外的，比如考了“蓝洞”，可是课本里根本就没有这方面的内容。我还真不了解，于是就向一位教高中地理的老同学请教。没想到，他说：是啊！现在全国卷就这样。你们语文还在考知识，考能力吧，我们已经考素养了。也就是说，有的考题不是直接考教材里教的知识，也不是考核运用教材里学到的能力，而是考核学习时形成的学科素养，运用这些素养去解题。这一说，激起了我的兴趣，于是我就找了2016、2017两年的全国Ⅰ文综卷来做，发现我做选择题的准确率太高了，35道题（地理11题，政治、历史各12题），只错了3个。2018年高考结束后，我又找来全国Ⅰ文综卷，依然只错了3道题。虽然我当初也是读文科，但是当初高考地理不用考，至于政治、历史，虽然下过功夫，至今也有兴趣，但是试题中涉及的知识，基本都忘记了。

难不成我文综素养很高？最终我的答案就是“诗在诗外”。文综卷的题目，尤其是选择题解题关键就在于语文的核心素养。

语文，从小考、中考到高考，甚至到公务员考试，我们都可以看到一个完整的体系：字、词、句、段、篇。具体下去，字就是音、形、义，说白了怎么考都不过是读音辨证、拼音填词、书写辨证、字义理解。词就是实词、虚词，前者主要是考核词义，后者主要是考核关联词运用。实词比较好考的不过就是文言文实词的意义和成语的辨析、运用，因为这比较有难度，可以产生区分度。句子，不过就是句子语法结构、句式、病句、标点这些。“段”的考核点就是内容衔接的问题、逻辑层次的问题。“篇”的考核形式是阅读理解和写作。所以，这个体系在不同层次的考试中具体考点可能不同，或者有连贯性或者没有连贯性，但始终脱不了这个体系。这个体系自然需要相应的核心素养，那就是我们从小形成的“对词语的理解，对句子的把握，还有对段落的分析”能力。我就是用这些简单的东西，解决了文综卷的选择题。

在开始之前，我们先借助2017年备受媒体关注的一道数学神题，来理解“素养”，以及高考突出素养考核的意义。

例1.趣味题。

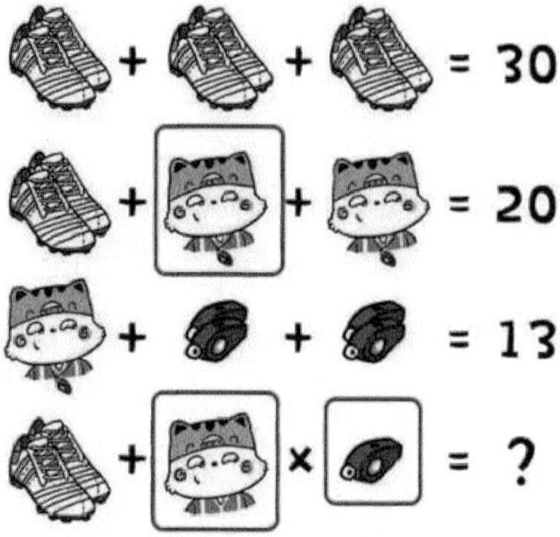

这道题很多人都做错了。最终让大家出错的原因，不过就是“细心”。连续的“+”号，让我们在惯性中，忽略了最后的“×”号，这会让我们出错；有些哨子是两个，有些是一个，这会让我们出错；还有最巧妙的是前面的猫脖子上有哨子，最后一只猫没有。

很多人都觉得“粗心”不是问题，但其实“细心”是一种科学的核心素养。俄国著名生物学家巴甫洛夫在实验室的墙上写着这样的座右铭：“细心，细心，再细心。”因为很多科学成果，都是失之粗心，得之细心。就像居里夫人提炼“镭”，她开始还认为辛苦了那么久，提炼出来的只剩下点污迹，失败了。后来她反思，为什么那点污迹不能就是镭呢，当她半夜回到实验室，刚好看到那点污迹——镭，在夜晚放出光来。

带有筛选性的测试必须要分个三六九等，如果没有动这些“手脚”，大家都考满分，这样如何找到不仅知识学得好，运算能力强，而且还具备“细心”这种素养的孩子呢？明白这一点，就能够理解文综为什么要考素养了。

那么为什么说所谓文综素养是语文的核心素养呢？我们再来看个例子。

例 2.

表1　不同史籍关于周初"三监"事件的历史叙述

记述	出处
河内本殷之旧都，周既灭殷，分其畿内为三国（邶，以封纣子武庚；鄘，管叔尹之；卫，蔡叔尹之。以监殷民，谓之三监）	班固《汉书·地理志》
周武王既克殷，乃已三监于殷。武王陟，商邑兴反，杀三监而立彔子耿。成王屎伐商邑，杀彔子耿（彔子耿亦称禄父，或称武庚禄父）	《清华大学藏战国竹简》（贰）之《系年》
周武王伐纣，以其京师封纣子武庚为殷后，庶殷顽民，被纣化日久，未可以建诸侯，乃三分其地，置三监，使管叔、蔡叔、霍叔尹而教之	郑玄《诗谱·邶鄘卫谱》

表1为不同史籍关于周初"三监"事件的历史叙述。据此能够被认定的历史事实是（ C ）

A. 西周初期中央集权雏形已开始出现　　B. 武庚是周初"三监"中的一位

C. 周初设"三监"以加强对殷地的控制　　D. 武王猝死直接导致"三监之乱"

这是一道文综模拟题（和2017年全国Ⅰ卷第26题相似），而且这道题很有现实意义。因为作为历史学者，在研究过程中，往往要运用大量的史籍，进行比对分析，然后找到比较客观的结论。要解决这道题，首先，看懂文言文，而且得精确地发现具体的细节：《汉书》认为武王是让纣王的儿子武庚担任三监之一，而《诗谱》却认为武庚是当了"殷后"（也就是殷地的王），邶是由霍叔负责的；更具时间说服力的《战国竹简》指出商邑造反时还杀了三监，而且由武庚的禄父彔子耿称王。其次，判断选项的表述是否严谨。B选项虽然有《汉书》支持，但是证据不足，所以错。D选项没有提到"直接导致"，按照《战果竹简》的描述，武王死于三监之乱之存在"先后顺序"，但没有指出"因果关系"，这是表述严谨性的问题。A选项也不能确定，尽管武王的确设置三监来监控殷这个纣王的老基地，但无法上升到"中央集权"上来，这属于逻辑推理"过度放大"或者是"论据不足"的问题。C选项才是正确的，因为不论是哪个表述，都明确一个基本事实：武王设三监监控殷地。换言之，这道题能够展现学生"根据史料把握史实"的素养，能做对这道题，已经是个历史小学者了。当然，这些也都是语文的核心素养：词句的准确理解和严谨表述。

下面我们就通过近三年的全国Ⅰ文综卷的例子，从词、句、段来理解语文的核心素养如何体现在文综解题中。

一是"词"，具体地说就是对"关键词"的把握。

例 3.（2018 全国Ⅰ卷）近年来，世界上出现了将精密机械设备的组装或加工工厂建在地下的现象。例如,日本岐阜某激光加工机组装企业和我国大连某数控机床加工企业,都将工厂建于地面10米以下。据此完成1~3题。

1.将生产精密机械设备的工厂建在地下有利于(C)

①保持恒温环境 ②储存原材料和产品 ③降低生产成本 ④减小地面振动影响

A.①③　　B.②③　　C.①④　　D.②④

2.与岐阜相比,大连地下工厂的设计与施工较少考虑的问题是(D)

A.防渗水　B.防噪声　C.防坍塌　D.防地震

3.推断上述企业将工厂建在地下的直接目的是(B)

A.增强保密程度　B.保证产品品质　C.满足战备需要　D.集约利用土地

这道地理题，解题的突破口就是抓住材料中的“关键词”：“精密机械设备”和“地下”。第1题②③在表述中没有体现“地下”的优势，而且与“精密机械”也没有直接关联，所以答案为C。第2题，日本地震频繁，可以推测相应较少考虑的是防震。第3题，依然扣紧关键词“精密机械设备”，“精密”不是“机密”，也不是“世界前列的核心、尖端科技”，所以A错；语段并无直接提及“精密机械设备”与“军事”的联系，所以C错；同样地下建设工厂，并没有谈到在上面建设什么，与D无关。因此，只有B是直接目的。

我们再看看政治题。

例4.(2016全国Ⅰ卷)2015年,某国宏观经济形势如下:产能利用率不足;// 固定资产投资同比下降4.0%;// 居民消费价格指数(CPI)增幅从2.5%下跌至1%,低于国际公认的合理值3%。// 据此,预防通货紧缩成为关注的焦点。若不考虑其他因素,可能引发通货紧缩的传导路径是(A)

①产能过剩→工业品供过于求→工业品价格走低→企业利润下滑

②消费低迷→消费品供过于求→消费品价格走低

③社会总供给大于社会总需求→物价总水平持续下跌

④企业投资萎缩→失业率上升→居民收入下降

A.①→④→②→③　　B.④→①→③→②

C.①→③→④→②　　D.④→②→①→③

很明显，只要直接对应“关键词”，进行排序，就可以明确“传导路径”是选项A。

例5.(2018全国Ⅰ卷)企业聚焦品牌管理和供应链管理,控制产品企划和营销网络，将“设计、生产、运输配送”环节外包，与供应商、加工商和物流企业建立联盟，通过联合开发产品、数据共享，加快市场反应速度。该模式体现的企业经营理念是（A）

①整合上下游资源，实现优势互补 ②通过专业化分工，提高效率

③通过兼并收购，扩大企业规模 ④增加市场份额，提高利润率

A.①② B.①④ C.②③ D.③④

题干中的表述主体是“企业与供应商、加工商、物流企业”，关键描述的词语是“联盟”“共享”“速度”，重点是多主体的合作，不是独家，所以③④不对。

再来看看历史的例子。

例6.（2016全国Ⅰ卷）德国文学家歌德说，罗马法“如同潜入水下的一只鸭子，虽然一次次将自己隐藏于波光水影之下，但却从来没有消失，而且总是一次次抖擞精神地重新出现”，对此的正确理解应是，罗马法（A）

A.是近代欧洲大陆国家法律的基础 B.为欧洲近代社会确立了行为规范

C.所维护的民主制度历史影响深远 D.不断地改变了欧洲历史发展方向

从概念上，“罗马法”对应的是法律，不是别的东西。“行为规范”比法律广泛，“民主制度”比法律层面高，“历史发展”没有体现，何况不断地“出现”，不是“改变”。所以只有A是对的。

例7.（2017全国Ⅰ卷）明前中期，朝廷在饮食器具使用上有一套严格规定，例如官员不得使用玉制器皿等。到明后期，连低级官员乃至普通人家也都使用玉制器皿。这一变化反映了（B）

A.君主专制统治逐渐加强 B.经济发展冲击等级秩序

C.市民兴起瓦解传统伦理 D.低级官员易染奢靡风气

注意题干主体是“低级官员”和“普通人家”，所以CD的主体完全并不对应，而A的表述是与语段意思截然相反。所以选B。

从上面的例子，我们可以小结一下：关键词，一般为描述的“主体”，选项要与题干的“主体”保持严密一致、对应。而且从中我们还可以接触到“表述”的重要性，“主体”与“表述”的搭配，其实就是“关键句”。

二是句子，具体地说就是对“主体”和“表述”的准确把握。我们同样按照地理、政治、历史的顺序，以具体例子来分析。

例8.（2016全国Ⅰ卷）我国是世界闻名的陶瓷古国，明清时期，“瓷都”景德镇是全国的瓷业中心，产品远销海内外。//20世纪80年代初，广东省佛山市率先引进国

外现代化陶瓷生产线，逐步发展成为全国乃至世界最大的陶瓷生产基地。// 2003年，佛山陶瓷主产区被划入中心城区范围，陶瓷产业向景德镇等陶瓷产地转移。据此完成1~3题。

1. 与景德镇相比，20世纪80年代佛山瓷业迅速发展的主要原因是（ D ）

A. 市场广阔　　B. 原材料充足　　C. 劳动力素质高　D. 国家政策倾斜

2. 促使佛山陶瓷产业向外转移的主要原因是佛山（ A ）

A. 产业结构调整　B. 原材料枯竭　　C. 市场需求减小　D. 企业竞争加剧

3. 景德镇吸引佛山陶瓷产业转移的主要优势是（ C ）

A. 资金充足　　B. 劳动力成本低　　C. 产业基础好　　D. 交通运输便捷

题干有三句话，第一句话主体是“景德镇”，表述是“明清时期是瓷业中心”，强调的要素是“产业基础好”，直接对应第3题C选项。第二句主体是“佛山”，表述是“引进国外生产线，成为世界最大生产基地”，这需要国家政策扶持，第1题的D选项与此因素对应，其他三项无法对应。第三句对应第2题，“划入中心城区”属于规划，而且题干没有涉及另外三项。

例9.（2016全国Ⅰ卷）根据十二届全国人大常委会第十六次会议通过的全国人大常委会关于特赦部分服刑罪犯的决定，国家主席习近平2015年8月29日签署特赦令，对参加过抗日战争。解放战争等四类服刑罪犯实行特赦，特赦令指出，对符合特赦条件的服刑罪犯，经人民法院依法作出裁定后，予以释放，**决定**特赦部分服刑罪犯的**权力**属于（ B ）

A. 国家主席　　B. 全国人大常委会　　C. 人民法院　　D. 中央人民政府

根据题干的表述，全国人大是“决定”，国家主席是“签署”，人民法院是“裁定”。所以“决定”的权力属于——全国人大！

例10.（2017全国Ⅰ卷）2016年9月，某省探索发行易地扶贫搬迁债券，用于弥补国家级扶贫工作重点县的资金缺口。该债券首期额度5亿元，社会资本认购高达35亿元。以发行债券方式支持扶贫，可以（ C ）

A. 扩大扶贫资金的使用范围　　B. 减少政府扶贫资金的支出

C. 拓宽扶贫资金的筹措渠道　　D. 促进扶贫资金的精准运用

对应描述“用于弥补资金缺口”，所以答案选择C。AD材料没有提及，而B不可能，发债券就是借钱，不是不花钱。

例11.（2018全国Ⅰ卷）古代雅典的梭伦在诗中写道：“作恶的人每每致富，而好人往往贫穷；但是，我们不愿意把我们的道德和他们的财富交换，因为道德是永远存在的，而财富每天在更换主人。"据此可知，梭伦（D）

A.反对奴隶制度　B.主张权利平等　C.抨击贫富差别　D.具有人文精神

句子表述强调的是"道德"，而不是针对制度、权利，或者贫富差别，所以是"人文精神"，选D。

例12.（2018全国Ⅰ卷）图6中的动物（长颈鹿）是郑和下西洋时外国使臣随船向明政府贡献的奇珍异兽。明朝臣认为，这就是中国传说中的"麒麟"，明成祖遂厚赐外国使臣。这表明当时（B）

A.对外交流促使中国传统绘画出现新的类型

B.朝廷用中国文化对朝贡贸易贡品加以解读

C.海禁政策的解除促进了对外文化交流

D.外来物品的传入推动了传统观念更新

根据划线句的表述，应该是"用中国文化""解读贡品"。A流于表面，CD材料没有涉及。所以，答案为B。

三是段落间的关系，也就是"逻辑关联"。题干描述信息比较多的，可以进行层次分析，而且一般地，题干信息可以分成3个层次：背景（整体的情况、前提），具体措施，结果。

例13.（2016全国Ⅰ卷）自20世纪50年代，荷兰的兰斯塔德地区经过多次空间规划，形成城市在外，郊区在内的空间特征：该区中间是一个接近3000平方千米的"绿心"——乡村地带；四个核心城市和其他城镇呈环状分布在"绿心"的周围，城镇之间设置不可侵占的绿地。// 四个核心城市各具特殊职能，各城市分工明确，通过快速交通系统连接成具有国际竞争力的城市群。// 近20年来，该地区城镇扩展程度小，基本维持稳定的城镇结构体系。据此完成4—6题。

4. 兰斯塔德地区通过空间规划，限制了该地区各核心城市的（A）

A.服务种类　　B.服务等级　　C.服务范围　　D.服务人口

5. 兰斯塔德空间规划的实施，显著促进该地区同类产业活动的（B）

A.技术创新　　B.空间集聚　　C.市场拓展　　D.产品升级

6. 兰斯塔德空间规划的实施，可以（D）

A.提高乡村人口比重　　B.降低人口密度

C.促进城市竞争　　D.优化城乡用地结构

本题的核心概念是“空间规划”，第1句是讲规划的特点，第2句讲的是四个城市的不同，第3句讲的是规划的结果。明确层次就可以用前面的方法进行解题。第1题对应的是第2句，对应“各具职能，分工明确”，对应的概念是“种类”不是其他，注意范围是“大小”，种类是“什么”。第2题不仅没有涉及其他要素，而且关键词是“空间”，对应内容“集聚”。第3题对应第3句“结果”，最终效果是“结构体系稳定”，关键词是“结构”。

例14.（2016全国Ⅰ卷）陕西省地方戏“华阴老腔”是国家非物质文化遗产，声腔刚直高亢、磅礴豪迈，却因表现形式单调难以吸引观众，面临传承危机。// 2016年，华阴老腔演出团队与摇滚歌手与合作，将传统民族音乐与现代摇滚音乐相结合，在中央电视台春节联欢晚会联袂演唱《华阴老腔一声喊》，引起巨大反响。//“华阴老腔”焕发新的生机给我们的启示有（ A ）

①优秀传统文化只有不断创新才能更好地传承和发展

②满足人民大众需要的优秀传统文化才有强大的生命力

③与现代流行文化融合是优秀传统文化创新的根本途径

④传播手段与传播形式的创新是优秀传统文化传承的前提

A.①②　　B.①④　　C.②③　　D.③④

在材料中，第1句指出“原因”，“华阴老腔”表现形式单调难以吸引观众，第2句是“措施”，将“华阴老腔”与现代摇滚音乐相结合，第3句是“结果”，新形式的“华阴老腔”引起巨大反响。说明运用方法，解决了原因，对应的就是要考虑人民大众的需要，要不断创新，而且“启示”与“意义”一样，是升华的概念。

在文综大题中，也经常要用到这样的方法。2017年全国Ⅰ文综卷的第36、38、47题都是典范的例子，大家可以迁移运用下试试。即便脱离教材，也可以直接从题干的分析中找到解题的关键或者答题的方向。

以上是从词语把握、句子理解、段落分析三个方面来分析文综卷中的语文核心素养，这些其实也是从小学就开始学习的本领。当然，语文作为思维工具，我们更多的还要运用到“逻辑思维”，即不仅从表面看到内容，还要从层次中发现联系。因为不是直接摘选教材中的材料，所以高考文综卷中体现更多的是“题干”中展现的“知识和能力”，这既避免了死读书，也更能考核出学生的科学素养。近似电影《倚天屠龙记》中张三丰教无忌太极拳时说的：把招数都忘了才对。小学、初中学的是“具体的招数”，高中、大学学的是“内在的思维”。我也试过初中的文综题目，中考的文综科目主要考核知识记忆和能力迁移，没有掌握具体的知识和能力，实在真的无从入手，所以得分很低。

下面这个例子，就是现场提供我们“理论”，然后让我们解题的。

例 15.（2016全国Ⅰ卷）磷是土壤有机质的重要组成元素，也是植物生长的营养元素。土壤水分增加有利于磷累积，气温升高和流水侵蚀会减少土壤中磷累积量。图2示意我国四川西部某山地东坡土壤中磷累积量的垂直变化，据此完成10~11题。

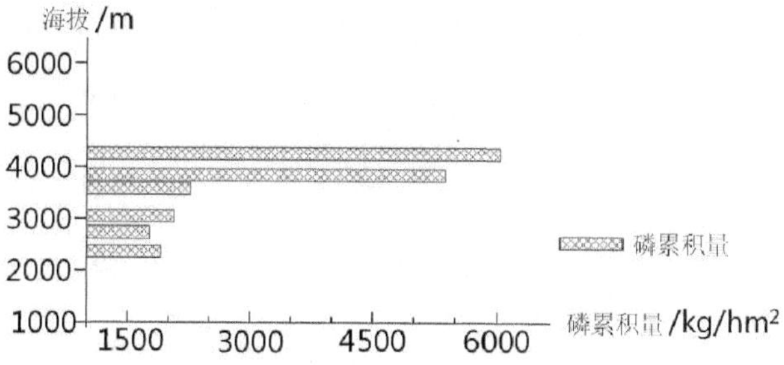

11. 与磷高累积区相比，该山坡2000～3000米处（ C ）

A. 大气温度较低　B. 生物生产量较低　C. 土壤含水量较低　D. 地表径流量较小

题目涉及两个理论：一个是海拔越高，温度越低；一个是磷累积量与土壤水分成正比，与气温、流水侵蚀程度成反比。那么与4000米左右的磷高累积区比，该山坡2000～3000米处高度低，那么温度应该更高，A错；B没有提及与生物生产量的逻辑关系；C对应土壤水分少，磷累积量也就少；D径流量与侵蚀度有关，但是径流量少，侵蚀应该少，这样累积应该比4000米处多才对。所以选C。

例 16.（2018全国Ⅰ卷）图2示意某河流上游河段的单侧断面。该河段两岸依次分布着海拔不同的四个平坦面T_0、T_1、T_2、T_3，平坦面上均堆积着河流沉积砾石，砾石的平均砾径$T_3>T_0>T_2>T_1$。洪水期河水仅能淹没T_0。据此完成6~8题。

6. 面积仍在扩大的平坦面是（ A ）

A. T_0　　B. T_1　　C. T_2　　D. T_3

7. 该断面河流流速最大的时期为（ A ）

A. T_3形成时期　　B. T_2形成时期　　C. T_1形成时期　　D. T_0形成时期

8. 推测该河段所在区域的地壳经历了（ D ）

A. 持续下降　　B. 持续抬升　　C. 间歇性下降　　D. 间歇性抬升

这道题从材料中可以看到这样的内在逻辑：砾石是在基岩上后来形成的，而且与河流、洪水有关。平均砾径从大到小排列顺序，$T_3>T_0>T_2>T_1$明显不是按照位置顺序的。第6题根据洪水期仅能淹没T_0，可以得出能够继续扩大的平坦面是T_0。第7题河流流速最大时期应该是T_3的形成，因为至今T_3砾径仍最大。第8题应该是地壳抬升，才会使目前河水得洪水时期才能淹到T_0。而且抬升必须是间歇性的，才可能呈现出阶梯状，如果是持续的话，那么就不可能了。这些都是逻辑推理，或者说是有关地形理论背后的思维。

我们再来看看有关政治和历史学科的例题。

例17.（2018全国Ⅰ卷）我国快递业竞争日趋激烈，快递服务平均单价连续6年下滑，2017年降至12.37元。在此背景下，若其他条件不变，能引起快递市场供给曲线从S移动到S′（见图4）的是（ B ）

①放宽市场准入，吸引外商投资

②工资成本上涨，管理费用增加

③运用人工智能，提高劳动效率

④网民人数上升，网购数量增加

A.①②　B.①③　C.②④　D.③④

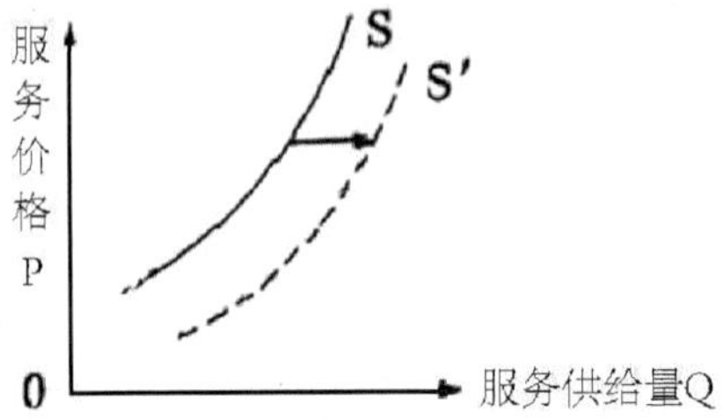

图4

分析材料可知，从S移动到S′，明显是价格不变，服务供给量增加。大家都知道，这样赚钱就更难了。真正能够依靠的是：外在增加竞争，大家没有办法，只能硬着头皮继续削减利润，提供服务；内在就是利用科技，减少支出，提高效率，所以选择B。

例18.（2018全国Ⅰ.34）传统观点认为，英国成为工业革命发源地，是因为英国最早具备了技术、市场等经济条件；后来有研究者认为，其主要原因是英国建立了君主立宪制度；又有学者提出，煤铁资源丰富、易于开采等自然条件是其重要因素。据此可知，关于工业革命首先在英国发生的认识　（ B ）

A.只能有一种正确合理的观点　　B.随着研究视角拓展而趋于全面

C.缺少对欧洲其他国家的观察　　D.后期学者研究比传统观点可信

这道题不是突破题目本身的逻辑，而是哲学的基本理论。人类对事物本身的理解是逐渐加深，逐渐全面的。材料表明的是人们对英国成为工业革命发源地的研究成果，随着时间推移，有越来越多的角度和结论。所以，答案直接对应的是B。

综合上面的例子分析，我们可以看到文综卷中的语文核心素养是：词语把握、句子理解、段落分析、逻辑推理。此外我们还必须运用前面一章提到的“减少选择量，提高准确率”的策略，还有各种“分析能力”。

我们都知道，随着中国经济的发展，教育的普及和教学质量的提升，学生对知识和能力的掌握已经达到一个不同以往的高度，所以高考在今后的发展方向上，必然是基于知识和能力，向思维与素养发展。

高考文综卷的应试策略，乃至应试的全部战略战术，说白了，就像电影《太极张三丰》中所展现的：首先“力从地起”，为什么一拳一腿都有强大的攻击力，是因为全身各个部位都得到训练，从脚一蹬地开始，到腿部的弹动，腰部的挪移，最终发出的一招一式都凝聚了全身的力量；其次，必须有扎实的基础，然后才能借助哲理启发，大彻大悟；再次，遇到离开大地，无从用力时，才能利用之前的彻悟，借力打力，无所障碍。

基础知识：万变不离基本功

语文的基础知识是什么？就是我们前一章谈到的“字、词、句、段、篇”中的前三者。具体可以考核的内容很多，而且各个年级段落实的东西有明显差异，比如拼音，小学阶段就是辨别声母、韵母、前鼻音、后鼻音、整体认读音节等；到了初中就是能够准确把注音和汉字对应起来；到了高中就直接判断，当然现在基本上也不考了，因为有更多需要考核和需要引导的“知识”。

在全国卷中，现在直接去掉了字音、字形、标点的考核（部分独立命题卷仍保留），主要考核的是成语（辨析或选用）、词语得体（词语运用恰当）、病句（辨析或修改）、内容衔接（排序或者选用、填写）。这些内容，有的是直接“记忆知识”，有的还涉及基础能力的运用。我们按照这个顺序来展开，并且顺带谈谈记忆的方法。

第一，成语。

为什么不管小考、中考、高考甚至公考都会考到成语呢？因为成语，就是长期形成，约定俗成的简洁表达方式。简言之，我们英语可能不错，但是“Love me，love my dog”容易会翻译成“爱我，爱我的狗”了。因为这是英语的谚语，准确对应的是汉语成语“爱屋及乌”。同样，英国人看到“爱屋及乌”，也一定很纳闷“爱屋子，为什么要爱乌鸦呢”。很明显，成语就是检验你是不是真正中国人的最佳方式。因为你一直活在这个文化氛围中，才能准确理解成语的意思。

现在对于孩子们而言，成语可不是什么简单的东西。究其原因，不是中国历史太长，成语太多，而是这一代人接触的古典故事太少了。这一代人从小就接触西方的童谣、漫画、故事，就连电视节目也是外国的动画片，这虽然凸显了中国当代“兼容并包”的新文化，但是学生自然也减少了对传统故事的接触，对成语的接触相应地也就少了。

记忆，首先就是要积极主动，要明确记忆对象的价值和意义。小学生、初中生有比高中生更优秀的记忆功力，但是高中生必须强调“带目的”“有技巧”的记忆。其次就是要记少不记多。为什么呢，不是我们大脑的“硬盘大”，就可以胡塞海塞。因为我们的“内存”很小，虽然东西能够记下，但是容易忘记。如何记少不记多呢？主要就是要记住关键的信息。

我们先明确成语常见的几大错误。

例1.下列各句中加点成语的使用，全都不正确的一项是（A）

①新城区的规划建设，明确了以高科技产业为主的入驻方向，并不蔓不枝地发展与高科技相关的信息、文化产业。

②张经理语重心长的一席话，如电光火石，让小余心头淤积的阴霾顿时消散，再次燃起争创销售佳绩的激情。

③针对补习班乱收费的怪象，市教育组织部门三令五申地强调，务必维护学生的利益，清理不法培训机构。

④当孩子犯了错误时，家长要及时地纠正。教育孩子绝不能投鼠忌器，否则因迁就会让小错误酿成日后的大灾祸。

⑤无论外界情况怎样变化，这位村主任一直执而不化党性和原则，始终践行着将村民利益放在首位的根本群众路线。

⑥令人惊异的是，一个来自县城的学生崭露头角，夺得了本届科技创新大赛特等奖，让在场的所有学生心生敬意。

A.①③⑤　　B.③⑤⑥　　C.②④⑥　　D.①②④

具体分析：①“不蔓不枝”原指莲花的茎挺直而不蔓生枝杈，引申为说话或写文章简明扼要，不拖泥带水。不能指“高新区的规划建设”，对象不当。②“电光石火”原为佛家语，比喻事物瞬息即逝。现多形容事物像闪电和石火一样瞬间就消逝。描述重点不是快，而是事物消失得快，理解不当。③“三令五申”指再三地命令告诫，与后面的“强调”语意重复。④“投鼠忌器”指用东西打老鼠，又担心打坏器皿，比喻做事有所顾忌，放不开手，例句正确。⑤“执而不化”指固执己见而不知变通，属于贬义词，褒贬不当。⑥“崭露头角”比喻青少年突出地显露出才能和本领，用在此处正确。

成语的出错方式有很多种，但主要就是上题出现带有语法毛病的三种。其中“语意重复”出现比较少，因为和病句的“重复累赘”考核点重复。其实，只要能够字字落实地理解，可以轻松对付。

“理解不当”主要是“望文生义”造成的。比如“扬汤止沸”，“汤”指开水，探囊取物，“囊”是口袋，知道这些名词古今意义不同，就能准确理解成语；“江河日下”，“日”是一天天，因人成事，“因”是通过，知道这些虚词的意思，也能够准确把握成语要点；“东山再起”，必须理解成语背景，东山指谢安隐居东山，四十复出，所以成语指的仅限于政客、势力；“七月流火”，关键注意“七月”是农历的七月，已经是初秋，而“流火”是指火星移动，古人以此划分时间，所以指的是天气开始转凉，而不是形容天气热得像火到处烧。所以，理解成语主要是靠明白字意。

成语使用“对象不当”的题型，最常见，也最常考。因为涉及具体成语的“根源”，所以这也是“记忆的重点”。一般现在归纳的“常错成语表”，基本上也都是成语使用“对象不当”的问题。

我们来看高考的成语题，分析下其使用“对象不当”的例子。

例2.(2017全国Ⅰ卷)下列各句中加点成语的使用，全都不正确的一项是(B)

①比赛过后，教练希望大家重整旗鼓，继续以高昂的士气、振奋的精神、最佳的竞技状态，在下一届赛事中再创佳绩。(所指条件：失败之后。错)

②今年，公司加大公益广告创新力度，制作出一批画面清晰、意味深长的精品，有效发挥了公益广告引领社会风尚的积极作用。(所指事物：语言、文章。错)

③世界各国正大力研制实用的智能机器人，技术不断升级，创新产品层出不穷，未来有望在多领域、多行业发挥更大的作用。

④赵老师学的是冷门专业，当年毕业时，不少同学离开了该领域，而他守正不阿，坚持致力于该专业的教研工作，最后硕果累累。(阿：偏袒。所指状态：公平正直。错)

⑤国家“一带一路”倡议的实施，给古丝绸之路的沿线城市带来了活力，很多城市对未来踌躇满志，跃跃欲试。(所指事物：人。错)

⑥目前，快递业已经成为一个不可忽视的行业，快递服务虽不能说万无一失，但的确为百姓生活提供了极大的便利。

A.①③⑥　　B.①④⑤　　C.②③⑤　　D.②④⑥

我们能够理解“踌躇满志”是很得意的意思，可别忘了在《庖丁解牛》中这个成语指的是“人”。这些必须靠“死记”。那么具体怎么记住这么多呢。很多学生就是背翻译，明显这是背不过来的。最好的方法就是把常错成语表过一遍，捂住后面的翻译，看到一个成语就用文言文翻译理解，然后猜测它指的是什么。对了，就不管。错了，就圈出来，然后明确“指什么”，甚至把“误解”的成语抄下来，在后面打上括号，直接写上“所指内容”。这样记忆的东西就少很多了，而且容易复习。

当然，成语题还可以有不同的考法，比如2018年高考题，就换成与2015年相似的“成语辨析选用”。这其实是把以前的“词语辨析题”全部换成成语。虽然，变换题型了，但是只要抓住基础知识的“本质”，解答就没有问题。

例3.(2018全国Ⅰ卷)依次填入文中横线上的成语,全都恰当的一项是(B)

A.一应俱全　一览无余　易如反掌　东山再起

B.应有尽有　一览无余　轻而易举　再接再厉

C.一应俱全　一目了然　轻而易举　东山再起

D.应有尽有　一目了然　易如反掌　再接再厉

这道题，前面的“一应俱全”和“应有尽有”，“一览无余”和“一目了然”，区分度极小，甚至说我自己也觉得没有差别。“易如反掌”和“轻而易举”稍微有区分，“翻翻手掌”和“举起东西”，难度还是有那么一点点差别的。所以我们必须从区分度最高的“东山再起”和“再接再厉”入手。“东山再起”指失败了再来，“再接再厉”指成功了继续，两者是截然相反的。根据后两个成语的差别，我们就可以对应上下文明确答案。这其实涉及的依然是对字意的理解（包括前面“应”就是需要，“览”和“目”都是看），还有所指的问题。

第二，得体。

得体看起来是“运用”能力的问题，但其实得体只是用词的问题，再具体点讲，涉及的还是对文言文掌握能力的问题。

得体的考核主要侧重两点：一是“谦辞与敬辞”，中国作为礼仪之邦，对人使用“敬辞”，对自己使用“谦辞”；二是“书面语与口语”，一般书面语也是“文言表达”的一种。

例4.选出下面几个话语情境中表述得体的一项是(A)

A.英国的学制是典型的双轨制,后发展为和初中联结的中等职业教育,使得双轨学制中的两轨逐渐地走向了交叉与趋同。

B.以自身的品性、资质和特定条件下的作为论,汉献帝在历代帝王中可算中上水平，如果按照大众对贤君的惯常定义，汉献帝也完全可以忝列其中。

C. 参加中国围棋世界冠军争霸赛的选手古力赛前表示："明天的对手是江维杰，他在上届比赛中曾把我打下了冠军的宝座，希望他明天能承让。"

D. 某律师向法庭呈送的上诉状：这份购房合同是我方当事人在中介的忽悠下签订的，依法应认定无效。

题中判断句子得体，最终只是落在"趋同""忝列""承让""忽悠"这几个词上。一般来说解题的第一步是找出日常少用的词语。A项"趋同"意思是逐渐走向一致，是书面语，与"论文"相契合；B"忝列"是自谦，表示自己本来没有那个本事，但没想到能够得到那么高的奖励，这里"汉献帝"是别人，所以不能用；C"承让"是自谦，是自己赢了之后表示谦虚的，这里指的是"他"，所以错；D"忽悠"是口语，不能用于法律文书，所以用在此处是不正确的。

我们结合具体的高考题来看，2017年考的是"谦辞与敬辞"，2018年考的是"书面语与口语"。

例5.（2017全国Ⅰ卷）下列各句中，表达得体的一句是（ A ）

A. 真是事出意外！舍弟太过顽皮，碰碎了您家这么贵重的花瓶，敬请原谅，我们一定照价赔偿。

B. 他的书法龙飞凤舞，引来一片赞叹，但落款却出了差错，一时又无法弥补，只好连声道歉："献丑，献丑！"

C. 他是我最信任的朋友，头脑灵活，处事周到，每次我遇到难题写信垂询，都能得到很有启发的回复。

D. 我妻子和郭教授的内人是多年的闺蜜，她俩经常一起逛街、一起旅游，话多得似乎永远都说不完。

分析句子，A项"舍弟"，表示自己的弟弟，谦辞，正确；B项"献丑"，指的是对自己才艺表演表示自谦，但因为"出了差错"，所以就不能说"献丑"，只能说"出丑"；C项，垂询是敬辞，表示上对下的询问，这里主语是"我"，得用谦辞"致询"；D项"内人"是谦辞，指自己的妻子，郭教授是他人，其妻子必须用敬辞，称"夫人"。

例6.（2018全国Ⅰ卷）下面是某校的一则启事初稿的片段，其中有五处不合书面语体的要求，请找出并作修改。

我校学生宿舍下水道时常堵住。后勤处认真调查了原因，发现管子陈旧，需要换掉。学校打算7月15日开始施工。施工期间正遇上暑假，为安全起见，请全体学生暑假期间不要在校住宿。望大家配合。

这道题从选择题变成了语言运用题，难度提升了很多，但是考核的仍然是对“书面语”的运用。说白了，就是把日常常用的话，改成日常少用的话，毕竟这是“启事”，是公开的应用文体，必须使用书面语。就像参加晚会，得穿礼服一样。答案如下：①“堵住”改为“堵塞”；②“管子”改为“管道”；③“换掉”改为“更换”；④“打算”改为“计划”；⑤“正遇上”改为“正值”。

这道题，给不常使用书面语的同学一棒槌。常用“书面语”“敬辞与谦辞”同样有很多资料，可以先找出自己不熟悉或者容易产生误解的词语，以“书”“敬”“谦”，甚至“S”“J”“Q”等标志出来，复习时重点记忆。

第三，病句。

常见语病比较多，按照高考大纲规定的就有七种：语序不当、搭配不当、成分残缺或赘余、结构混乱、表意不明、不合逻辑。这七种也归为“语法语病”和“逻辑语病”两类。无法通过语法直接判断的有两种，而且高考选择题是四个选项，所以多年来高考基本上是选择正确一项，然后错误的刚好按照比例，语法：逻辑＝2∶1，有两个错项是语法错误，一项是逻辑错误。当然，为了“反应试”，2018年换成中考常用的“改错”题型，但本质上还是一样的方法。方法的核心就是运用“语法知识”和“分析成分”。

按照语法的规定，汉语谓语是包含动词和宾语的，但这种方法用在判断病句上很乱，所以我采用英语的语法来分析，而且涉及具体解题需要，仿照AI语法识别，我改造出一种“苏氏模糊语法”。

首先，我们简单地理解“主谓宾”，像文言文翻译那样“主人叫客人”（“谓”的意思是“对……说”。这里换个意思）。那么里面的“主人”就是“主语”，按照语法标志，下面划双横线；“客人”就是“宾语”，下面画波浪线；“叫”是动作，是“谓语”，下画单横线，就是“主人叫客人”。这样一来，我们就可以理解“我读书”这句话，主语是“我”，谓语“读”，宾语“书”。“主谓宾”就是一句话的主干。我们不用考语法逻辑，直接读这样简单的句子，我们就知道对错。比如“他哭泣遭遇”，我们一读就知道不通顺，肯定错。我们不必去理解内在的原因（哭泣是不及物动词，后面不能加宾语，得换成“哭诉”才行），因为这就是常说的“语感”。当然，这样简单的病句高考不会考，因为大家都能分辨。

其次，我们要了解高考考核含有语病的“长句”。为什么高考偏偏挑长句来考，这是因为随着个体思维能力的发展，随着社会文化的进步，语言的表达会越来越复杂。一旦复杂，就会以三种形式拓展简单的句子：

一是“添枝加叶”，就是主谓宾前后加上各种修饰语，主要是“定语”（修饰主语或宾语，起到“限定”作用，放在主语和宾语前）、“状语”（修饰谓语，放在谓语前，起到描述动作“状态”的作用，具体可以是时间、处所、方式、条件、对象、肯定、否定、范围和程度等内容）、“补语”（放在谓语后面，起到“补充说明”的作用），比如“（开心的）我【高兴地】说{了很久}（愉快的）话”。这句话中，主谓宾是“我说话”。而“开心的”和“愉快的”是定语，它限定了“我”是开心的，不是伤心的，“话”是愉快的，不是难过的，我们用小括号标志。“高兴地”是状语，它说明“说”是以一种“高兴”的状态进行的，我们用中括号标志。“了很久”是补充说明“说”的时间长，是补语，用大括号标志。

二是“横向扩张”，就是主谓宾后面又是主谓宾，同时并列两三句话，可以表达相同或不同主体的连贯动作。比如，“我说话，他也说话”和“我说话，我叫喊”。

三是“拓展层次”，就是主谓宾句式里面还包含着主谓宾。比如“我知道他在家”，“我”是主语，“知道”是谓语，那么我知道的对象（宾语）是“他在家”。而“他在家”明显又是一句主谓宾句式。再比如“我说：你也买件新衣服吧”。“我”是主语，“说”是谓语，宾语是“你也买件新衣服吧”，很明显宾语本身也是一句主谓宾句式。

高考就是用这三种形式，制造出了让我们头疼的长句子来。如果有谁说单纯靠读书多，就能够考好高考的，先可以试试辨析病句。虽然有语感这回事，且语文思维水平高的人，也擅长用长句子来表达思想，但是别忽略了人类直接处理句子的有效长度是有限的。简言之，靠语感处理不了长句子。

为了小结一下，我们来看这样一个例句。为了大家印象深刻，我把句子制造得尽量另类点，因为人类大脑对特别的事物印象更深刻，记忆更清楚，这也是我推荐使用的记忆方法。

例句：钢铁侠和你说：今天，因为开心的缘故，高兴的我在学校快乐地读了很久愉悦的魔法书，还吃了很多甜美的零食。这是不可能的事。我读的是漫画，啃的是馒头。

根据我们上面的语法分析方法，以及规定的标志，我们应该把句子标志为：

钢铁侠【和你】说:【今天】,【因为开心的缘故】,(高兴的)我【在学校】【快乐地】读{了很久}(愉悦的)(魔法)书,还吃了(很多)(甜美的)零食。这是(不可能的)事。我读的是漫画,啃的是馒头。

最后，根据这个句子，我们可以掌握一套方法，快速地解决病句。

一是熟悉三种长句，有效排除干扰，直接找到“主谓宾”。上面例句中“钢铁侠说……”是拓展层次；“我读书，吃零食”是横向扩张；“因为开心的缘故，高兴的我……”是添枝加叶。看到“钢铁侠说……”我们不用分析就知道外面这一层没有问题，直接看到“我读书……”；“我读书，吃零食”，我们也可以直接明确后面的“吃”必须是“我”做的事，“吃”和“读”共享一个主语；至于“因为开心的缘故，高兴的我……”我们更能够直接地找到“我读书”这句话。

二是通过快速找到句子中的“主谓宾”结构，这样一般可以迅速地解决“搭配不当”“成分残缺或赘余”“结构混乱”三大问题。如果找不到这三方面的问题，我们可以直接考虑“定语”“状语”（一般不考补语，估计也考不了），通过检查，明确是否“语序不当”，这样就可以解决四大语法毛病。具体看下面的例子。

1.搭配不当

三妹拉着葛姐的手说,她老家在偏远的山区,因为和家里赌气才跑到北京打工的。

和前面“拓展层次”例子一样，我们不用看前面的主语“三妹”和谓语“说”，直接看后面宾语部分的内容。“老家”是主语，“在”是谓语，“山区”是宾语，搭配没有错。但是后面省略的主语，必须“承续”前面的主语“老家”，“老家”是不可能“跑到北京”的，所以搭配不当。

2.成分残缺

老陈严肃而诚恳地说:“说实话,那些越是年轻的时候有一腔热血,到岁数大了,就越是不愿承认自己老了。”

又是“拓展层次”的例子，我们直接分析引号内的内容。不清楚主语，我们可以先找谓语“承认”和补语“老”（补语与宾语是有所不同的，比如“导弹发射成功”这句话，不是导弹发射给“成功”这个对象，所以，“成功”不是宾语，而是补语），这样前面又找不到“主语”，所以这句话是成分残缺。甚至，我们还可以模糊到把前面的“有”当谓语，“热血”当宾语（这本来是“定语从句”中的成分），同样找不到“主语”。

3. **成分赘余**

他们谩骂法院执法人员，殴打执行公务的干警，这实属/是藐视法律尊严与权威的违法行为。

这是“横向扩张”的例子，前面“他们谩骂人员”、“（他们）殴打干警”主谓宾都没有错，但是后面“这实属是行为”就错了，“实属”就是实在属于，实在是的意思，这样就多出了一个“谓语”，所以成分赘余。

4. **结构混乱**

读完徐志摩的《我所知道的康桥》，读者就会被这诗一般的语言所谱写的回忆梦幻曲所感染，使读者感到余味无穷，不忍释手。

同样是“横向扩张”，“读者使读者感到……”明显地错了，该句中多了一个“使”字，使得整个句子缺少主语。

北接陆上丝绸之路、南连海上丝绸之路，将于2014年申遗的“中国大运河”，包括了京杭大运河、隋唐大运河以及浙东运河所组成。

“大运河包括了ABC运河所组成”（采用ABC代替一些较啰唆的成分，也是快捷分析语病的好办法），很明显，“大运河包括了ABC运河”已经完整了，后面多了“所组成”的，这就是因为两句话（“大运河包括了ABC运河”和“大运河由ABC运河组成”）挤在一起造成的。

准确分析“主谓宾”，不管是搭配不当或者成分赘余残缺都是病句。以上的语病名称我们可以忘记，但是“分析语法”的方法一定要清楚，并且能够运用。

5. **语序不当**

玛丽安【在路边的碎石堆里】【偶然】发现了（几个）（形状奇特的）（化石）牙齿，兴奋异常。

这句话，主谓宾明显没有错，所以我们就要注意力集中到定语和状语部分，而且它一般是比较长的部分（这样才有干扰性）。如果靠语感“在路边的碎石堆里偶然”是读不出毛病来的。有的老师教学生死记宾语和状语的顺序，这种方法也是没有实际意义的，即使“背下来”还要一个个对应找很浪费时间。最简单的是明确基本的顺序“次—主”，比如，例句中表地点的“在碎石堆”和表时间的“偶然”，相比而言，肯定是“在碎石堆”更重要，因为如果我们要再去找看有没有，肯定不用挑时间，但是却一定得去碎石堆找。同样后面的定语，“化石”修饰“牙齿”，读起来没有问题，但是从“主次”角度判断，我们就明白得“牙齿化石”才对。“牙齿”没有什么价值，而“化石”可就宝贝了。

三是可以先去掉两项语法病句，快速进入“逻辑语病”的筛选中。语序不当也有一些属于“逻辑范畴”的，但是我们始终要先用“语法”过滤掉一部分，再来分析逻辑。逻辑语病虽然只有“表意不明”“逻辑不明”两种，但“逻辑不明”具体来说还是有太多类型。过滤掉语法后，再按照常错的逻辑“标志”来判断就容易了。有不少老师直接教学生用“标志”法，这样不是不行，但是速度更慢，而且容易被混淆。

所谓的标志法，并非全能，但是排除掉语法毛病就基本全能了。标志法，就是扫一下句子中有没有“关联词”“并列成分”“否定词”“数量词”“代词”等内容，有的话，一般常在其中出问题。

1.关联词，可以是语序不当，也可以是逻辑不当

①全国住房价格过快上涨的势头虽然已得到遏止，但是部分大中城市住房价格仍然过高，调控房地产市场的工作依然繁重。（虽然应该放到“全国”前。语序不当。）

②运用联词造句法来积累词汇，不仅能使学生充分发挥自己的想象和创新能力，而且能让他们在兴味盎然中正确掌握词语。（“不仅”和“而且”后面的内容必须倒换过来，否则逻辑顺序不当）

③作者没有很好地深入生活、体验生活，凭主观想象加了一些不恰当的情节，反而大大减弱了作品的感染力。（“反而”是相反的递进，应改成“因而”。）

④由于黑猩猩看惯了人类的各种表情，所以人们反而难以分辨黑猩猩是“恼”，还是在“笑”。（前后不成因果关系）

⑤如果说他们已经真正学好了理论，可以在培训班毕业了；不如说他们只学会了搞形象工程的空头理论而已。（关联词搭配不当，“如果”改成“与其”）

2.并列成分

①市教委要求，各学校学生公寓的生活用品和床上用品由学生自主选购，不得统一配备。（并列不当）

②这次发展论坛在上海举行，参加论坛的中外各界人士在论坛期间就环境保护、人才培养、普及教育等众多议题发表意见并进行各种交流。（句式不对应，“普及教育”必须改成“教育普及”）

③去年的大赛我们的工作得到了好评。今年的比赛从命题、决赛、海选到颁奖，

我们将参与活动的全过程。一定要高度重视，不可疏忽。(顺序不当)

④他详细地向我介绍了这所中学的办学理念、教学质量及师生情况。(搭配不当)

⑤在高一高二时，我们对于打好知识基础和提高基本技能的认识是何等肤浅，何等简单，现在我们对于这些的认识是丰富得多，深刻得多了。(前后对应不当)

⑥科学家在对流行病进行分析和动物实验后指出，大量饮酒或饮用酒精配制的饮料，与癌症的发生有密切的关系。(应该是"癌症"与"大量饮酒"有关，主次倒置了)

3. 否定词，含反对词、矛盾词，如：是否、对错、防止、制止、预防、取缔、不、非……由此可以造成各种逻辑语病

①有关人士强调：最近接连发生特大爆炸事故，大家必须提高防范意识，尽量防止此类事件不再发生。

②当今世界，自主知识产权所占比重是衡量一个国家科学发展水平的标志，而科学技术进步与否是国家富强的标志。

③在全国产品质量和食品安全专项整治工作电视电话会议上，某领导人表示，要禁止取缔以公众人物、专家名义证明疗效的药品广告。

4. 代词(方位词)，尤其是当前面出现两个以上主体，很可能指代不明确

①请柬的封套上古色古香地印着青铜器，上面整齐地排列着身披铠甲，手持盾牌的秦军战士。(究竟是青铜器还是封套的"上面"，读者并不清楚，指代不明)

②对于那些指责这些学说缺乏理论支持、说她不以实验而以先验方式作一般性推理的人，这表明他们对这一学说缺乏深入认识，还没有掌握其精髓。(前应改为"一些人指责……"，"这"才有所对应。解题时，同样可以将篇幅长的部分简化，简化为：对于那些指责她的人)

5. 数量词。病句一般表现为不合逻辑，如概数前面不能加上"至少""最多""最高""最低""超过"一类词，后不能加"上下""左右"；使用"降低""减少""缩小"等词语时不能用倍数。"平均"不能加"以上""以下"

①据"黄金搭档"的广告称，他们厂利用高新技术，将钙研磨得比头发丝还细一百多倍。(小不能是倍数，小1倍就成0了)

②我国约近百分之六十左右的青年认为"诚实守信""助人为乐"是优秀的传统美德，是做人的基本准绳。(重复)

③参加这项比赛的选手平均年龄19岁，平均身高1.68米，平均文化程度大专以上。(平均是一个绝对值)

这些“逻辑”类型，其实从2015年起高考就开始淡化。以上三个例句基本都是语法错误，估计是出于“反应试”的考量。但不管如何变化，我们常见的病句就出自这些方面的内容。

至于2018年的高考题型，则是在文段中划出病句，然后在四个选项中选出“修改正确”的一项。这本来也不算创新题型。由学生直接进行修改是最能体现其学习能力的，但是因为修改方式的“可能性”太多，不利于改卷效率，因而改为选择题，这样难度明显降低了。我们看下面这道题，原句是：

这艘船经历了大洋矿产资源研究开发专项的多个远洋调查航次和大陆架勘查多个航次的任务。

例7.(2018全国Ⅰ卷)文中画横线的句子有语病，下列修改最恰当的一项是(B)

A.这艘船经历了大洋矿产资源研究开发专项的多个远洋调查航次和大陆架勘查多个航次的调查。

B.这艘船执行了大洋矿产资源研究开发专项的多个远洋调查航次和多个大陆架勘查航次的任务。

C.这艘船经历了大洋矿产资源研究开发专项的多个远洋调查航次，完成了多个航次大陆架勘查的任务。

D.这艘船执行了大洋矿产资源研究开发专项的多个远洋调查航次，完成了多个大陆架勘查航次的任务。

很明显，题目依然是考核主谓宾，并且是搭配不当的问题。“执行任务”必然对，“执行航次”则需要与“经历航次”斟酌对比，所以也颇有难度。其实，不管如何改变，始终离不开“基础知识”：语法分析。

第四，衔接。

句子与句子组成的段落，自然需要衔接过渡。衔接过渡优秀的例子很多，文言文的《滕王阁序》，现代文的《在马克思墓前的讲话》都是经典的例文。

在题型方面，衔接题可以说是花样百出了。2010年到2014年的高考基本都保持的是排序题题型，即几句话打乱顺序，然后四种排序方式可供选择。2015年开始出现选择一句填入。2016年、2017年又改成了一段话给三个空，然后让学生填写。2018年又恢复了2015年的题型。不管如何，衔接本身就是“主体”与“客体”的连贯。简单地说，前后两句话“衔接”只有三种模式：①AB，AC；②AB，BC；③AB，ab。具体的例子是这样的：

①屋前有棵柳树，(屋前)还有棵槐树。②屋前有棵果树，树上结满了果子。③屋前有棵树，屋檐连着树梢。

所以不管什么题型，都是以此为基础。而且因为上面的模式①AB，AC太容易，③AB，ab较少见，所以高考主要针对模式②AB，BC进行考核。比如说排序题：

例8.(2009广东一模卷)把下列句子组成语意连贯的一段文字，排序最恰当的一项是(D)

①思路不是凭空产生的，而是以客观事物为基础的

②把这些印象、看法、态度或感情理出个头绪，就是所谓思路

③作者的思路是他对客观事物怎样观察、理解、认识的反映

④客观事物反映在作者头脑里，经过观察、理解、认识的过程，形成了他对事物的印象、看法、态度或感情

⑤而思路是否清晰严密，又表明他对所写的客观事物是否形成鲜明的印象、看法、态度或感情

⑥人总是根据思路来结构文章的。因而，文章的结构组织形式是否清晰严密，就表明作者的思路是否清晰严密

A.①③②④⑤⑥　　　　B.①③②④⑥⑤

C.③①④②⑤⑥　　　　D.③①④②⑥⑤

我们可以看到列出双横线的词语就是“主体”，虽然“思路”是可以利用的，但是6句话中5句有“思路”字眼，缺乏区分度。利用“印象、看法、态度或感情”作为“主体”来推断更容易，“客观事物……印象、看法”“这些印象、看法……思路”，符合AB，BC的模式。并且由“关联词”“代词”(尤其是表示转折的“而”，和代词“它”)，可以判定④②。由④②可以排除AB项，对比CD项，我们直接分析⑤⑥的顺序就行，很明显⑥⑤“人……思路”“思路……印象、看法”符合AB，BC的模式，另外，“而”这个关联词也可以帮助我们判定。

换个形式也是一样的，比如2010年广东高考卷中的第4题：

例9.依次填入下面的一段文字横线处的语句，衔接最恰当的一组是(C)

作品的独创性亦称作品的原创性，具体表现在两个方面：一是作者的直接创作活动产生了作品。______。

______。二是作品表现出作者的个性特点。______。不同的人对同一

题材的创作也是常见现象。__________。作品的独创性是针对作品的表达形式而言，并不延及作品的主题思想，也不涉及未加提炼、加工的社会生活本身。____________。

①只要是独立创作的作品，即使使用了相同的题材，也会产生出与他人作品不相同的表达特征

②作者运用自己独到的眼光、技巧，独立地选择了自己满意的色彩、旋律、动作、语言等，形成对自己的思想、观点、感情的表达形式

③作者的创作活动表现为对素材的取舍、运用、素材是构成作品的原始材料，它本身不是作品

④但只要是作者本人独立创作的，必然表现出与他人不同的个性特点

⑤任何人的创作都离不开对前人文明成果的传承、借鉴，也离不开时代人的互相影响

A.②①⑤③④　　B.②④③①⑤　　C.③②⑤④①　　D.③④②⑤①

虽然不是排序，而是插入句子，但是解题方法基本依然一致。从明确主体入手，第一个空前面是“创作活动”，而③是创作活动。所以确定答案在C、D中；其次，借助含有关联词“但”的第④句，明确其转折只能存在于第四个空，而不能在第二个空。由此可以得到答案。

我们再来看看2015全国Ⅱ卷的第15题：

例10.填入下面一段文字横线处的语句，最恰当的一句是（C）

辣，我们都不陌生，很多人无辣不欢甚至吃辣上瘾，这是因为辣椒素等辣味物质刺激舌头、口腔的神经末梢时，会在大脑中形成类似灼烧的感觉，机体就反射性地出现心跳加速、唾液及汗液分泌增多等现象，________，内啡肽又促进多巴胺的分泌，多巴胺能在短时间内令人高度兴奋，带来“辣椒素快感”，慢慢地我们吃辣就上瘾了。

A.大脑在这些兴奋性的刺激下把内啡肽释放出来

B.内啡肽因这些兴奋性的刺激而被大脑释放出来

C.这些兴奋性的刺激使大脑释放出内啡肽

D.这些兴奋性的刺激使大脑把内啡肽释放出来

四个选项的意思都一样，但是必须和前后主体严格按照AB，BC模式连贯。D项虽然“客体”与C项一致，但在句子表述紧凑上不如C，D项后面的主语仍需为“刺激”。

2018年依稀又回到这一题型。我们看全国Ⅰ卷第18题：

例11.今年，它又完成了历时45天，航程6208海里的综合海试任务，对不熟悉的人而言，(　　　　)。在这里，重力和ADCP实验室、磁力实验室……各种实验室……

下列在文中括号内补写的语句，最恰当的一项是(C)

A.“大洋一号”的实验室很多，就像迷宫一样

B.“大洋一号”有十几个像迷宫一样的实验室

C.走进“大洋一号”，犹如进入了一座迷宫

D.进入迷宫一样的“大洋一号”，会分辨不出方向

根据AB，BC模式，可得“人走进迷宫，这里……”，所以答案是C。

在2016年、2017年高考中，该知识点还以填空题的形式出现过。虽然难度放大，不满足于简单的“主客体”分析，需要再分析“表述”，但是因为受评分限制，所以填入的内容（“主体”和“表述”）基本都在上下文中。

例12.(2017全国Ⅰ卷)在下面一段文字横线处补写恰当的语句，使整段文字语意完整连贯，内容贴切，逻辑严密。每处不超过15个字。

药品可以帮我们预防、治疗疾病，但若使用不当，①____，以口服药为例，药物进入胃肠道后逐渐被吸进血液，随着时间推移，②____，当药物浓度高于某一数值时就开始发挥疗效，然而，③____，超过一定限度就可能产生毒性，危害身体健康。

第一个空是对药品的表述，从最后“危害身体健康”可以得到：①也可能使身体产生损害。第二个空先明确主体，根据AB，BC模式，确定“药物浓度”，根据前面表述“逐渐被吸进血液”可以得到：②血液中药物浓度会逐渐提高。第三个空，主体依然确定是“药物浓度”，从后面超过限度产生毒性，可以得到：③药物浓度并不是越高越好。由此可见，此题基本还是遵守衔接的三种模式。

当然，不只2017年高考顺带考核其他的细节，早前的衔接题，还有更多的考核点，主要涉及“主题一致”“情感协调”“音韵和谐”的内容，但现在比较少见，不一一赘述。

很明显，作为应试的“术”，成语、病句、衔接又各有其自身的“道”和“术”。成语的“道”就是文言文功底，“术”是分辨类型进行巧记；病句的“道”就是语法分析，“术”才是常见类型特点的记忆；衔接的“道”就是掌握衔接模式，“术”是指对关联词、代词的利用，表述的分析等内容。

基本能力：高考与公考的交集

本篇主要结合公务员考试和高考题目来明确语文解题需要的七大基础能力，涉及的公务员考试试题为《2018年广州市行政测试和申论A卷》题目，该套题目来自网络，没有官方答案，相关答案为本人解答，可能存在错漏，敬请包涵。

苏步青担任复旦大学校长时说，“如果允许复旦大学单独招生考试，我的意见是第一堂课就考语文，考后就批卷子。不合格的，以下的功课就不要考了。语文你都不行，别的是学不通的”。其实现在公务员考试基本就是体现这个思路的。公务员考试，作为衡量人才的标准化考试，应该说最具有科学性。从主客观题结合，到客观题全覆盖和大题量高效率的要求，可以真正考核人才的基本能力；再到主观题及材料阅读与运用，充分展现人才的实际思考、表达能力。公务员考试主要有行政能力测试和申论两大部分。这两个部分，除了有关联词运用、段落排序这些“基础知识”，也就是前面探讨文综卷所涉及的“词、句、段”核心素养外，再者就是关于语文科的基本能力。

语文科作为基础学科，重点就在于语文体现基本能力。之所以叫作“基本能力”，就是它们不仅是语言文字必备的能力，实用的能力，还是服务于高级思维运用的基础要求。

语文基础能力有哪些？按照高考大纲的表述，语文主要有识记、理解、鉴赏评价、探究、分析综合、表达运用六大能力要求。在此基础上，我认为不管中考、高考还是公考的题目，都必然运用到以下七大基本能力：逻辑、概括、分析、综合、转换、修辞、组织能力。

下面我们就结合高考和公务员考试的试题，来探讨这些基本能力的运用。

一、逻辑能力

语言文字表达最基础的就是要“规范”，符合语法，“严谨”不出逻辑谬误。这是语文最基本的要求。逻辑能力主要是指“推演”的能力，当然具体在数学和自然科学领域方面侧重于“规律”本身，而在社会科学方面则是“表述”过程。

例 1.(行测)5,7,17,19,29,(A)

A.31　　B.39　　C.41　　D.47

我们必须找到规律，5到7，多了2；17到19，多了2。所以29下一个得31，选A。至于7到17多了10，19到29多了10，我们还可以知道31后面是41，再后面是43……

例 2.(行测)请选择最适合的一项填入问号处,使右边图形的变化规律与左边图形一致。(D)

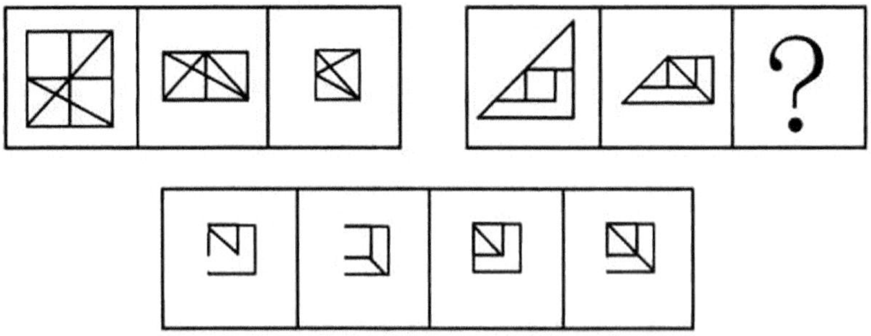

A　　B　　C　　D

很明显，左边的图形变化规律为，由上往下对折，再由左到右对折。对右边的图片进行同样处理的话，必然得到答案D。

例 3.(行测)司机:乘客与(B)在内在逻辑关系上最为相似。

A.教师:家长　　B.医生:病人　　C.编剧:演员　　D.警察:小偷

司机和乘客是“服务者和服务对象”的关系，所以答案B与之对应。教师服务的对象是学生；编剧编出来的是剧本，说不上服务演员；至于警察与小偷，那更不是服务关系了。同类题目很多，具体内在逻辑有异，但解题思路一致。

逻辑能力除了指发现规律，还有就是要根据规律进行“表述”。表述要严谨，就是不犯逻辑错误。不管是自然科学还是社会科学都要讲究表述的严谨。比如在物理定律中，一般都会有“在理想状态下”“在真空条件下”这些限定。没有这些限定，定律就经不起现实中各种复杂条件的挑战。

我们先来看道文综历史题：

例4.(2016全国Ⅰ卷)史载，宋太祖某日闷闷不乐，有人问他原因，他说："尔谓帝王可容易行事耶……偶有误失，史官必书之，我所以不乐也。"此事反映了(A)

A. 重史传统影响君主个人行为　　B. 宋代史官所撰史书全都真实可信

C. 史官与君主间存在尖锐矛盾　　D. 宋太祖不愿史书记录其真实言行

很明显，"全都""尖锐""不愿"都在程度上超越了题干表述的意思。而且，题干和选项都是"具体的叙述"。具体的叙述就要注意"绝对化""必然性""全范围""完全否定"的描述方式。从2016年到2018年的文综历史题来看，几乎所有题目答案都有这样的表述方式。

逻辑能力，在语文卷中直接考核的例子比较少，当然在2017年三份全国卷中也出现过。

例5.(2017全国Ⅰ卷)下面文段有三处推断存在问题，请参照①的方式。说明另外两处问题。

高考之后，我们将面临大学专业的选择问题，如果有机会，我们要选择工科方面的专业，因为只有学了工科才能激发强烈的好奇心，培养探索未知事物的兴趣，而有了浓厚的兴趣，必将取得好成绩，毕业后也就一定能很好地适应社会需要。

①不是只有学了工科才能激发好奇心。

②不是有兴趣就一定能取得好成绩。

③不是成绩好就一定能很好地适应社会需要。

这道题很明显与历史题考核的内在能力是一致的，而且还更加简单直接。只需要找到具体的观点，并指出观点中"不严谨"的地方加以修改就可以。因为这种题比较容易，所以只是短暂地出现了一次。在高考语文卷中，更多的是将它放在"论述类"选择题的考核中，还有语病题目中。

例6.(2016全国Ⅲ卷)根据原文内容，下列说法不正确的一项是(B)

A. 即使在科学技术如此发达的今天，也会产生新的传说，这些传说将来会不会成为研究这个时代的史料也未可知。

B."五四"之前，很多涉及历史的神话传说之所以没有成为广泛使用的史料，是因为这些作品在史学和文学归类问题上存在争议。

C. 在历史研究中，当代学者会把文学作品作为史料看待，在他们看来，《三国演义》和《水浒传》的艺术手法差异并不重要。

D.文学作品能否成为史料，取决于历史学家的眼光，而历史学家对文学与史学关系的认识在一定程度上受制于当时的学术背景。

很明显，ACD在表述上不是“留有余地”，就是明确范围和局限，比较严谨，所以没有错。而B表述上是明确的因果关系，没有丝毫的余地，除非原文有具体对应的表述和充分的依据，不然肯定是错了。

公考卷中也有不少这类题目都是考核语言“严谨表述”这一方面。

例7.(行测)法律的实施效果很大程度上是由民众和执法者对待违法行为的态度决定的。禁止燃放烟花爆竹的规定与中国人“逢年过节喜庆应该放鞭炮”的社会习俗是不一致的。在大多数中国人心目中，燃放烟花爆竹是“辞旧迎新”，是“热热闹闹过新年”的重要标志。甚至在很多人的意识中，会有“如果不放鞭炮，怎么能算过年?”这样的意识。所以许多人看到别人违反法规放鞭炮、点烟花，不仅不鄙视他，而且还会觉得挺高兴，乐观其成，无形中减弱了执行的惩罚效果。

下列论断最符合上文观点的是(D)。

A.在法律和社会习俗不一致时法律的实施效果不会太好

B.法律实施效果的好坏完全由法律本身所决定

C.凡是违反社会习惯的法律法规都应当被废除

D.法律法规在制定时应当征求民众和执法者意见

这道题，很明显BC选项都涉及“绝对化”论述，不够严谨。而A选项“不一致时……不会太好”，是“条件关系”，虽然留有余地，但仍然有“以偏概全”的问题，毕竟法律除了“惩戒作用”，也有“化民成俗”的引导作用。何况，题干中的结论仅仅存在于“假设”“想象”，并无现实结果。D选项，既涉及题干“前提”表述中的主客体：“法律”和“民众和执法者”，又体现一种客观公允的态度。所以选择D。

二、概括能力

随着书写、储存技术的提升，我们每天都要接触海量的信息。应对21世纪信息大爆炸，不能回避信息，而是要掌握处理信息的基本能力——概括能力。简言之，就是要能够做到篇中取段，段中取句，句中取词，快速找到自己需要的信息。

我们先以公考题目来看“概括能力”的具体运用，再结合高考题探讨其使用技巧。

例8.（行测15）多少干部，倒在类似“大节”“小节”的认识误区中，以为“干部出点小问题是难免的，但只要干事业就‘大节不亏’”。从来没有不起眼的蚁穴，只有守不住的长堤，丢了“清政”，何以“有为”？这两者没有“大”“小”之分，都是党员干部须臾不可丢失的“大节”。

下列哪个词语，最符合这段文字所表达的意识？（ B ）

A. 惩前毖后　　B. 积微成著　　C. 正本清源　　D. 积羽沉舟

这道题考查的是以“词”概括句子的能力。从句子中可以掌握关键词是“大节小节”“大事业小问题”“蚁穴长堤”，集中“小”“大”之分，所以不是“前后”“本源”“轻重”，而是“微著”，选B。

例9.（行测11）近年来，广州经济正经历一次深刻转型。此前，广州作为全球重要的商贸中心，更多是汇聚全球的货物流、人流。而广州现在对枢纽型网络城市的打造，则旨在汇聚更重要的资金和智力（技术）要素，以形成一个全球性的高端要素配置枢纽。同时广州的产业结构也加速优化。在原有汽车、日化等优势产业的基础上，代表未来产业方向的“两端”产业——“终端产业”和“高端产业”正被引入广州，并实现集群化发展，从而补上了这座城市长期存在的产业短板。

最适合做这段文字标题的是（ D ）。

A. 广州顺应全球产业大势的自我变革　　B. 广州产业体系的未来发展趋势

C. 广州未来经济体系建设　　D. 广州未来经济发展战略部署

这道题是“段中取句”，和前面文综卷谈到的“句子”一样，要明确“主体”和“表述”。“主体”广州，“表述”从“对枢纽型网络城市的打造……产业结构加速优化……集群化发展”中可以看出是“未来发展”“宏观战略部署”，所以选D。

高考也有相应的题目，当然难度相应低一些。

例10.（2006高考广东卷）：提取下面一段话的主要信息，写出四个关键词语。

从甲骨文到草书、行书的各种书法艺术，间接地反映了现实某些方面的属性，将具体的形式集中概括为抽象的意象，通过视觉来启发人们的想象力，调动人们的情感，使人们从意象中体味到其间所蕴含的美。这也就是一些讲书法的文章里常说的“舍貌取神”——舍弃客观事物的具体现象特征，而摄取其神髓。

关键词在现实使用“索引”过程中意义重大。我们上网搜索材料，要快速找到需要的信息，最重要的就是明确“关键词”。在这段话中，核心讨论的主体是

"书法""意象""美"和"舍貌取神"，就是我们明确"名词"或"概念"。这道题，在答案出来前，有不少谬传是"书法""意象""体味""神髓"，这就是因为对"关键词"的概念和意义不清楚造成的。"体味"是个动词，你上网去查"体味"，查到的东西必然很多很乱，因为"主体"无法统一。"神髓"虽然是个名词，但是不具备"概念"的作用，相反"舍貌取神"是个特定的"手法"，而且不是动作，是一个"过程"概念，是整个文段讨论书法艺术的关键。

例11.为下面这则消息拟写一个标题,限14字内。

2月3日下午,澳门经济司、财政司和水警稽查队联合行动,公开销毁了在最近两年中缉获并已完成了行政或司法检控程序的盗版光盘约100万张;这是澳门官方首次采取的行动。

首先主体明确"澳门官方（澳门经济司、财政司和水警稽查队）"，表述明确"销毁盗版光盘"，具体的限制包括"首次""公开"。根据字数限制，不可能采用"澳门经济司、财政司和水警稽查队"做主体，所以用"澳门官方"。在字数允许范围内可以增加"突出新闻价值"的"首次""公开"，再加上表述，就是答案：澳门官方首次公开销毁盗版光盘。当然，如果字数限制再少，不仅可以去掉"首次""公开"，还可以连同"主体"也去掉，当然要换成"被动句"，即"盗版光盘被销毁"，当然这样表述也就有了"站在盗版商的角度说话"的问题。可见命题人在限制字数时也是有考量的，所以一般作答时越接近限制字数，满分的概率就越高。

其他"段中取句"的概括类题目，说到底都是对"主体""表述"的筛选和把握。其实在前面基础知识部分"衔接"中谈到的也是"主体"和"表述"，病句中明确"主谓宾"也是，文综卷的"核心素养"中"句子理解"也是，甚至本书没有涉及的句子重组、句式变换也是的。说到底，涉及句子的考核点就是有关"主体"和"表述"的内容。

"段中取句"是指在我们阅读时，需要快速把握要点。至于"篇中取段"，当然更具有实用性。简单地说，这就需要快速阅读，找到我们要吸收信息的段落。其方法是：分三层，按三序，找三语。一般阐述观点是按照"是什么（观点或发现），为什么（原因或理由），怎么样（作用或意义）"来分层次的。"按三序"就是按段落位置找需要的信息，比如要找观点就在开头找，要找运用方面的信息就在后面找，要找具体依据就在中间找。作者一般在表达时，也怕人家找不到自己的观点，所以一般都会在开头就明确提出观点，偶尔会在最后总结，在少数情况下（尤其是长篇大段中）会在中间提出观点。另外，还可以从一些特定的“提示词语”中找到最重要的句子，知道这段话具体在说什么的。具体可以借助“提示语”（如“认为”“相信”“提出”）、“概括语”（如“所以”“因此”“总之”）、“转折语”（如“然而”“但是”“却”），在这些“提示语”后面，一般就是关键的句子了。2015年以前，在广东独立命题高考卷中的“论述类”基本都是问答题，而且都是考核“筛选概括能力”。至于公考的“篇中取段”，主要体现在“申论”中的材料提炼，和高考“阅读”（尤其是论述类、实用类）相似。

三、分析能力

分析能力在前面选择题中已经有充分的详述了。我们再来看一些实际例子，充分见识“分析能力”的强大，尤其是在公考中。

例12.（行测）去年，某镇把甲、乙、丙三个大学生村官分别分配到和丰村、团结村、杨梅村工作。人们开始并不知道他们当中究竟谁分配到哪个村工作，只是做了如下三种猜测：①甲分配到和丰村工作，乙分配到团结村工作；②甲分配到团结村工作，丙分配到和丰村工作；③甲分配到杨梅村工作，乙分配到和丰村工作。

后来证实，三种猜测都是只猜中了一半。由此可以推出（D）。

A. 甲分配到和丰村工作，乙分配到团结村工作，丙分配到杨梅村工作

B. 甲分配到团结村工作，乙分配到和丰村工作，丙分配到杨梅村工作

C. 甲分配到杨梅村工作，乙分配到和丰村工作，丙分配到团结村工作

D. 甲分配到杨梅村工作，乙分配到团结村工作，丙分配到和丰村工作

这道题，其实和高中数学教材中涉及“逻辑推理”考核一致，与那道“甲、乙、丙三人都买了新车，汽车牌子分别是红旗、长城、吉利……”推理题并无二致。列表对比分析如下：

对三位大学生村官的分配情况猜测分析

	和丰村	团结村	杨梅村
猜测1	甲	乙	
猜测2	丙	甲	
猜测3	乙		甲

先设猜测1是正确的，甲在和丰村，那么猜测2和猜测3就错了。因为只对了

一半，所以乙就不在团结村，在杨梅村了。这明显和猜测3对了一半的“乙在和丰村”相矛盾。所以甲不在和丰村，乙在团结村正确。既然乙在团结村正确，而甲又不在和丰村，那么甲只能在杨梅村了。所以选D。很明显，这道题涉及了“切分分析”（把情况分出来）、“对比分析”（对比不同条件下，不同主体的不同可能）和“因果分析”（连带的因果关系）。当然，这道题本身也体现了“逻辑推理”。可见“分析能力”与“逻辑推理”是密切相关的。

这只是道题，与我们现实常见常用的思考还是有所不同的。我们再来看一道贴近现实思维判断的题目。

例13.（行测）某大学教授认为，我国住房公积金制度自实行以来，只有一些有购房能力的缴存职工享受到了低息购房贷款，而对于那些收入较低且无购房能力的工薪阶层并没有起到住房保障作用。所以，住房公积金制度是一种“劫贫济富”的制度，国家应该取消住房公积金制度。

以下哪项如果为真，将最能削弱该教授的观点？（ D ）

A.住房公积金制度是国家建立的一项强制性住房保障制度

B.企业缴存部分的公积金对个人来说是一项额外收入

C.民营企业的缴存职工因收入不高而没有购房能力

D.外地务工人员一般不愿意在工作地买房

我们先对比该教授的理论依据，列表如下：

对教授理论依据的分析

主体	属性限定		表述
职工	有购房能力	有缴存住房公积金	低息贷款购房
工薪阶层	无购房能力		仍无法购房

AB表述根本无法针对该理据进行批驳，只是拿制度说话或者“顾左言他”。C根本就是该教授的理论依据之一。D才是和理论依据有悖的，外地务工人员是“工薪阶层”，他们可能“有购房能力”，关键是他们主观“不愿意”，不想在异地他乡购房置业。这样是批驳论据的做法。

四、综合能力

前几年高考突出对分析能力的考核，从2017年开始高考也强调了在“分析基础”上“综合能力”的考核。2017新课标也大规模地出现“整合”一词，具体从

2017年全国Ⅰ卷和全国Ⅱ卷两道作文题“题干要求”就可以看出来。

例14.(2017全国Ⅰ卷)阅读下面的材料,根据要求写作。(60分)

据近期一项对来华留学生的调查,他们较为关注的“中国关键词”有:一带一路、大熊猫、广场舞、中华美食、长城、共享单车、京剧、空气污染、美丽乡村、食品安全、高铁、移动支付。

请从中选择两三个关键词来呈现你所认识的中国,写一篇文章帮助外国青年读懂中国。要求选好关键词,使之形成有机的关联……

例15.(2017全国Ⅱ卷)阅读下面的材料,根据要求写作。(60分)

①天行健,君子以自强不息。(《周易》)

②露从今夜白,月是故乡明。(杜甫)

③何须浅碧深红色,自是花中第一流。(李清照)

④受光于庭户见一堂,受光于天下照四方。(魏源)

⑤必须敢于正视,这才可望敢想,敢说,敢作,敢当。(鲁迅)

⑥数风流人物,还看今朝。(毛泽东)

中国文化博大精深,无数名句化育后世。读了上面六句,你有怎样的感触与思考?请以其中两三句为基础确定立意,并合理引用,写一篇文章……

“形成有机关联”和“以其中两三句为基础”,就必然要我们对题干赋予的多个素材进行分析,明确其内在的“统一”和“关联”,然后才能“综合”起来进行论述。比如,全国Ⅰ卷我们不能写“骑着共享单车去游长城”,两者的关系很弱,统一起来的事件或者观点既勉强又不自然。反过来,“空气污染”和“美丽乡村”虽然相反,但是一个是问题,一个是对策,可以有机关联起来。“共享单车”“高铁”“移动支付”是体现便捷生活的具体方式。全国Ⅱ卷也一样,我们可以关联“数风流人物……”和“必须敢于正视,这才可望敢想、敢说、敢做、敢当”,因为两者可以建立因果关系。

2018年广州公务员考试《申论》考核内容是10篇关于“放管服改革”的阅读材料,这些材料和2017年、2018年的实用类文体考核模式“非连续性文体”一致。只是前者信息量更大,阅读要求更高而已。在这么多材料(和高考题一样,含有图表材料,且有多种文体混杂的特点)只给了30分钟阅读的情况下,非常能考出考生的能力来。

五、转换能力

转换能力，可以是文字、词语、句子形式的转换，也可以是“图文转换”。这是个信息时代，也是个影像时代，影像信息比文字信息含量更大。文字是一维线性的，图形是二维平面的，影像更是四维时空的。21世纪，人类的思维必须不断地提升，以适应时代的发展，迎接AI的挑战。但是话说回来，我们有几个人是以空间形象来进行思维的，但是我们可以学。想想那么多科学家都用“白板”“黑板”来思考，我们就明白其中的奥妙了。我们只能想“因为……所以……”，但如果写下来，我们可以发现更复杂的“因果”关系，甚至更多的“非因果”关系。所以，图文转换能力，是必考的也是必备的基本能力。

其实，如果注意观察，就会发现历年高考题中一般都会有这样一道题，要么是画，要么是表格，要么是图形。不论是看图作文，还是指出画面的构成和寓意；不论是根据表格图形做出数据分析和启发，还是把流程图化成文字表述，说到底都是图文转换。

正如前面我们谈到的，图文处理还是要靠分析。

例16.（2015全国Ⅱ卷）下面是联合国发行的“联合我们的力量”邮票中的主体图形，请写出构图要素，并说明图形寓意，要求语意简明，句子通顺，不超过85个字。（6分）

像这道题，我们必须采用“切分分析”方法：橄榄枝、鸽子、旗帜，且由旗帜组成了鸽子。再结合题干“提示”：“联合国”“联合我们的力量”。所以答案可以这样写：图形由橄榄枝和多面旗帜组成，这些旗帜又巧妙地构成一只展翅飞翔的鸽子。旗帜代表不同国家，鸽子衔着橄榄枝代表和平，整个图形寓意各国应联合起来，维护世界和平。

更多的图表分析，具体采用的是“对比分析”方法。通过分析，发现其中的

“规律性”和“特殊事物”。

例 17.(行测)请根据以下给出的图表、文字资料进行分析，选出符合题目要求的正确答案。

2010年与2016年世界各地区原油进出口量

单位：千桶/天，%

地区	2010 年		2016 年		2010 年		2016 年	
	进口量	占世界比重	进口量	占世界比重	出口量	占世界比重	出口量	占世界比重
北美	10627	24.7	8768	19.5	1520	3.7	3262	7.4
拉丁美洲	1381	3.2	837	1.9	4624	11.2	5122	11.6
东欧	1850	4.3	1771	3.9	7273	17.7	7382	16.7
西欧	10625	24.7	10303	22.9	2555	6.2	2096	4.7
中东	519	1.2	501	1.1	15988	38.8	19211	43.5
非洲	805	1.9	653	1.5	7635	18.6	5747	13.0
亚太地区	17269	40.1	22074	49.2	1565	3.8	1356	3.1
世界	43075	100.	44908	100.0	41159	100.0	44175	100.0

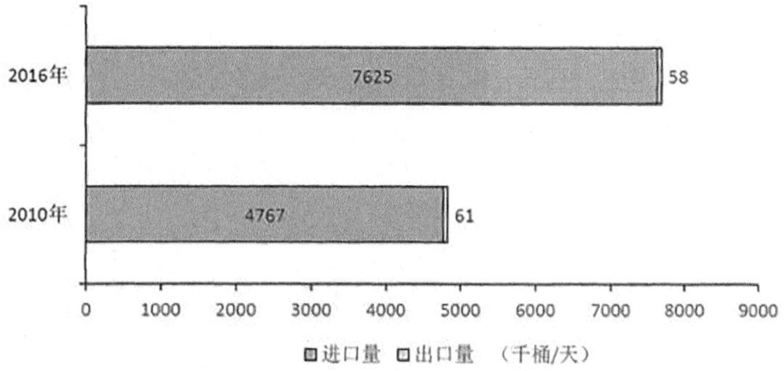

2010年与2016年中国原油进出口量

86. 与 2010 年相比，2016 年原油进口量和出口量占世界比重变化最大的地区分别是(D)。

A. 北美和中东　B. 北美和非洲　C. 亚太地区和中东　D. 亚太地区和非洲

87. 按照原油出口量占世界比重由高到低排位，2016 年排位与 2010 年完全相同的地区有(C)个。

A.0　B.1　C.2　D.3

88.2016 年中国原油进出口总量约比 2010 年增长了(B)。

A.-4.9%　B.59.1%　C.60%　D.60.8%

89.2016 年中国原油进口量占世界比重约比 2010 年上升了(C)个百分点。

A.4.2　B.4.9　C.5.9　D.7.3

90. 以下说法中正确的是(A)。

①2016 年中东地区原油出口量比 2010 年增长超过了 15%；

②2016年中国原油出口量占进出口总量的比重高于2010年;

③与2010年相比,2016年东欧和西欧两个地区的原油进口量都有所下降。

A.①和③　　B.①和②　　C.②和③　　D.仅有③

很明显，不管是表格，还是柱状图，都必然使用“对比分析”方法。表格含有“横纵比”，代入表格数据，可以回答86题，答案为D。至于87题，则在表格内按照数量，列出名次，明确只有第一名的亚太地区，和第四名的拉丁美洲保持名次上的稳定，所以选C。采用此种分析方法，便可得到88题、89题、90题的答案分别为B、C、A。

公务员考试的图表分析，数据更多，题目量也更多。相比之下，高考中出现的图表分析就容易多了。当然，方法依然还是“横比”“纵比”，寻找基本规律（或趋势）以及异常的个体事物。

像2018全国Ⅱ卷实用类文体中的第7题，就是根据材料二的柱状图进行分析。

例18.材料二:

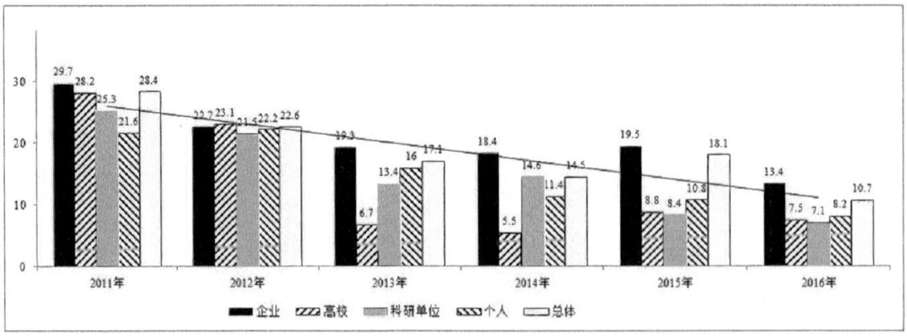

2011~2016年遭遇过专利侵权的比例(单位:%)

(摘编自国家知识产权局知识产权发布研究中心《2017年中国专利调查报告》)

7.下列材料二相关内容的理解和分析,不正确的一项是(3分)　　　　(B)

A.2011年到2013年,科研单位遭遇侵权的比例由25.3%下降到13.4%,降幅较为明显,但2014年有微小回升,2015年则回落至8.4%。

B.2015年企业和高校遭遇侵权的比例较之以往四年有所提高,总体侵权比例也略有反弹;而2016年各项侵权比例均呈下降态势,总体遭遇侵权比例为10.7%。

C.2012年至2016年间,比例一直下降的仅有个人遭遇侵权这一项,企业、高校、科研单位以及总体这四项数据,均有回升的现象发生。

D.专利侵权总体比例的下降,一定程度上体现了我国知识产权保护工作所取得的成效。当然，我国专利数量的快速增长也可能在一定程度上拉低专利侵权的比例。

运用对比分析，可以发现整体的规律是“遭遇专利侵权比例趋向于减少”，但是其中还是有个别反规律的情况，比如2015年整体的“反弹”，而且2016年的“个人”遭遇专利侵权的比例比起2014年、2013年还要高一点。所以B项不正确。

即便是看图作文，很多时候也要运用对比分析和因果分析方法。比如2010年全国Ⅰ卷和2016年的全国Ⅰ卷，都采用漫画题的方式，都需要用到对比分析和因果分析的方法（相关内容在后面作文一章详述）。

还有一种图形转换，更接近我们的思维，也就是一般的所谓“思维导图”或者“流程图”。这些带线索脉络的图形，帮助我们强化记忆，也更加直观。2018年全国Ⅰ卷也再次恢复了2016年的这种图表考核模式。对比之下，2016年的题目还要更复杂点。

例19.（2016全国Ⅰ卷）下面是某校“中华文化体验”计划的初步构思框架，请把这个构思写成一段话，要求内容完整，表述准确，语言连贯，不超过85个字。

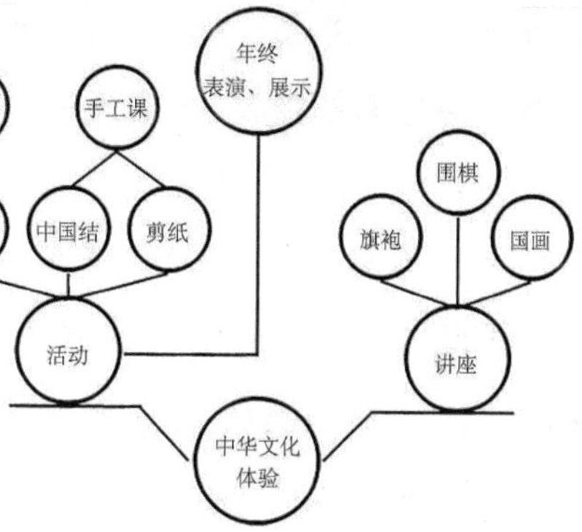

这一类题，首先是明确各个叙述的“主体”，而且明确各个“主体”之间的逻辑关系。流程图，带有“箭头”，一般都是表示“先后”顺序。而这种图，并没有明确暗示，我们必须靠分析。图表中，有“包含与被包含”的关系，比如中华文化体验，包含“各种活动”和“各种讲座”；有并列关系，如“活动”和“讲座”，再下一层中的“旗袍”“围棋”和“国画”；有先后顺序，只有“先”活动，“后”才能年终表演、展示；还有从属连带关系，比“体育课”和“太极拳”，自然只能是“利用体育课打太极拳”或者“在体育课上体验太极拳”。综合起来，我们就可以得出答案：本次“中华文化体验”计划开设旗袍、围棋、国画三个讲座，并开展三项活动：利用体育课体验太极拳、利用手工课体验中国结和剪纸艺术，年终举行太极拳表演和作品展示。

六、修辞能力、组织能力

修辞能力，就是“绘事后素”，如何让表达更生动传神，更有说服力；组织能力，就是“运筹帷幄”，按照目标要求落实步骤和内容。

修辞能力和组织能力，也是经常体现在表达运用方面上。正如2018年广州公考行测中的第24、25题。

例20.（行测）近代以来，中华民族遭受的苦难之重、付出的牺牲之大，在世界历史上都是罕见的，可谓“______”。改革开放以来，我们不断艰辛探索，终于找到了实现中华民族伟大复兴的正确道路，正是“______”。而现在，我们比历史上任何时期都更接近中华民族伟大复兴的目标，比历史上任何时期都更有信心、有能力实现这个目标，一定是“______”。

依次填入划横线部分最恰当的是（ A ）。

A.雄关漫道真如铁，人间正道是沧桑，长风破浪会有时

B.人间正道是沧桑，雄关漫道真如铁，长风破浪会有时

C.长风破浪会有时，人间正道是沧桑，雄关漫道真如铁

D.长风破浪会有时，雄关漫道真如铁，人间正道是沧桑

原文就是要表达中华民族之近代受到的苦难之重这层意思，而引用诗句，既能够增添文化内涵，突出主体“中华民族”的悠久历史，又能够侧重“苦难重”“找到路”“有信心”要点。但是使用修辞必须贴切，所以必须基于诗句理解，明确表达意图，“苦难重”对应的应该是“雄关漫道”，关难过，路漫长；“找到路”前后自然变化大，所以“人间沧桑”；“有信心”自然相信“长风破浪会有时”。

例21.（行测）善念如花，善举似果。善念之花常开，善举之果却不易结。心怀善念，是有善端，这就像是水之源、火之星，正是善的基础。然而，如果徒有善念而不为，也不过停留在“想”的层面，既不能给陷入困境的人以帮助，也不能给社会风气注入正能量，最终难免水源枯竭、火星熄灭。就此而言，__________。

填入划横线部分最恰当的一句是（ D ）。

A.善念和善行是相辅相成、彼此促进的

B.善念对善行起到了驱动和引导作用

C.善行比善念更重要，行动比观念更重要

D.只有落实到善行的善念才是真正的善念

这道题也是考核修辞能力，只不过是“反过来”，由修辞推测表达具体内容，题干的内容是关于“善念”“善举”的比喻，突出两者是“花与果”“基础与体现”的关系，并且强调只有善念没有善举就没有所谓的“善”，所以结论是D。

高考近几年直接考核“修辞”的也比较少，我们来看2007年广东高考卷中的这道修辞题，就是比较“纯粹”的修辞题。

例22.（2007高考广东卷）下面是2008年奥运会四个比赛项目的标识图形：请你选取一个，围绕图形内容，紧扣动态特征，展开联想，写一段话。要求语言通顺，运用两种以上（含两种）的修辞手法，不少于40字（含标点符号）。

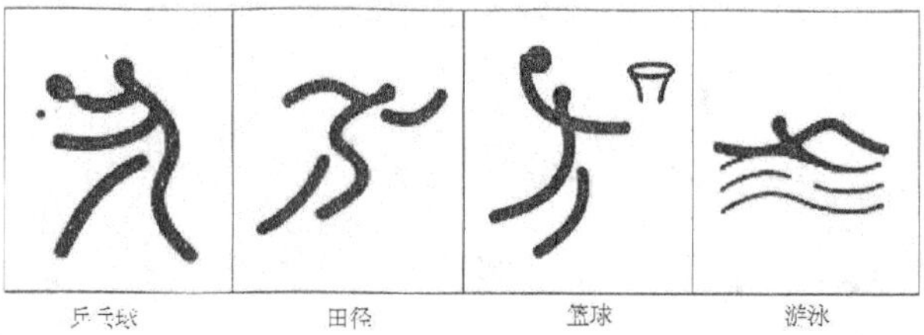

这道题，明确要求运用两种以上修辞手法，直接考核修辞能力。而且和许多语言运用题一样，有具体的“任务要求”：①选取一个图形；②围绕图形内容，紧扣特征；③展开联想；④写一段话；⑤语言通顺；⑥运用两种以上修辞。这些限定，也就考核了“组织能力”。

组织能力，形象点来解释，就像是学校要检查卫生，老师就交代卫生委员去安排工作。学校检查卫生，可能有很多具体的要求，比如窗沿要没有灰尘，地板没有纸屑，天花板没有蜘蛛丝，桌椅没有墨渍……要完成这些工作，必须依靠全体同学的共同努力，所以卫生委员必须合理调配所有同学，执行具体的各项任务，而且有步骤地完成：比如高个子先去扫天花板，大个子去打水，女同学去擦桌子擦窗户，然后男同学扫地板……能够这样做好工作，这个卫生委员就称职了。

所以，按照题目要求一个个完成，就很容易得分。至于“选了两幅图”“脱离图形特征”“只用一种修辞”等，就是老师经常讲的“没有看清题意要求”的问题了。

至于修辞能力，运用“排比+比喻（拟人）”、“设问+比喻（拟人）”都是非常容易的搭配。比如答案示例：游泳运动员在水中起伏，有时如鲤鱼摆尾，有时如蝴蝶翩飞，有时如青蛙蹬腿，姿态优美，尽展高超泳技。

近几年的全国卷高考题，被某些专家定性为“任务驱动型”，然后提出一大堆理论。其实说白了，题型还是那些题型，至于题干要求是“多了”“具体了”，但是看看2007年广东卷的这道语言运用题就明白，明确要求，按要求写作，本来就是作文的分内事。作文之所以被誉为“戴着镣铐的舞蹈”，就是因为没有这些束缚，怎么能够考出本事来。组织能力，本来就是高考作文的基本要求。

至于公考，其实更是考核组织能力。例如2018年广州公考申论题，给了10个材料，其中有官方文件（材料1）、权威解读（材料2）、具体案例（材料3），具体措施（材料4）……然后让考生写一篇议论文，具体限定：1.依据给定材料，可不拘泥于给定材料；2.观点明确，论证充分，条理清晰，逻辑严密，语言流畅；3.不必提供对策；4.不要大段摘抄材料；5.作答时必须用黑色墨水的签字笔或钢笔，在答题卡的指定位置作答，作答在其他位置上一律无效。这道题除了限定“文体”之外，后面更多的是对“材料”运用本身的说明：可用可不用，但不可直接大量照抄凑字数。懂得“读材料”，吸收各方面材料的营养，然后结合具体实际情况去执行。这也就是组织能力的具体体现。

通过比对，我们基本可以清楚一点，不仅高考在系统地考核语文的基本能力，公考也在考核这些基本能力。上述七大语文基本能力，不仅要扎实理解，还要多练习运用，把能力学到手才能轻松应对各种题目。

实用类、文言文阅读：严守操作规程，解题才能快、准、狠

之所以把实用类文本和文言文阅读捆绑在一起，是因为两者的具体要求最相近，都是基于文本理解，仅仅要求快速把握文本关键信息而已，完全是技术性阅读的要求。作为技术性阅读，要注意对于该文本（文体）而言，什么信息最重要，把它们找出来，按照要求答题就行了。

在应试策略上，要注意针对命题人和评卷人的心理。

命题人会尽量确保考核的"系统性"，保证知识点覆盖全面。同样地，在阅读题考核时，一般也会把全文各个段落都覆盖到，以便考核学生对文本整体的把握；为了保证题目答案不出现交叉（这样会让学生钻空子，找几句话反复作答套分），对文本内容的复杂程度有要求；为了便于改卷，所以按照赋分斟酌设置答点；为了高效命题，会遵照一定的设错模式，在设错的方式甚至位置上都有固定的套路。

评卷人一方面要确保赋分的合理性，要保证区分度，还要确保按照评分细则操作，该给的分给，不该给的不给；另一方面要克服长时间重复改一道题，接触相似却各个不同答案产生的身心疲劳厌倦。所以对于字迹清晰甚至书写漂亮的卷子，对答点清晰的卷子，自然会多给分。最重要的是，评卷人无法记住"标准答案"，会根据学生答卷与标准答案的相似度来评分，所以为了提高改卷效率，评卷人会采用"关键词"赋分的形式，把评分细则具体转换成几个关键词，按照顺序从学生给出的答案中寻找关键词"踩点赋分"。一方面词语容易记住，大脑可以同时牢牢记住好几个，另一方面判断学生句子表述比较费时间，但是找到学生答案中的"关键词"却毫不费力。

明确了命题人和评卷人的心理特点，我们就有了明智的对策。

首先，阅读时要注意使用标记法。如在问卷中，用"圈"圈出重要的主体，

用“斜杠”断开表述，用“下划线”划出关键句。

文言文中的“人物”要圈，“事件”完结要断。文言文中涉及的人物本来就不多，但是考试设错却往往从人物和细节下手。文中人物比较多时，读者就容易出现理解混乱。

例1.《范滂传》中有这样的文段：太守宗资先闻其名，请署功曹，委任政事。滂在职，严整疾恶。其有行违孝悌，不轨仁义者，皆扫迹斥逐，不与共朝。滂外甥西平李颂，公族子孙，而为乡曲所弃，中常侍唐衡以颂请资，资用为吏。滂以非其人，寝而不召。资迁怒，捶书佐朱零。零仰曰：“范滂清裁，犹以利刃齿腐朽。今日宁受笞死，而滂不可违。”资乃止。

如果没有把人物圈出来，自然很难理解其中的因果：范滂被宗资重用。唐衡想谋差事，就通过范滂的外甥李颂，找到宗资。宗资就答应任用唐衡，但是范滂却坚决抵制。宗资无奈之下迁怒朱零，但朱零还是坚决执行范滂的命令。这样，利用标志圈断出来后，也有利于答题。

例2.（2016全国Ⅰ卷）文言文《曾公亮传》中文段：契丹纵人渔界河，又数通盐舟，吏不敢禁，皆谓：与之校，且生事。公亮言：“萌芽不禁，后将奈何？雄州赵滋勇而有谋，可任也。”使谕以指意，边害讫息。

考核的题目答案选项C：曾公亮防患未然，止息边地事端。契丹违约在界河捕鱼运盐，他认为萌芽不禁终将酿成大祸，派使者偕同雄州赵滋前往调解，边地双方得以相安无事。明显，公亮就是派遣赵滋为使者，不是使者偕同赵滋。所以可以锁定该项就是答案。

例3.（2008高考广东卷）文言文《周访传》中文段：周访字士达，本汝南安城人也。汉末避地江南，至访四世。吴平，因家庐江寻阳焉。/访少沉毅，谦而能让，果于断割，周穷振乏，家无余财。/为县功曹，时陶侃为散吏，访荐为主簿，相与结友，以女妻侃子瞻。/访察孝廉，除郎中、上甲令，皆不之官。

如果没有把事件断开来，那么前后的内容就复杂，不利于对句子内容的推断。像“周穷振乏”，断开之后就可以明确与周访前面的“能让”，和后面的“家无余财”，以及句内的“穷乏”，可以理解是“救济那些无法施展才华，生活困顿的人”。而且，断开后，翻译就更加准确了。第9题考核翻译的句子是“时陶侃为散吏，访荐为主簿，相与结友，以女妻侃子瞻”。把事件独立出来，明确主体，就更容易翻译了。

实用类文本中，更多的是使用“下划线”划出关键句。

例4.(2017全国Ⅰ卷)材料三：

在制播运营模式方面，央视纪录频道实行的是频道化运营模式。央视是纪录片的主要制作基地。制作出的精品节目数量众多。当然，频道化运营模式也有其自身的劣势。劣势在于频道可以调动的资源非常有限，其融资渠道、产品设计、人财物资源调度都会受到种种限制。央视纪录频道目前正积极推进制播分离模式，节目制作以社会招标、联合制作、购买作为主要方式，并辅以自制精品，为建立较为健全的制作管理模式做好准备。

这一段，一开始就明确内容是关于“制播运营模式”，而央视纪录频道的模式是“频道化”这点肯定要划线，还有后面涉及的“劣势”以及“发展方向”都应该明确。如果这些能够划出来，那么最后的主观题（“根据上述材料，概括说明中央电视台纪录频道开播初期与美国国家地理频道在直播运营模式方面的不同”）就不难回答了。

其次，要确保答题的完整性。很多学生得不到满分就是因为忽略“答点”不止一个的问题。现在很多男生成绩不如女生，甚至理科成绩也是如此，其中一个关键原因就是男生从小就喜欢“跳跃”思维，不喜欢重复的解题过程。而这样就容易在步骤上失去很多分数，甚至影响最终答案的正确性。其实束缚学生答题“完整性”也没有错，因为这样不仅可以让学生考虑问题更加全面，也可以让学生思考得更加细致。科学需要创新，思维需要跳跃，但是研究始终要细心严谨。

因为高考赋分是明确的，一个词语（词组）可以得0.5分至1分（不过，最终每道题结算分数是按1分整计算），一个句子可以得1到2分。所以要根据赋分，推算大概的答点。比如前面例4的主观题，高考的参考答案是：①中央电视台记录频道在开播初期采用的是频道化运营模式，央视是纪录片的主要制作基地；②美国国家地理频道采用的是制播分离的运用模式，节目的制作与播出相对分离。这两句话，明显包含了四个赋分的关键词“频道化”“制作基地”“制播分离”“相对分离”。虽然在具体评分细则中，（1）央视：频道化、制播一体、制播合一，2分。央视是主要制作基地、单一模式，1分。（2）美国：制播分离（分开），2分。抄材料、概括不准确，1分。根据评分细则，学生完全可以放弃后面“制作基地”“相对分离”这两个答点。但毕竟是赋分4分，为什么不多两个答点呢？能够和参考答案直接对应不是更好吗？何况参考答案本身就是在引导我们答题要具体、完整。

最后，要程序化、机械化答题。我们容易把主观题理解为“主观作答”，这就错得厉害了。如何高效准确的答题，就是要靠程序化、机械化的操作。好像我们在医院的各个科室都会看到一张《急救流程表》。为什么都是医科毕业多年，而且多多少少有治疗病人经验的医生和护士，还要贴这玩意？很简单，这样可以避免遇到紧急情况时，医生、护士因为慌乱而弄错流程，或者凭借经验事先实施“最熟悉”的抢救方式。其实严格按照规程，才是最有效的。

程序化、机械化，具体就是指要针对文体的特点，明确文体特征，使用相应的阅读策略：把握关键信息，按照解题策略和流程应对题目。虽然高考不时地调整一些题目，但反思我们老师自己解题，都有明确的流程，有固定的策略和方法。如果不将这些经验传授给学生，怎能算是合格的教师呢？

就文言文而言，目前只有独立命题的几份试卷考核“游记”和“议论文”。全国卷的文言文，仍然坚持考核人物传记，而人物传记关键信息就是“谁”做了“什么事”。再具体点，就是为什么做这事，经历了什么，结果如何。所以，除了依赖文言文理解能力之外，具体解题时要靠切分内容，可以使用圈点法。

实用类文本，按照高考大纲规定，包含新闻、传记、报告、科普文章。之前全国卷仍有“选考题”时，长期使用“传记”，取消“选考题”后又启动了“非连续性文本”（实际上就是“新闻”和“报告”的结合体）。广东卷范围相对更广泛，虽然后来广东卷高考大纲也照搬全国卷的限定，只包含新闻、传记、报告、科普文，但实际操作上，一直“任性”地沿用2007年大纲的五大类（包括访谈，在2007年、2012年、2014年考了三次）。因为至今没有看到“第六元素”，所以下面就先讨论这五大类文本阅读时要“划出”的关键内容。

传记要“划出”的是传主的一言一行、个性特征，作者对传主的评价。不说考核必定是这些，我们读传记本身就是要获得这些信息：知道传主做了什么事说过什么话，明确他是个什么样的人，还有人们是如何评价他的。

新闻要“划出”的是“五W”（时间、地点、人物、事件、原因），当然最重要的除了“中心事件”就是“原因”，为什么会发生这样的事，这样的事该如何推广或避免。我们看新闻不就是为了“知道发生什么事，可以从中获得什么收获”吗？

科普文要“划出”的是“是什么”“为什么”“怎么样”，也就是作者提出了什么“观点”，基于什么“依据”，可以运用于什么“领域”的问题。

报告要“划出”的是“结论”“启发”和“科学性”（报告为什么可靠？具体可从信息采集、数据运用，还有与其他报告、现实的对应等方面找到线索）。

访谈要“划出”的是“采访者的问题范围”以及“受访者的观点”。其实访问一个人（一般也都是名人，各领域的成功人士了），问的大多离不开“受访者的人生经历”“受访者的专业成就和见解”“受访者对社会热点问题的看法”等这样的问题，而我们读访谈，本身就是为了找到“人生建议”，以促进自己的事业，完善自己的人生。

明确了上述内容，我们再具体看如何解题。解题讲究“对症下药”，针对题型按照操作流程和方法来解题。鉴于目前多“单一”考核新闻、传记、报告、科普文，而访谈题目不多，考核的题目也直接对应上面的“阅读要点”，所以这里不做赘述，下面只针对全国卷的“非连续性文本”进行探讨。

为什么高考选择考核“非连续性文本”？之前我们也谈到了这种文本与公务员考试申论的阅读素材的一致性。其实这种模式，不仅同时可以考核学生是否掌握多种实用类文本的能力，而且更与现实“合目的性的自主阅读”对应。打比方说，我要去报考中央美术学院，但不能傻傻地只顾读书画画。我要了解相关报考的条件、具体考核的模式、考试的难度等，这些信息越完整越准确越好。所以，我不仅要上网查该年度中央美院的报考指南，还要查阅一下去年成功考取该校学生的经验之谈，查阅中央美院院长或者命题老师的专访或者传记，查阅前一年报考录取的统计数据。充分掌握信息之后，我才能根据自身实力，确定具体的努力方向，做好相应的准备。在查阅的过程中，我会接触到各种不同的实用类文体，获取多种信息。虽然这两年的“非连续性文本”考核都是“新闻”和“报告”的组合，但是也有一些模拟卷中出现其他文体的组合，这在未来高考出现也不是不可能的事。

明确了上面的“原因”，我们就可以清楚解题的整体策略。单一考核某个实用类文体，我们可以按照上面的阅读要点，去划关键句，去整理答案。对于两三种文体混合组成的“非连续性文本”，首先我们要明确的是“阅读目的”。因为零散的文本，必须由一个中心目的集结起来，而且，我们不用考虑诸多要点，只要盯住“中心”，明确“观点”“结论”就行。也就是说“新闻”重点讲了什么事，得到什么启发；“访谈”谈了什么观点，得到什么启发；“报告”谈了什么结论，得到什么启发……说到底，核心就是观点。具体我们以《安徽皖南八校2018届高三语文第一次联考试题》中的“非连续性文本”阅读题为例谈一谈（注意下划线为关键句，非原题中所有）。

例5.阅读下面的文字，完成7~9题。

材料一：

在“10·17”世界消除贫困日到来之际，国家主席习近平指出，全面小康是全体中国人民的小康，不能出现有人掉队。未来5年，我们将使中国现有标准下7000多万贫困人口全部脱贫。

中国科学院研究院杨多贵认为，消除贫困并不取决于一个国家的财富的多少，而在于执政者的责任感和决心，以及强大的调控能力，全力推动扶贫攻坚工作。国务院扶贫办副主任洪天云说，6年时间减贫7000多万，意味着每年要减贫1170万，平均每月减贫100万，时间非常紧迫、任务非常艰巨。“为实现这个目标，从中央政府到各地方政府都铆足了劲，已经出台和即将出台系列政策，推进各项工作落实。”

习近平在讲话中指出，我国坚持分类施策原则，因人因地施策，因贫困类型施策，并特别指出了“五个一批”脱贫手段，即通过扶持生产和就业发展一批，通过易地搬迁安置一批，通过生态保护脱贫一批，通过教育扶贫脱贫一批，通过低保政策兜底一批。“各个措施之间不是割裂的，而是互相关联的，需要多种措施共同发力。”中国国际扶贫中心副主任黄承伟说。

扶贫必扶智，让贫困地区的孩子们接受良好教育，是扶贫开发的重要任务，也是阻断贫困代际传递的重要途径。记者了解到，今年扶贫日前后，教育部等部门将启动实施教育扶贫全覆盖行动，精确对准最薄弱领域和最贫困群体，加快贫困地区教育事业发展。

（摘编自新华社2015年10月17日讯）

材料二：

中国社科院和国务院扶贫办联合编撰的《中国扶贫开发报告2016》公布了一组数据，意味着“十三五”脱贫攻坚首战告捷。回看历史，以7亿多贫困人口为起点，中国在这场战役中已经艰苦备战将近40年；面向未来，到2020年，中国现存几千万贫困人口将全部脱贫。有目标、有思路、有举措，在这场世界范围内 的脱贫战争中，中国成绩斐然。

2012—2016年全国农村贫困人口数据及发生率

年度	标准(元)	当年贫困人口减少(万人)	年底贫困人口(万人)	贫困发生率(%)
2012	2673	2339	9899	10.20
2013	2736	1650	8249	8.50
2014	2800	1232	7017	7.20
2015	2855	1442	5575	5.70
2016	2952	1240	4335	4.50

(根据国家统计局、国务院扶贫办网站公布数据,2017年10月21日)

据国务院新闻办公室发布的《中国的减贫行动与人权进步》白皮书,改革开放30多年来,7亿多贫困人口摆脱贫困。人类历史上从未有过这么快、这么大规模的减贫。中国成为世界上减贫人口最多的国家,也是世界上率先完成联合国千年发展目标的国家。

对此,《纽约时报》评价,极端贫困人口的大幅减少主要应归功于中国取得的经济进步。《赫芬顿邮报》则指出,世界减贫成绩"最大的功劳来自中国。中国之所以能够取得如此显著的成绩,归功于经济发展,离不开政府在改革方面做出的努力。"

(摘编自2017年1月16日《人民日报·海外版》)

材料三:

提问:现在很多人唱衰中国经济,您如何看待现在的中国形势?

国家发改委主任何立峰:去年我国的经济发展体现了稳中求进的工作总基调,实现了平稳健康的发展。以下几方面特别突出:第一,经济平稳增长。第一季度、第二季度、第三季度的经济增长率都在6.7%,第四季度经济增长率达到了6.8%。中国经济的总量大概占全球经济总量的15%左右。去年中国经济的增量占全球经济增量将近33%。第二,就业稳中有增。新增创造了1000多万的就业岗位,去年安排了新增就业人口1300多万。第三,千万人口脱贫。去年实现了现行标准下1200多万建档立卡贫困人口的脱贫。放眼全球,可能中国是唯一能够做到的。第四,供给侧结构性改革取得了深度进展,为去年经济平稳健康发展营造了良好的环境,同时为今年经济平稳健康发展也创造了更好的环境,夯实更好的基础。

(选自2017年3月5日中国网,略有删节)

很明显,考核的文本包含了"新闻""报告""访谈"三则材料。这三则材料都是围绕"中国扶贫工作"展开,具体涉及"目标""措施""成果""启示""形势”等方面的内容。我们阅读这些资料，中心目的自然就是“如何做好扶贫工作”。如果不明确，我们也可以从最后一道题入手，因为这一道题一般都针对“阅读的目的”。所以根据目的，筛选出关键信息来，就可以轻松应对题目了。具体我们可以看最后一道题的问题和参考答案。

9.如何使中国现有标准下7000多万贫困人口全部脱贫？请结合材料简要概括。

答：①国家确立脱贫攻坚目标，逐步推进计划落实（政府有决心和担当，从中央到地方出台系列减贫、扶贫政策）。②坚持分类施策原则和“五个一批”脱贫手段，保障多种措施共同发力。③大力推进供给侧结构性改革，保障经济健康平稳发展，增加就业渠道，精准扶贫。④教育部等部门启动实施教育扶贫全覆盖行动，让贫困地区的孩子们接受良好教育，以阻断贫困代际传递。（每点1分，共4分。大意如此即可。）

很明显，只要根据划线的关键句，不难组织出完整准确的答案来。简言之，就是要找到关键信息，根据问题组织答案。2017年全国Ⅰ卷的实用类文本，四则材料都是围绕着央视纪录片频道的发展与问题，且主要集中在“制播合一”，资源受限制上。明确中心，解决主观题并不困难。2018年全国Ⅰ卷的实用类文本三则材料都是围绕着中国成功发射“墨子号”量子通信卫星的新闻报道，具体地对科学成就、科研团队、资金支持等论述各有侧重，而主观题也是围绕这些进行提问。

现在，我们再回看例5中的两道选择题。

7.下列对材料二相关内容的理解，不正确的一项是（ B ）

A.过去五年来，我国农村贫困人口脱贫人数以每年至少下降1200多万的速度稳步推进。

B.2012～2016年，农村贫困人口脱贫人数最少的是2016年，最多的则是2012年。

C.至2016年底贫困发生率下降了将近一半，计划2017年脱贫人数仍在1000万以上。

D.中国是世界上减贫人口最多的国家，至2020年我国农村贫困人口将全面实现脱贫。

这一道题，明显是针对“材料二”，即报告中的数据统计表格。按照前面介绍的“对比”法，不难找到整体规律趋势以及“特别数据”，那就是尽管“贫困标准逐年提升”，“脱贫效果逐年明显”，但脱贫人数最少的是“2014年”，不是“2016年”，所以B项错。2017年全国Ⅰ、Ⅱ、Ⅲ卷均对数据统计表进行“设错”。2018

年全国Ⅰ卷没有数据统计表的考核，但Ⅱ、Ⅲ卷仍保持该项考核。毕竟，会看图表数据也是一种重要的“信息处理能力”。

8.下列对材料相关内容的概括和分析，正确的两项是(B、E)

A.材料一简要报道了国家主席习近平有关减贫与发展的演讲及相关专家、学者的解读，突出中国政府消除贫困的决心和目标规划。

B.材料二着重介绍中国社科院和国务院有关扶贫、减贫的报告，附以外媒报道，突出中国脱贫攻坚的成果、成因及其世界影响。

C.材料三采用访谈形式，如实报道中国现在的经济形势，从新增就业岗位，脱贫人数巨大两个角度说明经济平稳健康发展态势。

D.在大数据时代，以上三则材料都充分利用了相关统计数据，以事实说话，不加任何主观评价，突出了新闻的客观性和真实性。

E.三家媒体发布关于扶贫、减贫情况的新闻的背后，是国家对于脱贫攻坚的决心，这说明三者都是国家的喉舌，服务于人民。

这道题设计得比较差，题目比较简单。A项属于信息不完整，材料一中还有脱贫的原则和措施。C项，明显不止两个方面，是四个方面。D项，“不加任何主观评价”，“任何”绝对化，像“人类历史上从未有过这么快、这么大规模的减贫”就体现了新闻记者的观点态度。但是，就2018年全国Ⅰ卷的问题设置来看，两道选择题错误的两项：

C.考虑到千百年来人们对于通信安全的追求从未停止，市场潜力巨大，中国和欧洲都投入巨额资金，首要目的是抢占尽可能多的市场份额。

D.在基础科学研究领域，比如使用人造卫星开展科学实验，需要耗费巨额资金，欧洲和日本都还在犹豫不决，因而尚未涉足这些领域。

前一项是因为“首要目的”是“国家信息安全”，其次才是“经济社会生活”，重在“基础科学的进步”而不是“抢占市场份额”。简单地也可以说“市场份额”是无中生有，因为目前仍在研究过程中，并没有达到量产，也没有民用。这属于“主体”设错。后一项是因为“尚未”这个限定词出现错误，属于“程度细节”设错。综合起来看，这两种设错方式，与文言文“原文概括分析”类型一致。2018年全国Ⅰ卷错项为：

B.鲁芝倾心革新，治政卓有成效，任天水太守时，蜀地饱受侵扰，人口减少，他全力守卫，修建城市，恢复旧境；离任时，天水各族百姓均请求让他留任。

对应原文:宣帝代焉,乃引芝参骠骑军事,转天水太守。郡邻于蜀,数被侵掠,户口减削,寇盗充斥,芝倾心镇卫,更造城市,数年间旧境悉复。

明显,“天水”临近“蜀地”,但是受到侵扰的是“天水”不是“蜀地”。设错在“主体”。只要圈出主体,即可明确答案。

总结历年文言文考核“原文概括分析”都在“主体”和“程度细节”上设错,就这一点而言,和实用类文本考核是高度一致的。即使实用类文本超出这两种设错方式,也超越不了论述类文本的题型和考核。

接下来,我们来看文言文的具体题型。相比实用类文本,文言文题型比较丰富。不管如何,我们要明确文言文主要考核的是“理解能力”,所以在“道篇”部分我们侧重讲了形成独立阅读文言文的能力。只要能够理解文本,题目其实都不是问题;如果不能理解文本,那么纯粹靠解题技巧也是难以应对考试的。当然,作为“术篇”,我们还是要谈具体的解题步骤和技巧。

首先,全国卷一直考核人物传记,其基本取材于《二十四史》,而古代史书又主要是记录王侯将相的人生经历。所以,在强化训练过程中,我们要注意对古代王侯将相的“基本工作”有足够的熟悉,其主要涉及赋税、外交、工程、民生、民俗、断案、边防、战争等方面。建议用篇幅比较长,涉及比较广的文本进行强化训练,比如《宋史·列传第七十五·包拯》《明史·列传第八十三·王守仁》都是内容比较丰富的文章,读通这些文章然后回头来应对高考的阅读,自然显得轻松。而且,在平时备考阅读中,要注意积累相关的“工作”词汇,比如“断案”涉及(与今天意义不同)的词语:狱——案件、官司,状——诉讼、状书,坐——定罪、获罪,按——考查、审查,收——逮捕、拘押,讯——拷问、诘问。

其次,赋分最高的,难度最大的莫过于翻译题。翻译强调的是“信、达、雅”,但高考只要求“信”就可以了。举个例子,乔布斯引用过一句名言:Stay Hungry, Stay Foolish。我收集了当时的三种翻译,刚好对应“信、达、雅”:(信)保持饥饿,保持愚昧。(达)求知若渴,虚怀若谷;(雅)欲有所不足,智有所未明。信就是“求真”,要“一一对应”。高考改卷,评卷人不可能仔细斟酌,所以如果你翻译“雅”了,把文言文的味道都翻译出来,不仅难为自己,而且结果可能反而不妙。举个例子,2009年广东高考卷文言文考核的翻译题为:诏不许,然甚壮其意。评分细则对“壮”是这样规定的:“壮”是形容词的意动用法,因此译为“认为/以为……豪迈”“认为/以为……雄壮”“认为/以为……勇敢”“认为/以为……壮×/×壮”（“壮×/×壮”不应是生造的词）、“以……为豪迈”“觉得……豪迈”“认同……豪迈”都算对，译为“令……雄壮”“使……坚定”“使……壮大”“加强”等算错，译错了或不译扣1分。

很明显，按照规定，翻译成“认为……雄壮/壮大/强壮”。其他虽然意思准确，尤其是“认为……豪迈”，真的是“达”了，但是要翻译出来难度太大。高考都是“踩点赋分”，所以一字一字翻译出来，连贯通顺就好。

最后我们再来看其他题型。文言文除了翻译题，现在一般还以选择题的形式出现。除“原文概括分析”题之外，还有实词、虚词辨析题，词性活用、句式判断题，断句题和文化常识题。词性活用、句式判断题，很久以前出现过，现在基本看不到。实词、虚词辨析题，全国卷现在没有考，独立命题省份的卷子倒还在考。我认为这两种题型其实已经在翻译题中考核了，根本不需要再重复，估计也是因为这一点所以全国卷不考。

一、实词、虚词辨析题

实词、虚词，不可以死记硬背复习资料上“120+18”的内容。因为我们不可能遇到一个虚词，就从脑海里翻出意思来“逐个试错”，所以18个虚词不能靠背，要靠理解，学会“由实推虚”。至于120个实词，不仅多，而且考题往往超出那120个，所以重点也是要靠理解的方法。具体到辨析题，可以采用“代入法”解题。即把加点词语后面的解释代入“原句”，如果没有错，再把“原句”放在“上下文”中看意思是否正确。

例6.(2018高考江苏卷)对下列加点词的解释，不正确的一项是(B)

A.余宰沭阳二年　　宰：治理　　B.说当时决某狱　　决：打开

C.代为治筐箧　　治：备办　　D.奉母闲居　　奉：侍奉

明显，第一步，将各个项代入到原句中，当然如果按照积累特别词语的经验，应该知道“狱”是案件，所以“决”应该是“裁决”。如果这一步不能得出正确判断，就进入第二步。因为按照前面的基本解题方法“断开”，我们可以明确对应的原文（一般来说，高考卷中有加点字，对于这些字要根据上下文斟酌），B选项对应的原文是：“有张、沈两吏来，年俱八旬。说当时决某狱，入帘荐某卷，余全不省记。憬然重提，如理儿时旧书，如失物重得”，根据此句后面并列的句子是

"入帘荐某卷"，所以"决"代入"打开"就不通了。

虚词的"代入法"稍有不同，应该"从容易的入手"，找到容易的，理解意思，再把该意思代入那个"难的"。

例7.(2018高考天津卷)下列各句中加点词的意义和用法，相同的一组是(B)

A.因以为名也　　　　君因我降，与君为兄弟

B.作八角亭以游息焉　　　　焚百家之言，以愚黔首

C.康之由，革弊兴利　　　　夫人之相与，俯仰一世

D.若改茶法、变税书之类是也　　　　若属皆且为所虏

比如A选项，我们从容易的"因以为名也"入手，可以将"因"理解为"于是"的意思，代入后一句"您于是我投降"很明显不通，所以A项不对。当然，"君因我降"是课文《苏武传》中的句子，如果能够理解为"因为"，代入前面"因为把它作为名称"也不通。其实这种题一个选项中的两句话，一句课文一句选文的话，题目难度很低。如果两句都从选文中出的话，那么难度就稍高。但不管如何，从易到难，代难入易是很好的解题方法。

二、词性活用和句式判断题

如果考核词性活用和句式判断，只需要掌握下面"三角板"和"直尺"的技巧就可以。

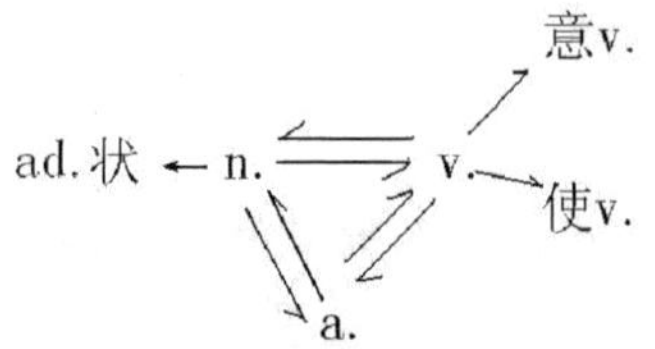

"三角板"展示的主要就是三大词性：名词、动词、形容词。因为古代没有词性限制，所以三种词性可以随意置换。名词可以作状语，而动词有使动、意动两种用法。

具体可以结合下面"善"的四种用法和意思来理解。

①谘诹善道，察纳雅言《出师表》(*a.*好的)

②积善成德，而神明自得《劝学》(*n.*善事，好事)

③京中有善口技者《口技》(*v.*擅长，善于)

④不如因善遇之《鸿门宴》(*ad.* 好好地)

至于句式判断，一般只要翻译出来有“是”就是判断句。不管有没有“……者……也”，即使否定的“非”（不是）也是判断句。有“被”就是被动句，不管有没有“……为……所”。需要补充“主语”“宾语”以及介词“于”的，就是省略句（有谓语省略等其他类型，但较少），例如教材《郑伯克段于鄢》中“请京，使居之”，这句话的完整翻译为：〔姜氏替段向庄公〕请求京，〔庄公〕让〔段〕居住〔在〕京。难点是倒装句，不过倒装句只考“宾语前置”，所以难点落在两种宾语前置句上。区分宾语前置句也好，其他倒装句也好，只要记住下面“标尺句”就行。只要记住位置，根据内容，就可以判断是什么样的倒换。具体可以结合下面例句理解。

a.　　*n./pron.*　　*ad.*　　*v.*　　*a.*　　*n./pron.*

（开心的）我〔快乐地〕做着（高兴的）事。

(*prep.*+*n./pron.*)

①吾妻之美我者，私我也。(判断句)　　②身死国灭，为天下笑。(被动句)

③不及今令(之)有功于赵。(省略句)　　④A 何陋之有？ B 吾谁与归？

第④句中两句都是“宾语前置”，但是具体有所不同，放进标尺，就可以明确，A 句是“宾语”与“谓语”间的“动宾前置”；而 B 句是的“状语”内部的“介宾前置”。因为 A 句的“动词”是“有”，而 B 句的“动词”是“归”不是“与”。

三、断句题

断句的基本方法就是明确“主谓宾”，具体还可以看句中一些特有的标志，比如表示说的“曰”，句首和句末的特定词语“盖”“也”。还可以利用并列成分进行划分，比如：孔子曰/益者三乐/损者三乐/乐节礼乐/乐道人之善/乐多贤友/益矣/乐骄乐/乐佚游/乐宴乐/损矣。

不过，最重要的还是要学会判断“主谓宾”，因为这是一个句子的基础。现在考察这类知识点基本是以选择题形式出现，所以难度就在于把容易混杂的成分断开，这就需要在理解文本的基础上，在清楚人物、情节的分割后，才能做到。

最初高考采用直接断句的题型，但是评分太难操作，所以现在基本都是以选择题形式出现，而选择题基本上仅仅设置两个“辨析点”，也就是说除了这两处“有不同断法”外，其他已经明确了。

例8.（2018全国Ⅰ卷）下列对文中画波浪线部分的断句，正确的一项是（C）

A.爽懦惑不能用/遂委身受戮/芝坐爽/下狱/当死/而口不讼直/志不苟免/宣帝嘉之/赦而不诛/俄而起为并州刺史/

B.爽懦惑不能用/遂委身受戮/芝坐爽下狱/当死/而口不讼直志/不苟免/宣帝嘉之/赦而不诛/俄而起为并州刺史/

C.爽懦惑不能用/遂委身受戮/芝坐爽下狱/当死/而口不讼直/志不苟免/宣帝嘉之/赦而不诛/俄而起为并州刺史/

D.爽懦惑不能用/遂委身受戮/芝坐爽/下狱/当死/而口不讼直志/不苟免/宣帝嘉之/赦而不诛/俄而起为并州刺史/

我们可以看到在这道题中，其实就是“芝坐爽下狱”和“而口不讼直志不苟免”两处断句的问题。前者“芝坐爽下狱”，难就难在“坐爽”可以直接充当谓语和宾语，也可以是作“下狱”的状语，但如果清楚“坐”的意思是“犯罪”或者“受牵连犯罪”，而“犯罪（曹）爽”不通，只能是“受曹爽牵连犯罪”，所以必须断为“芝坐爽下狱”才对。后者因为“口不讼直”“志不苟免”是并列句，而且，“口不讼直”主谓宾已经明确，加上“志”反而不伦不类。

所以，应对断句题，除了对文句进行的整体理解外，就是要积累相应的词语，尤其要注意训练主谓宾的分判。

四、文化常识题

文化常识题是最难的题目。为什么，虽然只是3分的题，但是学生却要积累丰富的知识才能应对考题。大学中文系学这个，是通过王力主编的《古代汉语》。问题是即使是这一本，与高考选文对应也不是百分之百。在当前教育的大环境下，市面上也冒出一些《古代文化常识》的小本子，但对应性更可想而知了。至于仅仅记忆那些“官职”“科举”之类的，自然就更不够用了。

不过，我也发现了文化常识题的一些破绽，那就是可以充分利用原文，进行理解。高考对考核的“文化常识”一般也会在选文中进行加点处理，所以在看到加点字词的句子时，要注意根据上下文斟酌。如果脱离文本，死记文化常识也是很危险的。

例9.（2016全国Ⅰ卷）

公亮明练文法，更践久，习知朝廷台阁典宪，首相韩琦每咨访焉。仁宗末年，琦请建储，与公亮等共定大议。密州民田产银，或盗取之，大理当以强。公亮曰："此禁物也，取之虽强，与盗物民家有间矣。"固争之，遂下有司议，比劫禁物法，盗得不死。契丹纵人渔界河，又数通盐舟……

5.下列对文中加点词语的相关内容的解说，不正确的一项是（C）

A.首相指宰相中居于首位的人，与当今某些国家内阁或政府首脑的含义并不相同。

B.建储义为确定储君，也即确定皇位的继承人，我国古代通常采用嫡长子继承制。

C.古代朝廷中分职设官，各有专司，所以可用"有司"来指称朝廷中的各级官员。

D.契丹是古国名，后来改国号为辽，先后与五代和北宋并立，与中原常发生争端。

很明显，我们可以和实词题的解题策略一样，运用"代入"处理方法。不难发现，代入后，C选项解释"各级官员"，与前面的"下"有冲突。公亮与大理寺官员争论案件，没有结果，所以把案件"下放"给"有司"讨论。所以"有司"必然不包括公亮和大理寺这些"高级官员"。"有司"相当于目前我们所说的"有关部门"。

例10.（2017年广州一模卷）

明年，郕王监国，令同商格入阁预机务。闻继母忧，力辞，不允，乃拜命。释褐逾年参大政，前此未有也……慈寿皇太后上尊号，诏告天下。时欲推恩，贤谓一年不宜再赦。

11.下列对文中加点词语的相关内容的解说，不正确的一项是（C）

A.监国是中国古代一种政治制度，多指皇帝外出时，由重要人物留守在宫廷处理国事。

B.明清时期作为宰辅的官员，以大学士的身份进入内阁参与国家机要事务称为入阁。

C.释褐是指脱去丧服，换上官服，即做官的意思，新进士及第授官亦称为释褐。

D.尊号是指加给皇帝或者皇后的称号，意在歌功颂德，赞美他们的文治武功等。

这一道题也一样，代入后，可以发现C选项有问题。前面谈到郁王让彭时入阁参与重要政务，这时候彭时的继母去世了。按照守孝的礼法，彭时拒绝郁王，但郁王不允许，所以当时彭时是接受了任命！也就是说，彭时没有为继母披麻戴孝。所以，C选项与前面冲突。释褐的“褐”是平民衣服的意思，和“往来无白丁”中的“白”相同。古代平民只能穿没有染色的、麻料的本色衣服。

不过，2017年、2018年的全国Ⅰ卷，并没有继续这样可以“代入”考核“实际理解能力”的考法，而是直接考核对选文中出现的某个词语的相关文化常识的理解。这样一来，其实也就降低了难度，或者说减少了区分度。2017年考的错项是B：姻亲，指由于婚姻关系结成的亲戚，它与血亲有同有异，只是血亲中的一部分。姻亲就是通过婚姻结成的亲属关系，自然不是血亲的一部分。2018年考的错项是C：“践阼”原指踏上古代庙堂前台阶，又表示用武力打败敌对势力，登上国君宝座。台阶是很多扈从、司仪都要走的，所以关键是中间的“主人阶”才能叫“阼”。另外，“武力打败敌对势力”与登上国君宝座完全是两码事。

主观题：文学鉴赏题型与解题要点

高考主观题，基本上是文学类作品的天下，而题目核心就是“鉴赏题”。简单地说，就是要让学生做“内行人”，能够看出文学作品里的门道来，说得出好在哪里，怎么好。（本章中出现的题目和答案，如无标志，均为笔者自拟，如有不妥，请多包涵）

文学类作品，主要包括散文、小说和诗词。戏剧我跟踪了二十年，至今只出过一次官方样题（2009年高考山东卷），还没有在高考卷上出现过。即便出现，除了戏剧一些特有方法和概念（道篇有介绍），基本也可以和小说一样处理。高考古诗词虽然与散文、小说有很多不同，但是就题目而言，比较固定简单，而且也没有超出其范围。

就像我们都不喜欢听大道理，喜欢听故事一样。文学类作品，侧重艺术，其实就是侧重“描写”和“叙述”。换言之，其核心就是“意象特征”和“事件要素”。所以，阅读时要先把握到这些，才能答题。

我们通过两道趣味题来理解以上内容。

例 1. 下图是元代著名画家八大山人的两幅画作，猜一猜他到底要表达什么样的思想感情？

我们能怎么分析呢？很明显只能从画面上“鱼”和“鸟”的形象特征进行分

析，它们比较突出的，吸引我们注意力的就是“眼睛”，而且画的都是“白眼”。我们知道“白眼”是表达“不屑”“厌恶”的态度，鱼和鸟是不会传达这种感情的，所以八大山人是通过它们来传达自己“对世俗的厌恶”。联系一下八大山人的生平，我们就可以更好地理解画作的寓意，他本名朱耷，是明朝王族，后沦落民间，自然满腔愤懑与无奈，只能以“白眼”面对世俗。所以通过画，通过“景物的特征”，我们就可以把握到文章的内在情感和思想。

也就是说，只要抓住“意象特征”，明确其写了什么，有什么特征，通过这些特征传达什么情感和思想，我们就完成了解读的流程。

例2.今年很奇怪，为什么快开学了，雨却一直下个不停，整整下了很多天？

这个问题当时是从网络上冒出来的。那一年开学前真的是下了很久的雨，然后就有人做出了很有趣的回答。我发现答题的人，其实对语文高考的答题要点非常清楚，于是就对它进行了修改补充，形成一个教学范例。

答案：①点明故事发生的背景，渲染了凄凉忧伤的氛围（环境）。②与之前美好的暑假生活形成鲜明对比，为后面主人公痛苦的“读书”生涯埋下伏笔，暗示了主人公新学年的悲惨命运（情节）。③烘托出主人公忧郁悲伤的心情（人物）。④体现出作者多愁善感的个性，委婉地表达主人公厌学的情绪（主旨）。

显然，这和本书“语文绪论”一章中谈到的思维完整性有关。简单的一个问题，居然可以有如此丰富的答案。其实，分析起来，就是“事件要素”：谁（人物）在什么情况下（环境），做了什么事（前因后果、情节），从这件事我们可以得到什么启发（主旨）。不管是什么题，只要是叙事类的文章（包括小说和叙事散文），都可以从这四个方面考虑答案。

根据上面两道例题，我们可以分析文学类鉴赏的“阅读”要点和流程：写人、景、物的，要分析其特征，叙事的要把握环境、人物、情节，并以此来探究主题。

明确了“阅读”要点之后，我们再来看对于古诗词而言，具体可以考什么，应该怎么答。

例3.阅读刘禹锡的《赏牡丹》一诗，并回答下面问题。

庭前芍药妖无格，池上芙蕖净少情。唯有牡丹真国色，花开时节动京城。

1.试概括诗中“牡丹”的形象特点？

2.作者是如何描写牡丹的？

3.这首诗通过牡丹，表达了作者什么思想感情？

2018年高考大纲对于古诗词鉴赏的要求是这样的：（1）鉴赏文学作品的形象、语言和表达技巧；（2）评价文章的思想内容和作者的观点态度。很明显，其归结到底就是“形象”“艺术”“主旨”三个要点。

我们先来看第1题，这就是“形象”分析题。根据“阅读要点”，我们不难找到牡丹的特点是“真国色”，但我们知道，高考一道主观题，最少也有4分，因此，这样的答案肯定无法拿满分的，要答就得答完整。我们不能忽略芍药、芙蕖的存在，它们其实是作为牡丹的陪衬而存在。说芍药妖娆没有格调，其实就是在说牡丹既妖娆又有格调，所以准确答案应该是：

答：塑造了牡丹既妖娆又有格调，既纯洁又有情趣，美艳冠绝的特点。

第2题，则是“艺术”鉴赏题。基本答题的结构和步骤就是：运用了什么艺术“方法”，有什么“效果”，表达了什么“内容”。文学作品常用的修辞手法很多，最常见的，比如“比喻”“拟人”“对比”。以前的高考卷基本熟悉这三个就足以“打遍”所有鉴赏题，而现在高考对相应的题目做了“升级”，修辞手法的范围进入了“更广泛”的程度，但是答题的步骤基本没有变。

答：①诗歌将牡丹比喻成一国中最美的女子，生动地写出牡丹的美艳冠绝。②诗歌将芍药和芙蕖拟人化，生动形象地写出芍药妖娆却没有格调，芙蕖纯洁却没有情趣的特点，并以此来与牡丹进行对比，衬托出牡丹既妖娆又有格调，既纯洁又有情趣的特点。③诗歌既侧面（间接地）描写了芍药和芙蕖的不尽人意之处，以及牡丹花开时京城人士追捧牡丹的盛况；又正面（直接地）描写了牡丹的美艳冠绝，正面与侧面描写相结合，使得牡丹的形象更加丰满，表达了作者对牡丹的赞美和热爱。

这三种答案，除了涉及“比喻”“拟人”“对比”这些常用的修辞手法之外，还出现了“正侧结合”的表达方法。修辞手法和表述方式有很多种，但是只要试着稍加整理分析就会发现其中的奥妙。我们把常用地做下整理：对比、类比，白描、渲染，抑扬（包括欲抑先扬和欲扬先抑），动静（包括动静结合、以动衬静和以静衬动），虚实（包括虚实相生、化虚为实和化实为虚），点面（包括以点带面、点面结合），小大（以小见大），少多（以少总多），褒贬（包括褒词贬用，贬词褒用），庄谐（包括寓庄于谐，化谐为庄），乐哀（乐景衬哀情），直间（直接抒情、间接抒情），正侧（正面描写、侧面描写），客主（反客为主、主客对写），因果（翻因为果），古今（借古讽今）。综上，我们可以发现这不过是“一阴一阳之谓道”的具体化。

除了这些，高考诗词鉴赏题，还出现一种直接针对“抒情”“描写”特点进行鉴赏的题目。问到“描写”特点就得考虑有没有用到这些手法：直接描写和间接描写，正面描写和侧面描写，白描和渲染（多层次多角度描写），虚写和实写，静态描写还是动态描写等。问到“抒情”特点就得考虑是“直接抒情”还是“间接抒情（一般就是托物言志、借景抒情），是哀景写哀情，还是乐景衬哀情了。

当然，更高级的鉴赏题，我命之为“广义鉴赏题”的，一般就在小说散文这些现代文中进行考核，我们后面再详述。

第3题则是“主旨”题，针对的是诗歌的思想感情。正如前面道篇所言，我们要特别注意题目、注释和写作背景。假如这首诗，没有任何注释，那么我们只能这样回答：这首诗表达了作者对牡丹的赞美，体现了人们对牡丹的热爱痴狂。

下面我再增加一些“虚拟”注释，看看会引起什么变化。比如注释：这是作者进京赶考时写的。那么，我们的答案就得变成：表达了作者才华出众，既有格调，又有情趣，是一国中的出色人才，相信自己能够高中，并且干一番事业，得到世人肯定。比如注释：因为适逢安史之乱，民不聊生，而京城的达官贵人却仍为了追捧牡丹，不惜一掷千金。那么我们的答案得变成：批判了京城显贵的穷奢极欲、贪图享乐、罔顾民艰。

以上三种题型就是高考诗词常见的题型和答法。当然，特别要注意的就是现在高考的诗词鉴赏题一般为6分。换言之，至少得有三个答点才满分。所以，像第1题，如果有多个特点，那么可以直接答特点。如果没有，则要考虑连同“方法”“内容”都答上去，凑够三个答点。再简单想，诗词鉴赏，基本就是“方法+效果+内容”，如果考“形象”，那么“形象”就是方法（一般就是托物言志，借景抒情）；如果考“炼字”，那么炼字本身就是方法。同样地，如果考“主旨”，答案有三个主旨的话，那么就直接答。如果只有一个，也要考虑把“方法”和“效果”都答出来。而且，只要题干中有“分析”这个词，一定要注意把相关诗句“翻译”出来，作为得分的答点，这样更加万无一失。

为什么会有这么“玄妙”的东西，其实这些都是根据多年高考“评分细则”研究出来的。一般大家只认识“参考答案”，但是“参考答案”其实就是命题人自己给出的答案，仅供参考而已。命题人要在十万个考生里面找到一两个“知己”，倒不是不可能，但始终无法按照这样的方法来给分。所以，资深教师从来不管

“参考答案”的，拿“参考答案”教学生答题，那是误人子弟。“评分细则”就是高考评分时，精确到1分、2分的评分规定，答出某个词，某个点可以拿几分。尽管近两年，高考的评分细则较为机密，很难看到，但是对于看过十几年评分细则的教师，自然无所谓，反正你不给我看，我也知道你怎么打分。至于年轻教师其实也是有办法熟悉评分细则的，那就是通过每年的一模二模的评分细则来了解，因为这些评分细则与高考的类似。

外行人，包括那些文章成为高考阅读题的作家们，经常会指责高考命题人，“我的文章本意如何如何”，高调宣扬：“我自己做题都答错了”之类的，这其实都是“不懂语文教学”，甚至“不懂文学理论”的人。因为文学理论就讲得很清楚，文学鉴赏可以有三个维度：作者、读者、文本。作者觉得自己画的是只老虎，但客观地说就是画了一只小花猫，而且在小朋友眼里又成了“Hello Kitty”。老虎、小花猫、Hello Kitty本来就不是一回事。作为考试，必定就是“文本”主义。所以，像林天宏的《朱启钤：“被抹掉的奠基人”》，2011年选入了福建高考语文试卷，然后作者就出来说：“其他就不说了，最后一题是问作者为什么提了两次大雨？标准答案忽忽说了一堆。真正的原因是我写稿时窗外正好在下雨……出卷前问问我好嘛？……为什么两次提到雨？我是南方人啊，在南方经常下雨，北京下雨少嘛，所以我要提两次啊。”

所以，我教朱自清的《荷塘月色》时，会告诉学生，有学者研究过当时作者的一些日记、书信，其实当时他家发生家庭矛盾，要遣怀，所以写了这篇文章。我们鉴赏时，可能结合诸多个人体验，觉得这是写什么什么的，但就文本而言，作者表达的是“这几天心里颇不宁静”和“这令我到底惦着江南了”。我教莫泊桑《项链》时，会告诉学生，尽管当年老师学这课文时，小说主旨是批判资本主义堕落腐朽，但就文本而言，这篇小说真正要讲的是“一个人的一生到底过得怎么样，的确是很难预料的，有时候一件小事就可以败坏你，也可以成全你”。

“一千个读者眼里有一千个哈姆雷特”，十万个考生就可以有十万个答案，那么如何评分，谁高谁低？所以，归根到底还是要回到“文本”上来。这是最根本，最重要的事！

高考大纲对文学类作品的考核规定，比古诗词复杂多，但其实核心内容还是一致的。透过这些规定，也可以看到上面提及的一些考核题型，如鉴赏评价：（1）体会重要语句的丰富含意，品味精彩的语言表达艺术；（2）鉴赏作品的文学形象，领悟作品的艺术魅力；（3）评价作品表现出的价值判断和审美取向。探究：（1）从不同角度和层面发掘作品的意蕴、民族心理和人文精神；（2）探讨作者的创作背景和创作意图；（3）对作品进行个性化阅读和有创意的解读。

为了具体地理解高考题型和答题要点。我以鲁迅《五猖会》为例，仿照高考问题模式，设计了几道题：

一、选择题。

1. 下列有关“赛会”的表述，符合原文的选项有（E）

A. 赛会虽然没有明令禁止，但实际上也没有人去看。

B. 明朝的赛会殊与礼教有妨，所以同明社一同消灭了。

C. 受制度的限制，封建社会不可能见到热闹的赛会。

D. 作者认为《陶庵梦忆》是明代的作品，难免有所夸大。

E. 文章引用《陶庵梦忆》的记载，展现了明代赛会的豪奢。

这道选择题，是仿照文学类作品的旧题型设置的，目的是为了帮助大家了解常见的“设错”方法。A设错“程度夸大”，文中是“闲人”去看，不是“没有人”。B设错“无中生有”，文中并没有谈到“明朝赛会”“殊与礼教有妨”，也可以说设错“偷换概念”，因为文中“殊与礼教有妨”指的是“梅姑庙”和“五猖庙”。C设错“绝对化”，作者明明也看过“较盛”的赛会，不是“不可能”。D设错“答非所问”，表述是没有错，直接取自原文，但是提干是“对赛会的表述”，而这里是对《陶庵梦忆》的看法。E项正确，可以按“方法、效果、内容”进行研究。

2. 下列对文章相关内容和艺术特色的分析鉴赏，最恰当的一项是（B）

A. 文章既写了作者对赛会的强烈兴趣，也写了对五猖会的厌倦，体现了孩童矛盾的心理。

B. 文章描述了五猖庙和梅姑庙的特点，生动形象地展现了庙宇中隐藏的“反封建礼教”特色。

C. 作者认为读《鉴略》可以知道从古到今的大概，是部好书，表达了作者对传统文化的热爱。

D. 作者被逼背书时，母亲和长妈妈并没有向父亲求情，间接表现出她们对作者学业的重视。

这道选择题，是仿照全国卷新题型的设错方式，落足鉴赏，而且一般设错在

“内容”这个点上。A错在“孩童矛盾心理”。C错在“对传统文化的热爱”。D错在“对作者学业的重视”。

二、筛选题。

3. 文中具体写了哪些赛会，请按顺序整理出来。

只要看到题干中有“多少”“几个”“哪些”“为什么”，一般来说就是“筛选题”。筛选关键信息，是基本的信息处理能力。当然这道题一般都出现在实用类文体中。之前文学类也考这种题，现在少了，但偶尔还会出现。这种题目，虽然简单，是送分题，但是答题也要注意几个要求：

首先，要注意答案的范围。一般来说题干会有提示，比如“第N段中……”，那么答案就在这一段找。“联系上下文……”，那么答案就在问题所在段落的上下一两段中找；“联系全文”“文中”，那么答案就要在全文找。

其次，要明确答点的数量。一般来说高考的答点是这样的，一个词语0.5分到1分（具体给分又没有0.5分，是按照2个点才计1分），一个句子1分到2分。所以，看到题干后面括号内的赋分，我们就可以猜测大概要答几个点。比如6分，我们就要考虑3到6个答点，而且答案要简略，答点不要超过6个就好（有高考评分细则规定超过赋分的答点倒扣分）。

最后，要按照顺序筛选。可以先在文章中划出来，然后抄写在答卷上，错漏了就可惜了。有时候为了提升难度，还会有一些“特殊要求”，比如这道题“按顺序”整理出来文中写的具体事件。这类题是“筛选题”的升级版，但是我们要明确，坚持“文本主义”的原则。因此，这道题的参考答案是：

童年看到的（失望的）赛会、《陶庵梦忆》（明人的）记载的赛会、亲眼见过较盛的赛会以及东关五猖会。

以上这三个要求，既是筛选题的要求，也是答其他主观题的基本要求。

4. 为什么说“在鲁迅时代，赛会并不被主流社会接受”。

答：①作者并没有看过多少真正繁盛的赛会；②像《陶庵梦忆》中那样繁盛的赛会随着明朝的覆亡不复存在；③赛会虽不被政府禁止，但是妇孺不许看，读书人不去看，只有闲人才去看；④作者要去看五猖会，结果却被身处上流社会的父亲强迫背书，打消兴致。

三、含义题。

5.如何理解“赛会虽然不像现在上海的旗袍，北京的谈国事，为当局所禁止，然而妇孺们是不许看的，读书人即所谓士子，也大抵不肯赶去看”这句话的意思？

只要看到“指”“理解”“含义（含义、含意、意思）”，就要清楚这是“含义题”，目的就是要考核对文句“表面含义”和“深层含义”的理解。含义题的答案其实并不复杂，一般只要在原文原句上下文，甚至附近找到相关的“观点”就是“表面含义”，如果找不到，就要自己做出具体解释，而“深层含义”一般也就是“文章主题”。

答：“不谈国事”体现的是政治专制，“禁穿旗袍”是对生活、文化的限制。“妇孺不许看”体现的是男权、父权，“读书人不肯看”体现的是封建统治阶级对“反礼教赛会”的抵制态度。揭示了封建专制、封建礼教对人的行为，对人性的限制无所不在，委婉地表达了作者的愤慨。

四、意图题。

6.联系全文，谈谈作者写“五猖会”，有何意图？

题干出现“意图”就是意图题。其实意图题就是小学时“概括中心思想”题目的升级版，多了个“社会价值”“时代意义”而已。答题步骤就是：塑造……人（叙述……事或介绍了……事物），表达作者……情感、态度，揭示（批判、体现）……社会意图。

答：为读者展现了民间赛会的特色，尤其是五猖会这一民俗，表达了作者童年时对赛会的热切喜爱以及被逼背书的困惑，批判了封建家长制、封建礼教对人性的抑制。

五、形象题。

7.文章花了不少笔墨来描写自己的父亲，请结合原文，分析父亲的形象特点及其意义。

题干涉及“物”“形象”“意象”这些概念，一般就是形象分析题。不论是单个的“物”，还是多物形成的“景”；不论散文中的“景物”，还是小说中的“人物”都是一样的。要注意的就是按顺序分析形象，不要漏掉间接表现人物和景物的细节。而且要联系原文回答，不要只答形象特点。可以养成答“从……看出人物……”的作答习惯。

答：文章通过对工人们在父亲出现时的反应，看出父亲的谨肃；从父亲突然让我背书既无须理由也毫无商量的余地，以及我被罚背书时母亲、长妈妈等人无法营救的情况，可以看出父亲的专制、严厉。通过这一形象的塑造，表现出封建统治者、礼教卫道士的专制，表现出封建专制对孩子天性的扼杀，对人性的束缚。

六、探究题。

8.文章写的是“五猖会”，作者却花了大量笔墨记叙父亲逼迫自己背书的经过，有人认为这样写让主旨显得混乱，请谈谈你的看法？

题干出现“×不×（如好不好，对不对）”、“谈谈看法”就是探究题。这道题是探究题的旧题型，虽然是“开放性题目”，但是限制于“评分操作的可行性”。由评分细则规定，我们可以反推答题的要点：首先观点要明确，不能模棱两可，而且最好是“支持作者”，因为这样更容易组织答案；其次要运用逻辑关联词和序号，至少也写出“因为……所以……”，这样才能够得到逻辑分；再次要紧密联系原文，依据原文作为依据，对自己的答案进行论证，切不可抛开原文。真以为“谈自己的看法”，想到什么就答什么，那就太天真了。

答：我认为不是这样的。因为作者花了大量笔墨记叙父亲逼迫自己背书的事情，恰好突出了父亲的专制，冲淡了我对赛会的兴趣，表现了封建家长制对孩子天性的遏制；“五猖会”之类的赛会是“读书人大抵不肯看”的，源于“五猖庙”“梅姑庙”“殊与礼教有妨”。作者写赛会正是为了表达反封建专制、礼教的思想，这正是文章主旨所在。

当然，高考题型设置正逐渐向“探究题”靠拢。因为北京卷从2017年开始出现的“微写作”（针对“课外阅读篇目”，按照要求提出观点并分析），是当一道“小论文”来答的，是真正开放式的探究题。当然要应对真正的探究题，不仅要紧扣文本，而且要熟悉文学作品的各种手法、风格和特点才行。

七、要位题。

9.文章并非以“五猖会”为唯一内容，却以“五猖会”为题，这样好不好，为什么？

很明显这道题也是探究题，高考题现在为了对付“反应试操作”，也开始玩“复合题型”，就像这道题，既是探究题，也是“要位题”。看到题干有“题目”“结尾”这些涉及文章关键“部位”的题目，就是“要位题”。

要位题的答案要点，关键是针对部位的特定价值来回答，比如“题目”常见的有三种“引发读者兴趣”“作为全文线索”“揭示主题”，比如“结尾”则是“引发读者思考”“呼应前文”“升华（深化）主题”。答案须从这些方面入手，具体看看要三点全答，还是侧重主旨来答。

答:好。首先,文章写了其他“赛会”目的就是为了五猖会做铺垫;其次,对于五猖庙的描述“殊与礼教有妨”正是主题所在;再次,文章中关于背书的叙事部分也是因为五猖会而展开,并且表达的主题也是反对封建礼教、封建家长制。所以,我认为这样好。

我们再看看有关结尾的问题怎么回答。

10. 文章结尾,如今的“我”对父亲的做法依然“感到诧异”,这样写有什么好处,请做分析。

答:①这样写更能引发读者的思考,让我们思考父亲逼迫“我”在看赛会前背书的目的。②呼应前文,作者别的都没有了印象,却对背书一事难以忘却。点明了父亲逼迫我读书的实际效果:打消了我对赛会的兴趣,让我成为“不屑于看赛会”的封建礼教继承人;潜移默化地让我习惯了“封建家长制”“封建礼教”的教诲。③升华了主题,表达了封建礼教、封建家长制对人性的扼杀。

八、鉴赏题。

11. 请赏析在“百静中,我似乎头里要伸出许多铁钳,将什么‘生于太荒’之流夹住;也听到自己急急诵读的声音发着抖,仿佛深秋的蟋蟀,在夜中鸣叫似的”这句话。

很明显，这和前面诗词鉴赏题一样，按照“方法”“效果”“内容”答就可以了。当然这种题现在大多在中考卷出现。

答:运用比喻的手法,将自己诵读的声音比喻成秋夜蟋蟀的鸣叫,生动形象地写出了自己被逼背书的无奈、委屈和害怕。

12. 文章引用了《陶庵梦忆》中关于赛会的记载,有何作用?

这是鉴赏题的第一次升级版，也可以根据“作用”一词，定义为“作用题”，要答出“艺术作用”“内容作用”“结构作用”等要点。当然也不用搞得很复杂，就把它记成“鉴赏题”+“结构作用”就可以了，也就是答“方法+效果+内容”之后再加上“结构作用”。

答:引用《陶庵梦忆》,让读者真切地感受到明代赛会的豪奢,与作者自己看到的赛会,感受到的赛会形成鲜明的对比,更充分展现了封建礼教、封建专制对民俗文化,对百姓精神生活的钳制,为下文写“五猖会”做铺垫。

当然，现在高考题已经实现了第二次升级，直接把“艺术手法”放大到“一切方法”。本来，“无招胜有招”就是最高境界，但是题目涉及的内容范围太广了，学生适应起来还是困难啊。

13.鲁迅的作品素以“语言幽默犀利”著称，请联系全文，分析其语言风格。

这道题考的是“语言风格”，涉及的内容比较复杂，因为它不仅不是考比喻、拟人、对比，也不是考“一阴一阳之谓道”，而是考到很广泛的，老师也没有办法概括罗列的范围了。

当然，我还是努力地根据高考主观题新题型，以及高考在命题选择题时所采用的表述，整理出几个方面的“广义鉴赏”方向：（1）谋篇布局，考虑结构合理严谨，详略安排得当，切入故事角度独特，以小见大、欲扬先抑。（2）遣词造句，注意修辞手法，炼字，句式长短、整散变化。（3）人称变化，分辨人称使用的特点：“我”真实可信但表述不自由，“你”更加亲切但表述受限制，“他”表述自由但不真实。不管用任何人称，就“立场”而言更客观更好。（4）语言风格，首选生动形象，熟悉常用的，比如老舍采用方言、口语化，通俗易懂，亲切自然；鲁迅运用夸张、反语等修辞幽默讽刺；李白运用夸张手法，想象雄奇，情景变化，思想新颖，豪迈大气。（5）读者角度，考虑激发兴趣，引起思考，留下想象空间，身临其境，增强代入感等效果。

答：①“口语化”的表述，比如开头简述赛会之后，一句“于是，完了”真切地展现了作者对所看赛会的失望。②转换叙述角度，故意装成“封建礼教卫道士”的身份说话，把“梅姑庙”描述成“一对少年男女，眉开眼笑，殊与‘礼教’有妨”，实际上是对封建贞洁观、自由爱情的束缚表示不满。同样的例子还有“但他们既然是五猖，便也无法可想，而且自然也就‘又作别论’了”，指出封建礼教的自相矛盾。③运用各种修辞手法，生动地批判封建礼教。比如对“五猖庙”的描写，拿“列坐着五位太太，却并不‘分坐’，远不及北京戏园里界限之谨严”的比较，指出封建礼教的自相矛盾。又比如“在百静中，我似乎头里要伸出许多铁钳，将什么‘生于太荒’之流夹住；也听到自己急急诵读的声音发着抖，仿佛深秋的蟋蟀，在夜中鸣叫似的”，用夸张和比喻的手法，展现自己在封建家长制度下，好玩好奇的天性被扼杀的无奈。

文学类作品，包括古诗词的阅读鉴赏，题型必定会不断升级，对学生鉴赏能力的要求也会越来越高，这是一个必然的发展趋势。至于具体的命题则会体现在“具体化”和“综合化”两个方向上。比如形象题，几乎是文学类的“必考题”，像上面那样的原始形象题已经考得够多了（尤其是全国卷之前小说和传记选考的时候），直到2015年全国Ⅰ卷的考题还是这种类型，但到了2018年，虽然仍然是

“形象”分析，但是全国卷的三份卷都明显地“具体化”了：全国Ⅰ卷第5题：小说中说赵一曼“身上弥漫着拔俗的文人气质和职业军人的冷峻”，请结合作品简要分析。全国Ⅱ卷第5题：请结合二姐等人看有声电影的经过，简要分析小说所揭示的市民面对新奇事物的具体心态。全国Ⅲ卷第5题：请简要分析文中先行者的心理变化过程。这是命题人一个“无奈”的措施，因为小说不考形象，还能考什么。考形象如果总是考性格特征，大家都没有问题，只能往“细”考，考“心理”“动作”“语言”……这样才能判断学生是否有真本事。

“综合化”简单的方式就是前面谈到的“复合题型”，复杂的方式就是“辩证鉴赏”，这是命题人“必然”选择，像2016年全国Ⅰ卷第11题中的第（2）小题：小说以“锄”为标题，有什么寓意？请结合全文简要分析。这就是“部位题”和“含义题”的整合。这种题目只要将两种题型的答点整合起来，不要重复交叉的答点就行。到了2018年的全国高考卷，明显都是以“辩证鉴赏”来要求。全国Ⅰ卷第6题：小说中历史与现实交织穿插，这种叙述方式有哪些好处？请结合作品简要分析。全国Ⅲ卷第6题：结合本文，谈谈科幻小说中的“科学”与“科幻”的关系。

那么如果这种趋势再提升的话，能够到什么层次呢？那就是“广义鉴赏”，还有“艺术小论文”了。下面再以两首诗歌的题目预设和解答思路为案例，帮助大家理解。

一是白居易的《轻肥》，主要是就上面总结的几个层次的“广义鉴赏”问题进行具体演绎。

设计题目：试从“谋篇布局（遣词造句……）”方面，对《轻肥》进行鉴赏。

从整体的“谋篇布局”来看，可以从几个具体方面进行鉴赏。比如结构安排，从宴会之前（内臣夸耀赴宴），宴会之中（菜肴丰富），宴会之后（怡然自得，恬不知耻），宴会之外（百姓无法生存），条理清晰地展现了作者所见所知；从详略安排来看，详写内臣赴宴经过，略写百姓遭遇，突出内臣奢侈无度，引发读者思考两者关系，展现作者的创作意图；从情节构思来看，欲擒故纵，特意先写内臣的光鲜得意、奢华无比，然后陡然一转，再点明社会背景，让读者了解内臣的恬不知耻，罪大恶极。

从具体的“遣词造句”来看。“满”夸张地写出内臣的骄傲自得，满大街都可以感受得到。“或”是“也许”的意思，生动地写出百姓根据内臣衣着，对其显赫地位的猜测，表现出作者的嘲讽和不满。在用句上，既有对偶严谨、典雅华丽的“意气骄满路，鞍马光照尘”“夸赴军中宴，走马去如云”“尊罍溢九酝……酒酣气益振”，也有“借问何为者？人称是内臣”“是岁江南旱，衢州人食人”之类的通俗语句。既渲染了宦官的穷奢极侈，也展现了百姓的无奈与艰难，以此形成鲜明的对比，凸现了主题。

从切入角度来看。作者故意以“观众”的角度，客观地审视着内臣的所作所为，引导读者去思考背后“宦官专权”“宦官干政”的严重问题。在细节上，也一再用“百姓”的身份，先是“借问何为者？人称是内臣”，后是“朱绂皆大夫，紫绶或将军”，以问答猜测的方式来表达对内臣“沐猴而冠”的愤怒（因为作者也是官宦子弟，历职郎署，对于内臣的身份、职位，应该是非常清楚的）。

从语言风格来看。既通俗易懂，没有什么阅读理解的障碍，又形象生动，借助了大量的艺术手法。让读者能够真切感受到宴会的奢靡无度，内臣的贪婪无耻，也引起读者的思考，理解作者的意图。

二是李白《梦游天姥吟留别》，主要是针对“鉴赏小论文”做的示例。

设计题目：余光中《寻李白》中写道，“酒入豪肠，七分酿成了月光，余下的三分啸成剑气，绣口一吐，就半个盛唐”。结合《梦游天姥吟留别》，写一篇小论文，谈谈你对“李白是最能代表盛唐的诗人”这一说法的理解。

只有盛唐才有李白

对于李白的诗歌，余光中《寻李白》中写道，“酒入豪肠，七分酿成了月光，余下的三分啸成剑气，绣口一吐，就半个盛唐”。李白是最能代表唐朝，代表盛唐的诗人。李白出身豪门，能文善武，兼通胡汉，恰好与国力鼎盛、文化强大、思想包容的盛唐相应。所以，他的诗歌尤其能够展现盛唐大气。那么具体地，盛唐之气又是如何体现在李白诗歌中的呢？

首先是“量”，李白的诗歌经常使用“千”“万”之类的字眼。虽然“千”“万”在现代人眼里这没有什么，但是我们知道原始年代，“五”就是个大数字了。只有盛唐强大的经济实力，才能支撑如此的“数量”。直接的“天台四万八千丈”“千岩万转路不定”是量的大，间接的“天姥连天向天横，势拔五岳掩赤城”也是夸张的庞大体量。

其次是“速”，李白的诗歌，不管是《梦游天姥吟留别》中的“一夜飞度镜湖月”，还是后来死里逃生写下的“千里江陵一日还”，都是速度。没有发达的水陆通道，没有先进的交通工具，李白无法做到，这也是盛唐赋予他的先决条件。

再次是“变化”，从夜晚到清晨，到天色转黑，是一天一夜的时间；经历了从剡溪到仙人山洞，从山下到山顶，从山顶到山洞的地点；更重要的是从“清——温（见海日）——迷——惊”的情景转化，心情起伏，犹如一首交响乐，不仅有多种乐器，每种乐器也有大小不同，因此音色变化，音域宽广。每一首经典的作品，都能够让听者享受到“身临其境”的美。盛唐的统治者拥有丰富的生活，丰富的文化，才有享受“变化”的可能。

又次是“想象力”，李白诗歌多“神仙”，即便孤独喝杯酒也得“举杯邀明月，对影成三人”。仙人山洞里，别有洞天，深不可测，又华丽璀璨。神仙众多，衣着华丽，还有猛兽珍禽服侍。李白参加这样的聚会该发生什么呢？就在我们正翘首以待，李白却告诉我们，作为一名偷窥者，他被吓醒了。同样也是因为能够接触到丰富的各国文化，丰富的各种生活资源，才能赋予李白如此丰富的想象力。

最后是“思想”，“及时行乐”“不侍权贵”的思想，既符合当时的李白，也符合当时的盛唐。社会阶级固定，才俊没有战功政绩可以提升自己，只能选择“消极怠工”的心态“故作潇洒”。当然，最关键的还是其底气。大唐有大唐的强盛，李白有李白的才华横溢。

当然，这样的题目还是比较“遥远”，但是学生了解一些重要的范例应该是有好处的。如果要具体了解，可以查阅北京卷近两年“微写作”的一些优秀范文。因为新课标要求“整本书阅读”，全国卷改革即便开启“小论文”，最初阶段也只会到达北京卷的程度。

论述类：最有意义的题最难做

相比实用类和文学类作品，论述类其实是最有价值的阅读，因为不论是摘引自学术专著类，还是面向大众的科普读物，始终表现出社会性、时效性和学术性等特点。这类文章，很多学生不喜欢读。因为这些文章有的会比较枯燥，理论性太强。但是培养学生，培养适合未来发展的人才，又不得不如此，所以这道题是最有意义的。这道题在高考中又有两个完全不同的考核方向：一是2015年之前的广东独立命题卷中的论述类文本阅读；一是全国卷论述类文本阅读。

广东卷的论述类文本并不难。首先是选材上仍倾向于“有趣”，就是命题人会刻意找些比较好读好懂的文本，这些文本最大的特点就是有具体的例子、生动的描写来帮助理解。其次是观点明确，结构清晰。比如2008年广东卷的《诗与直觉》，有这样的表述：“知觉”必须是对于诸事物中关系的知，亦称“名理的知”。例如，看见一株梅花，你觉得“这是梅花”，“它是冬天开花的木本植物”，“它的花是香的，可以摘来插瓶或送人”等。这样的话，概念虽然抽象，但是很容易理解。而且只要按照寻找关键句的方法，每段话中找到一句关键句（篇幅超越其他段落的可以找到两句），就可以整理出清晰的论证思路。一种境界是否能成为诗的境界，全靠“见”的作用如何。诗的“见”必为“直觉”。诗的境界是用“直觉”见出来的，它是“直觉的知”的内容而不是“名理的知”的内容。直觉的知常进为名理的知，名理的知亦可酿成直觉的知，但决不能同时进行，因为心本无二用，而直觉的特色尤在凝神注视。诗的境界的突现都起于灵感。一个境界如果不能在直觉中成为一个独立自主的意象，那就还没有完整的形象，就还不能成为诗的境界。而两道选择题的设置则基本落在对关键概念“直觉”和“知觉”的判断理解，因为原文都有生动的例子，所以学生很容易理解。主观题则是：在“诗的境界”形成的过程中，只能有“直觉的知”而不能有“名理的知”。这种说法正确吗？为什么？很明显根据原文划出来的关键句就可以轻松整理出答案了。2009年广东卷特别的考题——《自由和科学》，也一样可以用这一方法完美解决。

直到作为“转折点”的2014年广东卷，摘选自《中国审美文化简史》的一个片段，才开始靠近全国卷的出题模式。在题目上，客观题根据“表述严谨”就可以判断答案；主观题上虽然调整为“运用原文观点分析作答”，但只要找到各段的关键句，依然可以解决问题。该文按照关键句整理出清晰的论证思路：从形而上的层面上讲，审美也是一种终极关怀。人类的终极关怀主要有三种方式：哲学、宗教、艺术承诺。随着人类文明的发展，哲学之本体论和宗教之形而上学纷纷面临着学理上的危机，在这种情况下，艺术便需要自觉地承担起为人类提供终极关怀的历史使命。说到底，艺术之所以为艺术，不在于认识，不在于教化，而在于给人想象的空间和情感的慰藉，它是对遭受异化痛苦的人们所进行的精神关怀。古今中外凡是超越民族和地域从而具有永恒价值的艺术品，无不具有形而上的“终极关怀”。作为治疗异化痛苦的古典艺术，最常用的方式是将人与自然、人与社会的断裂重新弥合起来。很明显只要找到这些句子，回答下面两道总共8分的主观题有什么难的呢？

14.如果一个时代的艺术与哲学不发达，那么人类的终极关怀主要会以什么形式实现呢？为什么？

15.结合文中的观点，谈谈你对下面这段话的理解。

荷兰画家凡·高的名画《星夜》所描绘的景象与现实世界的星夜不同，画面上11颗星星聚集在月亮周围翻滚着，像炽热燃烧的火球。评论家说，这幅画象征着人类的挣扎与奋斗精神。

相比之下，全国卷就难了。首先是选文中少了生动的描写和具体的例子，这样一来可不是简单就能理解的，因为原来占字数比例很大的描写和举例现在都变成“逻辑推演”的过程了。就好比，我前面摘录出来的观点句，堆在一起大家读起来也会觉得“枯燥”，何况这只是全国卷中的一段话而已。其次是多了“逻辑推演”，所以观点就更加难以分辨主次了。像前面《诗与直觉》的观点和论证思路，我们可以看到里面是有“矛盾”的，所以主观题也就设计在这里。最后，即便是我们分辨了主次，弄清了论证思路，但考试题目中基本上都是选择题，它并不是针对“主要观点和论证思路”来考的，而是针对一句一句的具体句子来考的。

很多老师为了保证准确度，只能教学生从原文中找到对应的句子，然后一一进行对比。但即便是高考每一段对应一道题，每个选项都按照顺序对应原文，这样比对下来，还是需要花很长时间的。所以，2015年我为了应对全国卷的变化，就先采用“一一对应”的方式，对全国卷之前的命题设错与选项表述进行了充分的研究。

全国卷的设错方式种类很多，主要包括：偷换主体、程度细节改变、不成因果等。为了简洁，我摘取原文原句与试题对应的选项，分析如下。

类型1：偷换主体

例1.(2014全国Ⅱ卷)汉朝《二年律令》规定……即肉类因腐坏等因素可能导致中毒者，应尽快焚毁，否则将处罚当事人及相关官员。

C.《二年律令》中的规定注重对主使官员责任的追究，而《唐律》则更加强调对伤害生命的犯罪行为的追究。

很明显，少了“当事人”，漏掉一个主体。

例2.(2015全国Ⅰ卷)宋代在信用形式和信用工具方面都呈现出新的特点。信用形式有借贷、质、押、典、赊买赊卖等多种形式。

A.宋代的信用进入迅速发展时期，借贷、质、典、赊买赊卖等信用形式的产生是宋代金融的一个新特点。

将“信用形式和工具”的新特点，变成“宋代金融”的新特点。属偷换主体。

类型2：程度细节改变

例3.(2013全国Ⅱ卷)武王在甲子日牧野之战结束后，紧接着就“不革服”“格于庙”(来不及换衣服就到神庙参拜)，这个“庙”自然不可能是周庙，而是商人的神庙。这说明周王室急于把商人的正统接过来，成为中原合法的统治者。

B.周文王、周武王都曾称臣于商纣王。为了表明自己是商朝先王的臣下，周武王在甲子日牧野之战结束后，马上就参拜了商人的神庙。

细节对应比较明确，目的完全不同。

例4.(2015全国Ⅱ卷)艺术品的接受在过去并不被看作是重要的美学问题，20世纪解释学兴起，一个名为“接受美学”的美学分支应运而生，于是研究艺术品的接受成为艺术美学中的显学。

A.在过去，艺术品的接受并不属于美学的研究范围，而当接受美学诞生以后，关于艺术品的接受的研究就成为艺术美学中的一门显学。

很明显两者的差别，“不被看作重要”，已经包含了“属于”。这与“并不属于”是不同的。就像数学的“必要但不充分”相似。

类型3：不成因果

例5.(2013全国Ⅰ卷)在汉初被抄写在《老子》前面的《黄帝书》显然在当时公众心目中已据有崇高位置，不会是刚刚撰就的作品。同时，《黄帝书》与《申子》《慎子》《韩非子》等有许多共通文句，而申不害、慎到、韩非三人均曾学黄老之术，这些共通之处可认作对《黄帝书》的引用阐发。

C.申不害、慎到、韩非都学过黄老之术，他们著作的语句与《黄帝书》也多有相同相似，可见这三人的引用阐发，与《黄帝书》后来享有崇高地位极有关系。

“可见”这一判断不成立。文本中“崇高地位”是前提，后才有被申不害等阐发。“后来”在时间顺序上也颠倒了因果。

例6.(2015全国Ⅱ卷)接受者作为主体，他对文本的接受不是被动的，海德格尔提出“前理解”，即理解前的心理文化结构，这种结构影响着理解。

C.“前理解”是接受者在理解文本以前的心理文化结构，由于接受者对文本的接受不是被动的，所以这种结构会影响接受者对文本的理解。

选项出现“所以”这一逻辑判断，简单地说就是“强加因果”。具体理解，从原文后面“理解不可能是文本意义的重现，而只能是文本与‘前理解’的统一，这样，文本与接受就呈现出一种相互作用的关系”可以看出关键不是“接受者对文本的主动”，而是“接受者与文本的互动”，文本的创作符合“前理解”，所以才使得接受者不会理解岔了。

以上都是不符合原句的选项例题，可以帮助我们了解高考命题常见的设错点。同时我们也可以看到“一一对应”并不容易。何况，在设错过程中，命题人还可以对选项的表述方式动很多的手脚。这会造成更多更大的难题。

问题1：交叉设错。

混杂两个概念或者两种表述，看起来可以多角度判断，更容易，但其实提高了复杂度，很难让学生掌握具体方法。

例7.(2015全国Ⅰ卷)宋代新型信用工具的大量使用，是社会经济发展史中最具标志性意义的新生事物，它缓解或解决了交换过程中的诸多不便与矛盾，从而在很大程度上促进了经济发展。

D.宋代各种信用形式和信用工具对当时的经济发展都起到非常积极的作用，同时也为此后各个朝代提供了借鉴。

字面上比对“信用形式和工具”限定词“新型”与“各种”的不同，可以看出是偷换概念，或者程度细节改变。此外，为此后各个朝代提供借鉴，属于“无中生有”。

例8.（2015全国Ⅰ卷）通过民间自发力量的作用和官府的强制推行，宋代社会陆续出现了诸如茶引、盐引、交子、关子和会子等新型纸质信用工具。

C.各类新型纸质信用工具最初是由宋代政府发行的，其发行目的是为了解决货币流通区域的割据性等多方面的问题。

很明显“陆续出现”并不说明“最初”，另外少了“民间力量”也可以视为“偷换主体”，文中没有明确涉及“最初”，也可以视为“无中生有”。

问题2：细节分辨。

细节区分设置得越细，分辨的难度就越高，而命题人自然也就喜欢这样做来提高难度。

例9.（2015全国Ⅰ卷）借贷分为政府借贷和私人借贷。政府借贷主要表现为赈贷的形式，在紧急情况下通过贷给百姓粮食或种子的方式，帮助他们度过困境。私人借贷多为高利贷，它可以解决社会分化和“钱荒”带来的平民百姓资金严重不足的问题，满足特殊支付和燃眉之急的需要。

A.宋代的政府借贷基本上是赈济性借贷，主要目的是帮助百姓度过困境，因此与私人借贷相比，政府借贷的利率要低得多。

虽然原文没有提出，但能从“高利贷”可以判断政府借贷比私人借贷利率低，答案判定A选项符合原意。这类题型很是苛刻，具有一定的争论性，因为“多为”高利贷并没有说具体，而原文也没有直接拿政府借贷与民间借贷进行对比。何况，根据梁启超《王安石传》的记载，宋代政府借贷到百姓手里也成了高利贷。

例10.（2015全国Ⅰ卷）宋代的商业贸易非常发达，但存在着通货紧缩现象，故赊买赊卖行为也很普遍，几乎生产、流通、消费领域的所有物品都能进行赊买赊卖。

A.赊买赊卖的信用形式在一定程度上解决了宋代通货紧缩带来的资金不足的问题，缓解了生产、流通、消费领域中的诸多矛盾。

两句话的表达顺序和侧重点有变动，但是内容是一致的，符合原句。这道题同样体现出全国卷题目的难度。

例11.（2015全国Ⅱ卷）所谓“否定”指文本对接受者生活的现实具有否定的功

能，它能引导接受者对现实进行反思和批判，由此可见，文本的召唤性需要接受者呼应和配合，完成艺术品的第二次创作。

B. 文本的"否定"要素具有对接受者所生活的现实加以否定的功能，这种功能是通过接受者接受文本并对现实进行反思和批判而实现的。

B选项表述与原文有一定的细节差异，但是意思基本相似，符合原句。

问题3：选项存在争议。

最糟糕的就是出现"有争议性"的选项，老师们都没法确定，学生如何确定？

2014年全国Ⅰ卷第3题中的两个选项都有错漏问题，很难分辨。当然选项与文本对应性不强才是问题产生的根本原因。

例12.（2014全国Ⅰ卷）然而，悲剧不仅表现冲突与毁灭，而且表现抗争与拼搏，这是悲剧具有审美价值的最根本的原因。

B. 悲剧在表现冲突与毁灭的同时，也表现抗争与拼搏，因此双方力量越是悬殊，主体的抗争越是艰难，所体现的精神就越强大，悲剧的审美价值也越高。

很明显这一句中，运用了"推理"，要理解上述问题的关键是"越……越……"的正相关逻辑。形象点理解，比如"勤奋是成功的关键，那么越勤奋就越成功"这句话很明显是错误的，但参考答案认为这是正确的。类似的题目，如广东2014年中考阅读选择题："欣赏一部歌剧比看一部美国大片更具价值，因此更能得到终极关怀"，则很明确就被认为"不成因果"关系。

例13.（2014全国Ⅰ卷）当然，在欣赏中审美主体可以"审美地"加入悲剧冲突，体验悲剧客体的巨大和狂暴、悲剧主体的抗争和悲痛，从而感受到强烈的震撼和刺激，获得悲剧感和审美愉悦。

D. 人们之所以喜欢欣赏悲剧，是因为悲剧会引起人的悲伤、畏惧、怜悯，使人在强烈的痛苦中获得一种快感，所谓"以悲为美"的意思全在于此。

这一选项最直接的对应文本只有这一句。简单的切入口是"全"，这一绝对化论断，但是作为艺术理论也可以"全"，问题是文本中是否有这样的观点。该题的详解很多，但都不相同，可见解题人也是"答案为先"，强解释。我认为最好的解释是"全"的问题，因为文本原句前"当然"一词，强调的是"一种次要情况"，而该段前面讨论的是"悲剧成为审美对象只能以文学艺术的形式出现，原因在于它需要建立悲剧事件与人的心理距离"。也就是说，当然后面的话只是"一部分"，选项D有以偏概全之嫌。

这样一分析下来，我们可以发现，按照这种方法解题是不好的。为了避免纠缠细节，陷入混乱，提高解题的速度，我采用了“三错三对”的解题方法，引导学生从表述严谨性上进行推理，然后又发现命题人来了“负负得正”（详见“选择题”一章）。

我认为，无论如何，论述类文本本身需要让学生学习和掌握的重点是：一是快速掌握文本主要观点和论证过程；二是习惯枯燥的“严密推理”过程；三是习惯“科学严谨”的表述方式。具体地说，第一点不要考细小的“分论点”，要考主要观点和论证脉络；第二点要锁定某个段落的“推理”进行判断；第三点要针对各主要观点的“推演”进行表述。高考命题如果能够这样设计，那么才真正让这道题体现意义，否则只能像我一样，教学生以“准确度换速度”，这样也就失去意义了。

具体地，针对全国卷的文本，我的应试策略是这样的：通过两道例题的文本，先让学生理解、熟悉论述类文体的“科学性”和“表述特征”，再结合高考题，让学生明确常见的论述类文本的结构形式。

例14.(《汕头四中2004—2005学年高二第二学期月考语文科试卷》7~10题)

阅读下面的文字,完成7~10题。

在美国的许多城市,人们希望能呼吸到最清洁的空气,这种追求几乎达到了宗教般的狂热。为此,一些减少空气污染的新技术应运而生,可是谁也不曾想到,人们却不断为此付出巨大的代价。

1990年,美国的《洁静空气法规》强制空气质量差的地区在汽油中添加充氧剂等化学制品,从而减少了一氧化碳和苯等有害气体的排放量。但是现在发现,大多数常用的充氧剂如甲基叔丁基乙醚已从地下贮油箱中渗入地下水,并已污染了地下水饮水源,使这一地区可能在几年内成为美国最严重的地下水污染区。科学家认为,水中即使有十亿分之几十的甲基叔丁基乙醚,也会对人的健康有严重影响,甚至可能会致癌。一些曾坚决反对运用这项技术的团体还认为,加油站的空气中这种充氧剂含量过高,会使人呼吸困难、头痛和眩晕,不仅加油站的人,就连路上的行人都会受到影响。

麻烦的事远不止这些。科学家们证实这种化学物具有很强的水溶性,对土壤几乎没有亲和力,同时它又是很难分解的寿命很长的物质。虽说甲基叔丁基乙醚见光分解,但阳光很难进入土壤和地下水中,因此,它一旦进入地下水中,人们就很难将它“请”出来。而它渗入到更深水层的可能性则是不可避免的了。美国政府有关部门也采取了一些措施,如关闭受污染的水井,断绝受污染的水源,设法从受污染区外部调水,当然,解决这些问题所需资金数量是巨大的。还有一个办法是通过改进贮油箱来减少含有有害物质的汽油的泄露,但这仍不能解决已经发生的水源污染问题。

目前,美国的科学家们正在制定一个从水源中清除这种有害物质的计划,他们试图把从土壤中分离出来的被称作PMI的细菌注入受污染的地下水中。据说,PMI可以在较短的时间内吸收大剂量的甲基叔丁基乙醚。科学家们同时坦率地说,这项在受污染的土壤和水的试样已经获得成功的试验,在清洁地下的具体应用中,还没有让人信服的实例。看来,这种“按下葫芦起来瓢”的情况,在环境保护问题上是值得注意的。

7.对人体健康有严重影响的甲基叔丁基乙醚的泄露会造成地下水源污染,其根本原因是(D)

A.进入地下水,就很难“请”出来　　B.即使很少的含量,也会有害人体

C.在没有阳光的条件下,很难分解　　D.水溶性强,不亲合土壤,难分解

8.对“麻烦的事远不止这些”这句话所包含的内容理解正确的一项是(A)

A.“这些”是指甲基叔丁基乙醚污染地下饮水源和对局部地区空气的影响

B.“这些”是指曾反对运用这项技术的人所认为的该物质对环境的污染

C.“麻烦的事”是指由于甲基叔丁基乙醚有毒性而对环境造成严重污染

D.“麻烦的事”是指甲基叔丁基乙醚污染深水层的地下水资源的必然性

9.不属于“巨大的代价”所指的内容是(B)

A.已经对地下饮水造成严重污染

B.使人们希望呼吸清洁空气的追求落空

C.为解决水污染耗费大量人力与资金

D.水污染问题从根本上解决目前还很难

10.不符合本文内容的一项是(C)

A.减少空气污染的新技术主要是在汽油中添加充氧剂,以减少有害气体的排放量

B.新技术所造成的水污染是严重的,而目前解决这个问题仍只能采取被动的方法

C.PMI细菌吸收甲基叔丁基乙醚的试验成功,意味着问题的解决指日可待

D. 文末所说的“按下葫芦起来瓢”是说在环境保护问题上顾此失彼的现象

这些题目的妙处有以下几个：

首先，这篇文章很好。我之前在《科学新闻》上读过相关内容，可惜后来找不到是具体哪一期。因为它恰好展示了马克思主义哲学原理的重要观点：联系、全面、发展地看问题。想想，美国人民想要享受清洁空气愿望是美好的，他们采用的措施也是基于科学成果的技术手段，但是却发生了“按下葫芦起来瓢”的问题。为什么？关键就是我们，即便是科学家，都会犯“局限性”错误。我们总是受限制于“眼前”，只能基于“已有”的研究和发现，针对“眼前的问题”进行处理。假如，我们清楚充氧剂与“储油罐”“空气”“癌症”的联系，就不会轻易添加别的东西。准确说，我们只看到“添加充氧剂”能够解决空气污染的问题，但是却看不到它对地下水、空气、人体有更大的伤害。我们当时只看到清洁空气的问题，却看不到清洁地下水的困难。总之，问题就是不能真正联系、全面、发展地看问题。这既是“真理”的属性，是“论述类文体观点的基本要求”，也是“严谨表述”的根源。

其次，这篇文章阅读难度较低。虽然是高二试卷，但是很多初中卷也拿它组题。学生基本上能够快速读完，并清楚其主要观点和论证条理，甚至能够回答问题。这可以给学生信心，也可以帮助学生理解高考命题的根本目的。就文本而言，也恰好是“说明文”与“论述文”的转折性文本。因为虽然是“科普文”，是“说明文”，但是文章中出现了大量的“关联词”，这与论述类文体严密的逻辑推理过程直接挂钩，可以给学生提供适应性训练。

再次，题目设置基本没有难度，有助于让学生熟悉选择题的命题设错模式和特点。第7题只要扣住“根本原因”就能排除其他三个不够严密的答案，选D；第8题侧重“完整性”，选A；第9题注意“巨大代价”就可以明确B；第10题主要是程度细节问题，原文是实验成功，但是“还没有让人信服的实例”，所以选C。

例 15.(《2016年湖南省普通高中学业水平考试语文试卷》1~3题)

阅读下面的文字，完成1~3题。

电影作为第七艺术，一直受着文学的滋养。文学提供给电影取之不尽的素材和源源不断的人才，并不断提升其品格。电影从发明之初，到高度发达的今天，从商业电影到艺术电影，从胶片电影到数字电影到微电影，都不曾停止过以文学为蓝本，包括对畅销的通俗小说、经典名著和网络小说的改编。尽管电影试图克服文学对它的

"影响的焦虑",确立自己的独立品格,但它仍然从文学那里受惠良多。当然,这并不表明电影只是简单地依附文学,电影以其特有的媒介优势,自有文学无法比拟的艺术效果,而且随着大众文化和高科技的迅猛发展,电影越来越显示出超过文学的强大的影响力。因此,电影给文学带来很大的反作用,这有其负面性,比如它影响到一些作家把小说写得越来越像剧本,没有充分的展开,没有深入的刻画,多是干巴巴的对话,成了所谓的"影视同期书"。电影对文学的影响又并非都是负面的,电影对文学有回报和反哺。电影也在向文学"还债"。

一是改编电影对文学原著的反哺。通过电影改编,对文学原著的宣传及传播有着巨大功效,为文学经典的再造提供丰富的可能性,促进一度边缘化的文学再度走红。具体来说,借助电影改编,传统经典,得以延伸与扩散,比如《西游记》固然是广为人知的古典名著,但《大话西游》对它的全新演绎促其再放异彩;借了改编,被淹没的作品得到开发,被唤起与照亮,比如清末民初的王度庐及其小说《卧虎藏龙》,被人所遗忘,知者甚少,李安的同名改编电影,将之从历史深处召唤出来;即如张恨水,也因五四新文学对其贬抑而长久被淹没,20世纪八九十年代,经影视改编而掀起"张恨水热";电影改编对一般性的文学作品予以提炼、点染与提升。拍摄于20世纪80年代初的电影《小花》,淡化了原小说《桐柏英雄》的政治色彩,强化了原小说的人性化内涵,原小说虽也在当时引起轰动,但电影《小花》更提升了其艺术品质。电影受惠于文学而又反哺文学,形成良性的互惠与助推,这在第五代导演与先锋派作家之间表现得更为突出,张艺谋的电影大都改编自莫言等人的小说,但张艺谋改编电影的成功也带动了莫言、刘恒、苏童、余华等人在文学圈之外的走红。可以说,电影《红高粱》在西方电影节的获奖,直接推动了莫言作品在西方被大量翻译并引起关注,为他获得诺奖不无助益,这反过来给有些疲软的中国当代文学注入一支强心剂。

二是电影化思维、电影化技巧对具体的文学创作的反哺。电影化思维引入文学创作后,拓宽了文学的艺术空间。乔伊斯、海明威、多斯·帕索斯、穆时英、王小波、李碧华、王朔、海岩等诸多的中外作家,都在小说创作中充分调动各种电影元素,运用电影画面造型的光、影、声、色来创造典型环境、表现人物心理、描写人物言行、塑造人物形象,展开生动丰富的"电影化的文学想象"。对电影表现技巧的借用,丰富了文学的表现手法。特别是以电影的蒙太奇思维,以交叉剪接、平行剪辑、快速剪接、快速场景变化、声音过渡、特写、叠印等电影化技巧,广泛地介入文学文本的生产之中。而一些电影的结构方式也纷纷被小说家所效法,丰富了文学的结构形态。如《不可撤销》《记忆碎片》《薄荷糖》等的全逆式结构,《盲打误撞》《罗拉快跑》等的发散式块状结构等，被许多作家成功地移用到小说中，带来了小说形式与内容的创新。

（选自邹贤尧《电影对文学的反哺》）

1. 下列理解，不符合原文意思的一项是（ B ）

A. 电影一直受着文学的滋养，同时文学也提供给电影取之不尽的素材并不断提升其品格。

B. 电影从发明之初，到现在的数字电影和微电影，都是以文学为蓝本，对文学作品进行改编而成的。

C. 尽管电影从文学那里受惠良多，然而电影以其特有的媒介优势，自有文学无法比拟的艺术效果。

D. 现在由于电影越来越显示出超过文学的强大的影响力，因此，电影给文学带来很大的反作用，同时电影对文学也起到回报和反哺的作用。

2. 下列理解，不符合原文意思的一项是（ C ）

A. 文学作品改编成电影，这对文学原著的宣传及传播有着巨大功效，为文学经典的再造提供丰富的可能性，所以说改编电影对文学原著有反哺作用。

B. 改编电影对文学原著的反哺作用具体表现在：传统经典，得以延伸与扩散；被淹没的作品得到开发，被唤起与照亮。

C. 电影《小花》的改编，在原小说《桐柏英雄》的基础上更提升了其艺术品质，这说明电影改编对一些艺术性不强的文学作品能够起到提炼、点染与提升的作用。

D. 张艺谋改编电影的成功也带动了一些著名作家在文学圈之外的走红，这也说明电影受惠于文学而又反哺文学，形成良性的互惠与助推。

3. 根据原文内容，下列理解和分析不正确的一项是（ C ）

A. 许多电影改编自文学作品，通过电影改编的方式可以让文学更加生动地呈现在人们的眼前。同时文学创作引入电影化思维后，也拓宽了文学的艺术空间。

B. 乔伊斯、海明威、王朔等诸多的中外作家，都在小说创作中充分调动各种电影元素，这充分说明电影化思维对具体的文学创作的反哺作用。

C. 文学作品对电影表现技巧的借用，特别是以电影的蒙太奇思维，广泛地介入文学文本的生产之中，丰富了文学的表现手法，给文学作品带来了全新的形式。

D. 许多作家成功地移用一些电影的结构方式，如全逆式结构、发散式块状结构等，丰富了文学的结构形态，带来了小说形式与内容的创新。

这几道题设置同样有几个妙处：

首先，这篇文章作为“学考”卷题目，难度自然比“高考”更低，过渡性效果比较明显。在实际教学中，很多老师出卷时，整个高中阶段，不论高三还是高一，都是直接拿高考的全真模拟卷来考学生，要学生靠长期大量的训练去熟悉它，很不科学。

其次，这篇文章最大的作用，就是除了有具体的例子帮助理解之外，它已经是纯粹的“论述文”。所以，我们可以通过它来熟悉论述类文体的“逻辑和表述”特点。注意文中下划线的句子，仔细阅读一下，就会发现在表述上像太极拳一样。不直接说“电影从文学那里获益良多”，先说“电影试图克服文学影响，建立自己独立品格”。为什么？因为你说一句“电影从文学那里获益良多”，我马上就可以反驳“电影有自己的独立品格”。所以专家学者说话是不会给我们留下驳斥的机会。那承认“电影从文学那里获益”，也不能忽略另一个面“电影超越文学的强大影响力”。而强调“电影给文学的反作用”，又得考虑到其“负面性”。就这几句话而言，“尽管……但……并不……而且……因此……”诸多关联词，串起了绵密的论证。这些是学生必须熟悉的，熟悉了这些，才能说读懂论述文。

最后，这篇文章设置的题目容易，可以让学生熟悉题型，获得自信。第1题选B，说法太绝对，原文是说“都不曾停止过以文学为蓝本”，而不能说“都是……”。第2题选C，“这说明电影改编对一些艺术性不强的文学作品”中的“一些艺术性不强”说法不准确，原文的意思是“电影改编对一般性的文学作品”。偷换概念。第3题选C，“全新”的形式，原文“小说形式与内容的创新”。程度范围改变。

习惯了论述文体，才能进入高考题目的训练，而进入高考题目训练，最重要的还是要熟悉论述类文体的论证结构和概念要点。

就“结构”而言，2018年，全国卷三份卷子是最好的“结构”范例。全国Ⅰ卷《诸子之学》是“对照式”，突出辩证法，一分为二。谈“诸子之学和新子学”“广义狭义”“承继和创造”“照着讲和接着讲”“中国思想传统与西方思想传统”，讲各个概念的“关联”和“无法分离”。全国Ⅱ卷《被遗忘权》是“层进式”，从“被遗忘权是主动保护隐私”，到“被遗忘权对调和人类记忆与遗忘的平衡具有重要的意义”，再到“被遗忘权是对数字化记忆霸权的抵抗”，讨论了“被遗忘权”的现实意义。全国Ⅲ卷《文明弹性》是“并列式”，从“空间弹性”“制度弹性”“意义弹性”三个方面对“城市文明的弹性”进行了探讨。

就“概念”而言，要注意“观点”提出的背景（时代、地点、环境）、根源

（起源、原因）、过程（历史脉络、先后顺序、演变历程）、特点、性质、目的、结果、影响等要素。因为全国卷考核的是这些具体的要点。

就“解题”而言，最重要的是站在全卷大局上，不能强调“准确率”，而应该强调“速度”。有些学生花30分钟在这道题上，就算全对，也是大大减少了其他题目的时间，威胁全卷得分。在解题时，要运用“圈点划”方式，把主要观点和脉络、概念属性等标志出来帮助理解，尽量做到读一遍就能够理解全文。然后，利用“三对三错”，注意“负负得正”进行逆向判断，认为有怀疑的选项，再回头利用之前的“圈点划”迅速找到原文，进行较细致的检查。对于涉及论证结构与方法的题目，和文学类作品一样，要着重注意论证的观点，而不是方法和结构本身。

如上所述，尽管都是选择题，论述类文本阅读题却是最难拿满分的题。正如道篇所述，论述类文体在“道”的层面，是让学生“见世界，见众生，见自己”的重要途径。不仅如此，从“术”的层面而言，论述类文本意义也重大。论述类文本是最能体现“语言”思维性本质的。2018年9月17日，在上海召开了“2018世界AI大会”。马云、李彦宏、马化腾、雷军等人都参加了这次盛会，在会上也都发了言。“新华网思客”公众号发布了一则信息《2018世界AI大会：BATM四巨头上海激辩人工智能未来》，上面罗列了这四人的发言摘录。我们可以具体通过他们对AI未来影响世界经济的看法看出其思维水平的高低来。

1997年深蓝计算机就已经做到了击败了国际象棋，但是围棋的复杂度远远高于国际象棋。我们曾经认为在可预见的一百年内，都很难击败围棋高手。两年半前，奇迹发生了，人工智能赢了。这里面的原因是什么呢？这里面的原因是技术产生了巨大的颠覆和突破。我觉得不仅仅是计算能力的原因，最核心的是深度学习的算法的突破，使人工智能的技术进入了大规模的实用阶段。这可能不是某个学科的突破，而它是人类社会的一个重大的突破。——雷军

在这个年代里面，无论是国际巨头，还是国内的BAT，都把人工智能列为了最核心的战略。今天，无论走到哪里，哪个会议都在讨论人工智能，人工智能时代远远超过以前我们提的大数据时代和移动互联网时代。在这个时代面前，不仅仅是巨头，在十多个领域里面1000多家的创业公司风起云涌，越来越多的实用性产品开始产生。我相信，在未来十年里面，还会产生更多的实用性产品。——雷军

雷军发言内容是四个人里面最差的。首先他是依据的信息本身，“AI赢得围

棋”“各国的AI竞赛”都是众所周知的，并不能体现其思考的高度和视野。据此雷军提出表达观点的措辞“我觉得”“我相信”，不够确定，不够自信。而且具体观点，不论是“AI的深度学习是人类社会取得的重大突破”，还是“未来将会有越来越多的实用性产品”，都显得笼统，没有建设性。

人工智能技术是一场跨国、跨学科的科学探索工程，对于任何一个企业、城市和国家来说，我们不能拒绝人工智能领域的“奥林匹克”，更不能“闭门造车”。——马化腾

人工智能技术的发展，正在通向“大社交”时代。腾讯多年来一直专注做连接，我们希望连接人和人、人和物以及人和服务。连接人与人的极限就是几十亿个节点，但是，如果连接人和物，人与服务，那么这个规模将会增长到几百亿，甚至几千亿的量级。而人与物，人与服务连接的关键就在于人工智能。——马化腾

我们需要充分考虑未来人工智能发展可能带来的社会影响。今天，人工智能还处于发展的初期，但是，未来的人工智能技术，很可能变成一把“万能钥匙”，它能够释放过去所有人类技术和工具的潜能，必将带给我们前所未有的挑战。——马化腾

马化腾的语言水平排在第三。这三段话的第一段和第三段显然是“打官腔”，套话而已，说了也等于白说。中间一段，比较有料，至少具体地展示了一个“有用的细节”和明确的“逻辑”。从“人与人”到“人与物”“人与服务”这是一种几何倍数增长，是不同量级的变化。所谓量变质变，如此大的量变可能带来什么样的质变，想象空间很大。不过，这仅仅是“在腾讯言腾讯”，站在本企业的视野看问题，还是显得狭隘。

在我看来，一个真正的“AI化公司”是三维一体的。它首先要具备AI思维，其次要拥有AI能力，第三还要遵循AI方面的伦理。——李彦宏

AI思维意味着必须基于万物互联，来重新思考公司的战略。今天我们的生活当中已经遍布传感器，我们的企业要在一个遍布传感器的社会找准自己的定位。互联网提升了人与人的沟通效率，人工智能则会解决人与万物交流的问题。——李彦宏

那么什么叫做拥有AI能力？这个指的是企业利用人工智能技术的能力，不是发明人工智能的技术。一方面要有能力持续、高效地积累大量的、优质的、独特的数据，使得这些数据成为AI应用创新的燃料；另一方面也要具备连接AI技术、AI平台的能力，以开放的方式借助AI从数据当中挖出“金矿”。——李彦宏

一家真正的“AI公司”，不仅技术层面是与AI紧密结合的，它的文化也必须是

"AI化"的。这意味着公司的发展必须遵循AI伦理的四个原则——第一个原则，AI的最高原则是安全可控；第二个原则，AI的创新愿景是促进人类更加平等地获得技术能力；第三个原则，AI存在的价值是教人学习，让人成长，而不是取代人、超越人；第四个原则，AI的终极理想是为人类带来更多的自由和可能。——李彦宏

李彦宏的语言能力，明显排第二。李彦宏和马化腾的演讲内容其实很相似，同样是首尾两段的"老生常谈"。不过相比之下，李彦宏的表达至少更具"科学色彩"，比较符合场合，毕竟这是AI大会，不是乡镇企业大会。而且从纯粹思维语言角度来看，李彦宏句子中使用更多的是"一、二、三、四""首先、其次"之类的字眼，表述的"有效信息"更多，思维更加"全面"。至于中间两则内容，和马化腾一样，李彦宏也是"在百度言AI"。马化腾的发言针对的是"社交软件"，而李彦宏则侧重于"搜索引擎"，各自看到的"金矿"相似，但具体的"挖掘"内容不同。另外李彦宏还提出"AI公司"的文化必须是"AI化"的。具体如何，虽然我们也不清楚，但是想象空间比较大。

蒸汽机释放了人的体力，但是蒸汽机并不是模仿人的体力，汽车比人跑得快，但是汽车并不是模仿人的双腿。未来的计算会释放人的脑力，但是计算机不是按照人脑一样去思考，机器必须要有自己的方式去思考。——马云

人工智能并不是融入一项技术，而是一种认识和思考世界的方式，也是我们为自己的未来确定一种生活方式，这不是简单的技术的改变，是生产力、生产关系、生产资料的改变。未来数据将会是生产资料，计算是生产力，互联网是生产关系，智能时代是基于这些改变，而随之发生的巨大的社会变革。——马云

未来制造业不仅仅是制造业，而是制造业和服务业的完美结合，未来制造业的竞争力不在于制造本身，而是制造背后的服务和体验，未来的制造业都是服务业，因为流水线上的大部分工人将会被机器取代，而人类的部分、体验的部分，不可能被取代。——马云

马云作为演讲高手，的确具有语言天赋。马云没有打官腔，没有谈科技，也不是在商言商，谈他网商事业的未来，而是在谈理念。马云的思维在四人中脱颖而出，不仅在思维的层次，还在具体的思维方式。我们可以看到他的基本表述模式是"……但是……但是""……而是……而是"，都是在不断推进，也就是说他想得更深。

从第一段来看。他的思维没有按照一般的惯性，受简单的"类比""因果"推

演限制，而是有很强的“独立思维”。我们创造AI，从图灵开始就是“仿造人类的思维”，目前AI研究也基本是按照这样的思维模式，包括所谓的“深度学习”，也是一种对人类通过“强化训练”获得能力的模仿。但是马云提出“机器必须有自己的思考方式”。虽然我相信这不是他的原创观点，但未来能够创造出惊人奇迹的AI，极有可能是按照这一思路制造的。到时候我们就得称赞马云的“远见”了。

从第二段来看，很明显马云将AI与马克思的理论联系起来了。马克思的理论是宏观的长远的，也是基于丰富、扎实的理论基础和事实研究获得的，真理性极强。与真理结合，就像数学推理基于“公理化系统”来进行一样，自然更有说服力。所以“未来数据将会是生产资料，计算是生产力，互联网是生产关系”，这句话的指导意义，非同小可，完全是史书级的语言。

第三段，虽然看起来平凡无奇，但是他指出了一个要点，一个非常重要的思想。人类目前的大部分工作必然被AI取代，那么我们要考虑的应该是“什么是不可取代的”。这个问题我也思考过很多次，马云的结论是“体验”，我认为是中肯的。比如说现在都有网络课程，那么未来完全可以出现“集天下名师之大成”的AI超级教师，但是有个问题——“体验”：一台机器教学生，和一个老师教学生有什么区别？老师教学生那是“人与人的交流”，是同类之间的交流和互动，这就是本质。

曾国藩说：“若要看条理，全在言语中。”以此得之！马云等四人言论的表述模式、思维方式还有语言特点，我们都能够在论述类文本中看到。通过对比分析，我们既可以提升对论述类文本的阅读和把握能力，也能够提升自己的思维水平，提升自己的写作能力，尤其是提升议论文“立论”和“逻辑结构”的水准。

作文：戴着镣铐的舞蹈

作文在语文考试中的地位最玄妙，分数最高，而且最有表现空间，但是似乎又是最难拉开差距的。你说放弃吧，那不行，放弃作文语文差不多都不用考了；你说努力吧，似乎又没有什么回报。这和现实生活差不多，硬件限制了人的发展空间，而且留给大家升级软件的时间又总不够。但我们忽略了一个问题，其实是还不够优秀，只有优异和卓越才能脱颖而出。因为优秀的人太多了。换言之，我们总是对自己的作文自我感觉良好，但其实远远达不到高标准的审评要求。

标准和规定，是作文的大问题。就像现实中，任何一种游戏规则，都会带来特定的获利者。考试作文不同于文学创作，时间有限，篇幅有限，立意有限……虽然文学大家也不一定能够写出高分作文，但是经过高考训练，文学功底好的人肯定能够拥有绝对优势。换言之，作文是戴着镣铐的舞蹈没有错，但是真正的高手，戴着镣铐跳起舞来照样惊艳。

如何成为一名高手，那需要稳定的兴趣和爱好，需要长期的文学积累和沉淀，需要的是“道篇”中的种种思想和艺术的境界。所以，本章讲的是“镣铐”，即如何了解镣铐，如何不被镣铐束缚，还反过来利用镣铐。

镣铐是什么，其实不是题干要求，而是评分标准。现在高考的评分标准，要满分就得达到下面的要求：

高考评分标准

基础等级	内容(20分)符合题意、中心突出、内容充实、思想健康、感情真挚
	表达(20分)符合文体要求、结构严谨、语言流畅、字迹工整
发展等级	特征(20分)深刻、丰富、有文采、有创意

一、坚决不踩红线

我们具体地从易到难来探讨这些评分要求，首先是“字迹工整”，也就是“书写”。书写的重要性，老师经常讲，而且可能从小学、初中就开始讲，但是学生未必能够听进去。为什么？因为平时的考试，书写似乎没有影响成绩。道理很简单，改卷老师就是考生的老师，所以老师肯定看得仔细，因为怕回头学生找你质疑：老师，你看我这篇作文写得很好啊，和你评讲时说的观点、论据都一样，怎么这个分？高考改卷老师可就不一样了，都是陌生人，何况谁能查卷了之后，把卷子晒出来，说：这卷改得不公道！

而且，我总是强调一点，我们应该站在改卷老师的位置来思考。你说，看电影开心不？那么连续看8个小时电影开心不？就难受了吧。何况高考卷一改少则一星期，多则半个月。去改过卷的人就知道，第一天每人先发两瓶眼药水。何况看的作文，十篇中九篇都是差不多的内容和表达，而且还是黑压压的文字。

这个“看颜值”的时代，其实是因为追求效率，所以大家只能先“看脸”。诚如网络名言所说：“外貌决定我是否想要了解你的内在，内在决定我是否一票否决你的外貌。”作文书写糟糕，内容再精彩，也夺走了评卷人发现你内在美的耐心。书写工整，不仅给评卷人一个好印象，按“字如其人”推“这娃字这么好看，再糟糕也糟糕不到哪里去”，还让评卷人有进一步评价其内在美的动力和精神。

我自己喜欢跑题，所以到这里我也相信会有人问，假如有一天AI改卷呢？AI时代已经来临，那么假设AI改卷并不荒诞。AI改卷对应的要么是“学生键盘录入文字”，要么是“AI进行文字识别”，前者因为没有留下痕迹证据，不匹配高考这样重要的考试；后者同样面临“识别”问题，书写还是会造成AI识别错误，而且书写越糟糕，识别错误的概率肯定越高。

经历了这么多年，看了太多“书写”改变“分数预判”的案例，毕业班老师们一般都会先看书写，再谈其他问题。（下图分别为2017年、2018年全国Ⅰ卷两篇优秀作文的部分原卷书写）

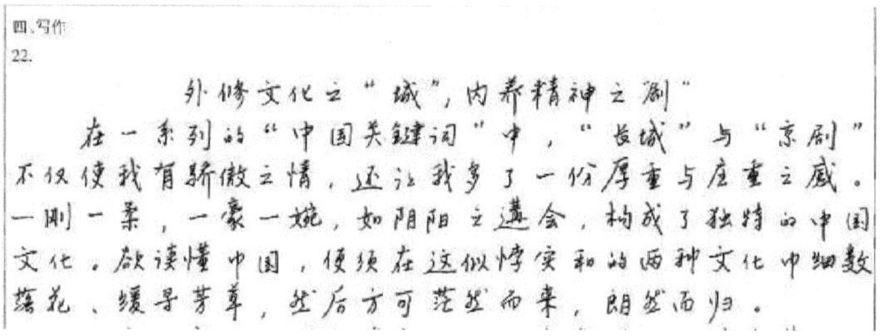
四、写作
22.

外修文化之"城"，内养精神之剧"

在一系列的"中国关键词"中，"长城"与"京剧"不仅使我有骄傲之情，还让我多了一份厚重与庄重之感。一刚一柔，一豪一婉，如阴阳之遇会，构成了独特的中国文化。欲读懂中国，便须在这似悖实和的两种文化中细数落花、缓寻芳草，然后方可茫然而来，朗然而归。

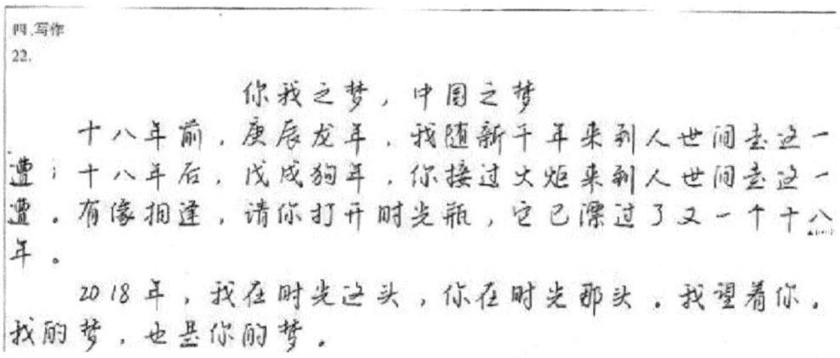
四、写作
22.

你我之梦，中国之梦

十八年前，庚辰龙年，我随新千年来到人世间走过一遭；十八年后，戊戌狗年，你接过火炬来到人世间走过一遭。有缘相逢，请你打开时光瓶，它已漂过了又一个十八年。

2018年，我在时光这头，你在时光那头。我望着你，我的梦，也是你的梦。

除了书写，作文还有一些红线，是由题目要求限定的：其一，字数800字左右，当然右比左好；不满字数按照评分标准似乎扣得不够狠，但其实直接影响"内容充实"这个要项的评分，何况在一些特殊时候（比如2007年广东高考因为阅读量骤增，导致大量学生没有写完作文），字数就会成为"硬标准"。其二，抄袭的问题。和2018年广州公考申论题目中"不要大段摘抄材料"的要求相似，高考虽然没有明确指出不要"大段照抄"，但是有明确"不得抄袭"。抄袭能够落在哪里呢？如果题目所给材料够多，照抄它几百字，肯定是不行的，这就是"抓现行"的抄袭；同样大段抄前面阅读题中的文字，也一样。如果题目所给的材料不多，"扩写"一番行不行呢？用历史案例来看，当初2001全国卷的"诚信"，就因为一篇满分作文引起轩然大波。有的老师认为如果"扩写"材料可以拿满分，那对付高考就教"扩写"好了。所以2002年评分细则就多了个"不得扩写材料，否则三等以下给分"。这样的要求在近几年的评分细则中是没有出现的，但是谁想"以身试法"？至于如果恰好你在报纸上看到合适的作文（像2017年《广州日报》的社评与全国Ⅰ卷的作文题相似），凭记忆写下去，我想没有评卷老师会回家去找报纸来证明你"抄袭"的。

其实我刚刚谈AI改卷，是有缘故的。这不是个想象，而是真的开始了。据《为应对评分机器人，美国的大学生也开始背作文模版了》一文谈到的，"美国几个州在标准化考试中上线自动评分系统……尽管争议还在进行，聪明的学生和应试老师们为了获得更高的分数，已经开始寻找各种'高分攻略'了。比如，开头的那段模版，就是旧金山的一家教育培训机构Stellar GRE的资深老师Orion Taraban，给他的学生们总结的作文模版”。的确在这个AI看激光片赢过检验师，评估预判案件厉害过律师，数据计算厉害过会计师的时代，早晚高考作文还是AI来改。但是，美国的实践告诉我们：应试套路一直没有变。所以，接下来我们按照评分标准来确定我们的“套路”。

二、熟悉题型、审准题意

根据评分标准，作文最值得重视的点就是“符合题意，中心突出”。就是大家都懂的，作文跑题就全完了。至于“中心突出”就是不要东拉西扯，观点太多（毕竟800字而已）。我相信即便AI改卷，这也是首要评估标准。因为如果不要求“符合题意”，那就绝对可以“宿构”了。老师们帮所有同学都写好、改好一篇完美的作文，背熟默熟就行了。如果不要求“中心突出”，那么大家多写几个观点，多少也能降低“跑题概率”。所以，我们就可以得到第一个套路：结合材料和关键词，明确一个中心，并以此定题。

作文的题型是有限的，而且一直都没有多大变化。我们把几种题型都列出来，顺便以这些案例来阐释第一个“套路”。

为了让大家更好地感受到高考作文题的“变与不变”，下面特意选择了“旧新”结合的题目模式，既让大家看到这么多年的“不变”，也让大家看到一些值得注意的“新变化”。

（一）看图作文

例1.（2010全国Ⅰ卷）阅读下边的图画材料，根据要求写一篇不少于800字的文章。要求选择一个角度构思作文，自主确定立意，确定文体，确定标题。

例2.（2016全国Ⅰ卷）作文：阅读下面的漫画材料，根据要求写一篇不少于800字的文章。要求：结合材料的内容和寓意，选好角度，确定立意，明确文体，自拟标题，不要套作，不得抄袭。

（据夏明作品改动）

看图作文虽然少，但是不能忽略它的存在，何况这么多年下来，连题干表述都没有任何改变。第一道题，材料就是漫画，而关键词就是“猫”“老鼠”“鱼”。对漫画材料的分析，可以运用我们前面谈到的“图表分析”方法，即切分分析和对比分析。先切分各个主体：三只猫有鱼吃就好，对老鼠视若无睹，还嘲笑另外一只放下鱼，扑向老鼠的猫。再对比分析，得到两种态度：有鱼吃不抓老鼠，有鱼吃还抓老鼠。猫抓老鼠是“天职”，嘲笑的立场明显是“不健康”的，所以可以审出主题：不能忘“本”。

相似地，第二道题也可以横比纵比，得出结论：“分数”决定“奖罚”，这是一种唯分数论的教育方式。我们知道孩子100分，的确是第一，但可能同时有很多人100分；98分虽然不是满分，但可能却是全班甚至全级最高分；55分固然不及格，但61分可能含有水分或者是实质上退步了。所以，审出主题：教育不能“唯分数论”。

但是有趣的问题来了，如果上网浏览这两道题目的范文，就会发现其中的奥妙。虽然几乎是一致的题型，2010年评分却很宽松，大家会写“享受现代科技，不要放弃传统文化”“不要本末倒置”，而2016年却仅限于“教育”这个范畴，按照2010年的评分思路，应该可以写“不要只看表面”才对。为什么？不是高考命题的问题，而是连续几年，从省到市，再到区，到学校，都套着一个“任务驱动型”的箍，束缚学生要在一个“绝对范围”内写作。

所以，变的不是题型，而是语文教学的观念。因为考试，怕出错，大家越来越被束缚住了。

（二）命题作文

命题作文就是直接明确以“xx”为题，基本上“中心和立意”都给了考生。

例3.（2009高考北京卷）一首歌中唱道：我一直有双隐形的翅膀，带我飞给我希望；我一直有双隐形的翅膀，带我飞飞向远方。请以“我有一双隐形的翅膀”为话题，写一篇作文……

例4.（2018高考北京卷）今天，众多2000年出生的考生走进高考考场。18年过去了，祖国在不断发展，大家也成长为青年。请以“新时代新青年——谈在祖国发展中成长”为题，写一篇议论文……

这么多年过去了，我们可以看到题目连表述的格式都没有变化。同样进行审题：例3的“隐形的翅膀”是关键词，材料中“带给我希望”“带我飞向远方”是提示。结合起来，我们可以分析出“主题”：我有理想（信念、爱……），它让我不放弃，激励我向前进。例4的“新时代”“新青年”是关键词，材料和副标题都暗示着“祖国不断发展”的背景。两者结合起来，可以分析出“主题”：我和祖国共成长。

命题作文可以怎么变呢？全国各地中考作文，2018年才开始百花齐放，出现多种题型。在2018年以前，基本上只有两种格式：命题和半命题，而2017年全国Ⅲ卷则稍微变了一点模样：

例5.阅读下面的材料，根据要求写作。

今年是我国恢复高考40周年。40年来，高考为国选材，推动了教育改革与社会进步，取得了举世瞩目的成就。40年来，高考激扬梦想，凝聚着几代青年的集体记忆与个人情感，饱含着无数家庭的泪珠汗水与笑语欢声。想当年，1977的高考标志着一个时代的拐点；看今天，你正与全国千万考生一起，奋战在2017的高考考场上……

请以“我看高考”或“我的高考”为副标题，写一篇文章。

虽说是只给“副标题”，但其实还是限定了文章内容，而且这种题目也有“话题作文”的意味。

（三）话题作文

如果说命题作文是给“一个点”，那么话题作文就是给出个点，并且绕着这个点画了个“圆”，给出了一个范围。

例6.（2005高考江苏卷）作文：

我们常常用古人所说的“凤头、猪肚、豹尾”六字来谈写作，意思是开头要精彩亮丽，中间要充实丰富，结尾要响亮有力。写作固然如此，仔细想想，小到生活、学习，大到事业、人生，又何尝不该这样呢？

请以“凤头、猪肚、豹尾”为话题，写一篇不少于800字的文章。

注意：①话题包括三个方面，也可以选取其中一个或两个方面展开。②立意自定。③自拟标题。④自选文体，但不要写成诗歌或剧本。

例7.（2018苏）作文：根据以下材料，选取角度，自拟题目，写一篇不少于800字的文章；文体不限，诗歌除外。

花解语，鸟自鸣，生活中处处有语言。

不同的语言打开不同的世界，音乐、雕塑、程序、基因……莫不如此。

语言丰富生活，语言诠释生命，语言传承文明。

江苏这么多年高考作文题，变化很小，基本上就是从“话题”到“材料”的历程，但是仔细斟酌，我们就会发现2018年江苏卷的“材料”作文，其实有很鲜明的“话题”——语言，而这恰好就是材料的“关键词”。2005年的江苏卷只不过把“关键词”明确出来而已，那么审题时，我们就可以明确中心：比如“人生重在过程，重在充实”和“语言丰富生活”。为什么我选了这两个，因为高考评分细则有过明确规定，不因为从材料中选论点就会判定低分。反过来，如果自己另外立意，稍有差错，那可就是跑题了。

所以，审题定题还有个法则就是：就近就熟就易！刚刚学到什么，最近接触过什么，就写什么，这是就近；自己熟悉什么领域、什么话题就写什么，这是就熟；什么觉得容易写，有话可说，而且能够说好，就写什么，这是就易。

（四）材料作文

看起来不管是什么题都有材料，所以这里所谓的“材料作文”就是纯粹材料。纯粹材料就是给出一个或多个“事件”“语句”，让我们进行分析，得到自己的观点，然后再写作。

例8.（2010全国Ⅰ卷）阅读下面的材料，根据要求写一篇不少于800字的文章。

材料一：有一种热带观赏鱼，在小鱼缸里不管养多长时间，也只能长到3寸来长。然而，将这种鱼放到大水池中，两个月就可以长到一尺长。

材料二：狼是一种有极强好奇心的动物，它们对周围的环境总是充满兴趣，不断体验，从而躲避危险，发现食物，顽强地生存下来。

材料三：心理学家罗森塔尔曾随机挑选出一些学生作为“最有前途者”，然后将名单交给班主任。由于老师对这些学生寄予了更大的期望，八个月后，他们的成绩明显提高。

以上现象启发人们认识到人才成长是有一定规律的。请根据以上三则材料，选择其中一个或者几个角度……

例9.(2018全国Ⅱ卷)阅读下面的材料,根据要求写作。

“二战”期间,为了加强对战机的防护,英美军方调查了作战后幸存飞机上弹痕的分布,决定哪里弹痕多就加强哪里。然而统计学家沃德力排众议,指出更应该注意弹痕少的部位,因为这些部位受到重创的战机,很难有机会返航,而这部分数据被忽略了,事实证明,沃德是正确的。要求……

2010年全国卷有三则材料，可以任选其一。我们逐个分析，第一个很明显可以用到“对比分析”或者“环境分析”：同样的一种鱼，在小鱼缸不怎么长，但在大池子里却长得快。第二个用“因果分析”或者“主体分析”：狼因为好奇心所以生存下来。第三个用“因果分析”或者“对比分析”：期望值越高，成绩提高越明显。当然，不要忘了后面的“范围”设定，或者“关键词”：人才成长的规律。结合起来，我们可以对上述三则材料分别进行审题：发展空间决定人才成长；好奇心促进人才成长；期望值影响人才成长。

2018年全国Ⅱ卷也一样，不过就是“对比分析”加“因果分析”：军方调查决定是哪里弹痕多加强哪里，而沃德则根据统计理论指出应该加强弹痕少的地方，结果证明沃德正确。接着分析为什么沃德正确：直接原因是弹痕少的部位被击中基本就坠毁了，连回来的机会都没有，军方统计时没有考虑这一点；深层原因就是沃德是统计专家，他明确科学的统计要求数据完整（其实没有飞回来的飞机是可计算的）。所以我们可以审题：要敬畏专业（科学）。很明显，这么多年了“材料作文”也没有什么大变化，甚至查阅范文就知道，2018年全国Ⅱ卷并没有规定写作要限制在“科学”上，写成“透过现象看本质”也行的。

我们可以看到题型不同，但是审题的方法是一致的，就是根据材料和关键词，明确一个中心。审题过程中使用的方法也局限于各种“分析方法”。审题要遵循“就近就熟就易”的原则。至于定作文标题又需要注意什么呢？一般老师提倡“要吸引眼球”。我承认，随着高考作文“大赛”进入“极致”阶段，要写高分作文的确得这样耀眼才行。根据我之前多年的跟踪研究，我发现满分作文的题目，其实更重要的是“突出关键词”，而且除了独词命题作文（如2016年天津卷以“愿景”为题）之外，基本都是“动宾结构”“偏正结构”“主谓宾结构”（如《规划愿景》《我的愿景》《愿景终将实现》）。换言之，作文标题与其说注重吸引眼球，还不如在标题中就告诉评卷人：我的作文没有跑题！我的作文中心明确。

三、把握命题趋势定方向

高考作文的题型其实没有什么变化，但是近几年，又呈现出一些新特点，主要就是：包含选择、比较、综合三种能力的具体处理要求；立足“当下”“具体”事物，强调中国崛起、文化自信。

首先我们来看什么是突出的三大能力。前面我们讲了审题时运用的是分析能力，那么写作时又强调什么呢？

例10.（2017浙）阅读下面文字，根据要求作文。

有位作家说，人要读三本大书：一本是“有字之书”，一本是“无字之书”，一本是“心灵之书”。

对此你有什么思考？写一篇文章，对作家的看法加以评说。

我们可以通过对比分析来理解，有字之书是具体的书，是资料信息；无字之书，是弦外之音，是举一反三，是推理演绎得到的信息；心灵之书，是从书上得到的熏陶，灵魂上的重塑与升华。谈谈思考，我们该怎么着手？这就需要进行下一步处理：我们可以任选其一，侧重写“心灵之书”或者“无字之书”，甚至也可以只写“有字之书”（观点：扎扎实实从书本上学知识才是最重要的事），这是“选择”；我们可以进行比较，提出观点（周恩来提倡“从无字句处读书”，有字之书谁都可以看到，难的是读出无字之书）；我们还可以综合起来，提出观点（有字之书是基础，无字之书是发展，心灵之书是最终目的）。

前面例8其实也是涉及“选择”，因为选择一个来写，观点更加鲜明。2017年全国Ⅰ、Ⅱ卷两篇作文就是“综合”，而2016年全国Ⅱ卷则明确要求“比较”。

例11.（2016全国Ⅱ卷）阅读下面的材料，根据要求写一篇不少于800字的文章。

语文学习关系到一个人的终身发展，社会整体的语文素养关系到国家的软实力和文化自信，对于我们中学生来说，语文素养的提升主要有三条途径：课堂有效教学、课外大量教学、社会生活实践。

请根据材料，从自己语文学习的体会出发，比较上述三条途径，阐述你的看法和理由。

如果这篇作文，没有出现一个“比较”的过程，比较第一第二条途径如何如何，第三条途径如何如何，然后侧重某一条途径来写，肯定会扣分。

明确上面三大处理要求并不难，因为关键还是上面谈到的原则，要就近就熟就易，明确一个中心！

高考第二大趋势就是强调时代背景，侧重具体事件和言论。2018年全国高考语文卷总共8份，而作文题显示出鲜明的统一：“中国崛起”，让青年人与国家民族的命运联结起来。如北京卷的“新时代新青年——谈在祖国发展中成长”、全国Ⅰ卷“和新时代一起追梦”、全国Ⅲ卷“走好我们这一代人的新长征”基本相似。天津卷“器”，讲“匠心”，讲“国之重器，肩负荣光，成就梦想”，其实也是一样的内涵。而浙江卷“浙江精神，与学子站在人生新起点”，主题引导也是一样的。全国Ⅱ卷的“科学思维”（专业的力量）也是与中国崛起一致所需要倡导的学生成长方向直接关联。很明显，在中国崛起，民族复兴的大时代，这样命题的目的就是要“引导”学生，要“家事国事天下事，事事关心”，不能只盯着课本，要引导学生思考现实的问题，融入大时代中来。针对此类作文题，备考策略其实很简单：多读报多看新闻，多和同学老师讨论问题，多接触先进的理念和言论。毕竟教育的一个基本目标，就是培养社会主义合格公民，而且就教育发展心理学的层面来看，高中生处在形成世界观、人生观、价值观的关键阶段，也是培养形成良好思辨能力的最佳时期。

四、中庸立论，呈现理性

作文的观点要鲜明，不能模棱两可，这点我们知道，但是在从具体事件，从多个角度的言论中提取自己的论点时，就要考虑中庸立论，呈现理性思维了。中庸本来就不是骑墙、模糊的立论，按照孔子自己的表述：“吾有知乎哉？无知也。有鄙夫问于我，空空如也。我叩其两端而竭焉。”一个自己原先不清楚的问题，只要扣住两个极端，也可以弄明白。

例如2015年全国Ⅰ卷作文题是针对“小陈举报自己父亲在高速公路上，边开车边使用手机一事”进行议论。江西一篇满分作文《致质疑者们的一封信》，立论就是针对“举报合理”“不举报合情”两种极端观点进行“叩问”。

举报是在尝试各种方法后的无奈之举。父亲在高速公路上开车不时接电话，家人屡劝不改，而举报是在这之后最有效的方法。同时，举报也是出于对父亲安全的考虑，或许举报后的处罚使他们的利益受到损害，但保障了安全则是对以后不用遭受更大利益损害的保障。小陈的举报是经过深思熟虑的，是为了父亲的安全，并没有什么可质疑的。

或许还有人会说，就算父亲做错了也不应该举报，那是不孝。请问什么是孝？敬爱、孝顺父母长辈是孝，父母做错事不揭开那叫“愚孝”。时代在进步，现在早已不是那个“三纲五常”的时代了，只有将长辈的错误指出，纠正回来，才能让他们得到更好的发展，才能使我们的社会更加和谐，这样当我们老去时，和谐、信任的社会美德便会广泛传播，而不会导致老人摔倒无人敢扶的事情出现了。孝可为而愚孝不可为，在面对这种事时，我们更要擦亮眼睛，明辨是非曲直，而不是让愚孝蒙蔽了双眼。

还有一篇针对“黑衣壮汉脚踢吐痰男，制止了其随地吐痰后仍对其污言辱骂的行为”一事进行分析的范文《暴力的土壤养不活公共文明之花》，也是如此：

争议的焦点集中在“踢人的黑衣男”身上，笔者认为，该行为是一种具有争议色彩的“利他性暴力”。培根说得好：“就是因为有了正义感，人才成为人，而不成为狼。”“黑衣男”旨在维护公共文明，当“吐痰男”屡教不改还出言不逊时，他选择勇敢地出手制止，这是值得肯定的。因此，这是一种在特定情境下的轻微暴力，在可控范围内裹挟着公正和道义。

然而，以“维护文明”为目的的不文明行为总归不能引导社会进步。只为结果而不顾过程的暴力，虽然看似保护了被“吐痰男”破坏的文明，但实际上造成了“社会暴力有益”这样的错觉。在暴力土壤中所生长的文明花，即使能够绽放，那也是不健康不完美的。

《论暴力》一书中，阿伦特说明了暴力的两面性：“暴力的理性在于它对某个短期目标的合理追求，但暴力并不是这个目标之所以合理的理由，也不会提升人们对这一目标的认同。”我们来看这个事件的结果——“吐痰男”被踢后便安静了下来。难道他真的认识到了自身行为对社会危害甚重吗？笔者认为，他一是受迫于黑衣男的威慑，二是勉强屈服于道德上的压迫感。可见，这个“吐痰男”下次继续破坏文明的可能性还是极大的。因此，不放纵这种暴力既是出于对文明建设的考量，也是杜绝“治标不治本”非理性行为的一种方法。

通过这两个具体的例子，我们就可以理解孔子所言。孔子能够保持理性思考，在两个极端的观点中（一般我们的问题就是不知道孰对孰错，何去何从），分析出中庸的结论，所以即便是之前不清楚或没有接触的问题，但也能够提出合理的看法，得到理性的结论。

五、结构严谨、内容充实

高考改卷时间紧，老师容易产生疲劳感，所以他们一般会以一种简单步骤进行扫描：先看标题以及开头一段，确定是否切中题意；再看各段话的开头一两句，明确中心是否统一，主旨是否鲜明，结构是否严谨；最后再看具体段落是否对段首的观点进行有效的论证，也就是是否有运用论据、引用名言、动用修辞等发展等级的要求。

作为备考策略，前面我们基本完成了对第一步分析，现在完成第二步，就是各段落开头的问题。具体而言就是既要严谨，又要扣题。形象地说，我们要避免“裤子撞了衣服，衣服撞了发型，发型又撞了脸型”，所以要注意“标题对应题干，引句对应标题，材料对应引句”。简单的方法，就是在明确主题之后，看看能够从哪些方面入手。比如2004年高考满分作文《语言是沟通的钥匙》，只是简简单单地从“亲情”“爱情”“友情”以及“其他方面的沟通”来论证“语言是沟通的钥匙”。每段话的开头引入也非常简单清晰：“恰如其分的语言表达，利于亲情的沟通”“恰如其分的语言表达，利于友情的沟通”“恰如其分的表达，利于爱情的沟通”。这不过就是将“排比句式”拆开来，摆上去。这是并列结构的安排方式，也是最简单的构思方式：给个题目，就从某几个方面去思考。

当然具体地，我们也可以将作文的整体构思、结构安排和政治、历史科联系起来理解。比如历史科的思路，基本上就是“原始社会到社会主义社会”的发展推进，具体分析就是“必然性因素和偶然性因素（导火线）”，而“必然因素”一般也都是从政治、军事、经济、文化等方面进行分析；政治科教材，从初中到高中，每个章节的结构基本为“是什么，为什么，怎么样”，具体就是“主要矛盾，次要矛盾”“内因，外因”。

相应地，我们也可以用熟悉的“亲情、爱情、友情”“学习、工作、生活”“主观、客观”“正面、反面”“甲方、乙方”“知（认知）、行（行动）、意（情感）、志（精神）”“个人、家庭、集体、社会、国家、世界”“传说、历史、今天、未来”等方面，训练学生从多个“层次”与“角度”对一个具体问题进行议论。甚至对于写作底子比较差的学生，还可以强化某一类固定模式对题目进行处理。实在不会写过渡衔接句的，也可以仿照《语言是沟通的钥匙》，直接地“从亲情来看……从爱情来看……从友情来看……”“就事件中的甲方而言……就乙方而言……”。这样一来，不仅结构严谨，而且中心也就显得更加明确了。

至于第三步，就是要有相应的“材料”了。正如从前面评分标准中，我们可以看到在基础分方面“内容充实”很重要，而发展分方面“丰富”也可以独立撑场面。如果议论文材料想要丰富就要同时解决这两个问题。

问题是近几年来，为了防止宿构套作，遏制使用“司马迁”“陶渊明”“苏轼”，甚至“爱迪生发明电灯泡”这些千年老材料，高考命题作了调整。作文更加侧重“时代感”比较强的问题，事件一般也很具体（这也是所谓“任务驱动型”作文在模拟卷中横行的原因），但是，并不是因此就否定了“材料”的价值。因为材料不易使用，所以逼迫老师教学生两招：一是背时事，以时事做材料，以繁对繁；二是记名言，拿一些比较万能的名句来充场面。我认为，最好是凭能力，不要靠记忆。积累素材很重要，但是能够灵活运用教材更重要。即便现在高考题越来越难灵活运用，需要用到课外的素材，但积累时也不能靠死记硬背。

首先，要从兴趣出发。就像有些同学对明星参演的影视作品如数家珍，对其体重、身高、出生日期也清清楚楚，连爱吃什么都知道。关键就是喜欢，感兴趣。所以，最好是从自己喜欢的领域，喜欢的人物去着手收集、整理。

其次，要注意收集体现事物全面、发展的素材。比如记忆人物素材，不要零碎地积累一人一事，应该多注意一个人在人生中的多个关键时期、多个事件，这样素材的对应性才更强。比如乔布斯2005年在斯坦福大学毕业典礼上的演说《你须寻得所爱》中谈了他一辈子经历的三件事：第一件事讲他在大学阶段学的“书法”，最终如何让他的文字编辑软件取得胜利；第二件事讲他如何被自己雇佣的人炒了鱿鱼，又如何重新振作起来，回归苹果；第三件事是讲他如何与癌症作战。这样三件事，几乎浓缩了乔布斯的一生，而且我们可以相应地把其人生切分成“成功前”“成功时”“成功后”，以此来对应题目进行选材。比如“教育”的话题，我们知道应该是“成功前”；“理想”的话题，我们知道应该是“成功时”；“爱”的话题，我们知道应该是“成功后”。这样去回忆素材，构思写作就容易多了。

再次，要关注时代社会的发展。政治思想上“人类利益共同体”的先进理念，“社会主义核心价值观”的具体体现；科技上“量子通讯”“暗物质探索”“海水稻”“人造太阳”“北斗系统”的成果；经济上“中国速度”“中国救援”……还有从中美贸易战中看到的“核心科技的研发能力”问题……对于这些具有时代感、创造性的事件、人物的积累，无异是对“传统人物事件素材”的有效补充。增加这些素材的积累，对各种“新”题目，自然能够做到应对自如。

至于引用名言，能够引用自然好，不能够引用也别勉强。相比引用名言，我觉得能够自己写“名言”更重要。换言之就是在语句表达上，既言简意赅，又富有文采，这样更能够吸引眼球。所以，对名言的分析和模仿更是重要。比如下面的名言，如果我们分析它们的“形式特点”和“内在旨趣”，就会发现其实并没有多么复杂。

首先是“基本结构”。例如德莱塞的“真实是人生的命脉，是一切价值的根基”；梁实秋的“没有人不爱惜他的生命，但很少人珍视他的时间”；高尔基的“我读的书愈多，就愈亲近世界，愈明了生活的意义，愈觉得生活的重要”。这三句名言其实不过就是“直接判断”（简洁有力）、“对比论证”（突出强调）、“层进延伸”（逐步加深），以此来增强语言的效果。

其次是“矛盾自洽”。例如莎士比亚的“笨蛋自以为聪明，聪明人才知道自己是笨蛋”；爱因斯坦的“我从来都不信权威，上帝为了惩罚我，让我变成了权威”；斯里兰卡民谚“世界上一成不变的东西，只有‘任何事物都是在不断变化的’这条真理”。哲学本身就是“否定之否定”，修养境界不过就是“见山是山，见山不是山，见山还是山”，对事物的深入理解，说白了就是在矛盾中找到自洽。这样的语句显得深刻，这样的思考显得深沉。

最后是“文质并重”。我最喜欢的一段名言是歌德在《人生哲学》所讲述的：人生每一阶段都有某种与之相应的哲学。儿童是现实主义者：他对梨和苹果的存在深信不疑，正像他对自己的存在深信不疑一样。青年人处于内在激情的风暴中，不得不把目光转向内心，于是预感到他会成为什么样的人：他变成了理想主义者。但是成年人有一切理由成为怀疑主义者：他完全应当怀疑他所选择的用来达到目的的手段是否正确。他在行动之前和行动当中，有一切理由使他的理智总是不停地活动，免得后来为一项错误的选择而懊丧不已。但是当他老了，他就会承认自己是个神秘主义者：他看到许多东西似乎都是由偶然的机遇决定的；愚蠢会成功，而智慧会失败；好运和歹运都出乎意外地落个同样的下场；现在是如此，而且从来就是如此，以致老年人对现在、过去、未来所存在的事物总是给以默默承认。这段话不仅引人深思，而且简单地把观点形象化、具体化处理，饶有趣味，让人易于接受。如果能够把文章写成这样，不仅拿了“丰富”的分，就连“文采”的分也拿了。而能够让评卷人看到这里，看到这些，你离满分作文就很近了。